SYSTÈME 1 / SYSTÈME 2

Clés des Champs

**Des outils pour comprendre,
des idées pour agir.**

BRIAN M. CARNEY et ISAAC GETZ
Liberté & Cie.
Quand la liberté des salariés fait le succès des entreprises.

CHARLES DUHIGG
Le Pouvoir des habitudes.
Changer un rien pour tout changer.

MALCOLM GLADWELL
Le Point de bascule.
Comment faire une grande différence
avec de très petites choses.

DANIEL KAHNEMAN
Système 1 / Système 2.
Les deux vitesses de la pensée.

DANIEL H. PINK
La Vérité sur ce qui nous motive.

Daniel Kahneman

SYSTÈME 1 / SYSTÈME 2

Les deux vitesses de la pensée

Traduit de l'anglais (États-Unis)
par Raymond Clarinard

Nouvelle édition révisée

Clés des Champs

Titre original : *Thinking, fast and slow*

ISBN : 978-2-0804-8997-5

En mémoire d'Amos Tversky

Introduction

Tous les auteurs, je pense, aiment à s'imaginer dans quel cadre leurs lecteurs profiteront le mieux de leurs œuvres. Dans mon cas, il s'agit de la machine à café, au bureau, là où s'échangent opinions et potins. J'espère enrichir le vocabulaire qu'utilisent les gens quand ils discutent des jugements et des choix d'autrui, de la nouvelle stratégie de leur entreprise, ou des décisions prises par un collègue en matière d'investissement. Pourquoi se soucier des potins ? Parce qu'il est beaucoup plus facile, et bien plus amusant, de reconnaître et d'identifier les erreurs des autres que les siennes. Il n'est jamais facile de s'interroger sur ce que l'on croit et ce que l'on veut soi-même ; alors pourquoi se priver des avis informés de tierces personnes ? Nous anticipons spontanément la réaction de nos amis et collègues face à nos choix ; et ces jugements sont loin d'être anodins. La prise en compte d'un qu'en-dira-t-on intelligent est pour beaucoup d'entre nous une motivation plus forte à se remettre en cause, à améliorer sa prise de décision au travail et chez soi que toutes les bonnes résolutions du Nouvel An. Pour être un bon diagnosticien, un médecin doit connaître une longue liste de noms de maladies, chacun englobant à la fois la définition de l'affection, ses symptômes, ses antécédents et causes possibles, ses développements et ses conséquences éventuels, et les interventions envisageables afin de la soigner ou de la circonscrire. Cet apprentissage passe entre autres par celui du langage médical. De même, une meilleure compréhension des jugements et des choix nécessite un vocabulaire plus riche que ce qu'offre notre langage courant. L'intérêt d'écouter les potins est que l'on y décèle des schémas types dans les erreurs que commettent les gens. Les erreurs systématiques sont plus communément définies comme des préjugés, qui se reproduisent de façon prévisible dans des circonstances données. Par exemple, quand un orateur sûr de lui et séduisant bondit sur scène, vous pouvez être sûr que son auditoire jugera ses déclarations plus favorablement qu'il ne le mérite. Il existe un terme pour définir ce phénomène – l'effet de halo –, permettant de mieux l'anticiper, l'identifier et le comprendre.

Quand on vous demande à quoi vous pensez, vous êtes normalement en mesure de répondre. Vous croyez savoir ce qui se passe dans votre tête, et qui consiste souvent en une pensée consciente qui débouche logiquement sur une autre. Mais ce n'est pas la seule façon, ni même la plus habituelle, qu'a l'esprit de fonctionner. Beaucoup d'impressions et de pensées surviennent dans votre expérience consciente sans que vous sachiez comment elles sont arrivées là. Vous ne pouvez pas retracer comment vous en êtes venu à croire qu'il y a une lampe posée sur le bureau devant vous, ou comment vous avez détecté un soupçon d'irritation dans la voix de votre conjoint au téléphone, ou comment vous avez réussi à éviter un danger sur la route avant même d'en être conscient. Le travail mental qui produit les impressions, les intuitions et bien des décisions se déroule en silence dans notre esprit.

Ce livre est en grande partie consacré aux défauts de l'intuition. Il ne s'agit pas, en s'intéressant à nos erreurs, de nier l'intelligence humaine, pas plus que l'attention accordée aux maladies dans les textes médicaux ne nie la bonne santé. Nous sommes pour la plupart en bonne santé la majeure partie du temps, tout comme l'essentiel de nos jugements et de nos actes sont la plupart du temps appropriés. Tandis que nous naviguons au fil de notre existence, nous nous laissons d'ordinaire guider par des impressions et des sensations, et la confiance que nous avons dans nos convictions et nos préférences intuitives est généralement justifiée. Mais pas toujours. Nous sommes souvent sûrs de nous alors que nous avons tort, et un observateur objectif sera mieux capable que nous de détecter nos erreurs.

Voici donc mon objectif quant aux conversations autour de la machine à café : j'espère améliorer votre capacité à identifier et comprendre les erreurs de jugement et de choix chez les autres et, en fin de compte, chez vous-mêmes, en proposant un langage plus riche et plus précis pour en discuter. Dans certains cas au moins, un diagnostic précis incitera aussi à réagir pour limiter les dégâts qu'entraînent souvent les erreurs de jugement et les mauvais choix.

Ce livre reflète mes connaissances actuelles en matière de jugement et de prise de décision, fruit de découvertes psychologiques réalisées au cours des dernières décennies. Mais le cœur du propos, si je cherche à en retracer l'origine, remonte, je crois, à ce jour heureux de 1969 où j'avais demandé à un collègue d'intervenir durant un séminaire que j'organisais au département de psychologie de l'université hébraïque de Jérusalem. Amos Tversky était considéré comme une étoile montante dans le domaine de la recherche sur la prise de décision – comme, à vrai dire, dans tout ce qu'il entreprenait –, aussi étais-je sûr que nous passerions un moment intéressant. Les gens qui connaissaient Amos disaient souvent qu'il était la personne la plus intelligente qu'ils aient jamais rencontrée. Il était brillant, volubile et charismatique. Doué de plus d'une mémoire prodigieuse pour les blagues, et de la capacité exceptionnelle de les convoquer à l'appui d'une thèse. On ne s'ennuyait jamais avec lui. Il avait alors trente-deux ans, j'en avais trente-cinq.

Amos a parlé aux étudiants d'un programme de recherche en cours à l'université du Michigan, visant à répondre à la question suivante : les gens sont-ils naturellement de bons statisticiens ? Nous savions déjà qu'intuitivement, les gens sont de bons grammairiens : à quatre ans, un enfant se plie sans peine aux règles de la grammaire quand il s'exprime, sans avoir aucune idée de l'existence de ces règles. Les gens disposent-ils d'une intuition comparable pour les principes fondamentaux des statistiques ? La réponse était oui, nous expliqua Amos, avec certaines nuances. Cela a donné lieu à un débat animé et, à la fin du séminaire, nous avons conclu que la réponse était peut-être plutôt non, avec des nuances.

Amos et moi avions apprécié notre échange. Les statistiques intuitives nous semblaient un sujet intéressant, méritant que nous l'explorions ensemble. Le vendredi suivant, nous nous sommes retrouvés pour déjeuner au Café Rimon, repaire favori des bohèmes et des enseignants de Jérusalem, et avons réfléchi aux moyens d'étudier les intuitions statistiques de chercheurs de haut niveau. Lors du séminaire, nous avions expérimenté que nos propres intuitions étaient déficientes. En dépit de nombreuses années d'enseignement et d'utilisation des statistiques, nous n'avions pas développé de sens intuitif quant à la fiabilité des résultats statistiques observés sur de petits échantillons de population. Nos jugements subjectifs étaient biaisés : nous avions beaucoup trop tendance à croire des résultats de recherche fondés sur des démonstrations inadéquates et à ne pas rassembler assez de données dans nos propres recherches [1]. Notre projet serait donc d'analyser si d'autres chercheurs étaient affligés du même défaut.

Nous avons préparé une enquête, prenant appui sur des scénarios inspirés de problèmes statistiques réels qui surgissent pendant des recherches. Amos a recueilli les réactions d'un groupe d'experts qui participaient à une conférence de la Société de psychologie mathématique, parmi lesquels les auteurs de deux manuels de statistiques. Comme nous nous y attendions, nous nous sommes aperçus que nos collègues experts, comme nous, exagéraient grandement la probabilité que le résultat original d'une expérience puisse être reproduit avec succès même avec un échantillon modeste. Ils donnèrent également de piètres conseils à une fausse étudiante quant à la quantité de données qu'il lui fallait rassembler. Même les statisticiens n'étaient pas naturellement doués pour les statistiques.

Alors que nous rédigions l'article qui faisait état de ces résultats, Amos et moi avons pris conscience que nous aimions travailler ensemble. Amos était toujours très drôle, et son humour déteignait sur moi, aussi avons-nous passé des heures de rude labeur à nous amuser constamment. Grâce à cela, nous étions d'une patience exceptionnelle. Il est bien plus facile de viser la perfection quand on ne s'ennuie jamais. Mais surtout, c'est peut-être le plus important, nous laissions de côté notre arsenal critique. Nous étions tous deux en général aussi critiques qu'ergoteurs, lui peut-être encore plus que moi, mais durant nos années de collaboration, jamais nous n'avons rejeté d'emblée ce que l'autre avançait. De fait, une de mes grandes joies, dans nos travaux communs, a été qu'Amos comprenait souvent plus clairement que moi mes idées les plus floues. Amos était plutôt un penseur logique, versé dans la théorie, possédant un sens infaillible de la direction à suivre. J'étais pour ma part plus intuitif, plus immergé dans la psychologie de la perception, à laquelle nous avons emprunté nombre de nos idées. Nous étions assez semblables pour nous comprendre facilement, et assez différents pour nous surprendre l'un l'autre. Nous avons mis au point un emploi du temps qui nous permettait de passer l'essentiel de nos journées de travail ensemble, partant souvent pour de longues promenades. Pendant les quatorze années qui ont suivi, notre collaboration a été le moteur de nos vies, et le travail effectué ensemble durant cette période a été le meilleur que nous ayons l'un ou l'autre jamais produit.

Nous avons rapidement adopté une méthode que nous avons conservée pendant des années. Nos recherches étaient comme un dialogue, au cours duquel nous inventions des questions et examinions nos réponses intuitives. Chaque question était en soi une petite expérience, et nous procédions à de multiples expériences en une journée. Nous ne cherchions pas vraiment la bonne réponse aux questions statistiques que nous nous posions. Notre objectif était d'identifier et d'analyser la réponse intuitive, la première qui nous venait à l'esprit, celle que nous étions tentés de donner même quand nous savions qu'elle était erronée. Nous pensions – à juste titre, s'avéra-t-il – que toute intuition que nous partagerions serait également partagée par beaucoup d'autres, et qu'il serait facile d'en démontrer l'impact sur la capacité de jugement.

Un jour, nous avons découvert, à notre plus grande joie, que nous avions les mêmes idées absurdes sur les professions qu'exerceraient plus tard plusieurs enfants en bas âge de notre connaissance. Nous nous amusions à identifier, chez des enfants de trois ans, qui serait un avocat sans merci, un universitaire obsessionnel, ou encore un psychothérapeute empathique mais un rien intrusif. Bien sûr, ces prédictions n'étaient que des idioties, mais nous ne les trouvions pas moins séduisantes. Il était de plus évident que nos intuitions étaient régies par le fait que chaque enfant ressemblait aux stéréotypes d'un métier. Cet exercice divertissant nous aida à développer une théorie qui commençait alors à se faire jour dans nos esprits, portant sur le rôle de la ressemblance dans les prédictions. Nous avons testé et peaufiné cette théorie lors de dizaines d'expériences, comme la suivante (pour laquelle il faut imaginer que Steve a été choisi au hasard parmi un échantillon représentatif) :

> Un homme décrit son voisin : « Steve est très timide et réservé, toujours prêt à rendre service, mais sans vraiment s'intéresser aux gens ou à la réalité. Personnalité docile et méticuleuse, il a besoin d'ordre et de structure, et se passionne pour les détails. » Steve est-il plus susceptible de devenir bibliothécaire ou agriculteur ?

La ressemblance entre la personnalité de Steve et celle du stéréotype du bibliothécaire frappe immédiatement tout le monde, alors que des considérations statistiques tout aussi importantes sont presque toujours ignorées. Saviez-vous qu'aux États-Unis, on compte plus de vingt agriculteurs pour un bibliothécaire ? Puisqu'il y a tant d'agriculteurs, il est presque sûr que l'on trouvera davantage de personnalités « dociles et méticuleuses » sur des tracteurs que derrière le comptoir d'accueil d'une bibliothèque. Toutefois, nous sommes-nous aperçus, les gens participant à nos expériences ignoraient les statistiques appropriées et se fiaient exclusivement à la ressemblance. Nous avons avancé qu'ils se servaient de la ressemblance comme d'une méthode empirique simplificatrice pour émettre un jugement difficile. Le recours à cette méthode heuristique[2] entraînait des biais prévisibles (des erreurs systématiques) dans leurs prédictions.

Une autre fois, Amos et moi nous sommes interrogés sur le taux de divorces parmi les professeurs de notre université. Nous avons remarqué que la question déclenchait une recherche mémorielle en quête d'enseignants divorcés que nous connaissions ou dont nous avions entendu parler, et que nous avions tendance à évaluer l'importance d'une catégorie en fonction de la facilité avec laquelle des exemples nous venaient à l'esprit. Pour nous, cette foi dans la facilité de la recherche mémorielle était heuristique.

Dans une de nos expériences, nous avons demandé aux participants de répondre à une question simple sur des mots pris dans un texte[3] :

> Prenons la lettre *K*.
> Sera-t-elle plus souvent la première OU la troisième lettre d'un mot ?

Comme le sait tout joueur de Scrabble, il est beaucoup plus facile de trouver des mots qui commencent par une lettre donnée que d'en trouver ayant la même lettre en troisième position. Cela vaut pour toutes les lettres de l'alphabet. Nous nous attendions donc à ce que les personnes interrogées exagèrent la fréquence des lettres apparaissant en première position – même les lettres (comme *K*, *L*, *N*, *R*, *V*) qui, en fait, apparaissent plus souvent en troisième position. Là encore, le recours à une certaine méthode heuristique aboutit à un biais prévisible dans le jugement. De la même façon, j'ai longtemps eu l'impression que l'adultère était plus courant chez les politiciens que chez les médecins ou les avocats, mais j'ai récemment commencé à en douter. Alors même que j'avais trouvé des explications à ce « phénomène », y compris l'effet aphrodisiaque du pouvoir et les tentations d'une vie loin de son foyer. J'ai fini par comprendre que les transgressions des politiciens étaient simplement beaucoup plus susceptibles de nous être rapportées que celles des avocats et des médecins. Mon impression intuitive était peut-être uniquement due aux sujets que choisissent les journalistes et à mon recours à telle méthode heuristique.

Amos et moi avons passé des années à étudier et à décrire les défauts de la pensée intuitive dans diverses fonctions – estimer la probabilité d'un événement, prédire l'avenir, évaluer des hypothèses et prévoir des fréquences. Nous collaborions depuis cinq ans quand nous avons publié nos découvertes dans la revue *Science,* lue par des universitaires de toutes les disciplines. L'article était intitulé « Judgment Under Uncertainty : Heuristics and Biases » (Juger dans l'incertitude : heuristique et biais). Il décrivait les raccourcis simplificateurs de la pensée intuitive et expliquait une vingtaine de biais comme autant de manifestations de cette heuristique, et comme autant de preuves du rôle de la méthode heuristique dans la capacité de jugement.

Comme l'ont souvent souligné les historiens de la science, il arrive parfois aux universitaires d'un domaine donné de partager des assertions élémentaires sur leur discipline. Les sociologues n'y font pas exception ; ils s'appuient sur une vision de la nature humaine qui sert de toile de fond à la plupart des débats sur des comportements spécifiques, mais qui est rarement remise en question. Dans les années 1970, les sociologues partaient en gros de deux principes à propos de la nature humaine. Premièrement, les gens sont généralement rationnels, et leur pensée est normalement saine. Deuxièmement, les émotions comme la peur, l'affection et la haine expliquent la plupart des cas où les gens se départent de leur rationalité. Notre article prenait à rebours ces deux affirmations sans les aborder de front. Nous décrivions des erreurs systématiques dans la pensée de gens normaux, et attribuions ces erreurs à la conception de la machine cognitive plutôt qu'à la corruption de la pensée par l'émotion.

Notre article attira l'attention bien davantage que nous ne l'avions escompté, et c'est encore aujourd'hui l'un des textes les plus souvent cités en sociologie (plus de trois cents articles universitaires y faisaient référence en 2010). Les spécialistes d'autres disciplines l'ont trouvé utile, et les concepts d'heuristique et de biais ont été appliqués de façon productive dans de nombreux domaines, tels le diagnostic médical, la justice, l'analyse du renseignement, la philosophie, les finances, les statistiques et la stratégie militaire.

Ainsi, des étudiants en sciences politiques ont remarqué que l'heuristique permettait d'expliquer pourquoi certains sujets devenaient incontournables dans l'opinion publique alors que d'autres étaient négligés. Les gens ont tendance à évaluer l'importance relative d'un sujet en fonction de la facilité avec laquelle on peut le retrouver lors d'une recherche mémorielle – laquelle est en grande partie fonction de l'étendue de la couverture médiatique. Les sujets fréquemment cités peuplent l'esprit tandis que d'autres s'effacent de la conscience. De même, ce que les médias choisissent de rapporter correspond à ce qui, selon eux, préoccupe actuellement l'opinion publique. Ce n'est pas un hasard si les régimes autoritaires exercent une pression substantielle sur les médias indépendants. L'intérêt du public étant plus facilement attisé par des événements dramatiques et par les célébrités, la curée médiatique est un phénomène banal. Pendant des semaines après la mort de Michael Jackson, il a été quasiment impossible de trouver une chaîne de télévision traitant d'un autre sujet. En comparaison, des sujets cruciaux mais suscitant moins de passion, comme le déclin du niveau de l'éducation ou le surinvestissement médical dans la dernière année de vie, sont rarement évoqués. (En écrivant ces mots, je m'aperçois que mon choix d'exemples « rarement évoqués » a lui-même été guidé par ma recherche mémorielle. Les sujets que j'ai choisis sont en fait souvent évoqués ; d'autres questions tout aussi importantes et moins souvent abordées ne me sont pas venues à l'esprit.)

Sur le moment, nous ne l'avions pas vraiment compris, mais une des raisons essentielles de l'influence de « l'heuristique et des biais » en dehors du domaine de la psychologie tenait à une caractéristique accessoire de nos travaux : nous avions presque toujours inclus dans nos articles le texte complet des questions que nous posions à nos participants et à nous-mêmes. Ces questions avaient servi de démonstration appliquée aux lecteurs, leur permettant d'identifier comment leurs propres réflexions étaient biaisées par des biais cognitifs. Peut-être avez-vous fait une expérience comparable en lisant la question sur Steve le bibliothécaire, qui visait à vous faire comprendre la force de la ressemblance dans le calcul des probabilités, et à quel point il est facile d'ignorer les faits statistiques appropriés.

Notre recours à ces mises en situation a donné à des spécialistes de disciplines diverses – en particulier les philosophes et les économistes – l'occasion, inhabituelle, d'étudier de possibles défauts dans leur propre pensée. Ayant pris conscience de leur faillibilité, ils ont alors été plus susceptibles de remettre en question l'affirmation dogmatique, très répandue à l'époque, qui voulait que l'esprit humain soit rationnel et logique. Le choix de la méthode avait été crucial : si nous n'avions fait état que des résultats d'expériences conventionnelles, l'article aurait été moins digne d'intérêt, moins marquant. De plus, un lecteur sceptique aurait pris ses distances vis-à-vis des résultats en attribuant les erreurs de jugement à l'inconséquence proverbiale des étudiants, cobayes traditionnels des recherches en psychologie. Bien sûr, nous n'avions pas préféré ces mises en situation aux expériences classiques parce que nous souhaitions influencer les philosophes et les économistes. Nous avions opté pour elles parce qu'elles étaient plus amusantes, et nous avons eu de la chance dans le choix de la méthode, entre autres. Un thème revient régulièrement dans ce livre : la chance joue inévitablement un grand rôle dans la réussite. Presque toujours, on voit qu'il suffit d'un infime détail pour faire la différence entre un formidable succès et un résultat médiocre. Cela vaut également pour notre histoire.

Nos travaux n'ont pas suscité une réaction positive unanime. La théorie des biais notamment a été dénoncée, et il nous a été reproché d'avoir une vision injustement négative de l'esprit humain [4]. Comme c'est le cas dans toutes les disciplines scientifiques, des chercheurs ont affiné nos idées, d'autres ont proposé des solutions alternatives plausibles [5]. Mais dans l'ensemble, le principe selon lequel nos esprits seraient sujets à des erreurs systématiques est aujourd'hui généralement admis. Nos recherches ont eu sur les sciences sociales une influence nettement supérieure à ce que nous aurions pu imaginer.

Après avoir étudié le jugement, nous nous sommes immédiatement intéressés au processus de décision dans des conditions d'incertitude. Nous voulions établir une théorie psychologique montrant comment les gens prennent des décisions sur des paris simples. Par exemple : accepteriez-vous de parier sur le lancer d'une pièce si on vous offrait 130 euros quand elle retombe sur face et 100 euros sur pile ? Depuis longtemps, ces exemples élémentaires servent à analyser des questions plus vastes sur la prise de décision, comme le poids relatif que les gens attribuent à des choses sûres et à des résultats incertains. Notre méthode était la même : nous avons passé des journées entières à concevoir des problèmes et à examiner si nos préférences intuitives correspondaient à la logique du choix. Là encore, comme dans le cas du jugement, nous avons observé des partis pris systématiques dans nos propres décisions, des préférences intuitives qui violaient constamment les règles du choix rationnel. Cinq ans après notre article dans *Science,* nous avons publié « Théorie des perspectives : une analyse de la décision face au risque », une théorie du choix qui, paraît-il, aurait été encore plus marquante que nos travaux sur le jugement et serait l'un des textes fondateurs de l'économie comportementale.

Jusqu'à ce que la séparation géographique nous complique la vie, Amos et moi avons eu la chance incroyable de travailler ensemble, notre réflexion commune étant supérieure à tout ce que nous aurions pu produire individuellement, et rendant le travail non seulement productif mais aussi amusant. Notre collaboration sur le jugement et la prise de décision m'a valu le prix Nobel[6], que j'ai reçu en 2002 et que j'aurais partagé avec Amos s'il n'était mort en 1996, à l'âge de cinquante-neuf ans.

Ce livre n'est pas censé décrire le début de mes recherches avec Amos, ce que nombre d'auteurs ont fait avec talent au fil des ans. Je souhaite surtout ici dépeindre le fonctionnement de l'esprit humain en m'inspirant de développements récents dans la psychologie cognitive et sociale. L'un des plus importants est que nous comprenons désormais les merveilles de la pensée intuitive, autant que ses failles.

Amos et moi n'avions pas abordé la question des intuitions justes, nous étant contentés de déclarer que l'heuristique du jugement, « bien que fort utile, aboutit parfois à de graves erreurs systématiques ». Nous nous étions concentrés sur les biais, à la fois parce que nous les trouvions intéressants en eux-mêmes, et parce qu'ils nous fournissaient la preuve de l'heuristique du jugement. Nous ne nous étions pas demandé si tous les jugements intuitifs face à l'incertitude étaient produits par l'heuristique que nous étudiions ; on sait aujourd'hui que ce n'est pas le cas. En particulier, les intuitions exactes des experts s'expliquent mieux par les effets d'une pratique durable[7] que par l'heuristique. Nous pouvons dorénavant brosser un tableau plus riche et équilibré, où la compétence et l'heuristique sont des sources alternatives de jugements intuitifs et de choix.

Le psychologue Gary Klein raconte l'histoire d'une équipe de pompiers qui entrent dans une maison où la cuisine est en feu[8]. Alors qu'ils viennent de commencer à arroser la cuisine, le commandant se surprend à crier : « Fichons le camp d'ici ! » sans même savoir pourquoi. À peine les pompiers sont-ils sortis que le plancher s'effondre. Ce n'est qu'après coup que le commandant s'aperçoit que le feu avait été inhabituellement silencieux, et qu'il avait eu curieusement chaud aux oreilles. Conjuguées, ces impressions avaient déclenché ce qu'il a appelé un « sixième sens du danger ». Il n'avait aucune idée de ce qui n'allait pas, mais il savait que quelque chose n'allait effectivement pas. Il s'avéra que le foyer central du sinistre ne se trouvait pas dans la cuisine, mais à la cave, sous les pieds des pompiers.

Nous avons tous entendu des histoires de ce genre sur l'intuition des spécialistes : le maître d'échecs qui, passant près d'une partie disputée dans la rue, proclame : « Blancs mat en trois coups » sans s'arrêter, ou le médecin qui effectue un diagnostic complexe après n'avoir jeté qu'un coup d'œil à un patient. L'intuition de l'expert nous frappe parce qu'elle nous semble magique, alors qu'elle ne l'est pas. En fait, nous accomplissons tous des exploits d'expertise intuitive plusieurs fois par jour. Nous sommes, pour la plupart, parfaitement affûtés quand il s'agit d'identifier la colère dès le premier mot d'une conversation téléphonique, de comprendre en entrant dans une pièce que nous étions le sujet de conversation, de réagir rapidement à des signes subtils prouvant que le conducteur de la voiture sur la voie d'à côté est dangereux. Nos capacités intuitives quotidiennes ne sont pas moins étonnantes que la formidable perspicacité d'un pompier ou d'un médecin expérimenté – elles sont simplement plus courantes.

Il n'y a pas de magie dans la psychologie de l'intuition exacte. La meilleure description, et la plus courte, qu'on en ait donnée est peut-être celle du grand Herbert Simon, qui a étudié les maîtres d'échecs[9] et a montré qu'au bout de milliers d'heures de pratique, ils finissent par ne plus voir les pièces sur l'échiquier comme nous. On peut percevoir l'agacement que suscite en lui la mythification de l'intuition des experts quand il écrit : « La situation fournit un indice ; cet indice donne à l'expert un accès à une information stockée dans sa mémoire, et cette information, à son tour, lui donne la réponse. L'intuition n'est rien de plus et rien de moins que de la reconnaissance[10]. »

Nous ne sommes pas surpris quand un enfant de deux ans regarde un chien et s'exclame : « Chienchien ! » parce que nous sommes habitués au miracle de l'enfant qui apprend à reconnaître et à nommer les choses. Ce que veut dire Simon, c'est que les miracles de l'intuition de l'expert ressortissent au même principe. Les intuitions valides se développent quand les spécialistes ont appris à reconnaître des éléments familiers dans une nouvelle situation et à agir de façon adaptée. Les bons jugements intuitifs viennent alors à l'esprit avec la même immédiateté que le « chienchien ! » de l'enfant.

Malheureusement, les intuitions des professionnels ne relèvent pas toutes d'une véritable expertise. Il y a des années de cela, j'ai rendu visite au principal responsable des investissements d'un grand cabinet financier, qui m'a dit qu'il venait tout juste d'investir quelques dizaines de millions de dollars dans les actions de Ford. Quand je lui ai demandé comment il avait pris sa décision, il m'a répondu qu'il avait, peu de temps auparavant, assisté à un salon de l'automobile et qu'il en avait été impressionné. « C'est sûr, ils savent faire des voitures ! » m'a-t-il dit en guise d'explication. Il ne m'a pas caché qu'il en avait l'intime conviction, et qu'il était satisfait de lui-même et de sa décision. Ce que j'ai trouvé remarquable, c'est qu'il n'avait apparemment pas pris en compte la seule question qu'un économiste devrait se poser : l'action de Ford est-elle actuellement sous-évaluée ? Au lieu de cela, il avait fait confiance à son intuition ; il aimait cette voiture, il aimait l'entreprise, et il aimait l'idée d'en détenir des actions. Pour ce que l'on sait de la précision qu'exige le choix des actions, on peut se dire sans craindre de se tromper qu'il ne savait pas ce qu'il faisait.

L'heuristique spécifique qu'Amos et moi avons étudiée ne nous aide guère à comprendre comment ce décideur en est venu à investir dans les actions de Ford, mais il existe aujourd'hui une conception plus vaste de l'heuristique qui, elle, nous le permet. L'émotion, et c'est un grand progrès, joue désormais un rôle beaucoup plus important dans notre compréhension des choix et des jugements intuitifs que par le passé. La décision du responsable serait aujourd'hui décrite comme un exemple de l'heuristique de l'affect [11], où les jugements et les décisions sont directement fonction de ce que l'on a le sentiment d'aimer ou de ne pas aimer, et qui laisse peu de place à la délibération ou au raisonnement.

Confronté à un problème – le choix d'un coup aux échecs ou la décision d'investir dans des actions –, le mécanisme de la pensée intuitive fait du mieux qu'il peut. Si l'individu dispose de l'expertise adéquate, il va identifier la situation, et la solution intuitive qui lui viendra à l'esprit a de fortes chances d'être correcte. C'est ce qui se passe quand un maître d'échecs observe une position complexe : les quelques coups qui lui apparaissent immédiatement sont tous forts. Quand la question est difficile et qu'une solution experte n'est pas accessible, cela n'empêche pas l'intuition de prendre le risque : une réponse peut alors rapidement venir à l'esprit – mais ce n'est pas une réponse à la question d'origine. La question à laquelle le décideur faisait face (dois-je investir dans les actions de Ford ?) était difficile, mais c'est la réponse à une question facile, et malgré tout liée à la première (est-ce que j'aime les Ford ?), qui lui est aussitôt venue et a déterminé son choix. C'est l'essence de l'heuristique intuitive : face à une question ardue, nous penchons souvent pour une réponse à une question facile, généralement sans prendre conscience de la substitution [12].

Il arrive que la quête spontanée d'une solution intuitive échoue – ce n'est ni une solution d'expert, ni une réponse heuristique qui nous vient à l'esprit. Dans de tels cas, nous passons alors souvent à un mode de pensée plus lent, plus délibéré et qui nécessite plus d'effort. On peut parler de pensée lente. La pensée rapide englobe les deux variantes de la pensée intuitive – l'experte et l'heuristique –, ainsi que les activités mentales entièrement automatiques que sont la perception et la mémoire, ces opérations qui vous permettent de savoir qu'une lampe se trouve sur votre bureau ou de retrouver le nom de la capitale de la Russie.

Depuis vingt-cinq ans, de nombreux psychologues ont exploré la distinction entre la pensée rapide et la pensée lente. Pour des raisons que j'aborde plus en détail dans le prochain chapitre, je décris la vie mentale grâce à la métaphore de deux agents, le Système 1 et le Système 2, chacun se chargeant respectivement de la pensée rapide et de la pensée lente. J'évoque les caractéristiques de la pensée intuitive et de la pensée délibérée comme si elles étaient les traits et les dispositions de deux personnages dans votre esprit. D'après ce qu'il ressort des recherches les plus récentes, le Système 1 intuitif est plus influent que votre expérience ne vous le laisse croire, et il est l'auteur secret de beaucoup de vos choix et avis. Pour l'essentiel, ce livre traite des agissements du Système 1, et des influences réciproques entre le Système 2 et lui.

Ce livre est divisé en cinq parties. La première partie présente les éléments fondamentaux d'une approche du jugement et du choix fondée sur ces deux systèmes. Elle s'attarde sur la distinction entre les opérations automatiques du Système 1 et les opérations contrôlées du Système 2, et montre comment la mémoire associative, qui est au cœur du Système 1, construit constamment une interprétation cohérente de ce qui se passe en permanence dans notre monde. Je m'efforce de donner un aperçu de la complexité et de la richesse des processus automatiques et souvent inconscients qui sous-tendent la pensée intuitive et de la façon dont ces processus automatiques expliquent l'heuristique du jugement. Le but est de fournir un lexique permettant de penser et de parler de l'esprit.

La deuxième partie approfondit l'étude du jugement heuristique et explore une grande énigme : pourquoi avons-nous tant de mal à penser de façon statistique ? Nous pensons facilement par association, par métaphore, par causalité, mais les statistiques nécessitent que l'on pense à beaucoup de choses en même temps, ce que le Système 1 n'est pas conçu pour faire.

La difficulté de la pensée statistique est l'ossature de la troisième partie, qui dépeint une autre limite intrigante de notre esprit : notre confiance excessive dans ce que nous croyons savoir, et notre incapacité apparente à reconnaître l'étendue de notre ignorance et l'incertitude du monde dans lequel nous vivons. Nous sommes enclins à surestimer la compréhension que nous avons du monde et à sous-estimer le rôle du hasard dans les événements. Cette trop grande confiance en soi est alimentée par la certitude illusoire de la sagesse rétrospective. Mon opinion à ce sujet a été influencée par Nassim Taleb, l'auteur du *Cygne noir*[13]. Je rêve de conversations à la machine à café qui exploreront avec intelligence les leçons que l'on peut tirer du passé tout en sachant résister aux sirènes de la sagesse rétrospective et aux illusions de la certitude.

La quatrième partie est une sorte de conversation avec la discipline de l'économie sur la nature de la prise de décision et sur l'idée qui veut que les agents économiques soient rationnels. Cette partie revient, en s'appuyant sur le modèle à deux systèmes, sur les concepts clés de la théorie des perspectives, ce modèle de choix qu'Amos et moi avons élaboré en 1979. Les chapitres suivants s'intéressent aux diverses façons qu'ont les choix humains de dévier des règles de la rationalité. J'y aborde la tendance malheureuse à traiter les problèmes séparément les uns des autres, ainsi que les effets de cadrage, à cause desquels l'on prend des décisions en fonction de critères superficiels. Ces phénomènes, aisément explicables par la nature propre du Système 1, sont une redoutable remise en question de l'idée de rationalité privilégiée en économie classique.

La cinquième partie décrit les recherches récentes qui ont abouti à une distinction entre deux soi, le soi expérimentant et le soi mémoriel. Imaginons par exemple que l'on soumette des gens à deux expériences douloureuses. L'une des deux est effectivement pire que l'autre dans la mesure où elle dure plus longtemps. Mais la formation automatique de la mémoire – une caractéristique du Système 1 – a ses règles propres, qui expliquent pourquoi le pire épisode laissera finalement un meilleur souvenir. Par la suite, quand les gens doivent choisir quel épisode répéter, ils sont naturellement guidés par leur soi mémoriel, et s'exposent donc eux-mêmes (leur soi expérimentant) à une douleur inutile. Cette distinction entre deux soi est applicable à l'évaluation du bien-être, où l'on s'aperçoit de nouveau que ce qui rend heureux le soi expérimentant n'est pas tout à fait la même chose que ce qui satisfait le soi mémoriel. Comment ces deux soi réunis en un même corps peuvent conduire au bonheur ? La question est épineuse, tant à l'échelle des individus qu'à celle des sociétés, qui font du bien-être de la population un objectif politique.

En conclusion, nous explorerons, en ordre inversé, les implications de trois distinctions établies dans ce livre : entre les soi expérimentant et mémoriel, entre la conception des agents en économie classique et en économie comportementale (qui emprunte à la psychologie), et entre le Système 1 automatique et le laborieux Système 2. Je reviendrai enfin aux vertus des potins et à ce que les institutions et les entreprises pourraient faire pour améliorer la qualité des jugements et des décisions prises en leur nom.

Première partie

DEUX SYSTÈMES DE PENSÉE

1

Les personnages de l'histoire

Pour observer votre esprit en mode automatique, jetez un coup d'œil à l'image ci-dessous.

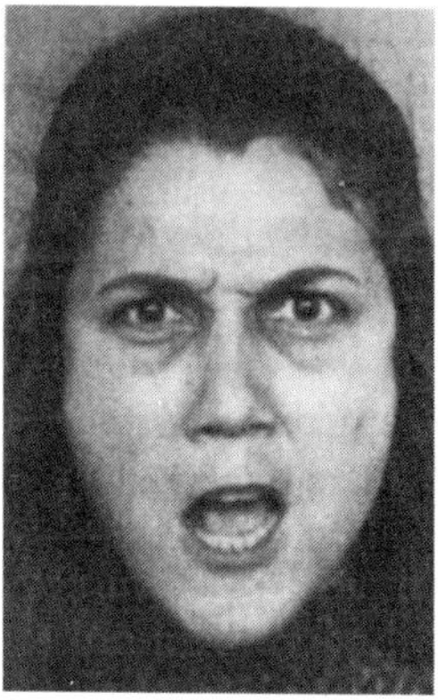

Figure 1

Votre expérience, quand vous considérez le visage de cette femme, associe l'air de rien ce que l'on appelle d'habitude la vision et la pensée intuitive. Aussi sûrement et rapidement que vous avez vu que ses cheveux étaient noirs, vous avez su qu'elle était en colère. De plus, ce que vous avez vu a des ramifications dans le futur. Vous avez senti que cette femme est sur le point de prononcer quelques mots peu amènes, probablement d'une voix forte et stridente. Une prémonition de ce qu'elle va faire ensuite vous est venue à l'esprit, automatiquement et sans effort. Vous n'aviez pas l'intention d'évaluer son humeur ni d'anticiper ce qu'elle risque de faire, et votre réaction à la photographie ne vous a pas laissé l'impression que vous aviez fait quelque chose de particulier. C'est plutôt comme si ça vous était arrivé malgré vous. C'est un exemple de pensée rapide.

Intéressez-vous maintenant au problème suivant :

17 × 24

Vous avez vu immédiatement qu'il s'agissait d'une multiplication, et vous avez probablement su que vous pouviez la résoudre, avec du papier et un crayon, voire sans. Vous avez aussi eu vaguement conscience de l'éventail des résultats possibles. Vous ne mettriez pas longtemps à admettre que 12 609 et 123 sont l'un et l'autre peu plausibles. En revanche, à moins de consacrer du temps au problème, vous ne seriez pas certain que la réponse n'est pas 568. Une solution précise ne vous est pas venue à l'esprit, et vous avez eu le sentiment que vous pouviez choisir ou non de vous lancer dans le calcul ; si vous ne l'avez pas encore fait, vous devriez vous y essayer maintenant, au moins commencer.

En passant par une succession d'étapes, vous venez de faire l'expérience de la pensée lente. Vous êtes d'abord allé chercher dans votre mémoire le programme cognitif de la multiplication que vous avez appris à l'école, puis vous l'avez mis en œuvre. Le fait d'effectuer le calcul lui-même a représenté une tension. Vous avez ressenti combien il est laborieux de préserver une grande quantité d'informations en mémoire, sans oublier ni où vous en étiez ni où vous alliez, et en vous accrochant au résultat intermédiaire. Ce processus est un travail mental : délibéré, ordonné, qui nécessite un effort – un prototype de la pensée lente. Le calcul ne s'est pas déroulé seulement dans votre esprit ; votre organisme a participé lui aussi. Vos muscles se sont tendus, votre tension artérielle a augmenté, de même que votre rythme cardiaque. En regardant vos yeux de près au moment où vous vous attaquiez à ce problème, on aurait pu voir vos pupilles se dilater. Vos pupilles ont repris leur dimension normale dès que vous avez terminé le travail, dès que vous avez trouvé la réponse (408, soit dit en passant) ou que vous avez jeté l'éponge.

LES PROTAGONISTES : SYSTÈME 1 / SYSTÈME 2

Depuis des décennies, les psychologues se passionnent pour les deux modes de pensée évoqués par le cliché de la femme en colère et le problème de multiplication, et ont proposé diverses façons de les nommer [1]. J'adopte des termes suggérés à l'origine par les psychologues Keith Stanovich et Richard West, et me référerai à deux systèmes de l'esprit, le Système 1 et le Système 2.

- Le *Système 1* fonctionne automatiquement et rapidement, avec peu ou pas d'effort et aucune sensation de contrôle délibéré.
- Le *Système 2* accorde de l'attention aux activités mentales contraignantes qui le nécessitent, y compris des calculs complexes. Le fonctionnement du Système 2 est souvent associé à l'expérience subjective de l'action, du choix, et de la concentration [2].

Les noms de Système 1 et Système 2 sont très souvent utilisés en psychologie, mais je vais plus loin que d'autres dans ce livre, que vous pouvez lire comme un psychodrame à deux personnages.

Quand nous pensons à nous-mêmes, nous nous identifions au Système 2, le soi conscient, qui raisonne, qui a des convictions, fait des choix et décide que penser et que faire. Bien que le Système 2 croie être au cœur de l'action, c'est le Système 1 automatique qui est le héros du livre. Pour moi, le Système 1 produit sans effort les impressions et les sentiments qui sont les sources principales des convictions explicites et des choix délibérés du Système 2. Les opérations automatiques du Système 1 engendrent des enchaînements d'idées étonnamment complexes, mais seul le Système 2, plus lent, peut élaborer des pensées en une série ordonnée d'étapes. Je décris également les circonstances dans lesquelles le Système 2 prend les commandes, surmontant les impulsions et les associations en roue libre du Système 1. Je vous invite à considérer ces deux systèmes comme des agents disposant de leurs propres capacités, limites et fonctions.

Voici, dans un ordre de complexité sommaire, quelques exemples des activités automatiques attribuées au Système 1 :

- détecter qu'un objet est plus éloigné qu'un autre ;
- s'orienter vers la source d'un bruit soudain ;
- compléter la phrase « du pain et… » ;
- faire une grimace de dégoût face à une image horrible ;
- détecter de l'hostilité dans une voix ;
- résoudre 2 + 2 = ? ;
- lire des mots sur un grand panneau d'affichage ;
- conduire une voiture sur une route déserte ;
- trouver un coup fort aux échecs (si vous êtes un maître) ;
- comprendre des phrases simples ;

- reconnaître qu'une « personnalité docile et méticuleuse qui se passionne pour les détails » ressemble à tel stéréotype professionnel.

Tous ces événements mentaux ont un rapport avec la femme en colère – ils se produisent automatiquement et ne nécessitent que peu ou pas d'effort. Les capacités du Système 1 comprennent des compétences innées que nous avons en commun avec d'autres animaux. Nous sommes nés prêts à percevoir le monde qui nous entoure, à reconnaître des objets, orienter notre attention, éviter les pertes et avoir peur des araignées. D'autres activités deviennent rapides et automatiques à l'issue d'une longue pratique. Le Système 1 a appris à associer certaines idées (quelle est la capitale de la France ?) ; il a par ailleurs acquis des compétences comme la lecture et la compréhension des nuances dans des situations sociales. Certains talents, comme celui de trouver des coups forts aux échecs, ne sont acquis que par des experts spécialisés ; d'autres sont très courants. Pour percevoir la similitude entre la description d'une personnalité et un stéréotype professionnel, il faut disposer d'une connaissance étendue de la langue et de la culture, ce que possèdent la plupart d'entre nous. La connaissance est stockée dans la mémoire, et l'on y accède sans intention ni effort.

Plusieurs actions mentales de la liste ci-dessus sont complètement involontaires. Vous ne pouvez pas vous empêcher de comprendre des phrases simples dans votre propre langue, ou de vous orienter vers un bruit fort et inattendu, pas plus que vous ne pouvez vous empêcher de savoir que 2 + 2 = 4 ou de penser à Paris quand on parle de la capitale de la France. D'autres activités, comme la mastication, peuvent être soumises à un contrôle délibéré, mais fonctionnent normalement en pilote automatique. Le contrôle de l'attention est commun aux deux systèmes. L'orientation vers un son fort est d'ordinaire une opération involontaire du Système 1, qui mobilise immédiatement l'attention volontaire du Système 2. Vous pouvez peut-être résister à l'envie de vous tourner vers la source d'un commentaire bruyant et insultant dans une fête bondée, mais même si votre tête ne pivote pas, votre attention, au départ, est axée dessus, pendant un moment du moins. Toutefois, il est possible de détourner son attention d'une cible indésirable, avant tout en la concentrant intensément sur une autre.

Les fonctions très diverses du Système 2 ont un trait commun : toutes nécessitent de l'attention et sont interrompues si cette attention est attirée ailleurs. En voici quelques exemples :

- se préparer au top-départ d'une course ;
- concentrer son attention sur les clowns d'un cirque ;
- se concentrer sur la voix d'une personne particulière dans une salle comble et bruyante ;
- rechercher une femme aux cheveux blancs ;
- fouiller dans sa mémoire pour identifier un son surprenant ;
- marcher plus vite qu'il ne vous est naturel ;
- veiller à ce que votre comportement soit adapté à la situation sociale dans laquelle vous vous trouvez ;
- compter le nombre de fois où la lettre *A* apparaît dans un texte ;
- donner votre numéro de téléphone à quelqu'un ;
- se garer sur une place exiguë (pour presque tout le monde sauf les garagistes) ;
- remplir sa déclaration d'impôts ;
- vérifier la validité d'un argument logique complexe.

Ce sont autant de situations qui nécessitent votre attention, et dont vous vous tirerez moins bien, ou pas du tout, si vous n'êtes pas prêt ou si votre attention n'est pas orientée comme il convient. Le Système 2 est en partie capable de modifier la façon de fonctionner du Système 1, en programmant les fonctions normalement automatiques de l'attention et de la mémoire. En attendant un proche dans une gare bondée, par exemple, vous pouvez à volonté décider de chercher une femme aux cheveux blancs ou un homme portant la barbe, et ainsi augmenter la probabilité de repérer de loin l'arrivée de votre parent. Vous pouvez demander à votre mémoire de trouver des capitales dont le nom commence par *N* ou des romans existentialistes français. Et quand vous louez une voiture à l'aéroport de Heathrow, la personne au comptoir ne manquera probablement pas de vous rappeler que « nous conduisons à gauche, ici ». Dans tous ces cas, on vous demande de faire quelque chose qui ne vous vient pas naturellement, et vous allez vous apercevoir que cette activité nécessite de votre part un effort relatif mais continu.

La phrase « Faites attention », souvent utilisée, est alors parfaitement adaptée : vous disposez d'un capital d'attention limité que vous pouvez répartir entre diverses activités, et si vous essayez de dépasser votre budget, vous échouerez. Les activités qui impliquent des efforts interfèrent les unes avec les autres, c'est une de leurs caractéristiques. C'est pourquoi il est difficile, voire impossible, d'en mener plusieurs de front. Vous ne pourriez pas calculer le produit 17 × 24 tout en tournant à gauche dans un trafic dense, et du reste, je vous déconseille d'essayer. Vous pouvez faire plusieurs choses à la fois, mais seulement si elles sont faciles et n'exigent pas trop de vous. Vous ne risquez probablement rien à discuter avec un passager en conduisant sur une autoroute déserte, et bien des parents se sont aperçus, peut-être avec un certain sentiment de culpabilité, qu'ils pouvaient lire une histoire à un enfant tout en pensant à autre chose.

Tout le monde est à peu près conscient des limites de notre capacité d'attention, et notre comportement social s'adapte à ces limites. Quand le conducteur d'une voiture dépasse un camion sur une route étroite, par exemple, les passagers adultes, fort raisonnablement, cessent de parler. Ils savent que ce ne serait pas une bonne idée de distraire le chauffeur, et ils se doutent aussi qu'il est temporairement sourd et qu'il n'entendra pas ce qu'ils disent.

Le fait de se concentrer intensément sur une tâche peut rendre les gens littéralement insensibles, même à des stimuli qui, d'ordinaire, attirent l'attention. Christopher Chabris et Daniel Simons, dans leur livre, *The Invisible Gorilla* (Le Gorille invisible), en ont sans doute offert la démonstration la plus frappante. Ils ont réalisé un petit film où l'on voit deux équipes se passer une balle, l'une portant des tee-shirts blancs, l'autre des noirs. Il est demandé aux spectateurs de compter le nombre de passes effectuées par l'équipe blanche, sans s'intéresser aux joueurs en noir. Une tâche difficile et très absorbante. Vers le milieu de la vidéo, une femme en costume de gorille apparaît, traverse le terrain et se frappe la poitrine avant de poursuivre son chemin. Le gorille est visible pendant neuf secondes. Des milliers de gens ont vu la vidéo, et près de la moitié, en règle générale, ne remarque rien d'inhabituel. C'est le calcul – et surtout l'ordre d'ignorer l'une des deux équipes – qui provoque cette cécité. Voir et orienter son regard sont des fonctions automatiques du Système 1, mais elles dépendent de l'attribution d'une certaine attention au stimulus approprié. Les auteurs soulignent que l'observation la plus remarquable de leur étude est que les gens sont très surpris par ses résultats. En effet, les spectateurs qui ne voient pas le gorille sont sûrs, au départ, qu'il n'a jamais existé – ils n'imaginent pas être passés à côté d'un événement aussi frappant. Cette étude illustre deux faits importants quant au fonctionnement de notre esprit : nous pouvons être aveugles aux évidences, et inconscients de notre propre cécité.

L'INTRIGUE

L'interaction entre les deux systèmes est un thème récurrent de ce livre, aussi un bref résumé me semble-t-il s'imposer. Dans l'histoire que je vais vous raconter, les systèmes 1 et 2 sont tous les deux actifs dès que nous sommes éveillés. Le Système 1 fonctionne automatiquement et le Système 2 est normalement installé dans un confortable mode mineur, qui n'implique qu'une fraction de ses capacités. Le Système 1 émet constamment des suggestions pour le Système 2 : des impressions, des intuitions, des intentions et des sentiments. Si elles sont approuvées par le Système 2, les impressions et les intuitions se transforment en convictions, et les impulsions en actions délibérées. Quand tout se passe bien, le Système 2 adopte les suggestions du Système 1 avec peu de modifications ou presque. Vous avez généralement foi dans vos impressions et agissez en fonction de vos désirs, et c'est pour le mieux – la plupart du temps.

Quand le Système 1 se heurte à des difficultés, il fait appel au Système 2 pour se livrer à une gestion plus détaillée et adaptée qui peut résoudre le problème du moment. Le Système 2 est mobilisé quand une question se pose à laquelle le Système 1 n'a pas de réponse, ce qui a dû vous arriver quand vous avez vu la multiplication 17 x 24. Vous pouvez également ressentir une montée d'attention consciente quand vous êtes surpris. Le Système 2 entre en action quand un événement est détecté qui rompt avec le modèle du monde que gère le Système 1. Dans ce monde, les lampes de bureau ne sautent pas, les chats n'aboient pas, et les gorilles ne traversent pas les terrains de basket. L'expérience du gorille démontre qu'il faut une certaine attention pour que ce stimulus surprenant soit détecté. La surprise actionne alors votre attention et l'oriente : vous allez vous mettre à scruter la scène et à fouiller dans votre mémoire pour trouver une histoire capable de donner du sens à l'événement qui vous surprend. C'est encore le Système 2 qui se charge de la surveillance constante de votre propre comportement – ce contrôle qui fait que vous restez poli quand vous êtes en colère, et que vous êtes sur vos gardes quand vous conduisez la nuit. Le Système 2 se mobilise encore plus quand il détecte une erreur sur le point d'être commise. Souvenez-vous de la fois où vous avez failli bredouiller une réflexion insultante, et voyez comme vous avez lutté pour reprendre le contrôle. Pour résumer, l'essentiel de ce que vous (votre Système 2) pensez et faites provient de votre Système 1, mais le Système 2 prend les choses en main quand elles se compliquent, et c'est normalement lui qui a le dernier mot.

La répartition des tâches entre le Système 1 et le Système 2 est extrêmement efficace : elle minimise les efforts et optimise la performance. Cet arrangement fonctionne très bien la plupart du temps parce que le Système 1 est généralement doué pour ce qu'il fait : il établit des modèles de situations familières qui sont justes, il se trompe aussi rarement dans ses prédictions à court terme, et ses premières réactions aux défis sont rapides et d'ordinaire appropriées. Le Système 1 a des défauts, cependant, ces erreurs systématiques qu'il a tendance à commettre dans certaines circonstances. Comme nous le verrons, il répond parfois à des questions plus faciles que celle qui était posée, et il comprend mal la logique et les statistiques. Autre point faible du Système 1, il ne peut pas être débranché. Que l'on vous montre un mot dans une langue que vous connaissez, et vous le lirez, à moins que votre attention ne soit complètement occupée ailleurs[3].

LE CONFLIT

La figure 2 est une variante d'une expérience classique qui engendre un conflit entre les deux systèmes[4]. Je vous invite à faire l'exercice avant de poursuivre.

Pour commencer, il vous faut lire les deux colonnes de haut en bas en disant à voix haute si le mot est imprimé en majuscules ou en minuscules. Ensuite, relisez les deux colonnes, en déclarant si chaque mot est imprimé à gauche ou à droite de la colonne : dites (ou murmurez) « GAUCHE » ou « DROITE ».

GAUCHE		majuscule	
	gauche	minuscule	
droite			MINUSCULE
DROITE		majuscule	
	DROITE	MAJUSCULE	
	Gauche		minuscule
GAUCHE			MINUSCULE
	Droite		majuscule

Figure 2

Vous avez sans aucun doute réussi à accomplir ces deux tâches, et vous vous êtes sûrement aperçu que certaines parties étaient plus faciles que d'autres. Quand vous avez identifié les majuscules et les minuscules, vous n'avez eu aucun mal à lire la colonne de gauche, mais la colonne de droite vous a obligé à ralentir et vous a peut-être fait hésiter ou buter. Quand il s'est agi d'indiquer l'emplacement des mots, vous avez peiné avec la colonne de gauche et la colonne de droite s'est avérée beaucoup plus facile.

Ce sont des tâches qui impliquent l'intervention du Système 2, parce que dire « majuscule/minuscule » ou « droite/gauche » n'est pas ce que vous faites d'habitude quand vous lisez des colonnes de mots. Une des choses que vous avez faites, pour vous préparer à l'exercice, a été de programmer votre mémoire de façon à ce que les mots appropriés (*majuscule* et *minuscule* pour la première partie) se trouvent « sur le bout de votre langue ». La priorité accordée à ces mots a été efficace, et il vous a été assez facile de résister à la faible tentation de lire d'autres mots quand vous vous êtes occupé de la première colonne. Ce qui n'a pas été le cas de la seconde, parce qu'elle contenait des mots semblables à ceux pour lesquels vous vous étiez préparé, et que vous ne pouviez pas les ignorer. Dans l'ensemble, vous avez pu réagir comme il le fallait, mais vous avez dû accomplir un effort pour surmonter l'envie de répondre autrement, ce qui vous a ralenti. Vous avez fait l'expérience d'un conflit entre une tâche dont vous comptiez vous acquitter et une réaction automatique qui interférait avec elle.

Dans nos vies, ce conflit entre une réaction automatique et l'intention de la maîtriser est courant. Nous avons tous vécu des expériences de ce genre, quand nous essayons par exemple de ne pas regarder fixement le couple bizarrement fagoté à la table voisine dans un restaurant. Nous savons aussi ce que c'est que de contraindre son attention à se focaliser sur un livre ennuyeux, quand nous revenons constamment au point à partir duquel nous avons perdu le fil de la lecture. Quand l'hiver est rude, nombre de conducteurs perdent le contrôle de leur véhicule sur le verglas, et luttent pour appliquer des instructions souvent répétées mais contre-intuitives : « Braquez dans le sens du dérapage et surtout, ne freinez pas ! » Et tout le monde a dû au moins une fois s'efforcer de *ne pas* dire à quelqu'un d'aller au diable. Une des missions du Système 2 est de surmonter les impulsions du Système 1. En d'autres termes, c'est le Système 2 qui est responsable du contrôle de soi.

Les illusions

Pour prendre la mesure de l'autonomie du Système 1, ainsi que de la distinction entre les impressions et les convictions, regardez bien la figure 3.

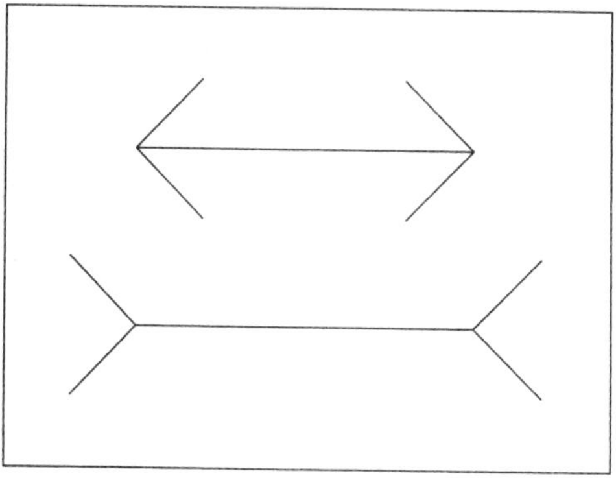

Figure 3

Une image apparemment banale : deux lignes horizontales de longueur différente, avec des appendices pointant dans des directions opposées. Celle du bas est manifestement plus longue que celle du haut. C'est ce que nous voyons tous, et nous croyons naturellement ce que nous voyons. Cependant, si vous avez déjà croisé cette image, vous avez reconnu la célèbre illusion de Müller-Lyer. Comme vous pourrez le confirmer sans difficulté à l'aide d'une règle, en réalité, les lignes horizontales sont de même longueur.

Maintenant que vous les avez mesurées, vous – votre Système 2, l'être conscient que vous appelez « je » – avez une nouvelle conviction : vous *savez* que les lignes sont de même longueur. Si on vous interroge à ce sujet, vous direz ce que vous savez. Or, vous continuez à *voir* que la ligne du bas est plus longue. Vous avez choisi de croire la mesure prise avec la règle, mais vous ne pouvez pas empêcher le Système 1 de faire ce qu'il fait ; vous ne pouvez pas vous décider à voir que les lignes sont égales, tout en sachant qu'elles le sont. Pour résister à l'illusion, il n'y a qu'une seule chose que vous puissiez faire : il vous faut apprendre à vous méfier de vos impressions quant à la longueur des lignes quand on y attache des appendices. Pour mettre en œuvre cette règle, vous devez être capable de reconnaître le caractère illusoire du dessin et vous souvenir de ce que vous savez à son propos. Si vous y parvenez, vous ne serez plus jamais berné par l'illusion de Müller-Lyer. Mais vous continuerez quand même à voir qu'une ligne est plus longue que l'autre.

Toutes les illusions ne sont pas visuelles. Il existe des illusions de la pensée, les *illusions cognitives.* Quand j'étais étudiant, j'ai suivi des cours sur l'art et la science de la psychothérapie. Durant un de ces cours, notre professeur nous a confié un peu de sagesse clinique. Voici ce qu'il nous a dit : « De temps à autre, vous rencontrerez un patient qui vous fera le récit troublant des nombreuses erreurs commises lors de son traitement précédent. Il a déjà vu plusieurs cliniciens, et tous ont échoué. Il peut, en toute lucidité, décrire dans quelle mesure ses thérapeutes ne l'ont pas compris, mais il a rapidement senti que vous étiez différent. Sentiment que vous partagez. Vous êtes convaincu que vous le comprenez, et que vous allez pouvoir l'aider. » Et là, notre professeur a soudain haussé le ton : « N'imaginez même pas accepter ce patient ! Flanquez-le à la porte de votre cabinet ! C'est presque à coup sûr un psychopathe et vous ne pourrez pas l'aider. »

Des années plus tard, j'ai appris que notre professeur nous avait là mis en garde contre le charme psychopathologique[5], et le plus grand spécialiste de l'étude de la psychopathologie m'a confirmé la justesse de ses conseils. Ce cas présente une analogie étroite avec l'illusion de Müller-Lyer. Notre professeur n'avait pas cherché à nous apprendre ce que nous devions ressentir vis-à-vis de ce patient. Il partait du principe que la sympathie que nous éprouverions ne dépendrait pas de nous ; elle viendrait du Système 1. Pas plus qu'il ne nous enseignait à nous méfier de manière générale de nos sentiments face à nos patients. Il nous a fait comprendre qu'une forte attirance pour un patient dont les traitements passés ont régulièrement échoué est un signe de danger – comme les appendices sur des droites parallèles. C'est une illusion – une illusion cognitive –, j'ai (le Système 2 a) appris à l'identifier et il m'a été conseillé de ne pas y croire et de ne pas agir en conséquence.

La question que l'on pose le plus souvent au sujet des illusions cognitives est de savoir si l'on peut les surmonter. Les exemples précédents n'ont rien d'encourageant. Comme le Système 1 fonctionne automatiquement et ne peut pas être mis hors circuit, il est souvent difficile d'éviter les erreurs de la pensée intuitive. On ne peut pas toujours échapper aux biais, parce que le Système 2 n'a peut-être pas repéré l'erreur. Même quand nous disposons d'indices, ce n'est qu'en renforçant son contrôle que le Système 2, non sans effort, peut éviter les erreurs. Toutefois, il n'est pas forcément bon de vivre constamment sur le qui-vive, et c'est assurément peu pratique. La constante remise en question de vos propres réflexions serait incroyablement pénible, et le Système 2 est beaucoup trop lent et inefficace pour pouvoir remplacer le Système 1 dans la prise de décisions de routine. Le mieux que nous puissions faire, c'est de trouver un compromis : il faut apprendre à reconnaître les situations propices aux erreurs, et mieux veiller à éviter les grosses erreurs quand les enjeux sont importants. Ce livre part du principe qu'il est plus facile de repérer les erreurs des autres que les siennes.

Utilité de la fiction

Je vous ai invité à penser aux deux systèmes comme à des agents de l'esprit, avec leurs propres personnalités, capacités et limites. J'aurai souvent recours à des phrases dont les systèmes seront le sujet, comme : « Le Système 2 calcule les produits. »

Dans les cercles professionnels que je fréquente, l'utilisation d'un tel langage est considérée comme une faute, car il donne l'impression d'expliquer les pensées et les actes d'une personne comme s'ils étaient les pensées et les actes de petits personnages dans sa tête [6]. Sur le plan grammatical, la phrase sur le Système 2 est comparable à celle-ci : « Le majordome vole la monnaie. » Mes collègues vous feront remarquer que l'action du majordome explique effectivement la disparition de la monnaie, et ils se demandent, non sans raison, si la phrase à propos du Système 2 explique comment les produits sont calculés. Je répondrai que cette courte phrase à la forme active qui attribue l'action du calcul au Système 2 est conçue comme une description, non comme une explication. Elle n'a de sens que parce que vous êtes déjà au courant de l'existence du Système 2. C'est un raccourci pour dire ceci : « L'arithmétique mentale est une activité délibérée qui nécessite un effort, qui ne devrait pas être tenté quand on effectue en même temps un virage à gauche, et est associée à la dilatation des pupilles et à une accélération du rythme cardiaque. »

De même, quand je dis que « la conduite sur autoroute dans des conditions normales est confiée au Système 1 », je veux dire que c'est une activité automatique et ne nécessitant presque aucun effort. Cela implique également qu'un conducteur expérimenté est capable de conduire sur une autoroute dégagée tout en entretenant une conversation. Enfin, « le Système 2 a empêché James de réagir de façon idiote à l'insulte » signifie que James aurait eu une réaction plus agressive si sa capacité de contrôle délibéré avait été perturbée (s'il avait été saoul, par exemple).

Le Système 1 et le Système 2 jouent un rôle tellement essentiel dans l'histoire que je raconte dans ce livre que je me dois de souligner clairement qu'il s'agit de personnages fictifs. Les systèmes 1 et 2 ne sont pas des systèmes au sens habituel, des entités dont des aspects ou des composants entrent en interaction. Et il n'y a aucune région du cerveau que l'un ou l'autre pourrait considérer comme son chez-soi. Vous êtes donc en droit de vous dire : à quoi bon inventer des personnages de fiction avec des noms aussi moches dans un livre sérieux ? La réponse est que ces personnages sont utiles à cause de certaines bizarreries de nos esprits, le vôtre et le mien. Une phrase sera mieux comprise si elle décrit ce que fait un agent (le Système 2) plutôt que ce qu'est une chose et quelles sont ses propriétés. En d'autres termes, « le Système 2 » est un meilleur sujet pour une phrase que « l'arithmétique mentale ». L'esprit – en particulier le Système 1 – est, semble-t-il, tout à fait apte à la construction et à l'interprétation d'histoires réalisées par des agents actifs, dotés de personnalités, d'habitudes et de compétences. Vous vous êtes rapidement fait une opinion négative sur le majordome voleur, vous vous attendez à ce qu'il commette d'autres délits et vous ne l'oublierez pas de sitôt. C'est aussi, je l'espère, ce qui se passera avec le langage des systèmes.

Pourquoi les appeler Système 1 et Système 2, au lieu d'expressions plus descriptives comme « système automatique » et « système de contrainte » ? Pour une raison toute simple : il faut plus de temps pour dire « système automatique » que « Système 1 », ce qui prend donc plus d'espaces dans votre mémoire fonctionnelle[7]. C'est important, car tout ce qui occupe votre mémoire fonctionnelle réduit votre capacité à penser. Considérez « Système 1 » et « Système 2 » comme des surnoms (comme Bob et Joe), dont sont affublés des personnages que vous allez apprendre à connaître au fil de ces pages. Grâce à ces systèmes fictifs, il m'est plus facile de penser au fonctionnement des jugements et des choix, et vous comprendrez aussi plus facilement ce que je dis.

*

LE SYSTÈME 1 ET LE SYSTÈME 2 EN BREF

« Il avait une impression, mais parfois, ses impressions sont des illusions. »

« C'est une réaction typique du Système 1. Elle a réagi à la menace avant même de l'avoir identifiée. »

« Là, c'est ton Système 1 qui parle. Calme-toi et laisse ton Système 2 prendre les commandes. »

2

L'ATTENTION ET L'EFFORT [1]

Dans le cas, bien improbable, où ce livre serait un jour adapté à l'écran, le Système 2 serait un second rôle persuadé d'être le héros. Sa caractéristique principale, dans cette histoire, c'est que son fonctionnement nécessite un effort, alors qu'un de ses traits dominants est la paresse, la réticence à investir plus d'efforts qu'il n'est nécessaire. Par conséquent, les pensées et les actes que le Système 2 croit avoir choisis sont souvent guidés par le personnage au centre de l'histoire, le Système 1. Toutefois, certaines tâches vitales ne peuvent être accomplies que par le Système 2, parce qu'elles requièrent un effort et un contrôle de soi qui dépassent les intuitions et les impulsions du Système 1.

Si vous voulez savoir à quoi ressemble votre Système 2 quand il tourne à plein régime, l'exercice suivant devrait suffire ; il devrait vous pousser jusqu'aux limites de vos capacités cognitives, le tout en cinq secondes. Pour commencer, composez plusieurs séries de quatre chiffres, toutes différentes, et notez chaque série sur une fiche. Placez une carte vierge au sommet de la pile. Ce petit jeu s'appelle l'Add-1. Voilà comment ça marche :

Commencez par suivre une pulsation constante (mieux encore, réglez un métronome sur 1/s). Retirez la carte vierge et lisez les quatre chiffres à voix haute. Laissez passer deux pulsations, puis, sans plus regarder la carte, inscrivez une série où chacun des chiffres de départ est augmenté de 1. Si les chiffres sur la carte étaient 5294, la bonne réponse est 6305. Il est essentiel de rester en rythme.

Peu de gens sont capables de gérer plus de quatre chiffres avec le jeu de l'Add-1, mais si vous souhaitez corser la difficulté, essayez donc l'Add-3.

Si vous voulez savoir ce que fait votre organisme pendant que votre cerveau s'escrime, placez deux piles de livres sur une table, posez une caméra vidéo sur une des deux piles et votre menton sur l'autre, laissez la vidéo tourner et fixez l'objectif pendant que vous effectuez vos exercices d'Add-1 ou Add-3. La dilatation de vos pupilles sera la preuve indéniable de votre dur labeur.

Personnellement, je connais l'Add-1 depuis longtemps. Au début de ma carrière, j'ai passé un an à l'université du Michigan, dans un laboratoire qui étudiait l'hypnose. En quête d'un sujet de recherche utile, j'avais trouvé un article du *Scientific American* où le psychologue Eckhard Hess affirmait que la pupille était la fenêtre de l'âme [2]. Je l'ai relu il y a peu, et y ai de nouveau trouvé matière à inspiration. Au début, Hess raconte que son épouse avait remarqué que ses pupilles s'agrandissaient quand il contemplait de belles images de nature. L'article se conclut par deux superbes portraits d'une même jolie femme qui, curieusement, semble encore plus séduisante sur un des deux clichés. Il n'y a pourtant qu'une différence entre eux : ses pupilles sont dilatées sur la photo où elle paraît plus attirante, et contractées sur l'autre. Hess parle également de la belladone, substance qui dilatait la pupille et était utilisée comme cosmétique, ou encore des clients sur les bazars qui portent des lunettes pour dissimuler aux commerçants l'intérêt que suscitent en eux leurs marchandises.

Une des découvertes de Hess m'avait plus particulièrement intéressé. Il avait remarqué que les pupilles sont des indicateurs sensibles de l'effort mental. Elles se dilatent substantiellement quand les gens effectuent des multiplications à deux chiffres, et s'agrandissent encore plus si les problèmes sont difficiles. Ses observations montraient que la réaction à l'effort mental est distincte de l'excitation émotionnelle. Les travaux de Hess n'avaient pas grand-chose à voir avec l'hypnose, mais j'en déduisis que l'idée d'une indication visible de l'effort mental constituait un sujet de recherche prometteur. Jackson Beatty, un étudiant du laboratoire, partageant mon enthousiasme, nous nous mîmes au travail.

Beatty et moi avions mis au point un environnement comparable à une salle d'examen chez un opticien. Le cobaye posait sa tête sur une mentonnière et fixait un objectif en écoutant des informations enregistrées au préalable et en répondant à des questions en rythme avec la pulsation d'un métronome. Les pulsations déclenchaient un flash infrarouge toutes les secondes, et l'appareil prenait des photos. À la fin de chaque séance, nous nous précipitions pour faire développer le film, puis nous projetions les images de la pupille sur un écran et nous mettions à l'œuvre, une règle à la main. C'était une méthode idéale pour de jeunes chercheurs impatients : nous obtenions presque immédiatement des résultats qui étaient toujours sans ambiguïté.

Beatty et moi nous concentrions sur des exercices rythmés, comme l'Add-1, qui nous permettaient de savoir avec précision ce que le sujet[3] avait à l'esprit à n'importe quel moment. Nous enregistrions des séries de chiffres sur les pulsations du métronome et demandions au sujet de répéter ou de modifier les chiffres un par un en respectant le même rythme. Nous n'avons pas tardé à nous apercevoir que la pupille changeait d'une seconde à l'autre, reflet des exigences fluctuantes de l'exercice. Le résultat prit la forme d'un V inversé. Comme vous avez dû en faire l'expérience si vous avez tenté de jouer à l'Add-1 ou à l'Add-3, l'effort s'intensifie à chaque chiffre nouveau que vous entendez, atteint un pic presque intolérable alors que vous vous dépêchez de produire une nouvelle série de chiffres pendant et immédiatement après la pause, et se relâche quand vous « déchargez » votre mémoire à court terme. Les données sur les pupilles correspondaient précisément à l'expérience subjective : des séries plus longues provoquaient des dilatations plus importantes, l'effort était encore accru au moment de la transformation des chiffres, et le pic de la taille de la pupille correspondait au maximum de l'effort. L'Add-1 avec quatre chiffres causait une dilatation plus importante que la simple répétition de sept chiffres. L'Add-3, qui est beaucoup plus difficile, est l'exercice le plus exigeant que j'aie jamais observé. Pendant les cinq premières secondes, la pupille se dilate d'environ 50 % et le rythme cardiaque augmente d'environ sept pulsations par minute [4]. C'est le maximum que peuvent fournir les gens – si on leur en demande plus, ils abandonnent. Quand nous avons exposé nos sujets à plus de chiffres qu'ils ne pouvaient se rappeler, leurs pupilles ont cessé de se dilater, quand elles ne se sont pas tout simplement contractées.

Pendant quelques mois, nous avons travaillé dans un laboratoire spacieux en sous-sol où nous avions installé un système de caméra en circuit fermé qui projetait l'image de la pupille du cobaye sur un écran dans le couloir. Nous pouvions également entendre ce qui se passait dans la salle. Le diamètre de la pupille projetée était d'une trentaine de centimètres ; c'était un spectacle fascinant que de la voir se dilater et se contracter alors que notre sujet travaillait. Nous nous amusions, ce qui impressionnait nos invités de passage, à deviner quand le participant allait jeter l'éponge. Lors d'une multiplication mentale, la pupille se dilatait normalement pour atteindre une grande taille en quelques secondes, et restait ainsi tant que la personne s'efforçait de résoudre l'opération ; elle se contractait dès qu'elle parvenait à la solution ou abandonnait. Depuis notre couloir, il nous arrivait parfois de surprendre tant le propriétaire de la pupille que nos hôtes en demandant : « Pourquoi venez-vous d'abandonner ? » « Comment vous le savez ? » nous répondait souvent le sujet. À quoi nous rétorquions : « Nous avons une fenêtre ouverte sur votre âme. »

Les observations fortuites que nous effectuions depuis le couloir étaient parfois aussi riches en informations que les expériences elles-mêmes. Je fis une découverte importante alors que je regardais la pupille d'une femme au cours d'une pause entre deux exercices. Elle n'avait pas quitté l'appui-tête et discutait à bâtons rompus avec le responsable de l'expérience, ce qui me permettait de voir l'image de son œil. Je fus surpris de constater que sa pupille restait contractée, qu'elle ne se dilatait pas particulièrement alors qu'elle parlait et écoutait. Contrairement aux exercices que nous étudiions, cette conversation banale ne requérait que peu ou pas d'effort – pas plus que le fait de retenir deux ou trois chiffres. Ce fut un tournant : je compris que les exercices que nous avions sélectionnés étaient exceptionnellement difficiles. Une image me vint à l'esprit : la vie mentale – aujourd'hui, je dirais la vie du Système 2 – se déroule normalement au rythme d'une promenade paisible, parfois interrompue par des courses au petit trot, et plus rarement encore par un sprint frénétique. Les exercices d'Add-1 et d'Add-3 sont des sprints, alors que le bavardage, lui, est une promenade.

Nous nous sommes aperçus que les gens, quand ils sont lancés dans un sprint mental, peuvent devenir littéralement aveugles. Les auteurs du *Gorille invisible* ont rendu la femme déguisée impossible à distinguer en veillant à ce que les spectateurs soient intensément occupés à compter les passes. Nous avons vécu un exemple un peu moins spectaculaire de cécité pendant un Add-1. Nos sujets étaient soumis à une série de lettres qui s'affichaient rapidement tandis qu'ils suivaient leurs chiffres, mais on leur avait également demandé de dire, une fois l'exercice avec les chiffres terminé, s'ils avaient vu la lettre *K* pendant l'épreuve [5]. Ce que nous avons découvert, c'est que la capacité à détecter et signaler la lettre visée se modifiait pendant les dix secondes que durait l'exercice. Les sujets ne rataient presque jamais le *K* qui apparaissait au début ou à la fin de l'Add-1, mais passaient à côté presque la moitié du temps quand leur effort mental était à son comble, alors que, nos images le prouvaient, ils l'avaient littéralement sous leurs pupilles dilatées. Cette incapacité à la détection suivait le même tracé en V inversé que la dilatation. Une similarité rassurante pour nous : la pupille était donc un témoin fiable de l'excitation physique qui accompagne l'effort mental, et nous pouvions nous en servir pour comprendre le fonctionnement de l'esprit.

Tout comme le compteur d'électricité de votre maison ou de votre appartement, les pupilles sont un indicateur du taux de consommation d'énergie mentale [6]. C'est une analogie qui va loin. Votre consommation d'électricité dépend de ce que vous choisissez de faire, qu'il s'agisse d'éclairer une pièce ou de griller une tranche de pain. Quand vous allumez une ampoule ou un grille-pain, il consomme l'énergie dont il a besoin, mais pas plus. De même, nous décidons que faire, mais nous n'exerçons qu'un contrôle limité sur l'effort que cela implique. Imaginez que l'on vous montre quatre chiffres, disons, 9462, et que l'on vous assure que votre vie dépend de votre capacité à les garder en mémoire pendant dix secondes. Vous avez beau avoir une furieuse envie de vivre, vous ne pouvez investir dans cet exercice autant d'énergie que ce que vous seriez contraint de faire pour boucler une transformation de ces mêmes chiffres dans le cadre d'un Add-3.

Le Système 2 et les circuits électriques de votre domicile ont une capacité limitée, mais ils réagissent différemment quand ils sont menacés de surcharge. Le disjoncteur saute quand la demande en courant est excessive, et tous les appareils branchés sur ce circuit s'éteignent aussitôt. La réaction à une surcharge mentale est, elle, sélective et précise : le Système 2 protège l'activité la plus importante, qui bénéficie ainsi de toute l'attention nécessaire ; seconde après seconde, il attribue une « capacité auxiliaire » aux autres tâches. Dans notre version de l'expérience du gorille, nous avons demandé à nos sujets d'accorder la priorité aux chiffres. Nous savons qu'ils ont suivi ces instructions, puisque le passage de la cible visuelle n'a eu aucun effet sur leur tâche principale. Si la lettre critique apparaissait à un moment de grand effort, les sujets ne la voyaient tout simplement pas. Quand l'exercice était moins difficile, la capacité de détection était plus efficace.

Cette sophistication de la répartition de l'attention est le résultat d'une longue évolution. Le sens des priorités et la capacité à réagir rapidement aux menaces les plus graves ou aux opportunités les plus prometteuses ont amélioré les chances de survie, pas seulement pour les humains d'ailleurs. Même chez l'homme moderne, le Système 1 prend les commandes en cas d'urgence et accorde une priorité absolue aux actions de conservation. Imaginez-vous au volant d'une voiture qui dérape soudain sur une grande tache d'huile. Vous allez vous apercevoir que vous avez réagi à la menace avant même d'en avoir été pleinement conscient.

Beatty et moi n'avons travaillé ensemble que pendant un an, mais notre collaboration eut un formidable impact sur nos carrières ultérieures. Il finit par devenir le plus grand spécialiste de la « pupillométrie cognitive », tandis que je rédigeais un livre intitulé *L'Attention et l'Effort,* reposant en grande partie sur ce que nous avions appris et sur des recherches que j'effectuai l'année suivante à Harvard. Grâce à nos mesures des pupilles pendant toutes sortes d'exercices, nous en avions beaucoup appris sur l'esprit au travail – celui que j'appelle aujourd'hui le Système 2.

Plus on se familiarise avec une tâche, moins elle est gourmande en énergie. Des études ont montré que l'activité cérébrale associée à une activité évolue quand la compétence se développe, impliquant au fur et à mesure moins de régions du cerveau [7]. Le talent produit les mêmes effets. Les gens très intelligents font un effort moindre pour résoudre les mêmes problèmes, comme en témoigne la mesure simultanée de la taille de la pupille et de l'activité cérébrale [8]. En général, une « loi du moindre effort [9] » s'applique à l'effort, qu'il soit cognitif ou physique. Cette loi stipule que s'il y a plusieurs façons de parvenir à un même but, les gens finiront par suivre la moins fatigante. Dans l'économie de l'action, l'effort est un coût, et l'acquisition de compétences est motivée par la balance des profits et des coûts [10]. La paresse est profondément inscrite dans notre nature.

Les exercices que nous analysions variaient considérablement, en termes de dilatation et de contraction de la pupille. À la base, nos sujets étaient éveillés, conscients et prêts à s'engager dans un exercice – se trouvant sans doute dans un état d'excitation et de préparation cognitive supérieure à la normale. À partir de là, le fait de garder en mémoire un ou deux chiffres ou d'apprendre à associer un mot et un chiffre (3 = porte) produisait des effets certains sur l'excitation momentanée, mais des effets somme toute minimes, 5 % seulement d'augmentation du diamètre de la pupille liée à l'Add-3. Un exercice nécessitant de distinguer des tons de hauteurs différentes débouchait sur des dilatations nettement plus importantes. Des recherches récentes ont montré qu'inhiber la tendance à lire des mots contradictoires avec l'objectif visé (comme dans la figure 2 du chapitre précédent) nécessite également un effort modéré [11]. Les tests de mémoire à court terme pour six ou sept chiffres requièrent davantage d'efforts. Comme vous pouvez en faire l'expérience, le besoin de retrouver et de dire à haute voix votre numéro de téléphone ou l'anniversaire de votre conjoint implique aussi un effort bref mais important, parce qu'il faut garder en mémoire toute la série de chiffres tandis que l'on prépare la réponse. La multiplication mentale de nombres à deux chiffres et l'Add-3 sont à la limite de ce que peuvent accomplir la plupart des gens.

Qu'est-ce qui fait que certaines opérations cognitives sont plus exigeantes que d'autres ? Quels résultats pouvons-nous atteindre en dépensant notre monnaie, l'attention ? Que peut le Système 2 dont le Système 1 est incapable ? Nous disposons désormais d'un début de réponse à ces questions.

Un effort est nécessaire pour garder simultanément en mémoire plusieurs idées requérant des actions séparées, ou qu'il faut combiner selon une règle – réviser votre liste des commissions quand vous entrez dans le supermarché, choisir entre le veau et le poisson au restaurant, ou associer le résultat surprenant d'un sondage à l'information que l'échantillon de personnes interrogées était limité, par exemple. Le Système 2 est le seul à pouvoir suivre des règles, comparer des objets en fonction de plusieurs critères et effectuer des choix délibérés entre diverses possibilités. Le Système 1 automatique ne dispose pas de telles capacités. Le Système 1 détecte des relations simples (« ils se ressemblent tous », « le fils est beaucoup plus grand que le père ») et excelle quand il s'agit d'intégrer des informations sur un sujet, mais il ne traite pas plusieurs questions distinctes à la fois, pas plus qu'il n'est apte à utiliser des informations statistiques pures. Le Système 1 détectera qu'une personne décrite comme « docile et méticuleuse, qui a besoin d'ordre et de structure, et se passionne pour les détails » ressemble à une caricature de bibliothécaire, mais la conjugaison de cette intuition avec l'information sur le petit nombre de bibliothécaires est une tâche dont seul le Système 2 peut se charger – et encore, s'il sait le faire, ce qui n'est pas si répandu.

Une des compétences cruciales du Système 2 est l'adoption de « séries de tâches » : il peut programmer la mémoire pour qu'elle suive des instructions court-circuitant des réactions habituelles. Considérez par exemple la consigne suivante : comptez toutes les apparitions de la lettre *f* dans cette page. Ce n'est pas une tâche que vous avez effectuée auparavant, et cela ne vous viendra donc pas naturellement, mais votre Système 2 peut s'en charger. Il vous faudra accomplir un effort pour vous préparer à cet exercice, qui nécessitera lui aussi un effort, bien que vous puissiez sans doute vous améliorer avec de l'entraînement. Les psychologues parlent de « contrôle exécutif » pour décrire l'adoption et l'arrêt de séries de tâches, et les neuroscientifiques ont identifié les principales régions du cerveau qui servent à la fonction exécutive. Une de ces régions est impliquée chaque fois qu'un conflit doit être résolu. Une autre est le cortex préfrontal, une région nettement plus développée chez l'homme que chez les autres primates, et qui est impliquée dans des opérations que l'on associe à l'intelligence [12].

Supposons maintenant qu'en bas de cette page, vous trouviez de nouvelles instructions : comptez toutes les virgules de la page suivante. Cela sera plus difficile, parce qu'il vous faudra ignorer la tendance, nouvellement acquise, à concentrer votre attention sur la lettre *f*. Une des découvertes les plus importantes réalisées dans le domaine de la psychologie cognitive au cours des dernières décennies est que le fait de passer d'une tâche à une autre nécessite un effort, surtout dans un temps limité [13]. C'est parce qu'il faut passer rapidement d'une tâche à l'autre que des exercices comme l'Add-3 et la multiplication mentale sont si difficiles. Pour effectuer l'Add-3, vous devez garder plusieurs chiffres en même temps dans votre mémoire fonctionnelle [14], les associant chacun à une opération particulière : des chiffres attendent d'être transformés, un est en cours de transformation, et d'autres, déjà transformés, doivent être conservés avant de pouvoir être énoncés. Les tests de mémoire fonctionnelle modernes exigent de l'individu qu'il passe à plusieurs reprises d'une tâche difficile à une autre, qu'il retienne les résultats d'une opération tout en en accomplissant une autre. Les gens qui se tirent bien de ces tests réussissent également haut la main des tests d'intelligence plus généraux [15]. Toutefois, la capacité à contrôler son attention ne permet pas seulement de mesurer l'intelligence ; en mesurant par exemple, chez les contrôleurs aériens et les pilotes de chasse, l'efficacité dans le contrôle de l'attention, on peut prédire leurs performances, au-delà de la seule considération de leur intelligence [16].

La pression du temps est un autre moteur de l'effort. Quand vous avez effectué l'Add-3, vous vous êtes senti bousculé en partie par le métronome et en partie par la charge que cela a imposée à votre mémoire. Comme le jongleur qui a lancé plusieurs balles en l'air, vous ne pouvez pas vous offrir le luxe de ralentir ; le rythme auquel les informations se décomposent dans la mémoire vous oblige à rafraîchir et à répéter l'information avant qu'elle ne soit perdue. Toute tâche qui nécessite que vous gardiez plusieurs idées à l'esprit en même temps a ce même côté urgent. À moins d'avoir la chance de disposer d'une mémoire fonctionnelle de grande capacité, vous risquez d'être obligé de travailler particulièrement dur. Les formes de pensée lente les plus coûteuses en efforts sont celles qui exigent que vous pensiez vite.

En effectuant l'Add-3, vous vous êtes sûrement aperçu à quel point votre esprit n'avait pas l'habitude de travailler si dur. Même si vous vivez de votre pensée, rares sont les tâches mentales dont vous vous acquittez dans le courant de votre journée de travail qui sont aussi rudes que l'Add-3, ou même que de stocker six chiffres pour s'en souvenir immédiatement. Normalement, nous évitons la surcharge mentale en subdivisant nos tâches en de multiples étapes faciles, engrangeant les résultats intermédiaires dans la mémoire à long terme ou les consignant sur le papier plutôt dans une mémoire fonctionnelle aisément en surcharge. Nous tenons la distance en prenant notre temps et menons notre existence mentale selon la règle du moindre effort.

*

L'ATTENTION ET L'EFFORT EN BREF

« Je ne vais pas tenter de résoudre ça en conduisant. C'est une tâche à se dilater la pupille. Elle nécessite un effort mental ! »

« C'est la loi du moindre effort qui est à l'œuvre ici. Il va penser aussi peu que possible. »

« Elle n'a pas oublié la réunion. Elle était complètement concentrée sur autre chose quand l'heure du rendez-vous a été établie et elle ne vous a tout simplement pas entendu. »

« Ce qui m'est venu rapidement à l'esprit était une intuition du Système 1. Il va falloir que je recommence et que je cherche activement dans ma mémoire. »

3

Le contrôleur paresseux

Chaque année, je passe quelques mois à Berkeley, où je me livre à l'un de mes grands plaisirs : une marche quotidienne d'à peu près six kilomètres sur un sentier au milieu des collines avec une vue magnifique sur la baie de San Francisco. Il est rare que je perde la notion du temps, ce qui m'a permis d'en apprendre beaucoup sur la notion d'effort. J'ai trouvé une vitesse de croisière, d'environ onze minutes pour un kilomètre. J'effectue certes un effort physique et je brûle davantage de calories à ce rythme qu'en étant assis dans une chaise longue, mais je ne ressens aucune contrainte, ne suis tiraillé par aucun conflit et n'ai pas besoin de me forcer à aller plus vite. Je suis également capable de penser et de travailler tout en marchant à cette vitesse. En fait, je soupçonne même la légère excitation physique de ma promenade de me procurer une plus grande vivacité intellectuelle.

Le Système 2 a lui aussi sa vitesse naturelle. Vous consacrez une certaine quantité d'énergie mentale à des réflexions aléatoires et à surveiller ce qui se passe autour de vous même quand votre esprit ne fait rien de particulier, et la contrainte est limitée. À moins de vous trouver dans une situation qui induit en vous un état inhabituel de veille ou de conscience de soi, surveiller ce qui se passe dans votre environnement ou dans votre tête exige peu d'efforts. Vous prenez beaucoup de petites décisions en conduisant votre voiture, absorbez quelques informations en lisant le journal, procédez à des échanges d'amabilités banals avec votre conjoint ou un collègue, le tout sans effort ni stress. Exactement comme une promenade.

Il est d'ordinaire facile, et très plaisant, en fait, de marcher et de penser en même temps, mais poussées à l'extrême, ces activités semblent entrer en compétition pour user des ressources limitées du Système 2. Vous pouvez le vérifier grâce à une expérience très simple. Tout en marchant paisiblement avec un ami, demandez-lui de calculer 23 x 78 dans sa tête, sur-le-champ. Il est presque sûr qu'il s'arrêtera net. En ce qui me concerne, je peux penser en me promenant, mais je ne peux pas m'engager dans un travail mental qui imposerait une lourde charge à ma mémoire à court terme. Si je dois élaborer un argument complexe en un temps limité, je préfère ne pas bouger, et je préfère d'ailleurs être assis plutôt que debout. Bien sûr, toutes les activités de pensée lente ne nécessitent pas cette forme de concentration intense et de calculs difficiles – c'est lors d'agréables promenades avec Amos que j'ai eu les meilleures idées de ma vie.

Il suffit que j'accélère mon rythme de marche pour bouleverser complètement cette expérience, car le passage à un pas plus rapide entraîne une détérioration brutale de ma capacité à penser de façon cohérente. Quand j'accélère, mon attention est de plus en plus attirée par l'expérience de la marche et le maintien délibéré d'un rythme plus soutenu. À la vitesse maximale que je peux atteindre dans les collines, environ un kilomètre en sept minutes, je ne cherche même plus à penser à autre chose. Outre l'effort physique que nécessite le déplacement rapide de mon corps sur le sentier, un effort mental de contrôle de soi est nécessaire pour résister à l'envie de ralentir. Or apparemment, le contrôle de soi et la réflexion délibérée puisent dans le même capital d'effort limité.

Pour la plupart d'entre nous, la majeure partie du temps, le maintien d'un train de pensée cohérent et le besoin occasionnel de s'engager dans une pensée contraignante passent également par le contrôle de soi. Bien que n'ayant pas étudié la question de façon systématique, je soupçonne que le fréquent passage d'une tâche à une autre et le travail mental accéléré ne sont pas intrinsèquement sources de plaisir, et que les gens les évitent quand cela est possible. C'est en cela que la loi du moindre effort devient effectivement une loi. Même quand il n'y a pas urgence, le maintien d'un train de pensée cohérent requiert de la discipline. Un observateur, me voyant souvent consulter mes courriels ou aller fouiller dans le réfrigérateur au cours d'une heure d'écriture, pourrait raisonnablement en déduire que j'éprouve l'envie de m'évader et en conclure que le maintien de cette activité nécessite davantage de contrôle de soi que ce que je suis à même de fournir.

Heureusement, le travail cognitif ne suscite pas toujours l'aversion, et les gens entreprennent parfois des efforts considérables pendant de longues périodes sans avoir à faire preuve d'une volonté héroïque. Le psychologue Mihaly Csikszentmihalyi a mieux que personne étudié cette question de la concentration sans effort, et le nom qu'il a proposé pour la définir, le *flow*, ou flux, fait aujourd'hui partie du langage courant. Les gens qui connaissent le flux le décrivent comme « un état de concentration sans effort, si profond qu'ils perdent la notion du temps, d'eux-mêmes, de leurs problèmes », et la description qu'ils font de la joie que procure cet état est si séduisante que Csikszentmihalyi a parlé « d'expérience optimale ». Beaucoup d'activités peuvent entraîner ce sentiment de flux, de la peinture à la course de moto – et pour quelques heureux auteurs de ma connaissance, même la rédaction d'un livre est une expérience optimale. Le flux trace une ligne de séparation nette entre les deux formes d'effort : la concentration sur une tâche et le contrôle délibéré de l'attention. Piloter une moto à 240 kilomètres/heure et disputer une partie d'échecs nécessitent évidemment beaucoup d'efforts. Mais dans un état de flux, le maintien d'une attention soutenue sur ces activités absorbantes ne requiert aucune application du contrôle de soi, ce qui libère des ressources, que l'on peut alors appliquer à la tâche en cours.

L'ÉPUISEMENT DU SYSTÈME 2

Il est désormais communément admis que le contrôle de soi et l'effort cognitif sont l'un et l'autre des formes de travail mental. Plusieurs études psychologiques ont montré que les gens qui sont simultanément sollicités par une tâche cognitive difficile et par une tentation ont plus de chances de céder à la tentation. Imaginez que l'on vous demande de retenir une liste de sept chiffres pendant une ou deux minutes. On vous dit que cela doit être votre priorité. Alors que votre attention est concentrée sur les chiffres, on vous offre le choix entre deux desserts : un diabolique gâteau au chocolat et une vertueuse salade de fruits. L'expérience tend à prouver que vous risquez fort de choisir le gâteau au chocolat quand vous avez l'esprit encombré de chiffres. Le Système 1 a plus d'influence sur le comportement quand le Système 2 est occupé, et il raffole des friandises.

Les gens qui sont occupés sur le plan cognitif sont également plus susceptibles de faire des choix égoïstes, d'utiliser un langage sexiste, et de donner des avis superficiels. La mémorisation et la répétition de chiffres relâchent l'emprise du Système 2 sur le comportement, mais évidemment, la charge cognitive n'est pas la seule cause d'un affaiblissement du contrôle de soi. Quelques verres ont le même effet, tout comme une nuit sans sommeil. Le soir, le contrôle de soi des gens matinaux est fragilisé ; la réciproque est vraie pour les couche-tard. Une trop grande inquiétude quant à la qualité du travail que l'on est en train de fournir peut parfois perturber la performance en chargeant la mémoire à court terme d'angoisses inutiles. La conclusion est simple : le contrôle de soi nécessite de l'attention et des efforts. On peut également dire que le contrôle des pensées et des comportements est une des tâches dont se charge le Système 2.

Une série d'expériences étonnantes menées par le psychologue Roy Baumeister et ses collègues a montré de façon concluante que toutes les facettes de l'effort volontaire – cognitif, émotionnel ou physique – puisent au moins en partie dans un réservoir commun d'énergie mentale. Leurs expériences s'appuient sur des tâches successives plutôt que simultanées.

Le groupe de Baumeister a constaté à plusieurs reprises qu'un effort de volonté ou de contrôle de soi était fatigant ; si vous devez vous forcer à faire quelque chose, vous serez moins enclin, ou moins à même d'exercer un contrôle sur vous quand surviendra le défi suivant. Ce phénomène a été baptisé l'*épuisement de l'ego.* Les participants à qui l'on demande de maîtriser leur réaction émotionnelle lors de la projection d'un film riche en émotions se tireront ensuite moins bien d'un test de résistance physique – par exemple serrer le poing le plus longtemps possible sur un dynamomètre en dépit de l'inconfort progressif. L'effort émotionnel de la première phase de l'expérience diminue la capacité à résister à la douleur d'une contraction musculaire soutenue, et les gens souffrant d'un épuisement de l'ego succombent plus rapidement à l'envie d'abandonner. Dans une autre expérience, les gens sont d'abord épuisés par une tâche qui consiste à consommer des aliments vertueux comme des radis et du céleri tout en résistant à la tentation de manger du chocolat et des gâteaux. Ensuite, ces mêmes personnes abandonneront plus tôt que la normale quand elles seront confrontées à une tâche cognitive difficile.

La liste des situations et des tâches dont on sait aujourd'hui qu'elles épuisent le contrôle de soi est aussi longue que diverse. Toutes impliquent un conflit et le besoin de réprimer une tendance naturelle. Elles comprennent :

- le fait d'éviter de penser à des ours blancs ;
- l'inhibition de la réaction émotionnelle face à un film émouvant ;
- une série de choix impliquant des conflits ;
- le fait de chercher à impressionner les autres ;
- le fait de réagir gentiment au mauvais comportement de son partenaire ;
- l'interaction avec une personne de race différente (pour les gens animés de préjugés raciaux).

De même, la liste des symptômes de l'épuisement est très variée :

- écart par rapport à un régime ;
- surconsommation et achats compulsifs ;
- réaction agressive à une provocation ;
- moindre résistance dans une épreuve de force physique ;
- difficulté face à des tâches cognitives et à une prise de décision logique.

Les preuves sont convaincantes : des activités qui exigent beaucoup du Système 2 requièrent le contrôle de soi, et la mise en œuvre de ce dernier est épuisante et déplaisante. Contrairement à la charge cognitive, l'épuisement de l'ego est au moins en partie une perte de motivation. Après avoir exercé votre contrôle de soi dans une tâche donnée, vous n'avez plus envie de faire un effort pour une autre, alors qu'en réalité, vous en seriez capable si cela était nécessaire. Lors de plusieurs expériences, les gens parvenaient à résister aux effets de l'épuisement de l'ego quand on leur donnait une bonne raison de le faire. En revanche, il est hors de question d'augmenter vos efforts quand on vous demande en même temps de conserver six chiffres dans votre mémoire à court terme tout en accomplissant une autre tâche. L'épuisement de l'ego n'est pas le même état mental que l'occupation cognitive.

La découverte la plus surprenante réalisée par l'équipe de Baumeister montre, selon ses propres termes, que l'idée d'énergie mentale est plus qu'une simple métaphore. Le système nerveux consomme plus de glucose que les autres organes du corps humain, et apparemment, une activité mentale difficile coûte très cher en glucose. Quand vous êtes activement impliqué dans un raisonnement cognitif complexe ou engagé dans une tâche qui nécessite le contrôle de soi, votre niveau de glucose dans le sang chute. C'est un effet comparable à celui d'un coureur qui puise dans le glucose stocké dans ses muscles pendant un sprint. Cette idée laisse entendre, ce qui peut paraître audacieux, que les effets de l'épuisement de l'ego pourraient être contrés par une ingestion de glucose, ce que Baumeister et ses collègues ont confirmé lors de plusieurs expériences.

Dans l'une de leurs études, des volontaires ont regardé un court-métrage muet où une femme était interviewée, et il leur a été demandé d'interpréter son langage corporel. Alors qu'ils accomplissaient cette tâche, une série de mots défilait lentement sur l'écran. Il avait été spécifiquement recommandé aux participants d'ignorer ces mots, et s'ils s'apercevaient que leur attention avait été détournée, ils devaient de nouveau se concentrer sur le comportement de la femme. Cet acte de contrôle de soi était connu pour causer un épuisement de l'ego. Puis, avant de participer à une deuxième tâche, tous les sujets ont bu de la limonade. La limonade avait été sucrée au glucose pour la moitié d'entre eux, et avec un édulcorant pour l'autre moitié. Tous se sont ensuite vu attribuer une tâche au cours de laquelle ils devaient surmonter leur réaction intuitive pour obtenir la bonne réponse. Les erreurs intuitives sont normalement beaucoup plus fréquentes chez les gens souffrant d'un épuisement de l'ego, effet qui a été constaté chez ceux qui avaient bu de l'édulcorant. Les buveurs de glucose, eux, n'ont affiché aucun épuisement. En rétablissant le niveau de sucre disponible dans le cerveau, on avait évité une détérioration de la performance. Il faudra du temps, et beaucoup plus de recherches, pour établir si les tâches qui provoquent la baisse de glucose sont également à l'origine de l'excitation momentanée qui se reflète dans la dilatation de la pupille et l'augmentation du rythme cardiaque.

Les *Proceedings of the National Academy of Sciences* ont rapporté un exemple inquiétant de l'effet de l'épuisement de l'ego sur le jugement. Les participants involontaires à cette étude étaient huit juges des détentions et de la liberté en Israël. Ils passent des journées entières à éplucher des demandes de liberté conditionnelle. Les dossiers sont présentés dans le désordre, et les juges consacrent peu de temps à chaque affaire, six minutes en moyenne. (La décision par défaut est le refus ; 35 % seulement des demandes sont approuvées. La durée exacte de chaque décision est enregistrée, ainsi que la durée des trois pauses de la journée – la pause matinale, le déjeuner, et la pause de l'après-midi.) Les auteurs de l'étude ont comparé la proportion de demandes acceptées avec le temps écoulé depuis la plus récente pause. Cette proportion augmente après chaque pause, où 65 % des demandes sont acceptées. Pendant les quelque deux heures qui séparent les juges de leur prochaine pause, le pourcentage d'acceptation baisse systématiquement, pour être proche du zéro juste avant la pause. Comme vous vous en doutez, c'est un résultat embarrassant, et les auteurs ont analysé de nombreuses explications possibles. Mais même présentées sous leur meilleur jour, ces données brossent un tableau désolant : quand ils sont fatigués et qu'ils ont faim, les juges ont tendance à prendre la décision par défaut, plus facile, et à rejeter les demandes.

La paresse du Système 2

Une des principales fonctions du Système 2 est de surveiller et de contrôler les pensées et les actes « suggérés » par le Système 1, en laissant certains s'exprimer directement dans le comportement et en en supprimant ou en modifiant d'autres.

Par exemple, voici une énigme simple. N'essayez pas de la résoudre, écoutez plutôt votre intuition :

> Une batte et une balle coûtent 1,10 dollar.
> La batte coûte 1 dollar de plus que la balle.
> Combien coûte la balle ?

Un chiffre vous est venu à l'esprit. Ce chiffre est, bien sûr, 10 : 10 cents. La caractéristique de cette énigme sans difficulté est qu'elle suscite une réponse intuitive, séduisante, et fausse. Faites le calcul, et vous verrez. Si la balle coûte 10 cents, alors le coût total sera 1,20 dollar (10 cents pour la balle et 1,10 pour la batte), et non 1,10. La bonne réponse est 5 cents. On peut raisonnablement estimer que la réponse intuitive est également venue à l'esprit de ceux qui ont trouvé le bon chiffre – mais ils ont réussi à résister à leur intuition.

Shane Frederick et moi avons travaillé ensemble sur une théorie du jugement fondée sur deux systèmes, et mon collègue s'est servi de l'énigme de la batte et de la balle pour étudier une question essentielle : dans quelle mesure le Système 2 surveille-t-il étroitement les suggestions du Système 1 ? Pour lui, nous connaissons un fait significatif sur quiconque dit que la balle coûte 10 cents : cette personne n'a pas vérifié activement si la réponse était correcte, et son Système 2 a approuvé une réponse intuitive qu'il aurait pu rejeter avec un minimum d'effort. De plus, nous savons aussi que les gens qui donnent la réponse intuitive sont passés à côté d'un indice social évident ; ils auraient dû se demander pourquoi quelqu'un irait inclure dans un questionnaire une énigme dont la réponse était si évidente. L'incapacité à vérifier est remarquable parce que le coût de la vérification est très faible : quelques secondes de travail mental (le problème est d'une difficulté modérée), avec un peu de tension musculaire et de dilatation des pupilles, auraient suffi à éviter une erreur gênante. Les gens qui répondent 10 cents semblent être d'ardents partisans de la loi du moindre effort. Ceux qui évitent cette réponse ont apparemment des cerveaux plus actifs.

Des milliers d'étudiants ont répondu à l'énigme de la batte et de la balle, et les résultats sont époustouflants. Plus de 50 % des étudiants de Harvard, du MIT et de Princeton ont donné la – mauvaise – réponse intuitive. Dans des universités moins sélectives, le taux d'incapacité à vérifier dépassait les 80 %. Avec le problème de la batte et de la balle, nous effleurons pour la première fois ce qui va être un thème récurrent de ce livre : beaucoup de gens sont trop sûrs d'eux, prompts à avoir une trop grande foi dans leurs intuitions. Manifestement, ils considèrent l'effort cognitif comme étant au mieux légèrement désagréable et l'évitent autant que possible.

Je vais maintenant vous proposer un argument logique – deux affirmations et une conclusion. Essayez de déterminer, aussi vite que vous le pouvez, si cet argument est valide sur le plan logique. La conclusion découle-t-elle des affirmations ?

Toutes les roses sont des fleurs.
Certaines fleurs fanent vite.
Donc, certaines roses fanent vite.

Une grande majorité des étudiants en université estiment que ce syllogisme est valide. En fait, cet argument est biaisé, parce qu'il est possible qu'il n'y ait aucune rose parmi les fleurs qui fanent vite. Comme avec le problème de la batte et de la balle, une réponse plausible vient immédiatement à l'esprit. Il faut travailler dur pour l'écarter – l'idée insistante que « c'est vrai, c'est vrai ! » rend difficile la vérification logique, et la plupart des gens ne se donnent pas la peine de réfléchir au problème.

Cette expérience a des implications décourageantes quant à notre façon de raisonner dans la vie de tous les jours. Elle laisse entendre que quand les gens pensent qu'une conclusion est vraie, ils sont aussi tout à fait enclins à croire des arguments qui semblent l'étayer, même quand ces arguments sont erronés. Si le Système 1 est impliqué, la conclusion vient d'abord, et les arguments ensuite.

Maintenant, considérez la question suivante et répondez-y rapidement avant de poursuivre votre lecture :

Combien de meurtres sont-ils commis dans le Michigan chaque année ?

La question, également conçue par Shane Frederick, est une fois encore un défi pour le Système 2. Le « truc » réside dans le fait de savoir si la personne interrogée va se souvenir que Detroit, une ville où la criminalité est très forte, se trouve dans le Michigan. Les étudiants américains le savent, tout comme ils savent que Detroit est la plus grande ville du Michigan. Mais la connaissance d'un fait n'est pas monolithique. Ce que nous savons ne nous vient pas toujours à l'esprit quand nous en avons besoin. Les gens qui se souviennent que Detroit se trouve dans le Michigan fournissent de plus hautes estimations du taux de criminalité dans l'État que les autres, mais une majorité des personnes interrogées par Frederick n'ont pas pensé à la ville quand ils ont répondu à la question. En effet, les chiffres moyens donnés par les gens pour le Michigan sont *inférieurs* à ceux d'un groupe de même type interrogé sur la criminalité à Detroit.

L'incapacité à se souvenir de Detroit incombe autant au Système 1 qu'au Système 2. Le fait que la ville vienne à l'esprit quand on évoque l'État dépend en partie de la fonction automatique de la mémoire. Dans ce domaine, les gens diffèrent. La représentation de l'État du Michigan est très détaillée dans l'esprit de certains : ceux qui y habitent sont plus susceptibles de se remémorer davantage d'informations que ceux qui vivent ailleurs ; de même que les passionnés de géographie, par rapport à, par exemple, des spécialistes de basket-ball. Des individus plus intelligents sont plus susceptibles que d'autres de se représenter plus en détail la plupart des choses. L'intelligence n'est pas que la capacité à raisonner ; c'est également la capacité à trouver des informations adéquates dans la mémoire et à utiliser son attention quand cela est nécessaire. La fonction de la mémoire est un attribut du Système 1. Toutefois, tout le monde a la possibilité de ralentir pour procéder à une recherche active dans sa mémoire en quête de tous les éléments éventuellement appropriés – tout comme les gens peuvent ralentir pour vérifier la réponse intuitive au problème de la batte et de la balle. L'étendue de la vérification délibérée et de la recherche est une caractéristique du Système 2, laquelle varie d'un individu à l'autre.

Le problème de la batte et de la balle, le syllogisme sur les fleurs et le problème de Detroit et du Michigan ont une chose en commun. Il semble que l'on y échoue, du moins en partie, par manque de motivation, parce que l'on n'a pas fait assez d'efforts. N'importe qui étant capable d'entrer dans une bonne université est tout à fait à même de répondre aux deux premières questions en raisonnant, et de réfléchir assez longtemps sur le Michigan pour se souvenir que la plus grande ville de l'État a un problème de criminalité. Ces étudiants savent résoudre des problèmes nettement plus complexes quand ils ne sont pas tentés d'accepter une réponse superficiellement plausible qui vient aisément à l'esprit. La facilité avec laquelle ils se contentent de cesser de penser est plutôt troublante. Il peut paraître sévère de les traiter de « paresseux », leur Système 2 et eux, mais ce n'est pas vraiment injuste. On pourrait dire de ceux qui ne commettent pas le péché de paresse intellectuelle qu'ils sont « engagés ». Ils sont plus vigilants, plus actifs sur le plan intellectuel, moins enclins à se satisfaire de réponses à première vue séduisantes, plus sceptiques face à leurs intuitions. Pour le psychologue Keith Stanovich, ils sont plus rationnels.

Intelligence, contrôle de soi, rationalité

Les chercheurs ont appliqué des méthodes diverses pour analyser le lien entre la pensée et le contrôle de soi. Certains se sont attaqués au problème en s'intéressant à la corrélation suivante : si l'on classait les gens en fonction de leur contrôle de soi et de leur aptitude cognitive, occuperaient-ils la même place dans les deux classements ?

Dans une des expériences les plus célèbres de l'histoire de la psychologie, Walter Mischel et ses étudiants ont exposé des enfants de quatre ans à un dilemme cruel. Ils devaient choisir entre une petite récompense (un biscuit), qu'ils pouvaient obtenir n'importe quand, et une récompense plus importante (deux cookies), qu'ils devaient attendre dans des conditions difficiles. Ils devaient rester un quart d'heure dans une pièce, face à un bureau où se trouvaient deux objets : un unique cookie et une cloche, que l'enfant pouvait utiliser pour appeler le responsable de l'expérience afin d'obtenir le cookie. D'après la description de l'expérience : « Il n'y avait pas de jouets, de livres, d'images ou d'autres objets potentiellement distrayants dans la pièce. L'expérimentateur quittait la pièce et ne revenait qu'un quart d'heure plus tard, à moins que l'enfant utilise la cloche, mange la récompense, se lève ou donne des signes de trouble. »

Les enfants étaient observés à travers un miroir sans tain, et le film qui témoigne de leur comportement pendant l'attente ne manque jamais de faire hurler de rire les spectateurs. Près de la moitié des enfants ont réussi l'exploit de patienter pendant un quart d'heure, essentiellement en détournant leur attention de la récompense alléchante. Dix ou quinze ans plus tard, un véritable gouffre séparait ceux qui avaient résisté à la tentation et ceux qui ne l'avaient pas pu. Les plus résistants disposaient d'un meilleur contrôle exécutif dans les tâches cognitives, en particulier de la capacité à refocaliser efficacement leur concentration. Une fois devenus de jeunes adultes, ils étaient moins susceptibles de consommer des stupéfiants. Une nette différence s'est fait jour également dans l'aptitude intellectuelle : les enfants qui avaient manifesté davantage de contrôle de soi à quatre ans réussissaient clairement mieux lors de tests d'intelligence.

Une équipe de chercheurs de l'université de l'Oregon a exploré de plusieurs façons le lien entre le contrôle cognitif et l'intelligence, y compris en tentant d'accroître l'intelligence *via* l'amélioration du contrôle de l'attention. Lors de cinq séances de quarante minutes, ils ont exposé des enfants âgés de quatre à six ans à divers jeux sur ordinateurs spécialement conçus pour exiger de l'attention et du contrôle. Dans l'un de ces exercices, les enfants se servaient d'une manette pour suivre un chat de dessin animé et lui faire atteindre une zone herbeuse en évitant une mare de boue. Peu à peu, la taille des zones herbeuses diminuait tandis que celle des mares de boue augmentait. Les chercheurs se sont aperçus que ces exercices d'attention ne faisaient pas qu'améliorer le contrôle exécutif ; les résultats lors de tests d'intelligence non verbaux étaient également supérieurs, et cette amélioration durait plusieurs mois. D'autres recherches réalisées par la même équipe ont permis d'identifier des gènes spécifiques impliqués dans le contrôle de l'attention, ont montré que les techniques éducatives affectaient également cette capacité et prouvé l'existence d'un lien étroit entre l'aptitude des enfants à contrôler leur attention et leur faculté à maîtriser leurs émotions.

Shane Frederick a développé un Test de réflexion cognitive, qui comprend le problème de la batte et de la balle et deux autres questions, choisies parce qu'elles aussi suscitent une réponse intuitive à la fois irrésistible et fausse (vous trouverez ces questions dans le chapitre V). Puis il s'est intéressé aux caractéristiques des étudiants qui obtenaient de très mauvais résultats à ce test – chez qui la fonction de supervision du Système 2 est faible – et a découvert qu'ils sont enclins à répondre aux questions par la première idée qui leur vient à l'esprit, et qu'ils répugnent à accomplir l'effort nécessaire pour vérifier leurs intuitions. Les individus qui suivent leurs intuitions sans esprit critique pour résoudre des énigmes ont également tendance à accepter d'autres suggestions du Système 1. Par exemple, 63 % de ces intuitifs disent qu'ils préféreraient recevoir 3 400 euros ce mois-ci plutôt que 3 800 euros le mois prochain. 37 % seulement de ceux qui ont résolu correctement les trois énigmes affichent la même préférence à courte vue pour un paiement immédiat. Quand on leur demande combien ils sont prêts à verser pour qu'un livre qu'ils ont commandé leur soit livré du jour au lendemain, ceux qui ont obtenu de mauvais résultats au Test de réflexion cognitive se disent disposés à payer deux fois plus que ceux qui ont obtenu d'excellents résultats. Les découvertes de Frederick suggèrent que les personnages de notre psychodrame ont des « personnalités » différentes. Le Système 1 est impulsif et intuitif ; le Système 2 est capable de raisonner, il est prudent, mais chez certains, il est également paresseux. On constate des différences qui y sont liées chez les individus : certains sont plus comme leur Système 2 ; d'autres sont plus proches de leur Système 1. Ce test simple est devenu l'un des meilleurs moyens de détecter un esprit paresseux.

Ce sont Keith Stanovich et Richard West, son collaborateur de longue date, qui, les premiers, ont utilisé les notions de Système 1 et Système 2 (aujourd'hui, ils préfèrent parler de processus de Type 1 et de Type 2). Stanovich et ses collègues ont passé des décennies à étudier les différences entre les gens sur le genre de problèmes qui nous intéressent dans ce livre. La question qu'ils ont posée, de diverses façons, est fondamentale : qu'est-ce qui fait que certaines personnes sont plus susceptibles que d'autres de commettre des erreurs de jugement ? Stanovich a publié ses conclusions dans un ouvrage intitulé *Rationality and the Reflective Mind* (La Rationalité et l'esprit réflexif), qui propose une approche remarquablement audacieuse. Il établit une distinction marquante entre deux parties du Système 2 – en fait, c'est une distinction si tranchée qu'il parle « d'esprits » séparés. Un de ces esprits (l'esprit algorithmique, selon lui) gère la pensée lente et les calculs difficiles. Certaines personnes sont plus douées que d'autres pour ces tâches de gymnastique cérébrale – ce sont ces individus qui excellent lors des tests d'intelligence et sont capables de passer rapidement et efficacement d'une tâche à l'autre. Stanovich affirme cependant qu'une grande intelligence n'immunise pas les gens contre les biais. C'est une autre capacité qui entre alors en jeu, qu'il définit comme la rationalité. Une personne rationnelle vue par Stanovich ressemble à ce que j'ai décrit plus tôt en utilisant le terme « engagé ». Au cœur de sa théorie se trouve l'idée qu'il faut distinguer la *rationalité* de l'*intelligence.* À ses yeux, la pensée superficielle ou « paresseuse » est un défaut de l'esprit réflexif, une faille de la rationalité. C'est une idée séduisante, qui interpelle. Pour l'étayer, Stanovich et ses collègues se sont aperçus que la question sur la batte et la balle et d'autres énigmes du même genre étaient de meilleurs indicateurs de notre susceptibilité aux erreurs cognitives que d'autres moyens conventionnels de mesurer l'intelligence, comme les tests de QI. La distinction entre l'intelligence et la rationalité peut-elle ouvrir la voie à de nouvelles découvertes ? Le temps nous le dira…

*

Le contrôle en bref

« Elle n'a pas eu de mal à se concentrer pendant des heures sur sa tâche. Elle était dans un état de *flux.* »

« Au bout d'une longue journée de réunions, son ego était épuisé. Il a donc opté pour des procédures standard au lieu de réfléchir au problème. »

« Il ne s'est pas donné la peine de vérifier si ce qu'il disait tenait debout. Son Système 2 est-il toujours paresseux ou était-il plus fatigué que d'habitude ? »

« Malheureusement, elle a tendance à dire la première chose qui lui vient à l'esprit. Elle a probablement du mal à attendre la gratification. Son Système 2 est faible. »

4

LA MACHINE ASSOCIATIVE [1]

Pour entamer votre exploration des mécanismes étonnants du Système 1, considérez les mots suivants :

bananes vomi

En une ou deux secondes, il vous est arrivé beaucoup de choses. Vous avez vu des images et revécu des moments désagréables. Vos traits se sont légèrement déformés en une expression de dégoût, et vous avez peut-être même eu un geste de recul imperceptible vis-à-vis de ce livre. Votre rythme cardiaque a augmenté, les poils de vos bras se sont légèrement hérissés, et vos glandes sudoripares se sont activées. En bref, vous avez réagi au mot écœurant par une version atténuée de ce qui serait votre réaction face à l'événement lui-même. Tout cela a été totalement automatique, indépendant de votre contrôle [2].

Sans raison particulière, votre esprit a automatiquement établi une séquence temporelle et un lien de cause à effet entre les mots *bananes* et *vomi,* créant un scénario flou où les bananes étaient responsables du malaise. Par conséquent, vous avez fait l'expérience d'une aversion temporaire pour les bananes (ne vous inquiétez pas, ça va passer). L'état de votre mémoire a changé sous d'autres aspects : vous êtes maintenant inhabituellement prêts à réagir à des objets et des concepts associés à « vomi », comme *malaise*, *puanteur* ou *nausée* (mais aussi *gueule de bois* ou *indigestion*), et à des mots associés à « bananes », comme *jaune* et *fruit*, et peut-être *pomme* et *baie*.

De plus, votre Système 1 a remarqué le fait que la juxtaposition des deux mots était peu commune ; vous ne l'avez probablement jamais rencontrée auparavant. Vous avez fait l'expérience d'une légère surprise.

Cette nuée complexe de réactions s'est produite rapidement, automatiquement et sans effort. Vous ne l'avez pas voulu et vous n'avez pas pu l'empêcher. Les événements qui se sont déroulés quand vous avez vu ces mots sont dus à un processus appelé l'activation associative : des idées qui ont été évoquées en déclenchent beaucoup d'autres, dans une cascade exponentielle d'activité cérébrale. La caractéristique essentielle de cette succession complexe d'événements mentaux est sa cohérence. Chaque élément est lié à un autre, soutient et renforce les autres. Le mot évoque des souvenirs, qui évoquent des émotions, qui à leur tour évoquent des expressions faciales et d'autres réactions, comme une tension générale et une tendance à l'évitement. L'expression faciale et le geste de recul intensifient les sentiments auxquels ils sont liés, et les sentiments eux aussi renforcent les idées afférentes. Tout cela se déroule rapidement et simultanément, débouchant sur une succession de réactions cognitives, émotionnelles et physiques à la fois diverses et intégrées, dans une logique d'autorenforcement, dite de *cohérence associative.*

En guère plus d'une seconde, vous avez accompli un exploit remarquable, automatiquement et inconsciemment. À partir d'un événement complètement inattendu, votre Système 1 a donné autant de sens que possible à la situation – deux mots simples, bizarrement juxtaposés – en reliant les termes dans une logique causale ; il a évalué la menace possible (légère à modérée) et créé un contexte pour de futurs développements en vous préparant à des événements qui devenaient soudain plus probables ; il a également créé un contexte pour l'événement en cours en évaluant à quel point il était surprenant. Vous vous êtes retrouvé aussi informé sur le passé et préparé à l'avenir que possible.

Ce qu'il y a d'étrange, dans ce qui vous est arrivé, c'est que le Système 1 a traité la simple conjonction de deux mots comme des représentations de la réalité. Votre organisme a réagi par une réplique atténuée d'une réaction à l'événement réel, et la réaction émotionnelle et le recul physique se sont inscrits dans votre interprétation de l'événement. Comme l'ont souligné les spécialistes des sciences cognitives ces dernières années, la cognition est incarnée ; vous pensez avec votre corps [3], pas seulement avec votre cerveau.

Le mécanisme qui cause ces événements mentaux est connu depuis longtemps : c'est l'association d'idées. D'expérience, nous comprenons tous que les idées se suivent dans notre esprit conscient d'une façon assez ordonnée. Les philosophes britanniques des XVIIe et XVIIIe siècles se sont mis en quête de règles capables d'expliquer de telles séquences. Dans son *Enquête sur l'entendement humain* [4], publiée en 1748, le philosophe écossais David Hume a réduit à trois le nombre de principes de l'association : la ressemblance, la contiguïté (la relation de temps et de lieu), et la causalité. Depuis l'époque de Hume, notre conception de l'association a radicalement changé, mais ses trois principes restent quand même une bonne base.

Je vais adopter une vision élargie de ce qu'est une idée. Elle peut être concrète ou abstraite, et peut s'exprimer de bien des façons : en tant que verbe, nom, adjectif, ou sous la forme d'un poing fermé. Les psychologues pensent aux idées comme aux nœuds d'un réseau, dit mémoire associative, où chaque idée est rattachée à beaucoup d'autres. On trouve différents types de liens : les causes sont liées à leurs effets (virus froid) ; des choses à leurs propriétés (citron jaune) ; aux catégories auxquelles elles appartiennent (banane fruit). Une de nos avancées, par rapport à Hume, tient à ce qu'aujourd'hui, nous ne considérons plus que l'esprit s'engage dans une succession d'idées conscientes, les unes après les autres. Dans la vision actuelle du fonctionnement de la mémoire associative, il se passe beaucoup de choses en même temps. Une idée activée n'en évoque plus seulement une autre, mais plusieurs qui, à leur tour, en activent d'autres. De plus, seules quelques-unes des idées activées seront enregistrées par la conscience ; l'essentiel du travail de la pensée associative est muet, dissimulé à notre conscience. L'idée que nous n'avons qu'un accès limité au fonctionnement de notre esprit est difficile à accepter parce que, naturellement, elle est étrangère à notre expérience, mais elle n'en est pas moins vraie : vous en savez beaucoup moins sur vous-mêmes que ce que vous avez le sentiment de savoir.

LES MERVEILLES DE L'AMORÇAGE

Comme c'est souvent le cas en science, la première grande percée dans notre compréhension du mécanisme de l'association fut le résultat de l'amélioration d'une méthode de mesure. Il y a encore quelques décennies, le seul moyen, pour étudier les associations d'idées, était de poser à beaucoup de gens des questions comme : « Quel est le premier mot qui vous vient à l'esprit quand vous entendez le mot JOUR ? » Les chercheurs comptabilisaient la fréquence des réponses, comme « nuit »,

« soleil » ou « long ». Dans les années 1980, les psychologues ont découvert que l'exposition à un mot entraînait des changements immédiats et mesurables quant à la facilité avec laquelle plusieurs mots liés pouvaient être évoqués. Si vous avez récemment vu ou entendu le mot MANGER, vous êtes temporairement plus à même de considérer le mot incomplet PA-N comme PAIN que comme PAON. L'inverse serait vrai si c'était OISEAU que vous aviez vu juste avant. C'est ce que l'on appelle *l'effet d'amorçage* : l'idée de MANGER amorce l'idée de PAIN, et OISEAU amorce PAON [5].

Les effets d'amorçage prennent des formes diverses. Si vous avez l'idée de MANGER à l'esprit en ce moment (que vous en soyez conscient ou non), vous serez capable de reconnaître plus rapidement que d'habitude le mot PAIN quand il est chuchoté ou écrit en caractères flous. Et, bien sûr, vous êtes amorcé non seulement pour l'idée de pain, mais aussi pour une multitude d'idées liées à la nourriture, comme *fourchette*, *affamé*, *graisse*, *régime* et *biscuit*. Si, lors de votre tout dernier repas en date, vous étiez assis à une table bancale, vous serez également amorcé pour l'idée de bancal. De plus, les idées amorcées ont une certaine capacité à amorcer d'autres idées encore, quoique avec moins de force. Comme des ondes à la surface d'un étang, l'activation s'étend à une petite partie du vaste réseau de l'association d'idées. La cartographie de ces ondes est aujourd'hui l'un des domaines les plus passionnants de la recherche en psychologie.

Autre grand progrès dans notre compréhension de la mémoire, nous avons découvert que l'amorçage ne se limite pas à des concepts et à des mots. Bien sûr, votre expérience consciente ne vous permet pas de le savoir, mais vous devez accepter l'idée étrange que vos actions et vos émotions peuvent être déclenchées par des événements dont vous n'êtes même pas conscient. Lors d'une expérience qui est aussitôt devenue un classique, le psychologue John Bargh et ses collaborateurs ont demandé à des étudiants de l'université de New York – pour la plupart âgés de dix-huit à vingt-deux ans – de composer des phrases de quatre mots à partir d'une série de cinq (par exemple, « trouve il ça jaune instantanément [6] »). Pour un groupe d'étudiants, la moitié des phrases en désordre contenaient des mots associés à la vieillesse, comme *Floride, oubli, chauve, gris, ridé.* Quand ils avaient terminé leur exercice, les jeunes sujets étaient envoyés participer à un nouveau test dans un bureau à l'autre bout du couloir. Or, c'était ce bref déplacement qui était au centre de l'expérience. Discrètement, les chercheurs mesuraient le temps qu'il fallait aux gens pour passer d'un bout du couloir à l'autre. Comme l'avait prévu Bargh, les jeunes qui avaient composé une phrase à partir de mots liés à la vieillesse se déplaçaient nettement moins vite que les autres.

« L'effet Floride » implique deux étapes de l'amorçage. Tout d'abord, la série de mots amorce des pensées sur la vieillesse, même si le mot *vieux* n'est jamais cité ; ensuite, ces pensées amorcent un comportement, une démarche lente, qui est associé à la vieillesse. Tout cela est inconscient. Quand on les a interrogés par la suite, aucun des étudiants n'a signalé avoir remarqué que les mots avaient un thème commun, et tous ont soutenu que rien de ce qu'ils avaient fait après la première expérience n'avait pu être influencé par les mots qu'ils avaient vus. L'idée de la vieillesse n'avait pas atteint leur niveau de conscience, mais leurs actions n'en avaient pas moins été modifiées. Ce remarquable phénomène d'amorçage – l'influence de l'idée sur une action – est connu sous le nom d'effet idéomoteur. Vous n'en étiez peut-être pas conscient, mais la lecture de ce paragraphe vous a amorcé vous aussi. Si vous aviez dû vous lever pour aller chercher un verre d'eau, vous auriez quitté votre siège un peu moins vite que d'habitude – à moins que vous ne détestiez les personnes âgées, auquel cas, selon ces recherches, vous auriez peut-être été un peu plus rapide que d'habitude !

Le lien idéomoteur fonctionne également dans l'autre sens. Une étude réalisée dans une université allemande a été comme le reflet inversé de la première expérience menée par Bargh et ses collègues à New York. Il a été demandé à des étudiants de marcher dans une pièce pendant cinq minutes au rythme de trente pas par minute, soit à peu près un tiers de leur vitesse normale. Après cette courte expérience, les participants reconnaissaient plus vite des mots associés à la vieillesse, comme *oubli, vieux* et *solitaire*[7]. Les effets d'amorçage réciproque ont tendance à produire une réaction cohérente : si vous êtes amorcé pour penser à la vieillesse, vous aurez tendance à vous comporter comme une personne âgée, et le fait de vous comporter comme une personne âgée renforcera vos pensées sur la vieillesse.

Les liens réciproques sont courants dans la pensée associative. Par exemple, le fait d'être amusé a tendance à vous faire sourire, et le fait de sourire a tendance à vous amuser. Prenez donc un crayon et tenez-le entre vos dents pendant quelques secondes, la gomme vers votre droite et la pointe vers votre gauche. Maintenant, tenez le crayon de façon à ce que la pointe soit dirigée droit devant vous en serrant vos lèvres autour de la gomme. Vous ne vous êtes probablement pas aperçu qu'une des actions a obligé votre visage à faire la moue tandis que l'autre vous faisait sourire. Il a été demandé à des étudiants d'évaluer l'humour de dessins tirés de *L'Univers impitoyable de Gary Larson* tout en tenant un crayon dans leur bouche[8]. Ceux qui « souriaient » (sans en être conscients) ont trouvé les dessins plus amusants que ceux à la bouche en « cul de poule ». Dans une autre expérience, ceux dont le visage était contraint de faire la tête (en fronçant les sourcils) se sont dits davantage touchés par des images éprouvantes ou contrariantes – des enfants mourant de faim, des gens en train de se disputer, des victimes d'accident de voiture [9].

Des gestes simples et banals peuvent inconsciemment influencer nos pensées et nos sentiments. Lors d'une démonstration, on a demandé à des gens d'écouter des messages dans de nouveaux casques [10]. On leur a expliqué que le but de l'expérience était de tester la qualité de ces écouteurs, et qu'il fallait donc qu'ils bougent régulièrement la tête en quête de la moindre distorsion du son. La moitié a été invitée à hocher la tête de haut en bas, l'autre moitié à la secouer de côté. Les messages qu'ils écoutaient étaient des chroniques radiophoniques. Ceux qui hochaient la tête (geste d'assentiment) avaient tendance à accepter le message qu'ils entendaient, mais ceux qui secouaient la tête avaient tendance à le rejeter. Là encore, tout cela était inconscient, il ne s'agissait que d'un lien habituel entre une attitude de rejet ou d'acceptation et leurs expressions physiques courantes. Vous voyez en quoi la recommandation d'agir « calmement et gentiment quels que soient vos sentiments » est un excellent conseil : vous serez sans doute récompensé en agissant avec calme et gentillesse.

CET ÉTRANGER QUI EST EN NOUS

Les études sur les effets d'amorçage ont abouti à des découvertes qui menacent l'image que nous avons de nous en tant qu'auteurs conscients et autonomes de nos jugements et de nos choix. Ainsi, la plupart d'entre nous considèrent le vote comme un acte délibéré, reflet de nos valeurs et de notre évaluation d'une politique, qui ne subit pas l'influence de paramètres annexes. Par exemple, notre vote ne devrait pas être affecté par l'emplacement d'un bureau de vote, et pourtant, c'est le cas. Une étude des comportements électoraux dans certaines circonscriptions d'Arizona en 2000 a montré que le soutien à des projets d'augmentation du financement des écoles était nettement supérieur quand le bureau de vote était installé dans une école [11]. Une autre expérience a révélé qu'en exposant les gens à des images de salles de classe et de casiers, on accroissait également la tendance des participants à soutenir une initiative favorable aux établissements scolaires. L'effet de ces images était plus important que la différence entre les électeurs parents et les autres ! L'analyse de l'amorçage a évolué depuis les premières expériences où évoquer la vieillesse devant des sujets les faisait marcher plus lentement. Nous savons désormais que les effets de l'amorçage peuvent affecter tous les secteurs de notre vie.

Tout ce qui a trait à l'argent provoque des effets singuliers. Lors d'une expérience, on a montré aux participants une liste de cinq mots à partir desquels ils devaient créer une phrase de quatre mots parlant d'argent (« bien un emploi bureau payé » devenait « un emploi bien payé »). D'autres amorçages étaient plus subtils, comme la présence d'un objet sans rapport avec l'expérience, mais lié à l'argent, comme une pile de billets de Monopoly sur une table, ou un ordinateur dont l'économiseur d'écran représentait des billets de un dollar flottant sur l'eau.

Les gens amorcés par l'argent deviennent plus indépendants qu'ils ne le seraient sans ce déclencheur associatif [12]. Ils tenaient deux fois plus longtemps pour tenter de résoudre un problème très complexe avant d'appeler l'expérimentateur à l'aide – parfaite démonstration d'une plus grande autonomie. Ils sont également plus égoïstes : ils étaient beaucoup moins disposés à consacrer du temps à aider un autre étudiant qui prétendait ne pas comprendre une tâche expérimentale. Quand un expérimentateur a fait tomber des crayons par terre, les participants ayant (inconsciemment) l'argent à l'esprit en ont ramassé moins. Dans une autre expérience de cette série, il a été annoncé aux sujets qu'ils devraient bientôt discuter avec une personne qu'ils ne connaissaient pas. Il leur a alors été demandé d'installer deux chaises, le temps que l'expérimentateur aille chercher cette personne. Les participants amorcés par l'argent préféraient se tenir beaucoup plus loin de l'inconnu que ceux qui n'avaient pas l'argent en tête (118 centimètres, plutôt que 80). Les étudiants amorcés par l'argent avaient en outre tendance à préférer être seuls.

Le thème général de ces découvertes est que l'idée de l'argent déclenche l'individualisme : une répugnance à s'impliquer avec des tiers, à dépendre d'autrui ou à accepter les exigences des autres. Kathleen Vohs, la psychologue à l'origine de ces recherches remarquables, a fait preuve d'une retenue louable quand il s'est agi de discuter des implications de ses découvertes. Elle a laissé ce soin à ses lecteurs. Les répercussions de ses expériences sont pourtant d'une grande profondeur – le fait de vivre dans une culture qui nous environne de symboles liés à l'argent pourrait bien façonner notre comportement et nos attitudes d'une manière que nous ignorons et dont il n'y a pas lieu d'être fier. Certaines cultures fournissent des symboles récurrents du respect, d'autres rappellent constamment à leurs membres la présence de Dieu, et certaines sociétés déclenchent l'obéissance grâce à de gigantesques affiches du Cher Dirigeant. Peut-on douter que les portraits omniprésents du chef de l'État dans les sociétés dictatoriales non seulement donnent l'impression que « Big Brother vous surveille », mais entraînent en outre une véritable diminution de la réflexion spontanée et de l'action indépendante ?

À en juger par les études sur l'amorçage, le fait de rappeler leur mortalité aux gens accroît l'attrait des idées autoritaristes, qui peuvent alors se révéler rassurantes [13].

D'autres expériences ont confirmé les idées freudiennes sur le rôle des symboles et des métaphores dans les associations inconscientes. Prenons par exemple ces mots incomplets ambigus, L---R et S---N. Les gens à qui l'on a demandé peu avant de se remémorer une action dont ils avaient honte seront plus susceptibles de compléter les termes tronqués par LAVER et SAVON que par LOUER et SALON. De plus, le simple fait de penser à poignarder un collègue dans le dos fait que les gens seront plus enclins à acheter du savon, du désinfectant ou du détergent que des piles, du jus de fruits ou des bonbons. Le sentiment que son âme est souillée déclenche apparemment le désir de se purifier, une impulsion surnommée « l'effet Lady Macbeth [14] ».

La purification concerne directement les parties du corps impliquées dans un péché particulier. Les sujets d'une expérience ont ainsi été invités à « mentir » à une personne imaginaire, soit au téléphone, soit par courriel. Lors du test consécutif, visant à mesurer l'attrait sur eux de divers produits, les gens qui avaient menti au téléphone préféraient le bain de bouche au savon, ceux qui avaient menti par courrier électronique préférant le savon au bain de bouche [15].

Quand je décris les études sur l'amorçage, le public a souvent une réaction incrédule. Cela n'a rien d'étonnant : le Système 2 croit que c'est lui qui est aux commandes et qu'il connaît les raisons de ses choix. Des questions doivent probablement vous venir à l'esprit à vous aussi : comment est-il possible que des manipulations aussi primaires du contexte aient un impact aussi énorme ? Ces expériences démontrent-elles que nous sommes totalement à la merci des amorces, quelles qu'elles soient, que nous fournit notre environnement à n'importe quel moment ? Bien sûr que non. Les effets des amorces sont puissants, mais pas forcément étendus.

Sur cent électeurs, seuls quelques indécis voteront différemment sur une question liée à l'école si leur bureau de vote se trouve dans un établissement scolaire plutôt que dans un édifice religieux – mais quelques points suffisent parfois à faire basculer une élection.

Cela dit, sachez qu'en la matière, l'incrédulité n'est pas envisageable. Ces résultats ne sont pas des inventions, non plus que des anomalies statistiques. Vous n'avez d'autres choix que d'admettre la justesse des principales conclusions de ces études. Surtout, vous devez accepter qu'elles sont valables *pour vous*. Si vous aviez été exposé à un économiseur d'écran plein de dollars flottants, vous aussi seriez susceptible d'avoir rechigné à aider un inconnu maladroit à ramasser ses crayons. Vous croyez que ces résultats ne s'appliquent pas à vous parce qu'ils ne correspondent à rien dans votre expérience subjective. Or cette dernière se compose essentiellement des histoires que vous raconte votre Système 2. Les phénomènes d'amorçage se déroulent dans le Système 1, et vous n'y avez aucun accès conscient.

Pour conclure, voici un parfait exemple d'effet d'amorçage. L'expérience a été menée dans la cuisine d'un département universitaire, en Grande-Bretagne [16]. Pendant des années, les membres de ce département payaient pour le thé ou le café qu'ils consommaient pendant la journée en déposant l'argent dû dans une boîte. Le système s'appuyait sur l'honnêteté des gens et le respect des prix suggérés. Un jour, sans avertissement ni explication, une image a été affichée à côté de la liste de prix. Dix semaines durant, une nouvelle image a été placée là chaque semaine, soit des fleurs, soit deux yeux qui donnaient l'impression de fixer directement l'observateur. Il n'y a pas eu de commentaires sur ces nouvelles décorations, mais les contributions déposées dans la boîte ont, quant à elles, considérablement changé, comme le montre la figure 4.

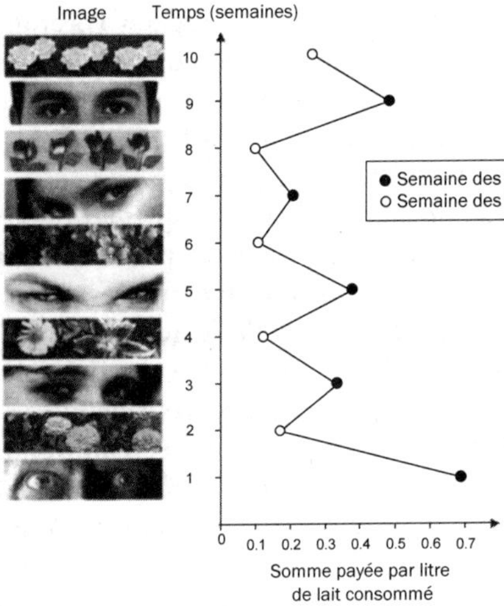

Figure 4

La première semaine de l'expérience (représentée tout en bas de la figure), deux yeux écarquillés fixent les buveurs de thé ou de café, dont la contribution moyenne est de 70 pence par litre de lait. La deuxième semaine, l'image montre des fleurs, et la contribution moyenne baisse de 15 pence. La tendance se poursuit. En moyenne, les utilisateurs de la cuisine déposaient des sommes presque trois fois plus importantes les « semaines des yeux » que les « semaines des fleurs ». Il est évident que le rappel purement symbolique du fait d'être regardé poussait les gens à mieux se comporter. Comme l'on pouvait s'y attendre, l'effet en est parfaitement inconscient. Pensez-vous pouvoir être influencé de la sorte ?

Il y a quelques années, le psychologue Timothy Wilson a écrit un livre au titre évocateur : *Strangers to Ourselves* (Étrangers à nous-mêmes [17]). Vous venez d'être présenté à cet étranger qui est en vous, qui contrôle peut-être une grande partie de ce que vous faites, bien que vous vous en rendiez rarement compte. Le Système 1 fournit les impressions qui se transforment souvent en convictions, et est la source des impulsions qui, souvent, deviennent vos choix et vos actes. Il offre une interprétation tacite de ce qui vous arrive et de ce qui se passe autour de vous, rattachant le présent au passé récent et à ce que vous attendez de l'avenir proche. Il recèle le modèle du monde qui détermine votre évaluation instantanée des événements, les jugeant normaux ou surprenants. Il est la source de vos jugements intuitifs, rapides et souvent précis. Et il fait presque tout cela sans que vous soyez activement conscient de ces agissements. Le Système 1 est par conséquent, comme nous allons le voir dans les chapitres suivants, à l'origine de bon nombre des erreurs systématiques dans vos intuitions.

*

L'AMORÇAGE EN BREF

« La vue de tous ces gens en uniforme n'amorce pas la créativité. »

« Le monde n'est pas aussi logique que vous le pensez. Sa cohérence vient essentiellement de la façon qu'a votre esprit de fonctionner. »

« Ils étaient amorcés pour trouver des défauts, et c'est exactement ce qu'ils ont trouvé. »

« Son Système 1 a construit une histoire, et son Système 2 l'a cru. Ça nous arrive à tous. »

« Je me suis obligée à sourire, et en fait, je me sens mieux ! »

5

L'AISANCE COGNITIVE

Quand vous êtes conscient, et peut-être même quand vous ne l'êtes pas, votre cerveau est le théâtre de multiples calculs, qui entretiennent et mettent à jour les réponses constantes à plusieurs questions cruciales : est-il en train de se passer quelque chose de nouveau ? Y a-t-il une menace ? Les choses vont-elles bien ? Devrais-je réorienter mon attention ? Faut-il que je consacre davantage d'effort à cette tâche ? Imaginez un poste de pilotage, avec une série de cadrans indiquant les valeurs momentanées de ces variables essentielles. Les évaluations sont effectuées automatiquement par le Système 1, et une de leurs fonctions est de déterminer s'il est nécessaire que le Système 2 entreprenne des efforts supplémentaires.

Un des cadrans mesure l'*aisance cognitive*, sur une échelle allant de « Facile » à « Tendu »[1]. Facile est le signe que tout va bien – pas de menace, pas d'information importante, il n'est donc pas nécessaire de réorienter l'attention ni de mobiliser un effort. Tendu est la preuve qu'il y a un problème, lequel va requérir une mobilisation croissante du Système 2. La tension cognitive est affectée à la fois par le niveau d'effort en cours et par l'existence de sollicitations encore sans réponse. L'étonnant, c'est que le cadran unique de l'aisance cognitive est

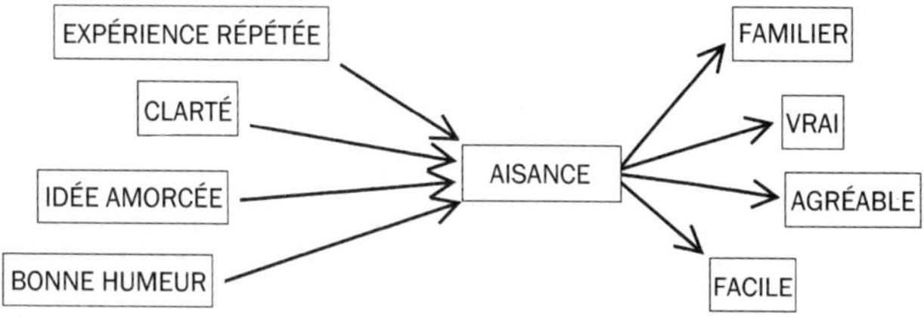

Figure 5. Causes et conséquences de l'aisance cognitive

rattaché à un vaste réseau de diverses entrées et sorties, comme vous l'explique la figure 5 [2].

Celle-ci suggère qu'une phrase imprimée dans une police claire, qui a été répétée ou amorcée, sera généralement traitée avec aisance cognitive. Écouter un intervenant alors que vous êtes de bonne humeur, ou tenir un crayon entre vos dents en mimant un « sourire » entraîne une aisance cognitive. Inversement, vous connaissez une tension cognitive quand vous lisez des instructions rédigées en caractères peu lisibles, d'une couleur pâle ou dans un langage complexe, ou encore quand vous êtes de mauvaise humeur, et même quand vous froncez les sourcils.

Les diverses causes de l'aisance ou de la tension ont des effets interchangeables. Quand vous vous trouvez dans un état d'aisance cognitive, vous êtes probablement de bonne humeur, vous aimez ce que vous voyez, vous croyez ce que vous entendez, vous faites confiance à vos intuitions, et avez le sentiment que la situation que vous vivez est d'une confortable familiarité. Vous aurez aussi vraisemblablement tendance à être décontracté et superficiel dans votre façon de penser. Quand vous vous sentez tendu, vous aurez davantage tendance à vous montrer vigilant et méfiant, investirez davantage d'effort dans ce que vous faites, vous sentirez moins à l'aise et commettrez moins d'erreurs, mais vous serez également moins intuitif et moins créatif que d'habitude.

Les illusions du souvenir

Le mot *illusion* évoque l'idée d'illusion d'optique, parce que nous connaissons tous ces images trompeuses. Mais les illusions ne sont pas cantonnées au domaine de la vision ; la mémoire aussi y est sujette, tout comme la pensée, de manière plus générale.

David Stenbill, Monica Bigoutski, Shana Tirana. Des noms que je viens d'inventer à l'instant. Si vous les croisez dans les prochaines minutes, vous saurez sans doute où vous les avez vus. Vous savez, et saurez pendant un certain temps, qu'il ne s'agit pas des noms de vagues célébrités. Mais supposons que, d'ici quelques jours, on vous montre une longue liste de noms, parmi lesquels ceux de célébrités de second rang et ceux de personnes dont vous n'avez jamais entendu parler ; vous aurez pour mission de vérifier les noms des célébrités présentes sur la liste. Il est fort probable que vous considériez alors David Stenbill comme quelqu'un de connu, bien que vous ne soyez (évidemment) pas en mesure de dire si vous avez croisé son nom en rapport avec le cinéma, le sport ou la politique. Larry Jacoby, le psychologue qui a démontré pour la première fois l'existence de cette illusion mémorielle en laboratoire, avait intitulé son article « Célèbre du jour au lendemain [3] ». Quel en est le mécanisme ? Commencez par vous demander comment vous savez que quelqu'un est ou non célèbre. Dans le cas de personnes effectivement célèbres (ou de célébrités dans un domaine qui vous intéresse), vous disposez d'un fichier mental contenant une profusion d'informations sur une personne – comme Albert Einstein, Bono, Hillary Clinton. Mais si, dans quelques jours, vous tombez sur le nom de David Stenbill, vous n'aurez aucun fichier sur lui. Tout ce que vous aurez, c'est une impression de familiarité – vous avez vu son nom quelque part.

Jacoby a formulé le problème avec élégance[4] : « L'expérience de la familiarité a un côté "passé" simple mais convaincant qui semble indiquer qu'il s'agit du reflet direct d'une expérience antérieure. » Ce côté passé est une illusion. En réalité, comme Jacoby et beaucoup de ses adeptes l'ont montré, le nom de David Stenbill vous paraîtra familier quand vous le verrez *parce que vous le verrez plus clairement.* Des mots que vous avez déjà vus sont plus faciles à revoir – vous les identifiez mieux que d'autres mots quand on vous les montre brièvement ou qu'on les masque par des bruits, et vous les lirez plus vite (à quelques centièmes de seconde près) que d'autres. En bref, vous faites l'expérience d'une plus grande aisance cognitive en percevant un mot que vous avez déjà vu auparavant, et c'est cette sensation de facilité qui vous donne l'impression de familiarité.

La figure 5 propose un bon moyen de tester ce phénomène. Choisissez un mot complètement nouveau, rendez-le plus lisible que d'autres sur une liste, et il sera plus susceptible de prendre cette couleur « passée ». En effet, un mot nouveau sera plus à même d'être reconnu comme familier si on l'amorce inconsciemment en le montrant pendant quelques millisecondes avant le test, ou s'il est indiqué de façon plus contrastée que d'autres mots de la liste. Ce lien fonctionne également dans l'autre sens. Certains mots sont extrêmement flous, d'autres moins, et votre tâche est d'identifier ceux qui apparaissent plus clairement. Un mot que vous avez croisé récemment vous semblera plus net que des mots dont vous n'êtes pas familier. Comme le montre la figure 5, les diverses façons de susciter l'aisance ou la tension cognitive sont interchangeables, vous ne savez peut-être pas avec précision ce qui fait que certaines choses sont aisées ou difficiles sur le plan cognitif. C'est ce qui engendre l'illusion de la familiarité.

Les illusions de vérité

« New York est une grande ville des États-Unis. » « La Lune tourne autour de la Terre. » « Une poule a quatre pattes. » Dans chacun de ces cas, vous avez rapidement récupéré une grande quantité d'informations. Dès que vous les avez lues, vous avez su que les deux premières affirmations étaient vraies, et la troisième fausse. Remarquez cependant que la phrase « Une poule a trois pattes » est plus ostensiblement erronée que « Une poule a quatre pattes ». Vos mécanismes associatifs ralentissent le jugement que vous portez sur la dernière phrase, en vous rappelant que beaucoup d'animaux ont effectivement quatre pattes, et peut-être aussi que les supermarchés vendent des pattes de poulet en paquets de quatre. Le Système 2 est intervenu pour trier ces informations, et peut-être s'est-il demandé si la proposition sur New York n'était pas trop facile, ou s'il ne fallait pas vérifier le sens du verbe « tourner ».

Souvenez-vous du temps où vous passiez le code. Est-il vrai qu'il faut un permis spécial pour conduire un véhicule de plus de trois tonnes ? Peut-être l'avez-vous appris avec beaucoup de sérieux, au point que vous avez encore en tête la page contenant la réponse, ainsi que la logique qui la sous-tendait. Ce n'était pas mon cas, en tout cas, quand j'ai dû passer le code à mon installation dans un nouvel État. J'avais tendance à lire le manuel d'une traite, puis à croiser les doigts. Conduisant depuis longtemps déjà, je connaissais forcément un certain nombre de réponses. Mais parfois, aucune réponse ne me venait naturellement, puisque je ne disposais alors que de mon aisance cognitive. Si la réponse me paraissait familière, je partais du principe que ce devait être la bonne. Quand elle me semblait nouvelle (ou beaucoup trop tirée par les cheveux), je la rejetais. L'impression de familiarité est produite par le Système 1, et le Système 2 s'appuie sur cette impression pour rendre un jugement, bon ou mauvais [5].

La figure 5 nous enseigne que des illusions prévisibles surviennent inévitablement si l'on prend une décision en se fondant sur une impression liée à l'aisance ou à la tension cognitive. Par ailleurs, tout ce qui peut faciliter le fonctionnement sans heurt de la mécanique associative compromettra le jugement. La répétition fréquente est un moyen fiable d'amener les gens à accepter des mensonges, car il n'est pas facile de distinguer la familiarité de la vérité. Les institutions autoritaires et les spécialistes du marketing l'ont toujours su. Mais ce sont les psychologues qui ont découvert qu'il n'est pas nécessaire de répéter une déclaration dans son intégralité pour qu'elle semble vraie. Les gens systématiquement exposés à l'expression « la température du corps d'un poulet » sont plus susceptibles de considérer comme juste la déclaration selon laquelle « la température du corps d'un poulet est de 144 degrés » (ou n'importe quel autre chiffre arbitraire) [6]. La familiarité d'une partie de la déclaration suffit à conférer une impression de familiarité, et par conséquent de véracité, à l'ensemble de la proposition. Si vous ne vous souvenez pas de la source d'une déclaration, et n'avez aucun moyen de la relier à d'autres choses que vous savez, vous n'avez d'autre choix que de laisser agir votre aisance cognitive.

Comment écrire un message persuasif

Imaginez que vous deviez rédiger un message dont la teneur doit être crue par les destinataires. Évidemment, votre message sera vrai, mais cela ne suffit pas toujours à convaincre les gens. Il est parfaitement légitime que vous vous efforciez de jouer sur l'aisance cognitive. L'analyse des *illusions de vérité* peut vous suggérer des solutions pour y parvenir.

Sachant que tout ce que vous pourrez faire pour réduire la tension cognitive vous aidera, il faut avant tout mettre l'accent sur la lisibilité. Comparez ces deux affirmations :

Adolf Hitler est né en 1892.
Adolf Hitler est né en 1887.

Les deux sont fausses (Hitler est né en 1889), mais les expériences ont montré que la première était plus susceptible d'être crue. Un autre conseil : si votre message est destiné à être imprimé, utilisez du papier de grande qualité pour optimiser le contraste entre les caractères et le fond. Si vous utilisez de la couleur, on vous croira plus sûrement si votre texte est imprimé en bleu ou en rouge vif qu'en teintes plus neutres comme le vert, le jaune ou le bleu pâle.

Si vous tenez à être considéré comme crédible et intelligent, n'usez pas d'un langage compliqué là où des mots simples feront l'affaire. Danny Oppenheimer, mon collègue de Princeton, a ainsi réfuté un mythe courant chez les étudiants au sujet du vocabulaire qui impressionnait le plus les professeurs. Dans un article intitulé « Conséquences de la langue érudite utilisée sans nécessité : les mots longs employés à tort et leurs problèmes », il a prouvé que le fait de coucher par écrit des idées familières dans une langue prétentieuse était vu comme le signe d'un manque d'intelligence et de crédibilité[7].

Recherchez la simplicité, mais veillez aussi à rendre votre message mémorable. Si possible, mettez vos idées en vers ; elles auront plus de chances d'être acceptées comme des vérités. Dans une expérience souvent citée, il a été demandé aux participants de lire des aphorismes peu courants comme :

Les ennemis de mes amis sont mes ennemis.
Petit à petit, l'oiseau fait son nid.
Faute avouée est à moitié pardonnée.

D'autres étudiants devaient lire les mêmes proverbes, privés de leurs rimes :

Les adversaires de mes proches sont mes ennemis.
Peu à peu, l'oiseau fait son nid.
Faute admise est à moitié pardonnée.

Les aphorismes étaient jugés plus justes quand ils rimaient que quand ils ne rimaient pas [8].

Enfin, si vous citez une source, arrangez-vous pour que son nom soit facile à prononcer. Dans une expérience, on a demandé aux cobayes d'évaluer les perspectives de sociétés turques fictives en s'appuyant sur les rapports de deux cabinets de courtiers [9]. L'un des deux avait un nom facile à prononcer (par exemple Artan) et l'autre un nom moins heureux (comme Taahhut). Parfois, leurs rapports étaient contradictoires. Les participants auraient dû soigneusement étudier le contenu des rapports, mais ce n'est pas ce qu'ils ont fait. Ils ont accordé beaucoup plus de crédit au rapport d'Artan qu'à celui de Taahhut. N'oubliez pas que le Système 2 est fainéant et que l'effort mental est rébarbatif. Les destinataires de votre message s'efforceront, dans la mesure du possible, d'éviter tout ce qui peut leur suggérer un effort, y compris une source au nom compliqué.

Ce sont là de bons conseils, mais ne nous emportons pas. Le papier de grande qualité, les couleurs vives, les rimes ou la simplicité langagière ne vous serviront pas à grand-chose si votre message est manifestement absurde, ou s'il contredit des faits que vos destinataires savent être vrais. Les psychologues qui se livrent à ces expériences ne pensent pas que les gens sont idiots ou d'une crédulité sans borne. Ce qu'ils pensent, en revanche, c'est que nous vivons tous une grande partie de nos vies guidés par les impressions du Système 1 – et que, bien souvent, nous ne connaissons pas la source de ces impressions. Comment savoir si une déclaration est vraie ? Si elle est solidement rattachée, par la logique ou par l'association, à d'autres croyances ou préférences que vous partagez, ou si elle vient d'une source que vous aimez et en laquelle vous avez confiance, vous éprouverez un sentiment d'aisance cognitive. L'ennui, c'est que ce sentiment d'aisance peut avoir d'autres causes – y compris la qualité de la police choisie ou le rythme séduisant de la prose – or vous ne disposez d'aucun moyen simple de remonter à la source de ce sentiment. C'est le message de la figure 5 : la sensation d'aisance ou de tension a des origines multiples, et il est difficile de parvenir à les distinguer. Difficile, mais pas impossible. Les gens peuvent surmonter certains des facteurs superficiels qui produisent les illusions de vérité quand ils sont fortement motivés en ce sens. Mais la plupart du temps, le Système 2, paresseux, se contentera d'accepter les suggestions du Système 1 et lui emboîtera le pas.

Tension et effort

La symétrie de nombreuses connexions associatives est un thème dominant du débat sur la cohérence associative. Comme nous l'avons vu plus haut, les gens que l'on fait « sourire » en leur demandant de serrer un crayon entre les dents, ou que l'on fait « bouder » en leur demandant de maintenir une bille entre leurs sourcils froncés auront tendance à éprouver les émotions normalement associées à la moue et au sourire. On retrouve cet autorenforcement réciproque dans les études sur l'aisance cognitive. D'un côté, on fait l'expérience de la tension cognitive quand le Système 2 s'engage dans un fonctionnement délibéré. De l'autre, l'expérience de la tension cognitive, quelle qu'en soit la source, a tendance à mobiliser le Système 2, modifiant l'approche des gens vis-à-vis des problèmes en les faisant passer d'un mode intuitif décontracté à un mode analytique plus délibéré [10].

Nous avons évoqué plus haut le problème de la batte et de la balle comme un moyen de tester la tendance des gens à répondre aux questions par la première idée qui leur vient à l'esprit, sans la vérifier. Le Test de réflexion cognitive (TRC) de Shane Frederick se compose de ce problème accompagné de deux autres, tous trois sélectionnés parce qu'ils suscitent une réponse intuitive immédiate mais incorrecte. Les deux autres éléments du TRC sont les suivants :

> S'il faut à 5 machines 5 minutes pour fabriquer 5 gadgets, combien de temps faudra-t-il à 100 machines pour fabriquer 100 gadgets ?
> 100 minutes ou 5 minutes ?

> Dans un lac se trouve un banc de nénuphars. Chaque jour, le banc double en superficie. S'il lui faut 48 jours pour couvrir toute la surface du lac, combien lui en faudra-t-il pour en recouvrir la moitié ?
> 24 jours ou 47 jours ?

Les bonnes réponses se trouvent en note de bas de page *. Les expérimentateurs ont soumis quarante étudiants de Princeton au TRC. La moitié d'entre eux ont lu ces énigmes rédigées en petits caractères gris pâle. Les énigmes étaient lisibles, mais les caractères provoquaient une tension cognitive. Le résultat est sans détour : 90 % de ceux qui ont lu le TRC en caractères normaux ont commis au moins une erreur durant le test, mais ce chiffre n'est plus que de 35 % avec la police à peine

* 5, 47.

lisible. Oui, vous avez bien lu, les résultats étaient meilleurs avec les caractères de mauvaise qualité. La tension cognitive, quelle qu'en soit la source, mobilise le Système 2, qui est plus susceptible de rejeter la réponse intuitive suggérée par le Système 1.

Le plaisir de l'aisance cognitive

Un article intitulé « Mind at Ease Puts a Smile on the Face » (À esprit heureux visage souriant), décrit l'expérience suivante : on montre des images d'objets à des sujets pendant un court laps de temps [11]. Certaines de ces images sont rendues plus facilement identifiables par la présentation de la silhouette de l'objet juste avant que son image complète ne soit montrée, mais si brièvement que les silhouettes ne sont jamais remarquées. Les réactions émotionnelles sont mesurées par l'enregistrement des impulsions électriques des muscles faciaux, des changements d'expression trop infimes et trop rapides pour être détectés à l'œil nu. Comme l'on pouvait s'y attendre, les gens ébauchaient un sourire et arboraient des expressions plus détendues quand les images étaient plus faciles à voir. L'aisance cognitive est associée à des sensations plaisantes, ce qui est apparemment une caractéristique du Système 1.

De même, les mots faciles à prononcer induisent une attitude favorable. Les sociétés dont le nom est simple affichent de meilleures performances que d'autres lors de la première semaine de leur entrée en Bourse, bien que cet effet s'atténue avec le temps. Les actions KAR ou LUNMOO par exemple écrasent celles affublées d'appellations improbables comme PXG ou RDO – et il semble qu'elles conservent durablement un léger avantage [12]. Mêmes résultats pour une étude menée en Suisse : d'après les investisseurs, les actions avec des noms fluides comme Emmi, Swissfirst et Comet afficheront des résultats supérieurs à ceux de marques aux noms maladroits comme Geberit et Ypsomed [13].

Comme nous l'avons vu dans la figure 5, la répétition provoque l'aisance cognitive et une sensation réconfortante de familiarité. Le célèbre psychologue Robert Zajonc a consacré une grande partie de sa carrière à étudier le lien entre la répétition d'un stimulus arbitraire et l'affection superficielle qu'elle finit par entraîner chez les gens. Zajonc l'a baptisé *l'effet de simple exposition* [14]. Une démonstration, effectuée à l'aide des journaux estudiantins de l'université du Michigan et de l'université d'État du Michigan, est une de mes expériences favorites [15]. Pendant quelques semaines, un encadré de type publicitaire a été publié en première page de ces journaux. Il contenait l'un ou l'autre des mots suivants, turcs ou sonnant comme du turc : *kadirga, saricik, biwonjni, nansoma* et *iktitaf*. La fréquence de répétition de ces mots variait : un des mots ne fut publié qu'une fois, les autres paraissant à deux, cinq, dix, ou vingt-cinq reprises. (Ceux qui apparaissaient le plus souvent dans un des journaux étaient les moins fréquents dans l'autre publication.) Aucune explication n'était fournie, et quand les lecteurs s'en enquéraient, il leur était répondu que « l'acheteur de cet espace tient à rester anonyme ».

Quand la mystérieuse série de publicités prit fin, les expérimentateurs diffusèrent des questionnaires sur les campus afin de savoir si, aux yeux des lecteurs, chacun de ces mots correspondait à « quelque chose de "bon" ou de "mauvais" ». Les résultats furent spectaculaires : les mots qui avaient été publiés le plus souvent étaient jugés beaucoup plus favorablement que ceux qui n'avaient été montrés qu'une ou deux fois. Cette découverte a été confirmée par de multiples expériences, que ce soit avec des idéogrammes chinois, des visages ou des polygones choisis au hasard.

L'effet de simple exposition ne dépend pas de l'expérience consciente de la familiarité. En fait, il n'a absolument rien à voir avec la conscience : il se produit même si les mots ou les images répétés sont montrés si rapidement que les observateurs ne savent jamais qu'ils les ont vus. Ils n'en finissent pas moins par aimer les mots ou les images qu'on leur aura montrés le plus souvent. Il devient donc évident que le Système 1 peut réagir à des impressions d'événements dont le Système 2 est inconscient. À vrai dire, l'effet de simple exposition est plus fort pour les stimuli que l'individu ne voit jamais consciemment [16].

Zajong affirmait que l'effet de répétition sur l'affection était un fait biologique essentiel, et qu'il concernait tous les animaux. Pour survivre dans un monde souvent dangereux, un organisme devrait réagir prudemment à un stimulus inédit, par le repli et la peur. Les perspectives de survie d'un animal qui ne se méfie pas de la nouveauté semblent compromises. Toutefois, si le stimulus est effectivement sans danger, il est dans la logique de l'adaptation que la prudence d'origine se dissipe. L'effet de simple exposition se produit, soutenait Zajonc, parce que l'exposition répétée d'un stimulus ne débouche sur rien de néfaste. Un tel stimulus finira par devenir un signe de sécurité, or la sécurité est une bonne chose. Il est clair que cet argument ne se cantonne pas au genre humain. Pour le prouver, un des collègues de Zajonc exposa deux séries d'œufs de poule à des sons différents. Une fois éclos, les poussins émettaient systématiquement moins d'appels de détresse quand ils reconnaissaient le son qu'ils avaient entendu dans leur coquille [17].

Zajonc résuma son programme de recherche en des termes éloquents :

> L'exposition répétée à un stimulus est profitable à l'organisme dans ses relations avec son environnement animé et inanimé immédiat. Elle permet à l'organisme de distinguer

> les objets et les habitats qui sont sûrs de ceux qui ne le sont pas, et elle constitue la base la plus primitive des liens sociaux. Par conséquent, elle est à la base de l'organisation et de la cohésion sociale – elle est la source fondamentale de la stabilité psychologique et sociale [18].

Le lien entre l'émotion positive et l'aisance cognitive dans le Système 1 remonte à fort loin en termes d'évolution.

AISANCE, HUMEUR ET INTUITION

Au début des années 1960, un jeune psychologue du nom de Sarnoff Mednick crut avoir identifié l'essence de la créativité. Son idée était aussi simple que séduisante : la créativité est une mémoire associative qui fonctionne exceptionnellement bien. Il inventa un test, dit Test d'association à distance (TAD), encore fréquemment utilisé dans les études sur la créativité.

Prenons un exemple facile, avec les trois mots suivants :

ferme Suisse gâteau

Quel mot est associé à ces trois substantifs à la fois ? Vous avez probablement trouvé la réponse : *fromage.* Maintenant, intéressons-nous à ce qui suit :

parachute lumière fusée

Ce problème-là est beaucoup plus difficile, et il n'y a qu'une seule réponse correcte, que moins de 20 % des sujets ont trouvée en quinze secondes. C'est *ciel.* Bien sûr, il n'y a pas nécessairement d'association commune à tous les groupes de trois mots. Par exemple, les mots *rêve, balle, livre* ne sont liés par aucune association que l'on pourra considérer comme valable.

Plusieurs équipes de psychologues allemands qui se sont penchés sur le TAD ces dernières années ont effectué des découvertes dignes d'intérêt sur l'aisance cognitive. L'une d'entre elles a soulevé deux questions : les gens peuvent-ils percevoir qu'un groupe de trois mots est lié par une association avant même de connaître la solution [19] ? En quoi l'humeur exerce-t-elle une influence sur cette tâche ? Pour le savoir, ils ont d'abord rendu certains de leurs sujets heureux, et d'autres tristes, en leur demandant de penser pendant plusieurs minutes à des épisodes heureux ou malheureux de leur vie. Puis ils leur ont soumis des séries de trois mots, la moitié étant reliés (comme *parachute, lumière, fusée*), et l'autre moitié ne l'étant pas (comme *rêve, balle, livre*). Ils leur ont ensuite demandé d'appuyer très vite sur un bouton ou un autre pour indiquer s'ils estimaient que les mots étaient reliés entre eux. Le délai dont ils disposaient pour répondre, deux secondes, était beaucoup trop court pour que la bonne solution ait le temps de venir à l'esprit de qui que ce soit.

La première surprise, c'est que les réponses sont bien trop justes pour être seulement dues au hasard. Ce qui me paraît étonnant. Apparemment, une sensation d'aisance cognitive est engendrée par un signal très diffus émis par la machine associative, laquelle « sait » que les trois mots sont cohérents (sont liés par une association) longtemps avant d'avoir identifié l'association en question [20]. Le rôle de l'aisance cognitive dans le jugement a été confirmé par une autre équipe allemande dans le cadre d'une expérience : les manipulations qui augmentent l'aisance cognitive (l'amorçage, une police claire, la pré-exposition des mots) accroissent toutes la tendance à percevoir que les mots sont liés [21].

Autre découverte remarquable : le formidable impact de l'humeur sur cette performance intuitive. Les expérimentateurs ont développé un « indice d'intuition » pour mesurer l'exactitude des réponses. Ils se sont aperçus qu'en mettant les participants de bonne humeur avant le test en les faisant penser à des sujets plaisants, ils doublaient la justesse de leurs estimations [22]. Autre résultat, encore plus frappant : les participants malheureux étaient totalement incapables d'accomplir cette tâche intuitive avec précision ; leurs estimations étaient au mieux aléatoires. L'humeur a clairement un effet sur le fonctionnement du Système 1 : quand nous sommes mal à l'aise et malheureux, nous perdons le contact avec notre intuition.

Ces découvertes viennent s'ajouter au faisceau de preuves, toujours plus important, qui démontrent que la bonne humeur, l'intuition, la créativité, la crédulité et le recours croissant au Système 1 forment un ensemble [23]. À l'autre extrémité du spectre, la tristesse, la vigilance, la méfiance, l'approche analytique et l'effort accru sont également regroupés. Une humeur joyeuse relâche le contrôle du Système 2 sur la performance : quand ils sont de bonne humeur, les gens deviennent plus intuitifs et plus créatifs, mais aussi moins vigilants et plus prompts à commettre des erreurs logiques. Là encore, comme dans le cas de l'effet de simple exposition, ce lien a un sens sur le plan biologique. La bonne humeur est le signe que les choses se passent bien dans l'ensemble, que l'environnement est sûr, et qu'il est donc normal de baisser sa garde. La mauvaise humeur montre que les choses ne vont pas bien, qu'il y a peut-être une menace, et qu'il faut donc être vigilant. L'aisance cognitive est à la fois la cause et la conséquence d'une sensation agréable.

Le Test d'association à distance nous en dit plus que le lien entre l'aisance cognitive et l'affect positif. Considérez rapidement ces deux groupes de trois mots :

sommeil courrier interrupteur
sel profond écume

Vous ne vous en doutez pas, mais si l'on avait mesuré l'activité électrique des muscles de votre visage quand vous avez lu le second groupe, elle aurait indiqué l'apparition d'un léger sourire, ce qui est cohérent (la réponse étant *mer*). Cette réaction souriante à la cohérence se produit chez des sujets qui ne savent pas qu'ils sont testés sur les associations d'idées [24] ; on leur montre simplement un groupe de trois mots en colonne, et on leur demande d'appuyer sur la barre espace quand ils les ont lus. L'impression d'aisance cognitive liée à l'affichage d'un groupe cohérent est apparemment en elle-même une source de plaisir minime.

Les indices dont nous disposons sur les sensations agréables, l'aisance cognitive et l'intuition de la cohérence sont, comme le disent les scientifiques, corelationnels, mais pas forcément causaux. L'aisance cognitive va de pair avec le sourire, mais est-ce la bonne humeur qui entraîne des intuitions de cohérence ? Oui. La preuve en a été donnée par une approche expérimentale aussi habile que populaire. On a fourni à certains participants une interprétation toute faite de leurs bonnes sensations : la musique qu'ils entendaient dans un casque aurait été reconnue par les chercheurs comme « influençant les réactions émotionnelles des individus [25] ». Cette histoire occultait complètement le rôle de l'intuition de cohérence. Les résultats de l'expérience montrent ainsi que la brève réaction émotionnelle qui suit la présentation d'un groupe de trois mots (réaction agréable si les trois mots sont cohérents, désagréable sinon) est effectivement à la base des jugements de cohérence. En la matière, le Système 1 peut tout faire. Or comme on s'attend désormais à des changements émotionnels, qu'ils ne sont pas une surprise, on sait qu'ils ne sont pas causés par les mots.

La recherche en psychologie est là au sommet de son art, à la fois par cette combinaison de techniques expérimentales et par ses résultats, qui sont aussi solides qu'extrêmement surprenants. Depuis quelques décennies, nous avons beaucoup progressé dans la connaissance du fonctionnement automatique du Système 1. Parmi ce que nous savons aujourd'hui, beaucoup de choses auraient été considérées comme de la science-fiction il y a trente ou quarante ans. À l'époque, on n'aurait pu imaginer qu'une mauvaise police influençait l'appréciation de la véracité d'une proposition et améliorait la performance cognitive, ou qu'une réaction émotionnelle d'aisance cognitive face à un groupe de trois mots transmettait une impression de cohérence. La psychologie a fait du chemin.

*

L'AISANCE COGNITIVE EN BREF

« Ne rejetons pas leur projet pour la simple raison que la police le rend difficile à lire. »

« Nous avons tendance à y croire parce que cela a été dit et redit, mais prenons malgré tout le temps d'y réfléchir. »

« Qui dit familiarité dit appréciation positive. Ce n'est qu'un effet de simple exposition. »

« Je suis de très bonne humeur aujourd'hui, et mon Système 2 est plus faible que d'habitude. Raison de plus pour redoubler de prudence. »

6

Normes, surprises et causes

Nous venons de découvrir les caractéristiques et les fonctions essentielles du Système 1 et du Système 2, nous attardant plus particulièrement sur le premier. Pour risquer une métaphore, disons que nous avons dans la tête un ordinateur d'une puissance remarquable, pas tellement rapide eu égard aux possibilités du matériel actuel, mais capable de représenter notre monde par le biais de liens associatifs fonctionnant au sein d'un vaste réseau d'idées. L'activation de la machine associative est automatique, mais nous (le Système 2) avons une certaine capacité à contrôler la recherche mémorielle, et aussi à la programmer afin d'arrêter notre attention sur un événement particulier. Nous allons maintenant nous pencher plus en détail sur les merveilles et les limites du Système 1.

Évaluer la normalité

La principale fonction du Système 1 est d'entretenir et d'actualiser en permanence un modèle de votre monde personnel, de ce que vous percevez comme normal. Ce modèle est construit par des associations reliant des idées de circonstances, d'événements, d'actions et de résultats qui se produisent avec une certaine régularité, soit simultanément, soit dans un intervalle relativement court. Alors que ces liens se forment et se renforcent, le schéma des idées associées en vient à représenter la structure des événements de votre vie, et détermine votre interprétation du présent ainsi que ce que vous attendez de l'avenir.

La capacité à la surprise est un aspect crucial de notre vie mentale, et la surprise elle-même est l'indication la plus sensible de la compréhension que nous avons de notre monde et de ce que nous attendons de lui. Il y a deux sortes de surprises. Certaines attentes sont actives et conscientes – vous savez que vous vous attendez à ce qu'ait lieu un événement particulier. Quand l'heure approche, vous guettez peut-être le bruit de la porte qui s'ouvre quand votre enfant rentre de l'école ; quand elle s'ouvre, vous vous attendez au son familier de sa voix. Vous serez surpris si un événement activement attendu ne se produit pas. Mais il y a une catégorie beaucoup plus importante d'événements que vous n'attendez que passivement ; ils ne sont pas prévus, mais vous n'êtes pas surpris quand ils surviennent. Ce sont des événements qui sont normaux dans une situation, mais pas assez probables pour être attendus activement.

Un événement, même très surprenant, peut perdre de son pouvoir de surprise s'il vient à se reproduire. Il y a de cela quelques années, mon épouse et moi étions en vacances sur une petite île de la Grande Barrière de corail. Il n'y a que quarante chambres sur cette île. Quand nous sommes arrivés pour le dîner, nous avons donc été fort étonnés de tomber sur une de nos connaissances, un psychologue prénommé Jon. Après nous être salués chaleureusement, nous avons discuté de cette coïncidence. Le lendemain, il était reparti. Environ deux semaines plus tard, nous étions au théâtre à Londres. Un spectateur s'est assis à côté de moi alors que les lumières s'éteignaient. Quand elles se sont rallumées à l'entracte, je me suis aperçu que c'était Jon. Mon épouse et moi en avons discuté par la suite ; nous étions simultanément conscients de deux faits : d'une part, cette coïncidence-là était encore plus remarquable que la première ; d'autre part, nous avions été nettement *moins* surpris de rencontrer Jon la deuxième fois que sur l'île. Il était manifeste que la première rencontre avait d'une certaine manière façonné l'idée que nous avions de Jon dans nos esprits. Il était devenu « le psychologue qui surgit quand on est à l'étranger ». Nous (le Système 2) savions que c'était une idée absurde, mais notre Système 1 nous avait presque convaincus qu'il était normal de croiser Jon dans des endroits étranges. Nous aurions été beaucoup plus surpris si nous étions tombés sur quelqu'un d'autre que lui au théâtre. En termes de probabilité, il y avait beaucoup moins de chances de rencontrer Jon au théâtre que n'importe laquelle de nos nombreuses connaissances – et pourtant, l'y retrouver nous avait paru plus normal.

Dans certaines conditions, les attentes passives deviennent rapidement actives, comme nous l'avons découvert dans d'autres circonstances. Un dimanche, il y a quelques années, nous étions sur la route entre New York et Princeton, comme nous le faisions chaque semaine depuis longtemps. Nous fûmes témoins d'un spectacle inhabituel : une voiture était en feu sur le bas-côté. Le dimanche suivant, quand nous avons atteint le même tronçon de route, une autre voiture était en train d'y brûler. Une fois encore, nous nous sommes aperçus que nous avions été nettement moins surpris la deuxième fois. Car c'était maintenant « l'endroit où les voitures s'enflamment ». Les circonstances de la répétition étant les mêmes, le deuxième incident avait suffi à susciter une attente active : pendant des mois, voire des années après l'incident, nous avons pensé à des voitures en flammes chaque fois que nous sommes passés à cet endroit, et nous étions tout à fait prêts à en voir d'autres brûler (ce qui n'arriva jamais, bien sûr).

Le psychologue Dale Miller et moi-même avons écrit un essai dans lequel nous nous sommes efforcés d'expliquer comment les événements finissent par être perçus comme normaux ou anormaux. Je reprends ci-dessous un exemple tiré de notre « théorie des normes », bien que l'interprétation que j'en donne ait depuis légèrement changé :

> Un observateur, regardant distraitement les clients d'une table voisine dans un restaurant à la mode, remarque que le premier à goûter la soupe grimace de douleur. La normalité d'une multitude d'événements va se trouver modifiée par cet incident. Il n'est maintenant plus surprenant de voir le client qui a goûté la soupe en premier sursauter violemment quand le serveur l'effleure ; de même qu'il n'est pas surprenant qu'un autre convive étouffe un cri en goûtant la soupe de la même soupière. Ces événements et beaucoup d'autres sembleront davantage normaux qu'ils ne l'auraient été autrement, mais pas nécessairement parce qu'ils confirment des attentes. Au contraire, ils semblent normaux parce qu'ils ramènent à l'épisode d'origine, le récupèrent dans la mémoire et sont interprétés en relation avec lui [1].

Imaginez que vous êtes l'observateur en question. Vous avez été surpris par la réaction inhabituelle du premier client à la soupe, et de nouveau surpris par sa réaction étonnée quand le serveur l'a touché. Toutefois, le deuxième événement anormal évoquera le premier dans votre mémoire, et ensemble, ils auront un sens. Ces deux événements s'inscrivent dans un schéma qui montre que ce convive est une personne extrêmement tendue. Par ailleurs, si l'incident suivant, après la grimace du premier client, voit un autre convive rejeter la soupe, ces deux surprises seront liées et la faute en sera sans doute imputée à la soupe.

« Combien d'animaux de chaque espèce Moïse embarqua-t-il sur l'Arche ? » Le nombre de gens qui repèrent ce qui ne va pas dans cette proposition est si faible qu'elle a été surnommée « l'illusion de Moïse ». Moïse n'a embarqué aucun animal dans l'Arche. C'est Noé qui l'a fait. Comme l'instant du mangeur de soupe grimaçant, l'illusion de Moïse s'explique facilement par la théorie des normes. L'idée d'animaux qui montent à bord de l'Arche met en place un contexte biblique, et dans ce contexte, Moïse n'a rien d'anormal. Vous ne vous attendiez pas positivement à lui, mais la mention de son nom n'est pas surprenante. Cette impression est encore accrue par le fait que Moïse et Noé sont des mots qui contiennent une diphtongue et un nombre de syllabes comparables. Comme dans le cas des groupes de trois mots qui engendrent une aisance cognitive, vous détectez inconsciemment une cohérence associative entre « Moïse » et « Arche », et acceptez donc rapidement la question. Remplacez Moïse par George W. Bush dans cette phrase et vous n'obtiendrez aucune illusion, seulement une blague politique de piètre qualité.

Quand quelque chose ciment ne va pas dans le contexte des idées activées, le système détecte une anomalie, comme vous venez d'en faire l'expérience. Vous ne pensiez pas forcément qu'un mot précis devait suivre « quelque chose », mais vous avez compris que la présence du mot « ciment » était anormale dans cette phrase. L'étude des réactions cérébrales a montré que les violations de la normalité sont détectées avec une rapidité et une subtilité impressionnantes. Dans une expérience récente, les gens entendaient la phrase : « La Terre tourne autour du trouble chaque année. » On a identifié une activité cérébrale d'un type particulier, qui débute deux dixièmes de seconde après l'apparition du mot bizarre. Plus remarquable encore, on assiste à la même réaction cérébrale à la même vitesse si une voix d'homme déclare : « Je crois que je suis enceint parce que tous les matins, j'ai envie de vomir », ou quand une voix avec un accent de la classe supérieure lance : « J'ai un grand tatouage dans le dos [2]. » Pour repérer l'incongruité, il faut faire instantanément appel à une vaste quantité d'informations sur le monde qui nous entoure : il faut pouvoir identifier que la voix parle avec un accent de la classe supérieure, et ensuite confronter cette donnée avec le fait, qui est une généralisation, que les grands tatouages sont plutôt rares dans cette couche de la société.

Nous sommes capables de communiquer les uns avec les autres parce que, dans l'ensemble, nous partageons la même connaissance du monde et le même usage des mots. Quand je parle d'une table, sans autre précision, vous comprenez que je parle d'une table normale. Vous savez avec certitude que sa surface est à peu près plane, et qu'elle a nettement moins de vingt-cinq pieds. Nous disposons de *normes* pour un grand nombre de catégories ; ce sont elles qui nous fournissent l'arrière-plan nous permettant de détecter sur-le-champ des anomalies comme des hommes enceints et des aristocrates tatoués.

Pour prendre la mesure du rôle des normes dans la communication, considérez la phrase : « La grosse souris grimpa sur la trompe du tout petit éléphant. » Je suis sûr que vos normes, quand il s'agit de la taille des souris et des éléphants, ne sont pas trop éloignées des miennes. Les normes spécifient des tailles caractéristiques ou moyennes pour ces animaux, et elles contiennent également des informations sur les fluctuations possibles au sein de cette catégorie. Il est peu probable que vous ou moi ayons jamais eu à l'esprit l'image d'une souris plus grosse qu'un éléphant marchant sur un éléphant plus petit qu'elle. Au lieu de cela, nous avons vous et moi, séparément mais en même temps, visualisé une souris plus petite qu'une chaussure grimpant sur un éléphant plus grand qu'un canapé. Le Système 1, qui comprend le langage, a accès à des normes, précisant, au sein d'une catégorie, la fluctuation envisageable et les cas les plus standards.

VOIR LES CAUSES ET LES INTENTIONS

« Les parents de Fred sont arrivés tard. Le traiteur devait être là sous peu. Fred était furieux. » Vous savez pourquoi Fred était en colère, et ce n'est pas parce que le traiteur devait être là sous peu. Dans votre réseau d'associations, la colère et le manque de ponctualité sont rattachés en tant que l'effet et sa cause possible, lien que l'on ne retrouve pas entre la colère et l'idée que l'on attend le traiteur. Au fil de la lecture, vous avez bâti une histoire cohérente ; vous avez immédiatement compris la raison de la colère de Fred. Le fait d'établir des connexions causales de ce type joue un rôle dans la compréhension des histoires, et c'est une opération automatique du Système 1. Le Système 2, votre soi conscient, s'est vu proposer cette interprétation causale et l'a acceptée.

Une histoire citée par Nassim Taleb dans *Le Cygne noir* illustre cette recherche automatique de causalité. Il rapporte que le prix des obligations commença par monter le jour de la capture de Saddam Hussein en Irak. Apparemment, les investisseurs cherchaient des titres plus sûrs ce matin-là, et la chaîne de télévision Bloomberg News afficha l'information suivante : HAUSSE DES OBLIGATIONS ; LA CAPTURE DE HUSSEIN NE FREINE PAS LE TERRORISME. Une demi-heure plus tard, le prix des obligations redescendait, et l'information, révisée, disait : BAISSE DES OBLIGATIONS ; LA CAPTURE DE HUSSEIN, UN COUP DE FOUET POUR LES TITRES À RISQUE. Visiblement, la capture de Saddam Hussein avait été l'événement de la journée, et à cause de la recherche automatique d'explication qui façonne notre mode de pensée, cet événement était voué à devenir l'explication toute faite pour tout ce qui pourrait survenir sur les marchés ce jour-là. Les deux informations donnent l'impression d'expliciter l'évolution du cours du marché, alors qu'en réalité, une déclaration propre à expliquer deux résultats contradictoires n'explique en fin de compte rien du tout. À vrai dire, tout ce que font ces informations, c'est satisfaire notre besoin de cohérence : un événement important est censé avoir des conséquences, et les conséquences ont besoin de causes pour les expliquer. Nous n'avons que des informations limitées sur ce qui se passe pendant une journée donnée, et le Système 1 est doué pour établir un lien causal cohérent qui va fédérer les fragments de connaissance dont il dispose.

Lisez la phrase qui suit :

> Après avoir passé une journée à explorer les curiosités des rues bondées de New York, Jane s'aperçut que son porte-monnaie avait disparu.

Quand les gens qui avaient lu cette historiette (et bien d'autres) ont été soumis à un test surprise sur ce qu'ils avaient retenu, c'est le mot *pickpocket*[3] qui leur est venu à l'esprit, plus que le mot *curiosités*, bien que celui-ci se soit effectivement trouvé dans la phrase, ce qui n'était pas le cas du premier. Les règles de la cohérence associative nous permettent de comprendre ce qui s'est passé. L'incidence du porte-monnaie perdu peut évoquer des causes différentes : il est tombé d'une poche, a été oublié au restaurant, etc. Toutefois, quand on juxtapose les idées d'un porte-monnaie perdu, de New York et de foule, on songe spontanément que le porte-monnaie a disparu à cause d'un pickpocket. De même, dans l'histoire de la soupe à la grimace, le second événement

– qu'il s'agisse d'un autre convive grimaçant ou de la réaction extrême de la première personne au contact du serveur – suscite une interprétation du premier événement surprenant cohérente sur le plan associatif, qui vient ainsi compléter une histoire plausible.

En 1945, Albert Michotte, célèbre aristocrate et psychologue belge, a publié un livre qui révolutionna des siècles de réflexion sur la causalité, depuis l'époque où Hume s'était intéressé à l'association d'idées. Il était jusqu'alors communément admis que nous déduisions une causalité physique d'observations répétées d'une même corrélation entre des événements. Nous avons par exemple pu observer des milliers de fois comment un objet en mouvement, qui en touche un autre, met alors ce dernier en branle, souvent (mais pas toujours) dans la même direction. C'est ce qui se passe quand une boule de billard en heurte une autre, et c'est aussi ce qui se passe quand vous renversez un vase en l'effleurant. Michotte eut une autre idée : il affirma que nous *voyons* la causalité, exactement comme nous voyons les couleurs. Pour étayer son argument, il inventa une séquence durant laquelle un carré noir dessiné sur du papier se déplace et entre en contact avec un autre carré, qui se met immédiatement à bouger. Les observateurs savent qu'il n'y a aucun contact physique réel, mais ils n'en éprouvent pas moins une puissante « illusion de causalité ». Si le deuxième objet commence à bouger instantanément, ils le décrivent comme ayant été « lancé » par le premier. Des expériences ont montré que les bébés de six mois voient cette séquence d'événements comme un scénario de cause à effet, et manifestent de la surprise quand cette séquence est modifiée [4]. Nous sommes visiblement disposés, dès la naissance, à éprouver des *impressions de causalité*, qui ne dépendent pas d'un raisonnement sur des schémas de causation. Elles sont les produits du Système 1.

En 1944, peu avant que Michotte publie ses démonstrations, les psychologues Fritz Heider et Mary-Ann Simmel eurent recours à une méthode comparable pour démontrer notre perception d'une causalité *intentionnelle.* Ils tournèrent un film, d'une durée d'une minute et quarante secondes, où l'on voit un grand triangle, un petit triangle et un cercle qui se déplacent autour d'une forme qui ressemble à une vue schématique d'une maison dont la porte est ouverte. Les spectateurs voient un grand triangle agressif qui en bouscule un plus petit, un cercle terrifié, puis le cercle et le petit triangle qui unissent leurs forces pour vaincre la brute ; ils observent aussi beaucoup d'interactions autour d'une porte, puis une explosion finale [5]. La perception d'intentions et d'émotions est irrésistible ; seules les personnes souffrant d'autisme n'en font pas l'expérience. Tout cela se passe exclusivement dans votre esprit, bien sûr. Celui-ci est disposé à identifier volontiers des agents, à leur attribuer des traits de caractère et des intentions précises, et à considérer leurs actions comme l'expression de propensions individuelles. Là encore, tout tend à prouver que nous sommes nés prêts à effectuer ces attributions intentionnelles : des bébés de moins d'un an identifient brutes et victimes, et s'attendent à ce qu'un poursuivant adopte le chemin le plus direct pour rattraper sa proie, quelle qu'elle soit [6].

L'expérience d'une action de libre arbitre est clairement distincte de la causalité physique. Bien que ce soit votre main qui prenne le sel, vous ne pensez pas à cet événement comme à une chaîne de causation physique. Vous le vivez comme s'il était causé par une décision prise par un *vous* désincarné, parce que vous vouliez ajouter du sel dans vos aliments. Pour beaucoup de gens, il est naturel de voir dans leur âme la source et la cause de leurs actes. Le psychologue Paul Bloom, dans un article pour *The Atlantic* paru en 2005, a avancé l'idée iconoclaste que notre disposition innée à séparer la causalité physique et intentionnelle explique la quasi-universalité de nos convictions religieuses. Il souligne que « nous percevons le monde des objets comme étant fondamentalement distinct du monde des esprits, ce qui nous permet d'envisager des corps sans âme et des âmes sans corps ». Parce que nous sommes programmés pour percevoir ces deux modes de causation, il nous est naturel d'accepter les deux préceptes qui sont au cœur de nombreuses religions : une divinité immatérielle est la cause ultime du monde physique, et des âmes immortelles contrôlent temporairement nos corps tant que nous vivons, et les laissent derrière elles quand nous mourons[7]. Pour Bloom, les deux concepts de causalité ont été façonnés séparément au cours de l'évolution, creusant les fondations de la religion dans la structure même du Système 1.

L'importance des intuitions causales est un thème récurrent de ce livre parce que les gens ont tendance à appliquer la pensée causale de façon inappropriée à des situations qui nécessitent un raisonnement statistique. La pensée statistique applique à des cas individuels des conclusions établies pour des catégories et des ensembles. Malheureusement, le Système 1 n'a pas la capacité à fonctionner de la sorte ; le Système 2 peut apprendre à penser de façon statistique, mais peu de gens suivent la formation nécessaire.

C'est la psychologie de la causalité qui m'a convaincu de décrire les processus psychologiques en ayant recours aux métaphores des agents, sans trop me soucier de la cohérence. Je décris parfois le Système 1 comme un agent doté de certaines caractéristiques et préférences, et parfois comme une machine associative qui représente la réalité au moyen d'un réseau complexe de liens. Le système et la machine sont des fictions ; si je m'en sers, c'est parce qu'elles correspondent à la façon que nous avons de nous représenter les causes. Les triangles et les cercles de Heider ne sont pas vraiment des agents – il est simplement très facile et naturel de penser à eux comme cela. C'est une question d'économie mentale. Je pars du principe que, comme moi, vous comprendrez mieux le fonctionnement de notre esprit si je décris ce qu'il se passe en termes de caractères et d'intentions (les deux systèmes) et parfois en termes de régularités mécaniques (la machine associative). Je ne cherche pas pour autant à vous faire croire que ces systèmes existent vraiment, pas plus que Heider ne voulait vous persuader que le grand triangle était bel et bien une brute.

*

Les normes et les causes en bref

« Quand j'ai vu que le deuxième candidat était lui aussi un vieil ami, je n'ai pas été tout à fait aussi surpris. Une nouvelle expérience n'a pas besoin d'être répétée souvent pour donner une impression de normalité ! »

« Quand nous étudierons les réactions à ces produits, veillons bien à ne pas nous concentrer exclusivement sur la moyenne. Nous devrions prendre en considération toute la gamme des réactions normales. »

« Elle ne peut pas accepter qu'elle n'a simplement pas eu de chance ; il lui faut une histoire causale. Elle va finir par penser que quelqu'un a saboté intentionnellement son travail. »

7

La machine à tirer des conclusions hâtives

Depuis l'adolescence, j'ai en tête une réplique du grand comédien Danny Kaye. Parlant d'une femme qu'il n'aime pas, il déclare : « Sa position préférée, c'est hors d'elle, et son sport favori, c'est tirer des conclusions hâtives. » Cette réplique m'était revenue, je m'en souviens, lors de ma première conversation avec Amos Tversky sur la rationalité des intuitions statistiques, et j'estime aujourd'hui qu'elle décrit idéalement le fonctionnement du Système 1. Des conclusions hâtives peuvent être efficaces si elles sont correctes et que le coût d'une erreur occasionnelle n'est pas prohibitif, et si elles permettent d'économiser du temps et des efforts. Il peut en revanche s'avérer risqué de tirer des conclusions hâtives dans une situation qui n'est pas familière, dont les enjeux sont élevés, et où on ne dispose pas d'assez de temps pour rassembler davantage d'informations. C'est dans ces circonstances que les erreurs intuitives sont probables, ce qui peut être évité par une intervention délibérée du Système 2.

Négliger l'ambiguïté et supprimer le doute

Figure 6

Qu'ont en commun les trois éléments de la figure 6 ? Ils sont tous ambigus. Vous avez sûrement lu l'élément de gauche comme A B C et celui de droite comme 12 13 14. Mais en fait, les caractères centraux de ces éléments sont identiques. Vous auriez aussi bien pu lire A 13 C ou 12 B 14, mais vous ne l'avez pas fait. Pourquoi ? La même forme peut être lue comme une lettre dans un contexte de lettres et comme un chiffre quand elle est encadrée de chiffres. C'est l'ensemble du contexte qui permet de déterminer l'interprétation de chaque élément. La forme elle-même est ambiguë, mais vous tirez une conclusion hâtive quant à son identité et vous ne vous apercevez pas que l'ambiguïté a été résolue.

Quant à Anne, vous avez sans doute visualisé une femme préoccupée, et changeant les vitesses dans sa voiture, dans une rue encombrée. Mais cette interprétation, si elle est plausible, n'est pas la seule. Car la phrase est ambiguë. Si la phrase qui la précédait était : « Le syndicat a appelé à la grève », vous auriez pu imaginer une scène très différente. Quand vous venez tout juste de penser à une action syndicale, le verbe « a débrayé » n'est plus associé à la conduite d'un véhicule. En l'absence d'un contexte explicite, le Système 1 a créé de lui-même un contexte vraisemblable. Nous savons que c'est le Système 1, parce que vous n'étiez pas conscient du choix ou de la possibilité d'une autre interprétation. À moins que vous n'ayez été récemment pris dans une grève, vous passez sans doute plus de temps à débrayer en conduisant qu'en cessant volontairement vos activités professionnelles, et vous avez donc résolu l'ambiguïté en ce sens. Dans le doute, le Système 1 parie sur une réponse, et ces paris sont guidés par l'expérience. Ils suivent des règles intelligentes : les événements récents et le contexte du moment ont un poids prépondérant quand il s'agit de déterminer une interprétation. Quand aucun événement récent ne vient à l'esprit, ce sont les souvenirs plus lointains qui prennent le relais. Parmi vos souvenirs les plus anciens et les plus sûrs se trouve votre apprentissage de l'alphabet. Lequel commençait par ABC, pas par A13C.

L'aspect le plus important de ces deux exemples, c'est qu'un choix précis a été effectué sans que vous le sachiez. Une seule interprétation vous est venue à l'esprit et vous n'avez jamais eu conscience de l'ambiguïté. Le Système 1 ne garde pas trace des possibilités qu'il rejette, ni même du fait qu'il y a eu d'autres possibilités. Le doute conscient ne fait pas partie de son répertoire ; cela requiert de garder en même temps à l'esprit des interprétations incompatibles, ce qui nécessite un effort mental. L'incertitude et le doute sont du ressort du Système 2.

Une tendance à croire et à confirmer

Le psychologue Daniel Gilbert, célèbre auteur de *Et si le bonheur vous tombait dessus* [1], a également écrit un essai intitulé *How Mental Systems Believe* (Comment croient les systèmes mentaux), où il développe une théorie sur la croyance et l'incroyance qu'il fait remonter à Spinoza. Gilbert avance qu'avant de comprendre une déclaration, il faut commencer par la croire : vous devez d'abord savoir ce que l'idée signifierait si elle était vraie. C'est seulement alors que vous pouvez décider ou non de *ne pas la croire.* Cette tentative première de croire est une opération automatique du Système 1, qui implique l'élaboration de la meilleure interprétation possible de la situation. Même une déclaration absurde, soutient Gilbert, suscitera au départ une certaine conviction. Prenez l'exemple suivant : « hareng mange sucrerie ». Vous avez probablement été conscient de vagues impressions de poissons et de sucreries tandis qu'un processus automatique de mémoire associative recherchait des liens entre les deux idées afin de donner du sens à ce non-sens.

Pour Gilbert, le fait de ne pas croire est une opération du Système 2, comme l'a montré cette expérience élégante[2] : on a soumis aux participants des affirmations absurdes, comme « un dinca est une flamme », suivies quelques secondes plus tard d'un seul mot, « vrai » ou « faux ». Puis on leur a demandé de se souvenir des phrases qui ont été suivies de « vrai ». Une des conditions de l'expérience obligeait les sujets à garder des chiffres en mémoire pendant qu'ils accomplissaient cette tâche. La perturbation du Système 2 a eu un effet sélectif : les gens ont eu plus de difficultés à « ne pas croire » les phrases fausses. Plus tard, lors d'un autre test mémoriel, les participants, épuisés, ont fini par croire que beaucoup de ces phrases fausses étaient vraies. On en retire une morale édifiante : quand le Système 2 est occupé ailleurs, nous sommes prêts à croire presque n'importe quoi. Le Système 1 est crédule, et a tendance à croire, c'est le Système 2 qui se charge de douter et de ne pas croire, mais il lui arrive parfois d'être indisponible, et de plus, il a souvent la flemme. Il semblerait effectivement que les gens soient plus susceptibles d'être influencés par des messages persuasifs mais vides, comme les publicités, quand ils sont épuisés.

Les opérations de la mémoire associative contribuent à un *biais de confirmation* général. Quand on pose la question « Sam est-il aimable ? », on évoque des idées sur le comportement de Sam qui ne sont pas les mêmes que celles qu'éveillerait la question « Sam est-il désagréable ? » C'est en s'efforçant délibérément de confirmer une assertion que le Système 2 teste une hypothèse, ce que l'on appelle la *stratégie de test positif*. Contrairement aux règles édictées par les philosophes des sciences, qui recommandent de vérifier les hypothèses en tentant de les réfuter, les gens (et les scientifiques aussi, bien souvent) recherchent des informations susceptibles d'être compatibles avec les convictions qui sont alors les leurs. Le biais confirmatoire du Système 1 favorise l'approbation inconditionnelle de suggestions et l'exagération de la vraisemblance d'événements extrêmes et improbables. Si on vous interroge sur la probabilité qu'un tsunami frappe la Californie dans les trente prochaines années, les images qui vous viendront à l'esprit seront sans doute celles de tsunamis, comme l'a expliqué Gilbert dans le cas de phrases absurdes comme « hareng mange sucrerie ». Vous aurez tendance à surestimer la probabilité d'un désastre.

L'EFFET DE HALO

Si vous appréciez la politique du président, il y a des chances que vous aimiez aussi sa voix et son apparence. La tendance à aimer (ou à détester) tout en bloc chez une personne – y compris des choses que vous n'avez pas observées – est connue sous le nom d'*effet de halo*. Il y a un siècle que la psychologie utilise ce terme, mais il n'est pas passé dans le langage courant. C'est regrettable, parce que c'est un nom qui convient tout à fait à un biais commun qui joue un grand rôle dans notre vision des gens et des situations. C'est entre autres ce qui fait que la représentation du monde développée par le Système 1 est plus simple et plus cohérente que la réalité.

Lors d'une fête, vous rencontrez une femme, Joan, et vous la trouvez séduisante et d'un contact agréable. Plus tard, son nom est évoqué par des gens qui discutent de contributeurs possibles à une œuvre caritative. Que savez-vous de la générosité de Joan ? La bonne réponse, c'est qu'en fait, vous ne savez littéralement rien, parce qu'il n'y a pas de raison de croire que les gens agréables dans des soirées sont aussi de généreux contributeurs aux œuvres de charité. Mais Joan vous a plu, et vous renouez avec cette sensation quand vous pensez à elle. Vous aimez aussi la générosité et les gens généreux. Par association, vous êtes désormais prédisposé à croire que Joan est généreuse. Et maintenant que vous pensez qu'elle est généreuse, vous l'aimez probablement encore plus qu'avant, parce que vous ajoutez la générosité à ses séduisantes qualités.

L'histoire de Joan ne comporte aucune preuve réelle de sa générosité, et cette faille est comblée par une intuition qui correspond à la réaction émotionnelle qu'elle a suscitée. Dans d'autres situations, les preuves s'accumulent progressivement et l'interprétation est façonnée par l'émotion liée à la première impression. Dans ce qui est devenu un classique de la psychologie, Solomon Asch a présenté la description de deux personnes à des sujets et leur a demandé de se livrer à des commentaires sur leurs personnalités [3]. Que pensez-vous d'Alan et Ben ?

ALAN : intelligent – travailleur – impulsif – critique – opiniâtre – jaloux
BEN : jaloux – opiniâtre – critique – impulsif – travailleur – intelligent

Si vous êtes comme la plupart d'entre nous, vous avez eu une opinion beaucoup plus favorable d'Alan que de Ben. Les premiers traits de caractère de la liste changent le sens même de ceux qui les suivent. L'opiniâtreté d'une personne intelligente sera sans doute justifiée, et peut même susciter le respect, mais l'intelligence chez une personne jalouse et opiniâtre la rend plus dangereuse. L'effet de halo est également un exemple de suppression de l'ambiguïté : comme le verbe « débrayer », l'adjectif « opiniâtre » est ambigu mais sera interprété d'une façon qui le rend cohérent dans le contexte.

Ce thème de recherche a donné lieu à de nombreuses variations. Les participants à une expérience ont d'abord considéré les trois premiers adjectifs qui décrivent Alan ; puis les trois derniers, qui se rapportaient, leur a-t-on dit, à une autre personne. Une fois qu'ils ont eu imaginé les deux individus, on leur a demandé s'il était plausible que l'ensemble des six adjectifs puisse s'appliquer à une même personne, et tous ou presque ont répondu que c'était impossible [4] !

L'ordre dans lequel nous observons les caractéristiques d'une personne est souvent dû au hasard. Or il est important, car l'effet de halo accroît le poids des premières impressions, parfois à un point tel que les informations suivantes sont pour l'essentiel perdues. Au début de ma carrière d'enseignant, je notais les devoirs de mes étudiants de façon conventionnelle. Je lisais toutes les réponses d'un étudiant donné à la suite en les notant au fur et à mesure, puis je calculais le total et passais à l'étudiant suivant. J'ai fini par m'apercevoir que mes évaluations de leurs réponses étaient d'une homogénéité frappante. J'ai commencé à me demander si ma façon de noter ne trahissait pas un effet de halo, et si la note que j'attribuais à leur première réponse n'avait pas un impact disproportionné sur leur note globale. Le mécanisme était simple : si j'avais attribué une bonne note à la première réponse, j'accordais à l'étudiant le bénéfice du doute chaque fois que je tombais ensuite sur une notion vague ou ambiguë. Cela paraissait raisonnable. Il était évident qu'un étudiant qui s'était si bien tiré de la première question ne pouvait pas donner une réponse idiote à la deuxième ! Or, cette façon de faire comportait un défaut majeur. Si un étudiant répondait bien à la première question, mais plus faiblement à la suivante, ma note finale dépendait de l'ordre dans lequel je lisais les réponses. J'avais dit à mes étudiants que toutes les questions avaient la même valeur, mais c'était faux : la première avait une influence beaucoup plus marquée sur la note que la deuxième. C'était inacceptable.

J'ai adopté une nouvelle procédure. Au lieu de lire les réponses les unes à la suite des autres, j'ai d'abord noté toutes les réponses des étudiants à la première question, avant de passer à la suivante. J'ai veillé à inscrire toutes les notes à la première question en dernière page afin de ne pas être influencé (même inconsciemment) quand j'aborderais la deuxième. Peu après avoir adopté ma nouvelle méthode, j'en suis arrivé à une conclusion déconcertante : j'avais désormais nettement moins confiance dans ma façon de noter. Quand j'étais déçu par la réponse d'un étudiant à la deuxième question, puis que je passais à la dernière page pour y inscrire ma note, je découvrais parfois que j'avais accordé une note excellente à sa réponse à la première question. Je me suis également aperçu que j'étais tenté d'effacer cette contradiction en modifiant la note que je n'avais pas encore inscrite, et j'ai eu du mal à suivre la règle, pourtant simple, de ne jamais céder à ladite tentation. Les notes que j'attribuais aux réponses d'un même étudiant accusaient souvent des variations considérables. Ce manque de cohérence me plongea dans l'incertitude, tout en me laissant un sentiment de frustration.

J'étais maintenant moins satisfait et moins sûr de mes notes qu'auparavant, mais je savais que c'était bon signe, la preuve que la nouvelle procédure était supérieure. La cohérence que j'avais connue jusqu'alors était fallacieuse ; elle avait engendré un sentiment d'aisance cognitive, et mon Système 2 était ravi de se contenter sans effort de la note finale. En m'autorisant à être fortement influencé par la première question pour évaluer les suivantes, je m'étais épargné la dissonance que j'aurais éprouvée en constatant qu'un même étudiant pouvait se tirer remarquablement de certaines questions, mais pas d'autres. L'incohérence inconfortable que je ressentais depuis que j'étais passé à la nouvelle procédure était bien réelle : elle reflétait à la fois l'inadéquation d'une question prise individuellement pour mesurer ce que savait un étudiant, et le manque de fiabilité de mon système de notation.

La procédure que j'ai adoptée pour maîtriser l'effet de halo est conforme à un principe général : il faut décorréler l'erreur ! Pour comprendre comment ce principe fonctionne, imaginez que l'on montre à une foule d'observateurs des bocaux de verre contenant de petites pièces, et qu'on leur demande d'estimer combien de pièces contient chaque bocal. Comme l'a expliqué James Surowiecki dans son best-seller *La Sagesse des foules* [5], c'est le genre de tâche dont on s'acquitte généralement fort mal individuellement, mais dont on se tire remarquablement bien en foule. Certains individus surestiment considérablement le bon chiffre, d'autres le sous-estiment, mais quand on fait la moyenne d'un grand nombre de jugements, cette dernière a tendance à être assez précise. Le mécanisme est simple : tous les individus regardent le même bocal, et tous leurs jugements ont une base commune. Par ailleurs, les erreurs que commettent certains sont indépendantes de celles des autres, et (en l'absence d'un biais systématique) elles ont tendance à être annulées par la moyenne. Toutefois, cette magie de la réduction des erreurs ne fonctionne bien que quand les observations sont indépendantes et leurs erreurs séparées. Si les observateurs partagent un même biais, l'accumulation de leurs jugements ne le réduira pas. Si on laisse les observateurs s'influencer les uns les autres, cela revient en fait à réduire la taille de l'échantillon, et partant, la précision de son estimation.

Pour tirer l'information la plus utile possible de sources d'information multiples, il faudrait toujours veiller à ce que ces sources soient indépendantes les unes des autres. Une règle de base dans les enquêtes de police. Quand on dispose de plusieurs témoins pour un événement, ils ne sont pas autorisés à en discuter avant de témoigner. Le but n'est pas seulement d'empêcher la collusion de témoins malveillants, mais aussi d'éviter que des témoins qui ne sont pas biaisés s'influencent les uns les autres. Les témoins qui échangent leurs expériences auront tendance à commettre les mêmes erreurs dans leurs témoignages, réduisant du même coup la valeur des informations qu'ils fournissent. Il est toujours utile d'éliminer la redondance dans vos sources d'information.

Ce principe – l'indépendance des jugements et la décorrélation des erreurs – a des applications immédiates dans le domaine de la conduite de réunions, une activité à laquelle les responsables d'entreprises et d'organisations consacrent une grande partie de leurs jours ouvrés. Une règle simple peut s'avérer utile : avant qu'un sujet soit abordé, il faudrait demander à tous les membres de l'assistance de rédiger un bref résumé de leur avis sur le sujet. Cette procédure permet d'utiliser à bon escient la diversité des connaissances et des opinions du groupe. La pratique courante de la discussion ouverte donne trop de poids à ceux qui parlent parmi les premiers avec une grande assurance, obligeant les autres à s'aligner sur eux.

CE QU'ON VOIT ET RIEN D'AUTRE (COVERA)

Un des meilleurs souvenirs que j'ai gardés de mes premières années de travail avec Amos est un gag. Il adorait imiter un de ses anciens professeurs de philosophie ; il baragouinait en hébreu, avec un fort accent allemand : « Il ne faut jamais oublier le *primat de l'Est.* » Je n'ai jamais vraiment compris ce que son professeur avait voulu dire par cette phrase (Amos non plus, d'ailleurs), mais les blagues d'Amos n'étaient jamais dues au hasard. Cette vieille citation lui revenait (comme à moi) chaque fois que nous croisions le déséquilibre remarquable entre la façon qu'a notre esprit de traiter l'information disponible et l'information dont nous ne disposons pas.

Une des caractéristiques naturelles de la machine associative est qu'elle ne représente que les idées activées. Les informations qui n'ont pas été récupérées (même inconsciemment) dans la mémoire pourraient aussi bien ne pas exister. Si le Système 1 est particulièrement doué pour tisser la meilleure histoire possible intégrant les idées en cours d'activation, il n'a pas de place (ne peut pas en avoir) pour les informations qu'il n'a pas.

La cohérence de l'histoire que le Système 1 parvient à créer est la preuve de son succès. La quantité et la qualité des données sur lesquelles repose l'histoire sont pour l'essentiel sans importance. Quand les informations sont rares, ce qui est plus fréquent, le Système 1 fonctionne comme une machine à tirer des conclusions hâtives. Considérez ce qui suit : « Mindik sera-t-elle un bon chef ? Elle est intelligente et forte… » Une réponse vous est rapidement venue à l'esprit, et c'était oui. Vous avez choisi la meilleure réponse apparente en vous fondant sur le peu d'informations dont vous disposiez. Qu'en aurait-il été si les deux adjectifs suivants avaient été « corrompue » et « cruelle » ?

Observons ce que vous n'avez *pas* fait tandis que vous pensiez un court instant à Mindik comme à une personne de responsabilité. Vous n'avez pas commencé par vous demander : « Qu'ai-je besoin de savoir avant de me faire un avis sur les qualités de chef de quelqu'un ? ». Dès le premier adjectif, le Système 1 s'est mis en route tout seul : intelligent, c'est bien ; intelligent et fort, c'est très bien. C'est la meilleure histoire que l'on peut raconter à partir de deux adjectifs, et le Système 1 vous l'a racontée avec une grande aisance cognitive. Si de nouvelles informations surviennent, l'histoire sera modifiée (si l'on apprend par exemple que Mindik est corrompue), mais il n'y a en attendant ni suspens, ni inconfort subjectif. Et il restera toujours un biais en faveur de la première impression.

La combinaison d'un Système 1 en quête de cohérence et d'un Système 2 paresseux implique que le Système 2 approuvera beaucoup de convictions intuitives qui reflètent étroitement les impressions engendrées par le Système 1. Bien sûr, le Système 2 est également capable d'adopter une approche plus systématique et prudente, et de vérifier une liste d'informations essentielles avant de prendre une décision – pensez à l'achat d'une maison, par exemple : vous vous enquerrez délibérément d'informations dont vous ne disposez pas. Toutefois, le Système 1 est susceptible d'influencer même les décisions les plus réfléchies. Il ne se désactive jamais.

Le fait de tirer des conclusions hâtives sur la base d'informations limitées est si important pour comprendre la pensée intuitive, et revient si souvent dans ce livre, que je vais le nommer par une abréviation maladroite : COVERA, ou « ce qu'on voit et rien d'autre ». Le Système 1 est totalement insensible tant à la qualité qu'à la quantité des informations qui donnent naissance aux impressions et aux intuitions.

Amos et deux de ses étudiants de Stanford ont réalisé une étude en rapport direct avec COVERA, en observant la réaction de gens à qui l'on donne des indices partiaux et qui le savent[6]. On soumettait aux participants des scénarios tirés de procédures légales, comme dans l'exemple suivant :

> Le 3 septembre, le plaignant, David Thornton, représentant syndical de quarante-trois ans, se trouvait dans l'enceinte de la pharmacie Thrifty n° 168 où il effectuait une visite de routine. Dix minutes après son arrivée, un responsable lui a barré le passage et lui a déclaré qu'il lui était interdit de s'entretenir avec les salariés syndiqués dans l'enceinte de la pharmacie. Au lieu de cela, il lui faudrait les rencontrer dans une arrière-salle pendant leur pause. Une requête de cet ordre est prévue par les accords syndicaux avec la chaîne Thrifty Drug, mais n'avait jamais été appliquée. Quand M. Thornton s'y est opposé, il lui a été dit qu'il avait le choix entre se conformer à ces exigences, quitter la boutique ou être interpellé. À ce stade, M. Thornton a indiqué au gérant qu'il avait toujours été autorisé à s'entretenir avec les salariés dans l'enceinte de la pharmacie pendant au moins dix minutes, tant que cela ne perturbait pas le fonctionnement de la boutique, et qu'il préférait être arrêté plutôt que de modifier la procédure de sa visite de routine. Le gérant a alors appelé la police et a fait menotter M. Thornton pour violation de propriété. Suite à une détention préventive pour une courte période, tous les chefs d'inculpation ont été levés. M. Thornton poursuit Thrifty Drug pour arrestation arbitraire.

Outre ce texte, que tous les participants ont lu, différents groupes ont assisté à une présentation par les avocats des deux parties. L'avocat du syndicaliste a évidemment décrit l'arrestation comme une tentative d'intimidation, tandis que celui de la pharmacie affirmait que la discussion dans l'enceinte de la boutique en perturbait le fonctionnement et que le gérant avait agi comme il convenait. Certains participants, comme un jury, ont eu droit aux deux versions. Les avocats n'ajoutèrent aucune information à celles qui étaient contenues dans le texte de présentation.

Les participants étaient parfaitement conscients de la mise en scène de l'ensemble de l'expérience, et ceux qui n'ont entendu qu'une version auraient facilement pu comprendre quels étaient les arguments de l'autre partie. Quoi qu'il en soit, la présentation des versions partiales eut un effet très net sur leur jugement. De plus, les participants qui avaient eu droit à une seule version se sont montrés plus sûrs de leur jugement que ceux qui avaient écouté les deux versions. Ce qui est parfaitement normal si l'on considère que la confiance est déterminée par la cohérence de l'histoire que les gens parviennent à bâtir à partir des informations dont ils disposent. Pour qu'une histoire paraisse solide, ce qui importe, c'est la cohérence de l'information, non son exhaustivité. À vrai dire, on s'aperçoit souvent que moins on en sait, plus il est facile d'agencer le tout en un ensemble cohérent.

Avec COVERA, il est plus facile de parvenir à la cohérence et à l'aisance cognitive qui nous amènent à considérer une déclaration comme vraie et à l'accepter. Cela explique pourquoi nous pouvons penser rapidement et comment nous sommes capables de donner du sens à des informations partielles dans un monde complexe. Le plus souvent, l'histoire cohérente que nous concoctons est suffisamment proche de la réalité pour soutenir une action raisonnable. Cependant, COVERA explique aussi selon moi une longue liste de biais de jugements et de choix, dont les suivants, parmi tant d'autres :

- La *suffisance* : comme l'implique la règle de COVERA, ni la quantité ni la qualité de l'information ne jouent un grand rôle dans la confiance subjective. La confiance qu'ont les individus dans leurs convictions dépend essentiellement de la qualité de l'histoire qu'ils peuvent raconter sur ce qu'ils voient, même s'ils ne voient pas grand-chose. Souvent, nous ne prenons pas en compte le fait que des informations qui devraient peser d'un poids crucial sur notre jugement nous font défaut – on tient compte de ce qu'on voit et rien d'autre. Par ailleurs, notre système associatif a tendance à se fixer sur un schéma cohérent d'activation et à neutraliser le doute et l'ambiguïté.

- Les *effets de cadrage* : des façons différentes de présenter la même information suscitent souvent des émotions différentes. Il est plus rassurant de dire que « les chances de survie un mois après l'intervention chirurgicale sont de 90 % » que la phrase, pourtant équivalente, « la mortalité est de 10 % dans le mois qui suit l'intervention chirurgicale ». De même, de la charcuterie décrite comme « dégraissée à 90 % » est plus attirante qu'accompagnée de la mention « 10 % de matières grasses ». L'équivalence entre ces différentes formulations est évidente, mais une personne n'en voit généralement qu'une, et seul compte ce qu'on voit et rien d'autre.
- La *négligence du taux de base* : souvenez-vous de Steve, ce personnage falot et ordonné que l'on prend souvent pour un bibliothécaire. La description de sa personnalité est marquante, frappante, et même si vous savez sans doute qu'il y a plus d'agriculteurs que d'hommes bibliothécaires, cette réalité statistique ne vous est presque à coup sûr pas venue à l'esprit quand vous vous êtes posé la question la première fois. Vous n'avez songé qu'à ce que vous avez vu, et à rien d'autre.

*

LES CONCLUSIONS HÂTIVES EN BREF

« Elle ne sait rien des compétences de cette personne en matière de gestion. Elle s'appuie seulement sur l'effet de halo d'une bonne présentation. »

« Décorrélons les erreurs en obtenant des jugements distincts sur la question avant d'en discuter. Des évaluations indépendantes nous fourniront davantage d'informations. »

« Ils ont pris cette décision importante en se fondant sur un rapport positif d'un consultant. COVERA – ce qu'on voit et rien d'autre. Apparemment, ils n'ont pas compris qu'ils disposaient de très peu d'informations. »

« Ils ne tenaient pas à avoir d'autres informations susceptibles de gâcher leur histoire. COVERA. »

8

LA MÉCANIQUE DES JUGEMENTS

Il n'y a pas de limite au nombre de questions auxquelles vous pouvez répondre, qu'il s'agisse de questions que l'on vous pose ou que vous vous posez. Pas plus qu'il n'y a de limite au nombre d'éléments que vous pouvez évaluer. Vous êtes capable de compter le nombre de lettres majuscules dans cette page, de comparer la hauteur des fenêtres de votre domicile par rapport à celles de la maison d'en face, et d'évaluer les perspectives politiques de votre sénateur sur une échelle allant d'excellentes à désastreuses. Ces questions sont adressées au Système 2, qui dirigera l'attention et fouillera la mémoire pour trouver les réponses. Le Système 2 reçoit les questions ou les produit : dans un cas comme dans l'autre, il gère l'attention et la mémoire pour y répondre. Le Système 1 fonctionne différemment. Il surveille constamment ce qui se passe dans l'esprit et à l'extérieur, et produit en continu des évaluations de divers aspects de la situation sans intention précise et presque sans effort. Ces *évaluations primaires* jouent un rôle important dans le jugement intuitif, parce qu'elles se substituent facilement à des questions plus difficiles – c'est l'idée qui est à la base de l'approche de l'heuristique et des biais. Deux autres caractéristiques du Système 1 favorisent également le remplacement d'un jugement par un autre. L'une est la capacité à traduire des valeurs d'une dimension à l'autre, ce que vous faites quand vous répondez à une question généralement considérée comme simple : « Si Sam était aussi grand qu'intelligent, quelle serait sa taille ? » Et il y a la « décharge de chevrotine » mentale (voir ci-dessous, p. 149). Autrement dit, le Système 2 a l'intention de répondre à une question donnée ou d'évaluer un attribut particulier de la situation, mais cela déclenche automatiquement d'autres calculs, y compris des évaluations primaires.

ÉVALUATIONS PRIMAIRES

Le Système 1 a été façonné par l'évolution pour fournir une évaluation constante des principaux problèmes que doit résoudre un organisme afin de survivre : comment vont les choses ? Y a-t-il une menace ou une superbe occasion à saisir ? Est-ce que tout est normal ? Dois-je m'approcher ou m'enfuir ? Ces questions sont peut-être moins pressantes pour un être humain dans un environnement urbain que pour une gazelle dans la savane, mais nous avons hérité des mécanismes neuronaux à l'origine des évaluations constantes du niveau de menace, et ces mécanismes n'ont pas été déconnectés. Les situations sont systématiquement évaluées en tant que bonnes ou mauvaises, nécessitant que l'on fuie ou autorisant l'approche. La bonne humeur et l'aisance cognitive sont les équivalents humains de cette évaluation de la sécurité et de la familiarité de l'environnement.

En guise d'exemple spécifique d'une *évaluation primaire*, prenons la capacité à distinguer ami ou ennemi d'un seul regard. Cela contribue aux chances de survie d'un individu dans un monde dangereux, et cette capacité très spécialisée a effectivement évolué. Alex Todorov, mon collègue de Princeton, a exploré les racines biologiques des jugements rapides qui permettent de calculer dans quelle mesure une interaction avec un inconnu est sans danger [1]. Il a montré que nous sommes doués de la capacité à évaluer, d'un seul coup d'œil jeté au visage d'un inconnu, deux faits potentiellement cruciaux sur cette personne : à quel point c'est un dominant (qui représente par conséquent une menace inhérente), et à quel point il est fiable, si ses intentions sont plus susceptibles d'être amicales ou hostiles [2]. La forme du visage fournit des clés pour évaluer un caractère dominant, comme un menton « fort » et carré. L'expression faciale (un sourire ou une moue) donne des indices sur les intentions de l'inconnu. La combinaison d'une mâchoire carrée et d'une bouche soucieuse est peut-être annonciatrice d'ennuis [3]. Le déchiffrement des visages est loin d'être un système infaillible : un menton rond n'est pas un indicateur fiable de douceur, et il est possible (jusqu'à un certain point) de faire semblant de sourire. Pourtant, même une capacité imparfaite à évaluer les inconnus est un avantage en termes de survie.

Ce mécanisme atavique connaît de nouvelles utilisations dans le monde moderne : il exerce une certaine influence sur la façon dont les gens votent. Todorov a montré à ses étudiants des portraits d'hommes, parfois pendant à peine plus d'un dixième de seconde, et leur a demandé de classer les visages en fonction de divers attributs, dont l'amabilité et la compétence. Les résultats étaient assez homogènes. Les visages que Todorov leur avait montrés n'avaient pas été choisis au hasard : c'étaient les portraits de campagne de politiciens se présentant à une élection. Todorov a ensuite comparé le résultat des urnes au classement effectué par les étudiants de Princeton en se fondant sur une courte présentation des clichés en dehors de tout contexte politique. Dans près de 70 % des élections à des postes de sénateur, de représentant et de gouverneur, le vainqueur était le candidat dont le visage avait obtenu une meilleure place au classement en termes de compétence. Ce résultat étonnant a rapidement été confirmé lors d'élections législatives en Finlande, mais aussi de cantonales en Angleterre, ou encore d'autres échéances électorales en Australie, en Allemagne et au Mexique[4]. Curieusement (du moins pour moi), dans l'étude de Todorov, le classement des compétences permettait de prédire les résultats électoraux plus efficacement que le classement d'amabilité.

Todorov a découvert que les gens jugeaient la compétence en combinant deux dimensions : la force et la fiabilité. Les visages qui respirent la compétence associent un menton fort à un léger sourire apparemment sûr de soi. Rien ne prouve que ces caractéristiques faciales permettent effectivement de prédire comment les politiciens se tireront de leur mandat. Mais des études de la réaction du cerveau aux candidats vainqueurs et vaincus montrent que nous sommes biologiquement prédisposés à rejeter les candidats qui ne présentent pas les attribuent auxquels nous accordons de la valeur – dans cette expérience, les perdants suscitaient des réactions émotionnelles (négatives) plus marquées. C'est un exemple de ce que j'appellerai, dans les chapitres suivants, un *jugement heuristique.* Les électeurs tentent de se faire une idée de la valeur potentielle d'un candidat quand il sera en fonction, et se rabattent sur une évaluation plus simple, rapide et automatique, disponible quand le Système 2 doit prendre sa décision.

Les politologues ont poursuivi les recherches de Todorov en identifiant une catégorie d'électeurs pour lesquels les préférences automatiques du Système 1 sont particulièrement susceptibles de jouer un grand rôle. Ils ont trouvé ce qu'ils cherchaient parmi les électeurs mal informés qui regardent beaucoup la télévision. Comme il fallait s'y attendre, l'effet de l'impression faciale de compétence sur le vote est environ trois fois plus important chez les électeurs mal informés et grands consommateurs de télévision que chez ceux qui sont mieux informés et regardent moins la télévision [5]. Évidemment, l'importance relative du Système 1 dans la détermination des choix électoraux n'est pas la même pour tout le monde. Nous allons croiser d'autres exemples de ces différences individuelles.

Le Système 1 comprend le langage, bien sûr, et la compréhension dépend des évaluations primaires qui sont effectuées régulièrement dans le cadre de la perception des événements et de la compréhension des messages. Ces évaluations portent sur le degré de similarité et de représentativité, les relations de causalité ou encore les associations d'idées ou modèles disponibles. Elles sont effectuées même en l'absence d'une série de tâches spécifiques, bien que leurs résultats soient utilisés pour répondre à des tâches précises quand elles se présentent [6].

La liste des évaluations primaires est longue, mais tous les éléments possibles ne sont pas évalués. La figure 7 en est un exemple.

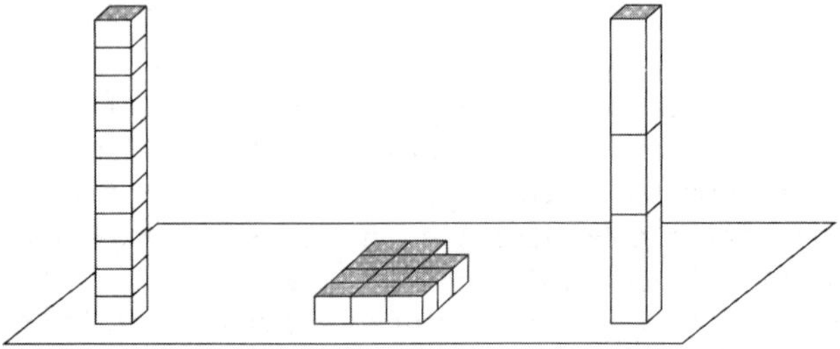

Figure 7

Un simple coup d'œil à cette image vous donne immédiatement l'impression de percevoir de multiples caractéristiques. Vous savez que les deux tours sont de même hauteur et qu'elles se ressemblent davantage que la tour de gauche ne ressemble à l'agencement de blocs au milieu. Cependant, vous ne savez pas immédiatement que le nombre de blocs dans la tour de gauche est le même que le nombre de blocs rangés sur le sol, et vous n'avez aucune idée de la hauteur de la tour que ceux-ci pourraient permettre de bâtir. Pour confirmer ce fait, il vous faudrait compter les deux séries de blocs et comparer les résultats, une activité que seul le Système 2 est en mesure d'entreprendre.

Séries et prototypes

Dans l'exemple suivant, considérons la question : quelle est la longueur moyenne des droites de la figure 8 ?

Figure 8

C'est une question facile et le Système 1 y répond sans effort. Des expériences ont montré qu'une fraction de seconde suffit aux gens pour enregistrer la longueur moyenne d'une série de droites avec une remarquable précision. De plus, la précision de ces jugements n'est pas altérée quand l'observateur est occupé sur le plan cognitif par une tâche mémorielle. Les gens ne sauront pas forcément décrire la moyenne en centimètres, mais ils seront d'une grande précision quand il s'agira d'ajuster la longueur d'une autre droite pour qu'elle corresponde à la moyenne. Il n'y a pas besoin du Système 2 pour développer une impression de la norme de longueur d'une figure. Le Système 1 s'en charge, automatiquement et sans effort, tout comme il enregistre la couleur des droites et le fait qu'elles ne sont pas parallèles. Nous pouvons également nous faire une idée immédiate du nombre d'objets dans une figure – avec précision s'il y en a quatre ou moins, grossièrement s'il y en a plus.

Passons maintenant à une autre question : quelle est la longueur totale des droites de la figure 8 ? C'est un autre type d'expérience, parce que le Système 1 n'a ici aucune suggestion à faire. Vous ne pourrez répondre à cette question qu'en activant le Système 2, qui entreprendra alors laborieusement d'estimer la moyenne, de dénombrer les droites et de multiplier la longueur moyenne par le nombre de droites.

L'incapacité du Système 1 à calculer la longueur totale d'une série de droites d'un coup d'œil peut vous sembler évidente ; jamais vous ne vous en êtes cru capable. C'est en fait l'illustration d'une importante limite de ce système. Parce que le Système 1 représente les catégories par un prototype ou une série de modèles typiques, il se tire bien des moyennes, mais mal des sommes. La taille de la catégorie, le nombre d'exemples qu'elle contient, tout cela est généralement ignoré dans les jugements sur ce que j'appellerai des *variables de type somme.*

Les participants à l'une des nombreuses expériences inspirées par le contentieux consécutif à la marée noire catastrophique de l'Exxon Valdez se sont vu demander s'ils étaient prêts à payer pour des filets destinés à couvrir les mares de pétrole dans lesquelles les oiseaux migrateurs se noient souvent[7]. Différents groupes devaient dire ce qu'ils étaient prêts à payer pour sauver 2 000, 20 000 ou 200 000 oiseaux. Si le sauvetage d'oiseaux est un produit économique, il devrait être traité comme une variable de type somme : sauver 200 000 oiseaux devrait valoir plus que d'en sauver 2 000. En fait, les contributions moyennes des trois groupes de participants furent respectivement de 80, 78 et 88 euros. Le nombre d'oiseaux importait peu. Dans chacun des trois groupes, les participants avaient réagi à un prototype – l'image déchirante d'un oiseau sans défense en train de se noyer, les plumes engluées dans une épaisse couche de pétrole. La négligence presque totale de la quantité dans des contextes émotionnels de cet ordre a été confirmée à maintes reprises.

ÉQUIVALENCE D'INTENSITÉ

Des questions sur votre bonheur, la popularité du président, le châtiment qu'il faut appliquer aux délinquants financiers et les perspectives futures d'un politicien ont une caractéristique importante en commun : toutes se rapportent à une dimension sous-jacente d'intensité ou de quantité, qui permet le recours au mot *plus*. Plus heureux, plus populaire, plus sévère ou plus puissant (pour un politicien). Par exemple, l'avenir politique d'une candidate peut s'échelonner entre le plus bas : « Elle va être battue aux primaires », et le plus haut : « Un jour, elle sera présidente des États-Unis. »

Nous sommes là en présence d'une nouvelle aptitude du Système 1. Une échelle d'intensité sous-jacente permet d'établir des *équivalences* entre des dimensions différentes. Si les crimes étaient des couleurs, le meurtre serait d'un rouge plus sombre que le vol. Si les crimes étaient exprimés en musique, le massacre serait joué fortissimo tandis que le fait de ne pas payer ses contraventions se contenterait d'un discret pianissimo. Dans des expériences restées célèbres, on avait adapté l'intensité d'un son à la gravité des délits ; on avait également adapté l'intensité d'un son à la sévérité des peines. Les sujets entendaient ensuite deux notes, une pour le délit et l'autre pour la peine, et ils éprouvaient un sentiment d'injustice si une des deux notes était beaucoup plus forte que l'autre [8].

Considérons cet exemple, qui nous resservira plus tard :

> Julie lisait couramment à l'âge de quatre ans.

Maintenant, faites correspondre les exploits de Julie enfant aux échelles d'intensité suivantes :

> Quelle est la taille d'un homme qui est aussi grand que Julie était précoce ?

Que pensez-vous de 1,80 mètre ? Pas assez, manifestement. Et 2,10 mètres ? Probablement trop. Ce que vous recherchez, c'est une taille aussi remarquable que l'exploit de lire à quatre ans. Assez remarquable, mais pas extraordinaire non plus. Lire à quinze mois, voilà qui serait extraordinaire, peut-être comme un homme qui mesurerait 2,40 mètres.

> À quel niveau de revenus dans votre profession correspond l'exploit de Julie ?
> Quel crime est aussi grave que Julie était précoce ?
> Quelle note moyenne au diplôme d'une grande école correspond à ce qu'a fait Julie ?

Pas vraiment difficile, n'est-ce pas ? De plus, vous pouvez être certain que vos équivalences seront très proches de celles établies par d'autres représentants de votre milieu culturel. Nous verrons que quand on demande aux gens de prédire les notes moyennes de Julie à partir de l'information sur l'âge auquel elle a appris à lire, ils répondent en traduisant d'une échelle à l'autre et en sélectionnant la note correspondante. Et nous verrons également pourquoi ce mode de prédiction par l'équivalence est erroné sur le plan statistique – bien qu'il semble parfaitement naturel au Système 1 et que, chez la plupart d'entre nous à l'exception des statisticiens, il soit aussi acceptable pour le Système 2.

La chevrotine mentale

Le Système 1 effectue de nombreux calculs en même temps. Certains sont des évaluations de routine qui se déroulent constamment. Chaque fois que vos yeux sont ouverts, votre cerveau calcule une représentation en trois dimensions de ce qui se trouve dans votre champ de vision, y compris la forme des objets, leur position dans l'espace et leur identité. Aucune intention n'est nécessaire pour déclencher cette opération ou encore la surveillance constante des attentes qui ne sont pas remplies. Contrairement à ces évaluations de routine, d'autres calculs ne sont lancés que si besoin est : vous ne procédez pas à une évaluation continue de votre degré de bonheur ou de richesse, et même si vous êtes un obsédé de la politique, vous ne passez pas votre temps à évaluer la popularité du président. Les jugements occasionnels sont délibérés, ils se produisent seulement quand vous en avez l'intention.

Vous ne comptez pas automatiquement le nombre de syllabes de chaque mot que vous lisez, mais vous le pourriez si vous le vouliez. Cependant, notre contrôle sur les calculs intentionnels est loin d'être précis : nous calculons souvent plus que nous le voulons ou que nous en avons besoin. J'ai baptisé ce calcul excédentaire la *décharge de chevrotine mentale.* Avec des cartouches de chevrotine, il est impossible de viser un point précis, car c'est une munition qui se disperse ; de même, il semble difficile au Système 1 de ne pas faire plus que ce que lui ordonne le Système 2. Ce sont deux expériences que j'ai menées il y a longtemps qui m'ont suggéré cette image.

Dans l'une d'elles, les participants écoutaient des paires de mots, avec l'ordre d'appuyer sur une touche aussi vite que possible chaque fois qu'ils s'apercevaient que les mots rimaient [9]. Les mots riment dans ces deux paires :

VOTE – NOTE
VOTE – BOTTE

La différence vous paraît évidente parce que vous voyez les deux paires. VOTE et BOTTE riment mais ne s'écrivent pas de la même façon. Les participants, eux, ne faisaient qu'entendre les mots, mais ils n'en étaient pas moins influencés par l'orthographe. Ils mettaient nettement plus de temps à reconnaître que les mots rimaient s'il y avait une différence dans leur orthographe. Bien que leurs instructions n'aient fait mention que d'une comparaison de sons, les participants en comparaient également l'orthographe, et la divergence dans la dimension qui n'était pas impliquée les ralentissait. L'intention de répondre à une question en avait suscité une autre, qui était non seulement superflue, mais portait même tort à la réalisation de la tâche principale.

Dans l'autre étude, des gens écoutaient une série de phrases, avec l'ordre d'appuyer sur une touche aussi vite que possible pour indiquer si la phrase était littéralement vraie, et sur une autre touche si la phrase n'était pas littéralement vraie [10]. Quelles sont les réponses correctes pour les phrases suivantes ?

Certaines routes sont des serpents.
Certains boulots sont des serpents.
Certains boulots sont des prisons.

Ces phrases sont toutes les trois littéralement fausses. Pourtant, vous avez sans doute remarqué que la deuxième phrase l'est plus clairement que les autres – les temps de réaction enregistrés lors de l'expérience ont confirmé qu'il y avait une différence substantielle. Cette différence s'explique par le fait que les deux phrases difficiles peuvent être vraies sur le plan métaphorique. Là encore, l'intention d'effectuer un calcul en a suscité une autre. Et là encore, la réponse correcte s'est imposée dans ce conflit, mais le conflit avec la réponse inutile a perturbé la réalisation de la tâche. Dans le chapitre suivant, nous verrons que la combinaison d'une décharge de chevrotine mentale et d'une équivalence d'intensité explique pourquoi nous nous livrons à des jugements intuitifs sur tant de choses dont nous ne savons rien.

*

LA MÉCANIQUE DES JUGEMENTS EN BREF

« Évaluer les gens pour savoir s'ils sont séduisants ou non est une évaluation primaire. Vous le faites automatiquement, que vous le vouliez ou non, et ça vous influence. »

« Il y a des circuits dans le cerveau qui évaluent la tendance à dominer à partir de la forme du visage. Il a tout l'air d'être un meneur né. »

« Le châtiment ne semblera juste que si son intensité équivaut au délit. Tout comme on peut faire correspondre l'intensité d'un son à l'intensité d'une lumière. »

« C'était un cas évident de chevrotine mentale. On lui avait demandé s'il pensait que cette société était solide financièrement, mais il n'a pas su mettre de côté qu'il appréciait beaucoup ses produits. »

9

Répondre à une question facile

Ce qu'il y a de remarquable, dans votre vie mentale, c'est que vous êtes rarement pris de court. D'accord, parfois, vous tombez sur une question comme 17 x 24 = ?, pour laquelle aucune réponse ne vous vient rapidement à l'esprit, mais ces moments de confusion restent exceptionnels. L'état normal de votre esprit vous permet d'éprouver des sentiments intuitifs et des opinions sur presque tout ce qui croise votre chemin. Vous aimez ou détestez les gens longtemps avant d'en savoir beaucoup à leur sujet ; vous faites confiance à des inconnus ou vous vous défiez d'eux sans savoir pourquoi ; vous sentez qu'une entreprise est vouée au succès sans même l'analyser. Que vous les exprimiez ou non, vous avez souvent réponse à des questions que vous ne comprenez pas totalement, et vous vous appuyez sur des preuves que vous ne pouvez ni expliquer ni défendre.

La substitution des questions

Voici une façon simple de décrire comment nous développons des opinions intuitives sur des sujets complexes. Quand on ne trouve pas rapidement une réponse satisfaisante à une question complexe, le Système 1 va trouver une question proche qui sera plus facile et y répondra. J'appelle *substitution* cette opération qui consiste à répondre à une question à la place d'une autre. J'adopte également par la suite les termes suivants : la *question cible* est la question posée, l'évaluation que vous avez l'intention d'effectuer pour y répondre ; la *question heuristique* est la question plus simple à laquelle vous répondez à la place.

Pour définir techniquement l'*heuristique*, on peut dire que c'est une procédure simple qui permet de trouver des réponses adéquates, bien que souvent imparfaites, à des questions difficiles. Le mot a la même racine que l'expression « *eurêka* ».

L'idée de substitution est apparue très tôt dans mes travaux avec Amos, et elle a été au cœur de ce qui est devenu l'approche de l'heuristique et des biais. Nous nous sommes demandé comment les gens réussissaient à se livrer à des jugements de probabilité sans savoir avec précision ce qu'est la probabilité. Nous avons conclu que les gens devaient, d'une façon ou d'une autre, simplifier cette tâche impossible, et nous avons alors entrepris de découvrir comment. Notre réponse a été la suivante : quand il leur est demandé d'évaluer une probabilité, les gens évaluent en réalité autre chose et pensent qu'ils ont évalué la probabilité. C'est une action régulièrement entreprise par le Système 1 quand il est confronté à des questions cibles difficiles, si la réponse à une question heuristique liée et plus facile vient rapidement à l'esprit.

La substitution d'une question à une autre est parfois une bonne stratégie pour résoudre des problèmes difficiles – que George Pólya a évoquée dans son livre *Comment poser et résoudre un problème* [1], devenu un classique : « Si vous ne pouvez pas résoudre un problème, alors il y en a un autre plus facile que vous pouvez résoudre : trouvez-le. » L'heuristique de Pólya est une procédure stratégique délibérément mise en œuvre par le

Système 2. Mais l'heuristique que j'aborde dans ce chapitre n'est pas délibérée ; elle est une conséquence de la décharge de chevrotine mentale, cette imprécision dans le contour de nos réponses.

Considérez les questions de la colonne de gauche du tableau 1. Ce sont des questions difficiles, et avant que vous puissiez développer une réponse raisonnée à n'importe laquelle d'entre elles, vous devez gérer d'autres questions complexes. Quel est le sens du bonheur ? Quels sont les développements politiques auxquels il faut probablement s'attendre dans les six prochains mois ? Quelles sont les peines communément appliquées pour d'autres délits financiers ? La concurrence à laquelle se heurte la candidate est-elle rude ? Quelles autres causes, environnementales ou non, devraient être prises en considération ? Il n'est pas du tout pratique de vouloir traiter ces questions sérieusement. Mais vous pouvez faire autrement que d'y répondre de façon raisonnée. Il existe une alternative heuristique au raisonnement réfléchi, qui fonctionne parfois fort bien, mais provoque aussi parfois de graves erreurs.

Question cible	**Question heuristique**
Combien verseriez-vous pour sauver une espèce menacée ?	Qu'est-ce que je ressens quand je pense à des dauphins qui meurent ?
Êtes-vous satisfait de votre vie ces temps-ci ?	Quelle est mon humeur en ce moment précis ?
Quelle sera la popularité du président dans six mois ?	Quelle est la popularité du président en ce moment ?
Quelle peine appliquer aux conseillers financiers qui exploitent les personnes âgées ?	Quel est mon degré de colère quand je pense aux prédateurs financiers ?
Cette femme se présente aux primaires. Ira-t-elle loin en politique ?	Cette femme a-t-elle l'air taillée pour l'emporter en politique ?

Tableau 1

La chevrotine mentale permet de produire facilement des réponses rapides à des questions difficiles sans imposer trop d'efforts à votre fainéant de Système 2. Il est tout à fait probable que, si vous évoquez les questions correspondantes dans la partie droite du tableau, vous y répondrez sans difficulté. Vos sentiments à propos des dauphins et des escrocs, votre humeur du moment, vos impressions quant au talent politique de la candidate au primaire ou à la popularité actuelle du président vous viendront aisément à l'esprit. Les questions heuristiques fournissent des réponses prêtes à l'emploi pour chacune des questions cibles, plus complexes.

Mais il manque un élément dans cette histoire : les réponses doivent correspondre aux questions de départ. Par exemple, ce que je ressens au sujet de dauphins mourants doit être exprimé en euros. Une autre capacité du Système 1, l'équivalence d'intensité, est justement là pour résoudre ce problème. Souvenez-vous que les sentiments et les sommes que l'on est prêt à verser sont des échelles d'intensité. Mes émotions peuvent varier vis-à-vis des dauphins, et je ferai un don correspondant à l'intensité de mes sentiments. Le montant qui me viendra à l'esprit est celui qui y correspond. Toutes les questions peuvent donner lieu à des équivalences d'intensité comparables. Par exemple, le talent politique d'une candidate peut aller de lamentable à incroyablement impressionnant, et l'échelle de son succès politique peut aller de : « Elle sera vaincue aux primaires », le plus bas, jusqu'au sommet : « Un jour, elle sera présidente des États-Unis. »

Les processus automatiques de la décharge de chevrotine mentale et de l'équivalence d'intensité mettent souvent à disposition plusieurs réponses à des questions faciles qui pourraient être appliquées à la question cible. Dans certains cas, la substitution se produira et une réponse heuristique sera approuvée par le Système 2.

Bien sûr, le Système 2 a la possibilité de rejeter cette réponse intuitive, ou de la modifier en y incorporant d'autres informations. Toutefois, étant naturellement flemmard, le Système 2 adopte souvent la solution du moindre effort et approuve une réponse heuristique sans trop se demander si elle est effectivement appropriée. Vous ne resterez pas bouche bée, vous n'aurez pas à travailler trop dur, et vous ne vous apercevrez peut-être même pas que vous n'avez pas répondu à la question qui vous était posée. De plus, vous ne vous êtes peut-être pas rendu compte que la question cible était difficile, parce qu'une réponse intuitive vous est aisément venue à l'esprit [2].

L'HEURISTIQUE EN 3D

Regardez les trois hommes du dessin ci-contre et répondez à la question qui suit.

Le personnage le plus à droite est-il plus grand que la silhouette la plus à gauche ?

Une réponse vous vient évidemment à l'esprit : le personnage de droite est le plus grand. Prenez une règle et mesurez les deux silhouettes, et vous vous apercevrez qu'en réalité, elles sont exactement de la même taille. Votre impression de leur taille relative est dominée par une illusion puissante, qui illustre parfaitement le processus de substitution.

Le corridor dans lequel on voit les personnages est dessiné en perspective et l'accent y est mis sur la profondeur de champ. Votre système de perception interprète automatiquement le dessin comme une scène en trois dimensions, non comme une image imprimée sur une surface plane en papier. Dans l'interprétation en 3D, la personne à droite est à la fois beaucoup plus loin et beaucoup plus grande que celle de gauche. Pour la plupart

Figure 9

d'entre nous, cette impression de la taille en 3D est irrésistible. Seuls les artistes visuels et les photographes expérimentés sont entraînés à voir ce dessin comme un objet sur une page. Pour le reste d'entre nous, une substitution a lieu : l'impression dominante de la taille en 3D nous dicte un jugement sur une taille en deux dimensions. L'illusion est due à une heuristique en 3D.

Ce qui se produit là est une authentique illusion, non une mauvaise interprétation de la question. Vous saviez que la question portait sur la taille des personnages du dessin imprimé sur la page. Si on vous avait demandé d'évaluer la taille des silhouettes, nous savons, grâce à des expériences, que vous auriez répondu en centimètres, pas en mètres. La question ne vous a pas induit en erreur, mais vous avez été influencé par une réponse à une question qui ne vous a pas été posée : « Quelle est la taille de ces trois personnes ? »

L'étape essentielle dans cette démonstration d'heuristique – la substitution d'une taille tridimensionnelle à une taille bidimensionnelle – s'est déroulée automatiquement. L'image contient des indices qui suggèrent une interprétation en 3D. Ces indices n'ont pas de rapport avec la tâche à effectuer – l'évaluation de la taille de la silhouette sur la page – et vous auriez dû les ignorer, mais vous ne l'avez pas pu. Le biais associé à l'heuristique fait que les objets qui semblent plus éloignés paraissent aussi plus grands sur la page. Comme l'illustre cet exemple, un jugement basé sur une substitution sera immanquablement biaisé, et ce de façon prévisible. Mais cela se passe à une telle profondeur dans le système de perception que vous ne pouvez tout simplement pas l'empêcher.

De l'humeur au bonheur

Une expérience réalisée auprès d'étudiants allemands fournit un des meilleurs exemples de substitution [3]. Les étudiants participaient à une enquête qui comprenait les deux questions suivantes :

Êtes-vous heureux ces temps-ci ?
Combien de fois êtes-vous sorti le mois dernier ?

Les expérimentateurs s'intéressaient à la corrélation entre les deux réponses. Les étudiants qui diraient être sortis plusieurs fois s'estimeraient-ils plus heureux que ceux qui n'avaient pas eu autant de rendez-vous ? Curieusement, non : la corrélation entre les réponses était proche de zéro. Manifestement, le fait de sortir avec quelqu'un n'était pas ce qui venait d'abord à l'esprit des étudiants quand on leur demandait d'évaluer leur bonheur. Un autre groupe d'étudiants a répondu aux mêmes questions, mais dans l'ordre inverse.

Combien de fois êtes-vous sorti le mois dernier ?
Êtes-vous heureux ces temps-ci ?

Cette fois, les résultats ont été complètement différents. Dans cet ordre, la corrélation entre le nombre de rendez-vous et le bonheur estimé était à peu près aussi élevé que possible dans le domaine des corrélations psychologiques [4]. Que s'était-il passé ?

L'explication est simple. Le fait de sortir avec quelqu'un n'était apparemment pas au centre de la vie de ces étudiants (voir les résultats du premier groupe interrogé), mais quand on leur a demandé de penser à leur vie amoureuse, ils ont clairement eu une réaction émotionnelle. Les étudiants qui avaient eu plusieurs rendez-vous se sont souvenus d'un aspect heureux de leur vie, tandis que ceux qui n'étaient sortis avec personne ont pensé à la solitude et au rejet. Ils avaient tous encore à l'esprit l'émotion suscitée par la question sur les rendez-vous quand on leur a posé celle, plus générale, sur leur bonheur.

En termes psychologiques, ce qui s'est passé est justement la même chose qu'avec l'illusion sur la taille du personnage dans la figure 9. Le « bonheur ces temps-ci » n'est pas une évaluation naturelle ou facile. Une bonne réponse nécessite une certaine réflexion. Toutefois, les étudiants qui venaient d'être interrogés sur leur vie amoureuse n'ont pas eu à réfléchir longtemps parce qu'ils avaient en tête une réponse à une question associée : étaient-ils heureux dans leur vie amoureuse ? Ils ont substitué la question pour laquelle ils avaient une réponse toute prête à celle qu'on leur posait.

Une fois encore, comme dans le cas de l'illusion, on peut se demander s'ils ont été induits en erreur. Pensent-ils vraiment que ces deux questions – celle qu'on leur a posée et celle à laquelle ils ont répondu – soient synonymes ? Bien sûr que non. Les étudiants ne perdent pas temporairement leur capacité à faire la distinction entre la vie amoureuse et la vie dans son ensemble. Si on les interrogeait au sujet des deux concepts, ils diraient qu'ils sont différents. Mais ce n'est pas ce qu'on leur a demandé. On leur a demandé s'ils étaient heureux, et le Système 1 avait une réponse toute prête à disposition.

L'exemple de la vie amoureuse n'a rien d'unique. On retrouve le même scénario quand on interroge les étudiants sur leurs relations avec leurs parents ou encore sur l'état de leurs finances juste avant de leur poser la question sur le bonheur. Dans les deux cas, la satisfaction dans un domaine précis domine la réflexion sur le bonheur [5]. Toute question significative sur le plan émotionnel susceptible d'altérer l'humeur d'une personne aura le même effet. COVERA : ce qu'on voit et rien d'autre. L'état d'esprit du moment a un rôle écrasant quand les gens s'interrogent sur leur bonheur [6].

L'HEURISTIQUE DE L'AFFECT

Quand des émotions sont en jeu, les conclusions prennent encore plus le pas sur la réflexion. Le psychologue Paul Slovic a parlé d'*heuristique de l'affect*, quand les gens laissent ce qu'ils aiment ou détestent déterminer leurs convictions sur le monde qui les entoure. Vos préférences politiques définissent les arguments que vous trouvez convaincants. Si vous approuvez la politique de santé actuelle, vous croyez que ses bénéfices sont substantiels et ses coûts plus gérables que ceux d'autres solutions. Si vous êtes un faucon dans votre attitude vis-à-vis d'autres pays, vous pensez sans doute que ceux-ci sont relativement faibles et susceptibles de se soumettre à la volonté de votre pays. Si vous êtes une colombe, vous pensez probablement qu'ils sont forts et ne se laisseront pas facilement bousculer. Votre attitude émotionnelle sur des sujets comme les aliments irradiés, la viande rouge, l'énergie nucléaire, les tatouages ou les motos est à l'origine de vos convictions quant à leurs avantages et leurs risques.

La suprématie des conclusions ne signifie pas que votre esprit est complètement fermé et que vos opinions sont totalement immunisées contre l'information et le raisonnement sensé. Vos convictions, et même votre attitude émotionnelle, peuvent changer (du moins un peu) quand vous apprenez que le risque d'une activité que vous détestiez est moins important que vous ne le pensiez. Et l'information sur des risques moindres va également modifier (favorablement) votre vision des avantages même si rien n'était dit précisément quant à ces avantages dans l'information que vous avez obtenue [7].

Nous sommes là en présence d'une nouvelle facette de la « personnalité » du Système 2. Jusqu'à présent, je l'ai principalement décrit comme un contrôleur plus ou moins consentant, qui laisse une marge de manœuvre considérable au Système 1. J'ai également dépeint le Système 2 comme étant actif dans la recherche mémorielle délibérée, les calculs complexes, les comparaisons, la planification et les choix. Dans le problème de la batte et de la balle et dans bien d'autres exemples d'interaction entre les deux systèmes, il apparaît que c'est bien le Système 2 qui est finalement aux commandes, avec la capacité de résister aux suggestions du Système 1, de ralentir les choses et d'imposer une analyse logique. L'autocritique est une des fonctions du Système 2. En revanche, dans le domaine des émotions, le Système 2 est plus un apologiste qu'un critique du Système 1 – il approuve plus qu'il n'impose. Sa recherche de l'information et des arguments se limite alors aux données conformes aux convictions existantes, sans intention de les examiner. Le Système 1, actif et en quête de cohérence, suggère des solutions à un Système 2 rarement exigeant.

*

LES SUBSTITUTIONS ET L'HEURISTIQUE EN BREF

« Avons-nous encore en tête la question à laquelle nous essayons de répondre ? Ou lui en avons-nous substitué une autre plus facile ? »

« La question est de savoir si cette candidate peut l'emporter. Or, nous sommes apparemment en train de répondre à la question de savoir si elle se tire bien des interviews. Ne substituons pas. »

« Il aime le projet, donc il pense que ses coûts sont faibles et que ses bénéfices sont importants. Un bel exemple d'heuristique de l'affect. »

« Nous nous servons des résultats de l'an dernier pour prédire la valeur de la société dans plusieurs années. Cette heuristique est-elle suffisamment valide ? De quelles autres informations avons-nous besoin ? »

Le tableau ci-dessous contient une liste de caractéristiques et d'activités attribuées au Système 1. Chacune des phrases remplace une définition techniquement plus exacte mais plus difficile à comprendre, afin de provoquer un effet mental automatique et rapide. J'espère ainsi que cette liste vous aidera à développer un sens intuitif de la « personnalité » de ce Système 1 fictif. Comme c'est le cas avec d'autres personnages que vous connaissez, vous serez en mesure de vous douter de ce que le Système 1 ferait dans différentes circonstances, et vos intuitions seront justes la plupart du temps.

Caractéristiques du Système 1

- Il produit des impressions, des sentiments et des inclinations qui, quand ils sont approuvés par le Système 2, deviennent des convictions, des attitudes et des intentions ;
- fonctionne automatiquement et rapidement, presque sans effort, et aucun sentiment de contrôle délibéré ;
- peut être programmé par le Système 2 pour mobiliser l'attention quand un schéma particulier est détecté (recherche) ;
- fournit des réactions et des intuitions compétentes après un entraînement spécifique ;
- crée un schéma cohérent d'idées activées dans la mémoire associative ;
- attache une sensation d'aisance cognitive à des illusions de vérité, des sentiments agréables et une vigilance réduite ;
- distingue ce qui est surprenant de ce qui est normal ;
- déduit et invente des causes et des intentions ;

- néglige l'ambiguïté et supprime le doute ;
- est biaisé pour croire et confirmer ;
- exagère la cohérence émotionnelle (effet de halo) ;
- se concentre sur les preuves existantes et ignore les preuves manquantes (COVERA) ;
- produit une série limitée d'évaluations primaires ;
- représente les séries par des normes et des prototypes ;
- établit des équivalences sur des échelles de mesure différentes (ex. : la taille et l'intensité) ;
- calcule plus que nécessaire (décharge de chevrotine mentale) ;
- substitue parfois une question facile à une autre plus difficile (heuristique) ;
- est plus sensible aux changements qu'aux états (théorie de la perspective) * ;
- surestime les probabilités faibles * ;
- se montre de moins en moins sensible à la quantité (psychophysique) * ;
- réagit plus fortement aux pertes qu'aux gains (aversion à la perte) * ;
- encadre étroitement les problèmes de décision, en les isolant les uns des autres *.

* Caractéristiques développées dans la quatrième partie.

Deuxième partie

LES GRANDS BIAIS COGNITIFS

10

La loi des petits nombres

Une étude sur l'importance des cancers du rein dans les 3 141 comtés que comptent les États-Unis révèle une tendance remarquable. Les comtés où ces cancers sont les plus faibles sont principalement ruraux, peu peuplés et situés dans les États traditionnellement républicains du Midwest, du Sud et de l'Ouest. Qu'en déduisez-vous ?

Ces dernières secondes, votre esprit a été très actif, et c'est avant tout le Système 2 qui est entré en action. Vous avez délibérément fouillé dans votre mémoire et formulé des hypothèses. Cela a nécessité un certain effort ; vos pupilles se sont dilatées, votre rythme cardiaque a augmenté de façon notable. Mais le Système 1 n'est pas resté inactif : l'opération du Système 2 a dépendu des faits et des suggestions récupérés dans la mémoire associative. Vous avez probablement rejeté l'idée que le fait d'être républicain offre une protection contre le cancer du rein. Il est fort probable que vous ayez fini par vous concentrer sur le fait que les comtés où les cancers du rein sont les plus rares sont surtout ruraux. Les brillants statisticiens Howard Wainer et Harris Zwerling, à qui j'ai emprunté cet exemple, ont eu ce commentaire : « Il est à la fois facile et tentant de déduire que ces faibles taux de cancer sont directement liés à la vie saine de la campagne – pas de pollution de l'air et de l'eau, accès à des aliments frais sans additifs [1]. » Cela paraît effectivement sensé.

Maintenant, intéressons-nous aux comtés où le nombre de cancers du rein est le plus élevé. Ces malheureux comtés ont tendance à être plutôt ruraux, peu peuplés et situés dans des États traditionnellement républicains du Midwest, du Sud et de l'Ouest. Pince-sans-rire, Wainer et Zwerling constatent : « Il est facile de déduire que ces forts taux de cancer sont directement liés à la pauvreté de la vie à la campagne – pas d'accès à des soins de qualité, un régime alimentaire riche en graisse, et trop d'alcool, trop de tabac. » Quelque chose ne va pas, vous vous en doutez. Le mode de vie rural ne peut expliquer à la fois les incidences faibles et les incidences élevées des cancers du rein.

Le facteur clé n'a rien à voir avec le fait que les comtés soient ruraux ou majoritairement républicains, mais avec le fait que les comtés ruraux ont une population limitée. Et la leçon principale qu'il faut en retirer n'est pas une affaire d'épidémiologie, mais tient plutôt à la relation complexe entre notre esprit et les statistiques. Le Système 1 est un grand adepte d'une certaine forme de pensée – il repère automatiquement et sans efforts des liens causaux entre des événements, parfois même quand ces liens sont fallacieux. Quand on vous a parlé des comtés où les cancers sont importants, vous vous êtes immédiatement dit que ces comtés devaient être différents des autres pour une raison précise, qu'il devait y avoir une cause expliquant cette différence. Comme nous allons le voir, pourtant, le Système 1 est désarmé quand il est confronté à des faits « purement statistiques », qui modifient la probabilité des résultats sans pour autant les provoquer.

Par définition, un événement aléatoire ne se prête pas à l'explication, mais une série d'événements aléatoires se comporte bel et bien d'une façon extrêmement régulière.

Imaginez un grand vase rempli de billes. La moitié des billes sont rouges, les autres blanches. Ensuite, imaginez une personne très patiente (ou un robot) qui prélève à l'aveuglette quatre billes dans le vase, note le nombre de billes rouges, les remet dans le vase, puis recommence à plusieurs reprises. Si vous résumez les résultats, vous vous apercevrez que « deux rouges, deux blanches » se produit (presque exactement) six fois plus souvent que le résultat « quatre rouges » ou « quatre blanches ». Cette relation est un fait mathématique. Vous pouvez prédire le résultat de prélèvements réguliers dans le vase avec autant de certitude que vous pouvez prédire ce qui va se passer si vous tapez sur un œuf avec un marteau. Vous ne pouvez pas prédire en détail comment la coquille va se briser, mais pour ce qui est de l'idée d'ensemble, il n'y a pas de doute à avoir. Avec une différence, toutefois : le sentiment satisfaisant de causalité que vous éprouvez quand vous pensez à un marteau et à un œuf est totalement absent quand vous pensez au prélèvement des billes.

On retrouve un fait statistique similaire dans l'exemple du cancer du rein. Toujours autour du même vase, imaginons que deux personnes très patientes se relaient. Jack tire quatre billes à chaque fois, Jill en tire sept. Tous deux enregistrent les fois où ils se retrouvent avec un ensemble homogène : que des billes rouges ou blanches. S'ils continuent pendant assez longtemps, Jack observera ce genre de résultat plus souvent que Jill – selon un facteur de 8 (les pourcentages sont normalement de 12,5 % et 1,56 %). Une fois, encore, pas de marteau, pas de causalité, mais un fait mathématique : les échantillons de quatre billes donnent des résultats extrêmes plus souvent que les échantillons de sept billes.

Maintenant, envisagez la population des États-Unis comme des billes dans un vase géant. Certaines portent les lettres CR, cancer du rein. Vous prélevez des échantillons de billes et les placez sur chaque comté au fur et à mesure. Les échantillons ruraux sont plus petits que les autres. Tout comme dans le jeu de Jack et Jill, les résultats extrêmes (des taux de cancer très élevés ou très faibles) seront vraisemblablement plus fréquents dans les comtés peu peuplés. Et c'est tout.

Nous sommes partis d'un fait qui appelait une cause : l'importance des cancers du rein varie fortement d'un comté à l'autre, et les différences sont systématiques. L'explication que je vous ai donnée est statistique : il est plus probable de rencontrer des résultats extrêmes (aussi faibles qu'élevés) dans les petits échantillons que dans les grands. Cette explication n'est pas causale. La faible population d'un comté ne cause pas le cancer, pas plus qu'elle ne le prévient ; elle permet simplement à l'incidence du cancer d'être beaucoup plus élevée (ou beaucoup plus faible) que dans l'ensemble de la population. La vérité plus profonde, c'est qu'il n'y a rien à expliquer. L'incidence du cancer n'est pas vraiment plus faible ou plus forte que la normale dans un comté peu peuplé, c'est ce qu'il nous semble sur une année donnée à cause d'un accident d'échantillonnage. Si nous répétons l'analyse l'année suivante, nous aurons la même tendance générale et des résultats extrêmes dans les petits échantillons, mais les comtés où le cancer était courant l'année précédente ne présenteront pas forcément une incidence élevée cette année. Et même si c'est le cas, les différences entre comtés très peuplés et comtés ruraux ne peuvent être véritablement considérées comme un fait : elles sont ce que les scientifiques appellent des artefacts, des observations produites intégralement par un aspect de la méthode de recherche – dans ce cas par des différences dans la taille des échantillons.

L'histoire que je viens de vous raconter vous a peut-être surpris, mais ce n'est pas une révélation. Vous savez depuis longtemps que les résultats de grands échantillons sont plus fiables que ceux d'échantillons plus petits, et même les gens qui ne connaissent rien aux statistiques ont entendu parler de cette loi des grands nombres. Mais le fait de « savoir » ne se résume pas à un oui ou un non, et peut-être les affirmations qui suivent s'appliquent-elles à vous :

- La caractéristique « peu peuplé » ne vous a pas paru immédiatement importante quand vous avez lu ce rapport épidémiologique.
- Vous avez été au moins légèrement surpris par l'importance de la différence entre les échantillons de quatre et de sept billes.
- Même maintenant, vous devez vous livrer à un certain effort mental pour voir que les deux phrases suivantes veulent dire exactement la même chose :
- Les grands échantillons sont plus précis que les petits.
- Les petits échantillons donnent des résultats extrêmes plus souvent que les grands.

La première phrase sonne incontestablement vraie, mais tant que la seconde version ne prend pas un sens intuitif, vous n'avez pas vraiment compris la première.

Pour conclure, oui, vous savez que les résultats de grands échantillons sont plus précis, mais peut-être comprenez-vous maintenant que vous ne le saviez pas très bien. Vous n'êtes pas seul. La première étude qu'Amos et moi avons réalisée ensemble a montré que même les chercheurs les plus expérimentés avaient de mauvaises intuitions et une compréhension douteuse des effets de l'échantillonnage.

POURQUOI NOUS SOMMES INTUITIVEMENT DE PIÈTRES STATISTICIENS

Au début des années 1970, ma collaboration avec Amos a justement commencé par une discussion sur l'idée que les gens sans aucune formation en statistiques étaient de bons « statisticiens intuitifs ». Il a ainsi évoqué dans mon séminaire des chercheurs de l'université du Michigan généralement optimistes au sujet des statistiques intuitives. L'affirmation me touchait personnellement. En effet, je m'étais depuis peu aperçu que je n'étais pas un bon statisticien intuitif ; or, je refusais de croire que j'étais pire que d'autres.

Pour un chercheur en psychologie, la variation des échantillons n'est pas une curiosité ; c'est une gêne, un obstacle coûteux, qui fait de toute recherche un pari. Supposons que vous souhaitiez confirmer l'hypothèse selon laquelle le vocabulaire d'une petite fille de six ans est en moyenne plus riche que le vocabulaire d'un garçon du même âge. L'hypothèse se vérifie à l'échelle de la population : le vocabulaire moyen des filles est effectivement plus important. Mais il y a de grandes variations entre les filles et les garçons, et au hasard du tirage, vous pourriez sélectionner un échantillon où la différence n'aurait rien de concluant, ou même où les garçons disposeraient d'un vocabulaire plus fourni. Si vous êtes chercheur, ce résultat vous coûte cher parce que vous avez gaspillé votre temps et vos efforts sans parvenir à confirmer une hypothèse qui, en fait, est vraie. La seule façon de réduire le risque est d'avoir recours à un échantillon suffisamment large. Les chercheurs qui choisissent des échantillons trop petits sont à la merci du facteur chance.

On peut estimer le risque d'erreur pour une taille d'échantillon quelle qu'elle soit grâce à une procédure relativement simple. Cependant, les psychologues n'ont pas pour habitude de faire de longs calculs pour décider de la taille d'un échantillon. Ils ont recours à leur jugement… qui est généralement biaisé. Un article que j'avais lu peu avant le débat avec Amos démontrait l'erreur que commettaient (et que commettent encore) les chercheurs, en s'appuyant sur une observation frappante. L'auteur soulignait que les psychologues ont coutume de choisir des échantillons si petits que le risque d'échouer dans la confirmation d'hypothèses pourtant vraies est évalué à 50 %[2] ! Aucun chercheur sain d'esprit ne pourrait accepter un tel risque. Il est possible que les décisions des psychologues quant à la taille des échantillons reflètent des intuitions erronées mais répandues sur les conséquences de telles variations dans les échantillons.

Cet article m'avait frappé, parce qu'il expliquait quelques-uns des problèmes que j'avais rencontrés dans mes propres recherches. Comme la plupart des chercheurs en psychologie, il m'était arrivé de sélectionner régulièrement des échantillons trop petits, et j'avais souvent obtenu des résultats qui n'avaient pas de sens. Maintenant, je savais pourquoi : ces résultats bizarres étaient en réalité des artefacts de ma méthode de recherche. Mon erreur était d'autant plus gênante que j'enseignais les statistiques et que je savais comment calculer la taille d'un échantillon à même de ramener le risque d'échec à un niveau acceptable. Mais jamais je n'avais choisi la taille d'un échantillon par calcul. Comme mes collègues, j'avais fait confiance à la tradition et à mon intuition en préparant mes expériences et je n'avais jamais réfléchi sérieusement à la question. Quand Amos a rejoint notre séminaire, j'en étais déjà arrivé à la conclusion que mes intuitions étaient déficientes, et, au fil des discussions, nous sommes rapidement tombés d'accord sur le fait que les optimistes du Michigan avaient tort.

Amos et moi avons donc entrepris de voir si j'étais un idiot isolé, ou si j'étais le représentant d'une majorité d'idiots, en analysant si des chercheurs choisis pour leur expertise mathématique pouvaient commettre les mêmes erreurs. Nous avons mis au point un questionnaire qui décrivait des situations de la vie réelle d'un chercheur, dont la reproduction d'expériences réussies. Le questionnaire demandait aux chercheurs de choisir des tailles d'échantillon, d'évaluer les risques d'échec auxquels les exposaient leurs décisions, et de donner des conseils à des étudiants hypothétiques dans la préparation de leurs recherches. Amos rassembla les réponses d'un groupe de participants de haut niveau (y compris les auteurs de deux manuels de statistiques) lors d'une conférence de la Société de psychologie mathématique. Les résultats ne laissaient pas de place au doute : je n'étais pas le seul à être idiot. Chacune des erreurs que j'avais commises se retrouvait chez un grand nombre de nos participants. Il était évident que même les spécialistes ne prêtaient pas une attention suffisante à la taille des échantillons.

Amos et moi avons intitulé notre premier article commun « Belief in the Law of Small Numbers » (La foi dans la loi des petits nombres)[3]. Nous y expliquions, avec un brin d'ironie, que « les intuitions sur l'échantillonnage aléatoire semblent répondre à la loi des petits nombres, qui veut que la loi des grands nombres s'applique également aux petits nombres ». Nous y avons inclus une recommandation sans détours : que les chercheurs considèrent leurs « intuitions statistiques avec la méfiance qui s'impose et remplacent dans la mesure du possible l'impression par le calcul[4] ».

POURQUOI IL EST PLUS FACILE DE FAIRE CONFIANCE QUE DE DOUTER

À l'occasion d'un sondage téléphonique mené auprès de 300 personnes âgées, 60 % ont dit soutenir le président.

Si vous deviez résumer le message de cette phrase en trois mots seulement, lesquels choisiriez-vous ? Il est presque certain que vous opteriez pour « vieux soutien président ». Ces mots contiennent l'essence de l'histoire. Les détails que vous omettriez, sur le sondage, sur le fait qu'il a été réalisé au téléphone sur un échantillon de 300 personnes, n'ont aucun intérêt en eux-mêmes ; ils fournissent des informations contextuelles qui attirent peu l'attention. Votre résumé serait le même si la taille de l'échantillon était différente. Bien sûr, un chiffre complètement absurde attirerait votre attention (« un sondage téléphonique de 6 [ou 60 millions] d'électeurs âgés... »). Mais, à moins d'être un spécialiste, vous risquez de réagir de la même façon à un échantillon de 150 personnes que de 3 000. C'est ce que veut dire la phrase : « Les gens ne sont pas sensibles comme il conviendrait à la taille de l'échantillon. »

Le message sur le sondage comporte en réalité deux types d'information : l'histoire, et sa source. Vous vous concentrez naturellement sur l'histoire plutôt que sur la fiabilité des résultats. Quand celle-ci est manifestement faible, cependant, le message est discrédité. Si on vous dit qu'un « groupe partisan a réalisé un sondage erroné et biaisé pour montrer que les personnes âgées soutiennent le président... », vous rejetterez évidemment les résultats de ce sondage, et ils ne feront pas partie de vos convictions. Au lieu de cela, vous considérerez le sondage partisan et ses résultats faussés comme étant une nouvelle preuve des mensonges de la politique. Dans des cas aussi nets, vous pouvez choisir de ne pas croire un message. Mais êtes-vous capable de faire une distinction suffisante entre « j'ai lu dans le *New York Times*... » et « j'ai entendu à la machine à café... » ? Votre Système 1 peut-il distinguer divers degrés de conviction ? Si l'on en croit le principe de COVERA, non.

Comme je l'ai expliqué plus haut, le Système 1 n'est pas sujet au doute. Il élimine l'ambiguïté et construit spontanément des histoires aussi cohérentes que possible. À moins que le message ne soit immédiatement démenti, les associations qu'il évoque se répandront comme s'il était vrai. Le Système 2 est capable de douter, parce qu'il peut gérer simultanément des possibilités incompatibles. Toutefois, il est plus difficile d'entretenir le doute que de glisser dans la certitude. La loi des petits nombres est un cas particulier d'un biais général qui favorise la certitude au détriment du doute, biais que l'on retrouvera sous bien des déguisements dans les chapitres qui suivent.

L'énorme biais en faveur des petits échantillons, censés représenter fidèlement la population où ils ont été prélevés, s'inscrit par ailleurs dans un récit plus vaste : nous avons tendance à exagérer la solidité et la cohérence de ce que nous voyons. La foi outrancière des chercheurs dans ce que l'on peut apprendre de quelques observations est étroitement liée à l'effet de halo, ce sentiment, que nous éprouvons souvent, de connaître et de comprendre une personne dont nous ne savons en réalité pas grand-chose. Le Système 1 précède les faits et en dresse un tableau foisonnant sur la base de preuves fragmentaires. Une machine à tirer des conclusions hâtives va agir comme si elle avait foi dans la loi des petits nombres. De façon plus générale, elle va produire une représentation de la réalité qui a trop de sens.

Pourquoi nous voyons des causes là où il n'y en a pas

La machine associative recherche des causes. Ce qui nous perturbe, dans les régularités statistiques, c'est qu'elles réclament une approche différente. Au lieu de se concentrer sur la façon dont l'événement a eu lieu, les statistiques le comparent à ce qui aurait pu se produire d'autre. Rien de particulier n'est à l'origine de ce qu'il est – c'est le hasard qui l'a sélectionné parmi d'autres faits.

Notre prédilection pour la pensée causale nous expose à de graves erreurs quand nous évaluons le caractère aléatoire d'événements bel et bien dus au hasard. Prenons par exemple le sexe de six bébés nés l'un après l'autre dans une maternité. La séquence entre garçons et filles est manifestement aléatoire ; les événements sont indépendants les uns des autres, et le nombre de filles et de garçons nés dans cette maternité en quelques heures n'a aucune influence quelle qu'elle soit sur le sexe du prochain bébé. Maintenant, considérez trois séquences possibles :

GGGFFF
FFFFFF
GFGGFG

Ces séquences présentent-elles la même probabilité ? La réponse intuitive – « Bien sûr que non ! » – est fausse. Parce que les événements sont indépendants les uns des autres et que les résultats G et F présentent (approximativement) la même probabilité, alors, n'importe quelle séquence de six naissances est aussi probable qu'une autre. Même maintenant que vous savez que cette conclusion est vraie, elle reste contraire à votre intuition, parce que seule la troisième séquence semble aléatoire. Comme il fallait s'y attendre, GFGGFG est jugée beaucoup plus probable que les deux autres. Nous sommes des quêteurs de logique, nous voulons croire en un monde cohérent, où les régularités (comme une séquence de six filles) ne surviennent pas par accident, mais comme conséquence d'une causalité mécanique ou de l'intention de quelqu'un. Nous ne nous attendons pas à ce qu'un processus aléatoire aboutisse à de la régularité, et quand nous repérons ce qui semble être une règle, nous nous empressons de rejeter l'idée qu'en fait, le processus est bel et bien aléatoire. Les processus aléatoires produisent de nombreuses séquences qui persuadent les gens qu'ils n'ont finalement rien d'aléatoire. On comprend pourquoi prendre en compte la causalité a pu avoir des avantages en termes d'évolution. Cela fait partie de notre tendance générale à la vigilance, héritée de nos ancêtres. Nous sommes automatiquement sur le qui-vive, prêts à identifier des changements dans l'environnement. Des lions peuvent surgir n'importe quand dans la savane, mais il sera plus sûr de remarquer une augmentation apparente du taux de lions et de réagir en conséquence, même si en fait elle n'est que l'effet du hasard.

L'incompréhension courante du caractère aléatoire a parfois des conséquences significatives. Dans notre article sur la représentativité, Amos et moi citions le statisticien William Feller, qui illustrait la facilité avec laquelle les gens voient de la logique où il n'y en a pas. Durant les bombardements intensifs de Londres par des fusées V-1 et V-2, les gens avaient tendance à croire que les frappes n'étaient pas dues au hasard parce que, quand on en établissait la carte, celle-ci montrait de façon flagrante que certaines zones n'étaient jamais touchées. Certains soupçonnèrent que des espions allemands devaient s'y dissimuler [5]. Une analyse statistique méticuleuse a révélé que la répartition des bombardements était typiquement un processus aléatoire – et qu'il était typique également qu'elle laissât l'impression inébranlable de ne pas être due au hasard. « Pour un œil profane, précise Feller, le caractère aléatoire passe pour de la régularité ou une tendance à former des amas. »

J'ai bientôt eu l'occasion d'appliquer ce que j'avais appris de Feller. La guerre du Kippour éclata en 1973, et ma seule contribution d'importance à l'effort de guerre fut de recommander à la hiérarchie de l'Armée de l'air israélienne de mettre fin à une enquête. Au début, la guerre aérienne avait tourné en la défaveur d'Israël, à cause des performances inattendues des missiles sol-air égyptiens. Les pertes étaient lourdes, et elles étaient apparemment réparties de façon inégale. On me parla de deux escadrilles parties de la même base, l'une ayant perdu quatre appareils quand l'autre n'en avait perdu aucun. Une enquête fut donc ouverte dans l'espoir d'apprendre quelle erreur l'escadrille malheureuse avait pu commettre. *A priori*, il n'y avait pas de raison de croire qu'une des deux escadrilles était plus efficace que l'autre, et aucune différence opérationnelle ne fut décelée. Mais, bien sûr, les pilotes menaient des vies différentes en bien des façons aléatoires, comme, je m'en souviens, le nombre de fois où ils rentraient chez eux entre deux missions, ou leur façon de mener leurs débriefings. Je conseillai donc au haut commandement d'admettre que les résultats différents étaient dus au hasard, et qu'il fallait cesser d'interroger les pilotes. J'avais déduit que le hasard était la réponse la plus probable, qu'il était sans espoir de chercher au hasard une cause qui n'avait rien d'évident, alors que les pilotes de l'escadrille qui avait subi des pertes n'avaient pas besoin du fardeau supplémentaire de l'enquête, qui leur donnait le sentiment que leurs amis morts et eux-mêmes étaient en quelque sorte responsables.

Quelques années plus tard, Amos et ses étudiants Tom Gilovich et Robert Vallone firent grand bruit avec une étude sur la perception erronée du hasard au basket [6]. Le « fait » qu'un joueur semble parfois avoir un don presque magique est généralement accepté par les joueurs, les entraîneurs et les fans. La déduction est irrésistible : un joueur marque trois ou quatre paniers d'affilée, et on ne peut dès lors s'empêcher d'estimer superficiellement qu'il a maintenant un don, et une propension momentanément accrue à marquer. Les joueurs des deux équipes s'adaptent à ce jugement – ses équipiers seront plus susceptibles de lui faire la passe, et il fera l'objet d'une attention accrue de la part de la défense adverse. L'analyse de milliers de séquences de tirs aboutit à une conclusion décevante : la main magique n'existe pas dans le basket professionnel, que ce soit en cours de jeu ou en lancers francs. Bien sûr, certains joueurs sont plus précis que d'autres, mais la séquence de tirs ratés et réussis satisfait tous les tests du hasard. La main magique n'est vraiment qu'une vue de l'esprit, les spectateurs étant toujours trop prompts à vouloir déceler ordre et causalité au cœur du hasard. La main magique est une formidable illusion cognitive, particulièrement répandue.

L'histoire ne serait pas complète si l'on n'évoquait pas la réaction du public aux recherches que je viens d'évoquer. La presse s'en est emparée du fait de ses conclusions étonnantes, et le public eut essentiellement une réaction d'incrédulité. Quand Red Auerbach, le célèbre entraîneur des Boston Celtics, entendit parler de Gilovich et de son étude, il rétorqua : « C'est qui, ce type ? Alors comme ça, il a réalisé une étude. Ça me fait une belle jambe. » La tendance à voir une logique dans le hasard est irrésistible – et est assurément plus impressionnante qu'un type qui réalise une étude.

L'illusion de logique affecte nos existences de bien des façons ailleurs que sur les terrains de basket. Combien d'années faut-il attendre avant de conclure qu'un conseiller en investissement est exceptionnellement doué ? Combien faut-il d'acquisitions réussies pour qu'un conseil d'administration croie que le PDG est doué d'un flair extraordinaire pour les opérations de ce genre ? La réponse simple à ces questions est que si vous suivez votre intuition, vous vous trompez bien souvent en considérant par erreur comme systématique un événement aléatoire. Nous sommes bien trop disposés à ne pas admettre que ce que nous voyons dans la vie est dû au hasard.

J'ai attaqué ce chapitre avec l'exemple des cancers du rein aux États-Unis. Cet exemple se trouve dans un livre destiné aux professeurs de statistiques, mais j'en ai eu vent grâce à un article amusant de deux statisticiens que j'ai déjà cités, Howard Wainer et Harris Zwerling. Leur étude portait principalement sur un autre fait : l'investissement colossal – de l'ordre de 1,7 milliard de dollars – engagé par la Fondation Gates pour en savoir plus sur les caractéristiques des écoles affichant le meilleur taux de réussite. De nombreux spécialistes se sont lancés à la recherche du secret d'une éducation réussie en identifiant les établissements scolaires les plus efficaces dans l'espoir de comprendre ce qui les distinguait des autres. Une des conclusions de ces recherches est que les écoles les plus brillantes sont, en moyenne, petites. Dans une étude réalisée sur les 1 662 établissements de Pennsylvanie, par exemple, 6 des 50 meilleurs étaient petits, soit un facteur de surreprésentation de 4. Ces données ont encouragé la Fondation Gates à investir substantiellement dans la création de petites écoles, parfois en divisant de grands établissements en unités plus petites. Près d'une demi-douzaine d'autres institutions de renom, comme la Fondation Annenberg et le Fonds Caritatif Pew, se sont jointes à l'effort, de concert avec le département de l'Éducation dans le cadre de son programme visant à réduire la taille des établissements scolaires.

Cela doit sans doute vous paraître logique, sur le plan intuitif. On peut facilement se raconter une histoire, trouver des causes pour expliquer comment les petites écoles sont en mesure de fournir une meilleure éducation, et ainsi produire des élèves plus brillants : en leur accordant davantage d'attention et d'encouragements personnels que ce qui serait le cas dans des écoles plus grandes. Malheureusement, il est inutile de se livrer à une analyse causale, car ces faits sont faux. Si les statisticiens qui travaillaient pour la Fondation Gates s'étaient intéressés aux établissements les moins brillants, ils se seraient aperçus que les mauvaises écoles sont aussi souvent plus petites que la moyenne. En réalité, les petites écoles ne sont pas meilleures en moyenne ; elles sont simplement plus variables. Bien au contraire, avancent Wainer et Zwerling, les grands établissements ont tendance à fournir de meilleurs résultats, surtout dans les classes supérieures où ils offrent une grande variété d'options.

Grâce aux progrès récents en psychologie cognitive, on peut maintenant déterminer clairement ce qu'Amos et moi n'avions pu qu'entrevoir : la loi des petits nombres est un cas particulier de deux histoires plus vastes quant aux rouages de l'esprit.

- La foi exagérée dans les petits échantillons n'est qu'un exemple d'une illusion plus générale – nous faisons plus attention au contenu du message qu'aux informations sur sa fiabilité, et nous nous retrouvons par conséquent avec une vision du monde qui nous entoure plus simple et plus cohérente que ce que justifient les données. Dans le monde de notre imagination, le fait de tirer des conclusions hâtives est un sport moins dangereux qu'il ne l'est en réalité.
- Les statistiques produisent beaucoup d'observations qui ne demandent qu'à trouver des explications causales, mais qui ne s'y prêtent pas. Bien des faits dans le monde sont dus au hasard, y compris aux accidents d'échantillonnage. Les explications causales d'événements aléatoires sont immanquablement fausses.

*

La loi des petits nombres en bref

« Oui, le studio a produit trois grands succès depuis l'arrivée du nouveau PDG. Mais il est trop tôt pour affirmer qu'il a la main magique. »

« Je ne croirai pas au génie du nouveau trader avant d'avoir consulté un statisticien capable d'évaluer si sa série de succès n'est pas due à la chance. »

« L'échantillon est trop petit pour se livrer à des déductions. Ne suivons pas la loi des petits nombres. »

« Je prévois de garder secrets les résultats de l'expérience jusqu'à ce que nous disposions d'un échantillon suffisamment important. Sinon, nous risquons d'être poussés à en tirer des conclusions prématurées. »

11

Les ancres

Un jour, Amos et moi avons truqué une roue de la fortune. Elle était marquée de 0 à 100, mais nous l'avions fabriquée pour qu'elle ne s'arrête que sur 10 ou 65. Nous avons recruté des étudiants de l'université de l'Oregon pour participer à notre expérience. L'un de nous, debout près de la roue, la faisait tourner et demandait aux sujets de noter le nombre sur lequel elle s'arrêtait, qui ne pouvait évidemment être que 10 ou 65. Puis nous leur posions deux questions :

> Le pourcentage de pays d'Afrique aux Nations unies est-il supérieur ou inférieur au chiffre que vous venez de noter ?
> Quel est selon vous le pourcentage de pays d'Afrique aux Nations unies ?

Le fait de lancer une roue de la fortune, même une qui ne serait pas truquée, ne peut clairement fournir aucune information utile sur quoi que ce soit, et les participants à notre expérience auraient donc dû en faire abstraction. Mais ils ne l'ont pas ignorée. Les estimations de ceux qui voyaient le nombre 10 étaient de 25 %, et de 45 % pour ceux qui voyaient 65.

Ce phénomène que nous étudiions est si courant et si important dans la vie quotidienne que vous devriez connaître son nom : c'est un *effet d'ancrage*. Il survient quand des gens considèrent une valeur particulière avant d'estimer une quantité inconnue. Ce qui se passe est un des résultats les plus fiables et les plus solides de la psychologie expérimentale : les estimations restent proches du chiffre que les gens ont considéré – d'où l'image d'une ancre. Si on vous demande si Gandhi avait plus de 114 ans à sa mort, vous finirez par lui donner un âge beaucoup plus élevé que si la question d'ancrage avait évoqué son décès à 35 ans. Si vous réfléchissez à ce que vous devrez payer pour une maison, vous serez influencé par le prix de départ affiché. La même maison vous paraîtra d'une plus grande valeur avec un prix élevé plutôt qu'avec un prix plus bas, même si vous êtes décidé à résister à l'influence du chiffre ; et ainsi de suite – la liste des effets d'ancrage est sans fin. Tout nombre que l'on vous demande de prendre en compte en tant que solution possible à un problème d'estimation entraînera un effet d'ancrage.

Nous n'avons pas été les premiers à observer les effets des ancres, mais notre expérience a fourni la première démonstration de leur absurdité : le jugement des gens était influencé par un nombre qui n'avait manifestement aucune valeur informative. Il était absolument impossible de décrire l'effet d'ancrage d'une roue de la fortune comme une influence raisonnable. Amos et moi avons publié les résultats de notre expérience dans notre article de *Science*, et elle reste l'une des plus connues parmi les découvertes qui nous y avons rapportées.

Il n'y avait qu'un problème : Amos et moi n'étions pas tout à fait d'accord sur la psychologie de l'effet d'ancrage. Il défendait une interprétation, j'en préférais une autre, et nous ne sommes jamais parvenus à tomber d'accord. Le problème a finalement été résolu des décennies plus tard grâce aux efforts de nombreux chercheurs. Il est désormais établi que nous avions raison tous les deux.

Deux mécanismes différents engendrent des effets d'ancrage – un pour chaque Système. On trouve une forme d'ancrage qui se produit lors d'un processus délibéré d'ajustement, une opération du Système 2. Et il y a un ancrage qui survient en tant qu'effet d'amorce, manifestation automatique du Système 1.

L'ANCRAGE EN TANT QU'AJUSTEMENT

Amos aimait l'idée d'une heuristique d'ajustement et d'ancrage qui jouait le rôle de stratégie pour évaluer les quantités incertaines : vous partez d'un chiffre d'ancrage, évaluez s'il est trop élevé ou trop faible et ajustez progressivement votre estimation en vous « écartant » mentalement de l'ancre. Cet ajustement se termine généralement de façon prématurée, parce que les gens s'arrêtent quand ils ne savent plus s'ils doivent aller plus loin. Des décennies après notre désaccord, et des années après la mort d'Amos, deux psychologues ont avancé indépendamment des preuves convaincantes d'un tel processus. Ils avaient travaillé en étroite collaboration avec Amos au début de leur carrière : il s'agit d'Eldar Shafir et de Tom Gilovich, accompagnés de leurs propres étudiants, les petits-enfants intellectuels d'Amos !

Pour vous faire une idée, prenez une feuille de papier et tracez une ligne de 6,25 centimètres orientée vers le haut, en partant du bas de la page, sans règle. Maintenant, prenez une autre feuille, et tracez une ligne orientée vers le bas en partant du haut jusqu'à ce qu'elle soit à 6,25 centimètres du bas. Comparez les lignes. Il y a de grandes chances pour que votre première estimation de 6,25 centimètres soit plus courte que la seconde. Cela s'explique par le fait que vous ne savez pas exactement à quoi ressemble une telle ligne ; il y a une marge d'incertitude. Vous vous arrêtez près du bas de cette marge quand vous partez du bas de la page, et près du haut de cette marge quand vous partez du haut de la page. Robyn LeBœuf et Shafir ont trouvé de nombreux exemples de ce mécanisme dans la vie de tous les jours. Un ajustement insuffisant explique aisément pourquoi vous aurez tendance à rouler trop vite en sortant de l'autoroute et en empruntant les rues d'une ville – surtout si vous parlez à quelqu'un en conduisant. L'ajustement insuffisant est également une source de tension entre des parents exaspérés et des adolescents qui écoutent leur musique à fond dans leur chambre. LeBœuf et Shafir ont remarqué qu'un « enfant bien intentionné qui baisse le volume exceptionnellement fort de sa musique pour répondre aux exigences de ses parents, qui réclament qu'il l'écoute à un volume "raisonnable", peut accomplir un ajustement insuffisant à partir d'un ancrage haut, et peut avoir le sentiment que ses efforts sincères pour parvenir à un compromis sont méprisés [1] ». Le conducteur et l'adolescent procèdent délibérément à des ajustements vers le bas, mais leurs ajustements sont insuffisants.

Considérez maintenant ces deux questions :

> Quand George Washington est-il devenu président ?
> Quelle est la température d'ébullition de l'eau au sommet de l'Everest ?

La première chose qui se passe quand vous considérez chacune de ces questions, c'est qu'une ancre vous vient à l'esprit, et vous savez à la fois ce qui ne va pas et comment vous orienter pour trouver la bonne réponse. Vous savez immédiatement que George Washington est devenu président après 1776, et vous savez aussi que la température d'ébullition de l'eau au sommet de l'Everest est inférieure à 100 °C. Il vous faut procéder à un ajustement dans la bonne direction pour trouver des arguments vous incitant à vous éloigner de l'ancre. Comme dans le cas des lignes, vous vous arrêterez sûrement quand vous ne serez plus sûr de savoir s'il faut continuer – près du bord le plus proche de la marge d'incertitude.

Nick Epley et Tom Gilovich ont démontré que l'ajustement est une tentative délibérée de trouver des raisons de vous éloigner de l'ancre : les gens à qui l'on demande de secouer la tête quand ils entendent l'ancre, comme s'ils la rejetaient, s'en éloignent davantage, alors que ceux à qui l'on a demandé de hocher la tête restent plus près [2]. Epley et Gilovich ont également confirmé que l'ajustement est une opération qui nécessite un effort. Les gens ajustent moins (restent plus près de l'ancre) quand leurs ressources mentales sont épuisées, soit parce que leur mémoire est saturée de chiffres ou parce qu'ils sont légèrement ivres [3]. L'ajustement insuffisant est un échec d'un Système 2 faible ou fainéant.

Nous savons donc maintenant qu'Amos avait raison, du moins pour certains cas d'ancrage qui impliquent un ajustement délibéré du Système 2 dans une direction précise en s'éloignant de l'ancre.

L'ANCRAGE EN TANT QU'EFFET D'AMORCE

Quand Amos et moi débattions de l'ancrage, j'avais reconnu que parfois, il se produisait un ajustement, mais cela me dérangeait. L'ajustement est une activité délibérée et consciente ; or, dans la plupart des cas d'ancrage, il n'y a pas d'expérience subjective correspondante. Considérez ces deux questions :

> Gandhi avait-il plus ou moins de 144 ans quand il est mort ?
> Quel âge avait Gandhi quand il est mort ?

Avez-vous produit votre estimation en ajustant à la baisse à partir de 144 ? Probablement pas, mais ce nombre absurde n'en a pas moins affecté votre estimation. Je me disais que l'ancrage était une question de suggestion. C'est le terme que nous utilisons quand quelqu'un nous fait voir, entendre ou ressentir quelque chose en l'évoquant simplement. Par exemple, la question : « Sentez-vous maintenant comme un léger engourdissement dans votre jambe gauche ? » pousse toujours les gens à signaler qu'effectivement, ils ressentent quelque chose d'un peu bizarre dans leur jambe gauche.

Amos se méfiait plus que moi des intuitions, et il me fit remarquer, à juste titre, que l'idée de suggestion ne nous aidait pas à comprendre l'ancrage, parce que nous ne savions pas comment expliquer la suggestion. Je dus admettre qu'il avait raison, mais je ne fus jamais enthousiasmé par l'idée de l'ajustement insuffisant en tant que cause unique des effets d'ancrage. Nous avons mené plusieurs expériences peu concluantes dans l'espoir de comprendre l'ancrage, mais nous avons échoué, et nous avons fini par renoncer à écrire davantage à ce sujet.

Cette énigme qui nous avait vaincus est aujourd'hui résolue, parce que le concept de la suggestion est aujourd'hui mieux compris : la suggestion est un effet d'amorce, qui évoque des preuves compatibles de façon sélective. Pas un seul instant vous n'avez cru que Gandhi avait vécu pendant cent quarante-quatre ans, mais votre machine associative a sans aucun doute engendré l'impression d'une personne très âgée. Le Système 1 comprend les phrases en tentant de les rendre vraies, et l'activation sélective de pensées compatibles produit une famille d'erreurs systématiques qui nous rendent crédules et prompts à avoir une trop grande foi dans ce que nous croyons. Nous voyons maintenant pourquoi Amos et moi n'avions pas compris qu'il y avait deux types d'ancrage : les techniques de recherche et les idées théoriques dont nous avions besoin n'existaient pas encore. Elles ont été développées par d'autres, beaucoup plus tard. Un processus qui ressemble à la suggestion est effectivement à l'œuvre dans bien des situations : le Système 1 fait de son mieux pour construire un monde où l'ancrage est le bon chiffre. C'est une des manifestations de la cohérence associative que j'ai décrite dans la première partie de ce livre.

Les psychologues allemands Thomas Mussweiler et Fritz Strack ont proposé des démonstrations tout à fait convaincantes du rôle de la cohérence associative dans l'ancrage [4]. Dans une expérience, ils ont posé une question d'ancrage sur la température : « La température moyenne annuelle en Allemagne est-elle supérieure ou inférieure à 20 °C ? » ou : « La température moyenne annuelle en Allemagne est-elle supérieure ou inférieure à 5 °C ? »

On a ensuite montré brièvement à tous les participants des mots qu'il leur était demandé d'identifier. Les chercheurs se sont aperçus que 20 °C facilitait la reconnaissance de mots liés à l'été (comme *soleil* et *plage*), et 5 °C favorisait les mots liés à l'hiver (comme *gel* et *ski*). L'activation sélective de mémoires compatibles explique l'ancrage : les nombres élevés ou bas activent dans la mémoire différentes séries d'idées. Les estimations de la température annuelle puisent dans ces échantillons biaisés d'idées et sont par conséquent biaisées à leur tour. Dans une autre étude tout aussi élégante, il a été demandé aux participants d'évaluer le prix moyen de voitures allemandes. Un ancrage haut amorçait de façon sélective le nom de marques de luxe (Mercedes, Audi), tandis que l'ancrage bas amorçait des marques associées à des véhicules populaires (Volkswagen). Nous avons vu plus haut que toute amorce aura tendance à évoquer des informations compatibles avec elle. La suggestion et l'ancrage s'expliquent tous deux par la même opération automatique du Système 1. Je ne savais pas comment le prouver à l'époque, mais mon intuition sur le lien entre l'ancrage et la suggestion s'est révélée correcte.

L'INDICE D'ANCRAGE

Beaucoup de phénomènes psychologiques peuvent être démontrés expérimentalement, mais rares sont ceux qui peuvent être véritablement mesurés. Les effets des ancres sont une exception. L'ancrage peut se mesurer, et c'est un effet d'un impact impressionnant. Les deux questions suivantes ont été posées à des visiteurs de l'Exploratorium de San Francisco [5] :

> La taille du plus grand séquoia est-elle supérieure ou inférieure à 400 mètres ?
> Selon vous, quelle est la taille du plus grand séquoia ?

Dans cette expérience, l'ancrage haut était 400 mètres. Pour d'autres participants, la première question faisait référence à un « ancrage bas » de 60 mètres. La différence entre les deux ancres était 340 mètres.

Comme prévu, les deux groupes fournirent des estimations moyennes très différentes : 278 et 93 mètres. La différence entre elles était de 185 mètres. L'indice d'ancrage est simplement le ratio des deux différences (185/340) exprimé sous forme de pourcentage : 55 %. La mesure de l'ancrage serait 100 % pour les gens qui adoptent servilement l'ancre comme une estimation, et 0 pour ceux qui semblent ignorer complètement l'ancre. La valeur de 55 % qui a été observée dans cet exemple est typique. Des valeurs similaires ont été observées dans de nombreux autres problèmes.

L'effet d'ancrage n'est pas qu'une curiosité de laboratoire ; elle peut s'avérer tout aussi forte dans le monde réel. Dans le cadre d'une expérience réalisée il y a quelques années, il a été demandé à des agents immobiliers d'évaluer une maison qui se trouvait effectivement sur le marché. Ils l'ont visitée et ont étudié un livret d'information détaillé qui proposait un prix de vente. Pour la moitié des agents, ce prix était nettement supérieur au prix de la maison ; pour l'autre moitié, il était nettement inférieur [6]. Chaque agent a donné son avis sur ce qui serait un prix raisonnable pour la maison, et le prix le plus bas auquel il accepterait de la vendre si elle était à lui. Puis on les a interrogés sur les facteurs qui avaient affecté leur jugement. Étonnamment, le prix de départ n'en faisait pas partie ; les agents étaient fiers de leur capacité à l'ignorer. Ils soutenaient qu'il n'avait aucune influence sur leurs réponses, mais ils avaient tort : l'effet d'ancrage était de 41 %. En effet, ces professionnels étaient presque aussi sensibles aux effets d'ancrage que des étudiants d'écoles de commerce sans expérience dans l'immobilier, et dont l'indice d'ancrage était de 48 %. La seule différence entre les deux groupes tenait au fait que les étudiants reconnaissaient avoir été influencés par le prix de départ, ce qui n'était pas le cas des professionnels.

On retrouve de puissants effets d'ancrage dans les décisions que prennent les gens sur les questions d'argent, comme quand ils décident quel don verser à une cause. Pour démontrer cet effet, nous avons parlé aux participants de l'étude de l'Exploratorium des dommages écologiques provoqués par les pétroliers dans l'océan Pacifique et leur avons demandé s'ils étaient prêts à verser une contribution annuelle « pour sauver 50 000 oiseaux de mer de la côte pacifique de petites marées noires offshore, le temps que l'on trouve des moyens d'éviter les dégazages ou que l'on obtienne des propriétaires de pétroliers qu'ils financent l'opération ». Cette question nécessite que l'on procède à une équivalence d'intensité : elle revient en fait à demander aux gens de calculer la somme correspondant à l'intensité de leurs sentiments à propos du sort des oiseaux. On a de plus posé une question d'ancrage à certains visiteurs, comme « Seriez-vous prêt à verser 5 euros… » avant de leur demander à brûle-pourpoint combien ils seraient disposés à payer.

Quand aucun ancrage n'était mentionné, les visiteurs de l'Exploratorium – un public généralement sensible à l'environnement – disaient être prêts à payer 64 euros en moyenne. Quand l'ancrage n'était que de 5 euros, cette moyenne était de 20 euros. Quand l'ancrage était une somme plus extravagante, 400 euros, ils étaient prêts à verser en moyenne 143 euros.

La différence entre les groupes à ancre haute et à ancre basse était de 123 euros. L'effet d'ancrage se situait au-dessus de 30 %, preuve qu'en augmentant la demande initiale de 100 euros, on obtenait un retour de 30 euros en termes de disposition moyenne à payer.

Des effets d'ancrage comparables, voire nettement supérieurs, ont été obtenus dans de nombreuses études sur l'estimation d'une disposition à payer. Par exemple, il a été demandé aux habitants de la région de Marseille, très polluée, quelle augmentation du coût de la vie ils seraient prêts à accepter pour vivre dans une région moins polluée. Dans cette étude, l'effet d'ancrage était de 50 %. Les effets d'ancrage sont faciles à obtenir dans le commerce en ligne, où le même article peut être proposé à différents prix. Dans les enchères artistiques, « l'estimation » est elle aussi une ancre qui influence la première offre.

Dans certaines situations, l'ancrage semble raisonnable. Après tout, il n'est pas surprenant que les gens à qui l'on pose des questions difficiles s'accrochent au moindre fétu, et l'ancre est un fétu plausible. Si vous ne savez pratiquement rien des arbres de Californie et que l'on vous demande si un séquoia peut mesurer plus de 400 mètres de haut, vous êtes en droit de supposer que ce nombre n'est pas trop éloigné de la vérité. C'est quelqu'un qui connaît la véritable taille qui a eu l'idée de cette question, donc l'ancre pourrait être un indice utile. Cependant, les recherches sur l'ancrage ont révélé que les ancres qui sont manifestement aléatoires peuvent être tout aussi efficaces que des ancres contenant potentiellement des informations. Quand nous avons utilisé notre roue de la fortune pour ancrer des estimations sur la proportion de nations africaines à l'Onu, l'indice d'ancrage était de 44 %, tout à fait dans la gamme des effets observés avec des ancres qu'il serait logique de considérer comme des indices. Des effets d'ancrage comparables ont été observés lors d'expériences où c'étaient les derniers chiffres du numéro de sécurité sociale de la personne interrogée qui servaient d'ancres (par exemple, pour estimer le nombre de médecins dans leur ville). La conclusion est évidente : l'effet des ancres n'est pas dû au fait que les gens les considèrent comme des sources d'information.

Le pouvoir des ancres aléatoires a été démontré de façon parfois troublante. Des juges allemands ayant en moyenne plus de quinze ans d'expérience ont d'abord lu la description d'une femme qui avait été arrêtée pour vol à l'étalage, puis ont lancé deux dés pipés si bien que le résultat était toujours 3 ou 9[7]. Dès que les dés s'arrêtaient, les juges devaient dire s'ils condamnaient la femme à une peine de prison supérieure ou inférieure, en mois, au chiffre donné par les dés. Pour finir, il leur était demandé de préciser la sentence exacte qu'ils infligeraient à la voleuse. En moyenne, ceux qui avaient obtenu 9 disaient qu'ils la condamneraient à huit mois ; ceux qui avaient obtenu 3 disaient qu'ils la condamneraient à cinq mois ; l'effet d'ancrage était de 50 % !

Us et abus des ancres

Vous devriez maintenant être convaincu que les effets d'ancrage – parfois dus à l'amorçage, parfois à un ajustement insuffisant – sont partout. Les mécanismes psychologiques qui produisent l'ancrage nous rendent beaucoup plus influençables que nous ne souhaiterions l'être. Et, bien sûr, il se trouve bien des gens qui sont prêts, et capables, d'exploiter notre crédulité.

Les effets d'ancrage expliquent pourquoi, par exemple, le rationnement arbitraire est un truc de marketing efficace. Il y a quelques années, les clients d'un supermarché de Sioux City, dans l'Iowa, ont eu droit à des rabais d'environ 10 % sur les soupes Campbell's. Certains jours, un panneau annonçait LIMITÉ À DOUZE PAR PERSONNE ; d'autres jours, le panneau disait PAS DE LIMITE [8]. Quand la limite était affichée, les clients achetaient en moyenne sept boîtes de soupe, et deux fois plus quand il n'y avait pas de limite. L'ancrage n'est pas la seule explication. Le rationnement sous-entend également que les marchandises partent comme des petits pains, et que les clients devraient se sentir poussés à faire des stocks. Mais nous savons aussi que la mention d'une limite de douze boîtes produirait un ancrage même si ce nombre était le résultat d'un jeu de roulette.

C'est cette stratégie qui est à l'œuvre lors des négociations sur le prix d'une maison, quand le vendeur fait le premier pas en affichant le prix de départ. Comme dans beaucoup d'autres jeux, le fait de jouer le premier est un avantage dans la négociation sur un seul objet – par exemple, si le prix est la seule question qui doit être réglée entre un acheteur et un vendeur. Comme vous en avez peut-être fait l'expérience quand vous avez négocié pour la première fois dans un bazar, l'ancre initiale a un effet puissant. Quand j'enseignais la négociation, voici ce que je recommandais à mes étudiants : si vous pensez que l'autre partie a fait une proposition honteuse, vous ne devriez pas la contrer par une offre tout aussi démesurée, créant du même coup un gouffre qu'il sera difficile de surmonter lors de la poursuite des négociations. Au lieu de cela, vous devriez faire un scandale, partir en claquant la porte ou menacer de le faire, et dire clairement – à vous-même autant qu'à vos interlocuteurs – que vous ne continuerez pas à négocier tant que cette somme sera sur la table.

Les psychologues Adam Galinsky et Thomas Mussweiler ont proposé des moyens plus subtils de résister à l'effet d'ancrage dans la négociation [9]. Ils ont recommandé aux négociateurs de concentrer leur attention et de fouiller leur mémoire en quête d'arguments contre l'ancre. Cette recommandation, qui revient à activer le Système 2, a été couronnée de succès. Par exemple, l'effet d'ancrage est réduit ou éliminé quand le deuxième intervenant se focalise sur l'offre minimale que l'adversaire est susceptible d'accepter ou sur le coût que représenterait pour lui un échec des négociations. En général, une stratégie qui consiste à « penser l'opposé » délibérément peut constituer une bonne défense contre les effets d'ancrage, parce qu'elle annule la convocation des pensées biaisées qui produisent ces effets.

Enfin, tentez donc de détecter les effets d'ancrage sur un problème de vie publique, par exemple le montant des dédommagements en cas de blessure. Ils sont parfois énormes. Les entreprises qui sont souvent la cible de ce genre d'actions en justice, comme les hôpitaux et les entreprises de l'industrie chimique, ont fait pression pour qu'un plafond soit imposé aux dédommagements. Avant de lire ce chapitre, vous vous disiez qu'il est sans aucun doute positif, pour les accusés potentiels, de plafonner les dédommagements, mais maintenant, vous en doutez peut-être. Imaginez l'effet qu'aurait un plafonnement à un million d'euros. Cette règle éliminerait certes toutes les compensations supérieures, mais l'ancrage tirerait aussi vers le haut beaucoup de dédommagements qui, sinon, auraient été bien moins élevés [10]. Cela profiterait sûrement aux coupables d'infractions graves et aux grandes sociétés beaucoup plus qu'aux entreprises plus modestes.

L'ancrage et les deux Systèmes

Les effets des ancrages aléatoires ont beaucoup à nous dire sur la relation entre le Système 1 et le Système 2. Les effets d'ancrage ont toujours été étudiés en rapport avec des tâches liées au jugement et aux choix qui, en fin de compte, sont à la charge du Système 2. Or, le Système 2 travaille sur des données récupérées dans la mémoire, dans le cadre d'une opération automatique et involontaire du Système 1. Le Système 2 est donc sensible à l'influence biaisée d'ancres qui facilitent la récupération de certaines informations. De plus, le Système 2 n'a aucun contrôle sur l'effet et n'en a pas connaissance. Les participants exposés à des ancres aléatoires et absurdes (comme l'âge de Gandhi situé à 144 ans) nient avec assurance que cette information manifestement inutile ait pu avoir une influence sur leur estimation. Ils ont tort.

Nous avons vu, dans la discussion sur la loi des petits nombres, qu'un message, à moins d'être immédiatement rejeté en tant que mensonge, aura le même effet sur le système associatif quelle que soit sa fiabilité. L'essence du message, c'est l'histoire qu'il raconte, laquelle se fonde sur les informations disponibles, même si ces dernières ne sont pas en grande quantité et sont de piètre qualité : COVERA. Quand vous lisez une histoire sur le sauvetage héroïque d'un alpiniste blessé, elle a sur votre mémoire associative le même effet que s'il s'agissait d'un bulletin d'information ou du synopsis d'un film. Cette activation associative provoque l'ancrage. Que l'histoire soit vraie, ou crédible, importe peu, voire pas du tout. Le puissant effet des ancres aléatoires est un exemple extrême de ce phénomène, parce qu'une ancre aléatoire ne fournit bien sûr absolument aucune information.

J'ai évoqué plus tôt l'époustouflante diversité des effets d'amorçage, où vos pensées et votre comportement peuvent être influencés par des stimuli dont vous êtes totalement inconscient. La principale morale des recherches sur l'amorçage, c'est que nos pensées et notre comportement sont influencés, beaucoup plus que nous ne le souhaitons ou en avons conscience, par l'environnement du moment. Pour beaucoup de gens, les résultats de l'amorçage sont incroyables, parce qu'ils ne correspondent pas à l'expérience subjective. Tout aussi nombreux sont ceux qui les trouvent dérangeants, parce qu'ils menacent le sentiment subjectif de libre arbitre et d'autonomie. Si le contenu d'un économiseur d'écran sur un ordinateur sans importance peut affecter votre disposition à aider des étrangers sans que vous le sachiez, êtes-vous vraiment libre ? Les effets d'ancrage représentent la même menace. Vous êtes toujours conscient de l'ancre, vous y prêtez même attention, mais vous ne savez pas comment elle vous guide, comment elle limite votre pensée, parce que vous ne pouvez pas imaginer comment vous auriez pensé si l'ancre avait été différente (ou s'il n'y en avait pas eu). Cependant, vous devriez partir du principe que tout chiffre que l'on vous suggère a un effet d'ancrage sur vous, et si les enjeux sont élevés, vous devriez mobiliser votre Système 2 afin d'en combattre les effets.

*

LES ANCRES EN BREF

« La société que nous souhaitons acquérir nous a envoyé son business plan, avec les revenus que nous espérions. Mettez ce nombre de côté, il ne faut pas qu'il influence notre réflexion. »

« Les plans sont des scénarios optimistes. Évitons de nous ancrer sur des plans quand nous prévoyons les résultats réels. Un des moyens d'y parvenir est d'envisager comment le plan pourrait échouer. »

« Notre objectif, dans la négociation, est de les ancrer sur ce nombre. »

« Faisons-leur clairement comprendre que si c'est cela leur proposition, les négociations sont terminées. Ce n'est pas comme cela que nous voulons commencer. »

« Les avocats de la défense ont fait une référence absurde à un dédommagement ridiculement faible [11], et ils ont réussi à ancrer le juge sur ce montant ! »

12

La science de la disponibilité

Pour Amos et moi, l'année 1971-1972 fut la plus productive de notre collaboration. Nous l'avons passée à Eugene, dans l'Oregon. Nous étions invités par l'Institut de recherche de l'Oregon, qui abritait nombre de futures stars de tous les domaines dans lesquels nous travaillions – le jugement, la prise de décision et la prédiction intuitive. Notre hôte principal était Paul Slovic, ami indéfectible et ancien camarade de classe d'Amos à Ann Arbor. Paul était sur le point de devenir le chef de file des psychologues spécialistes du risque, ce qu'il est à présent depuis des décennies et qui lui a valu de nombreuses récompenses. Paul et Roz, son épouse, nous firent découvrir la vie à Eugene, et bien vite, nous nous sommes retrouvés à faire ce que faisaient les gens du cru – du jogging, des barbecues, emmener les enfants voir des matchs de basket. Et nous ne ménagions pas notre peine, nous livrant à des dizaines d'expériences tout en rédigeant nos articles sur l'heuristique du jugement. La nuit, j'écrivais *L'Attention et l'Effort.* Ce fut une année bien remplie.

Un de nos projets portait sur l'étude de ce que nous appelions *l'heuristique de la disponibilité.* L'idée nous en était venue quand nous nous étions demandé ce que faisaient vraiment les gens lorsqu'ils souhaitaient estimer la fréquence d'une catégorie, comme « les gens qui divorcent après soixante ans » ou « les plantes dangereuses ». La réponse était simple : les exemples de cette catégorie sont récupérés dans la mémoire, et si cette récupération se fait facilement et sans heurt, la catégorie sera considérée comme importante. Nous avions défini l'heuristique de la disponibilité comme le processus qui consistait à juger la fréquence par « la facilité avec laquelle les exemples viennent à l'esprit [1] ». Cela nous avait paru clair quand nous l'avions formulé, mais le concept de disponibilité a été affiné depuis. L'approche des deux systèmes n'avait pas encore été développée quand nous étudiions la disponibilité, et nous n'avions pas tenté de déterminer si cette heuristique était une stratégie délibérée de résolution des problèmes ou une opération automatique. Nous savons maintenant qu'elle implique les deux systèmes.

Une question que nous avons très tôt abordée est celle du nombre d'exemples qu'il faut récupérer pour se faire une idée de la facilité avec laquelle ils viennent à l'esprit. Nous connaissons la réponse : aucun. En guise d'exemple, pensez au nombre de mots que l'on peut former à partir des deux séries de lettres ci-dessous.

XUZONLCJM
TAPCERHOB

Vous avez su presque immédiatement, sans avoir à chercher d'exemples, qu'une des deux séries offre beaucoup plus de possibilités que l'autre, probablement par un facteur de dix ou plus. De même, vous n'avez pas besoin de récupérer des articles de journaux dans votre mémoire pour vous faire une idée assez précise de la fréquence relative avec laquelle divers pays sont apparus dans les nouvelles au cours de l'année passée (Belgique, Chine, France, Congo, Nicaragua, Roumanie…).

L'heuristique de la disponibilité, comme d'autres heuristiques du jugement, remplace une question par une autre : vous voulez estimer la taille d'une catégorie ou la fréquence d'un événement, mais ce que vous notez, c'est l'impression d'aisance avec laquelle des exemples vous viennent à l'esprit. Vous pouvez découvrir comment l'heuristique débouche sur des biais en suivant une procédure simple : établissez une liste de facteurs autres que la fréquence et qui facilite l'évocation d'exemples. Chaque facteur de votre liste sera une source potentielle de biais. En voici quelques-uns :

- Un événement marquant qui attire votre attention sera facile à retrouver dans la mémoire. Les divorces des célébrités hollywoodiennes et les scandales sexuels des politiciens attirent beaucoup l'attention, et leurs exemples vous viendront plus facilement à l'esprit. Vous êtes donc susceptible d'exagérer la fréquence à la fois des divorces à Hollywood et des scandales sexuels dans le monde politique.
- Un événement dramatique augmente temporairement la disponibilité de sa catégorie. Un accident d'avion qui suscite l'intérêt des médias modifiera temporairement ce que vous éprouvez à propos de la sécurité des voyages en avion. Pendant un temps, vous aurez des accidents en tête après avoir vu une voiture brûler sur le bas-côté de la route, et le monde vous paraît soudain plus dangereux.
- Les expériences personnelles, les images et les exemples vivants sont plus disponibles que des incidents qui sont arrivés à d'autres, que de simples mots ou des statistiques. Une erreur judiciaire qui vous affecte sapera plus votre foi en la justice qu'un incident comparable évoqué dans un journal.

Il est possible, mais fatigant, de résister à cette imposante collection de biais potentiels de la disponibilité. Vous devez faire l'effort de repenser vos impressions et vos intuitions en vous posant des questions comme :

« L'idée que les vols commis par des adolescents sont un problème sérieux est-elle liée à des cas qui se sont produits récemment dans notre quartier ? » Ou : « Est-il possible que je n'éprouve pas le besoin de me faire vacciner contre la grippe parce que personne de ma connaissance ne l'a eue l'an dernier ? » Rester vigilant face aux biais est fastidieux – mais, parfois, se donner les moyens d'éviter une erreur coûteuse en vaut la peine.

Selon une des études les plus célèbres sur la disponibilité, la conscience de nos propres biais peut contribuer à la paix dans un couple, et sans doute aussi dans d'autres projets collectifs. Il a été demandé aux membres de couples : « Quelle est votre part dans l'entretien de votre intérieur, en pourcentage ? » Ils devaient aussi répondre à des questions sur le fait de « sortir les poubelles », « l'organisation d'événements sociaux », et ainsi de suite. La vision que les gens avaient de leur contribution au ménage serait-elle au total inférieure, équivalente ou supérieure à 100 % ? Comme il fallait s'y attendre, additionnées, les déclarations dépassaient les 100 %[2]. Cela s'explique par un simple *biais de la disponibilité* : les deux membres du couple se souviennent de leurs efforts et de leurs contributions individuelles avec plus de clarté que de ceux de l'autre, et de cette différence en termes de disponibilité découle une différence dans l'évaluation de la fréquence. Ce biais n'est pas nécessairement égoïste : les conjoints surestimaient aussi leur responsabilité dans les querelles, quoique dans une moindre mesure que leur contribution à des résultats plus positifs. Le même biais explique pourquoi, au sein d'une équipe, chacun a souvent le sentiment d'avoir fait plus que sa part et a aussi l'impression que les autres ne lui sont pas assez reconnaissants de sa contribution individuelle.

En général, je ne suis pas optimiste quant à la possibilité de contrôler personnellement ses biais, mais là, c'est une exception. Il est possible de lutter contre ce biais parce que les circonstances dans lesquelles une personne s'alloue le crédit de quelque chose sont faciles à identifier, et ce d'autant plus que des tensions surgissent quand plusieurs personnes partagent le sentiment que leurs efforts ne sont pas reconnus comme ils le devraient. Le simple constat que le pourcentage du crédit que s'allouent les membres d'un couple ou d'une équipe dépasse d'ordinaire les 100 % suffit parfois à désamorcer la situation. Quoi qu'il en soit, c'est une chose qu'il est toujours bon de rappeler. De temps à autre, il vous arrivera de faire plus que votre part, mais il est utile de savoir que vous éprouverez sans doute ce sentiment alors même que chaque membre de l'équipe aura la même sensation.

Au début des années 1990, une grande percée a été accomplie dans la compréhension de l'heuristique de la disponibilité [3], quand un groupe de psychologues allemands œuvrant sous la direction de Norbert Schwarz a soulevé une question intrigante : comment les impressions qu'ont les gens de la fréquence d'une catégorie seront-elles affectées par le besoin d'établir la liste d'un nombre précis d'exemples ? Imaginez que vous soyez le sujet de cette expérience :

> Pour commencer, dressez une liste de six occasions où vous vous êtes comporté avec assurance.
> Ensuite, évaluez votre degré d'assurance.

Imaginez que l'on vous ait demandé douze exemples de comportement sûr de soi (un nombre que la plupart des gens trouvent difficile). Cela aurait-il une influence sur la vision que vous avez de votre propre assurance ?

Schwarz et ses collègues ont observé que la tâche qui consiste à établir une liste d'exemples peut renforcer le jugement d'une caractéristique spécifique de deux façons : par le nombre d'exemples identifiés et par la facilité avec laquelle ils viennent à l'esprit.

La nécessité de trouver douze exemples fait se télescoper ces deux éléments. D'une part, vous venez de récupérer dans votre mémoire un nombre impressionnant de fois où vous avez fait preuve d'assurance. D'autre part, si les trois ou quatre premiers cas vous sont venus sans doute facilement, vous avez probablement dû lutter pour les derniers afin d'arriver à douze ; l'opération n'était pas fluide. Qu'est-ce qui comptera le plus, la quantité récupérée ou la facilité et la fluidité de la récupération ?

L'épreuve eut un vainqueur incontestable : les gens qui avaient dressé une liste de douze exemples s'estimaient moins sûrs d'eux que ceux qui n'avaient dû en trouver que six. De plus, les participants à qui l'on avait demandé une liste de douze exemples de fois où ils ne s'étaient *pas* comportés avec assurance avaient fini par se considérer comme tout à fait sûrs d'eux ! Si vous ne retrouvez pas facilement des exemples de votre docilité, vous ne manquerez pas d'en conclure que vous n'êtes pas docile du tout. Ces autoévaluations étaient dominées par la facilité avec laquelle les exemples étaient venus à l'esprit. L'expérience d'une récupération fluide prévalait par rapport au nombre de cas effectivement récupérés.

D'autres psychologues du même groupe ont effectué une démonstration encore plus probante du rôle de la fluidité [4]. Dans leur expérience, tous les participants devaient établir une liste de six exemples de situation où ils avaient fait preuve d'assurance (ou non), tout en arborant une expression faciale précise. Les « sourieurs » devaient contracter leurs zygomatiques, ce qui produit un léger sourire ; les « boudeurs » devaient froncer les sourcils. Comme vous le savez déjà, le froncement de sourcils accompagne normalement la tension cognitive et l'effet est symétrique : quand on demande aux gens de froncer les sourcils en effectuant une tâche, ils se donnent effectivement plus de mal et connaissent un plus grand stress cognitif. Les chercheurs s'attendaient à ce que les boudeurs aient plus de difficultés à retrouver des exemples de leur assurance, et à ce qu'ils estiment en être relativement dépourvus. Ce fut bien le cas.

Les psychologues adorent les expériences qui donnent des résultats paradoxaux, et ils ne se sont donc pas privés de reproduire l'expérience de Schwarz. Par exemple, les gens :

- pensent qu'ils prennent moins souvent leur vélo après s'être souvenus de nombreuses occasions où ils l'ont utilisé ;
- sont moins sûrs de leur choix quand on leur demande de l'argumenter ;
- sont moins sûrs qu'un événement était évitable après avoir dressé la liste des moyens de l'éviter ;
- sont moins impressionnés par une voiture après avoir établi la liste de plusieurs de ses avantages.

Un professeur de l'UCLA a trouvé une façon ingénieuse d'exploiter le biais de disponibilité. Il a demandé à différents groupes d'étudiants de faire la liste des moyens d'améliorer son cours, tout en variant le nombre d'améliorations requises. Comme prévu, les étudiants qui ont établi la liste plus longue étaient aussi ceux qui appréciaient le plus le cours !

La découverte la plus intéressante de ces recherches paradoxales est peut-être que le paradoxe n'est pas toujours présent : parfois, les gens s'attachent au contenu plutôt qu'à la facilité qu'il y a à récupérer une information. Quand on comprend vraiment une logique de comportement, on doit pouvoir l'inverser. Schwarz et ses collègues se sont attaqués à ce défi et ont tenté de découvrir dans quelles conditions cette inversion pouvait se produire.

L'aisance avec laquelle les exemples d'assurance viennent à l'esprit du sujet change au cours de la tâche. Les premiers exemples sont faciles à trouver, puis leur récupération se fait plus ardue. Bien sûr, le sujet est le premier à savoir que cette fluidité va ralentir, mais la baisse de fluidité entre six et douze exemples est apparemment plus brutale que ce à quoi le participant s'attendait. Les résultats suggèrent que les participants se livrent à une déduction : si j'ai beaucoup plus de mal que prévu à retrouver des exemples de mon assurance, alors cela veut dire que je ne suis pas très sûr de moi. Remarquez que cette déduction s'appuie sur une sensation d'inattendu – une fluidité qui chute plus brutalement que prévu. Plutôt que d'heuristique de la disponibilité, il faudrait parler ici d'une heuristique de « l'indisponibilité inexpliquée ».

Schwarz et ses collègues se sont dit qu'ils pourraient perturber cette heuristique en donnant aux sujets une explication quant à la fluidité de leur mémoire. Ils leur ont annoncé qu'ils entendraient de la musique en fond pendant qu'ils seraient occupés à se souvenir des exemples, et que cette musique aurait un impact sur cette tâche mémorielle. Ils ont précisé à certains que la musique les aiderait, à d'autres qu'elle limiterait la fluidité. Comme prévu, les participants qui bénéficiaient d'une « explication » pour leur expérience de la fluidité ne s'en sont pas servis comme d'une heuristique ; les sujets à qui l'on avait dit que la musique leur compliquerait la tâche se sont considérés aussi sûrs d'eux, qu'ils aient récupéré douze exemples ou qu'ils en aient récupéré six. D'autres faux prétextes ont été utilisés avec le même résultat : les jugements ne sont plus influencés par l'aisance de la récupération quand on fournit une explication factice à l'expérience de la fluidité, comme la présence de textes imprimés penchés ou droits, la couleur du fond d'écran, ou d'autres facteurs sans aucun rapport inventés par les expérimentateurs [5].

Comme je l'ai décrit, le processus qui aboutit au jugement par la disponibilité semble impliquer une chaîne de raisonnement complexe. En produisant des exemples, les sujets font l'expérience d'un ralentissement de la fluidité. Ils s'attendent clairement à ce ralentissement, mais se trompent : il leur est plus difficile qu'ils ne le pensaient de trouver de nouveaux exemples. C'est ce ralentissement inattendu de la fluidité qui pousse ceux à qui l'on a demandé douze exemples à se définir comme manquant d'assurance. Si cet élément de surprise est neutralisé, le ralentissement de la fluidité n'a plus d'influence sur le jugement. Ce processus se compose apparemment d'un ensemble subtil de déductions. Le Système 1 automatique en est-il capable ?

En fait, aucun raisonnement complexe n'est nécessaire. Parmi les caractéristiques fondamentales du Système 1 se trouve sa capacité à établir des attentes et à être surpris quand elles ne sont pas respectées. Le Système identifie aussi les causes possibles d'une surprise, généralement en récupérant une cause possible parmi des surprises récentes. De plus, le Système 2 peut réorganiser les attentes du Système 1 en cours de route, si bien qu'un événement qui serait normalement considéré comme surprenant paraît désormais presque ordinaire. Supposez que l'on vous dise que le petit garçon de trois ans de vos voisins porte souvent un haut-de-forme dans sa poussette. Vous serez nettement moins surpris quand vous le verrez effectivement avec son haut-de-forme que si vous l'aviez croisé sans avoir été averti. Dans l'expérience de Schwarz, la musique de fond avait été présentée comme une cause possible du ralentissement mémoriel. Il n'est alors plus étonnant de ne pas parvenir à se souvenir facilement de douze exemples, et il est moins probable que cette difficulté soit évoquée quand il faudra évaluer l'assurance du sujet.

Schwarz et ses collègues ont découvert que les gens personnellement impliqués dans le jugement sont plus susceptibles de considérer le nombre d'exemples qu'ils retrouvent plutôt que de s'attacher à la fluidité de l'effort. Ils ont recruté deux groupes d'étudiants pour une analyse des risques cardiaques. La moitié des étudiants venait de familles ayant une tendance aux maladies cardiaques, et l'on s'attendait donc à ce qu'ils prennent cette tâche plus au sérieux que les autres, qui n'avaient pas un tel passif. Il leur a été demandé à tous de se souvenir de trois ou de huit comportements qui, dans leur vie quotidienne, pourraient affecter leur santé cardiaque (on a demandé à certains d'établir une liste de comportements à risque, à d'autres une liste de comportements préventifs) [6]. Les étudiants dont les familles n'avaient pas de passif cardiaque se sont attelés à la tâche avec nonchalance et ont suivi l'heuristique de la disponibilité. Ceux qui peinaient à trouver huit exemples de comportements à risque se sentaient relativement à l'abri, et ceux qui peinaient à trouver des comportements préventifs se sentaient menacés. Les étudiants ayant un passif familial affichaient la tendance inverse – ils se sentaient moins en danger quand ils retrouvaient plusieurs exemples de comportements préventifs, et plus menacés quand ils retrouvaient plusieurs exemples de comportements à risque. Ils étaient également plus susceptibles de penser que leur comportement futur serait affecté par le fait d'avoir évalué le risque.

Il faut en conclure que la facilité avec laquelle des exemples viennent à l'esprit est une heuristique du Système 1, qui est remplacée par une concentration sur le contenu quand le Système 2 s'engage davantage. Les preuves, multiples, concordent : les gens qui se laissent guider par le Système 1 sont nettement plus sensibles aux biais de la disponibilité que ceux qui se trouvent dans un état de vigilance renforcée. Voici quelques situations dans lesquelles les gens « suivent le mouvement » et sont affectés plus nettement par l'aisance de la récupération que par le contenu de ce qu'ils ont récupéré :

- s'ils sont engagés en même temps dans une autre tâche nécessitant un effort [7] ;
- s'ils sont de bonne humeur parce qu'ils viennent de penser à un épisode heureux de leur vie [8] ;
- s'ils ne sont pas dépressifs [9] ;
- s'ils sont éclairés sur le sujet de la tâche sans être pour autant d'authentiques spécialistes [10] ;
- s'ils ont une grande foi dans l'intuition [11] ;
- s'ils ont du pouvoir (ou ont l'impression d'en avoir) [12].

Ce dernier élément, en particulier, m'intrigue. Les auteurs introduisent dans leur article une citation célèbre : « Je ne passe pas beaucoup de temps à écouter les sondages pour déterminer ce que je pense être la bonne façon d'agir. J'ai juste besoin de savoir comment je me sens » (George W. Bush, novembre 2002). Puis ils démontrent que la confiance en son intuition n'est que partiellement un trait de personnalité. Il suffit de rappeler aux gens un moment où ils ont eu le pouvoir pour accroître leur confiance apparente en leur propre intuition.

*

La disponibilité en bref

« À cause de la coïncidence de deux accidents d'avion le mois dernier, maintenant, elle préfère prendre le train. C'est idiot. Le risque n'a pas vraiment changé ; c'est un biais de la disponibilité. »

« Il sous-estime les risques de la pollution en milieu fermé parce que les médias en parlent peu. C'est un effet de disponibilité. Il devrait s'intéresser aux statistiques. »

« Ces derniers temps, elle a regardé trop de films d'espionnage, donc elle voit des complots partout. »

« La PDG a remporté plusieurs succès d'affilée, par conséquent l'échec ne lui vient pas facilement à l'esprit. Le biais de la disponibilité fait qu'elle a une trop grande confiance en elle. »

13

Disponibilité, émotion et risque

Les spécialistes du risque n'ont pas mis longtemps à comprendre que l'idée de la disponibilité s'appliquait à leurs préoccupations. Même avant la publication de nos travaux, l'économiste Howard Kunreuther, alors au tout début d'une carrière qu'il a consacrée à l'étude du risque et des assurances, remarqua que les effets de disponibilité permettaient d'expliquer la logique de l'achat d'assurance et des actions de prévention après des catastrophes. Les victimes et les quasi-victimes se sentent très concernées par les questions de sécurité après un désastre. Après chaque grand tremblement de terre, les Californiens, pour un temps, se montrent plus diligents quand il s'agit de s'assurer et d'adopter des mesures de prévention et de limitation des risques. Ils consolident leur chaudière pour réduire les dégâts en cas de séismes, renforcent l'étanchéité des portes de leurs caves contre les inondations, et mettent soigneusement de côté des vivres en cas d'urgence. Toutefois, peu à peu, le souvenir de la catastrophe s'estompe, et il en va de même des inquiétudes et de la diligence. La dynamique de la mémoire contribue à expliquer les cycles récurrents des catastrophes, de l'inquiétude puis de la négligence croissante, que connaissent bien les spécialistes des situations d'urgence à grande échelle.

Kunreuther remarqua également que les actions préventives, qu'elles soient le fait d'individus ou de gouvernements, sont généralement conçues pour répondre à la pire catastrophe dont on ait vraiment fait l'expérience. Dès l'époque lointaine de l'Égypte des pharaons, les sociétés ont consigné la hauteur des fleuves sujets à des crues périodiques – et se sont toujours préparées en conséquence, partant apparemment du principe que les crues ne dépasseraient jamais la plus haute enregistrée jusqu'alors. Il est difficile d'envisager un désastre pire que le précédent.

Disponibilité et affect

Ce sont nos amis d'Eugene, où Paul Slovic et Sarah Lichtenstein, une collaboratrice de longue date, avaient été rejoints par notre ancien étudiant Baruch Fischhoff, qui ont réalisé les études les plus marquantes sur les biais de la disponibilité. Ils ont mené des recherches révolutionnaires sur les perceptions publiques du risque, dont une étude qui demeure aujourd'hui le meilleur exemple d'un biais de la disponibilité. Ils avaient demandé aux participants de considérer des causes de décès par paires : le diabète et l'asthme, ou les AVC et les accidents. Pour chaque paire, les sujets devaient indiquer la cause la plus fréquente et estimer le ratio des deux fréquences. Les jugements furent ensuite comparés aux statistiques de santé de l'époque. Voici un échantillon de leurs découvertes :

- Les AVC causent presque deux fois plus de morts que tous les accidents combinés, mais 80 % des participants considéraient les morts accidentelles comme plus probables.

- Les tornades étaient considérées comme plus meurtrières que l'asthme, alors que ce dernier est à l'origine de 20 fois plus de décès.
- La mort par la foudre était jugée moins probable que la mort par botulisme, alors qu'elle est 52 fois plus fréquente.
- La mort de maladie est 18 fois plus probable qu'une mort accidentelle, mais les deux étaient considérées comme à peu près équivalentes.
- La mort accidentelle était considérée comme 300 fois plus probable que la mort par diabète, alors qu'en réalité, le ratio est de 1 pour 4.

La leçon est claire : les estimations des causes de la mort sont déformées par la couverture médiatique. La couverture elle-même est biaisée pour mettre en avant la nouveauté et le caractère poignant. Les médias ne façonnent pas seulement l'intérêt du public, ils sont aussi façonnés par lui. Les rédacteurs ne peuvent pas ignorer le fait que le public attend que certains sujets et points de vue soient abondamment couverts. Des événements inhabituels (comme le botulisme) attirent une attention disproportionnée et sont par conséquent perçus comme moins inhabituels qu'ils ne le sont en fait. Le monde que nous avons dans la tête n'est pas une réplique exacte de la réalité ; nos attentes quant à la fréquence des événements sont déformées par la prépondérance et l'intensité émotionnelle des messages auxquels nous sommes exposés.

Les estimations des causes de décès sont une représentation presque directe de l'activation des idées dans la mémoire associative, et elles sont un bon exemple de la substitution. Mais Slovic et ses collègues firent une découverte plus profonde : ils virent que la facilité avec laquelle les idées de divers risques venaient à l'esprit était inextricablement liée aux réactions émotionnelles que suscitaient les risques en question. Les pensées et les images effrayantes nous viennent avec une grande facilité, et plus les évocations de danger sont aisées et vivantes, plus elles exacerbent la peur.

Comme nous l'avons déjà mentionné, Slovic finit par développer la notion d'une heuristique de l'affect, qui voit les gens rendre des jugements et prendre des décisions en consultant leurs émotions : est-ce que j'aime ça ? est-ce que je déteste ça ? qu'est-ce que je ressens à ce sujet ? Dans bien des domaines de l'existence, dit Slovic, les gens se forment des opinions et font des choix qui expriment directement leurs sentiments et la tendance primitive à approcher ou fuir, souvent sans en avoir conscience. L'heuristique de l'affect est un exemple de substitution, où la réponse à une question facile (qu'est-ce que je ressens à ce sujet ?) sert de réponse à une question beaucoup plus difficile (qu'est-ce que j'en pense ?). Slovic et ses collègues se sont appuyés sur les travaux du neuroscientifique Antonio Damasio, qui avait avancé que l'évaluation émotionnelle des résultats d'un choix, la condition physique et les tendances à l'approche et à la fuite qui y sont associées, jouent toutes un rôle central dans la prise de décision. Damasio et ses collègues ont observé que les gens qui n'affichent pas les émotions appropriées avant de décider, parfois suite à un accident cérébral, souffrent également d'un handicap quand il s'agit de prendre de bonnes décisions [1]. Une incapacité à être guidé par une « peur saine » des conséquences négatives est un défaut catastrophique.

Dans une démonstration convaincante du fonctionnement de l'heuristique de l'affect, l'équipe de recherche de Slovic a analysé les opinions sur diverses technologies, dont la fluoration de l'eau, les usines chimiques, les conservateurs alimentaires et les voitures, et ont demandé aux participants de dresser la liste à la fois des avantages et des risques de chaque technologie. Ils ont constaté une corrélation négative entre deux estimations établies par leurs participants si élevée qu'elle n'en était pas plausible : le niveau d'avantage et le niveau de risque qu'ils attribuaient aux technologies[2]. Quand les gens étaient favorables à une technologie, ils estimaient qu'elle offrait de formidables avantages et ne représentait quasiment pas de risque ; quand ils n'aimaient pas une technologie, ils ne pouvaient penser qu'à ses inconvénients, et peu d'avantages leur venaient à l'esprit. Les technologies étant fort pratiquement classées de la plus positive à la plus négative, il n'était nécessaire de se livrer à aucun compromis pénible. Les estimations des risques et des avantages étaient encore plus corrélées quand les participants devaient réagir dans un temps limité. Étonnamment, des membres de la Société britannique de toxicologie réagirent de même[3] : ils ne virent que peu d'avantages aux substances ou aux technologies qu'ils considéraient comme risquées, et *vice versa*. La constance de l'affect est un élément clé de ce que j'appelle la cohérence associative.

C'est ensuite que vient le meilleur moment de l'expérience. Après avoir répondu à la première partie, les participants lurent de courts passages défendant les diverses technologies. Certains durent lire des textes qui se concentraient sur les nombreux avantages d'une technologie donnée, d'autres des arguments qui soulignaient leur faible taux de risque. Ces messages réussirent à modifier l'attrait émotionnel des technologies. C'était une découverte stupéfiante. Les gens qui étaient visés par un message mettant en avant les avantages d'une technologie changeaient aussi d'avis quant à ses risques. Ils n'avaient obtenu aucune preuve appropriée, mais la technologie qu'ils aimaient maintenant plus qu'avant leur paraissait également moins risquée. De même, les participants qui avaient lu que les risques d'une technologie n'étaient pas importants se mettaient à avoir une opinion plus favorable de ses avantages. L'implication est évidente : comme l'a dit le psychologue Jonathan Haidt dans un autre contexte, « c'est mettre la charrue émotionnelle avant les bœufs[4] ». L'heuristique de l'affect nous simplifie la vie en créant un monde beaucoup plus ordonné que la réalité. Dans le monde imaginaire où nous vivons, les bonnes technologies n'ont que peu d'inconvénients, les mauvaises technologies n'ont pas d'avantages, et toutes les décisions sont faciles. Dans le monde réel, bien sûr, nous sommes souvent confrontés à de douloureux compromis entre les avantages et les inconvénients.

Le grand public et les spécialistes

Paul Slovic en sait probablement plus que quiconque sur les bizarreries de l'évaluation du risque chez l'homme. Ses travaux brossent un portrait de M. et Mme Tout-le-monde qui est loin d'être flatteur : guidés par leurs émotions plutôt que par la raison, facilement impressionnés par des détails sans importance, et d'une sensibilité inappropriée aux différences entre des probabilités faibles et négligeables. Slovic a également étudié les spécialistes, manifestement supérieurs quand il s'agit de manipuler des chiffres et des sommes. Ils présentent nombre des mêmes biais que le reste d'entre nous, sous une forme atténuée, mais souvent, leurs jugements et leurs préférences sur les risques divergent par rapport à ceux des autres.

Les différences entre les spécialistes et le grand public s'expliquent en partie par les biais inhérents aux jugements des profanes, mais Slovic attire surtout l'attention sur des situations où les différences sont le reflet d'un véritable conflit de valeurs. Les spécialistes, souligne-t-il, mesurent souvent les risques par le nombre de vies (ou d'années de vie) perdues, alors que le public établit des distinctions plus subtiles, par exemple entre les « bonnes morts » et les « mauvaises morts », ou entre les décès accidentels aléatoires et les morts survenues lors d'activités volontaires comme le ski. Ces distinctions légitimes sont souvent ignorées dans les statistiques, qui se contentent de dénombrer les occurrences. Slovic affirme à partir de telles observations que le public a une conception plus développée du risque que les spécialistes. Par conséquent, il est tout à fait opposé à l'idée que l'avis des spécialistes ait force de loi, et qu'il faille accepter leurs opinions sans les remettre en question quand elles sont en conflit avec les opinions et les souhaits d'autres citoyens. Quand les spécialistes et le public ne sont pas d'accord sur leurs priorités, dit-il, « chaque camp doit respecter les perspectives et l'intelligence de l'autre ».

Dans son désir d'arracher aux spécialistes le contrôle sur la politique du risque, Slovic remet en cause le fondement de leur expertise : l'idée que le risque est objectif.

> Le « risque » n'existe pas « dans la nature », indépendamment de nos esprits et de notre culture. L'homme a inventé le concept de « risque » pour l'aider à comprendre et à faire face aux dangers et aux incertitudes de la vie. Si ces dangers sont bien réels, il n'y a ni « risque réel » ni « risque objectif » [5].

Pour illustrer son propos, Slovic établit une liste de neuf façons de définir le risque de mortalité associé au dégagement de matières toxiques dans l'air, qui vont de « mort par million de personnes » à « mort par million d'euros de produits fabriqués ». Ce qu'il veut dire, c'est que l'évaluation du risque dépend du choix de l'unité de mesure – avec la possibilité évidente que ce choix ait été guidé par une préférence pour un résultat plutôt qu'un autre. Puis il conclut que « la définition du risque est par conséquent un exercice de pouvoir ». Vous n'imaginiez peut-être pas que l'on pouvait se retrouver confronté à des questions politiques aussi épineuses à partir de l'étude expérimentale de la psychologie du jugement ! Mais la politique est, en fin de compte, affaire de gens, de ce qu'ils veulent et de ce qui est le mieux pour eux. Toutes les questions politiques impliquent des hypothèses sur la nature humaine, en particulier sur les choix que peuvent faire les gens et les conséquences de ces choix pour eux-mêmes et pour la société.

Cass Sunstein, un autre universitaire et ami que j'admire beaucoup, s'oppose vivement à Slovic sur les divergences d'opinions entre les spécialistes et l'homme de la rue, et défend le rôle des experts, en qui il voit un rempart contre les excès « populistes ». Sunstein est un des meilleurs juristes des États-Unis, et comme d'autres sommités de sa profession, il est d'une grande audace intellectuelle. Il se sait capable de maîtriser rapidement et en profondeur n'importe quel domaine de la connaissance, et il en a maîtrisé beaucoup, y compris la psychologie du jugement et du choix ainsi que les questions de réglementation et de politique du risque. Selon lui, le système de réglementation actuellement en vigueur aux États-Unis est soumis à de mauvaises priorités, qui sont davantage le reflet d'une réaction à la pression du public que d'une analyse objective méticuleuse. Il part du principe que la réglementation du risque et l'intervention des autorités pour réduire les risques devraient être guidées par une analyse des coûts et des profits, et que l'unité de mesure naturelle pour cette analyse est le nombre de vies sauvées (ou peut-être le nombre d'années de vie sauvées, ce qui donne plus d'importance au fait de sauver les jeunes) et le coût en euros pour l'économie. Une mauvaise réglementation gaspille des vies et de l'argent, qui peuvent faire l'objet de mesures objectives. Sunstein n'est pas convaincu par Slovic quand il affirme que le risque et son évaluation sont subjectifs. Plusieurs aspects de l'évaluation du risque peuvent être débattus, mais il a foi dans l'objectivité à laquelle peuvent aboutir les sciences, l'expertise et une délibération réfléchie.

Sunstein en est venu à considérer que les réactions biaisées aux risques sont une source importante de priorités erronées et déplacées dans la politique publique. Les législateurs et les responsables de la réglementation tiennent peut-être trop compte des inquiétudes irrationnelles des citoyens, à la fois par sensibilité politique et parce qu'ils sont sujets aux mêmes biais cognitifs que leurs concitoyens.

Sunstein et un de ses collaborateurs, le juriste Timur Kuran, ont inventé un nom pour le mécanisme qui permet aux biais de s'infiltrer dans la politique : la *cascade de disponibilité*[6]. Dans le contexte social, commentent-ils, « toutes les heuristiques sont égales, mais la disponibilité est plus égale que les autres ». Ils envisagent une notion élargie de l'heuristique, qui veut que la disponibilité fournisse une heuristique pour les jugements autres que portant sur la fréquence. En particulier, l'importance d'une idée est souvent jugée par la fluidité (et la charge émotionnelle) avec laquelle elle vient à l'esprit.

Une cascade de disponibilité est une chaîne auto-entretenue d'événements, qui peut partir de réactions, dans les médias, à un événement relativement mineur et aboutir à une panique publique et à des actions à grande échelle du gouvernement. Dans certains cas, un article ou un reportage sur un risque attire l'attention d'une partie du public, dès lors inquiet et en éveil. Cette réaction émotionnelle suscite à son tour l'intérêt des médias, qui renforcent sa couverture, ce qui accroît encore l'inquiétude et l'implication. Ce cycle est parfois sciemment accéléré par des « entrepreneurs de la disponibilité », des individus ou des organisations qui travaillent pour garantir un flux incessant d'informations angoissantes. Le danger est de plus en plus exagéré tandis que les médias entrent en concurrence pour en faire les gros titres. Quand les scientifiques (ou d'autres) qui tentent d'apaiser la peur et la révulsion croissantes attirent l'attention, elle est généralement hostile : quiconque prétend que le danger est exagéré est soupçonné de collusion avec un « complot monstrueux ». La question prend de l'importance sur le plan politique parce qu'elle préoccupe tous les esprits, et la réaction du système politique est guidée par l'intensité du sentiment public. La cascade de disponibilité vient donc de réorienter les priorités. D'autres risques, et d'autres moyens d'utiliser des ressources pour le bien public, sont désormais rejetés en arrière-plan.

Kuran et Sunstein se sont concentrés sur deux exemples encore aujourd'hui sujets à controverse : l'affaire de Love Canal et ce que l'on a appelé la panique de l'ALAR. En 1979, la saison des pluies révéla la présence de déchets toxiques à Love Canal *, causant la contamination des eaux bien au-delà des limites autorisées, ainsi qu'une odeur nauséabonde. Les habitants de la commune étaient furieux et terrorisés, et l'un d'eux, Lois Gibbs, fit tout son possible pour attirer l'attention sur le problème. La cascade de disponibilité se déroula conformément au scénario classique. À son paroxysme, les médias traitaient quotidiennement de Love Canal, les scientifiques qui tentaient d'affirmer que les dangers étaient surestimés étaient ignorés ou réduits au silence. ABC News diffusa une émission intitulée *The Killing Ground* (Les champs de la mort), et des manifestants défilèrent avec des cercueils pour bébés vides devant le capitole de l'État. Un grand nombre d'habitants furent relogés aux frais du gouvernement, et le contrôle des déchets toxiques devint le grand dossier écologique des années 1980. La loi stipulant l'assainissement des sites

* Une banlieue de Niagara Falls, dans l'État de New York (NdT).

toxiques, dite CERCLA [7], établit un super-fonds, et est considérée aujourd'hui comme une étape majeure dans la législation environnementale. Elle a également coûté cher, et certains ont prétendu que ce financement aurait pu sauver beaucoup plus de vies s'il avait été consacré à d'autres priorités. Encore maintenant, les opinions sont très divisées au sujet de ce qui s'est vraiment passé à Love Canal, et il semblerait que les dommages réels en termes de santé publique n'aient pas été avérés. Kuran et Sunstein dépeignent l'affaire de Love Canal presque comme un pseudo-événement, alors qu'à l'autre bout du spectre, les écologistes parlent toujours du « désastre de Love Canal ».

Les opinions sont tout autant divisées à propos du second exemple évoqué par Kuran et Sunstein pour illustrer leur concept d'une cascade de disponibilité : l'incident de l'ALAR en 1989, ou « panique d'ALAR » pour ceux qui dénoncent les alertes environnementales. L'ALAR est un produit chimique qui servait de régulateur de croissance des pommes. La panique débuta par des articles de presse rapportant que ce produit chimique, consommé à haute dose, provoquait des tumeurs cancéreuses chez les rats et les souris. L'information, on le comprend, terrifia l'opinion publique, et cette peur excita un peu plus l'intérêt des médias, mécanisme de base d'une cascade de disponibilité. Le sujet finit par faire la une et déclencha des événements médiatiques dramatiques comme le témoignage de l'actrice Meryl Streep devant le Congrès. Les cultivateurs de pommes subirent des pertes considérables, leurs fruits et leurs dérivés devenant des objets de crainte. Kuran et Sunstein citent un citoyen qui appela pour demander s'il était sans danger de vider du jus de pomme dans l'évier, ou s'il valait mieux l'emporter sur une décharge de produits toxiques. Le fabricant retira le produit, et la FDA * l'interdit. Des recherches ultérieures ont confirmé que la substance pouvait présenter le risque infime d'être cancérigène, mais l'incident de l'ALAR fut assurément l'occasion d'une réaction disproportionnée à un problème mineur. Il dut avoir un effet réel négatif sur la santé publique, puisque pendant un temps, les gens consommèrent moins de bonnes pommes.

L'histoire de l'ALAR met en lumière une limite fondamentale de la capacité de notre esprit à gérer les risques de peu d'importance : soit nous les ignorons complètement, soit nous leur accordons beaucoup trop de poids – il n'y a pas de juste milieu [8]. Tous les parents qui ont veillé tard en attendant le retour d'une fête de leur fille adolescente reconnaîtront ce sentiment. Vous savez peut-être fort bien qu'en réalité, il n'y a (presque) pas lieu de s'inquiéter, mais vous ne pouvez empêcher des images terribles de vous venir à l'esprit. Comme l'a avancé Slovic, le niveau d'inquiétude n'est pas apte à identifier la probabilité d'un problème. Vous imaginez le numérateur – la nouvelle tragique que vous avez vue aux informations – et vous ne pensez pas au dénominateur. Sunstein a développé la notion de « négligence de la probabilité » pour définir cette tendance. Associé à la négligence de probabilité, le mécanisme des cascades de disponibilité entraîne inévitablement de grossières exagérations de menaces mineures, parfois avec des conséquences importantes.

Dans le monde moderne, les terroristes sont les praticiens les plus marquants de l'art de déclencher des cascades de disponibilité. À quelques abominables exceptions près, comme le 11 Septembre, les pertes causées par les attentats sont très faibles comparées à d'autres

* Food and Drug Administration, administration fédérale américaine chargée du contrôle des produits alimentaires et médicamenteux (NdT).

causes de décès. Même dans les pays qui sont la cible de campagnes de terreur intensives, comme Israël, le nombre de victimes hebdomadaires dues au terrorisme n'atteint jamais celui des victimes d'accidents de la route. La différence tient à la disponibilité des deux risques, à la facilité et la fréquence avec lesquelles ils nous viennent à l'esprit. Des images atroces, répétées sans fin dans les médias, mettent tout le monde sur les nerfs. Comme l'expérience me l'a enseigné, il est difficile de se raisonner pour revenir à un état de calme absolu. Le terrorisme s'adresse directement au Système 1.

Quelle est ma position dans ce débat entre mes amis ? Les cascades de disponibilité sont réelles et elles déforment incontestablement les priorités dans l'attribution des ressources publiques. Cass Sunstein souhaiterait la mise en place de mécanismes afin d'isoler les décideurs de la pression du public, pour que l'allocation des ressources soit déterminée par des spécialistes impartiaux qui ont une vue d'ensemble de tous les risques et des ressources disponibles pour les réduire. Paul Slovic a beaucoup moins confiance dans les spécialistes, et davantage dans le public que Sunstein, et il souligne que le fait d'isoler les experts des émotions du public accouche de politiques que le public rejettera – une situation impossible dans une démocratie. L'un et l'autre ont parfaitement raison, et je suis d'accord avec les deux.

Je partage le malaise de Sunstein face à l'influence des peurs irrationnelles et des cascades de disponibilité sur la politique publique dans le domaine du risque. Cependant, je partage aussi la conviction de Slovic quand il affirme que les peurs très répandues, si elles n'ont pas de sens, ne devraient pas pour autant être ignorées des décideurs. Rationnelle ou non, la peur est synonyme de souffrance, elle est handicapante, et les décideurs doivent s'efforcer de protéger le public de la peur, et pas seulement des véritables dangers.

Slovic met à juste titre l'accent sur la résistance du public à l'idée que les décisions soient le fait de spécialistes qui n'ont pas été élus et ne rendent de comptes à personne. De plus, les cascades de disponibilité peuvent avoir un effet bénéfique à long terme en attirant l'attention sur certaines catégories de risques et en augmentant l'ensemble du budget consacré à la prévention des risques. L'incident de Love Canal a peut-être détourné des ressources excessives en faveur du traitement des déchets toxiques, mais il a aussi eu l'effet plus général d'accroître l'importance accordée aux inquiétudes environnementales. La démocratie est immanquablement confuse, en partie parce que les heuristiques de la disponibilité et de l'affect qui guident les convictions des gens sont inévitablement biaisées, même si, dans l'ensemble, elles pointent dans la bonne direction. La psychologie devrait permettre de développer des politiques de gestion des risques qui associeraient les connaissances des spécialistes et les émotions et intuitions du public.

*

LES CASCADES DE DISPONIBILITÉ EN BREF

« Elle est emballée par une innovation qui a de gros avantages et aucun inconvénient. Je soupçonne l'heuristique de l'affect. »

« C'est une cascade de disponibilité : un non-événement est grossi par les médias et le public jusqu'à ce qu'il remplisse nos écrans de télé et soit sur toutes les lèvres. »

14

LA SPÉCIALITÉ DE TOM W

Considérez cette énigme simple :

Tom W prépare son diplôme dans une université près de chez vous. Veuillez classer les neuf domaines de spécialisation suivants en fonction de la probabilité que Tom W les étudie. Notez 1 pour le plus probable et 9 pour le moins probable.
Gestion
Informatique
Ingénierie
Lettres et enseignement
Droit
Médecine
Bibliothéconomie
Sciences de la vie et de la terre
Sciences sociales et travail social

C'est une question facile, et vous avez immédiatement compris que l'importance relative des inscriptions dans les différents domaines était la clé. Pour ce que vous en savez, Tom W a été choisi au hasard parmi les étudiants de l'université, comme une bille prélevée dans une urne. Pour décider si une bille a plus de chances d'être rouge ou verte, vous devez savoir combien de billes de chaque couleur il y a dans l'urne. La proportion de billes d'un type particulier est appelée le *taux de base.* De même, le taux de base des lettres et de l'enseignement dans ce problème est la proportion d'étudiants de ce secteur parmi l'ensemble de tous les étudiants. En l'absence d'informations plus précises sur Tom W, vous vous appuierez sur le taux de base et estimerez qu'il a plus de chances de s'être inscrit en lettres qu'en informatique ou en bibliothéconomie, parce que l'on trouve en général plus d'étudiants en lettres que dans les deux autres domaines. Le recours aux informations du taux de base est une décision évidente quand on ne dispose pas d'autres données.

Vient ensuite une tâche qui n'a rien à voir avec les taux de base.

> Ce qui suit est une description de la personnalité de Tom W rédigée par un psychologue alors que Tom W était en dernière année de lycée, sur la base de tests psychologiques d'une validité douteuse :
>
> Tom W est très intelligent, bien que manquant de véritable créativité. Il a besoin d'ordre et de clarté, de systèmes soigneusement ordonnés où chaque détail trouve la place qui lui revient. Son style est plutôt monotone et mécanique, parfois illuminé par un humour un peu éculé et des envolées imaginatives proches de la science-fiction. Il tient fortement à faire la preuve de ses compétences. Il semble éprouver peu de compassion et de sympathie pour les autres, et n'aime pas interagir avec eux. Centré sur lui-même, il n'en a pas moins un profond sens moral.
>
> Prenez maintenant une feuille de papier et classez les neuf domaines de spécialisation ci-dessous en fonction de la correspondance entre la description de Tom W et l'image de l'étudiant typique de chacun de ces domaines. Notez 1 pour le probable et 9 pour le moins probable.

Vous apprécierez mieux ce chapitre si vous vous prêtez rapidement à ce test ; il est nécessaire de lire le rapport sur Tom W pour juger des diverses spécialités universitaires.

Cette question est trop simple. Elle vous demande de retrouver, ou peut-être de développer des stéréotypes des étudiants des différents domaines. Quand cette expérience a été réalisée pour la première fois, au début des années 1970, le classement moyen était le suivant. Le vôtre n'est sans doute pas très différent :

1. Informatique
2. Ingénierie
3. Gestion
4. Sciences de la vie et de la terre
5. Bibliothéconomie
6. Droit
7. Médecine
8. Lettres et enseignement
9. Sciences sociales et assistance sociale

Vous avez probablement classé l'informatique parmi les choix les plus adaptés du fait des allusions au côté « geek » de Tom W (son « humour éculé »). En fait, la description de Tom W a été écrite pour correspondre à ce stéréotype. Autre spécialité mise en avant par la plupart des gens, l'ingénierie (« les systèmes soigneusement ordonnés »). Vous vous êtes sûrement dit que Tom W ne collait pas avec l'idée que vous vous faites des sciences sociales et de l'assistance sociale (« peu de compassion et de sympathie pour les autres »). Apparemment, les stéréotypes professionnels n'ont pas beaucoup évolué durant les quarante années qui se sont écoulées depuis que j'ai inventé la description de Tom W.

La tâche qui consiste à classer les neuf domaines de spécialisation est complexe et requiert certainement la discipline et l'organisation séquentielle dont seul le Système 2 est capable. Cependant, les indices disséminés dans la description (les blagues nulles et d'autres) étaient destinés à activer une association avec un stéréotype, une activité automatique du Système 1.

Pour mener à bien cette tâche de reconnaissance d'une ressemblance, il est nécessaire de comparer la description de Tom W aux stéréotypes des divers domaines de spécialisation. Dans ce cas précis, l'exactitude de la description – qu'il s'agisse ou non d'un véritable portrait de Tom W – importe peu. Pas plus que votre connaissance des taux de base des divers domaines. La ressemblance entre un individu et les stéréotypes d'un groupe n'est pas affectée par la taille du groupe. En fait, vous pourriez comparer la description de Tom à une image d'étudiant en bibliothéconomie, même si l'université ne disposait pas de ce département.

Si vous examinez de nouveau Tom W, vous verrez qu'il correspond bien aux stéréotypes de certains petits groupes d'étudiants (les informaticiens, les bibliothécaires, les ingénieurs), mais beaucoup moins aux groupes plus importants (lettres, sciences sociales). D'ailleurs, les participants ont presque toujours situé les deux plus grands domaines en bas du classement. Tom W a été sciemment conçu comme un personnage « anti-taux de base », adapté aux petites catégories plutôt qu'aux spécialités les plus courues.

Représentativité et probabilité

La troisième tâche de la séquence a été imposée à des étudiants en psychologie, et c'est l'étape critique : classer les neuf domaines de spécialisation suivants en fonction de la probabilité que Tom W les étudie. Les membres de ce groupe de prédiction connaissaient les faits statistiques appropriés : ils étaient au courant des taux de base des différents domaines, et savaient que la source de la description de Tom W n'était pas très fiable. Toutefois, nous nous attendions à ce qu'ils se concentrent exclusivement sur la ressemblance entre la description et les stéréotypes – ce que nous appelons la représentativité – et qu'ils ignorent tant les taux de base que les doutes quant à la véracité de la description. Ils classeraient alors la spécialité la moins fréquentée, l'informatique, comme étant extrêmement probable, puisque ce résultat est celui qui obtient le score de représentativité le plus élevé.

Amos et moi travaillions dur durant l'année que nous avons passée à Eugene, et il m'arrivait de rester toute la nuit au bureau. J'occupai une de ces nuits à deviser de la formulation d'un problème qui opposerait la représentativité aux taux de base. Tom W fut le produit de mes efforts, et c'est au petit matin que j'en ai peaufiné les détails. La première personne qui se présenta au travail ce matin-là était notre collègue et ami Robyn Dawes, un statisticien de haut niveau qui doutait de la validité du jugement intuitif. Si quelqu'un était à même de déceler l'importance du taux de base, c'était Robyn. Je l'appelai, lui donnai la question que je venais de dactylographier et lui demandai de deviner la profession de Tom W. Je revois encore son sourire rusé quand il répond, hésitant : « Informaticien ? » C'était un moment formidable – même les meilleurs succombaient. Bien sûr, dès que j'eus mentionné le « taux de base », Robyn comprit son erreur, mais il n'y avait pas pensé spontanément. Bien qu'en sachant plus que quiconque sur le rôle des taux de base dans les prédictions, il les avait négligés quand je lui avais soumis la description de la personnalité d'un individu. Comme prévu, il avait substitué un jugement de représentativité à la probabilité qu'il était censé évaluer.

Amos et moi recueillîmes ensuite les réponses à la même question de 114 étudiants en psychologie répartis sur trois grandes universités, tous ayant suivi des cours de statistiques. Ils ne nous déçurent pas. Leur classement des neuf domaines par probabilité ne différait pas des classements par ressemblance aux stéréotypes. Dans leur cas, la substitution était parfaite : rien ne montrait que les participants avaient fait autre chose que juger la représentativité. La question sur la probabilité était difficile, alors que celle portant sur la ressemblance était plus facile, et c'était à cette dernière qu'ils avaient répondu. C'est une grave erreur, parce que les jugements de similarité et de probabilité ne sont pas limités par les mêmes règles logiques. Pour des jugements de similarité, il est tout à fait acceptable de ne pas être affecté par les taux de base, ainsi que par la possibilité que la description soit inexacte, mais quiconque ignore les taux de base et la qualité des indices dans des évaluations de probabilité commettra certainement des erreurs.

« La probabilité que Tom W étudie l'informatique » n'est pas un concept simple. Les logiciens et les statisticiens ne sont pas d'accord sur son sens, et certains diront même qu'il n'en a aucun. Pour de nombreux spécialistes, il représente un certain degré subjectif de conviction. Il y a certains événements dont vous êtes sûr, par exemple, que le soleil s'est levé ce matin, et d'autres que vous considérez comme impossibles, comme que l'océan Pacifique gèle en une nuit. Mais il y en a beaucoup, comme le fait que votre voisin soit informaticien, auxquels vous attribuez un degré intermédiaire de conviction – qui représente à vos yeux la probabilité de cet événement.

Les logiciens et les statisticiens ont développé des définitions concurrentes de la probabilité, toutes étant très précises. Pour les profanes, cependant, la probabilité (un synonyme de vraisemblance dans le langage courant) est une notion vague, rattachée à l'incertitude, la propension, la plausibilité et la surprise. Ce caractère flou n'est pas particulier à ce concept, et n'est au demeurant pas très gênant. Nous savons, plus ou moins, ce que nous voulons dire quand nous utilisons un mot comme *démocratie* ou *beauté*, et les gens à qui nous parlons comprennent, plus ou moins, ce que nous avions l'intention de dire. Tout au long des années que j'ai passées à poser des questions sur la probabilité des événements, personne n'a jamais levé la main pour me demander : « Monsieur, qu'entendez-vous par probabilité ? », ce que les gens auraient fait si je leur avais demandé de réfléchir à un concept étrange comme la « globability ». Tous agissaient comme s'ils savaient comment répondre à mes questions, même si, nous en étions d'accord tacitement, nous aurions trouvé injuste que je leur demande d'expliquer le sens du mot.

Les gens à qui l'on demande d'évaluer une probabilité ne sont pas bloqués, parce qu'ils ne cherchent pas à juger la probabilité au sens où l'entendent les statisticiens et les philosophes. Une question sur la probabilité ou la vraisemblance déclenche une décharge de chevrotine mentale et évoque des réponses à des questions plus simples. Une des réponses faciles est une évaluation automatique de la représentativité – qui est banale dans la compréhension du langage. Si je dis que « les parents d'Elvis Presley voulaient qu'il devienne dentiste », c'est une affirmation (fausse) légèrement amusante à cause de l'hiatus entre les images de Presley et celles d'un dentiste, un hiatus détecté automatiquement. Le Système engendre sans en avoir l'intention une impression de similarité. L'heuristique de la représentativité intervient quand quelqu'un dit : « Elle va remporter les élections ; on peut voir que c'est une gagnante. » Ou : « Il n'ira pas loin en tant qu'universitaire ; trop de tatouages. » Nous nous appuyons sur la représentativité quand nous jugeons de la capacité à diriger d'un candidat en fonction de la forme de son menton ou de la force de ses discours.

Bien qu'elle soit commune, la prédiction par la représentativité n'est pas statistiquement idéale. *Moneyball*, le best-seller de Michael Lewis, s'articule autour de l'inefficacité de ce mode de prédiction. Les recruteurs du baseball professionnel ont coutume de prédire le succès de joueurs potentiels en se fondant en partie sur leur morphologie et leur aspect. Le livre de Lewis a pour principal protagoniste Billy Beane, l'entraîneur des A's d'Oakland, qui a pris la décision, impopulaire, de passer outre ses recruteurs et de choisir ses joueurs en fonction des statistiques de leurs performances passées. Les joueurs choisis par les A's ne coûtaient pas cher, parce que les autres équipes les avaient rejetés puisqu'ils n'avaient pas l'air taillés pour la réussite. Très vite, l'équipe obtint d'excellents résultats à un moindre coût.

LES VICES DE LA REPRÉSENTATIVITÉ

Le fait de juger la probabilité par la représentativité a ses vertus, et elles sont importantes : les impressions intuitives que celle-ci engendre sont souvent – généralement, en fait – plus précises que ne le seraient des conjectures aléatoires.

- La plupart du temps, les gens qui ont l'air aimable le sont vraiment.
- Un sportif professionnel grand et mince sera plus sûrement un basketteur qu'un rugbyman.
- Les titulaires de doctorats sont plus susceptibles de s'abonner au *New York Times* que ceux qui ne sont pas allés au-delà du lycée.
- Les hommes jeunes sont plus susceptibles de conduire avec agressivité que les femmes âgées.

Dans tous ces cas comme dans bien d'autres, il y a une certaine part de vérité dans les stéréotypes qui président aux jugements de représentativité, et les prédictions qui suivent cette heuristique peuvent se révéler exactes. Dans d'autres situations, les stéréotypes sont faux et l'heuristique de la représentativité peut être source d'erreur, surtout si elle pousse les gens à négliger des informations sur les taux de base qui vont dans une autre direction. Cela dit, même quand l'heuristique présente une certaine validité, ce serait prêcher gravement contre la logique statistique que de s'appuyer exclusivement sur elle.

Un des vices de la représentativité est la volonté excessive de prédire l'occurrence d'événements improbables (dont le taux de base est faible). En voici un exemple : vous voyez une personne lire le *New York Times* dans le métro de New York. Laquelle des propositions suivantes correspond le plus sûrement à cette inconnue en train de lire ?

Elle a un doctorat.
Elle n'a pas de diplôme universitaire.

La représentativité vous conseillerait de parier sur le doctorat, mais cela n'est pas forcément avisé. Vous devriez sérieusement envisager la seconde solution, parce que l'on croise plus souvent des non-diplômés que des titulaires de doctorats dans le métro new-yorkais. Et s'il vous faut deviner si une femme décrite comme « timide et aimant la poésie » étudie la littérature chinoise ou la gestion, vous devriez pencher pour la seconde option [1]. Même si toutes les étudiantes en littérature chinoise étaient timides et amoureuses de la poésie, il est presque sûr que l'on rencontre encore plus de timides amateurs de poésie dans la population, beaucoup plus importante, des étudiants en gestion.

Les gens qui n'ont pas de formation en statistiques sont tout à fait capables d'avoir recours aux taux de base dans des prédictions, dans certaines conditions. Dans la première version du problème de Tom W, qui ne donne aucun détail à son sujet, il est évident pour tous que la probabilité que Tom W étudie un domaine précis est simplement la fréquence du taux de base des inscriptions dans le domaine en question. Mais dès que la personnalité de Tom W est décrite, on ne se soucie manifestement plus des taux de base.

À l'origine, Amos et moi pensions, en nous fondant sur les premières preuves dont nous disposions, que l'information liée au taux de base serait *toujours* négligée quand une information sur l'exemple spécifique serait disponible. Mais nous allions trop vite en besogne. Les psychologues ont mené de nombreuses expériences où l'information sur les taux de base est explicite dans le cadre du problème, et beaucoup de participants sont influencés par ces taux de base, même si les informations concernant le cas individuel bénéficient presque toujours d'une attention plus soutenue que de simples statistiques [2]. Norbert Schwarz et ses collègues ont montré qu'en demandant aux gens de « penser comme un statisticien », on accroissait leur recours aux taux de base, tandis que l'instruction « pensez comme un clinicien » avait l'effet inverse [3].

Une expérience réalisée il y a quelques années sur des étudiants de première année à Harvard a abouti à un résultat qui m'a surpris : une activation renforcée du Système 2 entraînait une amélioration significative de la précision des prédictions dans le problème de Tom W. L'expérience associait ce vieux problème à une variation moderne sur la fluidité cognitive. Il était demandé à la moitié des étudiants de gonfler les joues pendant l'expérience, et aux autres de froncer les sourcils [4]. Nous le savons, cette mimique accroît généralement la vigilance du Système 2 et réduit à la fois la trop grande confiance en soi et le recours à l'intuition. Les étudiants aux joues gonflées (une expression neutre sur le plan émotionnel) ont reproduit les résultats d'origine : ils se sont exclusivement appuyés sur la représentativité et ont ignoré les taux de base. Comme l'avaient prédit les auteurs, cependant, les boudeurs, eux, ont fait preuve d'une certaine sensibilité aux taux de base. Une découverte instructive.

Quand on se livre à un jugement intuitif incorrect, il faut rejeter la faute tant sur le Système 1 que sur le Système 2. C'est le Système 1 qui a suggéré l'intuition incorrecte, mais le Système 2 l'a approuvée et exprimée sous forme de jugement. Il y a deux raisons pour expliquer l'échec du Système 2, l'ignorance et la paresse. Certaines personnes ignorent les taux de base parce qu'ils croient qu'ils n'ont aucune importance en présence d'informations individuelles. D'autres font la même erreur parce qu'ils ne sont pas concentrés sur la tâche. Si le fait de froncer les sourcils change le résultat, il semble que la paresse soit la bonne explication pour la négligence des taux de base, du moins chez les étudiants de Harvard. Leur Système 2 « sait » que les taux de base sont importants même quand ils ne sont pas explicitement mentionnés, mais n'applique cette connaissance que s'il investit un effort particulier dans la tâche.

Le second vice de la représentativité est l'insensibilité à la qualité des indices. Souvenez-vous de la règle du Système 1 : COVERA. Dans l'exemple de Tom W, c'est une description de Tom, un portrait exact ou non de lui, qui active votre machinerie associative. L'idée que Tom W a « peu de compassion et de sympathie pour les autres » a probablement suffi à vous convaincre (ainsi que la plupart des autres lecteurs) qu'il est fort probable qu'il étudie les sciences sociales ou souhaite devenir assistant social. Pourtant, on vous a explicitement dit que l'on ne pouvait pas faire confiance à cette description !

Vous comprenez sûrement, en principe, qu'il faudrait traiter des informations sans valeur comme un manque total d'information, mais COVERA fait qu'il est très difficile d'appliquer ce principe. À moins de décider immédiatement de rejeter des preuves (par exemple, en déterminant qu'elles vous ont été fournies par un menteur), votre Système 1 traitera automatiquement les informations disponibles comme si elles étaient vraies. Il y a une chose que vous pouvez faire quand vous doutez de la qualité des indices : ne laissez pas vos jugements de probabilité s'éloigner des taux de base. Ne vous attendez pas à ce que cet exercice de discipline soit facile – il nécessite un effort considérable de surveillance et de contrôle de soi.

La bonne réponse à l'énigme de Tom W, c'est que vous devriez rester très près de vos convictions initiales, en réduisant légèrement la forte probabilité de départ des domaines très fréquentés (lettres et enseignement ; sciences sociales et assistance sociale) et en augmentant légèrement la faible probabilité des spécialités rares (bibliothéconomie, informatique). Vous ne vous retrouverez pas exactement là où vous en seriez si vous ne saviez absolument rien de Tom W, mais le peu d'information dont vous disposez n'étant pas fiable, ce sont les taux de base qui devraient prédominer dans vos estimations.

COMMENT DISCIPLINER L'INTUITION

Si vous pensez qu'il va pleuvoir demain, c'est une conviction subjective, mais vous ne devriez pas vous laisser aller à croire tout ce qui vous vient à l'esprit. Pour être utiles, vos convictions devraient être limitées par la logique de la probabilité. Donc, si vous pensez qu'il y a 40 % de chances qu'il pleuve à un moment donné dans la journée de demain, vous devez également croire qu'il y a 60 % de chances qu'il ne pleuve pas demain, et vous ne devez pas croire qu'il y a 50 % de chances qu'il pleuve demain matin. Et si vous croyez qu'il y a 30 % de chances que le candidat X soit élu président, et 80 % de chances qu'il soit réélu s'il l'emporte la première fois, alors vous devez croire que les chances qu'il soit élu deux fois de suite sont de 24 %.

Les « règles » applicables dans des cas comme le problème de Tom W sont fournies par les statistiques de Bayes. Cette approche moderne et influente des statistiques tient son nom d'un religieux anglais du XVIIIe siècle, le révérend Thomas Bayes, à qui l'on doit la première grande contribution à un vaste problème : comment les gens devraient changer d'avis après avoir été informés. La règle de Bayes spécifie comment les convictions antérieures (dans les exemples de ce chapitre, les taux de base) devraient être associées à la diagnosticité de la preuve, dans quelle mesure elle favorise une hypothèse plutôt qu'une autre [5]. Par exemple, si vous croyez que 3 % des étudiants sont inscrits en informatique (le taux de base), et que vous croyez aussi que la description de Tom W est quatre fois plus susceptible de correspondre à un étudiant de ce domaine qu'à un autre, alors, d'après la règle de Bayes, vous devez croire que la probabilité que Tom W soit un informaticien est maintenant de 11 %. Si le taux de base était de 80 %, le nouveau degré de conviction serait de 94,1 %. Et ainsi de suite.

Les détails mathématiques n'ont pas d'importance dans ce livre. Il faut garder deux idées à l'esprit au sujet du raisonnement de Bayes et sur la façon dont nous avons tendance à le saboter. La première, c'est que les taux de base comptent, même en présence d'informations sur l'affaire en cours. Ce qui n'est pas toujours évident sur le plan intuitif. La seconde, c'est que les impressions intuitives de la diagnosticité d'une information sont souvent exagérées. La combinaison de COVERA et de la cohérence associative a tendance à nous faire croire aux histoires que nous nous inventons. Les clés essentielles du raisonnement discipliné de Bayes peuvent être résumées simplement :

- ancrez votre jugement de la probabilité d'un résultat sur un taux de base plausible ;
- remettez en question la diagnosticité de votre information.

Deux idées effectivement simples. J'ai eu un choc quand j'ai compris que je n'avais pas appris à les mettre en œuvre, et que même maintenant, cela ne me paraît pas naturel.

*

La représentativité en bref

« La pelouse est bien tondue, le réceptionniste a l'air compétent, et le mobilier est séduisant, mais cela ne veut pas dire que cette entreprise est bien gérée. J'espère que la direction ne se focalise pas sur la représentativité. »

« Cette start-up donne l'impression qu'elle ne va pas plonger, mais le taux de base de réussite dans le secteur est extrêmement faible. Comment savoir que cette société est différente ? »

« Ils ne cessent de répéter la même erreur : ils prédisent des événements rares à partir d'indices faibles. Quand les indices sont faibles, il faudrait s'en tenir aux taux de base. »

« Je sais que ce rapport est absolument impitoyable, et il est peut-être fondé sur des preuves solides, mais comment pouvons-nous en être sûrs ? Nous devons laisser une place à cette incertitude dans notre réflexion. »

15

LINDA : MOINS, C'EST PLUS

Notre expérience la plus célèbre, et la plus débattue, impliquait un personnage féminin fictif, Linda. Amos et moi avons inventé le problème de Linda pour fournir des preuves concluantes du rôle de l'heuristique dans le jugement et de son incompatibilité avec la logique [1]. Voici comment nous décrivions Linda :

> Linda a trente-trois ans, elle est célibataire, ne mâche pas ses mots et est très intelligente. Elle est diplômée en philosophie. Quand elle était étudiante, elle se sentait très concernée par les questions de discrimination et de justice sociale, et avait également pris part à des manifestations contre le nucléaire.

Dans les années 1980, les gens qui entendaient cette description ne manquaient jamais de rire, parce qu'ils comprenaient aussitôt que Linda avait été à l'université de Californie de Berkeley, célèbre à l'époque pour ses étudiants radicaux et politiquement engagés. Dans une de nos expériences, nous avons soumis aux participants une liste de huit scénarios possibles pour Linda. Comme dans le cas du problème de Tom W, certains devaient classer les scénarios par représentativité, d'autres par probabilité. Le problème de Linda est similaire, quoique légèrement remanié.

Linda est enseignante dans une école élémentaire.
Linda travaille dans une librairie et prend des cours de yoga.
Linda est active au sein du mouvement féministe.
Linda est psychiatre à l'assistance sociale.
Linda est membre de la Ligue des électrices.
Linda est employée de banque.
Linda travaille dans les assurances.
Linda est employée de banque et est active au sein du mouvement féministe.

Le problème a vieilli de bien des façons. La Ligue des électrices n'a plus la même importance aujourd'hui, et l'idée d'un « mouvement » féministe a quelque chose de pittoresque, preuve du changement du statut de la femme au cours des trente dernières années. Même à l'ère de Facebook, pourtant, la description de Linda suscite un consensus presque parfait : elle colle parfaitement au personnage d'une activiste féministe, elle correspond plutôt bien à quelqu'un qui travaillerait dans une librairie et prendrait des cours de yoga – et nettement moins à une employée de banque ou des assurances.

Intéressons-nous maintenant aux éléments clés de la liste : Linda ressemble-t-elle plus à une employée de banque, ou à une employée de banque active au sein du mouvement féministe ? Tout le monde reconnaît qu'elle correspond mieux à l'idée d'une « employée de banque féministe » qu'au stéréotype des employées de banque. Le stéréotype de la caissière dans une banque n'est pas une activiste féministe, et le fait d'ajouter ce détail à la description apporte davantage de cohérence à l'histoire.

La différence tient aux évaluations de vraisemblance, parce qu'il y a une relation logique entre les deux scénarios. Pensez en termes de diagrammes de Venn. L'ensemble des employées de banque féministes est totalement inclus dans l'ensemble des employées de banque, puisque toutes les employées de banque féministes sont des employées de banque. Par conséquent, la probabilité que Linda soit une employée de banque féministe *doit* être inférieure à la probabilité qu'elle travaille dans une banque. Quand vous spécifiez un événement possible plus en détail, vous ne pouvez que réduire sa probabilité. Le problème suscite donc un conflit entre l'intuition de la représentativité et la logique de la probabilité.

Notre expérience, à l'origine, était inter-sujets. Chaque participant voyait une série de sept résultats qui incluait un seul des éléments cruciaux (« employée de banque » ou « employée de banque féministe »). Certains classaient les résultats par ressemblance, d'autres par vraisemblance. Comme dans le cas de Tom W, les classements moyens par ressemblance et par vraisemblance étaient identiques : « employée de banque féministe » arrivait avant « employée de banque ».

Puis nous sommes allés plus loin en expérimentant en intra-sujets. Nous avons conçu le questionnaire tel que vous l'avez vu, « employée de banque » en sixième position et « employée de banque féministe » en dernière position. Nous étions persuadés que les sujets remarqueraient la relation entre les deux résultats et que leurs classements correspondraient à la logique. À vrai dire, nous en étions si sûrs que nous n'avons pas jugé bon de procéder à une expérience dédiée. Mon assistante menait une autre expérience dans le laboratoire, et elle a demandé aux sujets de remplir le questionnaire de Linda avant de signer le bon de sortie pour toucher leur vacation.

Une dizaine de questionnaires s'étaient accumulés dans une bannette sur le bureau de mon assistante avant que j'y jette un coup d'œil en passant, et que je m'aperçoive que tous les sujets avaient classé « employée de banque féministe » comme étant plus probable « qu'employée de banque ». Je fus tellement pris au dépourvu que je revois encore, comme dans un flash, la couleur grise du bureau métallique et l'endroit exact où chacun se trouvait au moment de cette découverte. Surexcité, j'appelai promptement Amos pour lui dire ce que nous avions trouvé : nous avions opposé la logique à la représentativité, et c'était cette dernière qui l'avait emporté !

Dans le langage de ce livre, nous avions observé une défaillance du Système 2 : nos participants avaient eu largement la possibilité de détecter l'adéquation de la règle logique, puisque les deux résultats étaient inclus dans le même classement. Mais ils n'avaient pas exploité cette possibilité. Quand nous avons élargi l'expérience, nous nous sommes aperçus que 89 % des étudiants de notre échantillon ne respectaient pas la logique de la probabilité. Convaincus que des participants formés aux statistiques feraient mieux, nous avons soumis le même questionnaire aux doctorants du programme de sciences de la décision de l'École de commerce de Stanford, qui avaient tous suivi des cours de haut niveau dans le domaine des probabilités, des statistiques et de la théorie de la décision. Nous fûmes une nouvelle fois surpris : 85 % d'entre eux classèrent également « employée de banque féministe » avant « employée de banque ».

Dans ce que nous avons plus tard décrit comme des tentatives « de plus en plus désespérées » pour éliminer cette erreur, nous avons présenté Linda à des groupes numériquement importants en leur posant cette question simple :

Quelle solution est la plus probable ?
Linda est une employée de banque.
Linda est une employée de banque et elle est active au sein du mouvement féministe.

Cette version dépouillée du problème a rendu Linda célèbre dans certains cercles, et nous a valu des années de controverses. Entre 85 % et 90 % des étudiants de plusieurs grandes universités choisirent la seconde possibilité, contre toute logique. Et ce qui était remarquable, c'était l'absence de remords des coupables. Quand, un rien indigné, j'ai lancé à ma classe : « Vous rendez-vous compte que vous avez violé une règle de logique élémentaire ? », au dernier rang, quelqu'un a crié : « Et alors ? » Une étudiante qui avait commis la même erreur s'est même expliquée en disant : « Je croyais que vous vouliez juste connaître mon opinion. »

En général, quand les gens ne parviennent pas à appliquer une règle logique évidente, on parle d'*erreur logique*. Amos et moi avons avancé l'idée d'une *erreur de conjonction*, que les gens commettent quand ils jugent qu'une conjonction entre deux événements (ici, employée de banque et féministe) est plus probable qu'un seul des événements (employée de banque) dans une comparaison directe.

Comme dans l'illusion de Müller-Lyer, l'erreur logique reste séduisante même quand vous savez qu'elle existe. Le naturaliste Stephen Jay Gould a décrit comment lui-même dut se démener avec le problème de Linda. Il connaissait la bonne réponse, bien sûr, et pourtant, raconta-t-il, « un petit bonhomme dans ma tête continue de sauter sur place en me hurlant : “Mais elle ne peut pas être une simple employée de banque, lis donc la description [2] ” ». Ce petit bonhomme était bien sûr le Système 1 de Gould qui lui parlait sur un ton insistant. (Quand il écrivait ces mots, la terminologie des deux systèmes n'avait pas encore été adoptée.)

La bonne réponse à la version courte du problème de Linda n'a été celle de la majorité que dans une seule de nos études : 64 % d'un groupe d'étudiants en sciences sociales de Stanford et Berkeley ont jugé, comme il le fallait, qu'« employée de banque féministe » était moins probable qu'« employée de banque ». Dans la version originale à huit résultats (voir ci-dessus), 15 % seulement d'un groupe comparable avait fait ce choix. La différence est révélatrice. Dans la version longue du test, les deux résultats cruciaux étaient séparés par un élément (Linda travaille dans les assurances), et les lecteurs évaluaient chaque résultat indépendamment, sans les comparer. Alors que dans la version courte, une comparaison explicite était requise, mobilisant le Système 2, ce qui avait permis aux étudiants mieux formés en statistiques d'échapper à l'erreur logique. Malheureusement, nous n'avons pas exploré le raisonnement de l'importante minorité (36 %) de ce groupe averti qui avait fait le mauvais choix.

Les jugements de probabilité de nos participants, dans les problèmes de Tom W et de Linda, correspondaient avec précision aux jugements de représentativité (ressemblance avec les stéréotypes). La représentativité appartient à un groupe d'évaluations fondamentales étroitement liées qui sont susceptibles d'être produites ensemble. Les résultats les plus représentatifs s'associent à la description de la personnalité pour donner les histoires les plus cohérentes. Celles-ci ne sont pas forcément les plus probables, mais elles sont *plausibles,* et les notions de cohérence, de plausibilité et de probabilité sont souvent confondues chez les gens qui ne se méfient pas.

La substitution inconditionnelle de la plausibilité à la probabilité a des effets pernicieux sur les jugements quand les scénarios sont utilisés comme des outils de prédiction. Considérez ces deux scénarios, qui ont été présentés à deux groupes différents à qui l'on a demandé d'évaluer leur probabilité :

> Une énorme inondation quelque part en Amérique du Nord l'an prochain, qui causera la mort par noyade de plus de 1 000 personnes.
>
> Un séisme l'an prochain en Californie, qui provoquera des inondations entraînant la mort par noyade de plus de 1 000 personnes.

Le scénario du séisme en Californie est plus plausible que le scénario en Amérique du Nord, bien que sa probabilité soit certainement moindre. Comme il fallait s'y attendre, les jugements de probabilité ont été supérieurs dans le cas du scénario plus informatif et détaillé, contre toute logique. C'est un piège pour les prévisionnistes et leurs clients : le fait d'ajouter des détails à des scénarios les rend plus plausibles, mais moins susceptibles de se produire.

Pour apprécier le rôle de la plausibilité, considérez les questions suivantes :

Quelle est la solution la plus probable ?
Mark a des cheveux.
Mark a des cheveux blonds.

et

Quelle est la solution la plus probable ?
Jane est enseignante.
Jane est enseignante et se rend à pied à son travail.

Les deux questions ont la même structure logique que le problème de Linda, mais elles n'entraînent pas d'erreur logique, parce que le résultat plus détaillé n'est que cela, plus détaillé, pas plus plausible, ou plus cohérent, ou débouchant sur une meilleure histoire. L'évaluation de la plausibilité et de la cohérence ne suggère pas une réponse à la question de probabilité. En l'absence d'une intuition concurrente, la logique prévaut.

Christopher Hsee, de l'université de Chicago, a demandé aux participants d'une expérience d'évaluer le prix d'ensembles de vaisselle vendus à l'occasion de la liquidation d'une boutique locale, où ces articles se vendent généralement entre 30 et 60 euros l'unité. Trois groupes prenaient part à l'expérience. Le tableau ci-dessous a été montré à un groupe ; c'est ce que Hsee appelle l'*évaluation conjointe*, parce qu'elle permet une comparaison des deux ensembles. Les deux autres groupes n'ont vu qu'un seul ensemble ; c'est l'*évaluation simple*. J'appelle l'évaluation conjointe une expérience intra-sujet, alors que l'évaluation simple est inter-sujets.

	Ensemble A : 40 pièces	Ensemble B : 24 pièces
Assiettes plates	8, en bon état	8, en bon état
Assiettes à soupe	8, en bon état	8, en bon état
Assiettes à dessert	8, en bon état	8, en bon état
Tasses	8, dont 2 cassées	
Soucoupes	8, dont 7 cassées	

En partant du principe que les pièces des deux services sont de même qualité, lequel vaut le plus ? C'est une question facile. Vous pouvez voir que l'ensemble A contient toutes les pièces de l'ensemble B, ainsi que sept pièces intactes supplémentaires, donc il *doit* coûter plus cher. De fait, les participants à l'expérience d'évaluation conjointe de Hsee étaient prêts à payer un peu plus pour l'ensemble A que pour l'ensemble B : 32 euros au lieu de 30.

En évaluation simple, les résultats étaient inversés. L'ensemble B était considéré comme valant beaucoup plus que l'ensemble A : 33 euros contre 23. Nous savons pourquoi. Les ensembles (y compris les ensembles de vaisselle !) sont représentés par des normes et des prototypes. Vous pouvez percevoir immédiatement que la valeur moyenne des pièces est nettement plus basse pour l'ensemble A que pour l'ensemble B, parce que personne n'est disposé à payer pour de la vaisselle cassée. Si la moyenne domine l'évaluation, il n'est pas surprenant que l'ensemble B soit considéré comme de plus grande valeur. Hsee a baptisé la logique qui en résulte « moins, c'est plus ». Quand on retire 16 articles de l'ensemble A (dont 7 intacts), sa valeur s'accroît.

La découverte de Hsee a été reproduite par l'économiste expérimental John List sur un vrai marché avec des cartes représentant des joueurs de baseball. Il a mis aux enchères des ensembles de dix cartes de grande valeur, et des ensembles identiques auxquels il avait ajouté trois cartes de valeur plus modeste. Comme pour l'expérience avec la vaisselle, les ensembles plus importants se voyaient accorder une plus grande valeur lors de l'évaluation conjointe, et moins lors de l'évaluation simple. Du point de vue de la théorie économique, c'est un résultat troublant : la valeur économique d'un service de vaisselle ou d'une collection de cartes de baseball est une variable de type somme. Le fait d'y ajouter un article ayant une valeur positive ne peut qu'en augmenter la valeur.

Le problème de Linda et celui de la vaisselle présentent exactement la même structure. La probabilité, comme la valeur économique, est une variable de type somme, comme l'illustre cet exemple :

> probabilité (Linda est employée de banque) = probabilité (Linda est une employée de banque féministe) + probabilité (Linda est une employée de banque non féministe)

C'est aussi pour cette raison, comme dans le cas de l'étude Hsee, que les évaluations simples du problème de Linda débouchent sur une logique du « moins, c'est plus ». Le Système 1 pratique des moyennes plutôt que des additions, donc, quand on retire de l'ensemble les employées de banque non féministes, la probabilité subjective augmente. Cependant, la nature de type somme de la variable est moins évidente pour la probabilité que pour l'argent. Par conséquent, l'évaluation conjointe n'élimine l'erreur que dans l'expérience de Hsee, pas dans celle de Linda.

Linda n'est pas la seule erreur de conjonction à subsister dans l'évaluation conjointe. Nous avons croisé des violations comparables de la logique dans bien d'autres jugements. Dans une expérience, il a été demandé aux participants de classer quatre résultats possibles au prochain tournoi de Wimbledon en commençant par le plus probable. À l'époque, Björn Borg dominait les courts. Voici les résultats :

A. Borg va gagner le match.
B. Borg va perdre le premier set.
C. Borg va perdre le premier set mais gagner le match.
D. Borg va gagner le premier set mais perdre le match.

Les éléments cruciaux sont B et C. B est l'événement le plus inclusif et sa probabilité doit être supérieure à celle d'un événement qui l'inclut. Contrairement à la logique, mais pas à la représentativité ou à la plausibilité, 72 % des gens ont accordé à B une probabilité plus faible qu'à C – un autre exemple de « moins, c'est plus » dans une comparaison directe. Là encore, le scénario qui a été jugé le plus probable était incontestablement plus plausible, il correspondait de façon plus cohérente à ce que l'on savait du meilleur joueur de tennis du monde.

Pour couper court à toute objection et prouver que l'erreur de conjonction n'était pas due à une mauvaise interprétation de la probabilité, nous avons imaginé un problème qui nécessitait des jugements de probabilité, mais où les événements n'étaient pas décrits en mots, et où le terme *probabilité* n'apparaissait pas du tout. Nous avons parlé aux participants d'un dé normal à six faces, dont quatre vertes et deux rouges, qui serait lancé vingt fois. On leur a montré trois séquences de verts (V) et de rouges (R), et on leur a demandé d'en choisir une. Ils étaient censés (hypothétiquement) gagner 25 euros si c'était la séquence qu'ils avaient choisie qui sortait. Les séquences étaient :

1. RVRRR
2. VRVRRR
3. VRRRRR

Le dé ayant deux fois plus de faces vertes que rouges, la première séquence n'est pas vraiment représentative – comme le fait que Linda soit employée de banque. La deuxième séquence, qui contient six lancers, correspond davantage à ce que l'on peut attendre de ce dé, car elle comprend deux V. Toutefois, cette séquence a été obtenue en ajoutant un V au début de la première, donc, elle ne peut être qu'un peu moins probable que la première. C'est l'équivalent non verbal de Linda employée de banque féministe. Comme dans l'étude de Linda, la représentativité l'a emporté. Près des deux tiers des participants ont préféré parier sur la séquence 2 plutôt que sur la 1. Cependant, confrontée à des arguments expliquant les deux choix, une grande majorité a trouvé l'argument correct (en faveur de la séquence 1) plus convaincant.

Grâce au problème suivant, nous avons réalisé une percée, parce que nous avons enfin trouvé une situation où l'incidence de l'erreur de conjonction était nettement réduite. Deux groupes de sujets devaient considérer de légères variantes d'un même problème :

Une enquête de santé a été menée auprès d'un échantillon d'hommes adultes de Colombie-Britannique, de tous les âges et de tous les secteurs professionnels. Veuillez estimer au mieux les valeurs suivantes :	Une enquête de santé a été menée auprès d'un échantillon de 100 hommes adultes de Colombie-Britannique, de tous les âges et de tous les secteurs professionnels. Veuillez estimer au mieux les valeurs suivantes :
Quel pourcentage des hommes interrogés ont été victimes d'un ou de plusieurs infarctus ?	Combien des 100 participants ont été victimes d'un ou de plusieurs infarctus ?
Quel pourcentage des hommes interrogés ont à la fois plus de 55 ans et ont été victimes d'un ou de plusieurs infarctus ?	Combien des 100 participants ont à la fois plus de 55 ans et ont été victimes d'un ou de plusieurs infarctus ?

L'incidence des erreurs était de 65 % dans le groupe confronté au problème de gauche, et de seulement 25 % dans celui confronté au problème de droite.

Pourquoi la question « Combien des 100 participants… » est-elle tellement plus facile que « Quel pourcentage… » ? Une explication probable est que la référence à 100 individus évoque une représentation spatiale. Imaginez qu'un grand nombre de personnes aient pour instruction de se répartir en plusieurs groupes dans une pièce : ceux dont les noms commencent par les lettres A à L doivent se rassembler dans le coin avant gauche. Puis on leur enjoint de faire un tri plus serré : la relation d'inclusion est maintenant évidente, les individus dont le nom commence par C formant un sous-ensemble de la foule regroupée dans le coin avant gauche. Dans la question sur l'enquête médicale, on peut imaginer que les victimes d'infarctus se retrouvent dans un coin de la pièce, et certaines d'entre elles ont moins de 55 ans. Tout le monde ne partagera pas cette imagerie particulièrement vivante, mais beaucoup d'expériences ultérieures ont montré que la représentation de fréquence, comme on l'appelle, permet plus facilement d'apprécier qu'un groupe est totalement inclus dans l'autre. La solution de l'énigme semble être que la question « combien ? » vous fait penser à des individus, ce qui n'est pas le cas quand elle est reformulée en « quel pourcentage ? ».

Que nous ont appris ces études sur le fonctionnement du Système 2 ? Une conclusion, qui n'est pas nouvelle, est que le Système 2 n'est pas particulièrement alerte. Les étudiants, qu'ils soient en première année ou en année de diplôme, qui ont participé à nos études sur l'erreur de conjonction « connaissaient » certainement la logique des diagrammes de Venn, mais ils ne l'ont pas appliquée de façon fiable même quand toutes les informations appropriées étaient étalées sous leurs yeux. L'absurdité de la logique du « moins, c'est plus » a été mise en évidence par l'étude de Hsee sur la vaisselle et a été aisément identifiée avec la double question « combien ? »/« quel pourcentage ? », mais elle n'a pas été criante pour les milliers de personnes qui ont commis l'erreur de conjonction dans le problème original sur Linda, et dans d'autres du même genre. Dans tous ces cas, la conjonction a semblé plausible, ce qui a suffi pour que le Système 2 l'approuve.

La paresse du Système 2 explique en partie cela. Si leurs prochaines vacances en avaient dépendu, et si on leur avait donné un temps indéfini, si on leur avait dit de suivre la logique et de ne répondre que quand ils seraient sûrs de leur réponse, je pense que la plupart de nos sujets auraient évité l'erreur de conjonction. Mais leurs vacances ne dépendaient pas d'une bonne réponse ; ils y ont consacré très peu de temps, et se sont satisfaits de répondre comme si on s'était contenté de « leur demander leur opinion ». La paresse du Système 2 est une donnée importante de la vie. De plus, on a observé que la représentativité pouvait bloquer l'application d'une règle logique évidente, ce qui présente également un intérêt.

Ce qu'il y a de remarquable, dans l'histoire de Linda, c'est le contraste qu'elle offre avec l'étude sur la vaisselle cassée. Les deux problèmes ont la même structure, mais donnent des résultats différents. Les gens qui voient l'ensemble de vaisselle comportant des pièces cassées lui attribuent un prix très bas ; leur comportement est le reflet d'une règle d'intuition. D'autres, qui voient les deux ensembles, appliquent aussitôt la règle logique qui veut que plus de pièces ajoutent forcément de la valeur. L'intuition gouverne les jugements dans une situation de test inter-sujets ; la logique prend le dessus dans l'évaluation conjointe. Dans le problème de Linda, en revanche, l'intuition a souvent surclassé la logique, même dans l'évaluation conjointe, bien que nous ayons identifié certaines situations où la logique prévaut.

Amos et moi étions convaincus que les violations frappantes de la logique de probabilité que nous avions observées dans des problèmes transparents étaient intéressantes et méritaient d'être signalées à nos collègues. Nous pensions également que les résultats appuyaient notre théorie sur le pouvoir de l'heuristique du jugement, et qu'ils convaincraient les sceptiques. Nous nous trompions lourdement. Au lieu de cela, le problème de Linda devint un cas d'école pour l'étude des normes de la controverse.

Il attira certes une attention considérable, mais il cristallisa aussi les critiques de notre approche du jugement. Comme nous l'avions déjà fait, des chercheurs trouvèrent des combinaisons d'instructions et d'indices qui réduisaient l'incidence de l'erreur logique ; certains affirmaient que, dans le contexte du problème de Linda, il était raisonnable que les sujets comprennent le mot « probabilité » comme s'il voulait dire « plausibilité ». D'aucuns en vinrent parfois à laisser entendre que toute notre entreprise était erronée : s'il était possible d'atténuer ou d'expliquer une illusion cognitive pertinente, il en irait de même pour d'autres[3]. Or ce raisonnement néglige la caractéristique majeure de l'erreur de conjonction en tant que conflit entre l'intuition et la logique. Les preuves que nous avions accumulées en faveur de l'heuristique à partir d'expériences inter-sujets (y compris celles sur Linda) n'étaient pas remises en question – elles étaient simplement ignorées, et leur pertinence était atténuée par l'accent mis exclusivement sur l'erreur de conjonction. Le problème de Linda eut pour effet d'accroître la visibilité de nos travaux auprès du grand public, et d'entamer légèrement la crédibilité de notre approche auprès des spécialistes du secteur. Nous ne nous y étions pas du tout attendus.

Si vous assistez à un procès, vous vous apercevrez que les avocats recourent en général à deux types de critiques : pour démolir un dossier, ils remettent en cause les arguments les plus solides qui le soutiennent ; pour discréditer un témoin, ils se concentrent sur les éléments les plus faibles de son témoignage. Il est également habituel de se concentrer sur les faiblesses dans les débats politiques. Je ne pense pas que ce soit approprié dans les controverses scientifiques, mais j'ai fini par admettre, comme si cela faisait partie de nos existences, que les normes du débat dans les sciences sociales n'interdisent pas d'avoir recours à des arguments de type politique, surtout quand ce sont des sujets essentiels qui sont en jeu. Or, la prédominance du biais dans le jugement est un sujet essentiel.

Il y a quelques années, j'ai eu une conversation amicale avec Ralph Hertwig, qui n'a jamais faibli dans ses critiques à l'encontre du problème de Linda, et avec qui j'avais collaboré dans le vain espoir de surmonter nos différences[4]. Je lui ai demandé pourquoi, comme d'autres, il avait choisi de se concentrer uniquement sur l'erreur de conjonction, plutôt que sur d'autres découvertes qui étayaient plus solidement nos conclusions. Avec un sourire, il m'a répondu : « C'était plus intéressant. » Et il a ajouté que le problème de Linda avait attiré tant d'attention que nous n'avions aucune raison de nous plaindre.

*

« MOINS, C'EST PLUS » EN BREF

« Ils ont bâti un scénario très compliqué et soutiennent qu'il est tout à fait probable. Il ne l'est pas – ce n'est qu'une histoire plausible. »

« Ils ont ajouté un cadeau bon marché à leur produit hors de prix, et leur offre a du coup perdu de son attrait. Dans ce cas, moins, c'est plus. »

« Dans la plupart des situations, une comparaison directe oblige les gens à faire preuve de davantage de prudence et de logique. Mais pas toujours. Parfois, l'intuition bat la logique même quand on a la bonne réponse sous le nez. »

16

QUAND LES CAUSES ÉCRASENT LES STATISTIQUES

Considérez le scénario suivant et notez votre réponse intuitive à la question :

> Un taxi a été impliqué dans un accident de nuit avec délit de fuite.
> Deux sociétés de taxis travaillent dans la ville, les Verts et les Bleus.
> Vous disposez des informations suivantes :
> - 85 % des taxis de la ville sont verts et 15 % bleus.
> - Un témoin a identifié le taxi comme étant bleu. La cour a vérifié la fiabilité du témoin dans des circonstances reproduisant celles de la nuit de l'accident et a conclu que le témoin avait identifié correctement chacune des deux couleurs à 80 %.
>
> Quelle est la probabilité que le taxi impliqué dans l'accident soit bleu plutôt que vert ?

C'est un problème classique de déduction de Bayes. Il y a deux informations : un taux de base et la déclaration d'un témoin, d'une fiabilité imparfaite. En l'absence de témoins, la probabilité que le taxi coupable soit bleu est de 15 %, qui est le taux de base de ce résultat. Si les deux sociétés de taxis avaient été de même taille, le taux de base n'aurait aucun intérêt et vous ne considéreriez que la fiabilité du témoin, pour conclure que la probabilité serait de 80 %. La règle de Bayes permet de combiner les deux sources d'information. La bonne réponse est 41 % [1]. Cependant, vous pouvez probablement deviner ce que font les gens face à ce problème : ils ignorent le taux de base et suivent le témoin. La réponse la plus courante est 80 %.

Us et abus des stéréotypes causaux

Considérez maintenant une variation sur le même thème, où seul le taux de base a été modifié.

On vous fournit les informations suivantes :

- Les deux sociétés utilisent le même nombre de taxis, mais les taxis verts sont impliqués dans 85 % des accidents.
- L'information sur le témoin est la même que dans la version précédente.

Les deux versions du problème sont impossibles à distinguer sur le plan mathématique, mais elles sont très différentes sur le plan psychologique. Les gens qui lisent la première version ne savent pas comment se servir du taux de base et l'ignorent souvent. En revanche, les gens qui voient la deuxième version accordent une importance considérable au taux de base, et leur jugement est en moyenne assez proche de la solution bayésienne [2]. Pourquoi ?

Dans la première version, le taux de base des taxis bleus est un fait statistique sur les taxis de la ville. Un esprit toujours en quête d'histoires causales ne trouve pas là de quoi se satisfaire : en quoi le nombre de taxis bleus et verts dans la ville a causé ce délit de fuite ?

Dans la seconde version, en revanche, les chauffeurs des taxis verts provoquent cinq fois plus d'accidents que les taxis bleus. La conclusion est immédiate : les chauffeurs verts doivent être une bande de fous furieux ! Vous venez de vous doter d'un stéréotype sur l'imprudence des verts, que vous appliquez à des inconnus, les chauffeurs de la société. Ce stéréotype est facile à intégrer dans une histoire causale, parce que l'imprudence est une donnée appropriée, en termes de causalité, pour des chauffeurs de taxi individuels. Dans cette version, il y a deux histoires causales qu'il faut combiner et réconcilier. La première est celle du délit de fuite, qui laisse évidemment penser que c'est un chauffeur vert imprudent le coupable. La seconde est la déposition du témoin, qui suggère fortement que le taxi était bleu. Les déductions quant à la couleur de la voiture à partir des deux histoires sont contradictoires et s'annulent à peu près mutuellement. Les chances sont approximativement égales entre les deux couleurs (l'estimation bayésienne est de 41 %, reflétant le fait que le taux de base des taxis verts est un peu plus important que la fiabilité du témoin qui dit avoir vu un taxi bleu).

L'exemple du taxi illustre deux types de taux de base. Les *taux de base statistiques* sont des données sur une population à laquelle appartient un cas, mais elles ne se rapportent pas au cas pris individuellement. Les *taux de base causaux* modifient votre façon de considérer comment le cas individuel s'est produit. Les deux types de taux de base sont traités différemment :

- Les taux de base statistiques sont généralement sous-estimés, et parfois complètement négligés, quand des informations spécifiques sur le cas étudié sont disponibles.
- Les taux de base causaux sont traités comme des informations sur le cas individuel et sont facilement combinés avec d'autres informations se rapportant au cas.

La version causale du problème du taxi a pris la forme d'un stéréotype : les chauffeurs verts sont dangereux. Les stéréotypes sont des déclarations sur le groupe acceptées (avec certaines précautions) comme des faits concernant tous ses membres. Voici deux exemples :

> La plupart des bacheliers de ce lycée du centre-ville entrent à l'université.
> On aime beaucoup le cyclisme en France.

Ces déclarations sont volontiers interprétées comme la description d'une propension chez les membres individuels d'un groupe, et ils s'intègrent dans une histoire causale. Beaucoup de bacheliers de ce lycée du centre-ville ont envie et sont capables d'entrer à l'université. Il existe des forces dans la culture et la vie sociale françaises qui font que beaucoup de Français s'intéressent au cyclisme. Vous vous souviendrez de ces faits quand vous penserez à la possibilité qu'un bachelier particulier de ce lycée aille à l'université, ou quand vous vous demanderez s'il faut évoquer le Tour de France dans une conversation avec un Français que vous venez de rencontrer.

Dans notre culture, le mot *stéréotype* a une connotation négative, mais j'en fais ici un usage neutre. Une des caractéristiques fondamentales du Système 1 est qu'il représente les catégories comme des normes et des prototypes. C'est comme cela que nous pensons aux chevaux, aux réfrigérateurs et aux agents de police ; nous avons en mémoire une représentation d'un ou plusieurs membres « normaux » de chacune de ces catégories. Quand les catégories sont sociales, on appelle ces représentations des stéréotypes. Certains sont faux, de manière pernicieuse, et les stéréotypes hostiles peuvent avoir des conséquences terribles, mais on ne peut échapper aux faits psychologiques : c'est par des stéréotypes, qu'ils soient corrects ou erronés, que nous envisageons les catégories.

Vous apprécierez l'ironie de la chose. Dans le contexte du problème des taxis, la négligence du taux de base est un défaut cognitif, une défaillance du raisonnement bayésien, et il est souhaitable de s'appuyer sur les taux de base causaux. Le stéréotype des chauffeurs verts améliore la précision du jugement. Mais dans d'autres contextes, comme une embauche ou l'élaboration d'un profil psychologique, les stéréotypes se heurtent à une norme sociale nette, prévue de plus par la loi. Comme il se doit. Dans des contextes sociaux sensibles, mieux vaut ne pas parvenir à des conclusions potentiellement fausses sur un individu à partir des statistiques d'un groupe. Nous considérons comme moralement souhaitable que les taux de base soient traités comme des faits statistiques sur le groupe plutôt que comme des faits présumés sur des individus. Autrement dit, nous rejetons les taux de base causaux.

La norme sociale contre les stéréotypes, dont fait partie l'opposition au profil psychologique, a joué un rôle considérable dans le développement d'une société plus civilisée et plus égalitaire. Il est cependant important de garder à l'esprit que le fait de négliger des stéréotypes valides aboutit immanquablement à des jugements loin d'être optimaux. Sur le plan moral, la résistance aux stéréotypes est louable, mais l'idée simpliste qui veut que cette résistance n'ait pas de prix est fausse. Elle a un prix, qui mérite d'être payé si l'on veut aboutir à une meilleure société, mais s'il est spirituellement satisfaisant et politiquement correct de nier l'existence de ce prix, sur le plan scientifique, c'est indéfendable. Dans les débats à forte connotation politique, il est courant d'avoir recours à l'heuristique de l'affect. Les positions que nous défendons ne coûtent rien et celles que nous dénonçons ne rapportent rien. Nous devrions pouvoir faire mieux.

Influence des taux de base causaux

Amos et moi avons fabriqué les variantes du problème du taxi, mais ce n'est pas nous qui avons inventé la formidable notion des taux de base causaux. Nous l'avons empruntée au psychologue Icek Ajzen. Dans son expérience, Ajzen a montré aux participants de courtes vignettes décrivant des étudiants qui avaient passé un examen à Yale, et il a demandé aux sujets d'évaluer la probabilité que chaque étudiant ait réussi. La manipulation des taux de base causaux était simple : Ajzen a dit à un groupe que les étudiants qu'ils voyaient venaient d'une classe ayant eu 75 % de réussite, et à un autre groupe qu'ils venaient d'une classe qui n'avait affiché que 25 % de réussite. C'est une manipulation puissante, parce que le taux de base des réussites amène immédiatement à déduire que l'examen réussi par seulement 25 % devait être extrêmement difficile. La difficulté d'un examen est, bien sûr, un des facteurs causaux qui déterminent chaque résultat individuel. Comme prévu, les sujets d'Ajzen ont été très sensibles aux taux de base causaux, et ont estimé que les étudiants de la classe à 75 % avaient plus de chances de réussir que les autres.

Ajzen a fait appel à une méthode ingénieuse pour suggérer un taux de base non causal. Il a dit à ses sujets que les étudiants qu'ils voyaient avaient été prélevés dans un échantillon qui avait lui-même été constitué en sélectionnant des étudiants qui avaient réussi ou échoué. Par exemple, les informations sur le groupe à fort taux d'échec sont présentées comme suit :

> L'investigateur s'intéressait principalement aux causes de l'échec et a mis en place un échantillon dont 75 % des membres avaient échoué à l'examen.

Remarquez la différence. Ce taux de base est un fait purement statistique sur l'ensemble d'où proviennent des exemples. Il n'a aucune influence sur la question posée, qui est de savoir si l'étudiant montré a réussi ou échoué. Comme prévu, les taux de base explicites ont eu un impact sur le jugement, mais beaucoup moins que les taux de base causaux, équivalents sur le plan statistique. Le Système 1 peut gérer des histoires dont les éléments sont liés causalement, mais il n'est pas doué pour le raisonnement statistique. Pour un penseur bayésien, bien sûr, ces deux versions se valent. Il est tentant d'en conclure que nous sommes parvenus à un résultat satisfaisant : les taux de base causaux sont utilisés ; les faits purement statistiques sont (plus ou moins) négligés. L'étude que nous allons voir maintenant est une de mes préférées, et elle montre que la situation est en réalité beaucoup plus complexe.

Peut-on enseigner la psychologie ?

Les chauffeurs de taxi imprudents et l'examen terriblement difficile illustrent deux déductions que les gens peuvent tirer des taux de base causaux : une caractéristique stéréotypée qui est attribuée à un individu, et un élément significatif de la situation qui affecte la performance d'un individu. Les participants à ces expériences ont fait les bonnes déductions et leurs jugements se sont améliorés. Malheureusement, les choses ne se passent pas toujours aussi bien. L'expérience classique que je vais vous décrire montre que les gens ne puisent pas dans les taux de base des informations susceptibles d'entrer en conflit avec d'autres convictions. Ce qui nous mène à la conclusion déplaisante que l'enseignement de la psychologie n'est, en gros, qu'une perte de temps.

Cette expérience a été réalisée il y a longtemps par le psychologue social Richard Nisbett et son étudiant Eugene Borgida, à l'université du Michigan[3]. Ils ont parlé à des étudiants de la célèbre « expérience du bon Samaritain », réalisée quelques années plus tôt à l'université de New York. Dans cette expérience, les participants avaient été placés dans des cabines individuelles et avaient été invités à s'exprimer dans un interphone sur leur vie personnelle et sur leurs problèmes. Ils devaient parler chacun à son tour pendant deux minutes. Un seul micro était activé à la fois. Chaque groupe se composait de six participants, dont un leurre. Le leurre intervenait le premier, suivant un script préparé par les expérimentateurs. Il décrivait les difficultés qu'il éprouvait pour s'adapter à New York et reconnaissait, avec une gêne manifeste, être sujet à des crises, surtout quand il était stressé. Puis les autres prenaient la parole. Quand ce fut de nouveau au tour du leurre, il devint nerveux, incohérent, affirma qu'il se sentait au bord d'une crise, et demanda de l'aide. Ses derniers mots, entendus par les participants, furent : « Est-est-ce que quelqu-qu-qu'un argh p-p-pourrait m'aider euh-euh-euh *(bruits d'étranglements)*. Je … Je vais m-m-mourir-argh-euh-euh Je … vais mourir-euh-euh je crise je-euh *(bruits d'étouffement, puis silence)*. » À ce moment-là, le micro du participant suivant s'activa, et l'on n'entendit plus rien de l'individu qui était peut-être en train de mourir.

Selon vous, qu'ont fait les participants à l'expérience ? Pour ce qu'ils en savaient, l'un d'entre eux venait d'avoir une attaque et avait demandé de l'aide. Cependant, il y avait plusieurs autres personnes susceptibles de réagir, donc, il était possible de rester tranquillement à l'abri dans sa cabine. Voici les résultats : seuls quatre des quinze participants réagirent immédiatement à l'appel à l'aide. Six ne sortirent jamais de leur cabine, et cinq autres ne le firent que longtemps après que la « victime » s'était apparemment étouffée. L'expérience montre que les individus se sentent déchargés de la responsabilité quand ils savent que d'autres ont entendu le même appel à l'aide [4].

Ces résultats vous ont-ils surpris ? C'est fort probable. La majorité d'entre nous considère comme des gens bien ceux qui se rueraient à l'aide de la victime dans une telle situation, et nous nous attendons à ce que toute personne convenable fasse de même. Cette expérience avait évidemment pour but de montrer que c'est loin d'être le cas. Même des gens bien, normaux, ne se précipitent pas pour aider autrui quand ils se disent que d'autres peuvent se charger de faire face aux manifestations déplaisantes d'une attaque. Oui, même vous.

Êtes-vous disposé à approuver la déclaration suivante ? « Quand j'ai lu la description de l'expérience du bon Samaritain, je me suis dit que je me serais immédiatement porté au secours de l'inconnu, comme je le ferais probablement si je me trouvais seul avec la victime d'une attaque. J'avais probablement tort. Si je me retrouve dans une situation où d'autres que moi peuvent intervenir, peut-être que je ne bougerai pas. La présence des autres réduirait mon sentiment de responsabilité personnelle plus que je ne le pensais au départ. » C'est ce qu'un professeur de psychologie espérerait vous avoir appris. Auriez-vous tiré les mêmes conclusions par vous-même ?

Le professeur de psychologie qui décrit l'expérience du bon Samaritain veut que ses étudiants considèrent le faible taux de base comme causal, tout comme dans le cas de l'examen fictif à Yale. Il veut qu'ils déduisent, dans les deux cas, qu'un taux d'échec étonnamment élevé implique que le test est d'une grande difficulté. La leçon que les étudiants sont censés en tirer est qu'une caractéristique particulièrement influente dans la situation dépeinte, comme la dilution de la responsabilité, pousse des gens normaux comme eux à se comporter d'une façon incroyablement égoïste.

Il est très difficile de changer d'avis sur la nature humaine, et ça l'est encore davantage de changer d'avis pour admettre le pire sur son propre compte. Nisbett et Borgida se doutaient que leurs étudiants fuiraient le travail et le désagrément. Bien sûr, les étudiants seraient capables et disposés à réciter les détails de l'expérience du bon Samaritain, et ils répéteraient même l'interprétation « officielle » en termes de dilution de la responsabilité. Mais leurs convictions quant à la nature humaine en seraient-elles pour autant altérées ? Pour le savoir, Nisbett et Borgida leur ont montré de courtes interviews de deux personnes censées avoir pris part à l'expérience new-yorkaise. Les entretiens étaient brefs et ennuyeux. Les personnes interviewées avaient l'air de gens bien, normaux, gentils. Ils décrivaient leurs passe-temps, leurs loisirs et leurs projets d'avenir, tous parfaitement conventionnels. Après avoir vu la vidéo d'une interview, les étudiants devaient deviner à quelle vitesse l'interviewé était venu en aide à la victime.

Pour appliquer le raisonnement bayésien à la tâche confiée aux étudiants, vous devriez commencer par vous demander ce que vous auriez deviné des deux individus si vous n'aviez pas visionné leurs interviews. On répond à cette question en consultant le taux de base. On nous a appris que quatre seulement des quinze participants s'étaient précipités pour aider après le premier appel au secours. La probabilité qu'un participant non identifié soit intervenu immédiatement est donc de 27 %. Par conséquent, votre première pensée, face à un participant anonyme, devrait être qu'il n'a pas bougé. Ensuite, la logique bayésienne veut que vous ajustiez votre jugement en fonction de toute information appropriée sur l'individu. Or, les vidéos avaient été soigneusement préparées afin de livrer le moins d'information possible. Elles ne donnaient aucune raison de soupçonner que ces individus seraient plus ou moins prêts à aider qu'un étudiant choisi au hasard. En l'absence de nouvelles informations utiles, la solution bayésienne consiste à s'en tenir au taux de base.

Nisbett et Borgida ont demandé à deux groupes d'étudiants de regarder les vidéos et de prédire le comportement des deux individus. Dans le premier groupe, on ne leur parla que du déroulement de l'expérience, pas de son résultat. Leurs prédictions reflètent leur vision de la nature humaine et leur compréhension de la situation. Comme vous vous y attendiez peut-être, ils ont prédit que les deux individus se seraient aussitôt précipités au secours de la victime. Le second groupe d'étudiants était au courant à la fois du déroulement de l'expérience et de son résultat. La comparaison des prédictions des deux groupes fournit une réponse à une question cruciale : les étudiants ont-ils appris des résultats de l'expérience du bon Samaritain quelque chose qui a modifié leur façon de penser ? La réponse est sans ambiguïté : ils n'ont rien appris du tout. Leurs prédictions sur les deux individus étaient impossibles à distinguer de celles des étudiants qui ne connaissaient pas les résultats statistiques de l'expérience. Ils connaissaient le taux de base du groupe dont venaient les deux personnes, mais n'en étaient pas moins convaincus que celles qu'ils avaient vues dans les vidéos n'avaient pas hésité un instant à venir au secours de l'inconnu en crise.

Pour les professeurs de psychologie, cette étude a des implications décourageantes. Quand nous enseignons à nos étudiants le comportement des participants de l'expérience du bon Samaritain, nous espérons qu'ils vont apprendre quelque chose qu'ils ne savaient pas. Nous souhaitons changer leur façon de penser sur le comportement des gens dans une situation particulière. Cet objectif n'a pas été atteint dans l'étude de Nisbett et

Borgida, et il n'y a aucune raison de croire que les résultats auraient été différents s'ils avaient choisi une autre expérience psychologique surprenante. D'ailleurs, ils ont signalé avoir obtenu des résultats comparables en travaillant sur une autre étude, où une légère pression sociale suffisait à pousser les gens à accepter des chocs électriques beaucoup plus puissants qu'ils n'auraient cru pouvoir le supporter. Les étudiants qui n'accordent pas plus d'attention à la force du contexte social n'ont rien appris d'utile de cette expérience. Pour reprendre les termes de Nisbett et Borgida, les étudiants « s'exemptent tranquillement eux-mêmes » (et leurs amis et connaissances) des conclusions d'expériences qui les prennent au dépourvu. Mais que les professeurs de psychologie ne désespèrent pas, car Nisbett et Borgida signalent un moyen de permettre aux étudiants d'apprécier l'intérêt de l'expérience du bon Samaritain. Ils ont pris un nouveau groupe d'étudiants et leur ont expliqué le déroulement de l'expérience, sans leur donner les résultats. Ils leur ont montré les vidéos, et leur ont seulement dit que les interviewés qu'ils venaient de voir n'avaient pas aidé l'inconnu, puis ils ont demandé à leurs étudiants de deviner les résultats de l'ensemble de l'expérience. Leur réponse a été frappante : dans l'ensemble, ils se sont livrés à une évaluation très précise.

Pour enseigner aux étudiants des éléments de psychologie qu'ils ne connaissaient pas auparavant, il faut les surprendre. Mais quelle surprise sera efficace ? Nisbett et Borgida se sont aperçus que quand ils soumettaient à leurs étudiants un fait statistique étonnant, les étudiants se débrouillaient pour ne rien apprendre du tout. Mais quand les étudiants étaient surpris par des cas individuels – deux braves gens qui n'avaient pas bougé –, ils opéraient aussitôt une généralisation et en déduisaient que le fait de se porter au secours de la victime était plus difficile qu'ils ne l'avaient imaginé. Nisbett et Borgida résument leurs résultats par une phrase mémorable :

> La réticence des sujets à déduire le particulier du général n'avait d'égale que leur disposition à déduire le général du particulier.

Cette conclusion a des conséquences profondes. Les gens à qui l'on enseigne des faits statistiques surprenants sur le comportement humain peuvent être impressionnés au point d'en parler à leurs amis, mais cela ne signifie pas que leur compréhension du monde a vraiment changé. Le test, pour l'apprentissage de la psychologie, est de savoir si votre compréhension des situations que vous rencontrez a changé, non de savoir si vous avez appris un fait nouveau. Il y a un gouffre entre notre façon de penser les statistiques et notre façon de penser les cas individuels. Des résultats statistiques ayant une interprétation causale ont un effet plus marquant sur notre pensée que l'information non causale. Mais même des statistiques causales convaincantes ne changeront pas des convictions anciennes ou ancrées dans l'expérience personnelle. En revanche, des cas individuels surprenants ont un impact puissant et sont un outil plus efficace pour enseigner la psychologie parce que l'incongruité doit être résolue et intégrée à une histoire causale. C'est pourquoi, dans ce livre, les questions sont adressées personnellement au lecteur. Vous serez plus susceptible d'apprendre quelque chose en étant surpris par votre propre comportement qu'en apprenant des faits surprenants sur les gens en général.

*

Les causes et les statistiques en bref

« Nous ne pouvons pas partir du principe qu'ils vont vraiment apprendre quelque chose de simples statistiques. Montrons-leur un ou deux cas individuels représentatifs pour influencer leur Système 1. »

« Pas la peine de se demander si cette information statistique va être ignorée. Au contraire, elle va immédiatement servir à alimenter un stéréotype. »

17

Régression vers la moyenne

C'est quand j'enseignais la psychologie d'un entraînement efficace à des instructeurs de l'Armée de l'air israélienne que je connus l'une des expériences les plus satisfaisantes de ma carrière. Je leur parlais d'un principe important de la formation spécialisée : il est plus efficace de récompenser une amélioration que de punir une erreur. Cette proposition s'appuie sur les nombreuses preuves fournies par des recherches effectuées sur des pigeons, des rats, des hommes et d'autres animaux.

Quand j'eus terminé mon discours enthousiaste, un des instructeurs les plus aguerris leva la main et prit la parole. Il commença par reconnaître que le fait de récompenser la performance était sans doute bon pour les oiseaux, mais il niait que cela soit la meilleure solution pour les élèves pilotes. Voici ce qu'il dit : « J'ai bien souvent félicité des élèves pour l'exécution parfaite d'une manœuvre acrobatique. En général, quand ils la retentent ensuite, ils s'en tirent moins bien. Alors que j'ai souvent hurlé dans les écouteurs d'un élève qui a raté sa manœuvre, et en général, il s'en tire beaucoup mieux la fois suivante. Donc, je vous en prie, ne venez pas nous dire que la récompense fonctionne, mais pas la punition, parce que c'est le contraire qui est vrai. »

Ce fut pour moi une superbe prise de conscience, car je vis sous un jour nouveau un principe de statistiques que j'enseignais depuis des années. L'instructeur avait raison, mais en même temps, il avait complètement tort ! Sa remarque était astucieuse et juste : quand il récompensait une performance, il était probable que la prochaine prestation de l'élève serait décevante, et les punitions étaient généralement suivies d'une amélioration. Mais la déduction qu'il en avait tirée sur l'efficacité de la récompense et de la punition était tout à fait à côté de la plaque. Ce qu'il avait observé s'appelle la *régression vers la moyenne*, qui, dans ce cas, était due aux fluctuations aléatoires dans la qualité de la performance. Naturellement, il ne félicitait que les élèves dont les performances étaient nettement supérieures à la moyenne. Mais l'élève n'avait sans doute eu que de la chance lors de cette tentative, et il était probable que sa prestation se détériorât ensuite, qu'il ait ou non été félicité. De même, il ne devait hurler dans les écouteurs d'un élève que quand la performance de ce dernier était particulièrement mauvaise, et donc vouée à s'améliorer quoi que fasse l'instructeur. L'instructeur avait rattaché une interprétation causale aux fluctuations inévitables d'un processus aléatoire.

C'était un défi digne d'être relevé, mais je doutais qu'une leçon d'algèbre de la prédiction soit pleinement appréciée. Au lieu de cela, je pris une craie pour dessiner une cible au sol. Je demandai à tous les officiers présents de tourner le dos à la cible et de lancer rapidement dessus deux pièces, sans regarder. Nous avons mesuré la distance des pièces par rapport à la cible et écrit au tableau les deux résultats de chaque concurrent. Puis nous les avons ordonnés, de la meilleure à la pire au premier essai. Il était évident que la plupart de ceux qui avaient bien visé la première fois (mais pas tous) avaient fait moins bien au second lancer, et que ceux qui avaient obtenu un piètre résultat la première fois s'étaient ensuite améliorés. Je fis remarquer aux instructeurs que ce qu'ils voyaient au tableau coïncidait avec ce que nous avions entendu sur les résultats des manœuvres acrobatiques : une mauvaise performance était suivie d'une amélioration, et une bonne d'une détérioration, sans intervention ni de félicitations, ni de réprimandes.

Ce jour-là, j'avais découvert que les instructeurs de vol étaient pris au piège d'une contingence malheureuse : comme ils punissaient les élèves quand leurs performances étaient mauvaises, ils étaient le plus souvent récompensés par une amélioration consécutive, même si, en réalité, la punition n'avait aucun effet. De plus, les instructeurs n'étaient pas les seuls à devoir faire face à cet embarras. Je venais de tomber sur un phénomène significatif de la condition humaine : la vie nous expose à des informations perverses. Comme nous avons tendance à être gentils avec les autres quand ils nous font plaisir et agressifs quand ils nous déplaisent, nous sommes statistiquement punis pour notre gentillesse et récompensés pour notre méchanceté.

Le talent et la chance

Il y a quelques années, John Brockman, aujourd'hui rédacteur en chef du magazine en ligne *Edge*, a demandé à plusieurs scientifiques de citer leur « équation préférée ». Voici ce que j'ai proposé :

Succès = talent + chance
Grand succès = un peu plus de talent + beaucoup de chance

L'idée, qui n'a rien de surprenant, que la chance contribue souvent au succès a des conséquences étonnantes quand on l'applique aux deux premiers jours d'un tournoi de golf de haut niveau. Pour faire simple, partons du principe que sur les deux jours, le score moyen des concurrents était un par de 72. Concentrons-nous sur un joueur qui a eu une excellente journée, puisqu'il a fini sur un score de 66. Que nous apprend ce score remarquable ? On peut immédiatement en déduire que ce golfeur est plus talentueux que la moyenne des participants au tournoi. La formule du succès suggère que l'on pourrait également parvenir à une autre déduction : le golfeur qui s'en est si bien tiré le premier jour a sans doute eu en moyenne plus de chance que d'habitude. Si vous admettez que le talent et la chance contribuent l'un et l'autre au succès, il est tout aussi légitime de conclure que le golfeur a eu de la chance que de dire qu'il a du talent.

Selon le même principe, si vous vous intéressez à un joueur qui a fini avec un score de 5 au-dessus du par ce jour-là, vous avez des raisons de déduire à la fois qu'il est plutôt mauvais, *et* qu'il n'était pas dans un bon jour. Bien sûr, vous savez qu'aucune de ces déductions n'est sûre. Il est tout à fait possible que le golfeur avec 77 est en réalité très talentueux, mais qu'il a connu une journée particulièrement catastrophique. Malgré cette incertitude, les déductions suivantes à partir des résultats de la première journée sont plausibles et seront plus souvent correctes qu'erronées.

Score au-dessus de la moyenne le premier jour = talent au-dessus de la moyenne + chance le premier jour

et

score en dessous de la moyenne le premier jour = talent en dessous de la moyenne + malchance le premier jour

Maintenant, supposons que vous connaissiez le score d'un golfeur pour le premier jour et que l'on vous demande de prédire son score pour le lendemain. Vous vous attendez à ce qu'il conserve le même niveau de talent le jour suivant, donc, vous estimerez que le talent du premier joueur sera « au-dessus de la moyenne » et celui du deuxième « en dessous de la moyenne ». Il en va bien sûr tout à fait autrement de la chance. Puisque vous n'avez aucun moyen de prédire la chance des sportifs le deuxième jour (ou quelque jour que ce soit), vos estimations doivent partir du principe qu'elle sera moyenne – ni bonne, ni mauvaise. Cela veut dire qu'en l'absence de toute autre information, votre meilleure estimation du score des deux joueurs le deuxième jour ne devrait pas être calquée sur leur performance de la veille. Voici tout ce que vous pouvez dire :

> Le golfeur qui a bien joué le premier jour réussira aussi sans doute le deuxième jour, mais moins que la veille, parce que la chance inhabituelle dont il a probablement bénéficié ne va manifestement pas durer.
> Le golfeur qui a mal joué le premier jour sera probablement en dessous de la moyenne le lendemain, mais il s'améliorera, parce que sa malchance ne durera sans doute pas.

Nous nous attendons également à ce que l'écart entre les deux golfeurs se réduise, même si, selon nos meilleures estimations, le premier continuera à faire mieux que le second.

Mes étudiants ont toujours été étonnés d'apprendre que la meilleure performance annoncée pour le deuxième jour est plus modérée, plus près de la moyenne que les indices sur lesquels elle est fondée (le score du premier jour). C'est pourquoi cette logique s'appelle la régression vers la moyenne. Plus le premier score sera extrême, plus il faut s'attendre à une régression, car un score particulièrement excellent laisse entrevoir l'intervention d'une chance tout aussi exceptionnelle. La prédiction régressive est raisonnable, mais sa précision n'est pas garantie. Certains des golfeurs qui ont marqué 66 le premier jour feront encore mieux le lendemain, si leur chance augmente. La plupart feront moins bien, parce que leur chance ne se situera plus au-dessus de la moyenne.

Maintenant, inversons le temps. Classez les joueurs par leurs résultats du deuxième jour et considérez leur résultat du premier jour. Vous retrouverez avec précision la même logique de régression vers la moyenne. Les golfeurs qui ont fait mieux le deuxième jour ont probablement eu de la chance ce jour-là, et votre meilleure estimation, c'est qu'ils ont eu moins de chance la veille et ont donc obtenu un moins bon score. Le fait que vous observiez une régression quand vous prédisez un événement antérieur à partir d'un événement ultérieur devrait vous convaincre que la régression n'a pas d'explication causale.

Les effets de régression sont partout, de même que les histoires causales erronées que l'on raconte pour les expliquer. Un exemple bien connu est la « malédiction de *Sports Illustrated* », qui veut qu'un sportif ayant fait la couverture du magazine soit condamné à de piètres performances à la saison suivante. En guise d'explication, on évoque souvent l'excès de confiance et la pression face aux grands espoirs suscités. Mais cette malédiction peut s'expliquer plus simplement : un sportif qui se retrouve en couverture de *Sports Illustrated* doit avoir connu une saison précédente exceptionnelle, sans doute avec un petit coup de pouce de la chance – or, cette dernière est capricieuse.

Il se trouve que je suivais la compétition de saut à ski hommes lors des Jeux olympiques d'hiver quand Amos et moi travaillions à la rédaction d'un article sur la prédiction intuitive. Chaque skieur a droit à deux sauts, et les résultats sont additionnés pour obtenir le score final. Je fus surpris d'entendre le commentateur déclarer : « Le

Norvégien a réalisé un très bon premier saut ; il va être tendu, il doit vouloir conserver son avance, et il va sans doute faire moins bien » ou encore : « Le Suédois a raté son premier saut, maintenant, il sait qu'il n'a plus rien à perdre, il va être détendu, ce qui devrait l'aider à faire mieux. » Le commentateur avait clairement détecté la régression vers la moyenne et inventé une histoire causale sans aucune preuve. L'histoire elle-même pouvait d'ailleurs être vraie. Peut-être que si nous mesurions le rythme cardiaque des skieurs avant chaque saut, nous nous apercevrions qu'ils sont effectivement plus détendus après un premier saut raté. Mais peut-être pas. Ce qu'il ne faut pas oublier, c'est que le passage du premier au second saut n'a pas besoin d'une explication causale. C'est une conséquence mathématiquement inévitable du fait que la chance a joué un rôle dans le résultat du premier saut. Ce n'est peut-être pas très satisfaisant – nous préférerions tous une histoire causale –, mais il ne faut pas chercher plus loin.

COMPRENDRE LA RÉGRESSION VERS LA MOYENNE

Qu'il n'ait pas été détecté ou qu'il ait été mal expliqué, le phénomène de la régression paraît étrange à l'esprit humain. Si étrange, d'ailleurs, qu'il n'a été identifié et compris pour la première fois que deux cents ans après la théorie de la gravitation et le calcul différentiel. De plus, il a fallu un des meilleurs esprits de la Grande-Bretagne du XIXe siècle pour en trouver le sens, et encore, non sans peine.

La régression vers la moyenne a été découverte et nommée à la fin du XIXe siècle par sir Francis Galton, cousin éloigné de Charles Darwin et polymathe réputé.

On perçoit encore la passion de la découverte dans un article qu'il publia en 1886 sous le titre « Régression vers la médiocrité dans la stature héréditaire », qui fait état de mesures de la taille chez des générations successives et compare la taille des enfants à celle des parents. À propos de ses études sur les semences, il écrivait :

> Elles donnèrent des résultats qui semblaient dignes d'intérêt, et je m'en servis pour étayer une conférence devant la Royal Institution le 9 février 1877. À la lueur de ces expériences, il apparaissait que les rejetons n'avaient *pas* tendance à ressembler à leurs parents par la taille, mais semblaient toujours être plus médiocres qu'eux – plus petits qu'eux si les parents étaient grands ; plus grands si les parents étaient très petits [...]. Les expériences montrèrent en outre que la régression filiale moyenne vers la médiocrité était directement proportionnelle à la déviation parentale par rapport à ladite moyenne.

Galton s'attendait manifestement à ce que son docte public de la Royal Institution – la plus ancienne société de recherche indépendante du monde – soit aussi surpris que lui par son observation « digne d'intérêt ». Ce qui est vraiment digne d'intérêt, c'est qu'il a été surpris par une régularité statistique aussi courante que l'air que nous respirons. Partout où nous portons notre regard, les effets de la régression sont là, au vu et au su de tous, mais nous ne les reconnaissons pas pour ce qu'ils sont. Il a fallu des années à Galton pour parcourir le chemin séparant sa découverte de la régression filiale en taille de la notion, plus générale, qu'une régression se produit inévitablement quand la corrélation entre deux mesures est imparfaite, et il ne parvint à cette conclusion qu'avec l'aide des statisticiens les plus brillants de son temps [1].

Un des obstacles que Galton dut surmonter était le problème de la mesure de la régression entre des variables calculées sur des échelles différentes, comme le poids et le fait de jouer du piano. On y parvient en se servant de la population comme d'un étalon de référence. Imaginez que le poids et le fait de jouer du piano aient été mesurés chez cent enfants dans toutes les classes d'une école primaire, et qu'ils aient été classés du plus fort au plus faible dans chaque domaine. Si Jane est troisième en piano et vingt-septième en poids, on peut dire qu'elle joue mieux du piano qu'elle n'est mince. Autorisons-nous quelques suppositions qui nous simplifieront les choses :

Quel que soit l'âge,

- le succès au piano ne dépend que de quelques heures d'exercices par semaine ;
- le poids ne dépend que de la consommation de glace ;
- la consommation de glace et les heures d'exercices hebdomadaires ne sont pas liées.

Maintenant, à l'aide de classements (ou des *variables centrées réduites*[2] que préfèrent les statisticiens), nous pouvons écrire quelques équations :

poids = âge + consommation de glace
piano = âge + heures d'exercices hebdomadaires

Nous assisterons ainsi à une régression vers la moyenne quand nous prédirons la compétence au piano à partir du poids, et *vice versa*. Si tout ce que vous savez de Tom, c'est qu'il est douzième en poids (nettement au-dessus de la moyenne), vous pouvez en déduire (statistiquement) qu'il est probablement plus vieux que la moyenne et aussi qu'il consomme probablement plus de glaces que d'autres enfants. Si tout ce que vous savez de Barbara, c'est qu'elle est quatre-vingt-cinquième en piano (très en dessous de la moyenne du groupe), vous pouvez en déduire qu'elle est sans doute jeune et qu'elle répète moins que la plupart des autres enfants.

Le *coefficient de corrélation* entre deux mesures, qui varie entre 0 et 1, est une mesure du poids relatif des facteurs qu'ils ont en commun. Par exemple, nous partageons tous la moitié de nos gènes avec chacun de nos parents, et pour des caractéristiques sur lesquelles les facteurs environnementaux ont relativement peu d'influence, comme la taille, la corrélation entre parent et enfant n'est pas loin de 0,5 [3]. Pour apprécier le sens de la mesure de corrélation, voici quelques exemples de coefficients :

- La corrélation entre la taille de différents objets mesurés avec précision est de 1. Tout facteur qui influence une mesure influence aussi l'autre ; 100 % de déterminants sont partagés.
- La corrélation entre la taille et le poids des hommes adultes américains est de 0,41 [4]. Si vous incluiez les femmes et les enfants, la corrélation serait beaucoup plus importante, parce que le genre et l'âge des individus influencent à la fois leur taille et leur poids, renforçant l'importance relative des facteurs partagés.
- La corrélation entre le revenu et le niveau d'éducation aux États-Unis est approximativement de 0,40 [5].
- La corrélation entre le revenu d'une famille et les quatre derniers chiffres de son numéro de téléphone est de 0.

Il fallut des années à Francis Galton pour comprendre que la corrélation et la régression ne sont pas deux concepts, mais bien deux perspectives différentes du même concept [6]. La règle générale est simple, mais elle a des conséquences étonnantes : chaque fois que la corrélation entre deux scores est imparfaite, il y aura régression vers la moyenne. Pour illustrer la découverte de Galton, prenons cette proposition que la plupart des gens trouvent fort intéressante :

> Les femmes très intelligentes ont tendance à épouser des hommes moins intelligents qu'elles.

Si vous voulez lancer une conversation à une soirée, demandez donc à vos amis de vous l'expliquer, et ils ne demanderont pas mieux. Même les gens qui ont des notions de statistiques interpréteront spontanément cette déclaration en termes causaux. Certains peuvent se dire que les femmes très intelligentes cherchent à éviter la concurrence d'hommes aussi intelligents qu'elles, ou qu'elles sont contraintes à des compromis dans le choix de leur partenaire parce que les hommes intelligents ne veulent pas être en concurrence avec des femmes intelligentes. Si la soirée est animée, vous aurez droit à des explications encore plus tirées par les cheveux. Considérez maintenant la déclaration suivante :

> La corrélation entre le niveau d'intelligence de deux conjoints est loin d'être parfaite.

Une déclaration manifestement vraie, mais pas intéressante du tout. Qui s'attendrait à ce que cette corrélation soit parfaite ? Il n'y a rien à expliquer. Mais la déclaration que vous avez trouvée intéressante et celle que vous avez jugée banale sont équivalentes sur le plan algébrique. Si la corrélation entre l'intelligence des conjoints n'est pas parfaite (et si hommes et femmes, en moyenne, ne diffèrent pas en intelligence), alors il est mathématiquement inévitable que des femmes très intelligentes soient mariées à des hommes en moyenne moins intelligents qu'elles (et *vice versa*, bien sûr). La régression vers la moyenne que l'on observe ne peut pas être plus intéressante ou plus explicable que l'imperfection de la corrélation.

Vous éprouvez sans doute de la sympathie pour les difficultés que rencontra Galton avec le concept de régression. Vous n'êtes pas le seul : le statisticien David Freedman avait coutume de dire que, quand la question de la régression est évoquée dans un procès pénal ou civil, la partie qui doit l'expliquer au jury est sûre de perdre. Pourquoi est-ce si difficile ? La principale raison de cette difficulté est un thème récurrent de ce livre : notre esprit est profondément biaisé en faveur d'explications causales et gère mal les « simples statistiques ». Quand on attire notre attention sur un événement, la mémoire associative va en rechercher la cause – plus précisément, l'activation s'étendra automatiquement à toute cause déjà stockée dans la mémoire. Des explications causales seront évoquées quand une régression est détectée, mais elles seront fausses parce que la vérité, c'est que la régression vers la moyenne a une explication, mais elle n'a pas de cause. L'événement qui attire notre attention dans le tournoi de golf est la détérioration fréquente des performances des golfeurs qui ont réussi le premier jour. La meilleure explication en est que ces golfeurs ont eu une chance inhabituelle ce jour-là, mais il manque à cette explication la force causale que préfèrent nos esprits. Du reste, nous payons fort bien des gens pour qu'ils nous expliquent les effets de régression de façon intéressante. Un commentateur économique qui annoncerait correctement que « les marchés se sont mieux portés cette année parce qu'ils ont souffert l'an dernier » ne resterait sans doute pas longtemps sur nos écrans. Nos difficultés avec le concept de la régression trouvent leur origine autant dans le Système 1 que dans le Système 2. Sans instruction spécialisée, et dans bien des cas, même après avoir reçu une formation en statistiques, la relation entre la corrélation et la régression reste obscure. Le Système 2 peine à la comprendre et à l'apprendre. Cela est dû en partie au besoin insistant d'interprétations causales, une caractéristique du Système 1.

> La condition des enfants dépressifs traités avec une boisson énergisante s'améliore nettement au bout de trois mois.

Ce gros titre est de mon cru, mais le fait, lui, est vrai : si vous traitez un groupe d'enfants dépressifs pendant un certain temps avec des boissons énergisantes, ils montrent une amélioration significative en termes cliniques. C'est aussi le cas des enfants dépressifs qui passent du temps la tête en bas ou qui tiennent un chat dans leurs bras vingt minutes par jour. La plupart des lecteurs de ce gros titre en déduiront automatiquement que l'amélioration est liée à la boisson énergisante ou au fait de tenir un chat, mais cette conclusion ne se justifie absolument pas. Les enfants dépressifs constituent un groupe extrême, ils sont plus déprimés que les autres enfants – et les groupes extrêmes régressent vers la moyenne avec le temps. La corrélation entre les résultats des tests de dépression réalisés à plusieurs reprises est imparfaite, et il y aura donc régression vers la moyenne : les enfants dépressifs finiront par aller mieux au bout d'un moment, même s'ils ne tiennent pas de chat dans leurs bras ou ne boivent pas de Red Bull. Pour pouvoir conclure qu'une boisson énergisante – ou n'importe quel autre traitement – est efficace, vous devez comparer un groupe de patients qui reçoit ce traitement à un « groupe de contrôle » qui n'en reçoit aucun (ou, mieux encore, qui reçoit un placebo). Le groupe de contrôle devrait, lui, s'améliorer uniquement par l'effet de la régression, et le but de l'expérience est de déterminer si les patients traités présentent une amélioration supérieure à ce que pourrait expliquer la régression.

Les interprétations causales incorrectes des effets de la régression ne concernent pas que les lecteurs de la presse populaire. Le statisticien Howard Wainer a dressé une longue liste de chercheurs éminents qui ont commis la même erreur – ils ont confondu une simple corrélation avec la relation causale[7]. Les effets de régression sont une source courante de problèmes dans la recherche, et les scientifiques chevronnés nourrissent une saine méfiance face au piège de la déduction causale infondée.

Un de mes exemples favoris d'erreur de la prédiction intuitive est tiré de l'excellent texte de Max Bazerman, *Le Jugement dans les prises de décision managériales* :

> Vous êtes le prévisionniste des ventes d'une chaîne de supermarchés. Toutes les boutiques sont de même taille et proposent les mêmes articles, mais leurs ventes diffèrent pour des questions d'emplacement, de concurrence et de facteurs aléatoires. On vous transmet les résultats pour 2011 et on vous demande de prédire les ventes pour 2012. On vous a recommandé d'accepter la prédiction d'ensemble des économistes, qui assurent que les ventes vont globalement augmenter de 10 %. Comment compléteriez-vous le tableau suivant ?

Magasin	2011	2012
1	$ 11 000 000	–
2	$ 23 000 000	–
3	$ 18 000 000	–
4	$ 29 000 000	–
Total	$ 81 000 000	$ 89 100 000

Après avoir lu ce chapitre, vous savez que la solution évidente, qui consiste à ajouter 10 % aux ventes de chaque magasin, est erronée. Il faut que vos prévisions soient régressives, ce qui signifie ajouter plus de 10 % aux succursales dont les performances sont plus faibles, et moins (voire retrancher un certain montant) aux autres. Mais si vous posez la question à d'autres personnes, vous allez sans doute vous heurter à leur perplexité : pourquoi venir les ennuyer avec une question évidente ? Comme Galton l'avait découvert à ses dépens, le concept de la régression est loin d'être évident.

*

La régression vers la moyenne en bref

« La critique est plus efficace que les félicitations, a-t-elle appris d'expérience. Mais ce qu'elle ne comprend pas, c'est que tout est dû à la régression vers la moyenne. »

« Peut-être son deuxième entretien a-t-il été moins impressionnant que le premier parce qu'il avait peur de nous décevoir, mais il est plus probable que son premier entretien était inhabituellement bon. »

« Notre procédure de sélection est bonne, mais elle n'est pas parfaite, donc, nous devrions anticiper la régression. Nous ne devrions pas être surpris que les meilleurs candidats ne répondent souvent pas à nos attentes. »

18

Apprivoiser les prédictions intuitives

La vie nous offre bien des occasions de prédire. Les économistes prédisent l'inflation et le chômage, les analystes financiers prédisent les bénéfices, les spécialistes militaires prédisent les pertes, les capital-risqueurs évaluent la profitabilité, les éditeurs et les producteurs misent sur un public, les chefs cuisiniers anticipent la popularité des plats de leur menu, les ingénieurs estiment la quantité de béton nécessaire à un chantier, les commandants de pompiers évaluent le nombre de camions qu'il faudra pour éteindre un incendie. Et dans notre vie privée, nous prédisons la réaction de notre conjoint à nos projets, ou notre propre adaptation à un nouvel emploi.

Certains jugements prédictifs, comme ceux des ingénieurs, reposent essentiellement sur des tables de correspondance, des calculs pointus et l'analyse précise de résultats antérieurs obtenus dans des conditions similaires. D'autres impliquent l'intuition et le Système 1, de deux façons principales. Certaines intuitions font principalement appel aux compétences et à l'expertise par la répétition de l'expérience. Les jugements rapides et automatiques et les choix des maîtres d'échecs, des commandants de pompiers et des médecins que Gary Klein a décrits dans *Sources of Power* et ailleurs illustrent ces intuitions de compétence, qui permettent à une solution au problème en cours de venir rapidement à l'esprit parce que des indices familiers ont été reconnus.

D'autres intuitions, qui sont parfois subjectivement impossibles à distinguer des premières, viennent du fonctionnement d'heuristiques, qui substituent souvent une question facile à celle, plus dure, qui avait été posée. Des jugements intuitifs peuvent ainsi être rendus avec une grande confiance même quand ils sont fondés sur des évaluations non régressives d'informations faibles. Bien sûr, bon nombre de jugements, surtout dans le domaine professionnel, sont influencés par une combinaison d'analyse et d'intuition.

Intuitions non régressives

Revenons à une personne que nous avons déjà rencontrée :

> Julie est actuellement en dernière année à l'université. Elle lisait couramment à l'âge de quatre ans. Quelle est la moyenne de ses notes ?

Les gens qui connaissent le système éducatif américain imagineront rapidement un chiffre, souvent situé aux alentours de 3,7 ou 3,8. Comment cela se fait-il ? Plusieurs opérations du Système 1 sont impliquées.

- On recherche un lien causal entre la preuve (la capacité de lecture de Julie) et la cible de la prédiction (sa moyenne). Ce lien peut être indirect. En l'occurrence, une capacité de lecture précoce et une moyenne élevée sont l'une et l'autre le signe d'un don pour les études. Il faut établir une connexion. Vous (votre Système 2) rejetteriez sans doute une information sur la victoire de Julie dans un concours de pêche à la mouche ou sur ses performances en haltérophilie à l'école, les considérant comme inappropriés. C'est effectivement un processus dichotomique. Nous sommes capables de rejeter des informations considérées comme inadaptées ou fausses, mais le Système 1 n'est pas à même de prendre en compte des failles plus infimes dans les indices. Par conséquent, les prédictions intuitives sont presque complètement imperméables à la véritable qualité prédictive de la preuve. Quand on trouve un lien, comme dans le cas des capacités de lecture de Julie, COVERA s'applique : votre mémoire associative bâtit rapidement et automatiquement la meilleure histoire possible à partir des informations disponibles.

- Ensuite, les indices sont évalués en relation avec la norme appropriée. À quel point un enfant qui lit couramment à quatre ans est-il précoce ? Quel classement ou score en pourcentage relatif correspond à cet exploit ? Le groupe auquel l'enfant est comparé (ou groupe de référence) n'est pas totalement spécifié, mais c'est ainsi dans la plupart des cas : si quelqu'un qui prépare un diplôme universitaire est qualifié de « très intelligent », il est rare que vous ayez besoin de demander, « quand vous dites "très intelligent", c'est par rapport à quel groupe de référence ? »
- L'étape suivante implique la substitution et l'équivalence d'intensité. L'évaluation de la preuve, fragile, de la capacité cognitive dans l'enfance est substituée à une réponse à la question sur la moyenne des notes de Julie. Elle se verra assigner le même pourcentage pour ses notes que pour ses succès en tant que lectrice précoce.
- La question spécifiait que la réponse soit chiffrée comme une note universitaire, ce qui nécessite une

nouvelle opération d'équivalence d'intensité, pour passer de l'impression générale de la réussite universitaire de Julie à la moyenne équivalant à la preuve de son talent. L'étape finale est la traduction de l'impression de la réussite scolaire relative de Julie à la note moyenne qui y correspond.

L'équivalence d'intensité donne des prédictions qui sont aussi extrêmes que les preuves sur lesquelles elles reposent, ce qui amène les gens à fournir la même réponse à deux questions différentes :

Quelle est, en pourcentage, l'évaluation de Julie en termes de lecture précoce ?
Quelle est, en pourcentage, l'évaluation de Julie en termes de note moyenne universitaire ?

Vous devriez désormais reconnaître facilement que toutes ces opérations sont des caractéristiques du Système 1. Je les ai présentées ici sous la forme d'une série ordonnée d'étapes, mais, bien sûr, ce n'est pas comme cela que fonctionne l'activation de la mémoire associative. Vous devriez plutôt imaginer un processus d'activation par extension progressive, déclenché au départ par la preuve et la question, se renvoyant à lui-même des informations pour choisir, *in fine*, la solution la plus cohérente possible.

Un jour, Amos et moi avons demandé aux participants d'une expérience d'évaluer la description de huit étudiants de première année, censées avoir été rédigées par un conseiller d'orientation sur la base des entretiens de début d'année. Chaque description se composait de cinq adjectifs, comme dans l'exemple qui suit :

Intelligent, sûr de lui, cultivé, travailleur, curieux

Nous avons demandé à certains participants de répondre à deux questions :

> À quel point cette description vous impressionne-t-elle en termes de capacités scolaires ?
> Selon vous, quel pourcentage des descriptions des étudiants de première année vous impressionnerait encore plus ?

Les questions vous obligent à évaluer les preuves en comparant les descriptions à ce qui serait votre norme en matière de description d'étudiants par des conseillers d'orientation. L'existence même d'une telle norme est tout à fait remarquable. Bien que vous ne sachiez sans doute pas comment vous l'avez acquise, vous avez une idée assez juste du degré d'enthousiasme que traduit la description : le conseiller d'orientation pense que cet étudiant est bon, mais pas spectaculairement bon. Il y a de la place pour des adjectifs plus forts qu'intelligent (brillant, créatif), cultivé (érudit, très savant) ou travailleur (passionné, perfectionniste). D'où votre diagnostic : cet étudiant a sans doute sa place parmi les 15 % les meilleurs, mais sûrement pas parmi les 3 %. Un tel jugement rencontre un consensus impressionnant, du moins au sein d'une même culture.

Les autres participants à notre expérience devaient répondre à des questions différentes :

> À combien estimez-vous la note moyenne qu'obtiendra cet étudiant ?
> Quel est le pourcentage d'étudiants de première année qui obtiennent une meilleure moyenne ?

Vous devez vous y reprendre à deux fois pour déceler la subtile différence entre les deux séries de questions. Elle devrait pourtant sauter aux yeux, mais dans les faits, ce n'est pas le cas : contrairement aux premières questions, qui ont seulement nécessité que vous évaluiez les preuves, la deuxième série implique une grande incertitude. La question se rapporte aux accomplissements effectifs de l'étudiant en fin de la première année – ce qui n'est pas sans poser problème : que s'est-il passé pendant l'année qui s'est écoulée depuis l'entretien ? Avec quelle précision pouvez-vous prédire la réussite réelle de l'étudiant durant sa première année à l'université à partir de cinq adjectifs ? Le conseiller d'orientation lui-même pourrait-il prédire une moyenne avec exactitude à partir d'un entretien ?

L'objectif de cette étude était de comparer les jugements en pourcentage effectués par les participants quand ils évaluaient les preuves dans un cas, et quand ils prédisaient le résultat final dans l'autre. Il est facile d'en résumer les conclusions : les jugements furent identiques. Bien que les deux séries de questions aient été différentes (l'une porte sur la description, l'autre sur la réussite universitaire future de l'étudiant), les participants les ont traitées comme si elles étaient semblables. Comme dans le cas de Julie, la prédiction du futur ne se distingue pas d'une évaluation des preuves disponibles – la prédiction équivaut à l'évaluation. C'est peut-être là la meilleure preuve que nous ayons du rôle de la substitution. On demande aux gens une prédiction, mais ils y substituent une évaluation fondée sur des preuves, sans s'apercevoir que la question à laquelle ils répondent n'est pas celle qu'on leur a posée. Ce processus ne peut que produire des prédictions systématiquement biaisées, ignorant totalement la régression vers la moyenne.

Pendant mon service militaire dans l'armée israélienne, j'ai passé un certain temps affecté à une unité chargée de sélectionner les candidats à une formation d'officier sur la base d'une série d'entretiens et de tests sur le terrain. Le critère de réussite de notre sélection était la note finale obtenue par l'élève à l'école d'officiers.

La notation était connue pour être d'une validité douteuse (j'y reviendrai dans un chapitre ultérieur). Des années plus tard, alors que j'étais devenu professeur et que je collaborais avec Amos à l'étude du jugement intuitif, cette unité existait toujours. J'avais de bons contacts avec ses membres, et leur ai demandé une faveur. Outre le système de notation habituel qu'ils utilisaient pour évaluer les candidats, je leur ai demandé d'estimer au plus près la note que chacun des futurs élèves officiers obtiendrait à l'école militaire. Ils rassemblèrent quelques centaines de prédictions de ce genre. Les officiers qui étaient les auteurs de ces prédictions étaient tous familiers du système de notation par lettres que l'école appliquait à ses élèves, et de la proportion approximative de A, de B, etc. parmi ces notes. Les résultats furent stupéfiants : la fréquence relative des A et des B dans les prédictions était presque identique à celle des notes finales de l'école.

C'est là un exemple convaincant à la fois de substitution et d'équivalence d'intensité. Les officiers auteurs des prédictions avaient complètement échoué à faire la distinction entre deux tâches :

* leur mission habituelle, qui était d'évaluer la performance de candidats durant leur séjour dans l'unité ;
* la tâche que je leur avais demandé d'accomplir, soit la véritable prédiction d'une note future.

Ils s'étaient contentés de traduire leurs propres notes sur l'échelle utilisée dans l'école d'officiers, en appliquant l'équivalence d'intensité. Une fois encore, l'incapacité à gérer l'incertitude (considérable) de leurs prédictions les avait amenés à des prédictions totalement non régressives.

CORRIGER LES PRÉDICTIONS INTUITIVES

Revenons à Julie, notre lectrice précoce. Nous avons vu dans le chapitre précédent comment prédire au mieux sa note moyenne. Comme je l'ai fait pour les résultats de golf sur deux jours de compétition et pour le poids et le piano, je rédige une formule schématique incluant les facteurs qui déterminent l'âge de la lecture et les notes universitaires :

âge de lecture = facteurs partagés + facteurs spécifiques à l'âge de lecture = 100 %
note moyenne = facteurs partagés + facteurs spécifiques à la note moyenne = 100 %

Les facteurs partagés recouvrent des aptitudes génétiquement déterminées, l'importance que la famille accorde aux études, et tout ce qui peut contribuer à faire d'une même personne un lecteur précoce dans l'enfance et un étudiant brillant. Bien sûr, de nombreux facteurs sont susceptibles d'affecter l'un ou l'autre de ces résultats : Julie pourrait avoir été poussée trop tôt à la lecture par des parents exagérément ambitieux, elle a pu vivre une histoire d'amour malheureuse qui a fait baisser ses notes à l'université, elle a pu avoir un accident de ski à l'adolescence qui l'a laissée légèrement handicapée, et ainsi de suite.

Rappelez-vous que la corrélation entre deux mesures – dans le cas présent l'âge des premières lectures et la note universitaire moyenne – est égale à la proportion de facteurs partagés par leurs déterminants. À combien estimez-vous cette proportion ? Personnellement, je l'évalue au mieux à 30 %. Partant de cette estimation, nous avons tout ce qu'il nous faut pour produire une prédiction qui ne sera pas biaisée. Voici comment y parvenir en quatre étapes simples :

1. commencez par estimer la note moyenne ;
2. déterminez la note moyenne qui correspond à l'impression que vous a laissée la preuve ;
3. estimez la corrélation entre la preuve dont vous disposez et la note moyenne ;
4. si la corrélation est de 0,3, écartez-vous de 30 % par rapport à la moyenne équivalente.

L'étape 1 vous donne la base, la note moyenne que vous auriez prédite si on ne vous avait rien dit de Julie en dehors du fait qu'elle était en année de diplôme. En l'absence d'informations, vous auriez prédit la moyenne. (C'est la même chose que d'assigner une probabilité de taux de base des étudiants en gestion quand on ne vous dit rien de Tom W.) L'étape 2 est votre intuition prédictive, qui correspond à votre évaluation de la preuve. L'étape 3 vous fait passer de votre base à votre intuition, mais la distance que vous êtes autorisé à parcourir dépend de votre estimation de la corrélation. Avec l'étape 4, vous vous retrouvez avec une prédiction influencée par votre intuition, mais beaucoup plus modérée [1].

Cette approche de la prédiction est générale. Vous pouvez l'appliquer chaque fois que vous en avez besoin pour prédire une variable quantitative, comme une note moyenne, un retour sur investissement ou la croissance d'une société. Cette approche se fonde sur votre intuition, mais en la modérant, en la faisant régresser vers la moyenne. Quand vous avez de bonnes raisons d'avoir confiance dans l'exactitude de votre prédiction intuitive – une corrélation forte entre la preuve et la prédiction –, l'ajustement sera minime.

Il est nécessaire de corriger les prédictions intuitives parce qu'elles ne sont pas régressives et sont par conséquent biaisées. Supposez que je prédise pour chaque golfeur d'un tournoi que son score le deuxième jour sera le même que celui du premier jour. Cette prédiction ne laisse pas de place à la régression vers la moyenne : les golfeurs qui ont bien joué le premier jour joueront en moyenne moins bien le lendemain, et ceux qui ont mal joué s'amélioreront. Quand on les compare aux véritables résultats, on voit que les prédictions non régressives sont biaisées. En moyenne, elles sont exagérément optimistes pour ceux qui ont mieux joué le premier jour, et exagérément pessimistes pour ceux qui ont mal commencé. Les prédictions sont aussi extrêmes que les preuves. De même, si vous vous appuyez sur des exploits remontant à l'enfance pour prédire des notes universitaires sans faire régresser vos prédictions vers la moyenne, vous serez bien souvent déçu par les résultats universitaires d'anciens lecteurs précoces et agréablement surpris par les notes de ceux qui ont appris à lire relativement tard. La correction des prédictions intuitives élimine ces biais, si bien que les prédictions (les plus hautes comme les plus basses) ont à peu près autant de chances de surestimer que de sous-estimer la vraie valeur. Vous continuez à faire des erreurs, mais ces erreurs sont moins importantes et ne penchent pas en faveur de résultats extrêmes – très hauts ou très bas.

Avantages et inconvénients des prédictions extrêmes

Je vous ai présenté Tom W pour illustrer les prédictions de résultats discrets, comme le domaine de spécialisation ou la réussite à un examen, qui s'expriment en assignant une probabilité à un événement précis (ou, dans le cas de Tom, en classant des résultats du plus probable au moins probable). Je viens par ailleurs de décrire une procédure qui permet de contrer les biais courants de la prédiction discrète, à savoir la négligence des taux de base et la non-prise en compte de la qualité de l'information.

Les biais que nous trouvons dans les prédictions exprimées sur une échelle, comme la note moyenne ou les revenus d'une entreprise, sont semblables aux biais observés quand on juge les probabilités d'un résultat précis.

Par conséquent, les procédures de correction sont elles aussi semblables :

- dans les deux cas, nous avons une prédiction de base, que vous feriez si vous ne saviez rien du cas à l'étude. S'il est question de catégorie, c'est le taux de base. Si c'est une question numérique, c'est le résultat moyen de la catégorie concernée ;
- dans les deux cas, nous avons une prédiction intuitive – le nombre qui vous vient à l'esprit, qu'il s'agisse d'une probabilité ou d'une note moyenne ;
- dans les deux cas, vous cherchez à obtenir une prédiction intermédiaire entre la base et votre réponse intuitive ;
- en l'absence de preuves utiles, par défaut, vous vous en tenez à la base ;
- dans le cas contraire, vous vous en tenez également à votre prédiction de départ. Cela ne se produira bien sûr que si vous restez totalement sûr de votre prédiction de départ après avoir procédé à une analyse critique des preuves qui l'appuient ;
- dans la plupart des cas, vous aurez une raison ou une autre de douter que la corrélation entre votre jugement intuitif et la vérité soit parfaite, et vous vous retrouverez quelque part entre ces deux pôles.

Cette procédure doit vous permettre d'approcher les résultats d'une bonne analyse statistique ; de tendre à des prédictions non biaisées, des évaluations raisonnables des probabilités et des prédictions modérées de résultats numériques. Les deux procédures sont censées répondre au même biais : les prédictions intuitives ont tendance à être trop sûres d'elles et à basculer dans l'extrême.

La correction de vos prédictions intuitives est une tâche réservée à votre Système 2. Un effort substantiel est nécessaire pour trouver la catégorie de référence appropriée, estimer la prédiction de base et évaluer la qualité des preuves. Cet effort ne se justifie que quand les enjeux sont importants et quand vous tenez particulièrement à ne pas commettre d'erreur. De plus, sachez que le fait de corriger vos intuitions risque de vous compliquer la vie. Une caractéristique des prédictions non biaisées est qu'elles permettent la prédiction d'événements rares seulement quand l'information dont on dispose est d'excellente qualité. Si vous vous attendez à ce que vos prédictions ne soient que modestement valides, vous n'avancerez jamais un résultat rare ou très éloigné de la moyenne. Si vos prédictions ne sont pas biaisées, vous ne connaîtrez jamais l'expérience satisfaisante de répondre avec exactitude à un cas extrême. Vous ne pourrez jamais vous dire : « J'en étais sûr ! » quand vous verrez votre meilleur élève de la faculté de droit devenir juge à la Cour suprême, ou quand une start-up que vous trouviez très prometteuse remporte un fabuleux succès commercial. Compte tenu des limites des preuves dont vous disposez, jamais vous ne pourrez prédire qu'un très bon élève du lycée va obtenir une superbe moyenne à Princeton. Pour la même raison, un capital-risqueur n'entendra jamais dire que la probabilité de réussite d'une start-up est « très élevée » alors que l'entreprise n'en est qu'à ses débuts.

Il faut prendre au sérieux les objections au principe qui veut que l'on modère les prédictions intuitives, car l'absence de biais n'est pas forcément toujours ce qui importe le plus. Une préférence pour les prédictions sans biais se justifie si toutes les erreurs de prédiction sont traitées de la même façon, dans quelque sens qu'elles aillent. Mais il y a des situations où un type d'erreur est pire qu'un autre. Quand un capital-risqueur se lance à la recherche du « prochain grand succès », le risque de passer à côté d'un futur Google ou Facebook est bien plus important que celui de faire un investissement modeste dans une start-up qui finit par échouer. Le but des capital-risqueurs est de miser sur des extrêmes, au risque de surestimer les perspectives de beaucoup d'entreprises. Pour un banquier conservateur qui consent des prêts conséquents, le risque qu'un seul emprunteur fasse faillite peut l'emporter sur le risque de refuser plusieurs clients potentiels qui rempliraient leurs obligations. Dans de tels cas, le recours à un langage extrême (« très bonnes perspectives », « grave risque de défaut de paiement ») peut se justifier par son côté rassurant, même si l'information sur laquelle reposent ces jugements n'est que d'une validité modeste.

Pour quelqu'un de rationnel, les prédictions qui ne sont pas biaisées et sont modérées ne devraient pas poser de problème. Après tout, le capital-risqueur rationnel sait que même les start-up les plus prometteuses n'ont qu'une chance de succès modérée. Son travail consiste à faire les paris les plus prometteurs parmi les paris disponibles, et n'éprouve pas le besoin de se leurrer quant aux perspectives d'une start-up dans laquelle il prévoit d'investir. De même, les individus rationnels qui prédisent les revenus d'une société ne se sentiront pas liés par un seul chiffre – ils considéreront le spectre d'incertitude qui entoure le résultat le plus vraisemblable. Une personne rationnelle investira une forte somme dans une entreprise qui a toutes les chances d'échouer si les bénéfices associés à un succès éventuel sont assez importants, sans se leurrer sur les chances du succès en question. Toutefois, nous ne sommes pas tous rationnels, et certains d'entre nous peuvent avoir besoin de l'impression de sécurité que confèrent les estimations biaisées pour éviter la paralysie. Mais si vous choisissez de vous bercer d'illusions en acceptant des prédictions extrêmes, soyez bien conscient du fait que vous êtes en train de céder à vos envies.

Selon moi, le plus grand intérêt des procédures de correction que je propose, c'est qu'elles vont vous obliger à prendre en considération ce que vous savez. Je vais prendre un exemple courant dans le monde universitaire, mais dont les analogies avec d'autres sphères de l'existence sautent aux yeux. Un département est sur le point d'embaucher un jeune professeur et veut choisir celui dont les perspectives de productivité scientifique sont les meilleures. La commission de sélection a fini par garder deux candidats :

> Kim vient d'obtenir son diplôme. Ses références sont exceptionnelles, sa présentation était brillante et elle a impressionné tout le monde lors des entretiens. Mais son profil n'offre pas spécialement de promesse de productivité scientifique.

> Jane est post-doctorante depuis trois ans. Elle a été très productive et ses réalisations dans le domaine de la recherche sont remarquables. Mais sa présentation et ses entretiens étaient moins brillants que ceux de Kim.

Le choix intuitif penche en faveur de Kim, parce qu'elle a fait plus forte impression, et COVERA. Reste que l'on dispose de beaucoup moins d'informations sur Kim que sur Jane. Nous revoici face à la loi des petits nombres. Matériellement, vous avez un plus petit échantillon d'informations sur Kim que sur Jane, et les résultats extrêmes sont plus probables dans les petits échantillons. La chance joue un plus grand rôle dans les résultats des petits échantillons, et vous devriez donc faire régresser plus nettement votre prédiction vers la moyenne en envisageant les prestations futures de Kim. Si vous tenez compte du fait que Kim va sans doute régresser davantage que Jane, vous finirez peut-être par embaucher Jane, bien qu'elle vous ait moins impressionné. Dans le contexte des décisions universitaires, je voterais pour Jane, mais j'aurais du mal à surmonter mon impression intuitive que Kim est plus prometteuse. Il est plus naturel, et d'une certaine façon plus agréable, de suivre nos intuitions que d'aller à leur encontre.

Il est facile d'imaginer des problèmes similaires dans des contextes différents, comme un capital-risqueur devant choisir d'investir dans deux start-up intervenant sur des marchés différents. Une start-up propose un produit dont on peut assez précisément évaluer la demande. L'autre candidat est plus séduisant et prometteur sur le plan intuitif, mais ses perspectives paraissent moins sûres. L'évaluation plus favorable des perspectives de la deuxième start-up reste-t-elle supérieure quand on intègre le facteur d'incertitude ? C'est une question qui mérite d'être considérée avec soin.

La régression du point de vue des deux systèmes

Les prédictions extrêmes et la tendance à prédire des événements rares à partir de preuves ténues sont toutes des manifestations du Système 1. Pour la machine associative, il est naturel de faire correspondre le côté extrême des prédictions au caractère perçu comme extrême des preuves sur lesquelles elles reposent – c'est comme cela que fonctionne la substitution. Et il est naturel pour le Système 1 de produire des jugements trop assurés, parce que l'assurance, nous l'avons vu, est déterminée par la cohérence de l'histoire que vous vous êtes racontée à partir des indices dont vous disposiez. Mais attention, vos intuitions vous donneront des prédictions trop extrêmes et vous aurez tendance à avoir une confiance en elles beaucoup trop grande.

La régression est également un problème pour le Système 2. L'idée même de régression vers la moyenne est étrangère et difficile à communiquer et à appréhender. Galton a souffert avant de la comprendre. Bien des professeurs de statistiques redoutent le cours où ils vont devoir l'aborder, et leurs étudiants finissent souvent par n'avoir que vaguement compris ce concept crucial. C'est un domaine dans lequel le Système 2 a besoin d'une formation spéciale. Établir une correspondance entre les prédictions et les preuves n'est pas seulement une chose que nous faisons intuitivement ; c'est aussi quelque chose qui paraît raisonnable. L'expérience ne nous aidera pas à comprendre la régression. Même quand un cas de régression est bien identifié, comme on l'a vu dans l'histoire des instructeurs de vol, on lui attribuera une interprétation causale presque toujours fausse.

*

LES PRÉDICTIONS INTUITIVES EN BREF

« Cette start-up a remarquablement imposé son concept, mais nous devrions nous attendre à ce qu'elle ne fasse pas aussi bien à l'avenir. Elle est très loin d'avoir conquis le marché et il y a encore beaucoup de place pour une régression. »

« Notre prédiction intuitive est très favorable, mais elle est probablement trop élevée. Tenons compte de la robustesse de nos preuves et faisons régresser la prédiction vers la moyenne. »

« Cet investissement est peut-être une bonne idée, même si, selon nos meilleures estimations, il va échouer. N'allons pas prétendre que nous savons vraiment qui est le prochain Google. »

« J'ai lu un article sur cette marque et il était excellent. Pourtant, il pourrait s'agir d'un coup de chance. Ne prenons en considération que les marques qui font l'objet de nombreux articles, et choisissons celle qui a l'air le plus fiable. »

Troisième partie

L'EXCÈS DE CONFIANCE EN SOI

19

L'ILLUSION DE COMPRÉHENSION

Le trader-philosophe-statisticien Nassim Taleb peut aussi être considéré comme un psychologue. Dans *Le Cygne noir*, il invente la notion d'*erreur de narration* pour décrire la façon dont des histoires faussées du passé façonnent notre vision du monde et nos espoirs quant à l'avenir [1]. Les erreurs de narration sont des conséquences inévitables de notre effort constant pour donner un sens au monde qui nous entoure. Les histoires explicatives qui séduisent les gens sont simples, elles sont concrètes plutôt qu'abstraites, elles accordent le beau rôle au talent, à la stupidité et aux intentions plutôt qu'à la chance, et elles se concentrent sur quelques événements marquants qui ont eu lieu plutôt que sur les innombrables événements qui ne se sont pas produits. Tout événement saillant et récent est voué à nourrir un récit causal. Taleb suggère que nous autres êtres humains nous leurrons en permanence en bâtissant des histoires inconsistantes sur notre passé et en les tenant pour vraies.

Les bonnes histoires donnent une version simple et cohérente des actions et des intentions des gens. Vous êtes toujours prêt à interpréter tel comportement comme la manifestation d'une propension générale ou d'un trait de caractère – des causes auxquelles attribuer facilement des effets. L'effet de halo que nous avons évoqué contribue à la cohérence, parce qu'il nous pousse à faire correspondre notre vision de toutes les qualités d'une personne au jugement que nous avons d'un attribut particulièrement significatif [2]. Si nous pensons qu'un joueur de baseball est beau et athlétique, par exemple, nous ne manquerons sans doute pas de croire qu'il lance aussi bien la balle [3]. Les halos peuvent également être négatifs : si nous trouvons qu'un joueur est laid, nous sous-estimerons probablement ses capacités sportives. L'effet de halo contribue à garantir la simplicité et la cohérence des récits explicatifs en exagérant la logique des évaluations : les gens bien ne font que des choses bien et les gens méchants sont intégralement mauvais. La phrase « Hitler aimait les chiens et les enfants » est choquante, et le demeure quel que soit le nombre de fois où vous l'entendez, parce que toute trace de gentillesse chez quelqu'un d'aussi mauvais viole les attentes mises en place par l'effet de halo. Les incohérences empiètent sur l'aisance de nos pensées et la clarté de nos sentiments.

Un récit convaincant engendre l'illusion qu'un phénomène est inévitable. Considérez l'histoire de Google, sa transformation en géant de la technologie. Deux étudiants créatifs du département d'informatique de Stanford inventent un moyen formidable de rechercher des informations sur Internet. Ils cherchent et obtiennent un financement pour lancer une société et prennent une série de bonnes décisions. En l'espace de quelques années, la société qu'ils ont créée est une des mieux cotées en Bourse aux États-Unis, et les deux anciens étudiants comptent parmi les personnes les plus riches de la planète. À une occasion, mémorable, ils ont eu de la chance, ce qui rend leur histoire encore plus attrayante : un an après avoir fondé Google, ils étaient prêts à vendre leur société pour moins de un million de dollars, mais l'acheteur a trouvé le prix trop élevé [4]. La mention de cet unique coup de chance nous fait volontiers sous-estimer les mille et une façons qu'a la chance d'affecter un résultat.

Une histoire détaillée donnerait plus de précisions sur les décisions des fondateurs de Google, mais dans notre optique, il suffit de dire que presque tous leurs choix ont abouti à un résultat positif. Un récit plus complet décrirait les actions des sociétés que Google a vaincues. Les malheureux concurrents donneraient l'impression d'avoir été aveugles, lents, et dans l'ensemble inaptes à faire face à la menace qui a fini par les submerger.

Je vous ai volontairement raconté cette histoire sans fioritures, mais vous voyez ce que je veux dire : c'est une très bonne histoire. Enrichie de plus de détails, elle vous donnerait le sentiment de comprendre ce qui fait que Google a réussi ; elle vous donnerait aussi l'impression que vous avez appris une leçon plus générale et utile sur la recette du succès de certaines entreprises. Malheureusement, tout porte à croire que votre sentiment de compréhension et d'apprentissage grâce à l'histoire de Google est pour l'essentiel illusoire. Le test définitif, pour une explication, est de savoir si elle aurait permis de prédire l'événement. Aucun récit de l'invraisemblable succès de Google ne passera ce test, car aucun récit ne peut inclure les myriades d'événements qui auraient pu aboutir à un résultat différent. L'esprit humain ne sait que faire des non-événements. Le fait que plusieurs événements importants aient impliqué des choix vous pousse à surestimer encore davantage le rôle du talent et à sous-estimer la part de la chance dans le résultat. Comme toutes les décisions cruciales se sont bien terminées, on en dégage une sensation de prescience presque parfaite, mais n'importe laquelle de ces étapes réussies aurait pu être sabotée par la malchance. L'effet de halo apporte la touche finale, conférant une aura d'invincibilité aux héros de l'histoire.

Comme quand on regarde un kayakiste doué éviter danger sur danger en descendant des rapides, le déroulement de l'histoire de Google est palpitant à cause du risque constant de catastrophe. Il y a cependant une différence instructive entre les deux cas. Le kayakiste de génie a descendu des rapides des centaines de fois. Il a appris à déchiffrer les eaux bouillonnantes et à anticiper les obstacles. Il a appris à effectuer les minuscules ajustements de position qui lui permettent de conserver son équilibre. Il est moins facile pour des jeunes gens d'apprendre à créer une société géante ; ils ont moins de chances d'éviter l'obstacle – par exemple une innovation brillante lancée par une entreprise concurrente. Certes, l'histoire de Google ne s'est pas faite sans une bonne dose de talent, mais la chance y a joué un rôle plus important que le récit *a posteriori* ne le laisse supposer. Et plus la chance est intervenue, moins il y a de leçons à en tirer.

C'est cette puissante règle de COVERA qui est à l'œuvre ici. Vous ne pouvez pas vous empêcher de traiter le peu d'informations dont vous disposez comme s'il n'y en avait pas d'autre. Vous édifiez la meilleure histoire possible à partir de ce que vous avez, et si c'est une bonne histoire, vous la croyez. Paradoxalement, il est plus facile de fabriquer une histoire quand on en sait peu, quand il y a moins d'éléments à faire rentrer dans le puzzle. Notre conviction rassurante que le monde a un sens repose sur une fondation solide : notre capacité presque sans limites à ignorer notre ignorance.

J'ai trop souvent entendu parler des gens qui « savaient bien avant qu'elle n'éclate que la crise financière de 2008 était inévitable ». Cette phrase contient un mot tout à fait contestable, qui devrait être éliminé de notre vocabulaire quand nous débattons d'événements clés. Ce mot, bien sûr, c'est « savait ». Certaines personnes se sont effectivement dit, longtemps avant, qu'une crise était possible, mais elles ne le « savaient » pas. C'est là un usage erroné d'un concept important. Dans le langage de tous les jours, nous appliquons le mot « savoir » uniquement quand ce qui est su est vrai et qu'il est possible de le montrer. Mais les gens qui pensaient qu'il pourrait y avoir une crise (et ils sont moins nombreux que ceux qui se souviennent aujourd'hui de l'avoir envisagé) ne pouvaient le démontrer de façon concluante à l'époque. Beaucoup de gens intelligents et bien informés se sont intéressés de près à l'avenir de l'économie, et ils ne croyaient pas que l'on se trouvait à la veille d'une catastrophe ; je déduis de ce fait qu'il était impossible de savoir que la crise approchait. Ce qu'il y a de pervers, dans l'utilisation du mot « savoir » dans ce contexte, ce n'est pas que quelques individus se voient attribuer des louanges qu'ils ne méritent pas quant à leur prétendue prescience. C'est que le langage implique que le monde est plus connaissable qu'il ne l'est. Le langage contribue à entretenir une illusion pernicieuse.

Au cœur de cette illusion se trouve le fait que nous croyons comprendre le passé, ce qui laisse entendre que l'on peut également connaître l'avenir, alors qu'en réalité, nous comprenons moins le passé que nous ne le pensons. « Savoir » n'est pas le seul mot à entretenir cette illusion. Dans le langage courant, les mots « intuition » et « prémonition » sont réservés à des pensées passées qui se sont révélées justes. La phrase : « J'ai eu la prémonition que leur mariage ne durerait pas, mais je me trompais » a l'air bizarre, comme toute déclaration au sujet d'une intuition finalement fausse. Si nous voulons penser clairement à l'avenir, nous devons aussi veiller à utiliser un langage précis pour définir les convictions que nous avons eues dans le passé.

« JE LE SAVAIS BIEN » OU LE BIAIS RÉTROSPECTIF

L'esprit qui élabore des récits sur le passé a pour fonction de produire du sens. Quand un événement imprévu survient, nous ajustons immédiatement notre vision du monde pour intégrer cette surprise. Imaginez que vous regardiez un match de football entre deux équipes qui ont à leur actif le même nombre de victoires et de défaites. Puis le match prend fin, et l'une des deux équipes a écrasé l'autre. Dans votre modèle du monde révisé, l'équipe gagnante est beaucoup plus forte que la perdante, et votre vision du passé ainsi que celle du futur a été modifiée par cette nouvelle perception. Il est raisonnable de tirer les leçons des surprises, mais cela peut avoir des conséquences dangereuses.

L'esprit humain a une limite globale qui est sa capacité imparfaite à reconstruire des états de connaissance passés, ou des convictions qui ont changé. Une fois que vous adoptez une nouvelle vision du monde (ou l'un ou l'autre de ses éléments), vous perdez immédiatement une grande partie de votre capacité à vous souvenir de comment vous pensiez avant que vous ne changiez d'avis.

Nombreux sont les psychologues qui se sont penchés sur ce qui se passe quand les gens changent d'avis. Choisissant un sujet sur lequel les esprits ne sont pas totalement décidés – la peine de mort, par exemple –, l'expérimentateur mesure méticuleusement les attitudes des gens. Ensuite, les participants voient ou écoutent un message persuasif pour ou contre. Puis l'expérimentateur mesure de nouveau les attitudes des gens. En général, ils se sont rapprochés du message persuasif auquel ils ont été exposés. Enfin, les participants décrivent quelle était leur opinion au départ. Cette tâche s'avère étonnamment difficile. Quand on leur demande de reconstruire leurs anciennes convictions, les gens vont plutôt chercher leur opinion actuelle – un exemple de substitution –, et beaucoup ne parviennent pas à croire qu'ils ont pensé différemment [5].

Votre incapacité à retrouver des convictions passées va inévitablement vous pousser à sous-estimer à quel point vous avez été surpris par des événements passés. Baruch Fischhoff a démontré pour la première fois cet effet du « je le savais bien », ou *biais rétrospectif*, quand il était étudiant à Jérusalem. Avec Ruth Beyth (également une de nos élèves), il réalisa une enquête avant que le président Nixon ne se rende en Chine et en Russie en 1972. Les personnes interrogées devaient attribuer une probabilité à quinze résultats possibles de l'initiative diplomatique de Nixon. Mao Tsé-toung accepterait-il de le rencontrer ? Les États-Unis reconnaîtraient-ils officiellement la Chine communiste ? Après des décennies d'hostilité, les États-Unis et l'Union soviétique parviendraient-ils à s'entendre sur une question importante [6] ?

Quand Nixon fut rentré de son périple, Fischhoff et Beyth demandèrent aux mêmes personnes de se souvenir de la probabilité qu'elles avaient attribuée à l'origine à chacun des quinze résultats possibles. Les résultats étaient clairs : si un événement se produisait effectivement, les gens exagéraient la probabilité qu'ils lui avaient attribuée auparavant. Si l'événement possible ne s'était pas produit, ils se souvenaient toujours de l'avoir considéré comme improbable. D'autres expériences ont montré que les gens avaient tendance à exagérer non seulement l'exactitude de leurs prévisions d'origine, mais aussi de celles des autres. On est parvenu à des résultats semblables pour d'autres événements qui ont captivé le public, comme le procès pour meurtre d'O.J. Simpson ou la tentative de destitution du président Bill Clinton. La tendance à réviser l'histoire de ses convictions à la lueur de ce qui s'est vraiment passé engendre une illusion cognitive robuste.

Le biais rétrospectif a des effets pernicieux sur l'évaluation des décideurs. Il pousse les observateurs à estimer la qualité d'une décision non en fonction de la qualité du processus, mais en fonction de ses conséquences, bonnes ou mauvaises [7]. Prenons le cas d'une intervention chirurgicale peu risquée au cours de laquelle un incident imprévisible entraîne la mort du patient. Le jury sera enclin à croire, après les faits, que l'opération était en fait risquée et que le médecin qui l'a ordonnée aurait dû le savoir. Ce biais dû au résultat rend presque impossible toute évaluation correcte d'une décision – en se replaçant au moment où elle a été prise.

Le biais rétrospectif est particulièrement impitoyable avec les professionnels susceptibles d'influencer les décisions des autres – médecins, conseillers financiers, entraîneurs sportifs, PDG, assistants sociaux, diplomates, politiques. Nous sommes prompts à reprocher aux décideurs d'avoir pris de bonnes décisions qui ont eu de mauvais résultats, et à ne leur accorder aucun crédit pour des actions couronnées de succès mais qui ne paraissent évidentes qu'après les faits. C'est un *biais du résultat* clair. Quand les résultats sont négatifs, les clients accusent souvent leurs agents de n'avoir pas su déchiffrer les signes avant-coureurs – oubliant que les signes en question étaient écrits à l'encre sympathique et qu'ils ne sont devenus lisibles qu'après. Des actions qui, *a priori*, pouvaient paraître prudentes semblent parfois irréfléchies et irresponsables après coup. En s'inspirant d'une affaire juridique existante, on a demandé à des étudiants californiens si la ville de Duluth, dans le Minnesota, aurait dû accepter de payer un surveillant de pont à plein temps avant d'éviter que des débris ne se coincent sous le pont et ne bloquent le cours d'eau. Un groupe n'a eu droit qu'aux informations dont disposait la municipalité au moment de sa décision ; 24 % d'entre eux ont estimé que Duluth devait accepter d'embaucher un surveillant. Un deuxième groupe savait que des débris avaient effectivement bloqué la rivière et qu'une inondation avait provoqué de graves dégâts ; 56 % d'entre eux ont déclaré que la municipalité devait engager le surveillant, alors qu'on leur avait dit de ne pas se laisser influencer par le biais rétrospectif[8].

Plus les conséquences sont désastreuses, plus le biais rétrospectif est important. Dans le cas d'une catastrophe, comme le 11-Septembre, nous sommes particulièrement disposés à croire que les responsables qui ne l'ont pas anticipée ont fait preuve de négligence ou de cécité. Le 10 juillet 2001, la CIA a obtenu des informations affirmant qu'Al-Qaïda préparait une opération ambitieuse contre les États-Unis. George Tenet, directeur de la CIA, transmit l'information non au président George W. Bush, mais à sa conseillère à la sécurité nationale, Condoleezza Rice. Quand cela fut révélé par la suite, Ben Bradlee, le légendaire directeur exécutif du *Washington Post,* déclara : « Il me semble élémentaire d'aller voir directement le président quand on a mis la main sur ce qui va faire l'histoire. » Mais le 10 juillet, personne ne savait, ou n'aurait pu savoir, que cette bribe d'information allait effectivement faire l'histoire[9].

Comme il est difficile de critiquer après coup des procédures standards, les décideurs, qui s'attendent à ce que leurs gestes soient passés au crible, ont tendance à opter pour des solutions bureaucratiques et répugnent nettement à prendre des risques[10]. Avec la multiplication des procès pour faute professionnelle, les médecins ont modifié leurs procédures de multiples façons : ils ordonnent davantage d'examens, confient plus de cas à des spécialistes, appliquent des traitements conventionnels même quand ils ne sont guère susceptibles d'aider. Ces actions protègent les médecins plus qu'elles ne bénéficient aux patients, et deviennent une source potentielle de conflits d'intérêt. La responsabilisation a ses avantages et ses inconvénients.

Bien que le biais rétrospectif et le biais du résultat favorisent généralement l'aversion pour le risque, ils valent aussi des louanges imméritées à des preneurs de risques irresponsables, comme un général ou un chef d'entreprise qui a fait un pari fou, et a gagné. Les dirigeants qui ont eu de la chance ne sont jamais châtiés pour avoir pris de trop grands risques. Au contraire, on estime qu'ils ont eu le flair et la prescience d'anticiper le succès, et les gens raisonnables qui ont douté d'eux sont vus avec le recul comme médiocres, timorés et faibles. Quelques paris chanceux peuvent parer un dirigeant irresponsable d'un halo de prescience et d'audace.

DES RECETTES POUR LE SUCCÈS

La machine à produire du sens du Système 1 nous fait voir le monde comme plus ordonné, simple, prévisible et cohérent qu'il ne l'est en réalité. L'illusion que l'on a compris le passé alimente une autre illusion, celle que l'on peut prédire et contrôler le futur. Ce sont des illusions rassurantes. Elles réduisent l'anxiété que nous connaîtrions si nous nous laissions aller à admettre pleinement les incertitudes de l'existence. Nous avons tous besoin d'être rassurés par le message que les actions ont des conséquences logiques et que le succès vient récompenser la sagesse et le courage. Beaucoup de livres destinés aux entrepreneurs sont faits sur mesure pour satisfaire ce besoin.

Les dirigeants et les méthodes de management qu'ils appliquent influencent-ils les performances des entreprises ? Bien sûr, cela a été confirmé par des recherches systématiques : l'évaluation objective des caractéristiques de certains PDG et de leurs décisions, ensuite comparées aux résultats de leurs entreprises. Dans une étude, les PDG étaient caractérisés par la stratégie des entreprises qu'ils avaient dirigées avant d'occuper leur nouveau poste, ainsi que par les règles et les procédures de management adoptées depuis leur nomination [11]. Conclusion : les PDG ont bien une influence sur les performances, mais ces effets sont nettement plus modestes qu'on ne le croirait en lisant la presse spécialisée.

Les chercheurs mesurent la force des relations entre deux phénomènes par un coefficient de corrélation, qui varie entre 0 et 1. Nous avons déjà défini ce coefficient (en relation avec la régression vers la moyenne) : il revient à établir jusqu'à quel point deux mesures sont déterminées par des facteurs partagés. Une estimation très généreuse de la corrélation entre la réussite d'une entreprise et la qualité de son PDG pourrait atteindre 0,3 – soit une intersection de 30 % entre les deux mesures. Pour apprécier la signification de ce chiffre, considérez la question suivante :

> Supposez que vous étudiez des entreprises deux par deux. Les deux sociétés de chaque paire sont généralement semblables, mais le PDG de l'une est meilleur que l'autre. Combien de chances avez-vous de constater que l'entreprise ayant le meilleur PDG affiche aussi de meilleurs résultats que l'autre [12] ?

Dans un monde bien ordonné et prévisible, la corrélation serait parfaite, et le meilleur des deux PDG dirigerait effectivement la meilleure des deux sociétés dans

100 % des paires. Si le succès relatif d'entreprises semblables était déterminé entièrement par des facteurs que le PDG ne contrôle pas (appelons-les la chance, si vous voulez), vous vous apercevriez que dans 50 % des cas, la société la plus forte serait dirigée par un PDG moins efficace. Avec une corrélation de 0,3, vous croiserez le meilleur PDG aux commandes de la meilleure entreprise dans 60 % des paires – une amélioration de seulement 10 % par rapport à une estimation au jugé, pas vraiment de quoi alimenter le culte héroïque dont les PDG font si souvent l'objet.

Si vous vous attendiez à ce que ce chiffre soit plus important – ce qui est le cas de la plupart d'entre nous –, alors vous devriez considérer cela comme l'indication que vous avez tendance à surestimer le caractère prévisible du monde dans lequel vous vivez. Ne vous y trompez pas : améliorer les chances de succès en les faisant passer de 1 pour 1 à 3 contre 2 est un avantage incontestable, tant sur le champ de course que dans les affaires. Mais du point de vue de la plupart des auteurs spécialisés dans le monde de l'entreprise, un PDG qui a si peu de contrôle sur les résultats n'aurait rien de très impressionnant même si son entreprise se portait bien. Il est difficile d'imaginer les gens faire la queue dans les kiosques pour acheter un livre qui décrirait avec enthousiasme les pratiques de dirigeants qui, en moyenne, font à peine mieux que la chance seule. Les consommateurs ont envie de messages clairs sur ce qui détermine la réussite ou l'échec dans les affaires, ils ont besoin d'histoires qui leur donnent l'impression de comprendre, aussi illusoire soient-elles.

Dans son livre éclairant *The Halo Effect* (L'effet de halo) [13], Phil Rosenzweig, qui enseigne dans une école de commerce suisse, montre comment cette demande en certitudes illusoires est satisfaite par deux genres populaires de la littérature consacrée au monde des affaires :

les histoires traitant de l'ascension (en général) et de la chute (particulière) d'individus et d'entreprises, et les analyses des différences entre les sociétés qui réussissent et les autres. Il conclut que les histoires de réussite et d'échec exagèrent systématiquement l'impact du style de direction et des pratiques de management sur les résultats des entreprises, et que leur message est par conséquent rarement utile.

Pour apprécier ce qui se passe, imaginez que des experts du secteur, par exemple d'autres PDG, se voient demander de commenter la réputation du président-directeur d'une entreprise. Ils connaissent parfaitement les performances de la société concernée, savent si elle est prospère ou plutôt en difficulté. Comme on l'a vu dans le cas de Google, cette connaissance engendre un halo. Le PDG d'une entreprise qui marche bien sera sans doute considéré comme flexible, méthodique et volontaire. Imaginez qu'un an plus tard, la situation se soit détériorée. Le même responsable sera dès lors décrit comme dépassé, rigide et autoritaire. Sur le moment, les deux descriptions semblent justes : il paraît en effet absurde de dire d'un dirigeant à succès qu'il est rigide, dépassé et autoritaire, ou d'un PDG en difficulté qu'il est flexible et méthodique.

En fait, l'effet de halo est si puissant que vous acceptez difficilement l'idée qu'une même personne et les mêmes comportements passent pour méthodiques quand tout va bien et pour rigides quand tout va mal. À cause de l'effet de halo, nous comprenons à l'envers la relation causale : nous sommes enclins à croire que la société fléchit parce que son PDG est rigide, alors qu'en réalité, il donne l'impression d'être rigide parce que sa société va mal. Voilà comment naissent les illusions de compréhension.

L'effet de halo et le biais du résultat s'associent pour expliquer l'incroyable attrait des livres qui tentent de tirer des conseils pratiques de l'examen systématique des entreprises à succès. Un des exemples les plus connus du genre est *Built to Last* (Bâti pour durer), de Jim Collins et Jerry L. Porras. Le livre propose une analyse exhaustive de dix-huit paires de sociétés concurrentes, l'une étant chaque fois plus efficace que l'autre. Ces comparaisons s'appuient sur divers aspects de la culture des entreprises, de leur stratégie et de leurs pratiques managériales. « Nous pensons que tous les PDG, tous les gestionnaires et les entrepreneurs du monde devraient lire ce livre, proclament les auteurs. Vous pouvez bâtir une société visionnaire [14]. »

Le message de base de *Built to Last* et d'autres ouvrages du même type est qu'il est possible d'identifier les bonnes pratiques managériales et qu'elles sont récompensées par de bons résultats. Ce sont là deux exagérations. La comparaison d'entreprises qui ont eu plus ou moins de succès est, dans une mesure non négligeable, une comparaison entre des entreprises qui ont eu plus ou moins de chance. Un conseil : méfiez-vous de l'apparente logique du raisonnement fondé sur ces comparaisons, car quand le hasard entre en jeu, les logiques régulières ne peuvent être que des mirages.

Du moment que la chance joue un grand rôle, le succès d'une entreprise ne permet pas de conclure à la qualité de sa direction et des pratiques de management. Et même si vous saviez parfaitement à l'avance qu'un PDG a des idées géniales et des compétences hors du commun, vous n'en seriez pas moins incapable de prédire comment sa société va se comporter, la précision de vos prévisions revenant en gros à jouer à pile ou face [15]. En moyenne, la différence, en termes de profitabilité et de rendement boursier, entre les deux groupes de sociétés (celles à succès et les autres) passées en revue par *Built to Last* s'est presque annulée dans la période qui a suivi la publication de l'étude. La profitabilité moyenne des sociétés identifiées dans le célèbre *In Search of Excellence* (En quête de l'excellence) de Thomas Peters et Robert Waterman a elle aussi chuté nettement peu de temps plus tard. Une étude des « Sociétés les plus admirées » réalisée par le magazine *Fortune* montre que sur une période de vingt ans, les sociétés les plus mal classées ont ensuite atteint des rendements boursiers supérieurs à ceux des sociétés les plus admirées [16].

Peut-être êtes-vous tenté de trouver des explications causales à ces observations : peut-être les entreprises à succès ont-elles fait preuve de complaisance, peut-être celles qui marchaient moins bien ont-elles redoublé d'efforts. Mais ce n'est pas sous cet angle qu'il faut aborder ce qui s'est passé. La différence moyenne ne peut que se réduire, parce que la différence de départ était due en grande partie à la chance, qui a contribué tant au succès des unes qu'aux mauvaises performances des autres. Nous avons déjà rencontré cette réalité statistique : la régression vers la moyenne [17].

Si les récits sur l'ascension et la chute des entreprises trouvent un tel écho auprès des lecteurs, c'est qu'ils leur offrent ce dont a besoin l'esprit humain : un message simple, mettant en scène le triomphe et l'échec, identifiant des causes claires et taisant le pouvoir déterminant de la chance et l'inévitabilité de la régression. Ces histoires suscitent et entretiennent une illusion de compréhension, et administrent des leçons qui n'ont à terme que peu de valeur à des lecteurs qui ne demandent qu'à les croire.

*

Le biais rétrospectif en bref

« Cette erreur a l'air évidente, mais ce n'est qu'un biais rétrospectif. Vous ne pouviez pas le savoir à l'avance. »

« Il se réfère trop à cette histoire de réussite, trop parfaite. Il est sous le coup d'une erreur de narration. »

« Rien ne lui permet de dire que la société est mal gérée. Tout ce qu'elle sait, c'est que son action a plongé. C'est un biais du résultat, en partie un effet de biais rétrospectif, en partie un effet de halo. »

« Ne cédons pas au biais du résultat. C'était une décision stupide, même si elle a bien marché. »

20

L'ILLUSION DE VALIDITÉ

Le Système 1 est conçu pour tirer des conclusions hâtives à partir de très peu d'informations – et il n'est pas conçu pour comprendre à quel point ses conclusions peuvent être hâtives. À cause de COVERA, seules les preuves dont il dispose comptent. Comme la cohérence suscite de la confiance, la confiance subjective que nous avons en nos opinions reflète la cohérence de l'histoire que les Systèmes 1 et 2 ont concoctée. La quantité et la qualité des informations n'ont guère d'influence, parce que les informations les plus succinctes font les meilleures histoires. C'est ainsi que certaines de nos convictions les plus ancrées ne reposent sur aucune preuve, hormis le fait que des gens que nous aimons et en qui nous avons confiance les partagent. Compte tenu de leurs maigres assises, la confiance que nous avons en nos convictions est absurde – mais elle est aussi essentielle.

L'ILLUSION DE VALIDITÉ

Il y a des années, j'ai passé ce qui m'a paru beaucoup de temps sous un soleil de plomb à observer des groupes de soldats occupés à résoudre un problème. À l'époque, j'effectuais mon service militaire dans l'armée israélienne. J'avais obtenu ma licence en psychologie, et après un an en tant qu'officier dans l'infanterie, j'avais été affecté au département de psychologie de l'armée, où il m'arrivait parfois de participer à l'évaluation des candidats à la formation d'officier. Nous utilisions des méthodes développées par l'armée britannique pendant la Seconde Guerre mondiale.

L'un des tests, le « défi du groupe sans chef », se déroulait sur le terrain. Huit candidats, qui ne se connaissaient pas, privés de toute marque de grade et seulement identifiés par leurs matricules, recevaient l'ordre de soulever une longue poutre et de la transporter jusqu'à un mur d'environ 1,80 mètre de haut. Là, tout le groupe devait franchir le mur sans que la poutre touche ni le sol ni le mur, et sans que personne ne touche le mur. Dès que cela arrivait, ils devaient le signaler et recommencer.

Il y avait plus d'une façon de résoudre le problème. La solution la plus courante consistait à tenir la poutre penchée au-dessus du mur, comme une sorte de canne à pêche géante, qui permettait alors à une partie de l'équipe de passer de l'autre côté. Parfois, des soldats montaient sur les épaules des autres et sautaient par-dessus le mur. Puis, ceux qui étaient passés de l'autre côté récupéraient la poutre et la penchaient à leur tour, et le dernier homme n'avait plus qu'à sauter pour s'y suspendre, et à se laisser glisser jusqu'à pouvoir sauter tranquillement de l'autre côté. C'était généralement là que les groupes échouaient, ce qui les obligeait à tout recommencer.

Avec un collègue, je surveillais le déroulement de l'exercice, et nous notions qui semblait prendre la direction des opérations, qui tentait de commander mais se faisait rabrouer, quel était le degré de coopération de chacun au sein du groupe. Nous observions qui paraissait borné, passif, arrogant, patient, colérique, tenace ou dégonflé. Parfois, l'esprit de compétition tournait au dépit, quand une personne dont l'idée avait été rejetée par le groupe faisait preuve ensuite de mauvaise volonté. Nous guettions aussi la façon des uns et des autres de réagir aux crises : qui s'en prenait à un camarade dont l'erreur avait fait échouer le groupe, qui prenait les commandes quand l'équipe, épuisée, devait tout recommencer. Face au stress, pensions-nous, chacun révélait sa vraie nature. Le caractère de chaque candidat, avions-nous l'impression, était aussi limpide et évident que la couleur du ciel.

Nous assistions à plusieurs tentatives avant de donner notre sentiment quant à l'aptitude des soldats au commandement et d'attribuer des notes déterminant lesquels étaient susceptibles de suivre une formation d'officier. Nous prenions le temps de discuter de chaque cas et d'analyser nos impressions. Ce n'était pas une tâche difficile, justement parce que nous avions l'impression d'avoir été les témoins directs, durant l'exercice, des talents de chef de chaque homme. Certains s'étaient montrés de bons chefs, d'autres des mauviettes ou des crétins arrogants, d'autres encore médiocres, mais pas irrécupérables. Beaucoup avaient l'air si faibles que nous les éliminions d'emblée. Quand nos multiples observations convergeaient pour former une histoire cohérente, nous avions une confiance absolue en nos évaluations et estimions que ce que nous avions vu était annonciateur de l'avenir. Le soldat qui avait pris la tête du groupe quand celui-ci était en difficulté et fait franchir le mur à l'équipe avait été le chef à cet instant-là. On pouvait être à peu près sûr de ce qu'il ferait à l'entraînement et au combat, et qu'il y serait aussi efficace que face au mur. Toute autre prédiction, avec les preuves que nous avions sous les yeux, nous semblait sans intérêt.

Nos impressions des performances de chaque candidat étant généralement cohérentes et claires, nos prédictions officielles étaient tout aussi concises. Une seule note nous venait d'ordinaire à l'esprit, et nous ne faisions que rarement l'expérience du doute ou d'opinions conflictuelles. Nous étions tout à fait prêts à déclarer : « Celui-là n'y arrivera jamais », « Ce gars est médiocre, mais il devrait s'en tirer », ou « Il va devenir une star ». Nous n'éprouvions aucun besoin de remettre en question nos prévisions, de les modérer ou de tergiverser. Malgré tout, s'il arrivait que quelqu'un mette en cause nos verdicts, nous étions tout prêts à admettre que « bien sûr, tout peut arriver ». Car, en dépit de nos impressions claires et nettes sur les candidats, nous savions parfaitement que nos prédictions étaient en grande partie inutiles.

Il était tout à fait évident que nous n'étions pas en mesure de prévoir le succès avec précision. De temps à autre, nous assistions à des réunions où l'on revenait sur nos sélections et où nous apprenions comment les élèves se débrouillaient à l'école d'officiers. Nous pouvions comparer nos évaluations avec l'avis des commandants qui les supervisaient depuis un moment. C'était toujours la même histoire : notre capacité à prédire leurs performances à l'école était minime. Nos prévisions valaient mieux que de distribuer des notes à l'aveuglette, mais de peu.

Cela nous a déprimés un moment. Mais c'était l'armée. Utile ou non, il fallait respecter la routine et obéir aux ordres. Le lendemain, une nouvelle promotion de candidats débarquait. Nous les emmenions au champ d'obstacles, nous les placions face au mur, ils soulevaient la poutre, et l'espace de quelques minutes, nous avions sous les yeux la révélation de leur vraie nature, avec autant de clarté qu'avant. La triste vérité au sujet de la qualité de nos prédictions n'avait absolument aucun effet sur notre façon d'évaluer les candidats, et fort peu sur la confiance que nous avions en nos jugements et nos prévisions sur les individus.

C'était remarquable. La preuve globale de notre échec précédent aurait dû avoir ébranlé notre confiance, mais ce n'était pas le cas. Elle aurait aussi dû nous pousser à modérer nos prévisions, mais ce n'était pas non plus le cas. C'était un fait, nous le savions : nos prédictions valaient à peine mieux que des conjectures aléatoires, mais nous continuions à penser et à agir comment si chacune de nos prévisions était valide. Cela me rappela l'illusion de Müller-Lyer, où nous savons que les droites sont de même longueur, mais n'en continuons pas moins à les voir comme si elles étaient différentes. Je fus si frappé par cette analogie que j'inventai un terme pour décrire notre expérience : l'*illusion de validité.*

Je venais de découvrir ma première illusion cognitive.

Des décennies plus tard, je retrouve bien des thèmes centraux de mes réflexions – et de ce livre – dans cette vieille anecdote. Nos attentes quant aux performances futures des soldats étaient un cas manifeste de substitution, une manifestation de l'heuristique de la représentativité. Ayant observé pendant une heure le comportement d'un soldat dans une situation artificielle, nous pensions savoir comment il répondrait au défi de la formation d'officier et du commandement au combat – nous n'hésitions pas à prédire des échecs ou des succès exceptionnels à partir d'aussi maigres indices. C'était clairement un cas de COVERA. Nous avions des impressions convaincantes du comportement que nous observions, et aucun moyen efficace de nous représenter notre ignorance des facteurs qui détermineraient plus tard la prestation du candidat en tant qu'officier.

Avec le recul, l'élément le plus frappant de cette histoire, c'est que notre connaissance de la règle générale – le fait que nous étions incapables de prédire – n'avait aucun effet sur notre confiance au cas par cas. Je comprends aujourd'hui que notre réaction était la même que celle des étudiants de Nisbett et Borgida quand ils apprenaient que la plupart des gens n'avaient pas aidé un inconnu victime d'une crise. Ils avaient bel et bien foi dans les statistiques qu'on leur montrait, mais les taux de base n'influençaient pas leur jugement quand il leur fallait décider si un individu qu'ils voyaient en vidéo aiderait ou non un inconnu. Tout comme l'ont démontré Nisbett et Borgida, les gens rechignent souvent à déduire le particulier de l'ensemble.

La confiance subjective en un jugement n'est pas une évaluation raisonnée de la probabilité que ce jugement soit correct. La confiance est un sentiment, qui reflète la cohérence de l'information et l'aisance cognitive du traitement de cette dernière. Il est sage de prendre au sérieux les aveux d'incertitude, mais les déclarations de grande confiance ne vous disent qu'une chose, c'est qu'un individu s'est fabriqué une histoire cohérente, pas forcément que cette histoire est vraie.

L'ILLUSION DE TALENT

En 1984, Amos, notre ami Richard Thaler et moi-même fûmes appelés par une société de Wall Street. Notre hôte, un gérant de portefeuilles, nous avait invités pour discuter du rôle des biais du jugement en matière d'investissement. J'en savais si peu sur la finance que je ne voyais même pas quelles questions poser, mais je me souviens d'un de nos échanges. « Quand vous vendez une action, lui ai-je demandé, qui l'achète ? » Il m'a répondu d'un geste vague en direction de la fenêtre, indiquant qu'il s'attendait à ce que l'acheteur soit quelqu'un de tout à fait semblable à lui. C'était curieux : qu'est-ce qui fait qu'une personne achète et qu'une autre vend ? Que pensaient savoir les vendeurs, que leurs acheteurs, eux, ne savaient pas ?

Depuis, mes questions au sujet de la Bourse se sont muées en un problème plus difficile : un gigantesque secteur économique est, semble-t-il, bâti sur une *illusion de talent.* Des milliards d'actions s'échangent chaque jour, beaucoup de gens les achetant tandis que d'autres les leur vendent. Il n'est pas rare que plus de millions d'actions d'un même titre changent de main en une seule journée. La plupart des acheteurs et des vendeurs savent qu'ils disposent de la même information ; ils échangent les actions essentiellement parce qu'ils ont des opinions différentes. Les acheteurs pensent que le prix est trop bas et qu'il va sans doute monter, tandis que les vendeurs pensent que le prix est trop élevé et qu'il va sans doute chuter. Mais une question demeure : pourquoi les uns comme les autres pensent-ils que le prix en cours n'est pas le bon ? Qu'est-ce qui les porte à croire qu'ils en savent plus que le marché sur ce que devrait être ce prix ? Pour la plupart d'entre eux, cette conviction est une illusion.

Dans les grandes lignes, la théorie classique sur le fonctionnement de la Bourse est acceptée par tous les intervenants du secteur. Dans le monde des investissements, tout le monde a lu le merveilleux livre de Burton Malkiel, *Une marche au hasard à travers la Bourse* [1]. L'idée maîtresse de Malkiel est que le prix d'une action intègre toutes les connaissances disponibles sur la valeur de la société et les meilleures prédictions quant à l'avenir du titre. Si certains pensent que le cours d'une action sera plus élevé demain, ils en achèteront plus aujourd'hui. Ce qui entraîne alors une augmentation du prix. Si tous les actifs d'un marché donné sont correctement évalués, personne ne doit pouvoir s'attendre à gagner ou à perdre en les échangeant. Des prix parfaits ne laissent aucune marge de manœuvre à l'intelligence, mais ils protègent également les fous de leur propre folie. Cependant, nous savons maintenant que cette théorie n'est pas tout à fait juste. Beaucoup d'investisseurs individuels perdent tout le temps, ce que même un chimpanzé investissant au hasard ne parviendrait pas à faire. La première démonstration de cette conclusion stupéfiante a été le fait de Terry Odean, professeur de finance à Berkeley, et l'un de mes anciens élèves [2].

Odean a commencé par étudier les échanges de 10 000 comptes de courtage d'investisseurs individuels sur une période de sept ans. Il a été en mesure d'analyser toutes les transactions effectuées par les investisseurs par l'entremise de cette agence, soit près de 163 000 transactions. Cette abondance de données lui a permis d'identifier tous les cas où un investisseur vendait une partie des actions avant d'en acheter d'autres peu après. L'investisseur montrait ainsi qu'il (la plupart des investisseurs sont des hommes) avait une idée précise de l'avenir de ces deux actions : il s'attendait à ce que celle qu'il avait choisi d'acheter se comporte mieux que celle qu'il avait décidé de vendre.

Pour déterminer si ces idées étaient fondées, Odean a comparé les rendements de l'action que l'investisseur avait vendue et de celle qu'il avait achetée à sa place pendant l'année qui a suivi la transaction. Les résultats sont sans équivoque, et ils sont mauvais. En moyenne, les actions que les traders individuels avaient vendues s'étaient mieux comportées que celles qu'ils avaient achetées, avec une marge substantielle : 3,2 points de pourcentage par an, au-dessus et au-delà des coûts significatifs des deux transactions.

Il est important de ne pas perdre de vue que l'on parle là de moyenne, que certains individus ont fait mieux que d'autres, et certains bien pires. Toutefois, il est clair que pour la grande majorité des investisseurs individuels, il aurait mieux valu prendre une douche ou ne rien faire du tout plutôt que de mettre en application l'idée qui leur est venue à l'esprit. Des recherches ultérieures menées par Odean et son collègue Brad Barber ont confirmé ces conclusions. Dans un article intitulé « Trading Is Hazardous to Your Wealth » (La Bourse est dangereuse pour votre richesse), ils ont montré que, en moyenne, c'étaient les traders les plus actifs qui affichaient les moins bons résultats, tandis que les investisseurs qui intervenaient le moins étaient ceux qui récoltaient les meilleurs rendements. Dans un autre article, « Boys will be boys » (Un truc d'hommes), ils ont montré que les hommes agissaient en fonction de leurs idées inutiles nettement plus que les femmes, et que par conséquent, ces dernières obtenaient de meilleurs résultats qu'eux dans le domaine des investissements [3].

Bien sûr, on trouve toujours quelqu'un à l'autre bout de la transaction ; en général, ce sont des institutions financières et des investisseurs professionnels qui sont prêts à profiter des erreurs commises par les traders. D'autres recherches de Barber et Odean ont levé le voile sur ces erreurs. Les investisseurs individuels aiment verrouiller leurs profits en vendant des « gagnants », des actions qui se sont appréciées depuis leur achat, et ils s'accrochent aux perdants [4]. Malheureusement pour eux, les gagnants récents ont tendance à mieux se comporter que les perdants récents à court terme, et les gens vendent donc les mauvaises actions. Tout comme ils achètent celles qu'il ne faut pas. De façon prévisible, les investisseurs individuels se ruent sur les sociétés qui attirent leur attention parce que les médias parlent d'elles. Les investisseurs professionnels se montrent plus sélectifs dans leur réaction aux informations [5]. Ces découvertes permettent de mieux comprendre le sens de l'expression « argent intelligent », que les professionnels de la finance ont tendance à revendiquer.

Bien que les professionnels parviennent à récolter des richesses considérables sur le dos des amateurs [6], bien peu de traders, voire aucun, ont le talent nécessaire pour prendre le marché constamment à contre-pied, année après année. Les investisseurs professionnels, y compris les gérants de fonds, échouent à un test de compétence simple, celui de la réussite persistante. Le diagnostic permettant de déterminer l'existence d'un talent quel qu'il soit repose sur la constance des différences individuelles dans la réussite. La logique est évidente : si les différences individuelles sur une année donnée sont entièrement dues à la chance, le classement des investisseurs et des fonds changera de façon erratique et la corrélation d'une année à l'autre sera égale à zéro. Mais en présence de talent, les classements seront plus stables. La constance des différences individuelles est la mesure qui permet de confirmer l'existence du talent chez les golfeurs, les vendeurs de voitures, les orthodontistes ou les guichetiers de péages autoroutiers.

Les fonds mutuels sont gérés par des professionnels très expérimentés et travailleurs qui achètent et vendent des actions pour obtenir les meilleurs résultats pour leurs clients. Cependant, cinquante ans de recherche sur le sujet le confirment : pour une grande majorité de gestionnaires d'actifs, la sélection des actions tient plus du jeu de dés que du poker. En général, au moins deux fonds communs de placement sur trois sont en dessous des performances de l'ensemble du marché quelle que soit l'année [7].

Plus important encore, la corrélation d'une année sur l'autre entre les résultats des fonds communs de placement est très réduite, à peine supérieure à zéro. Ceux qui réussissent durant une année donnée ont surtout de la chance ; ils ont tiré un bon chiffre aux dés. La plupart des chercheurs s'entendent à reconnaître que presque tous les boursicoteurs, qu'ils le sachent ou non – et bien peu le savent –, pratiquent un jeu de hasard. Les courtiers, considérant leur expérience subjective, pensent que leurs choix sont fondés sur leur expertise rationnelle dans une situation de grande incertitude. Sur des marchés extrêmement efficaces, toutefois, les choix fondés sur l'expertise ne sont pas plus exacts que s'ils étaient faits à l'aveuglette.

Il y a quelques années, j'ai eu l'occasion exceptionnelle de pouvoir analyser de près cette illusion du talent financier. J'avais été invité à m'exprimer devant un groupe de conseillers financiers d'un cabinet de consultants offrant conseils et autres services à des clients très riches. J'avais demandé quelques informations afin de préparer mon intervention, et j'ai ainsi eu droit à un véritable trésor : une feuille de calcul résumant les résultats des investissements d'environ vingt-cinq consultants en patrimoine anonymes, sur huit années consécutives. Le résultat de chaque consultant (presque tous des hommes), pour chaque année, était le facteur déterminant pour sa prime annuelle. Il était donc facile de classer les consultants en fonction de leur performance annuelle et d'établir s'il y avait des différences durables entre eux en termes de talent et si c'étaient toujours les mêmes qui obtenaient les meilleurs retours sur investissements pour leurs clients année après année [8].

Pour répondre à cette question, j'ai calculé les coefficients de corrélation entre les classements sur des années associées par paire : l'année 1 avec l'année 2, l'année 1 avec l'année 3, et ainsi de suite jusqu'à l'année 7 avec l'année 8. Ce qui me donnait 28 coefficients de corrélation, un par paire d'années. Au fait de la théorie, je m'attendais à trouver une preuve limitée de la persistance du talent. Je fus néanmoins surpris de constater que la moyenne des 28 corrélations était 0,1. Autrement dit, zéro. Il n'y avait nulle part de corrélation constante permettant de conclure à des différences en termes de compétence. Les résultats ressemblaient à ce que l'on pourrait attendre d'un concours de dés, plutôt que d'une confrontation de talent.

Dans le cabinet, personne ne semblait conscient de la nature du jeu auquel se livraient leurs chasseurs de valeurs. Les consultants eux-mêmes avaient le sentiment d'être des professionnels compétents chargés d'un travail sérieux, avis que partageaient leurs supérieurs. La veille du séminaire, Richard Thaler et moi avons dîné avec quelques-uns des hauts responsables du cabinet, ces gens qui décident du montant des primes de leurs collaborateurs. Nous leur avons demandé de deviner la corrélation d'une année sur l'autre dans le classement des consultants. Se doutant probablement de ce qui les attendait, ils ont souri et nous ont répondu : « pas très élevée » ou « la performance est changeante, c'est certain ». Mais aucun n'imaginait que la corrélation moyenne était nulle.

Le message que nous avons fait passer aux dirigeants était le suivant : au moins dans le secteur de la gestion des portefeuilles, ce qu'ils récompensaient, c'était la chance, pas le talent. La nouvelle aurait dû les choquer, mais ce ne fut pas le cas. Apparemment, ils nous ont crus. Comment auraient-ils pu faire autrement ? Après tout, nous avions analysé leurs propres résultats, et ils étaient assez cultivés pour en saisir les implications, que nous nous sommes poliment abstenus d'exprimer ouvertement. Nous avons poursuivi calmement notre dîner, et je suis à peu près sûr que tant nos découvertes que leurs implications ont été rapidement remisées dans un coin et que la vie a continué comme si de rien n'était dans ce cabinet. L'illusion du talent n'est pas seulement une aberration au cas par cas ; elle est profondément enracinée dans la culture du secteur. Les faits qui contredisent des idées aussi fondamentales – et, par conséquent, qui menacent le gagne-pain et l'estime de soi des gens – ne sont tout simplement pas intégrés. L'esprit ne les digère pas. C'est particulièrement vrai pour les études statistiques de la performance, qui fournissent des informations sur les taux de base que les gens ont généralement tendance à ignorer dès qu'elles entrent en conflit avec leurs impressions et leur expérience personnelles.

Le lendemain matin, nous avons présenté nos découvertes aux consultants, et leur réaction a été tout aussi neutre. Leur propre expérience, qui leur disait qu'ils se livraient à des jugements avisés sur des problèmes complexes, leur paraissait beaucoup plus convaincante que d'obscurs faits statistiques. À l'issue de notre présentation, un des dirigeants avec qui j'avais dîné la veille me conduisit à l'aéroport. Encore sur la défensive, il m'a dit : « J'ai obtenu d'excellents résultats pour le cabinet et personne ne peut dire le contraire. » J'ai souri et gardé le silence, tout en pensant : « Eh bien, moi, j'ai dit le contraire ce matin. Si ta réussite est surtout due à la chance, pourquoi t'en attribuerait-on le mérite ? »

SUR QUOI REPOSENT LES ILLUSIONS DE TALENT ET DE VALIDITÉ ?

Les illusions cognitives peuvent s'avérer plus tenaces que les illusions visuelles. Ce que vous avez appris de l'illusion de Müller-Lyer n'a pas modifié votre façon de voir les droites, mais elle a influé sur votre comportement. Vous savez désormais que vous ne pouvez pas faire confiance à l'impression que vous avez de la longueur de lignes affublées d'appendices, et vous savez également que dans la présentation classique de Müller-Lyer, vous ne pouvez pas avoir confiance en ce que vous voyez. Si l'on vous interroge sur la longueur des lignes, vous donnerez une réponse informée, non l'illusion que vous continuez de voir. En revanche, quand j'étais dans l'armée, mes collègues et moi avions certes appris que nos tests d'évaluation de la capacité à commander étaient d'une validité douteuse, un fait que nous acceptions intellectuellement, mais qui n'a eu aucun impact sur nos sentiments et nos actions par la suite. La réaction à laquelle nous avons assisté dans le cabinet de consultants a été encore plus extrême. Je suis persuadé que le message que Thaler et moi avons communiqué tant aux dirigeants qu'aux gérants de portefeuilles a été instantanément jeté aux oubliettes de la mémoire, où il ne risquait plus de faire du dégât.

Pourquoi les investisseurs, simples boursicoteurs ou professionnels, continuent-ils de croire avec obstination qu'ils peuvent faire mieux que le marché, contrairement à la théorie économique que la plupart acceptent, et contrairement à ce que leur apprendrait une évaluation dépassionnée de leur expérience personnelle ? Plusieurs thèmes abordés dans les chapitres précédents permettent d'expliquer la prédominance et la persistance d'une illusion de talent dans le monde financier.

La cause psychologique la plus puissante de cette illusion tient certainement au fait que les gens qui décident d'acheter ou de vendre des actions exercent des compétences de haut niveau. Ils consultent des données et des prévisions économiques, examinent des déclarations de revenus et des bilans, évaluent la qualité des équipes de direction, et jaugent la concurrence. Tout cela est un travail sérieux, qui nécessite une formation très complète, et les gens qui l'exercent font l'expérience immédiate de l'emploi de leurs talents. Malheureusement, la capacité à évaluer les perspectives commerciales d'une société ne suffit pas à garantir la réussite en Bourse, où la question clé est de savoir si les informations se rapportant à la société sont déjà prises en compte dans la valeur de son titre. Apparemment, les traders ne disposent pas du talent pour répondre à cette question cruciale, mais semblent ignorer leur ignorance. Comme je l'avais découvert en observant les soldats sur le champ d'obstacles, la confiance subjective des traders est une sensation, pas un jugement. Notre compréhension de l'aisance cognitive et de la cohérence associative nous permet de situer sans aucun doute la confiance subjective dans le Système 1.

Enfin, les illusions de validité et de compétence sont soutenues par une puissante culture professionnelle. Nous savons que les gens peuvent entretenir une foi inébranlable dans n'importe quelle proposition, aussi absurde soit-elle, quand ils sont entourés par une communauté partageant la même foi. Compte tenu de la culture professionnelle de la communauté financière, il n'est pas étonnant qu'un grand nombre de représentants de ce monde se prennent pour des élus capables de faire ce dont les autres ne seraient pas capables.

L'ILLUSION DES EXPERTS

L'idée que le futur est imprévisible est quotidiennement contredite par la facilité avec laquelle on explique le passé. Comme l'a souligné Nassim Taleb dans *Le Cygne noir*, notre tendance à construire des récits cohérents du passé et à les croire fait qu'il nous est difficile d'admettre les limites de nos capacités à prédire le futur. Avec le recul, tout semble avoir un sens, ce qu'exploitent les experts financiers qui, chaque soir, décrivent de façon convaincante les événements du jour. Et nous ne pouvons nous débarrasser de la formidable intuition que ce qui a un sens aujourd'hui, avec du recul, devait être prévisible hier.

Le cliché éculé de la « marche de l'histoire » implique des notions d'ordre et de direction. Une marche, contrairement à une promenade, n'est pas aléatoire. Nous pensons que nous devrions pouvoir expliquer le passé en nous concentrant soit sur les grands mouvements sociaux et les développements culturels et technologiques, soit sur les intentions et le talent de quelques grands hommes. L'idée que les grands événements historiques sont déterminés par la chance est profondément choquante, bien que sa véracité soit démontrable. Il est difficile de concevoir l'histoire du XXe siècle, y compris de ses grands mouvements sociaux, sans évoquer le rôle de Hitler, de Staline et de Mao. Mais il y a eu un moment dans le temps, juste avant qu'un ovule soit fécondé, où il y a eu 50 % de chances que l'embryon qui allait devenir Hitler soit femelle. Si l'on additionne les trois événements, il y a ainsi une possibilité de un sur huit que le XXe siècle soit privé de ces trois grands « méchants », et il est impossible de prétendre que l'histoire aurait *grosso modo* été la même en leur absence. La fécondation de ces trois ovules a eu des conséquences gigantesques, et l'idée que les développements à long terme sont prévisibles est donc risible.

Pourtant, l'illusion de la prédiction valide reste intacte, et un certain nombre de gens, qui en ont fait leur métier, exploitent ce phénomène – non seulement les experts financiers, mais aussi les spécialistes du monde des affaires, ou de la politique. Les chaînes de radio et de télévision, les journaux, tous ont leurs équipes d'experts dont le travail consiste à commenter le passé récent pour prédire l'avenir. Les téléspectateurs et les lecteurs ont l'impression qu'ils reçoivent des informations confidentielles, ou en tout cas particulièrement clairvoyantes. Et, il ne faut pas en douter, les experts et leurs partisans sont intimement persuadés qu'ils fournissent des informations de ce genre. Philip Tetlock, psychologue de l'université de Pennsylvanie, a analysé ces prétendues prédictions d'experts dans une étude qui a fait date et qui s'étendait sur vingt ans, publiée dans son livre, *Expert Political Judgment : How Good Is It ? How*

Can We Know ? (Les experts en politique : sont-ils bons ? Comment savoir ?). Ce faisant, il a posé les termes de tout débat futur sur le sujet.

Tetlock a interviewé 284 personnes ayant pour profession de « commenter et de donner des conseils sur les tendances politiques et économiques ». Il leur a demandé d'évaluer la probabilité que certains événements se produisent dans un avenir relativement proche, à la fois dans leurs domaines de compétence et dans d'autres. Gorbatchev serait-il renversé par un coup d'État ? Les États-Unis entreraient-ils en guerre dans le golfe Persique ? Quel pays deviendrait le prochain grand marché émergent ? En tout, Tetlock rassembla 80 000 prédictions. Il a également demandé aux experts comment ils parvenaient à leurs conclusions, comment ils réagissaient quand ces dernières étaient fausses, et comment ils évaluaient les informations qui contredisaient leurs positions. Il leur a enfin demandé d'évaluer la probabilité de trois conséquences différentes pour chacun des événements envisagés : le statu quo, l'augmentation de quelque chose (comme la liberté politique ou la croissance économique) et la baisse de cette même chose.

Les résultats sont désastreux. Les experts s'en sont moins bien tirés que s'ils s'étaient contentés d'assigner des probabilités équivalentes à chacun des résultats potentiels. Autrement dit, des gens qui passent tout leur temps à étudier un sujet particulier, et gagnent ainsi leur vie, fournissent des prédictions moins sûres que ce qu'obtiendraient des singes en tirant des fléchettes au hasard. Même dans la région qu'ils connaissaient le mieux, les experts n'étaient pas significativement plus exacts que des non-spécialistes.

Ceux qui en savent plus prédisent un petit peu mieux que ceux qui en savent moins. Mais ceux qui en savent le plus sont également souvent moins fiables. La raison en est que la personne qui acquiert davantage de connaissances développe une illusion accrue de ses capacités et affiche dès lors une confiance en soi irréaliste. « Nous atteignons le point où les retours prédictifs marginaux liés à la connaissance diminuent avec une rapidité déconcertante, écrit Tetlock. En cette ère d'hyperspécialisation universitaire, rien ne permet de supposer que les experts qui s'expriment dans les grandes revues – politistes de renom, spécialistes de telle ou telle région du globe, économistes, etc. – soient plus efficaces que des journalistes ou des lecteurs attentifs du *New York Times* quand il s'agit de "déchiffrer" les situations d'urgence[9]. » Plus le prévisionniste est célèbre, plus ses prévisions seront échevelées. « Les experts très demandés, poursuit-il, se sont montrés beaucoup trop sûrs d'eux par rapport à ceux de leurs collègues qui opéraient loin des feux de la rampe. »

Tetlock s'est par ailleurs aperçu que les experts répugnaient à admettre qu'ils s'étaient trompés, et quand ils y étaient obligés, ils avaient à leur disposition toute une série d'excuses : ils ne s'étaient trompés que dans les dates, un événement imprévisible était intervenu, ou certes ils s'étaient trompés, mais pour de bonnes raisons. Au bout du compte, les experts ne sont que des hommes. Fascinés par leur propre génie, ils détestent avoir tort. Les experts sont induits en erreur non par ce qu'ils croient, mais par ce qu'ils pensent, dit Tetlock, qui reprend la terminologie d'Isaiah Berlin dans son essai sur Tolstoï, *Le Hérisson et le Renard*[10]. Les hérissons connaissent « une grande chose » et ont une théorie sur le monde ; ils expliquent des événements particuliers dans un cadre cohérent, fulminent d'impatience envers ceux qui ne pensent pas comme eux, et sont sûrs de leurs prévisions. Ils rechignent en outre à admettre l'erreur. Pour les hérissons, une prédiction manquée est « seulement décalée dans le temps » ou « presque juste ». Ils ont des opinions claires et compréhensibles, soit exactement ce que les producteurs de télévision aiment voir dans leurs émissions. Deux hérissons représentant chacun un camp dans un débat, chacun s'en prenant aux idées idiotes de l'adversaire, c'est la garantie d'un bon spectacle.

Les renards, eux, sont des penseurs complexes. Ils ne pensent pas que la marche de l'histoire est régie par une seule grande chose (par exemple, il est peu probable qu'ils acceptent l'idée que Ronald Reagan a à lui seul mis fin à la guerre froide en se dressant de toute sa hauteur contre l'Union soviétique). Au lieu de cela, les renards reconnaissent que la réalité est le fruit de l'interaction de nombreuses forces et agents différents, y compris la chance aveugle, qui produisent souvent des résultats aussi importants qu'imprévisibles. Dans l'étude de Tetlock, ce sont les renards qui s'en sont le mieux tirés, bien que leurs prestations à eux aussi aient été plutôt faibles. Ils sont moins susceptibles d'être invités dans les débats télévisés que les hérissons.

LE MONDE EST IMPRÉVISIBLE

Le but de ce chapitre n'est pas de montrer que les gens qui tentent de prédire l'avenir commettent de nombreuses erreurs ; cela va sans dire. La première leçon, c'est que les erreurs de prédiction sont inévitables parce que le monde est imprévisible. La deuxième est qu'il ne faut pas voir dans une grande confiance en soi la preuve de l'exactitude (une faible confiance en soi en constituerait en fait un meilleur signe).

Il est possible de prévoir des tendances à court terme ; certains comportements, certains succès peuvent être prédits avec une certaine exactitude sur la base de comportements et de succès antérieurs. Mais nous ne devrions pas croire qu'il est possible de prévoir les performances d'un officier à l'entraînement et au combat à partir de son comportement sur un champ d'obstacle – lors du test comme dans le monde réel, le comportement dépend de nombreux facteurs qui sont spécifiquement liés à une situation donnée. Retirez un membre très sûr de lui d'un groupe de huit candidats, et la personnalité de tous les autres s'en trouvera visiblement modifiée. Qu'une balle de tireur d'élite dévie de quelques centimètres, et les performances d'un officier en seront métamorphosées. Je ne nie pas la validité de tous les tests – si un test prédit un résultat important avec une validité de 0,20 ou 0,30, il faut s'en servir. Mais il ne faut pas en attendre plus. Il ne faut pas attendre grand-chose, voire rien du tout, des sélectionneurs d'actions de Wall Street qui prétendent être plus précis que le marché en prédisant l'évolution des prix. Pas plus qu'il ne faut trop attendre des experts qui se lancent dans des prévisions à long terme – même si leurs réflexions sur le futur proche peuvent être d'une grande valeur. La frontière qui sépare le futur éventuellement prévisible d'un futur éloigné et imprévisible n'est pas encore tracée.

*

Le talent illusoire en bref

« Elle a une bonne histoire cohérente qui explique tout ce qu'elle sait, et grâce à cette cohérence, elle se sent bien. »

« Qu'est-ce qui lui permet de croire qu'il est plus malin que le marché ? Serait-ce une illusion de talent ? »

« Elle, c'est un hérisson. Elle a une théorie qui explique tout, et cela lui donne l'illusion qu'elle comprend le monde. »

« La question n'est pas de savoir si ces experts sont bien formés. Elle est plutôt de savoir si le monde est prévisible. »

21

Les intuitions contre les formules

Personnage étrange et merveilleux, Paul Meehl fut l'un des psychologues les plus polyvalents du XXe siècle. À l'université du Minnesota, il enseignait dans plusieurs départements – en psychologie, en droit, en psychiatrie, en neurologie et en philosophie. Il a aussi écrit sur la religion, les sciences politiques et l'apprentissage chez les rats. Passionné de statistiques, il a vigoureusement dénoncé certaines théories infondées de psychologie clinique. Il était également psychanalyste. Il a rédigé des essais profonds sur les fondements philosophiques de la recherche en psychologie, que j'ai presque appris par cœur quand j'étais étudiant. Je ne l'ai jamais rencontré, mais il était un de mes héros depuis que j'avais lu son essai *Prédiction clinique et prédiction statistique : analyse théorique et étude des preuves.*

Dans cet opuscule qu'il décrivit plus tard comme « [s]on petit livre qui dérange », il compilait vingt études ayant analysé si les *prédictions cliniques* basées sur les impressions subjectives de professionnels entraînés étaient plus exactes que des prédictions statistiques obtenues en appliquant une formule précise. Dans une étude classique, des consultants spécialisés devaient prédire les notes d'étudiants de première année. Ils avaient interviewé chacun d'entre eux pendant quarante-cinq minutes. Ils avaient en outre accès à leurs notes de lycée, à plusieurs tests d'aptitude, et à une déclaration personnelle de quatre pages. L'algorithme statistique n'utilisait qu'une partie de ces informations : les notes de lycée et un test d'aptitude. Ce qui n'empêcha pas la formule d'être plus exacte que onze des quatorze consultants. Selon Meehl, des résultats similaires avaient été obtenus dans d'autres domaines de prévisions, comme le risque de violation de la liberté conditionnelle, la réussite à l'entraînement de pilotes et le récidivisme chez les délinquants.

Le livre de Meehl n'a pas manqué de provoquer la stupeur et l'incrédulité parmi les psychologues cliniciens, et la controverse qu'il déclencha est à l'origine d'une vague de recherches qui se poursuivent encore aujourd'hui, plus de cinquante ans après sa publication. Le nombre d'études comparant des prédictions cliniques et statistiques a aujourd'hui dépassé la barre des deux cents, mais le résultat du match opposant les algorithmes aux prédictions humaines reste inchangé. Environ 60 % des études ont montré que les algorithmes étaient beaucoup plus précis. Les autres donnent un résultat nul, ce qui revient à une victoire des règles statistiques, qui coûtent d'ordinaire beaucoup moins cher que le recours au jugement des experts. Aucune exception n'a pu être étayée de façon satisfaisante.

Au fil des études, l'éventail des résultats prédits s'est élargi pour couvrir des variables médicales (la longévité des patients atteints de cancer, la longueur des séjours à l'hôpital, le diagnostic de maladies cardiaques, la susceptibilité que des bébés succombent au syndrome de mort subite du nourrisson), des mesures économiques (les perspectives de réussite de nouvelles entreprises, l'évaluation du risque de crédit pour les banques et la future satisfaction professionnelle des salariés), des questions institutionnelles ou politiques (l'évaluation des aptitudes de parents d'adoption, les risques de récidive chez les délinquants juvéniles, la probabilité d'autres formes de comportement violent) ; ou encore l'évaluation de présentations scientifiques, l'issue de matchs de football et le prix futur des vins de Bordeaux. Chacun de ces domaines comporte un degré significatif d'incertitude et d'imprévisibilité. Nous les décrivons comme des « environnements à faible validité ». Dans chaque cas, un simple algorithme a fait aussi bien ou mieux que les experts.

Comme l'a souligné Meehl avec une fierté justifiée trente ans après la publication de son livre, « aucune autre controverse dans les sciences sociales n'a abouti à une telle quantité d'études variées allant toutes uniformément dans le même sens [1] ».

L'économiste de Princeton Orley Ashenfelter, également œnologue, a proposé à son tour une démonstration convaincante de la capacité de simples statistiques à surclasser des experts de renommée mondiale. Ashenfelter voulait prédire la valeur future de grands vins de Bordeaux à partir d'informations glanées dans l'année où le raisin avait été récolté. La question est importante, parce qu'il faut des années pour qu'un grand vin atteigne le pic de sa qualité, et les prix des vins arrivés à maturité dans un même vignoble divergent considérablement d'un millésime à l'autre. Des bouteilles remplies à seulement douze mois d'écart peuvent afficher des prix variant d'un facteur de dix ou plus [2]. La capacité à prédire les prix est précieuse, parce que les investisseurs achètent du vin, comme des œuvres d'art, en anticipant leur appréciation future.

Il est généralement admis que la qualité d'un millésime peut n'être due qu'à des variations du climat durant la saison de la culture du raisin. Les meilleurs vins sont produits quand l'été est chaud et sec, ce qui fait que le secteur des bordeaux profite sans aucun doute du réchauffement climatique. Ils aiment aussi les printemps humides, qui accroissent la quantité sans grand effet sur la qualité. Ashenfelter a converti ces idées reçues en une formule statistique qui prédit le prix d'un vin – pour un domaine particulier et à un âge précis – à partir de trois caractéristiques météorologiques : la température moyenne pendant l'été de la culture du raisin, la quantité de pluie au moment des vendanges et le total des précipitations durant l'hiver précédent. Sa formule permet d'obtenir des prix avec des années et même des décennies d'avance. En fait, elle prédit les prix futurs avec beaucoup plus d'exactitude que ne le fait le prix actuel des vins jeunes. Ce nouvel exemple d'un « schéma Meehl » remet en cause le talent des experts dont les opinions contribuent à déterminer le prix de départ. Il contredit également la théorie économique qui veut que les prix reflètent les informations disponibles, dont le climat. La formule d'Ashenfelter est extrêmement précise – la corrélation entre ses prédictions et les véritables prix est supérieure à 0,90.

Pourquoi les spécialistes sont-ils inférieurs à des algorithmes ? Une raison, que Meehl a évoquée, est que les experts s'efforcent d'être malins, de sortir des sentiers battus, et qu'ils prennent en compte des combinaisons complexes de caractéristiques dans leurs prédictions. Il arrive que la complexité fonctionne de temps à autre, mais le plus souvent, elle limite la validité. Il vaut mieux avoir recours à des combinaisons simples. Plusieurs études ont montré que les décideurs humains sont inférieurs à une formule de prédiction même quand on leur donne le résultat obtenu par la formule ! Ils se disent qu'ils peuvent passer outre parce qu'ils disposent d'informations supplémentaires, mais là encore, le plus souvent, ils ont tort. Selon Meehl, rares sont les situations où il est recommandé de substituer le jugement à une formule. Dans une célèbre expérience, il a décrit une formule qui prédit si une personne va aller au cinéma le soir, et a précisé que l'on pouvait effectivement faire fi de la formule si l'on apprend que la personne en question s'est cassé la jambe le jour même. Depuis, on l'appelle la « règle de la jambe cassée ». L'idée étant, bien sûr, que les jambes cassées sont très rares – et décisives.

Une autre raison expliquant l'infériorité des experts est que les humains font preuve d'une inconstance incorrigible quand ils analysent des informations complexes. Quand on leur demande d'évaluer la même information deux fois de suite, ils donnent souvent des réponses différentes, ce qui est évidemment assez inquiétant. Les radiologues expérimentés qui évaluent des radiographies du thorax comme « normales » ou « anormales » se contredisent dans 20 % des cas quand ils voient la même radio à deux occasions différentes[3]. Une étude menée auprès de 101 auditeurs indépendants à qui l'on avait demandé d'évaluer la fiabilité d'audits internes a montré le même degré d'inconstance[4]. D'après l'analyse de 41 études distinctes sur la fiabilité des jugements d'auditeurs, de pathologistes, de psychologues, de spécialistes de la gestion et d'autres professionnels, il semblerait que ce niveau d'incohérence soit caractéristique, même quand un cas fait l'objet d'une réévaluation dans un intervalle de quelques minutes[5]. Des jugements qui ne sont pas fiables ne peuvent pas être des instruments de prédiction valides de quoi que ce soit.

Cette inconstance généralisée est probablement due à la dépendance extrême du Système 1 vis-à-vis du contexte. Nous savons, pour avoir étudié l'amorçage, que des stimuli qui passent inaperçus dans notre environnement ont une influence substantielle sur nos pensées et sur nos actes. Ces influences fluctuent d'un moment à l'autre. Le bref plaisir d'une brise fraîche par un jour de forte chaleur vous rend légèrement plus positif et optimiste sur ce que vous êtes en train d'évaluer à cet instant-là. Les perspectives qu'un détenu se voie accorder une remise en liberté conditionnelle peuvent changer de manière significative selon le temps écoulé depuis la dernière pause des juges chargés des dossiers [6]. Comme vous n'avez que peu de connaissance directe de ce qui se passe dans votre esprit, vous ne saurez jamais que vous êtes parvenu à un jugement différent ou avez pris une décision différente du fait d'un infime changement dans les conditions de votre environnement. Les formules ne souffrent pas de tels problèmes. Avec les mêmes données de départ, elles aboutissent toujours à la même réponse. Quand la prévisibilité est faible – comme dans la plupart des études analysées par Meehl et ses collaborateurs –, l'inconstance détruit toute validité prédictive.

Nous voici donc arrivés à une conclusion surprenante : pour maximiser l'exactitude des prédictions, il faudrait en laisser la charge à des formules, surtout dans des environnements à faible validité. Les admissions en faculté de médecine, par exemple, sont souvent décidées par les membres de la fac qui interviewent le candidat. Les preuves restent fragmentaires, mais on peut se livrer à une conjecture : le fait d'interroger le candidat diminuera probablement l'exactitude du processus de sélection, si ce sont les membres du jury qui prennent aussi la décision finale. Étant trop sûrs de leurs intuitions, ils accorderont trop de poids à leurs impressions personnelles et pas assez à d'autres sources d'information, ce qui amoindrit la validité [7]. De même, les experts qui évaluent la qualité de vins encore jeunes pour prédire leur avenir disposent d'une source d'information qui risque presque certainement d'aggraver les choses plutôt que de les améliorer : ils peuvent goûter le vin. Même si, bien entendu, ils se font par ailleurs une idée juste des effets de la météorologie sur la qualité du vin, ils ne pourront pas se montrer aussi constants qu'une formule.

Depuis les travaux originaux de Meehl, le développement le plus important dans ce domaine est lié au célèbre article de Robyn Dawes, « The Robust Beauty of Improper Linear Models in Decision Making » (La robuste beauté des modèles linéaires incorrects dans la prise de décision)[8]. Dans les sciences sociales, la pratique statistique dominante consiste à pondérer les différents indices en fonction d'un algorithme, dit de régression multiple, qui existe aujourd'hui sous forme de logiciel conventionnel. La logique de la régression multiple est imparable : elle trouve la formule optimale pour associer une combinaison pondérée d'indices. Toutefois, Dawes a observé que cet algorithme statistique complexe n'apportait pas grand-chose. On s'en tire aussi bien en choisissant une série de chiffres ayant une certaine validité pour prédire le résultat et en ajustant les valeurs pour les rendre comparables (en utilisant des chiffres ou des classements standards). Une formule qui combine ces indices en les pondérant sera sans doute aussi précise dans la prédiction de nouveaux cas que la formule de la régression multiple qui avait été optimale pour l'échantillon d'origine. D'autres recherches récentes sont allées plus loin : des formules qui pondèrent équitablement tous les indices sont souvent supérieures parce qu'elles ne sont pas affectées par des erreurs d'échantillonnage[9].

Le succès étonnant des systèmes de pondération équitable a une implication pratique importante : il est possible de développer des algorithmes utiles sans avoir auparavant effectué de recherches statistiques. Des formules pondérées simples fondées sur des statistiques existantes ou sur le sens commun sont souvent d'excellents indicateurs. Dans un exemple mémorable, Dawes a montré que la stabilité conjugale pouvait être efficacement prédite par une formule :

> fréquence des rapports sexuels moins fréquence des disputes

Mieux vaut que le résultat ne soit pas négatif.

Cette recherche nous mène à une conclusion importante : un algorithme griffonné au dos d'une enveloppe est souvent assez efficace pour concurrencer une formule optimale pondérée, et en tout cas assez bonne pour surclasser l'avis des experts. On peut appliquer cette logique à de nombreux domaines, allant de la sélection des valeurs par les gérants de portefeuilles au choix des traitements médicaux par les médecins et leurs patients.

Un simple algorithme, qui a sauvé la vie de centaines de milliers d'enfants, est un exemple désormais classique de cette approche. Les obstétriciens ont toujours su qu'un nourrisson qui ne respire pas normalement dans les quelques minutes qui suivent la naissance courait le risque de subir de graves dommages cérébraux, ou de mourir. Jusqu'à l'intervention de l'anesthésiste Virginia Apgar en 1953, les médecins et les sages-femmes s'appuyaient sur leur jugement clinique pour déterminer si un bébé était en danger, chacun se référant à des indices différents : certains étaient à l'affût de difficultés respiratoires, d'autres guettaient les premiers cris de l'enfant, etc. En l'absence d'une procédure standardisée, des signes indicateurs d'un risque étaient souvent négligés, et beaucoup de nouveau-nés mouraient.

Un matin, au petit déjeuner, un interne demanda au docteur Apgar comment elle systématiserait l'évaluation de l'état d'un nouveau-né. « C'est facile, répondit-elle, il faut faire comme ça. » Elle coucha par écrit cinq variables (le rythme cardiaque, la respiration, les réflexes, la tonicité musculaire et la couleur) et trois chiffres (0, 1 ou 2, selon l'importance de chaque variable). Comprenant que sa liste constituait peut-être un outil utile pour toutes les salles de travail, Apgar commença à classer les nourrissons en fonction de cette règle une minute après leur naissance [10]. Un bébé ayant un score total de 8 avait toutes les chances d'être rose, de se tortiller, de pleurer, de grimacer, avec un rythme cardiaque de 100 ou plus – bref, d'être en bonne forme. Un bébé avec un résultat de 4 ou moins serait probablement bleuâtre, mou, passif, avec un rythme cardiaque lent ou faible – et nécessiterait donc une intervention immédiate. En appliquant la règle d'Apgar, le personnel des salles de travail disposait enfin de normes constantes permettant de déterminer quels bébés étaient en danger, et on considère que cette formule a grandement contribué à réduire la mortalité infantile. Le test d'Apgar est encore aujourd'hui utilisé tous les jours dans toutes les maternités. Dans *A Checklist Manifesto* (Le Manifeste des listes de contrôles), Atul Gawande fournit bien d'autres exemples des vertus des listes de contrôle et des règles simples [11].

L'HOSTILITÉ AUX ALGORITHMES

Dès le début, les psychologues cliniciens ont réagi avec hostilité et incrédulité aux idées de Meehl. Ils étaient manifestement en proie à une illusion de talent quant à leur propre capacité à effectuer des prédictions à long terme. À la réflexion, on voit facilement comment cette illusion a pu se développer et on ne peut s'empêcher de comprendre les cliniciens.

La preuve statistique de l'infériorité du diagnostic clinique contredit l'expérience qu'ont quotidiennement les cliniciens de la qualité de leur jugement. Les psychologues, par exemple, ont de nombreuses intuitions concernant leurs patients au fil des séances de thérapie ;

ils anticipent la réaction de ces derniers à telle intervention de leur part, devinent ce qui va se passer ensuite. Nombre de ces intuitions se vérifient, confortant la réalité de leur compétence clinique.

Le problème, c'est que les jugements corrects impliquent des prédictions à court terme dans le contexte d'entretiens thérapeutiques, une compétence dans laquelle les thérapeutes peuvent avoir des années de pratique. Quand ils échouent, c'est généralement sur des prédictions à long terme concernant l'avenir du patient. C'est de fait une tâche beaucoup plus difficile, et même les meilleures formules n'y réussissent que modérément. En outre, les cliniciens n'ont jamais eu l'occasion d'apprendre correctement à pratiquer ce type de prédictions – il leur faudrait attendre des années pour bénéficier d'un retour, au lieu des retours immédiats qu'ils connaissent lors des séances cliniques. Cependant, la ligne qui sépare ce que les cliniciens peuvent bien faire de ce qu'ils ne peuvent pas faire du tout n'est pas évidente, en tout cas, pas pour eux. Ils savent qu'ils sont compétents, mais ne connaissent pas forcément les limites de leurs talents. Pas étonnant, donc, que les cliniciens expérimentés considèrent comme fondamentalement erronée l'idée qu'une combinaison mécanique de quelques variables puisse faire mieux que la subtile complexité du jugement humain.

Le débat sur les vertus des prédictions cliniques et statistiques a toujours eu une dimension morale. La méthode statistique, écrivait Meehl, a été dénoncée par les cliniciens expérimentés comme étant « mécanique, atomiste, additive, figée, artificielle, irréelle, arbitraire, incomplète, morte, pédante, fractionnée, futile, contrainte, statique, superficielle, rigide, stérile, académique, pseudo-scientifique et aveugle ». Au contraire, elle a été saluée par ses défenseurs comme étant « dynamique, globale, constructive, holistique, subtile, compatissante, ordonnée, organisée, riche, profonde, authentique, sensible, raffinée, réelle, vivante, concrète, naturelle, réaliste et bienveillante ».

Nous connaissons tous des exemples d'une telle attitude. Quand l'homme affronte la machine, comme le génie des échecs Garry Kasparov jouant contre l'ordinateur Deep Blue, nous penchons en faveur de notre congénère. L'aversion pour les algorithmes, quand ils décident à la place des humains, s'enracine dans le fait que beaucoup de gens préfèrent le naturel au synthétique ou à l'artificiel. Quand on leur demande s'ils préféreraient manger une pomme bio ou produite industriellement, les gens disent qu'ils choisiraient la pomme « entièrement naturelle ». Même quand on leur explique que les deux fruits ont le même goût, la même valeur nutritive et qu'ils sont tout aussi sains, une majorité continue de préférer le fruit bio [12]. Même les producteurs de bière se sont aperçus qu'ils pouvaient augmenter les ventes en ajoutant la mention « entièrement naturelle » ou « sans conservateur » sur l'étiquette.

Un autre exemple de résistance acharnée contre la démystification de l'expertise est celui de la communauté européenne des amoureux du vin, confrontée à la formule d'Ashenfelter pour prédire le prix des bordeaux. On aurait pu s'attendre à ce que, partout dans le monde, les œnologues lui soient reconnaissants d'avoir contribué par sa formule à améliorer leur capacité à identifier les vins qui prendraient de la valeur. Que nenni ! Dans les cercles œnologiques français, écrivit le *New York Times*, la réaction alla « de la violence à l'hystérie ». Un œnophile, raconte Ashenfelter, avait même traité ses découvertes de « grotesques et absurdes ». Un autre s'était moqué : « C'est comme de critiquer des films sans les avoir vus. »

Le préjugé contre les algorithmes s'accroît quand les décisions qu'ils influent portent à conséquence. Meehl a noté : « Je ne sais pas trop comment atténuer l'horreur que semblent éprouver les cliniciens quand ils apprennent qu'un malade se voit refuser un traitement parce qu'il aurait été mal classé par une équation "aveugle, mécanique". » Pour leur part, Meehl et d'autres partisans des algorithmes ont fermement soutenu qu'il était contraire à l'éthique de s'appuyer sur des jugements intuitifs pour prendre des décisions importantes s'il existe un algorithme susceptible de commettre moins d'erreurs. Leur argument est rationnel et convaincant, mais il va à l'encontre d'une réalité psychologique obstinée : pour la plupart des gens, la cause d'une erreur a de l'importance. L'histoire d'un enfant qui meurt parce qu'un algorithme a fait une erreur est plus poignante que la même tragédie due à une erreur humaine, et la différence d'intensité émotionnelle peut facilement se traduire en termes de préférence morale.

Heureusement, l'hostilité suscitée par les algorithmes ira probablement en s'atténuant au fur et à mesure que leur rôle continuera à progresser dans la vie quotidienne. Quand nous cherchons des livres ou de la musique susceptibles de nous plaire, nous apprécions les recommandations des logiciels. Nous considérons comme acquis le fait que les décisions sur les plafonds de crédit soient prises sans l'intervention directe d'un jugement humain. Nous sommes de plus en plus exposés à des directives qui prennent la forme de simples algorithmes, comme le taux de bon et de mauvais cholestérol que nous devrions nous efforcer d'atteindre. Le public est désormais parfaitement conscient que les formules peuvent faire mieux que l'homme dans certaines décisions critiques liées au monde du sport : combien une équipe professionnelle devrait-elle payer pour aider des joueurs débutants, par exemple. La liste croissante de tâches confiées aux algorithmes devrait finir par réduire le malaise qu'éprouvent la plupart des gens quand ils croisent pour la première fois les résultats décrits par Meehl dans son petit livre qui dérange.

Les leçons de Meehl

En 1955, alors qu'âgé de vingt et un ans, j'étais lieutenant dans l'armée israélienne, on m'a demandé de mettre au point un système d'entretiens de recrutement valables pour l'ensemble des forces armées. Si vous vous demandez pourquoi une telle responsabilité a pu être imposée à quelqu'un de si jeune, n'oubliez pas qu'alors l'État d'Israël lui-même n'avait que sept ans. Toutes ses institutions étaient en chantier, et il fallait bien que quelqu'un les bâtisse. Aussi bizarre que cela puisse paraître aujourd'hui, l'option psychologie que j'avais choisie faisait probablement de moi le psychologue le mieux formé de l'armée. Quant à mon chef direct, un chercheur brillant, il était diplômé de chimie.

Il existait déjà une procédure de routine pour les entretiens quand on m'a confié cette mission. Chaque soldat appelé dans l'armée passait une batterie de tests psychométriques, et chaque homme considéré comme apte au combat était interrogé pour que l'on juge de sa personnalité. Le but était d'attribuer à chacun une note d'aptitude générale au combat et de trouver quel corps lui correspondait le mieux : l'infanterie, l'artillerie, les blindés, etc. Les interrogateurs étaient eux-mêmes de jeunes appelés, choisis en fonction de leur grande intelligence et de leur intérêt pour le relationnel. La plupart étaient des femmes qui, à l'époque, étaient exemptées de missions de combat. Formées en quelques semaines aux façons de mener un entretien de quinze à vingt minutes, elles étaient encouragées à couvrir un éventail de sujets pour se faire une idée générale des futures prestations de la recrue.

Malheureusement, des évaluations de contrôle avaient déjà montré que cette procédure était presque inutile lorsqu'il s'agissait de prédire la réussite future des recrues. Je reçus l'ordre de mettre au point un système d'entretiens plus fiable, mais qui ne prendrait pas plus de temps. On me demanda également de le tester et d'évaluer son efficacité. D'un point de vue purement professionnel, j'étais à peu près aussi qualifié pour cette mission que pour construire un pont sur l'Amazone.

Par chance, j'avais lu le « petit livre » de Paul Meehl, paru un an plus tôt. Sa thèse, à savoir que des règles statistiques simples sont plus fiables que des jugements « cliniques » intuitifs, m'avait convaincu. J'en conclus que le système d'entretiens jusqu'alors utilisé avait échoué au moins en partie parce qu'il laissait les interrogateurs faire ce qui les intéressait le plus, soit découvrir les rouages de la vie mentale du candidat. Au lieu de cela, il fallait profiter du temps limité dont nous disposions pour récolter autant d'informations que possible sur la vie de la recrue dans son environnement habituel. J'avais tiré une autre leçon de Meehl : il fallait abandonner la procédure selon laquelle l'évaluation de l'interrogateur déterminait seule la décision finale. D'après Meehl, on ne pouvait pas faire confiance à des évaluations de ce genre, et le bilan statistique d'éléments évalués séparément serait plus fiable.

Je m'orientais donc vers une procédure où les interrogateurs évalueraient plusieurs traits de la personnalité du candidat et les noteraient séparément. La note finale de l'aptitude au combat serait calculée à l'aide d'une formule standard, sans aucune intervention supplémentaire des interrogateurs. J'établis une liste de six caractéristiques qui paraissaient liées à la performance au sein d'une unité de combat, dont la « responsabilité », la « sociabilité » et « la fierté masculine ». Puis je composai, pour chaque caractéristique, une série de questions factuelles relatives à la vie de l'individu avant son entrée dans l'armée, par exemple le nombre d'emplois différents qu'il avait occupés, de quelle régularité et de quelle ponctualité il avait fait preuve dans son travail ou ses études, la fréquence de ses interactions avec ses amis, sa pratique du sport… L'idée était d'évaluer aussi objectivement que possible comment la recrue s'était comportée dans chacune de ces situations.

En mettant l'accent sur des questions factuelles standardisées, j'espérais lutter contre l'effet de halo, où les premières impressions favorables ont une influence sur les jugements ultérieurs. En guise de précaution supplémentaire contre les halos, j'ai suggéré aux interrogateurs d'aborder chacun des six traits à la suite, et de les noter sur une échelle de 1 à 5 avant de passer au suivant. Et c'était tout. Je leur ai également dit qu'ils n'avaient pas à se soucier de la manière dont la recrue s'adapterait à l'armée à l'avenir. Leur seule mission était de trouver des faits utiles dans son passé et d'utiliser ces informations pour noter la recrue dans chacun des six domaines définis. « Votre fonction est de fournir des mesures fiables, leur ai-je dit. Je me charge de la validité prédictive », leur dis-je, comptant pour ce faire sur la formule que j'allais mettre au point pour combiner les résultats de leurs différents classements.

Je faillis déclencher une mutinerie. Ces jeunes gens intelligents n'appréciaient guère qu'un type à peine plus âgé qu'eux leur donne des ordres, leur explique qu'il ne fallait plus s'appuyer sur leur intuition mais uniquement désormais sur d'ennuyeuses questions factuelles. L'un d'entre eux se plaignit : « Vous nous transformez en robots ! » Je leur proposai alors un compromis. « Procédez à l'entretien en suivant exactement les instructions, et quand vous en aurez fini, faites comme vous le souhaitez : fermez les yeux, essayez d'imaginer la recrue en soldat, et donnez-lui une note de 1 à 5. »

Plusieurs centaines d'entretiens furent menés à l'aide de cette nouvelle méthode, et quelques mois plus tard, nous reçûmes l'évaluation des soldats par les commandants des unités auxquelles ils avaient été affectés. Les résultats nous emplirent de joie. Comme l'avait suggéré le livre de Meehl, la nouvelle procédure d'entretien représentait une nette amélioration par rapport à l'ancienne. La combinaison de nos six classements prédisait la performance des soldats avec beaucoup plus d'exactitude que les évaluations globales de la méthode précédente, même si elle était loin d'être parfaite. Nous avions progressé et étions passés d'une mission « complètement inutile » à une mission « modérément utile ».

La grande surprise, pour moi, fut que le jugement intuitif final des interrogateurs (la phase du « fermez les yeux ») fonctionnait également très bien, en fait – tout aussi bien que la somme des six classements spécifiques. C'est là une leçon que je n'ai jamais oubliée : l'intuition est une valeur ajoutée même dans le cadre d'un entretien de sélection, mais seulement si l'on a au préalable rassemblé rigoureusement et soigneusement classé des informations objectives. J'avais en effet établi une formule qui conférait à l'évaluation intuitive finale le même poids que la somme des six classements de caractéristiques. Il ne fallait certes pas se fier au jugement intuitif – le sien ou celui des autres –, mais il ne fallait pas non plus le rejeter.

Près de quarante-cinq ans plus tard, après avoir obtenu un prix Nobel d'économie, j'ai, pendant un temps, été vaguement célèbre en Israël. À l'occasion d'un déplacement, quelqu'un a eu l'idée de m'emmener jusqu'à mon ancienne base militaire, qui abritait encore l'unité d'évaluation des nouvelles recrues. Le commandant m'a décrit leurs pratiques, qui n'avaient pas tellement changé par rapport au système que j'avais conçu ; un grand nombre d'études, semblait-il, confirmaient que les entretiens fonctionnaient encore très bien. À la fin de sa présentation, elle a ajouté : « Et ensuite, on leur dit : "Fermez les yeux"… »

À FAIRE CHEZ SOI

Ce qu'il y a à retenir dans ce chapitre ne sert pas seulement au recrutement de candidats pour l'armée. La mise en œuvre de procédures d'entretien dans l'esprit de Meehl et Dawes n'est pas très compliquée, mais nécessite de la discipline. Supposons qu'il vous faille engager un commercial pour votre entreprise. Si vous tenez sérieusement à recruter le meilleur candidat possible pour ce poste, voici ce qu'il faut faire. Pour commencer, sélectionnez quelques caractéristiques préalables à la réussite à ce poste (compétences techniques, personnalité engageante, fiabilité, etc.). N'en faites pas trop – six est un bon chiffre. Ces caractéristiques doivent, autant que possible, être indépendantes les unes des autres, et vous devez avoir le sentiment que vous pouvez les évaluer de façon fiable en posant simplement quelques questions factuelles. Ensuite, dressez la liste de ces questions pour chaque caractéristique et imaginez comment vous allez les noter, disons sur une échelle de 1 à 5. Ayez une idée de ce qui, pour vous, sera « très faible » ou « très fort ».

Ces préparatifs devraient vous prendre à peu près une demi-heure, soit un investissement modeste pour faire la différence en termes de qualité de recrutement. Pour éviter les effets de halo, vous devez rassembler les informations pour une caractéristique après l'autre, et consigner vos notes avant de passer à la suivante. Ne vous éparpillez pas. Pour évaluer chaque candidat, additionnez les six notes. Étant responsable de la décision finale, vous ne devriez pas « fermer les yeux ». Décidez fermement d'embaucher le candidat dont le score final sera le plus élevé, même si votre préférence va à un autre – résistez à votre envie d'inventer des jambes cassées pour modifier le classement. À en juger par les nombreuses recherches entreprises dans ce domaine, vous avez plus de chances de trouver le meilleur candidat en ayant recours à cette procédure qu'à la procédure habituelle dans ce genre de situation, c'est-à-dire se lancer dans l'entretien sans préparation et faire son choix d'après un jugement intuitif d'ensemble, type : « J'ai regardé dans ses yeux et ce que j'y ai vu m'a plu. »

*

Les jugements et les formules en bref

« Chaque fois qu'il est possible de remplacer le jugement humain par une formule, nous devrions au moins l'envisager. »

« Il pense que ses jugements sont complexes et subtils, mais une simple combinaison de notes fonctionnerait sans doute mieux. »

« Décidons par avance quel poids accorder aux données dont nous disposons sur les performances passées des candidats. Sinon, nous donnerons trop d'importance à l'impression que nous laisseront les entretiens. »

22

L'INTUITION DES EXPERTS : QUAND LUI FAIRE CONFIANCE ?

Les controverses professionnelles font ressortir ce qu'il y a de pire chez les universitaires. Parfois, les revues scientifiques publient des échanges entre savants, qui commencent par la critique, par l'un, des recherches d'un autre, suivie d'une réponse et d'une riposte du second au premier. J'ai toujours pensé que ces échanges étaient une perte de temps. Surtout quand la critique de départ est exprimée en termes cinglants, la réponse est souvent l'occasion de s'exercer à ce que j'appelle le sarcasme pour débutants et le sarcasme approfondi. Les réponses ne concèdent presque jamais rien à une critique acerbe, et jamais, ou presque, l'auteur de la critique d'origine n'admettra dans sa réplique à la réponse qu'il aurait pu avoir tort. De temps à autre, il m'est arrivé de répondre aux critiques que je trouvais grossièrement mensongères, parce que l'absence de réponse peut alors être considérée comme un aveu d'erreur, mais ces échanges hostiles m'ont toujours semblé vains. En quête d'un autre moyen de régler les différends scientifiques, je me suis engagé dans quelques « collaborations de confrontation », qui voient des universitaires en désaccord écrire un article sur leurs divergences, et parfois même mener des recherches ensemble. Dans les situations particulièrement tendues, ces recherches s'effectuent sous l'égide d'un arbitre [1].

C'est avec Gary Klein, chef de file d'une association d'universitaires et de praticiens qui n'aiment pas ce que je fais, que j'ai connu la collaboration de confrontation la plus satisfaisante et la plus productive. Lui et ses partisans se présentent comme des spécialistes de la Prise de Décision Naturaliste, ou PDN, et évoluent essentiellement au sein d'organisations où ils étudient le travail des experts. Les PDNistes sont absolument contre l'approche de l'heuristique et des biais, un modèle qu'ils estiment trop axé sur les échecs et alimenté par des expériences artificielles plutôt que par l'étude de personnes réelles occupées à des activités utiles. Le recours à des algorithmes rigides en lieu et place du jugement humain suscite chez eux un profond scepticisme, et Paul Meehl ne fait pas partie de leurs héros. Depuis des années, Gary Klein exprime inlassablement et avec brio ces convictions [2].

Présenté ainsi, cela ne semble pas le germe d'une belle amitié, mais ce n'est que le début de l'histoire. Je n'ai jamais rejeté complètement l'intuition. Et je suis un fan des études menées par Klein sur l'expertise des pompiers, depuis le jour où j'ai lu le brouillon d'un article qu'il a rédigé dans les années 1970. J'ai été très marqué par son livre *Sources of Power* (Les Sources du pouvoir), en grande partie consacré au développement de l'intuition chez les spécialistes. Je l'ai invité à me rejoindre afin que l'on étudie ensemble les frontières qui séparent les merveilles de l'intuition de ses errements. Intrigué, il a accepté, et nous nous sommes lancés dans le projet – sans garantie de réussite. Nous avons tenté de répondre à une question précise : quand peut-on faire confiance à un expert qui prétend avoir une intuition ? Klein, c'était évident, serait plus enclin à se montrer confiant, et moi sceptique. Mais parviendrions-nous à nous entendre sur des principes permettant de répondre à la question ?

Pendant sept ou huit ans, nous avons eu bien des discussions, nous avons résolu nombre de désaccords, avons failli craquer plus d'une fois, avons rédigé plusieurs brouillons, sommes devenus amis, et avons fini par publier un article au titre révélateur : « Conditions for Intuitive Expertise : A Failure to Disagreee » (Les conditions de l'expertise : comment nous ne sommes pas parvenus à ne pas nous entendre). En effet, nous n'avons pas pu trouver de vraies questions sur lesquelles nous n'étions pas d'accord – et pourtant, nous n'étions pas vraiment d'accord non plus.

Merveilles et défauts de l'intuition

La Force de l'intuition[3], le best-seller de Malcolm Gladwell, est paru alors que Klein et moi-même travaillions sur notre projet, et nous avons été rassurés de voir que nous étions d'accord à son sujet. Le livre de Gladwell s'ouvre sur une histoire mémorable, celle d'experts en art confrontés à un objet décrit comme un magnifique exemple de *kouros*, une statue de jeune homme[4]. Plusieurs d'entre eux ont une violente réaction viscérale : ils sentent au fond d'eux-mêmes que cette statue est un faux, mais ils ne réussissent pas à dire pourquoi elle les met mal à l'aise. Tous ceux qui ont lu ce livre – ils sont plusieurs millions – se souviennent que cette histoire se conclut par le triomphe de l'intuition. Les experts finissent par reconnaître qu'ils savaient que cette sculpture était un faux sans savoir comment ils le savaient – la définition même de l'intuition. Cette anecdote sous-entend que quiconque aurait voulu trouver l'indice qui avait guidé les experts l'aurait cherché en vain, mais c'était une conclusion que Klein et moi rejetions. De notre point de vue, une telle recherche était nécessaire, et si elle avait été menée correctement (ce que Klein sait faire), elle aurait sans doute réussi.

Si beaucoup de lecteurs gardent de l'exemple du *kouros* une vision presque magique de l'intuition des experts, Gladwell lui-même n'est pas de cet avis. Dans un chapitre ultérieur, il décrit un échec cuisant de l'intuition : les Américains élirent le président Harding *, dont la seule qualification pour le poste était qu'il avait absolument le physique de l'emploi. Grand, la mâchoire carrée, il incarnait l'idéal d'un dirigeant fort et décidé. Les gens avaient voté pour lui sur son apparence d'homme fort et décidé, sans aucune autre raison de croire qu'il l'était effectivement. Ils avaient intuitivement préjugé de ses compétences de président en substituant une question à une autre. Le lecteur de ce livre sait maintenant qu'il est courant d'avoir confiance en ce genre d'intuition.

L'INTUITION EST UNE RECONNAISSANCE

Les premières expériences qui ont influencé le point de vue de Klein sur l'intuition furent radicalement différentes des miennes. Je me suis formé une opinion en observant l'illusion de validité chez moi-même, et en lisant les démonstrations de Paul Meehl sur les insuffisances de la prédiction clinique. Klein, lui, a été façonné par ses premières études sur les commandants de pompiers sur le terrain. Il les avait suivis lors de leurs interventions, puis avait questionné le commandant pour savoir comment il pensait quand il prenait ses décisions.

* Warren G. Harding (1865-1923), élu en 1920. Son mandat, écourté par sa mort des suites d'un empoisonnement, fut le théâtre d'une succession de scandales (NdT).

Comme Klein l'a décrit dans notre article, ses collaborateurs et lui-même

> s'étaient attachés à comprendre comment les commandants pouvaient prendre de bonnes décisions sans comparer différentes possibilités. L'hypothèse initiale était qu'ils limitaient leur analyse à deux options, mais il s'avéra que cette hypothèse était infondée. En fait, les commandants n'engendraient en général qu'une seule solution, et c'était tout ce dont ils avaient besoin. Ils pouvaient puiser dans le répertoire de schémas qu'ils avaient compilés au fil de plus de dix ans d'expérience tant réelle que virtuelle pour identifier une solution plausible, qu'ils considéraient en priorité. Ils l'évaluaient en la simulant mentalement pour voir si elle fonctionnait dans la situation à laquelle ils étaient confrontés. […] Si le plan d'action qu'ils envisageaient était jugé approprié, ils le mettaient en œuvre. S'il présentait des défauts, ils le modifiaient. S'ils ne parvenaient pas à le modifier facilement, ils se reportaient alors à l'option la plus plausible suivante, qu'ils soumettaient alors à la même procédure jusqu'à ce qu'ils trouvent un plan d'action acceptable.

À partir de cette description, Klein élabora une théorie de la prise de décision, qu'il baptisa modèle de décision basée sur la reconnaissance (*Recognition-primed decision model*, ou RPD). Celui-ci s'applique non seulement aux pompiers mais permet aussi de décrire l'expertise dans d'autres domaines, comme le jeu d'échecs. Le processus met en jeu à la fois le Système 1 et le Système 2. Dans la première phase, le plan qui vient à l'esprit est suscité par une fonction automatique de la mémoire associative – le Système 1. La phase suivante est un processus délibéré où le plan est simulé mentalement pour vérifier qu'il peut fonctionner – c'est une opération du Système 2. La prise de décision intuitive comme reconnaissance d'une situation antérieure s'appuie sur les théories déjà anciennes de Herbert Simon, qui est peut-être le seul universitaire reconnu et admiré comme un héros et un père fondateur par tous les clans concurrents dans le domaine de la prise de décision [5]. J'ai déjà cité sa définition de l'intuition dans l'introduction, mais je la redonne ici, où elle prend tout son sens : « La situation fournit un indice ; cet indice donne à l'expert un accès à une information stockée dans sa mémoire, et cette information, à son tour, lui donne la réponse. L'intuition n'est rien de plus et rien de moins que de la reconnaissance [6]. »

La formule est forte, et elle ramène la magie apparente de l'intuition à l'expérience quotidienne de la mémoire. Nous sommes émerveillés par l'histoire du pompier qui éprouve soudain le besoin de fuir une maison en flammes juste avant qu'elle s'effondre, parce qu'il devine intuitivement le danger, « sans savoir comment il sait » [7]. Mais en fait, nous ne savons pas non plus immédiatement comment nous savons que la personne que nous voyons en entrant dans une pièce est notre ami Peter. Savoir sans savoir, telle est la morale de la réflexion de Simon, n'est pas un mystère caractéristique de l'intuition ; c'est une norme de la vie mentale.

L'ACQUISITION DE COMPÉTENCES

Comment l'information qui vient à l'appui de l'intuition est-elle « stockée dans la mémoire » ? Certains types d'intuition s'acquièrent très vite. Nous avons par exemple hérité de nos ancêtres une grande facilité à apprendre quand il faut avoir peur. D'ailleurs, une seule expérience suffit souvent à ancrer durablement une aversion et une peur. La plupart d'entre nous ont le souvenir viscéral d'un plat douteux qui nous fait encore hésiter à retourner dans un restaurant. Nous sommes tous crispés à l'approche d'un endroit où un événement déplaisant nous est arrivé, même si rien ne porte à croire qu'il va se reproduire. Pour moi, par exemple, c'est la bretelle d'accès à l'aéroport de San Francisco où, il y a des années, j'ai été pourchassé depuis l'autoroute par un conducteur hystérique qui m'a rattrapé, a baissé sa vitre et m'a abreuvé d'insultes. Je n'ai jamais su ce qui avait provoqué sa haine, mais j'entends encore sa voix quand j'approche de cet endroit sur la route de l'aéroport.

Mon souvenir de cet incident est conscient, et il explique totalement l'émotion qui l'accompagne. À bien des occasions, cependant, vous pouvez vous sentir mal à l'aise dans un endroit donné ou quand quelqu'un utilise une tournure de phrase particulière sans avoir le souvenir conscient de l'événement déclencheur. Avec le recul, vous définirez ce malaise comme une intuition s'il est suivi d'une expérience négative. Ce mode d'apprentissage émotionnel est très proche de ce qui se passait dans les célèbres expériences de conditionnement de Pavlov, où les chiens apprenaient à reconnaître dans le son d'une cloche le signal annonçant de la nourriture. Ce que les chiens de Pavlov apprenaient peut être décrit comme un espoir acquis. Les peurs, elles, s'acquièrent encore plus facilement.

Elles peuvent aussi s'acquérir – très facilement – par des mots plutôt que par l'expérience. Le pompier dont le « sixième sens » l'avait averti du danger avait certainement eu bien des occasions de discuter et de réfléchir à des types d'incendies qu'il n'avait pas vécus, et ainsi de se répéter mentalement à quoi pourraient ressembler les indices dans un tel cas et comment il devrait réagir. Comme j'ai pu moi-même le vérifier, un jeune chef de section n'ayant aucune expérience du combat sera stressé quand il fera passer ses hommes dans un ravin encaissé, parce qu'on lui a appris à identifier ce terrain comme étant favorable aux embuscades. L'apprentissage s'effectue rapidement, presque sans répétition.

Si l'apprentissage émotionnel peut être rapide, le développement de ce que l'on considère comme « l'expertise » prend généralement du temps. L'acquisition d'une expertise dans des disciplines complexes comme les échecs de haut niveau, le basket professionnel ou la lutte contre les incendies est lente et compliquée parce que la spécialisation dans un domaine précis ne nécessite pas une compétence unique, mais plutôt une grande collection de petits talents. Les échecs en sont un bon exemple. Un joueur de haut niveau peut comprendre une position complexe d'un seul regard, mais il faut des années pour développer ce degré de compétence. Les études réalisées sur des maîtres ont montré qu'il faut au moins 10 000 heures d'entraînement systématique (environ six années passées à jouer cinq heures par jour) pour parvenir au plus haut niveau [8]. Durant ces heures de concentration intense, un joueur d'échecs sérieux se familiarise avec des milliers de configurations, chacune consistant en un agencement de pièces liées entre elles, capables de se menacer ou de se défendre les unes les autres.

L'apprentissage des échecs de haut niveau peut être comparé à l'apprentissage de la lecture. Un élève de cours préparatoire travaille dur pour apprendre à reconnaître les lettres individuelles et à les assembler en syllabes et en mots, mais un bon lecteur adulte enregistre d'un regard des paragraphes entiers. Un excellent lecteur a aussi acquis la capacité à assembler des éléments familiers pour former de nouveaux mots et peut rapidement « reconnaître » et prononcer correctement un mot qu'il n'a jamais vu auparavant. Aux échecs, les schémas récurrents d'interactions entre les pièces jouent le rôle des lettres, et une position est comme un long mot ou une phrase.

Un lecteur doué qui le découvre pour la première fois sera capable de lire la strophe d'introduction du *Jabberwocky* de Lewis Carroll avec l'intonation et le rythme parfaits, et en concevra du plaisir :

Il était reveneure ; les slictueux toves
Sur l'alloinde gyraient et vriblaient ;
Tout flivoreux étaient les borogoves
Les vergons fourgus bourniflaient[9].

L'acquisition d'une expertise aux échecs est plus ardue et plus lente que la lecture parce qu'il y a beaucoup plus de lettres dans « l'alphabet » de l'échiquier et parce que les « mots » se composent de nombreuses lettres. Au bout de milliers d'heures de pratique, cependant, un coup d'œil suffit à un maître pour déchiffrer une situation. Les quelques coups qui lui viennent à l'esprit sont presque toujours forts, et parfois inédits. Il peut réagir à un « mot » qu'il n'a jamais rencontré, et peut trouver une nouvelle façon d'en interpréter un qui lui sera familier.

L'ENVIRONNEMENT DE LA COMPÉTENCE

Klein et moi nous sommes rapidement aperçus que nous étions d'accord quant à la nature du talent intuitif et à son acquisition. Il nous fallait encore trouver un terrain d'entente sur notre question clé : quand peut-on ou non faire confiance à un spécialiste sûr de lui qui affirme avoir une intuition ?

Nous avons fini par conclure que notre désaccord était dû en partie au fait que nous ne pensions pas aux mêmes experts. Klein avait passé beaucoup de temps avec des commandants de pompiers, des infirmières et d'autres professionnels disposant d'une incontestable expertise. Pour ma part, je m'étais surtout intéressé aux cliniciens, aux traders et aux politistes qui tentaient d'effectuer des prévisions à long terme impossibles à étayer. Comme il fallait s'y attendre, son attitude par défaut était faite de confiance et de respect, alors que j'étais personnellement sceptique. Il était davantage disposé à faire confiance aux spécialistes qui disaient avoir une intuition parce que, me dit-il, les véritables experts étaient conscients des limites de leurs connaissances. Je lui opposai que l'on trouvait beaucoup de pseudo-experts qui n'avaient aucune idée du fait qu'ils ne savaient pas ce qu'ils faisaient (l'illusion de validité), et qu'en règle générale, la confiance en soi était beaucoup trop élevée et souvent sans intérêt.

La confiance des gens en une conviction se ramène, selon moi, à deux impressions qui sont liées : l'aisance cognitive et la cohérence. Nous avons confiance quand l'histoire que nous nous racontons nous vient facilement à l'esprit, sans contradiction ni scénario concurrent. Mais l'aisance et la cohérence, sources de confiance, ne garantissent pas la véracité d'une conviction. La machine associative se met en route pour éliminer le doute et évoquer des idées et des informations compatibles avec l'histoire dominante du moment. Un esprit qui obéit à COVERA atteindra beaucoup trop facilement à une grande confiance en ignorant ce qu'il ne sait pas. Il n'est donc pas étonnant que beaucoup d'entre nous ont tendance à avoir une grande confiance en des intuitions infondées. Klein et moi avons fini par nous entendre sur un principe important : la confiance que les gens ont dans leurs intuitions n'est pas une preuve fiable de leur validité. Autrement dit, ne faites confiance à personne – à commencer par vous-même – quand il s'agit de savoir quelle confiance justement accorder à leur jugement.

S'il est impossible d'accorder foi à la confiance subjective, comment évaluer la validité probable d'un jugement intuitif ? Quand les jugements sont-ils le reflet d'une authentique expertise ? Quand trahissent-ils une illusion de validité ? La réponse tient aux deux conditions fondamentales à l'acquisition d'une compétence :

- un environnement suffisamment régulier pour être prévisible ;

la possibilité d'apprendre ces régularités grâce à une pratique durable.

Quand ces deux conditions sont remplies, les intuitions seront probablement le fruit d'une compétence. Les échecs sont un bon exemple d'environnement régulier ; le bridge et le poker aussi. Les médecins, les infirmiers, les athlètes et les pompiers sont également confrontés à des situations complexes mais fondamentalement ordonnées. Les intuitions justes décrites par Gary Klein s'appuient sur des indices d'une grande validité que le Système 1 du spécialiste a appris à utiliser, même si le Système 2, lui, n'a pas appris à les définir. En revanche, les traders et les politistes qui se livrent à des prédictions à long terme opèrent dans un environnement à validité nulle. Leurs échecs sont le reflet de l'imprévisibilité fondamentale des événements qu'ils tentent de prédire.

Certains environnements sont pires qu'irréguliers. Robin Hogarth a parlé d'environnements « pervers », dans lesquels les experts peuvent très bien tirer de mauvaises leçons de l'expérience. Il emprunte à Lewis Thomas l'exemple d'un médecin, qui, au début du XXe siècle, avait souvent des intuitions sur des patients prêts de contracter la typhoïde. Malheureusement, il vérifiait son intuition en palpant la langue du patient, sans se laver les mains entre deux consultations. Ses patients se mirent à tomber malades les uns après les autres, et le médecin en vint à se croire infaillible dans le domaine clinique. Ses prédictions se révélaient justes – mais pas grâce à son intuition professionnelle !

Les cliniciens de Meehl n'étaient pas incompétents et leurs échecs n'étaient pas dus à un manque de talent. Leurs résultats étaient mauvais parce qu'on leur attribuait des tâches qui n'avaient pas de solutions simples. Leur situation est moins catastrophique que l'environnement à validité nulle de la prévision politique à long terme, mais ils opéraient dans des situations à faible validité qui ne permettaient pas une grande précision. Nous le savons parce que les meilleurs algorithmes statistiques, bien que plus précis que des juges humains, n'ont jamais été très exacts non plus appliqués aux mêmes situations. En fait, les études de Meehl et de ses partisans n'ont jamais abouti à une démonstration irréfutable, un cas où les cliniciens seraient complètement passés à côté d'un indice de grande valeur que l'algorithme aurait, lui, détecté. Un échec aussi extrême est peu probable parce que l'apprentissage humain est normalement efficace. S'il existe un fort indice prédictif, des observateurs humains l'identifieront si on leur en donne raisonnablement les moyens. Les algorithmes statistiques surclassent nettement l'homme dans des environnements bruyants pour deux raisons : ils sont susceptibles, mieux que des juges humains, de détecter des indices de faible validité, et encore plus susceptibles de garder un niveau de précision modéré en utilisant de tels indices avec cohérence.

Il ne faut pas reprocher à qui que ce soit de ne pouvoir se livrer à des prévisions exactes dans un monde imprévisible. Toutefois, il semble avisé de reprocher aux experts de croire qu'ils peuvent réussir dans une tâche impossible. C'est au mieux se leurrer que de croire que l'on peut parvenir à des intuitions correctes dans une situation imprévisible, et c'est parfois plus grave. En l'absence d'indices valides, les « succès » intuitifs sont dus soit à la chance, soit à des mensonges. Si cette conclusion vous surprend, c'est que vous continuez de croire que l'intuition est magique. N'oubliez pas cette règle : on ne saurait avoir confiance dans l'intuition en l'absence de régularités stables dans l'environnement.

La pratique et le feed-back

Certaines régularités de l'environnement sont plus faciles à identifier et à appliquer que d'autres. Pensez à la façon dont vous avez développé votre façon de freiner quand vous conduisez. Quand vous avez maîtrisé l'art de prendre les virages, vous avez appris progressivement quand relâcher l'accélérateur et quand, et avec quelle force, appuyer sur le frein. Les virages ne sont pas tous les mêmes, et les situations variées dont vous avez fait l'expérience en apprenant à conduire impliquent que vous êtes aujourd'hui prêt à freiner au bon moment et avec la force appropriée dans tous les virages que vous rencontrez. Le contexte d'apprentissage de cette compétence est idéal, parce que vous bénéficiez d'un retour immédiat et sans ambiguïté chaque fois que vous prenez un virage : la légère récompense d'un virage bien négocié ou la légère punition si vous éprouvez quelque difficulté à contrôler votre véhicule parce que vous avez freiné trop fort ou pas assez. Les situations auxquelles est confronté un pilote dans un port, qui doit manœuvrer des navires de grande taille, ne sont pas moins régulières, mais la compétence est beaucoup plus difficile à acquérir par la seule expérience du fait du temps écoulé entre les actions et leurs résultats perceptibles. Le développement d'une expertise intuitive dépend essentiellement de la qualité et de la rapidité du retour, ainsi que de la possibilité de pratiquer.

L'expertise ne se limite pas à un seul talent, c'est une collection de compétences, et le même spécialiste peut être rompu à certaines des facettes de son domaine tout en restant un novice dans d'autres. Quand les joueurs d'échecs accèdent au statut d'expert, c'est qu'ils ont « tout vu » (ou presque), mais à cet égard, les échecs sont une exception. Les chirurgiens peuvent se montrer beaucoup plus compétents pour certaines opérations que pour d'autres. De plus, certains aspects des tâches d'un expert sont beaucoup plus faciles à apprendre que d'autres. Les psychothérapeutes ont de nombreuses occasions d'observer les réactions des patients à ce qu'ils disent. Le retour leur permet de développer le talent intuitif pour trouver les mots et le ton capables de calmer la colère, d'établir des liens de confiance, ou de focaliser l'attention d'un patient. Mais les thérapeutes n'ont pas l'occasion d'identifier quelle approche générale est la plus appropriée pour différents patients. Le retour qu'ils obtiennent quant à l'évolution à long terme de leurs patients est rare, tardif ou (le plus souvent) inexistant, et de toute façon trop ambigu pour que l'expérience facilite l'apprentissage.

Parmi les spécialités médicales, les anesthésistes bénéficient d'un bon retour parce que les effets de leurs actions sont rapidement évidents. Par contraste, les radiologistes retirent peu d'information quant à la précision des diagnostics qu'ils font et les pathologies qu'ils ne parviennent pas à détecter. Par conséquent, les anesthésistes se trouvent dans une meilleure position pour développer des talents intuitifs utiles. Si un anesthésiste déclare « j'ai l'impression que quelque chose ne va pas », tout le monde, dans le bloc opératoire, devrait se préparer à faire face à une urgence.

Là encore, comme dans le cas de la confiance subjective, les spécialistes peuvent ne pas être conscients des limites de leur expertise. Un psychothérapeute expérimenté sait qu'il est doué pour comprendre ce qui se passe dans la tête de son patient et a de bonnes intuitions sur ce que le patient s'apprête à dire. Il est donc tentant pour lui de conclure qu'il peut également anticiper comment le patient se comportera l'année suivante, mais cette conclusion n'est pas autant justifiée. L'anticipation à court terme et la prévision à long terme sont des tâches différentes, et si le thérapeute a des moyens convenables de maîtriser la première, il n'en va pas de même de la seconde. De même, un expert financier peut être doué pour plusieurs aspects de son activité, mais pas pour sélectionner des valeurs, et un spécialiste du Moyen-Orient sait beaucoup de choses, mais ne connaît pas l'avenir. Le psychologue clinicien, le trader en Bourse et l'analyste géostratégique disposent bien de compétences intuitives dans certaines de leurs tâches, mais ils n'ont pas appris à identifier les situations et les tâches où leur intuition risque de les trahir. Les limites non reconnues des compétences professionnelles expliquent pourquoi les experts sont souvent trop sûrs d'eux.

ÉVALUER LA VALIDITÉ

À la fin de notre travail commun, Gary Klein et moi nous sommes entendus sur une réponse générale à notre question de départ : quand peut-on faire confiance à un spécialiste expérimenté qui prétend avoir une intuition ? Nous avons conclu qu'il était pour l'essentiel possible d'établir une distinction entre les intuitions potentiellement valides et celles qui seront sans doute bidon. Comme lorsqu'il s'agit de savoir si une œuvre d'art est un faux, vous vous en tirerez souvent mieux en vous concentrant sur sa provenance qu'en étudiant l'œuvre elle-même. Si l'environnement est assez régulier et si le juge a eu la possibilité d'apprendre ces régularités, la machine associative reconnaîtra les situations et produira des prédictions et des décisions rapides et exactes. Si ces conditions sont remplies, vous pouvez avoir confiance dans les intuitions de quelqu'un.

Malheureusement, la mémoire associative produit aussi des intuitions subjectivement convaincantes qui sont erronées. Quiconque a suivi la progression d'un jeune joueur d'échecs talentueux sait bien que l'on n'atteint pas la perfection immédiatement, et que la voie qui mène à la quasi-perfection est semée d'erreurs commises avec une grande confiance. Quand vous évaluez les intuitions des experts, demandez-vous toujours s'ils ont eu la possibilité suffisante d'apprendre à identifier les indices, même dans un environnement régulier.

Dans un environnement moins régulier, ou à faible validité, on invoque l'heuristique du jugement. Le Système 1 est souvent capable de produire des réponses rapides à des questions difficiles par la substitution, créant une cohérence là où il n'y en a pas. On répond à une autre question que celle posée, et la réponse peut être assez plausible pour passer l'examen du Système 2, laxiste et tolérant. Par exemple, vous souhaitez prédire l'avenir commercial d'une entreprise, et vous croyez que c'est ce que vous êtes en train d'évaluer, alors qu'en réalité, vos estimations sont dominées par les impressions que vous ont laissées l'énergie et la compétence de ses dirigeants actuels. Comme la substitution est automatique, vous n'êtes souvent pas conscient de l'origine d'un jugement que vous (votre Système 2) approuvez et adoptez. Si c'est le seul qui vous vient à l'esprit, il risque d'être subjectivement impossible à distinguer de jugements valides auxquels vous vous livrez avec une assurance de spécialiste. C'est pourquoi la confiance subjective n'est pas un bon diagnostic d'exactitude : on peut parvenir avec une grande confiance à des jugements qui répondent à la mauvaise question.

Vous vous demandez peut-être pourquoi Gary Klein et moi n'en sommes pas arrivés immédiatement à l'idée d'évaluer l'intuition d'un expert en estimant la régularité de son environnement et l'histoire de son apprentissage, en laissant de côté son assurance. Et quelle autre réponse nous pensions trouver. Ce sont de bonnes questions, parce que le contour de la solution était apparent dès le départ. Nous savions dès le début que les commandants de pompiers et les infirmières en pédiatrie se retrouveraient d'un côté de la limite séparant les intuitions valides des autres, et que les domaines de spécialisation étudiés par Meehl finiraient de l'autre côté, avec les traders et les analystes.

Il est difficile de reconstituer ce qui nous a pris des années, de longues heures de discussions, des échanges incessants de brouillons et des centaines de courriels où nous argumentions chaque mot. Plus d'une fois, nous avons failli abandonner. Mais c'est toujours comme ça quand un projet se termine relativement bien : une fois que vous avez la solution, elle vous apparaît comme une évidence.

Comme le suggère le titre de notre article, Klein et moi étions moins en désaccord que nous ne l'aurions pensé, et nous avons accepté des solutions communes pour presque tous les sujets importants que nous avons abordés. Toutefois, nous nous sommes aussi aperçus que nos divergences de départ étaient bien plus qu'intellectuelles. Nous avions des attitudes, des émotions et des goûts différents, et cela a remarquablement peu évolué au fil des ans. C'est particulièrement manifeste dans les faits que nous trouvons l'un et l'autre amusants et intéressants. Klein continue de grimacer chaque fois que l'on prononce le mot *biais*, et il adore toujours les histoires où des algorithmes ou des formules aboutissent à des décisions absurdes. J'ai tendance à considérer les rares échecs des algorithmes comme des occasions de les améliorer. Et je me réjouis plus que Klein de voir des experts arrogants se faire moucher quand ils prétendent disposer de pouvoirs intuitifs dans des situations à validité nulle. À long terme, cependant, notre entente intellectuelle est sans doute plus importante que les différences émotionnelles qui ont subsisté entre nous.

*

L'INTUITION DES EXPERTS EN BREF

« Quel est son degré d'expertise pour cette tâche particulière ? A-t-elle beaucoup de pratique ? »

« Croit-il vraiment que l'environnement des start-up est assez régulier pour justifier une intuition qui va à l'encontre des taux de base ? »

« Elle est très confiante dans sa décision, mais la confiance subjective est un piètre indicateur de l'exactitude d'un jugement. »

« A-t-il vraiment eu la possibilité d'apprendre ? À quel point le retour dont il a bénéficié sur ses jugements a-t-il été rapide et clair ? »

23

La vision externe

Quelques années après le début de ma collaboration avec Amos, j'ai convaincu des membres du ministère israélien de l'Éducation qu'il serait utile de mettre en place des cours sur le jugement et la prise de décision au lycée. Pour préparer les cours et rédiger un manuel, j'ai rassemblé une équipe composée d'enseignants chevronnés, de quelques-uns de mes étudiants en psychologie et de Seymour Fox, alors doyen de l'Institut de formation des maîtres de l'université hébraïque, spécialiste du développement des programmes.

Après nous être retrouvés tous les vendredis après-midi pendant à peu près un an, nous avions mis au point un programme détaillé, avions écrit quelques chapitres, et avions effectué quelques leçons tests en classe. Nous avions le sentiment d'avoir bien avancé. Un jour, alors que nous discutions des procédures d'estimation des quantités, l'idée d'un exercice m'est venue. J'ai demandé à tous les participants d'évaluer combien il faudrait de temps pour soumettre une première version du manuel au ministère de l'Éducation. Je suivais ainsi une procédure que nous avions déjà prévu d'intégrer dans notre programme : la meilleure façon d'obtenir une information d'un groupe n'est pas de lancer un débat général, mais de collecter confidentiellement l'avis de chacun.

Cette procédure fait un meilleur usage de la connaissance dont dispose chaque membre du groupe que la pratique courante de la discussion à bâtons rompus. J'ai rassemblé les évaluations et inscrit les résultats au tableau. Ils se situaient en moyenne aux alentours des deux ans ; l'estimation la plus faible était d'un an et demi, la plus élevée était de deux ans et demi.

J'ai alors eu une autre idée. Je me suis tourné vers Seymour, notre spécialiste du développement des programmes, et lui ai demandé s'il avait en tête d'autres équipes qui, comme nous, avaient développé un programme à partir de rien. C'était une époque où plusieurs innovations pédagogiques avaient été lancées, comme les « nouvelles mathématiques », et Seymour répondit que bon nombre lui venaient effectivement à l'esprit. Je lui ai alors demandé s'il connaissait l'histoire de ces équipes un peu plus en détail, ce qui était également le cas. Je lui ai demandé de repenser à ces équipes au moment où elles avaient atteint le même stade que nous. À partir de là, combien de temps avaient-elles effectivement mis à boucler leurs projets de manuels ?

Il se tut. Quand il se décida enfin à parler, j'ai eu l'impression qu'il rougissait, comme gêné de sa propre réponse : « Vous savez, je ne m'en étais jamais aperçu jusqu'à présent, mais en fait, à un stade comparable au nôtre, toutes les équipes ne sont pas allées jusqu'au bout. Un nombre important d'entre elles n'ont pas fini leur travail. »

C'était inquiétant ; nous n'avions jamais envisagé que nous pourrions échouer. De plus en plus anxieux, je lui demandai d'évaluer la proportion des équipes qui avaient jeté l'éponge. « Environ 40 % », répondit-il. Une atmosphère lugubre pesait maintenant sur la salle. La question suivante était évidente : « Celles qui ont fini, combien de temps cela leur a-t-il pris ? – Je ne me souviens pas d'équipes qui aient mis moins de sept ans, fit-il, ni plus de dix. »

Je saisissais la balle au bond : « Quand vous comparez nos compétences et nos ressources à celles des autres groupes, quel est notre niveau ? Comment nous classeriez-vous par rapport à elles ? » Seymour n'hésita pas longtemps. « Nous sommes en dessous de la moyenne, lâcha-t-il, mais pas de beaucoup. » Ce fut une surprise totale pour nous tous, Seymour compris, dont la première estimation avait parfaitement correspondu au consensus optimiste du groupe. Jusqu'à ce que je l'y incite, il n'avait établi aucune corrélation dans son esprit entre ce qu'il savait de l'histoire des autres équipes et ses prévisions.

Il n'est pas vraiment juste de dire que quand nous l'avons entendu, nous « savions ». Bien sûr, nous « savions » tous qu'un minimum de sept ans et 40 % de chances d'échouer étaient des prévisions plus réalistes quant au sort de notre projet que les chiffres que nous avions écrits sur nos bouts de papier quelques minutes plus tôt. Mais nous ne reconnaissions pas que nous savions désormais. Cette nouvelle prédiction continuait de nous paraître irréelle, parce que nous ne pouvions imaginer comment l'aboutissement d'un projet qui paraissait tellement à notre portée pourrait prendre tant de temps. Il n'y avait pas de boule de cristal pour nous décrire l'étrange succession d'événements improbables qui nous attendaient. Tout ce que nous pouvions voir, c'était un plan raisonnable qui devait permettre de terminer un livre en à peu près deux ans, plan qui contredisait les statistiques montrant que d'autres équipes avaient échoué ou avaient eu besoin d'un temps incroyablement long pour venir à bout de leur mission. Ce que Seymour nous avait donné, c'était des informations de type taux de base, dont nous aurions dû déduire un récit causal : si tant d'équipes avaient échoué, et s'il avait fallu tant de temps à celles qui avaient réussi, il est sans doute beaucoup plus difficile de développer un programme que nous ne l'avions cru. Mais une telle déduction serait entrée en conflit avec notre expérience directe des progrès incontestables que nous avions accomplis. Nous avions traité les statistiques de Seymour comme sont d'ordinaire traités les taux de base – nous les avions notés, et promptement mis au rancart.

Ce jour-là, nous aurions dû abandonner. Personne n'était prêt à investir six années supplémentaires de travail dans un projet qui avait 40 % de chances d'échouer. Mais même si nous avons dû sentir qu'il n'était pas raisonnable de persévérer, cet avertissement ne nous a pas donné sur-le-champ une raison suffisante de laisser tomber. Au bout de quelques minutes d'un débat décousu, nous nous sommes repris et avons continué comme si de rien n'était. Nous avons finalement mis huit ans (!) à terminer le manuel. Entre-temps, j'avais quitté Israël et avais depuis longtemps cessé de faire partie de l'équipe, qui avait accompli sa mission à l'issue de bien des aléas imprévisibles. Le temps que le manuel soit prêt, l'enthousiasme du ministère de l'Éducation s'était dissipé, et il ne fut jamais utilisé.

Cet épisode embarrassant reste une des expériences les plus instructives de ma vie professionnelle. J'ai fini par en tirer trois leçons. La première fut évidente sur l'instant : j'étais tombé sur une différence entre deux approches profondément différentes de la prédiction, qu'Amos et moi avons plus tard définies comme la vision interne et la vision externe [1]. La deuxième leçon était que nos prévisions initiales de deux années nécessaires en moyenne pour boucler le projet étaient erronées, plus proches d'un scénario optimiste que d'une évaluation réaliste. Je mis en revanche plus de temps à accepter la troisième leçon, que j'appelle la persévérance irrationnelle : la folie dont nous avons fait preuve ce jour-là, en ne décidant pas de renoncer. Confrontés à un choix, nous avons abandonné toute rationalité plutôt que l'entreprise elle-même.

L'ATTRAIT DE LA VISION INTERNE

Ce vendredi-là, notre expert du développement des programmes s'était livré à deux jugements sur le même problème et était arrivé à deux réponses très différentes [2]. La *vision interne* est celle que nous avons tous adoptée spontanément, y compris Seymour, pour estimer l'avenir de notre projet. Nous nous sommes concentrés sur nos conditions spécifiques de travail et avons cherché des indices et des preuves dans nos propres expériences. Nous disposions d'un plan flou : nous savions combien de chapitres nous allions écrire, et nous avions une idée du temps qu'il nous avait fallu pour écrire les deux premiers. Les plus prudents d'entre nous avaient sans doute ajouté quelques mois à leur estimation en guise de marge d'erreur.

Notre faute avait été d'extrapoler. Nous nous livrions à une prédiction en nous fondant sur l'information qui se trouvait sous notre nez – COVERA –, mais les chapitres que nous avions écrits en premier étaient probablement plus faciles que les autres, et notre engagement dans le projet se trouvait alors sans doute à son paroxysme. Mais le principal problème était que nous n'avions laissé aucune place aux « inconnues inconnues » rendues célèbres par Donald Rumsfeld. Ce jour-là, nous n'avions aucun moyen de prédire la succession d'événements qui retarderaient à ce point le projet. Les divorces, les maladies, les crises de coordination avec l'administration – autant d'éléments susceptibles de freiner le travail – ne pouvaient pas être anticipés. De tels événements non seulement ralentissent la rédaction de chapitres, mais engendrent également de longues périodes durant lesquelles presque plus aucun progrès n'est accompli. Il a dû évidemment en aller de même des autres équipes que Seymour connaissait. Les membres de ces équipes avaient eux aussi été incapables d'imaginer les événements qui les obligeraient à mettre sept ans à terminer leur projet, voire qui les contraindraient à l'échec alors qu'ils s'étaient manifestement dit que la mission était tout à fait réalisable. Pas plus que nous ils ne connaissaient les obstacles qui les attendaient. Il y a bien des façons pour un plan, quel qu'il soit, d'échouer, et si la plupart sont trop improbables pour que l'on puisse les anticiper, la probabilité que *quelque chose* déraille dans un grand projet est élevée.

La deuxième question que j'avais posée à Seymour avait détourné son attention de nous et pour lui faire considérer une catégorie de cas semblables. Il avait estimé le taux de base de réussite dans cette catégorie de référence : 40 % d'échec, et entre sept et dix ans de travail pour terminer. Certes, son étude informelle ne répondait pas aux critères scientifiques en matière de preuve, mais elle nous avait fourni une base raisonnable pour une prédiction de départ : celle que l'on fait sur un sujet dont on ne sait rien en dehors de la catégorie à laquelle il appartient. Comme on l'a vu, la *prédiction de base* devrait servir d'ancrage à des ajustements ultérieurs. Si on vous demande de deviner la taille d'une femme dont vous savez seulement qu'elle réside à New York, votre prédiction de base sera votre meilleure estimation de la taille moyenne des femmes de cette ville. Si on vous donne ensuite des informations précises liées à la question, par exemple que le fils de cette femme est pivot de son équipe de basket au lycée, vous ajusterez votre estimation en l'éloignant de la moyenne dans la direction appropriée. La comparaison établie par Seymour entre notre équipe et d'autres a suggéré que notre résultat était légèrement pire que la prédiction de base, qui était déjà pessimiste.

La précision spectaculaire de la prévision en vision externe dans notre problème était sûrement un fait du hasard et ne saurait être considérée comme une preuve de la validité de la *vision externe.* Il faut s'appuyer sur des principes généraux pour défendre la vision externe : si la catégorie de référence est choisie de façon adéquate, la vision externe donnera une indication de la moyenne approximative et pourra même laisser entrevoir, comme ce fut le cas pour nous, que les prévisions en vision interne en sont très loin.

Pour un psychologue, la divergence entre les deux jugements de Seymour est frappante. Il avait en tête toutes les connaissances requises pour estimer les statistiques d'une catégorie de référence appropriée, mais il est parvenu à son estimation initiale sans jamais s'en servir. La prédiction de Seymour en vision interne n'était pas un ajustement de la prédiction de base, qui ne lui était pas venue à l'esprit. Elle se fondait sur les circonstances particulières de nos efforts. Comme les participants dans l'expérience de Tom W, Seymour connaissait le taux de base approprié, mais n'a pas pensé à l'utiliser.

Contrairement à Seymour, le reste de l'équipe n'avait pas accès à la vision externe et n'aurait pas pu produire une prédiction de base raisonnable. Il faut cependant noter que nous n'avons pas eu le sentiment que nous avions besoin d'informations sur d'autres équipes pour nous livrer à nos estimations. Je fus le premier surpris quand je demandai à Seymour de nous fournir une vision externe ! C'est un schéma courant : les gens qui disposent d'informations sur un cas individuel éprouvent rarement le besoin de connaître les statistiques de la catégorie plus générale à laquelle le cas appartient.

Quand nous avons fini par prendre conscience de la vision externe, nous l'avons ignorée collectivement. Nous savons ce qui nous est arrivé ; c'est le même phénomène que lors de l'expérience qui a suggéré qu'il était futile d'enseigner la psychologie. Quand ils faisaient des prédictions sur des cas individuels pour lesquels ils avaient peu d'information (une interview courte et neutre), les étudiants de Nisbett et Borgida ont complètement négligé les résultats globaux qu'ils venaient d'apprendre. Des informations statistiques « sans relief » sont généralement ignorées quand elles sont incompatibles avec les impressions que l'on a d'un cas [3]. En concurrence avec la vision interne, la vision externe a perdu d'avance.

La préférence pour la vision interne se pare parfois d'une coloration morale. Un jour, j'ai posé à mon cousin, avocat de renom, une question sur une catégorie de référence : « Quelle est la probabilité qu'un accusé l'emporte dans une affaire comme celle-là ? » Il m'a rétorqué sèchement que « chaque affaire est unique », avec un regard qui ne cachait pas qu'il trouvait ma question déplacée et superficielle. Il est aussi courant de mettre fièrement l'accent sur l'unicité des cas en médecine, en dépit des progrès dans la médecine factuelle, qui vont plutôt dans l'autre sens. De plus en plus, les statistiques et les prédictions de base nourrissent les conversations entre patients et médecins. Toutefois, il subsiste une ambivalence quant à la vision externe dans la profession médicale, certains s'inquiétant du caractère impersonnel de procédures guidées par des statistiques et des listes de contrôle [4].

L'ERREUR DE PRÉVISION

À la lueur à la fois de la prédiction en vision externe et du résultat final, nos estimations de départ en ce vendredi après-midi paraissent presque délirantes. Cela ne devrait pas nous surprendre : les prévisions trop optimistes sur l'issue de projets sont monnaie courante. Amos et moi avons inventé le terme *erreur de prévision* [5] pour décrire des plans et des prévisions qui :

- sont beaucoup trop proches de scénarios ultra-optimistes ;
- pourraient être améliorés en consultant les statistiques de cas semblables.

Les exemples d'erreurs de prévision pullulent dans l'expérience des gens, des gouvernements et des entreprises. C'est une liste interminable d'histoires à faire peur :

- En juillet 1997, le projet de construction du nouveau Parlement écossais à Édimbourg a été estimé à 40 millions de livres. En juin 1999, le budget avait atteint les 109 millions. En avril 2000, le législateur imposait un « plafond » de 195 millions. En novembre 2001, les députés réclamèrent une évaluation du « coût final », établi à 241 millions. Ce prix augmenta encore deux fois en 2002, pour atteindre à la fin de l'année 294,6 millions de livres. Il augmenta encore trois fois en 2003. L'édifice fut finalement terminé en 2004 pour un coût définitif d'environ 431 millions de livres [6].
- En 2005, une étude s'intéressa aux projets ferroviaires entrepris dans le monde entier entre 1969 et 1998. Dans plus de 90 % des cas, la projection du nombre d'usagers avait été surestimée. Bien que ces erreurs dans le nombre de passagers aient été largement débattues, l'exactitude des prévisions ne s'est pas améliorée pour autant au cours de ces trente ans. En moyenne, les planificateurs surestimaient de 106 % le nombre de gens qui utiliseraient les nouvelles infrastructures, et le dépassement moyen

des coûts était de 45 %. Les experts ont continué à ne pas s'appuyer sur les preuves existantes, en dépit de leur accumulation [7].

- En 2002, une enquête réalisée auprès de propriétaires américains qui avaient fait refaire leur cuisine a montré qu'en moyenne, ils s'étaient attendus à ce que les travaux leur coûtent 18 658 euros. En fait, à la fin, ils avaient payé en moyenne 38 769 euros [8].

L'optimisme des planificateurs et des décideurs n'est pas la seule cause des dépassements. Les fournisseurs chargés des travaux de rénovation d'une cuisine ou autre reconnaissent volontiers (certes pas à leurs clients) qu'ils engrangent l'essentiel de leurs profits sur les modifications par rapport au plan initial. Les erreurs de prévisions sont alors le reflet de l'incapacité des clients à imaginer l'évolution de leurs souhaits avec le temps. Ils se retrouvent à payer beaucoup plus qu'ils ne l'auraient fait s'ils s'étaient dotés d'un plan réaliste et s'ils s'y étaient tenus.

Les erreurs commises dans les budgets prévisionnels ne sont pas toujours innocentes. Les auteurs de plans irréalistes sont souvent mus par le désir que leur plan soit approuvé – que ce soit par leurs supérieurs ou par un client –, partant du principe qu'il est rare que des projets soient abandonnés inachevés simplement à cause d'un dépassement budgétaire ou d'un retard [9]. Dans de tels cas, la plus grande responsabilité incombe aux décideurs qui approuvent le plan, c'est à eux qu'il revient d'identifier la nécessité d'une vision externe et d'éviter l'erreur de prévision.

Minimiser l'erreur de prévision

Les façons de diagnostiquer une erreur de prévision et d'y remédier n'ont pas changé depuis ce vendredi après-midi. Bent Flyvbjerg, le célèbre spécialiste danois de la planification, qui enseigne aujourd'hui à Oxford, résume les choses ainsi :

> La tendance prédominante à sous-estimer ou ignorer l'information distributionnelle est peut-être la plus grande source d'erreur dans les prévisions. Les planificateurs devraient par conséquent veiller à encadrer le problème de prévision afin de faciliter le recours à toute l'information distributionnelle disponible.

C'est peut-être le conseil le plus important jamais donné sur la façon d'accroître la précision des prévisions par une amélioration de la méthode. La « vision externe » consiste à utiliser les informations distributionnelles tirées d'autres entreprises comparables à celle qui fait l'objet de la prévision, et c'est elle le remède à l'erreur de prévision.

La gestion de l'erreur de prévision a désormais un nom technique : la *prévision par catégorie de référence*, et Flyvbjerg l'a appliquée aux projets d'infrastructures dans divers pays. La vision externe est mise en œuvre à l'aide d'une base de données importante qui fournit des informations à la fois sur les plans et les résultats pour des centaines de projets similaires dans le monde entier. Elle fournit des informations statistiques sur les dépassements probables en coûts et en délais, et sur la probabilité que les projets de différents types n'atteignent pas leurs objectifs.

La méthode de prévision appliquée par Flyvbjerg est semblable aux pratiques recommandées pour surmonter les problèmes de négligence des taux de base :

1. identifier une catégorie de référence appropriée (rénovation de cuisine, grands projets ferroviaires, etc.) ;
2. obtenir les statistiques de la catégorie de référence (en coût par kilomètre de voie ferrée, ou en pourcentage de dépassement de budget). Utiliser les statistiques pour produire une prédiction de base ;
3. se servir d'informations particulières au projet envisagé pour ajuster la prédiction de base, s'il y a des raisons précises de s'attendre à ce que le biais optimiste soit plus ou moins prononcé par rapport à d'autres projets du même type.

Les analyses de Flyvbjerg sont censées guider les autorités commanditaires de projets publics, en fournissant les statistiques des dépassements dans des projets comparables. Les décideurs ont besoin d'une évaluation réaliste des coûts et des bénéfices d'un projet avant de prendre une décision définitive. Ils peuvent également souhaiter estimer la réserve budgétaire qu'il leur faudra en anticipant les dépassements, bien que de telles précautions finissent souvent par provoquer ce qu'elles étaient supposées éviter. Comme l'a dit un responsable à Flyvbjerg : « Pour les fournisseurs, une réserve budgétaire, c'est comme de la viande pour les lions, ils vont la dévorer. »

Entreprises et institutions doivent contrôler la tendance des fournisseurs à présenter des devis et des plans trop optimistes. Une organisation bien gérée récompensera les planificateurs pour la précision de l'exécution d'un projet et les pénalisera pour ne pas avoir su anticiper les difficultés, ou prévoir que surviendraient des difficultés qu'ils ne pouvaient pas anticiper – les inconnues inconnues.

L'OPTIMISME DES DÉCIDEURS

Ce vendredi après-midi-là est aujourd'hui vieux de plus de trente ans. J'y ai souvent repensé et l'ai évoqué plusieurs fois par an dans mes cours… au point de lasser certains de mes amis. Mais personnellement, je ne cesse d'en tirer de nouvelles leçons. Presque quinze ans après avoir identifié l'erreur de prévision avec Amos, j'y suis revenu avec Dan Lovallo. Ensemble, nous avons ébauché une théorie de la prise de décision qui considère le biais optimiste comme une source importante de prise de risque. Dans le modèle rationnel de l'économie classique, les gens prennent des risques parce qu'ils pensent avoir la chance de leur côté – ils acceptent la probabilité d'un échec coûteux parce que la probabilité de réussite est assez importante. Nous avons proposé une autre idée.

Quand ils prévoient les résultats de projets risqués, les dirigeants succombent trop souvent à l'erreur de prévision. Quand ils en sont la proie, ils prennent des décisions fondées sur un optimisme délirant plutôt qu'après avoir mûrement soupesé les profits, les pertes et les probabilités. Ils surestiment les bénéfices et sous-estiment les coûts. Ils échafaudent des scénarios de succès tout en fermant les yeux sur les erreurs et les mauvais calculs potentiels. Par conséquent, ils se lancent dans des initiatives qui ne rentreront probablement pas dans le budget, ne respecteront pas les délais et n'auront pas le rendement escompté – voire ne seront tout simplement pas menées à bien.

Dans cette perspective, les gens s'engagent souvent (mais pas toujours) dans des projets risqués parce qu'ils sont trop optimistes quant aux obstacles qui les attendent. Je reviendrai à plusieurs reprises sur cette idée dans ce livre – elle explique en effet sans doute pourquoi les gens intentent des actions en justice, pourquoi ils déclenchent des guerres, et pourquoi ils créent des petites entreprises.

Les leçons d'un échec

Pendant des années, je me suis dit que l'élément le plus important, dans l'histoire du programme scolaire, tenait à ce que j'avais appris au sujet de mon ami Seymour : que sa meilleure estimation sur l'avenir de notre projet n'avait pas tenu compte de ce qu'il savait de projets semblables. Dans l'affaire, je m'en tirais fort bien, dans le rôle de l'habile interrogateur et du fin psychologue. Ce n'est qu'il y a peu que j'ai compris qu'en réalité, j'avais eu d'autres rôles que celui d'un âne et d'un chef stupide.

Car c'est moi qui avais eu l'initiative de ce projet, et il m'incombait donc de veiller à ce qu'il soit sensé et à ce que l'équipe discute comme il convenait des grands problèmes. En ce sens, j'ai échoué. Ce n'était plus un problème d'erreur de prévision. J'en avais été guéri dès que j'avais entendu les statistiques de Seymour. Dos au mur, j'aurais répondu que nos premières estimations avaient fait preuve d'un optimisme absurde. Un peu plus mis sur le gril, j'aurais admis que nous avions lancé le projet sur des bases fallacieuses, et que nous aurions dû au moins sérieusement envisager de reconnaître notre défaite avant de plier bagages. Mais personne ne m'avait harcelé de questions, il n'y avait pas eu de discussion. Nous nous étions tacitement entendus pour continuer sans prévision explicite de la durée de nos efforts. Cela nous était d'autant plus facile que nous n'avions effectué aucune prévision au démarrage. Si nous avions disposé d'une prédiction de base raisonnable quand nous nous sommes lancés, nous ne serions pas allés plus loin, mais nous avions déjà investi des efforts considérables – un exemple du sophisme des coûts irrécupérables sur lequel nous reviendrons plus amplement dans la prochaine partie [10]. Il aurait été gênant pour nous – surtout pour moi – d'abandonner à ce stade, et rien ne semblait le justifier sur le moment. Il est plus facile de changer de cap en pleine crise ; or, ce n'était pas une crise, simplement de nouveaux faits sur des gens que nous ne connaissions pas. Il était bien plus facile d'ignorer la vision externe que d'accepter de mauvaises nouvelles sur nos propres efforts. Pour moi, c'est ce qui se rapproche le plus d'une sorte de léthargie – un refus de penser à ce qui s'est passé. Et donc, nous avons continué. Nous n'avons plus tenté de rationaliser la planification pendant tout le temps que je passai encore dans le groupe – une attitude particulièrement troublante pour une équipe censée enseigner la rationalité. J'espère être plus sage aujourd'hui, et j'ai pris l'habitude de chercher la vision externe. Mais cela ne me viendra jamais naturellement.

*

La vision externe en bref

« Il adopte une vision interne. Il devrait oublier son propre cas et s'intéresser à ce qui s'est passé dans d'autres cas. »

« Elle est victime d'une erreur de prévision. Elle se fonde sur un scénario ultra-optimiste, mais le plan pourrait échouer de bien des façons, et elle ne peut pas toutes les prévoir. »

« Supposons que vous ne sachiez rien de cette affaire juridique, simplement qu'elle concerne une action pour faute professionnelle intentée par un individu contre un chirurgien. Quelle serait votre prédiction de base ? Combien d'affaires de ce genre obtiennent gain de cause devant les tribunaux ? Combien aboutissent à un arrangement ? Pour quelles sommes ? L'affaire dont nous parlons est-elle plus ou moins solide que d'autres actions en justice du même type ? »

« Nous procédons à une rallonge budgétaire parce que nous ne voulons pas reconnaître notre échec. C'est un cas de sophisme des coûts irrécupérables. »

24

Le moteur du capitalisme

L'erreur de prévision n'est que l'une des manifestations d'un biais optimiste omniprésent. La plupart d'entre nous considèrent le monde comme plus bienveillant qu'il ne l'est en réalité, nos propres atouts comme plus positifs qu'ils ne le sont, et les objectifs que nous nous fixons comme plus réalisables qu'ils ne le seront probablement. Nous avons également tendance à exagérer notre capacité à prédire l'avenir, ce qui engendre un excès de confiance optimiste. À cause de ses conséquences sur les décisions, le biais optimiste est peut-être le plus important des biais cognitifs. Cela dit, il peut être aussi bien un avantage qu'un risque ; alors, si vous êtes de nature optimiste, réjouissez-vous !

Les optimistes de nature

Certaines personnes sont plus optimistes que les autres. Si vous êtes génétiquement pourvu d'un biais optimiste, il n'est pas vraiment nécessaire de vous dire que vous avez de la chance – vous le savez déjà [1]. L'attitude optimiste est essentiellement héréditaire, et fait partie d'une disposition générale au bien-être, qui peut aussi inclure une tendance à voir le bon côté des choses [2].

Si vous aviez un vœu à exaucer pour votre enfant, vous devriez sérieusement envisager de lui souhaiter d'être optimiste. Les optimistes sont habituellement enjoués et heureux, et par conséquent populaires ; ils surmontent les échecs et les coups durs, leurs chances de faire une dépression sont réduites, leur système immunitaire est plus fort, ils s'occupent mieux de leur santé, se sentent en meilleure forme que d'autres et ont, réellement, des chances de vivre plus longtemps. Une étude sur les gens qui surestiment leur durée de vie par rapport aux prévisions des actuaires montre qu'ils travaillent plus, qu'ils sont plus optimistes quant à leurs futurs revenus, sont davantage susceptibles de se remarier après un divorce (le célèbre « triomphe de l'espoir sur l'expérience [3] »), et ont tendance à miser sur des actions individuelles. Bien sûr, les bienfaits de l'optimisme ne sont offerts qu'aux individus qui ne sont que légèrement victimes des biais cognitifs et qui sont capables de « mettre l'accent sur le positif » sans perdre la réalité de vue.

Les optimistes jouent un rôle très important dans nos vies. Leurs décisions ont une influence ; ce sont eux les inventeurs, les entrepreneurs, les chefs politiques et militaires – pas les gens médiocres. Ils en sont là où ils sont parce qu'ils relèvent des défis et prennent des risques. Ils ont du talent, et ils ont eu de la chance, plus qu'ils ne le reconnaissent. Ils sont probablement optimistes de tempérament. Une étude réalisée auprès de créateurs de petites entreprises a conclu que les entrepreneurs étaient en général plus confiants dans la vie que des cadres moyens [4]. Leur expérience du succès les a confortés dans leur foi en leur jugement et dans leur capacité à contrôler les événements. Leur assurance est renforcée par l'admiration des autres [5]. Ce raisonnement aboutit à une hypothèse : les gens qui ont le plus d'influence sur l'existence des autres sont susceptibles d'être optimistes et trop sûrs d'eux, et de prendre plus de risques qu'ils ne l'imaginent[6].

Les preuves dont on dispose suggèrent qu'un biais optimiste joue un rôle – parfois déterminant – chaque fois que des individus ou des institutions prennent sciemment des risques significatifs. Bien souvent, les preneurs de risques font l'effort nécessaire pour identifier quelles sont leurs chances, mais ils sous-estiment le danger. Comme ils interprètent mal les risques, les entrepreneurs optimistes s'estiment souvent prudents, même quand ils ne le sont pas. Leur confiance dans leur succès futur alimente une humeur positive qui les aide à obtenir des ressources des autres, accroît le moral de leurs employés, et augmente leurs perspectives de réussite. Quand il faut agir, l'optimisme, même sous sa variante légèrement délirante, peut être une bonne chose.

DES DANGERS DE L'OPTIMISME CHEZ LES ENTREPRENEURS

Aux États-Unis, les chances qu'une petite entreprise survive au-delà de cinq ans sont de l'ordre de 35 %. Mais les individus qui lancent ce genre d'entreprises ne pensent pas que les statistiques s'appliquent à eux. Une enquête a montré que les chefs d'entreprise américains ont tendance à croire qu'ils se trouvent dans un secteur prometteur : en moyenne, ils estiment à 60 % les chances de réussite de « n'importe quelle entreprise comme la [leur] » – soit presque le double du véritable pourcentage. Le biais est encore plus criant quand les gens évaluent les chances de leur propre entreprise. 81 % des entrepreneurs estiment leurs chances personnelles de succès à 7/10 ou plus, et 33 % affirment que le risque qu'ils échouent est égal à zéro[7].

Cela n'est pas étonnant. Si vous interrogiez quelqu'un qui vient d'ouvrir un restaurant, vous ne vous attendriez pas à ce qu'il ou elle sous-estime ses chances de succès ou qu'il ou elle ait une vision négative de ses compétences en tant que restaurateur. Malgré tout, on peut se demander : aurait-il quand même investi cet argent et ce temps s'il avait raisonnablement fait l'effort d'en savoir plus sur ses chances de réussite – ou, s'il en avait pris conscience (60 % des nouveaux restaurants ferment leurs portes au bout de trois ans), y aurait-il prêté attention ? L'idée d'adopter la vision externe ne lui est probablement pas venue.

Un des avantages d'un tempérament optimiste, c'est qu'il encourage à tenir bon face aux obstacles. Mais cet acharnement peut s'avérer coûteux. Une série d'études impressionnantes menées par Thomas Astebro lève le voile sur ce qui se passe quand les optimistes reçoivent de mauvaises nouvelles. Ses données proviennent d'une institution canadienne, le Programme d'assistance aux inventeurs, qui, contre une somme modique, fournit aux inventeurs une évaluation objective des perspectives commerciales de leurs idées. Les évaluations s'appuient sur un classement méticuleux de chaque invention en fonction de trente-sept critères, dont le besoin du produit, les coûts de production, et une estimation de la demande et de son évolution. Les analystes résument leurs classements par une lettre, D et E annonçant un échec – ce qui correspond à 70 % des inventions qu'ils passent en revue. Les prévisions d'échec s'avèrent d'une précision remarquable : seuls 5 des 411 projets qui ont obtenu la plus mauvaise note ont été commercialisés, et aucun n'a été un succès [8].

Un résultat décourageant a poussé près de la moitié des inventeurs à abandonner après avoir reçu une note qui prédisait sans équivoque leur échec. Mais 47 % d'entre eux ont poursuivi leurs efforts de développement même après avoir appris que leur projet était sans espoir, et en moyenne, ces individus persévérants (ou obstinés) ont doublé leurs pertes de départ avant de renoncer. De façon significative, la persévérance malgré un avis défavorable était relativement courante chez les inventeurs ayant obtenu une note élevée sur une échelle de mesure de l'optimisme – où les inventeurs obtiennent déjà généralement de meilleurs résultats que la moyenne de la population. Dans l'ensemble les retours sur investissement pour des inventions privées sont modestes, « inférieurs aux retours sur les titres financiers privés et sur les titres à haut risque ». Plus généralement, les avantages financiers de l'auto-entreprise sont médiocres : avec les mêmes qualifications, les gens obtiennent en moyenne de meilleurs retours en vendant leurs compétences à des employeurs qu'en se lançant par eux-mêmes. Ainsi, l'optimisme se révèle répandu, entêté, et coûteux [9].

Les psychologues ont confirmé que la plupart des gens croient sincèrement qu'ils sont supérieurs aux autres dans la plupart des domaines valorisants – ils sont même prêts à parier de petites sommes d'argent sur ces convictions en laboratoire [10]. Sur le marché, bien sûr, la foi en sa propre supériorité peut avoir des conséquences importantes. Les dirigeants de grandes entreprises se hasardent parfois à des paris énormes sur des fusions et des acquisitions onéreuses, croyant à tort qu'ils peuvent gérer les actifs d'une autre société mieux que ses propriétaires actuels. La Bourse réagit d'ordinaire en dégradant la valeur de la société acquéreuse, parce que l'expérience a montré que les efforts pour intégrer de grandes entreprises échouent plus souvent qu'ils ne réussissent. On explique ces acquisitions mal avisées par une « hypothèse de l'orgueil [11] » : les dirigeants de la société acquéreuse sont simplement moins compétents qu'ils ne le pensent.

Les économistes Ulrike Malmendier et Geoffrey Tate ont identifié des PDG optimistes par la quantité d'actions de leur entreprise qu'ils détiennent personnellement et observé que les dirigeants très optimistes prenaient des risques inconsidérés. Ils supportaient la dette au lieu d'émettre des actions et étaient plus susceptibles que d'autres de « payer trop cher pour des sociétés cibles et d'entreprendre des fusions négatives pour les valeurs [12] ». Il faut remarquer que l'action de la société acquéreuse souffrait beaucoup plus lors des fusions si le PDG, d'après les évaluations des auteurs, manifestait un trop grand optimisme. La Bourse est apparemment capable de repérer les PDG trop sûrs d'eux. Ce qui exonère les PDG d'une accusation mais les fait tomber sous le coup d'une autre : les dirigeants des entreprises qui prennent des paris inconsidérés ne le font pas parce qu'ils jouent avec l'argent des autres. Au contraire, ils prennent de plus grands risques quand les enjeux sont encore plus importants pour eux sur le plan personnel. Les dégâts causés par des PDG trop sûrs d'eux sont aggravés quand la presse spécialisée leur confère le statut de célébrités ;tout porte à croire que les récompenses prestigieuses décernées aux PDG coûtent cher aux actionnaires. Comme le disent les auteurs : « Nous constations que les sociétés dont les PDG sont récompensés de prix en souffrent par la suite, en termes de titres et de performance opérationnelle. Dans le même temps, la rémunération des PDG augmente, ils consacrent plus de temps à des activités en dehors de l'entreprise, comme la rédaction de livres et la participation à d'autres conseils d'administration, et ils sont plus susceptibles de se livrer à des malversations [13]. »

Il y a de cela des années, mon épouse et moi étions en vacances sur l'île de Vancouver, et cherchions à nous loger. Nous avons trouvé un motel charmant, mais désert, sur une route peu fréquentée au beau milieu d'une forêt. Les propriétaires étaient un jeune couple séduisant, qui n'a pas tardé à nous raconter son histoire.

Ils avaient travaillé comme enseignants dans l'Alberta ; ils avaient décidé de changer de vie et avaient investi leur épargne dans l'achat de ce motel, construit une dizaine d'années plus tôt. Inconscients de l'ironie de leurs propos, ils nous ont expliqué qu'ils avaient pu l'acheter à bas prix « parce que les six ou sept propriétaires précédents n'avaient pas réussi à le faire marcher ». Ils nous ont également fait part de leur intention de demander un prêt pour rendre l'établissement plus attirant en bâtissant un restaurant à côté. Ils n'ont pas éprouvé le besoin d'expliquer pourquoi ils pensaient réussir là où six ou sept autres avaient échoué. Les entrepreneurs ont en commun une tendance à la témérité et à l'optimisme, qu'il s'agisse de propriétaires de motel ou de PDG superstars.

La prise de risque optimiste des chefs d'entreprise contribue certainement au dynamisme d'une société capitaliste, même si la plupart des preneurs de risque subissent des déceptions. Cependant, Marta Coelho, de la London School of Economics, a souligné les graves questions politiques qui se posent quand les petits entrepreneurs demandent au gouvernement de les soutenir, alors que leurs décisions ont toutes les chances d'aboutir à un échec. Le gouvernement doit-il consentir des prêts à des candidats entrepreneurs condamnés à la faillite ? Vaste débat…

La négligence de la concurrence

Il est tentant d'expliquer l'optimisme entrepreneurial comme un agrégat de vœux pieux, mais l'émotion n'est en fait qu'un élément de l'histoire. Les biais cognitifs jouent un rôle important, en particulier COVERA, cette fameuse caractéristique du Système 1.

- Nous nous concentrons sur notre objectif, nous nous ancrons sur notre plan, et négligeons les taux de base appropriés, nous exposant à *l'erreur de prévision.*
- Nous nous concentrons sur ce que nous voulons et pouvons faire, négligeant les plans et les talents d'autres que nous.
- Tant pour expliquer le passé que pour prédire l'avenir, nous nous concentrons sur le rôle causal du talent et négligeons le rôle de la chance. Nous sommes donc enclins à une *illusion de contrôle.*
- Nous nous concentrons sur ce que nous savons et négligeons ce que nous ne savons pas, ce qui nous rend trop sûrs de nos convictions.

L'observation selon laquelle « 90 % des conducteurs croient être supérieurs à la moyenne » est une découverte psychologique bien établie, et elle est souvent citée en exemple d'un phénomène d'autoglorification plus général. Cependant, l'interprétation de cette découverte a changé ces dernières années, passant de l'autoglorification au biais cognitif[14]. Considérez ces deux questions :

Êtes-vous bon conducteur ?
Êtes-vous un conducteur supérieur à la moyenne ?

Il est facile et rapide de répondre à la première question : la plupart des conducteurs disent oui. La seconde est beaucoup plus difficile et la plupart des gens peinent à y répondre sérieusement et correctement, parce qu'elle nécessite d'évaluer la qualité moyenne des conducteurs. Au point où nous en sommes dans ce livre, il n'est plus étonnant de constater que les gens réagissent à une question difficile en répondant à une question plus facile. Ils se comparent à la moyenne sans jamais penser à la moyenne. Preuve de l'interprétation cognitive de l'effet de supériorité à la moyenne, quand on interroge les gens sur une tâche qu'ils trouvent difficile (pour beaucoup d'entre nous, cela pourrait être : « Êtes-vous meilleur que la moyenne des gens pour entamer une conversation avec des inconnus ? »), ils ont tôt fait de s'estimer inférieurs à la moyenne. Le résultat, c'est que les gens ont tendance à être trop optimistes quant à leur capacité relative dans toute activité dont ils se tirent modérément bien.

Bien souvent, j'ai posé cette question à des fondateurs et des membres de start-up innovantes : dans quelle mesure vos résultats dépendront-ils de ce que vous faites dans votre entreprise ? Une question manifestement facile. La réponse vient rapidement et dans mon petit échantillon, elle n'a jamais été inférieure à 80 %. Même quand ils ne sont pas sûrs de réussir, ces gens audacieux estiment avoir leur sort presque entièrement entre leurs mains. Ils ont certainement tort. Le résultat d'une start-up dépend autant des performances de ses concurrents et des changements sur le marché que de ses propres efforts. Toutefois, COVERA intervient, et les entrepreneurs se concentrent naturellement sur ce qu'ils connaissent le mieux – leurs plans et leurs actions, ainsi que les menaces et les possibilités les plus immédiates, comme la disponibilité de financements. Ils en savent moins sur leurs concurrents et trouvent donc naturel d'imaginer un avenir où ces derniers ne jouent pas un grand rôle.

Colin Camerer et Dan Lovallo, inventeurs du concept de négligence de la concurrence, l'ont illustré par une citation de l'homme qui était à l'époque président des studios Disney. Quand on lui a demandé pourquoi tant de grosses productions sortaient le même jour (comme le 4 juillet, fête de l'Indépendance), il a répondu :

> L'orgueil. L'orgueil. Quand vous ne pensez qu'à votre propre entreprise, vous vous dites : j'ai de bons scénaristes,

de bons commerciaux, voilà ce que nous allons faire. Et vous n'imaginez pas que tout le monde pense exactement de la même façon. Pour un week-end donné dans l'année, vous allez avoir cinq nouveaux films, et il n'y a certainement pas assez de gens pour aller les voir.

Cette réponse sans artifice parle d'orgueil, mais elle ne trahit aucune arrogance, aucun sentiment de supériorité par rapport aux autres studios. La concurrence ne fait tout simplement pas partie de la décision, où, une fois de plus, une question difficile a été remplacée par une autre, plus facile. La question à laquelle il faut répondre est celle-ci : sachant ce que d'autres vont faire, combien de gens iront voir notre film ? La question envisagée par les dirigeants des studios est plus simple et se réfère à un savoir qui leur est très facilement accessible : avons-nous un bon film et une organisation efficace pour le commercialiser ? Les processus familiers du Système 1, COVERA et la substitution, débouchent à la fois sur la négligence de la concurrence et sur l'effet de supériorité par rapport à la moyenne. La négligence de la concurrence a pour conséquence une saturation du marché : on voit entrer sur le marché plus de concurrents qu'il ne peut en accueillir en restant profitable, aussi leurs revenus moyens constituent-ils une perte [15]. Le résultat est décevant pour un acteur classique du marché, mais l'effet sur l'économie dans son ensemble pourrait fort bien être positif. En fait, Giovanni Dosi et Dan Lovallo décrivent les sociétés qui échouent mais ouvrent de nouveaux marchés à des concurrents plus qualifiés comme des « martyrs optimistes » – ils sont bons pour l'économie, mais mauvais pour leurs investisseurs.

L'EXCÈS DE CONFIANCE

Pendant plusieurs années, des professeurs de l'université Duke ont réalisé une étude : les principaux responsables financiers de grandes entreprises devaient estimer l'évolution de l'indice de Standard & Poor's sur l'année suivante. Les universitaires de Duke ont rassemblé 11 600 de ces prédictions et ont analysé leur exactitude. Leur conclusion est simple : les responsables financiers des grandes entreprises n'ont aucune idée des fluctuations boursières à court terme ; la corrélation entre leurs estimations et la vraie valeur se situait légèrement au-dessus de zéro ! Quand ils annonçaient que le marché allait fléchir, il avait toutes les chances d'être haussier. Ces découvertes ne sont pas surprenantes. La mauvaise nouvelle, c'est que les directeurs financiers n'étaient apparemment pas conscients du peu de valeur de leurs prévisions.

Outre ces estimations quant à l'indice de S&P, les participants devaient fournir deux autres estimations : une valeur dont ils étaient sûrs à 90 % qu'elle était surestimée, et une autre dont ils étaient sûrs à 90 % qu'elle était sous-estimée. La différence entre les deux valeurs est définie comme un « intervalle de confiance à 80 % », et les résultats qui se situent à l'extérieur de cet intervalle sont appelés « surprises ». Un individu qui établit souvent des intervalles de confiance peut s'attendre à ce que seulement 20 % des résultats soient des surprises. Comme cela est souvent le cas avec les exercices de ce genre, il y eut beaucoup trop de surprises ; leur fréquence était de 67 %, soit trois fois plus que prévu. Cela montre que les directeurs financiers étaient beaucoup trop confiants dans leur capacité à prévoir le marché. L'*excès de confiance* est une autre manifestation de COVERA : quand nous estimons une quantité, nous nous appuyons sur les informations qui nous viennent à l'esprit et nous bâtissons une histoire cohérente où cette estimation trouve son sens. Il est impossible de prévoir de la place pour les informations qui ne nous viennent pas à l'esprit – peut-être justement parce que nous n'avons aucune idée de leur existence.

Les auteurs ont calculé les intervalles de confiance qui auraient réduit l'incidence des surprises à 20 %. Les résultats sont stupéfiants. Pour maintenir le taux des surprises au niveau souhaité, les directeurs financiers auraient dû dire, année après année : « Il y a 80 % de chances que l'indice de S&P l'an prochain se situe entre –10 % et +30 %. » L'intervalle de confiance qui reflète correctement le savoir des directeurs financiers (ou plus exactement leur ignorance) est plus de quatre fois supérieur aux intervalles qu'ils ont effectivement cités.

C'est ici que la psychologie sociale entre en jeu, car la réponse que donnerait un directeur financier honnête est évidemment ridicule. Un directeur financier qui informe ses collègues qu'il y a « de bonnes chances que les retours de S&P se situent entre –10 % et +30 % » peut s'attendre à quitter la pièce sous les quolibets. Ce large intervalle de confiance est un aveu d'ignorance, ce qui est socialement inacceptable de la part de quelqu'un qui est payé pour s'y connaître dans le domaine financier. Même s'ils savaient à quel point ils en savent peu, les responsables seraient pénalisés s'ils l'admettaient. Le président Truman est célèbre pour avoir réclamé un « économiste à un seul côté », capable d'adopter une attitude claire. Il en avait plus qu'assez d'entendre des économistes lui dire : « d'un autre côté… »

Les institutions et les entreprises qui suivent les recommandations d'experts trop sûrs d'eux peuvent s'attendre à en payer les conséquences. L'étude menée sur les directeurs financiers a montré que ceux qui étaient les plus confiants et les plus optimistes à propos de l'indice de S&P étaient aussi les plus confiants et les plus optimistes au sujet des perspectives de leur propre entreprise, qui prenait dès lors plus de risques que d'autres. Comme l'a affirmé Nassim Taleb, une appréciation inadéquate de l'incertitude de l'environnement pousse immanquablement les agents économiques à prendre des risques qu'ils devraient éviter. Cependant, l'optimisme est très apprécié, socialement comme sur les marchés ; les gens et les entreprises récompensent ceux qui fournissent des informations dangereusement trompeuses plus qu'ils ne récompensent ceux qui disent la vérité. Une des leçons de la crise financière qui a déclenché la Grande Récession est qu'il y a des périodes où la concurrence, entre experts et entre organisations, engendre des forces puissantes qui favorisent une cécité collective au risque et à l'incertitude.

Les pressions socio-économiques qui favorisent l'excès de confiance ne sont pas cantonnées à la prévision financière. D'autres corps de métier doivent gérer le fait que l'on attend d'un expert digne de ce nom qu'il fasse preuve d'une grande confiance. Philip Tetlock a remarqué que la plupart des spécialistes trop sûrs d'eux étaient les plus susceptibles d'être invités à parader sur les plateaux de télévision. L'excès de confiance semble également endémique en médecine. Une étude réalisée sur des patients morts aux urgences a comparé les résultats d'autopsie aux diagnostics des médecins quand les patients étaient encore en vie. Les médecins ont aussi évalué leur propre degré de confiance. Résultat : « Les cliniciens qui étaient "tout à fait certains" du diagnostic *ante mortem* avaient tort dans 40 % des cas [16]. » Une fois de plus, l'excès de confiance des experts est encouragé par leurs clients : « En général, le fait de ne pas avoir l'air sûr de soi est considéré comme une faiblesse et un signe de vulnérabilité chez les médecins. La confiance est préférée à l'incertitude et l'on évite de manifester son incertitude devant les patients [17]. » Les experts qui reconnaissent l'étendue de leur ignorance doivent s'attendre à être remplacés par des concurrents plus sûrs d'eux, plus à même de gagner la confiance des clients. Une appréciation non biaisée de l'incertitude est la pierre angulaire de la rationalité – mais ce n'est pas ce que veulent les gens et les entreprises. Une incertitude extrême est paralysante dans des situations dangereuses, et l'aveu que l'on est simplement en train de jouer à pile ou face est d'autant plus inacceptable quand les enjeux sont élevés. La solution consiste alors souvent à prétendre que l'on sait.

Quand ils sont réunis, les facteurs émotionnels, cognitifs et sociaux qui sous-tendent l'optimisme outrancier composent un cocktail enivrant, qui pousse parfois les gens à prendre des risques qu'ils éviteraient s'ils étaient conscients du danger. Rien ne prouve que les preneurs de risque dans le domaine économique soient animés d'un appétit inhabituel pour les paris hasardeux ; ils sont simplement moins conscients des risques que des gens plus timorés. Dan Lovallo et moi-même avons inventé l'expression « prévisions audacieuses et décisions timorées » pour dépeindre l'arrière-plan de la prise de risque [18].

Les effets d'un optimisme débordant sur le processus de décision sont au mieux mitigés, mais l'optimisme apporte en revanche une contribution positive à une mise en œuvre efficace. Le principal avantage de l'optimisme, c'est la persévérance face aux revers. D'après Martin Seligman, fondateur de la psychologie positive, un « style d'explication positive » contribue à la persévérance en défendant l'image que l'on a de soi. Essentiellement, le style optimiste nécessite de s'arroger le crédit des succès et de ne pas se reprocher les échecs. Ce style peut s'enseigner, du moins jusqu'à un certain point, et Seligman a étudié les effets d'une telle formation dans divers secteurs professionnels caractérisés par un fort taux d'échecs, comme la vente de produits d'assurance par téléphone (ce qui était courant avant Internet). Quand on vient de se faire claquer la porte au nez par une ménagère en colère, l'idée qu'elle était « une sale bonne femme » est clairement supérieure à « je suis nul comme représentant ». J'ai toujours pensé que la recherche scientifique était un de ces domaines où un certain optimisme est un élément essentiel de la réussite : je ne crois pas avoir jamais croisé de scientifique qui n'ait pas la capacité à exagérer l'importance de ce qu'il fait, et selon moi, quelqu'un qui n'est pas pourvu du sens illusoire de sa propre importance finira par plier face à l'enchaînement de multiples petits échecs et de rares succès qui est le sort que connaissent la plupart des chercheurs.

La technique du pre-mortem : un remède incomplet

Peut-on s'entraîner à surmonter un trop grand optimisme ? Je n'y crois pas trop. On a souvent tenté de former les gens à annoncer des intervalles de confiance qui reflètent l'imprécision de leurs jugements, mais la réussite est apparemment limitée. On cite régulièrement en exemple le fait que les géologues de Royal Dutch Shell auraient perdu de leur excès de confiance dans le repérage des zones d'exploration potentielles après avoir fait l'exercice sur des sites dont on connaissait déjà le résultat [19]. Dans d'autres situations, l'excès de confiance a été atténué (mais pas éliminé) quand il a été demandé aux sujets de prendre en considération des hypothèses concurrentes à la leur. Cela étant, l'excès de confiance est une conséquence directe des caractéristiques du Système 1, qu'il est possible d'apprivoiser, à défaut de les soumettre. Le principal obstacle tient à ce que la confiance subjective est déterminée par la cohérence de l'histoire que l'on a bâtie, non par la qualité ou la quantité de l'information qui la soutient.

Les entreprises et institutions sont peut-être plus aptes à dompter l'optimisme et les ego que les individus eux-mêmes. La meilleure idée en la matière a été avancée par

Gary Klein, mon « collaborateur de confrontation » qui, de façon générale, défend, comme on l'a vu, la prise de décision intuitive contre l'idée de biais et est hostile aux algorithmes. Il a surnommé sa proposition le *pre-mortem.* La procédure est simple : quand la société est sur le point de prendre une décision importante mais qu'elle ne s'est pas encore engagée officiellement, Klein suggère de rassembler, pour une courte séance, un groupe d'individus au courant de la décision. La séance débute par une brève présentation : « Imaginez que nous soyons dans un an. Nous avons mis le plan en œuvre tel qu'il est. Le résultat est une catastrophe. Prenez cinq à dix minutes pour rédiger une histoire succincte de cette catastrophe. »

D'habitude, cette idée de Gary Klein suscite un enthousiasme immédiat. Après que je l'ai décrite dans les grandes lignes lors d'une conférence à Davos, quelqu'un derrière moi a murmuré : « Rien que pour ça, ça valait le coup de venir ! » (Je me suis aperçu par la suite qu'il s'agissait du PDG d'une grande multinationale.) Le *pre-mortem* a deux grands avantages : il évite le mode de pensée grégaire qui affecte nombre d'équipes une fois qu'une décision a été prise, et il libère l'imagination de gens avertis, l'orientant sur un sujet où l'on en a besoin.

Quand une équipe s'accorde sur une décision – surtout quand elle est entérinée par le patron –, les doutes quant au bien-fondé de cette action sont peu à peu éliminés, et finissent par être traités comme des signes d'un manque de loyauté vis-à-vis de l'équipe et de ses chefs. La neutralisation du doute contribue à l'excès de confiance dans un groupe où seuls les partisans de la décision ont la parole. La principale vertu du *pre-mortem*, c'est qu'il légitime le doute. De plus, il encourage même les partisans de la décision à identifier des menaces potentielles qu'ils n'avaient pas envisagées auparavant. Le *pre-mortem* n'est pas une panacée et il n'offre pas une protection absolue contre les mauvaises surprises, mais il peut nettement contribuer à limiter les dégâts de plans qui sont victimes des biais de COVERA et de l'optimisme complaisant.

*

L'OPTIMISME EN BREF

« Ils ont une illusion de contrôle. Ils sous-estiment gravement les obstacles. »

« Ils souffrent apparemment d'un cas aigu de négligence de la concurrence. »

« C'est un cas d'excès de confiance. Ils semblent croire qu'ils en savent plus qu'en réalité. »

« Nous devrions procéder à une séance de *premortem*. Quelqu'un pourrait identifier un danger que nous avons négligé. »

Quatrième partie

FAIRE LE BON CHOIX

25

Les erreurs de Bernoulli

Un jour, au début des années 1970, Amos me tendit un essai polycopié, dont l'auteur était un économiste suisse du nom de Bruno Frey. Il y débattait des présupposés psychologiques de la théorie économique. Je revois très bien la couleur de la couverture : d'un rouge sombre. C'est tout juste si Bruno Frey, lui, se souvient de l'avoir écrit, mais moi, je peux encore en réciter la première phrase : « L'agent de la théorie économique est rationnel, égoïste et ses goûts ne varient pas. »

J'en fus abasourdi. Mes collègues économistes travaillaient dans le bâtiment voisin, mais je n'avais pas pris la mesure des profondes différences entre nos mondes intellectuels. Pour un psychologue, il est évident que les gens ne sont ni complètement rationnels, ni complètement égoïstes, et que leurs goûts sont tout sauf stables. C'était comme si nos disciplines étudiaient deux espèces différentes, que l'économiste comportemental Richard Thaler a baptisées par la suite les Econs et les Humains.

Contrairement aux Econs, les Humains que connaissent les psychologues ont un Système 1. Leur vision du monde est limitée par les informations dont ils disposent à un moment donné (COVERA), et par conséquent, ils ne peuvent pas faire preuve de la même constance et de la même logique que les Econs. Ils sont parfois généreux, souvent prêts à apporter leur contribution au groupe auquel ils sont rattachés. Et ils n'ont souvent qu'une vague idée de ce qu'ils aimeront l'année prochaine, ou même le lendemain. C'était l'occasion d'entamer un dialogue intéressant par-delà les frontières entre les disciplines. Je ne m'attendais pas à ce que celui-ci ait une influence déterminante sur ma carrière.

Peu après m'avoir montré l'article de Frey, Amos a suggéré que l'on axe notre prochain projet sur l'étude de la prise de décision. Je ne savais pratiquement rien sur le sujet, mais Amos, lui, était un expert, et une des stars du secteur, et il m'a promis qu'il me guiderait. Quand il était encore étudiant, il avait été le co-auteur d'un manuel, *Mathematical Psychology* (La Psychologie mathématique) [1], et il me recommanda d'en lire quelques chapitres qui seraient pour moi une bonne introduction.

Je ne mis pas longtemps à comprendre que notre sujet traiterait de l'attitude des gens face à des choix risqués et que nous nous efforcerions de répondre à une question précise : quelles sont les règles qui président aux choix des gens quand ils optent entre plusieurs choses incertaines d'une part (pari simple) ; entre une chose incertaine et une chose certaine d'autre part ?

Pour les spécialistes de la prise de décision, les paris simples (comme « 40 % de chances de gagner 300 euros ») sont ce que la drosophile est aux généticiens. Ils fournissent un modèle simple qui partage des caractéristiques importantes avec les décisions plus complexes que les chercheurs espèrent comprendre. Le pari implique que les conséquences du choix ne sont jamais certaines. Même des résultats apparemment sûrs sont incertains : quand vous signez le contrat d'achat d'un appartement, vous ne savez pas à quel prix vous risquez de devoir le vendre plus tard ; vous ne vous doutez pas non plus que le fils de votre voisin va bientôt prendre des leçons de tuba. Tous les choix importants que nous faisons dans la vie s'accompagnent d'incertitude – et c'est pour cela que les spécialistes de la prise de décision espèrent que quelques-unes des leçons tirées de la situation modèle seront applicables à des problèmes quotidiens plus intéressants. Mais bien sûr, si les théoriciens de la décision étudient des paris, c'est aussi et surtout parce que c'est ce que font d'autres théoriciens de la décision.

La discipline dispose d'une théorie, dite de l'utilité espérée, qui a servi de fondement au modèle de l'agent rationnel et est aujourd'hui encore la théorie la plus importante dans les sciences sociales. La théorie de l'utilité espérée n'avait pas pour but d'être un modèle psychologique ; c'était avant tout une logique de choix, reposant sur les règles élémentaires (les axiomes) de la rationalité. Prenons cet exemple :

> Si vous préférez la pomme à la banane
> Alors
> Vous préférerez aussi 10 % de chances de gagner une pomme à 10 % de chances de gagner une banane.

La pomme et la banane représentent n'importe quels objets d'un choix (y compris des paris), et les 10 % représentent n'importe quelle probabilité. Le mathématicien John von Neumann, un des géants intellectuels du XXe siècle, et l'économiste Oskar Morgenstern ont déduit de quelques axiomes leur théorie du choix rationnel entre des paris. Les économistes ont adopté la théorie de l'utilité espérée à double titre : en tant que logique présidant à la prise de décision, et en tant que description de la façon dont les Econs font des choix. Mais Amos et moi étions des psychologues, et nous nous sommes efforcés de comprendre comment les Humains faisaient des choix risqués, sans partir d'aucun principe en ce qui concernait leur rationalité.

Fidèles à nos habitudes, nous continuions à passer de longues heures chaque jour à discuter, parfois au bureau, parfois au restaurant, parfois lors de longues promenades dans les rues paisibles de la belle Jérusalem. Comme nous l'avions fait lorsque nous étudiions le jugement, nous nous sommes engagés dans un examen minutieux de nos propres préférences intuitives. Nous avons consacré notre temps à inventer des problèmes de décision simples et à nous demander ce que nous choisirions. Par exemple :

Qu'est-ce que vous préférez ?
A. Jouer au jeu suivant : lancez une pièce. Si elle retombe sur face, vous gagnez 100 euros, si elle retombe sur pile, vous ne gagnez rien.
B. Que l'on vous donne 46 euros.

Nous ne cherchions pas à comprendre quel était le choix le plus rationnel ou le plus avantageux ; nous voulions trouver le choix intuitif, celui qui paraissait tentant sur-le-champ. Nous options presque toujours pour la même solution. Dans cet exemple précis, lui et moi aurions préféré la certitude, et vous feriez probablement de même. Quand nous nous entendions sur un choix, nous pensions – presque toujours à juste titre, comme il s'est avéré par la suite – que la plupart des gens partageraient nos préférences, et nous continuions donc comme si nous disposions de preuves solides. Nous savions, bien sûr, qu'il nous faudrait vérifier nos intuitions ultérieurement, mais en jouant le rôle à la fois d'expérimentateurs et de sujets, nous avons pu progresser rapidement.

Cinq ans après avoir entamé notre étude sur les paris, nous avons bouclé un essai intitulé *Prospect Theory : An Analysis of Decision under Risk* (Théorie des perspectives : une analyse de la décision face au risque). Notre théorie était calquée sur la théorie de l'utilité, mais s'en distinguait sur plusieurs points fondamentaux. En particulier, notre modèle était purement descriptif, et il avait pour objectif d'étudier et d'expliquer les violations systématiques des axiomes de la rationalité dans les choix entre des paris. Nous avons soumis notre essai à *Econometrica*, une revue spécialisée en économie et en théorie de la décision. Ce choix, s'avéra-t-il, fut crucial. Si nous avions publié le même article dans une revue de psychologie, il n'aurait sans doute eu que peu d'impact auprès des économistes. Cela dit, notre décision n'avait pas été guidée par le désir d'influencer cette discipline. Simplement, il se trouve qu'*Econometrica* avait par le passé publié les meilleurs papiers sur la prise de décision, et nous espérions nous retrouver en cette excellente compagnie. Dans ce choix comme dans tant d'autres, nous avons eu de la chance. La théorie des perspectives devint ainsi notre travail le plus remarqué, et notre article compte parmi les plus souvent cités en sciences sociales. Deux ans plus tard, nous avons publié dans *Science* un texte sur les effets de cadrage, les grands changements de préférence parfois causés par de très légères variations de la formulation dans un problème de choix.

Au cours des cinq premières années que nous avons passées à étudier comment les gens prennent des décisions, nous avons établi une dizaine de faits sur les choix entre différentes options risquées. Plusieurs de ces faits étaient en contradiction flagrante avec la théorie de l'utilité espérée. Certains avaient déjà été observés auparavant, d'autres étaient nouveaux. Puis nous avons élaboré une théorie qui modifiait juste assez la théorie de l'utilité espérée pour expliquer notre série d'observations. C'était la théorie des perspectives.

Notre approche du problème suivait la logique d'un domaine de la psychologie, la psychophysique, fondée et définie par le psychologue et mystique allemand Gustav Fechner (1801-1887). Fechner était obsédé par la relation entre l'esprit et la matière. D'un côté, il y a une quantité physique susceptible de varier, comme l'énergie d'une lumière, la fréquence d'un ton, ou une somme d'argent. De l'autre, il y a l'expérience subjective de la lueur, de l'intensité ou de la valeur. Mystérieusement, des variations dans la quantité physique entraînent des variations dans l'intensité ou la qualité de l'expérience subjective. Fechner voulait développer des lois psychophysiques rattachant la quantité subjective dans l'esprit de l'observateur à la quantité objective dans le monde matériel. Il suggéra que, pour plusieurs dimensions, la fonction était logarithmique – ce qui signifie simplement qu'une augmentation de l'intensité du stimulus par un facteur donné (disons 1,5 ou 10 fois) aboutit toujours à la même progression dans l'échelle psychologique. Si, en augmentant l'énergie du son de 10 à 100 unités d'énergie physique, on augmente l'intensité psychologique de 4 unités, alors une nouvelle augmentation d'intensité du stimulus de 100 à 1 000 accroîtra également l'intensité psychologique de 4 unités.

Comme le savait parfaitement Fechner, il n'était pas le premier à rechercher une fonction capable de rattacher l'intensité psychologique à la magnitude physique du stimulus. En 1738, le savant suisse Daniel Bernoulli avait anticipé le raisonnement de Fechner et l'avait appliqué à la relation entre la valeur psychologique, ou la désirabilité de l'argent (appelée aujourd'hui *utilité*), et la somme réelle. Il affirmait qu'un don de 10 ducats avait la même utilité pour quelqu'un qui possédait déjà 100 ducats qu'un don de 20 ducats pour quelqu'un dont la fortune se montait à 200. Il avait raison, bien sûr : nous avons coutume de parler des changements de revenus en termes de pourcentages, comme dans la phrase : « Elle a touché une augmentation de 30 %. » L'idée est qu'une augmentation de 30 % peut évoquer une réaction psychologique comparable tant chez les riches que chez les pauvres, ce qui ne sera pas le cas de l'image d'une augmentation de 100 euros [2]. Comme dans le cas de la loi de Fechner, la réaction psychologique à un changement de revenus est inversement proportionnelle à la fortune de départ, ce qui mène à la conclusion que l'utilité est une fonction logarithmique de la richesse. Si cette fonction est exacte, la même distance psychologique sépare 100 000 euros de 1 million, et 10 millions de 100 millions [3].

S'appuyant sur sa compréhension psychologique de l'utilité de la richesse, Bernoulli proposa une approche radicalement nouvelle de l'évaluation des paris, un sujet important pour les mathématiciens de son temps. Avant lui, les mathématiciens étaient partis du principe que les paris étaient évalués en fonction de leur valeur espérée : une moyenne pondérée des résultats possibles, chaque résultat étant pondéré par sa probabilité. Par exemple, la valeur espérée de :

> 80 % de chances de gagner 100 euros et 20 % de chances de gagner 10 euros est :
> 82 euros (0,8 x 100 + 0,2 x 10).

Maintenant, posez-vous la question suivante : que préféreriez-vous recevoir en cadeau, la possibilité de faire ce pari ou la certitude de toucher 80 euros ? Presque tout le monde choisit la certitude. Si les gens accordaient de la valeur à des perspectives incertaines en fonction de leur valeur espérée, ils préféreraient le pari, parce que 82 euros, c'est plus que 80. Bernoulli souligna qu'en fait, ce n'était pas comme cela que les gens évaluaient les paris.

Il constata que la plupart des gens détestent le risque (la chance d'obtenir le résultat le plus faible possible), et que si on leur offre le choix entre un pari et une somme égale à sa valeur espérée, ils pencheront en faveur de la certitude. En fait, un décideur éprouvant une aversion au risque choisira une certitude inférieure à la valeur espérée, ce qui revient à payer une prime pour éviter l'incertitude. Cent ans avant Fechner, Bernoulli inventa la psychophysique pour expliquer cette aversion au risque. Son idée était simple : les choix des gens ne reposent pas sur des valeurs en monnaie mais sur la valeur psychologique des résultats, leur utilité. La valeur psychologique d'un pari n'est donc pas la moyenne pondérée de son résultat possible en argent ; c'est la moyenne des utilités de ces résultats, chacune étant pondérée par sa probabilité.

Le tableau 3 donne une version de la fonction d'utilité calculée par Bernoulli ; il présente l'utilité de différents niveaux de richesse, de 1 million à 10 millions. On peut voir qu'en ajoutant 1 million à une richesse de 1 million, on obtient une augmentation de 20 points d'utilité, alors que le fait d'ajouter 1 million à une richesse de 9 millions n'ajoute que 4 points.

Richesse (en millions)	1	2	3	4	5	6	7	8	9	10
Unités d'utilité	10	30	40	50	60	78	84	90	96	100

Tableau 3

Bernoulli suggéra que la valeur marginale en baisse de la richesse (dans le jargon moderne) est ce qui explique l'aversion au risque – le fait que les gens ont généralement tendance à préférer une certitude plutôt qu'un pari favorable d'une valeur espérée égale ou légèrement supérieure. Prenons le choix suivant :

Chances égales d'obtenir 1 ou 7 millions	Utilité : (10+84)/2 = 47
OU	
Toucher 4 millions avec certitude	Utilité : 60

La valeur espérée du pari et la « certitude » sont équivalentes en ducats (4 millions), mais l'utilité psychologique des deux options est différente, à cause de la baisse de l'utilité de la richesse : l'augmentation de l'utilité de 1 million à 4 millions est de 50 unités, mais une progression comparable, de 4 à 7 millions, n'accroît l'utilité de la richesse que de 24 unités. L'utilité du pari est de 94/2=47 (l'utilité de ses deux résultats, chacun pondéré par sa probabilité de ½). L'utilité de 4 millions est 60. 60 étant supérieur à 47, un individu agissant selon cette fonction d'utilité préférera la certitude. L'idée de Bernoulli était qu'un décideur, face à une utilité marginale de richesse en baisse, éprouvera une aversion au risque.

L'essai de Bernoulli est une merveille de génie et de concision. Il appliqua son nouveau concept d'utilité espérée (qu'il appelait « l'espérance morale ») pour calculer combien un marchand de Saint-Pétersbourg serait prêt à payer pour une livraison d'épices en provenance d'Amsterdam s'il était « bien conscient du fait qu'en cette époque de l'année, sur cent navires quittant Amsterdam pour Saint-Pétersbourg, cinq n'arrivent généralement pas à bon port ». Sa fonction d'utilité expliquait pourquoi les pauvres prennent les assurances que leur vendent des gens plus riches. Comme on peut le voir dans le tableau 3, la perte de 1 million cause une chute de 4 points d'utilité (de 100 à 96) pour quelqu'un qui possède 10 millions, mais une perte beaucoup plus importante, 18 points (de 48 à 30) pour quelqu'un qui démarre avec 3 millions. L'homme moins riche paiera volontiers une prime pour transférer le risque vers le plus riche, et c'est l'essence même du métier d'assureur. Bernoulli avança aussi une solution au célèbre « paradoxe de Saint-Pétersbourg », selon lequel les gens qui se voient proposer un pari d'une valeur espérée infinie (en ducats) sont prêts à ne dépenser que quelques ducats dessus [4]. Particulièrement impressionnante, son analyse des attitudes face au risque en termes de préférences pour la richesse a résisté à l'épreuve du temps : elle reste d'actualité dans l'analyse économique près de trois cents ans plus tard.

La longévité de cette théorie est d'autant plus remarquable qu'elle comporte de graves défauts. Il est rare que les erreurs d'une théorie se trouvent dans ce qu'elle affirme ; elles se dissimulent en général dans ce qu'elle ignore ou assume tacitement. Prenons par exemple les scénarios suivants :

> Aujourd'hui, Jack et Jill ont chacun 5 millions.
> Hier, Jack avait 1 million et Jill 9 millions.
> Sont-ils également heureux ? (Ont-ils la même utilité ?)

La théorie de Bernoulli part du principe que l'utilité de leur richesse est ce qui rend les gens plus ou moins heureux. Jack et Jill ont la même richesse, et la théorie affirme par conséquent qu'ils devraient être aussi heureux l'un que l'autre, mais il n'est pas besoin d'être diplômé en psychologie pour comprendre qu'aujourd'hui, Jack est aux anges et Jill est déprimée. En fait, nous savons que Jack serait beaucoup plus heureux que Jill même s'il n'avait que 2 millions alors qu'elle en aurait 5. Donc, la théorie de Bernoulli doit être erronée.

Le bonheur que ressentent Jack et Jill est déterminé par le *changement* récent dans leur richesse, par rapport aux différents états de richesse qui définissent leurs points de référence (1 million pour Jack, 9 millions pour Jill). Cette dépendance à un point de référence est omniprésente dans la sensation et dans la perception. Le même son peut paraître très fort ou très ténu selon qu'il a été précédé d'un murmure ou d'un rugissement. Pour prédire l'expérience subjective de l'intensité d'un son, il ne suffit pas de connaître son énergie absolue ; il vous faut également connaître le son de référence auquel il est automatiquement comparé. De même, vous devez en savoir plus sur le fond avant de pouvoir prédire si une tache grise sur une page paraîtra sombre ou claire. Et vous devez connaître la référence avant de pouvoir prédire l'utilité d'une richesse quelconque.

Pour prendre un autre exemple de ce que la théorie de Bernoulli ignore, intéressons-nous à Anthony et Betty :

La richesse actuelle d'Anthony est de 1 million.
La richesse actuelle de Betty est de 4 millions.

Ils se voient tous deux offrir un choix entre un pari et une certitude.

Le pari : chances égales de se retrouver avec 1 million ou 4 millions
OU
La certitude : posséder 2 millions de façon sûre

Dans la vision de Bernoulli, Anthony et Betty sont confrontés au même choix : leur richesse espérée sera de 2,5 millions s'ils tentent le pari et de 2 millions s'ils préfèrent opter pour la certitude. Bernoulli s'attendrait donc à ce qu'Anthony et Betty fassent le même choix, mais cette prédiction est incorrecte. Là encore, la théorie échoue parce qu'elle ne prend pas en considération les différents *points de référence* à partir desquels Anthony et Betty évaluent leurs possibilités. Si vous vous mettez dans la peau d'Anthony et de Betty, vous verrez rapidement que la richesse actuelle joue un grand rôle. Voici comment ils pourraient penser :

Anthony (qui détient actuellement 1 million) : « Si je choisis la certitude, je suis sûr de doubler ma richesse. C'est très attirant. Ou alors, je pourrais parier, avec autant de chances de quadrupler ma richesse que de ne rien gagner. »

Betty (qui détient actuellement 4 millions) : « Si je choisis la certitude, je suis sûre de perdre la moitié de ma richesse, ce qui est terrible. Ou alors, je pourrais parier, avec autant de chances de perdre les trois quarts de ma richesse que de ne rien perdre. »

On sent bien qu'Anthony et Betty ne vont sans doute pas faire le même choix, parce que la certitude de posséder 2 millions rend Anthony heureux et Betty malheureuse. Remarquez également comment le résultat *sûr* est différent du *pire* résultat du pari : pour Anthony, c'est la différence entre doubler sa richesse et ne rien gagner ; pour Betty, c'est la différence entre perdre la moitié et les trois quarts de sa richesse. Betty est beaucoup plus susceptible de prendre le risque, ce que font les gens quand ils sont confrontés à des choix négatifs. Dans la version que je donne de leur histoire, ni l'un ni l'autre ne pensent en termes d'état de leur richesse : Anthony pense aux gains et Betty aux pertes. Les résultats psychologiques qu'ils évaluent sont tout à fait différents, bien qu'ils soient face à des états de richesse possibles équivalents.

Le modèle de Bernoulli ne prenant pas en compte l'idée d'un point de référence, la théorie de l'utilité espérée ne montre pas le fait pourtant évident que le résultat qui sera bon pour Anthony sera mauvais pour Betty. Son modèle peut expliquer l'aversion au risque d'Anthony, mais pas la préférence de Betty pour le pari, un comportement que l'on rencontre souvent chez les entrepreneurs et les généraux qui font face à des choix négatifs.

Tout cela paraît plutôt évident, non ? On peut facilement imaginer que Bernoulli aurait pu trouver lui-même ce genre d'exemple, ce qui lui aurait permis de développer une théorie plus complexe pour les intégrer. Pour une raison quelconque, il ne l'a pas fait. On peut aussi imaginer que des collègues de son époque auraient pu ne pas être d'accord avec lui, ou que des universitaires auraient par la suite critiqué ses travaux. Là encore, pour une raison quelconque, cela n'a pas été le cas.

Comment une conception de l'utilité des résultats vulnérable à des contre-exemples si évidents a-t-elle pu survivre si longtemps, c'est là qu'est le mystère. Je ne peux l'expliquer que par une faiblesse de l'esprit universitaire que j'ai souvent observée chez moi. Je l'appelle la cécité théorique : une fois que vous avez accepté une théorie et que vous vous en servez comme d'un outil dans vos réflexions, il est extraordinairement difficile d'en remarquer les défauts. Si vous tombez sur une observation qui ne correspond apparemment pas à votre modèle, vous considérez qu'il doit y avoir une explication parfaitement logique à côté de laquelle vous êtes en train de passer. Vous accordez à la théorie le bénéfice du doute, confiant dans la communauté de spécialistes qui l'a approuvée. À un moment ou un autre, beaucoup d'universitaires ont dû penser à des histoires comme celle d'Anthony et Betty, ou Jack et Jill, et ont dû noter avec désinvolture qu'elles ne collaient pas avec la théorie de l'utilité espérée. Mais ils ne sont pas allés jusqu'à se dire : « Cette théorie a un gros défaut, parce qu'elle ignore le fait que l'utilité dépend de l'histoire de la richesse d'une personne, pas seulement de sa richesse actuelle [5]. » Comme l'a souligné le psychologue Daniel Gilbert, il est difficile de ne pas croire, et le Système 2 se fatigue facilement.

*

Les erreurs de Bernoulli en bref

« Il a été très heureux de toucher une prime de 20 000 euros il y a trois ans, mais son salaire a augmenté de 20 % depuis, donc il lui faudra désormais une prime plus importante pour obtenir la même utilité. »

« Les deux candidats sont prêts à accepter le salaire que nous leur proposons, mais ils ne seront pas satisfaits de la même façon parce que leurs points de référence sont différents. Actuellement, elle touche un salaire beaucoup plus élevé. »

« Elle l'attaque en justice pour la pension alimentaire. En fait, elle serait disposée à un arrangement, mais lui préfère aller devant les tribunaux. Ce n'est pas étonnant – elle ne peut que gagner, donc elle fait preuve d'une aversion au risque. Alors que lui est confronté à des choix qui sont tous mauvais, donc, il préfère prendre le risque. »

26

La théorie des perspectives

C'est grâce à un mélange heureux de talent et d'ignorance qu'Amos et moi sommes tombés sur le défaut central de la théorie de Bernoulli. Sur les conseils d'Amos, je lus un chapitre de son livre qui décrivait des expériences où des chercheurs distingués avaient mesuré l'utilité de l'argent en demandant à des gens de faire des choix sur des paris qui pouvaient rapporter ou coûter quelques cents aux participants. Les expérimentateurs mesuraient l'utilité de la richesse, en modifiant le montant de celle-ci sur une échelle inférieure à un euro. Ce qui amenait à se poser diverses questions. Est-il plausible de partir du principe que les gens évaluent les paris par d'infimes différences dans la richesse ? Comment pouvait-on espérer en apprendre plus sur la psychophysique de la richesse en étudiant les réactions à des gains ou des pertes chiffrées en cents ? De récents développements dans le domaine de la théorie psychophysique suggéraient que si l'on souhaitait étudier la valeur subjective de la richesse, il fallait poser des questions directes à son sujet, pas sur les changements dont elle pouvait faire l'objet [1]. Je n'en savais pas assez sur la théorie de l'utilité pour être aveuglé par le respect qu'elle m'inspirait, et j'étais perplexe.

Quand Amos et moi nous sommes retrouvés le lendemain, je lui ai fait part de mes difficultés sous la forme d'une réflexion vague, non comme s'il s'était agi d'une découverte. Je m'attendais évidemment à ce qu'il me corrige en m'expliquant pourquoi cette expérience qui m'avait laissé perplexe avait malgré tout un sens. Mais il n'en fit rien – il comprit immédiatement tout l'intérêt de la psychophysique moderne. Il se souvint que l'économiste Harry Markowitz, qui décrocherait plus tard un prix Nobel pour ses travaux sur la finance, avait avancé une théorie selon laquelle les utilités étaient attachées aux changements plutôt qu'aux états de la richesse. L'idée de Markowitz circulait depuis un quart de siècle et n'avait pas fait beaucoup de bruit, mais nous en conclûmes rapidement que c'était par là qu'il nous faudrait creuser, et que la théorie que nous comptions développer définirait les résultats en termes de pertes et de gains, non comme des états de la richesse. Notre connaissance du fonctionnement de la perception et notre ignorance en théorie de la décision ont l'une et l'autre contribué à un grand bond en avant dans nos recherches.

Nous n'avons pas tardé à comprendre que nous avions surmonté un grave cas de cécité théorique, parce que l'idée que nous avions rejetée nous semblait désormais non seulement fausse, mais absurde. Nous avons saisi, non sans amusement, que nous étions incapables d'évaluer notre richesse actuelle en dizaines de milliers de dollars. Il semblait donc impossible de défendre plus avant une théorie qui déduit de l'utilité actuelle de la richesse l'attitude face à des changements minimes. Vous savez que vous avez accompli un progrès théorique quand vous ne pouvez plus retrouver pourquoi vous avez mis tant de temps à prendre conscience de l'évidence. Pourtant, il nous a fallu des années pour explorer les implications d'une réflexion sur les résultats en termes de profits et de pertes.

Dans la théorie de l'utilité, l'utilité d'un gain est évaluée en comparant l'utilité de deux états de richesse. Par exemple, l'utilité de gagner 500 euros de plus quand votre richesse est de 1 million est la différence entre l'utilité de 1 000 500 et celle de 1 million. Et si vous possédez la somme la plus importante, la désutilité de la perte de 500 euros est là encore la différence entre l'utilité des deux états de la richesse. Dans cette théorie, l'utilité des gains et des pertes ne diffère que d'un signe (+ ou –). Il n'y a pas de moyen de représenter le fait que la désutilité de perdre 500 euros pourrait être supérieure à l'utilité de gagner la même somme – alors que c'est effectivement le cas. Comme on pouvait s'y attendre dans une situation de cécité théorique, les différences possibles entre les gains et les pertes n'avaient été ni prises en compte, ni étudiées. La distinction entre les gains et les pertes était considérée comme sans importance, et il n'était donc pas nécessaire de s'y attarder.

Amos et moi n'avons pas immédiatement compris qu'en nous recentrant sur les changements de la richesse, nous ouvrions la voie à l'exploration d'un nouveau sujet. Nous ne nous préoccupions alors que des différences entre des paris avec de fortes ou de faibles probabilités de gains. Un jour, en passant, Amos glissa : « Et les pertes ? » Nous nous sommes vite aperçus que notre aversion familière au risque se muait en recherche du risque quand nous changions d'optique. Prenons ces deux problèmes :

Problème 1 : que choisissez-vous ?
Vous êtes sûr d'obtenir 900 euros, ou avez 90 % de chances de toucher 1 000 euros.

Problème 2 : que choisissez-vous ?
Vous êtes sûr de perdre 900 euros, ou avez 90 % de chances de perdre 1 000 euros.

Face au problème 1, vous avez sans doute éprouvé une aversion au risque, comme la grande majorité des gens. La valeur subjective d'un gain de 900 euros est certainement supérieure à 90 % de la valeur d'un gain de 1 000 euros. Le choix de l'aversion au risque dans ce problème n'aurait pas surpris Bernoulli.

Maintenant, intéressons-nous à votre préférence dans le problème 2. Si vous êtes comme la plupart des gens, vous avez choisi de parier. L'explication de ce choix favorable au risque est l'image inversée de l'explication de l'aversion au risque dans le problème 1 : la valeur (négative) de la perte de 900 euros est nettement supérieure à 90 % de la valeur (négative) de la perte de 1 000 euros. La certitude de la perte est une source d'aversion marquée, ce qui vous pousse à prendre le risque. Plus tard, nous verrons que les évaluations des probabilités (90 % contre 100 %) contribuent également tant à l'aversion au risque du problème 1 qu'à la préférence pour le pari dans le problème 2.

Nous n'avons pas été les premiers à remarquer que les gens se mettaient à rechercher le risque quand toutes leurs perspectives étaient négatives, mais la cécité théorique s'était jusqu'alors imposée. Comme la théorie dominante ne prévoyait pas de moyen plausible d'intégrer des attitudes différentes vis-à-vis du risque pour les gains et pour les pertes, il fallait ignorer que ces attitudes différaient. Au contraire, notre décision de considérer les résultats comme des profits et des pertes nous a amenés à nous concentrer justement sur cette divergence. En observant les attitudes opposées face au risque selon que l'issue envisagée est favorable ou défavorable, nous avons bientôt franchi une étape significative : nous avons trouvé un moyen de démontrer l'erreur qui se trouve au cœur du choix de Bernoulli. Voyez plutôt :

Problème 3 : outre ce que vous possédez déjà, on vous donne 1 000 euros.

On vous demande maintenant de choisir une de ces options :
50 % de chances de gagner 1 000 euros OU certitude de toucher 500 euros.

Problème 4 : outre ce que vous possédez déjà, on vous donne 2 000 euros.
On vous demande maintenant de choisir une de ces options :
50 % de chances de perdre 1 000 euros ou certitude de perdre 500 euros.

Vous pouvez facilement confirmer qu'en termes d'état final de la richesse – tout ce qui importe pour la théorie de Bernoulli –, les problèmes 3 et 4 sont identiques. Dans les deux cas, vous avez le choix entre les mêmes options : vous pouvez avoir la certitude d'être plus riche que vous ne l'êtes déjà de 1 500 euros, ou accepter un pari où vous avez autant de chances de vous enrichir de 1 000 ou 2 000 euros. Donc, selon la théorie de Bernoulli, les deux problèmes devraient aboutir à des préférences similaires. Vérifiez vos propres intuitions, et vous devinerez sans doute ce qu'ont fait les autres.

- Dans le premier choix, une grande majorité de gens a préféré la certitude.
- Dans le second choix, une grande majorité a préféré le pari.

La découverte de préférences différentes dans les problèmes 3 et 4 était un formidable contre-exemple à l'idée maîtresse de la théorie de Bernoulli. Si l'utilité de la richesse est tout ce qui compte, alors, des énoncés manifestement semblables du même problème devraient donner des choix identiques. La comparaison entre ces problèmes met en lumière le rôle écrasant du point de référence à partir duquel les options sont évaluées. Le point de référence est supérieur à la richesse actuelle de 1 000 euros dans le problème 3, de 2 000 euros dans le 4.

Être plus riche de 1 500 euros représente par conséquent un gain de 500 euros dans le problème 3, et une perte dans le 4. D'autres exemples de ce type sont évidemment faciles à trouver. On retrouve la même structure dans l'histoire d'Anthony et Betty.

Quelle attention avez-vous accordée au cadeau de 1 000 ou 2 000 euros que l'on vous a « offert » avant que vous ne fassiez votre choix ? Si vous êtes comme la plupart des gens, vous l'avez à peine remarqué. En effet, il n'y avait aucune raison que vous vous en souciiez, parce que ce cadeau est inclus dans le point de référence, et que les points de référence sont généralement ignorés. Vous savez quelque chose sur vos préférences que les théoriciens de l'utilité ne savent pas : votre attitude envers le risque ne serait pas différente si votre richesse nette était supérieure ou inférieure de quelques milliers d'euros (à moins que vous ne viviez dans la plus extrême pauvreté). Et vous savez aussi que votre attitude vis-à-vis des gains et des pertes ne découle pas d'une évaluation de votre richesse. La raison pour laquelle l'idée de gagner 100 euros plaît, contrairement à celle de les perdre, ce n'est pas que cela modifie votre richesse. Vous aimez simplement gagner, et vous détestez perdre – et il est probable que vous détestiez plus perdre que vous n'aimez gagner.

Ces quatre problèmes soulignent la faiblesse du modèle de Bernoulli. Sa théorie est trop simple, un élément mobile lui fait défaut. La variable manquante est le *point de référence*, cet état antérieur par rapport auquel les gains et les pertes sont évalués. Dans la théorie de Bernoulli, il vous suffit de connaître l'état de la richesse pour en déterminer l'utilité, mais dans la théorie des perspectives, vous devez aussi connaître l'état de référence. Par conséquent, la théorie des perspectives est plus complexe que la théorie de l'utilité. En science, la complexité est considérée comme un coût, qui doit être justifié par une série assez étoffée de nouvelles prédictions intéressantes sur des faits que la théorie existante ne peut pas expliquer. C'était le défi que nous devions relever.

Si Amos et moi ne travaillions pas encore, à l'époque, sur le modèle des deux systèmes de l'esprit, il est aujourd'hui évident que trois caractéristiques cognitives se trouvaient déjà au cœur de la théorie des perspectives. Elles jouent un rôle essentiel dans l'évaluation de résultats financiers et sont communes à de nombreux processus automatiques de la perception, du jugement et de l'émotion. Il faut les considérer comme des caractéristiques fonctionnelles du Système 1.

- L'évaluation se rapporte à un point de référence neutre, parfois dit « niveau d'adaptation ». Il est facile de procéder à une démonstration convaincante de ce principe. Placez trois bols d'eau devant vous. Versez de l'eau glacée dans celui de gauche et de l'eau chaude dans celui de droite. L'eau dans celui du milieu devrait être à la température de la pièce. Plongez vos mains dans l'eau froide et l'eau chaude pendant environ une minute, puis plongez-les dans le bol du milieu. La même température vous paraîtra chaude sur une main et froide sur l'autre. Pour des résultats financiers, le point de référence habituel est le statu quo ; mais il peut être aussi le résultat que vous espérez, ou celui auquel vous estimez avoir droit, par exemple, l'augmentation ou la prime dont bénéficient vos collègues. Les résultats supérieurs aux points de références sont des gains ; en dessous, ce sont des pertes.
- Un principe de baisse de sensibilité s'applique à la fois aux phénomènes sensoriels et à l'évaluation de modifications de la richesse. Le fait d'allumer une

lumière faible a un effet puissant dans une pièce sombre. La même augmentation de lumière peut être indétectable dans une pièce brillamment éclairée. De même, la différence subjective entre 900 et 1 000 euros est beaucoup moins importante qu'entre 100 et 200 euros.

- Le troisième principe est l'aversion à la perte. Quand on les compare directement les unes aux autres, les pertes sont plus impressionnantes que les gains. Cette asymétrie entre le pouvoir des attentes ou des expériences positives et négatives est liée à l'évolution. Les organismes qui traitent les menaces comme étant plus urgentes que les opportunités ont une meilleure chance de survie et de reproduction.

Les trois principes qui déterminent la valeur des résultats sont illustrés par la figure 10, ci-contre. Si la théorie des perspectives avait un drapeau, il porterait cette image [2]. Le graphique montre la valeur psychologique des gains et des pertes, qui sont les « porteurs » de valeur dans la théorie des perspectives (contrairement au modèle de Bernoulli, où les porteurs de valeur sont les états de la richesse). Le graphique se compose de deux parties distinctes, à droite et à gauche d'un point de référence neutre. Une de ses caractéristiques marquantes est sa forme en S, qui représente la diminution de sensibilité pour les gains et pour les pertes. Enfin, les deux courbes du S ne sont pas symétriques. L'inclinaison de la fonction change brutalement au point de référence : la réaction aux pertes est plus forte que la réaction aux gains correspondants. C'est l'aversion à la perte.

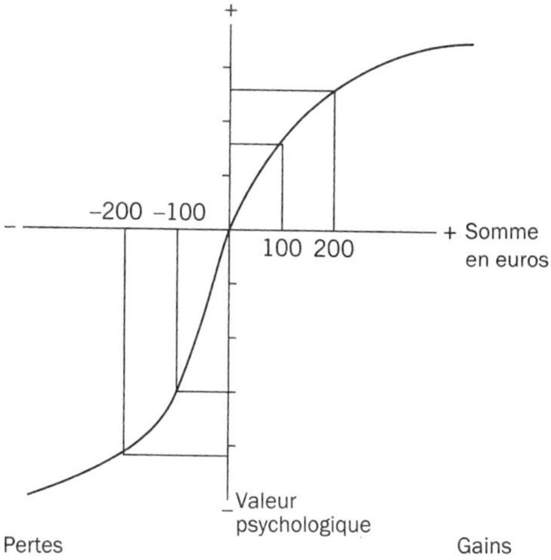

Figure 10

L'AVERSION À LA PERTE

Nombre des choix auxquels nous sommes confrontés dans la vie sont « mixtes » : il y a un risque de perte et une possibilité de gain, et nous devons décider si nous acceptons ce pari ou si nous le rejetons. Les investisseurs qui évaluent des start-up, les avocats qui réfléchissent à l'éventualité d'intenter une action en justice, les généraux qui préparent une offensive, et les politiciens qui doivent décider de se présenter à une élection font tous face à la possibilité d'une victoire ou d'une défaite. Pour un exemple élémentaire d'une perspective mixte, examinez votre réaction à la question suivante.

Problème 5 : on vous propose de parier sur le lancer d'une pièce.
Si la pièce tombe sur pile, vous perdez 100 euros.
Si la pièce tombe sur face, vous gagnez 150 euros.
Est-ce un pari attrayant ? L'accepteriez-vous ?

Pour faire ce choix, vous devez contrebalancer le bénéfice psychologique de gagner 150 euros et le coût psychologique d'en perdre 100. Qu'éprouvez-vous à cette idée ? Bien que la valeur espérée du pari soit manifestement positive, puisque vous devriez gagner plus que vous ne risquez de perdre, il vous déplaît probablement – c'est le cas de la plupart des gens. Le rejet de ce pari est une action du Système 2, mais il se fonde sur des informations critiques qui sont des réactions émotionnelles provenant du Système 1. Pour la plupart des gens, la peur de perdre 100 euros est plus intense que l'espoir d'en gagner 150. Nous avons conclu de telles observations que « les pertes l'emportent sur les gains » et que les gens éprouvent une *aversion à la perte.*

Vous pouvez mesurer l'étendue de votre aversion à la perte en vous posant une question : quel est le plus petit gain qui, selon moi, correspondrait à une chance égale de perdre 100 euros ? Pour beaucoup de gens, la réponse est environ 200 euros, soit deux fois plus que la perte. Le « taux d'aversion à la perte » a été estimé dans le cadre de plusieurs expériences et se situe généralement entre 1,5 et 2,5 [3]. C'est une moyenne, bien sûr : certaines personnes éprouvent une aversion à la perte beaucoup plus importante que d'autres. Les preneurs de risques professionnels sur les marchés financiers sont plus tolérants vis-à-vis des pertes, probablement parce qu'ils ne réagissent pas émotionnellement à chaque fluctuation. Quand on a demandé aux participants d'une expérience de « penser comme un trader », leur aversion à la perte a diminué et leur réaction émotionnelle aux pertes (mesurée sur un indice d'excitation émotionnelle) s'est nettement atténuée [4].

Afin d'analyser votre taux d'aversion à la perte en fonction de différents enjeux, intéressez-vous aux questions suivantes. Ignorez toutes les considérations d'ordre social, n'essayez pas de paraître audacieux ou prudent, concentrez-vous uniquement sur l'impact subjectif de la perte possible et du gain la contrebalançant.

- Considérez un pari à 50-50 où vous pouvez perdre 10 euros. Quel est le gain le plus modeste susceptible de vous donner envie de parier ? Si vous dites 10 euros, alors vous êtes indifférent au risque. Si vous donnez un nombre inférieur à 10 euros, vous recherchez le risque. Si vous répondez au-dessus de 10 euros, c'est la preuve de votre aversion à la perte.
- Et si vous risquiez de perdre 500 euros à pile ou face ? Quel gain serait possible de contrebalancer cette perte ?
- Et si vous perdiez 2 000 euros ?

En vous livrant à cet exercice, vous vous êtes sans doute aperçu que votre coefficient d'aversion à la perte avait tendance à augmenter avec les enjeux, mais pas de façon dramatique. Tous les paris sont évidemment annulés quand la perte possible est potentiellement ruineuse, ou si elle menace votre mode de vie. Dans de tels cas, le coefficient d'aversion à la perte est très important, peut-être même infini – il y a des risques que vous n'accepterez pas, peu importe les millions que vous pourriez gagner si vous avez de la chance.

Revenons à la figure 10 pour éviter une confusion courante. Dans ce chapitre, j'ai avancé deux affirmations qui peuvent paraître contradictoires à certains lecteurs :

- Dans les paris mixtes, où tant un gain qu'une perte sont possibles, l'aversion à la perte entraîne des choix où cette aversion est très nette.
- Dans les choix négatifs, qui comparent une perte sûre à une autre encore plus importante mais seulement probable, la baisse de la sensibilité pousse à rechercher le risque.

En réalité, il n'y a pas là de contradiction. Dans le cas mixte, la perte possible paraît deux fois plus importante que le gain éventuel, comme vous pouvez le constater en comparant les courbes de la fonction des valeurs pour les pertes et les gains. Dans le cas négatif, l'orientation de la courbe des valeurs (la diminution de sensibilité) aboutit à une recherche du risque. La douleur de perdre 900 euros représente plus de 90 % de la douleur causée par la perte de 1 000 euros. Ces deux idées sont l'essence même de la théorie des perspectives.

La figure 10 montre un changement brutal dans la courbe des valeurs là où les gains se transforment en pertes, parce qu'il y a une aversion au risque considérable même quand la somme en jeu est minime par rapport à votre richesse. Est-il plausible qu'une attitude liée à l'état de la richesse explique cette aversion extrême à des risques réduits ? Exemple frappant de la cécité théorique, ce défaut évident dans la théorie de Bernoulli n'a pas attiré l'attention des spécialistes pendant plus de deux cent cinquante ans. En 2000, l'économiste comportemental Matthew Rabin a finalement prouvé mathématiquement qu'il était absurde de vouloir expliquer l'aversion à la perte par l'utilité de la richesse et sa démonstration a fait du bruit. Le théorème de Rabin [5] montre que quiconque rejette un pari favorable aux enjeux limités est mathématiquement prisonnier d'un niveau absurde d'aversion au risque pour un pari plus important. Par exemple, il remarque que la plupart des Humains rejettent le pari suivant :

> 50 % de chances de perdre 100 euros et 50 % de chances de gagner 200 euros

Puis il montre que selon la théorie de l'utilité, un individu qui rejette ce pari refusera également le suivant [6] :

> 50 % de chances de perdre 200 euros et 50 % de chances de gagner 20 000 euros

Alors qu'évidemment, aucune personne sensée ne rejetterait un tel pari ! Dans un article exubérant, Matthew Rabin et Richard Thaler ont commenté ce pari en expliquant qu'il « offrait un retour espéré de 9 900 euros

– avec exactement zéro chance de perdre plus de 200 euros. Même un avocat raté pourrait vous faire déclarer fou pour avoir refusé ce pari [7] ».

Peut-être emportés par leur enthousiasme, ils conclurent leur article en citant le célèbre sketch des Monty Python où un client furieux tente de se faire rembourser un perroquet mort. Le client a recours à une longue succession d'expressions pour décrire l'état de l'oiseau, culminant par : « Ceci est un ex-perroquet. » Rabin et Thaler ajoutent alors que, « pour les économistes, il est temps de reconnaître que l'utilité espérée est une ex-hypothèse ». Pour nombre d'économistes, cette déclaration cavalière frisait le blasphème. Quoi qu'il en soit, la cécité théorique qui pousse à accepter l'utilité de la richesse en guise d'explication des attitudes face aux pertes réduites mérite amplement d'être la cible de commentaires humoristiques.

LES ANGLES MORTS DE LA THÉORIE DES PERSPECTIVES

Jusqu'à présent, j'ai vanté les vertus de la théorie des perspectives et critiqué le modèle rationnel et la théorie de l'utilité espérée. Il est temps de faire preuve d'un peu d'équilibre.

La plupart des étudiants en économie ont entendu parler de la théorie des perspectives et de l'aversion à la perte, mais il est peu probable que vous croisiez ces termes dans l'index d'une introduction à l'économie. Parfois, cette omission me chagrine, mais en fait, elle se justifie tout à fait, à cause du rôle central de la rationalité dans la théorie économique fondamentale. Les concepts et les résultats classiques enseignés aux étudiants sont plus faciles à expliquer quand on part du principe que les Econs ne commettent pas d'erreurs idiotes. Cette assertion est vraiment nécessaire, et elle serait compromise si l'on y faisait intervenir les Humains de la théorie des perspectives, dont l'évaluation des résultats trahit une courte vue des plus déraisonnables.

Il y a de bonnes raisons pour tenir la théorie des perspectives à l'écart des manuels d'introduction. Les concepts fondamentaux de l'économie sont essentiellement des outils intellectuels, déjà difficiles à appréhender même en partant de principes simplifiés et irréalistes sur la nature des agents économiques qui interagissent avec les marchés. Le fait de remettre ces principes en question au moment même où on les présente serait source de confusion, voire de démoralisation. Il est raisonnable de considérer qu'il est prioritaire d'aider les étudiants à acquérir les outils de base de la discipline. De plus, l'échec de la rationalité indissociable de la théorie des perspectives n'a souvent aucun rapport avec les prédictions de la théorie économique, qui travaille avec une grande précision dans certaines situations et fournit de bonnes approximations dans beaucoup d'autres. Dans certains contextes, cependant, la différence devient significative : les Humains décrits par la théorie des perspectives sont guidés par l'impact émotionnel immédiat des gains et des pertes, non par des perspectives à long terme de richesse et d'utilité globale.

Quand j'ai abordé les défauts du modèle de Bernoulli qui n'ont pas été remis en cause pendant plus de deux siècles, j'ai mis l'accent sur la cécité théorique. Mais bien sûr, la cécité théorique ne se cantonne pas à la théorie de l'utilité espérée. La théorie des perspectives a ses propres défauts, et la cécité théorique vis-à-vis de ces défauts a fait qu'elle est considérée comme la principale alternative à la théorie de l'utilité.

Considérons le principe essentiel de la théorie des perspectives, à savoir que le point de référence, généralement le statu quo, a une valeur de zéro. Cette affirmation semble raisonnable, mais elle peut avoir des conséquences absurdes. Étudiez de près les perspectives suivantes. Que penseriez-vous si vous y étiez confronté ?

A. une chance sur un million de gagner 1 million d'euros
B. 90 % de chances de gagner 12 euros et 10 % de ne rien gagner
C. 90 % de chances de gagner 1 million et 10 % de ne rien gagner

Le fait de ne rien gagner est une possibilité dans chacun des trois paris, et la théorie des perspectives attribue la même valeur à ce résultat dans les trois cas. Ne rien gagner est le point de référence, et sa valeur est zéro. Ces déclarations correspondent-elles à votre expérience ? Non, évidemment. Dans les deux premiers cas, ne rien gagner est un non-événement. En revanche, ne pas gagner dans le troisième scénario est extrêmement décevant. Comme une augmentation de salaire qui a été promise officieusement, la forte probabilité d'empocher cette somme énorme établit une sorte de nouveau point de référence. Par rapport à vos espérances, le fait de ne rien gagner sera vécu comme une grande perte. La théorie des perspectives ne sait pas gérer ce fait, parce qu'elle ne prévoit pas que la valeur d'un résultat (dans ce cas, ne rien gagner) puisse changer quand il est fortement improbable, ou quand l'alternative est de grande valeur. En termes simples, la théorie des perspectives ne prend pas en compte la déception. La déception et l'anticipation de la déception sont pourtant bien réelles, et l'incapacité à les prendre en compte est un défaut aussi évident que les contre-exemples que j'ai cités pour critiquer la théorie de Bernoulli.

La théorie des perspectives et la théorie de l'utilité ne laissent pas non plus de place au regret. Toutes deux ont en commun le principe qui veut que les options disponibles dans un choix soient évaluées séparément et indépendamment, et que c'est l'option ayant la plus forte valeur qui est sélectionnée. C'est certainement faux, comme le montre l'exemple suivant.

Problème 6 : choisissez entre 90 % de chances de gagner 1 million d'euros OU 50 euros avec certitude.

Problème 7 : choisissez entre 90 % de chances de gagner 1 million d'euros OU 150 000 avec certitude.

Comparez, dans chacun des deux cas, la douleur anticipée si vous décidez de parier mais que vous ne gagnez pas. Dans les deux cas, l'échec est une déception, mais la douleur potentielle est aggravée dans le problème 7 par le fait que vous savez que si vous choisissez de parier et que vous perdez, vous regretterez la « cupidité » de votre décision qui vous a coûté 150 000 euros. Avec le regret, la perception du résultat dépend d'une option que vous auriez pu choisir, mais que vous avez finalement repoussée.

Des économistes et des psychologues ont proposé des modèles de prise de décision fondés sur les émotions de regret et de déception [8]. Il est juste de reconnaître que ces modèles ont eu moins d'influence que la théorie des perspectives, et il est instructif de comprendre pourquoi. Le regret et la déception sont des émotions réelles, que les décideurs anticipent sûrement quand ils effectuent leurs choix. Le problème, c'est que les théories sur le regret débouchent sur peu de prédictions frappantes qui les distingueraient de la théorie des perspectives, qui a l'avantage d'être plus simple. La complexité de la théorie des perspectives était plus acceptable dans la compétition avec la théorie de l'utilité espérée parce qu'elle prédisait effectivement des cas que la théorie de l'utilité espérée ne pouvait pas expliquer.

Des hypothèses plus riches et plus réalistes ne suffisent pas à assurer le succès d'une théorie. Les scientifiques utilisent les théories comme une boîte à outils, et ils n'iront pas se charger d'une boîte plus lourde à moins qu'elle ne contienne de nouveaux outils vraiment efficaces. La théorie des perspectives a été acceptée par de nombreux spécialistes non parce qu'elle est « vraie », mais parce que les concepts qu'elle ajoutait à la théorie de l'utilité, en particulier le point de référence et l'aversion à la perte, en valaient la peine ; ces concepts fournissaient de nouvelles prédictions qui se sont vérifiées. Nous avons eu de la chance.

*

LA THÉORIE DES PERSPECTIVES EN BREF

« Il souffre d'une aversion extrême à la perte, qui le pousse à refuser des occasions très favorables. »

« Compte tenu de son immense richesse, sa réaction émotionnelle à des gains et des pertes mineurs n'a aucun sens. »

« Il accorde deux fois plus de poids aux pertes qu'aux gains, ce qui est normal. »

27

L'EFFET DE DOTATION

Vous avez probablement déjà rencontré la figure 11 ou l'un de ses proches parents, même si vous n'avez jamais étudié l'économie. Le graphique présente la « carte d'indifférence » d'un individu pour deux produits.

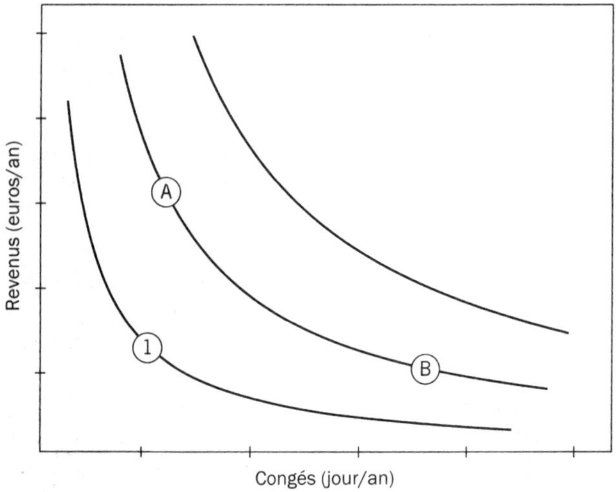

Figure 11

Dans leurs cours d'introduction à l'économie, les étudiants apprennent que chaque point sur la carte correspond à une combinaison particulière de revenus et de jours de vacances. Chaque « courbe d'indifférence » relie les combinaisons des deux produits qui sont également désirables – qui ont la même utilité. Les courbes se transforment en droites parallèles si les gens sont prêts à « vendre » des jours de vacances pour davantage de revenus au même prix quels que soient leurs revenus et le nombre de leurs jours de congé. La forme convexe indique une diminution de l'utilité marginale : plus vous avez de loisirs, moins vous vous souciez d'en obtenir un jour de plus, et chaque jour supplémentaire a moins de valeur que le précédent. De même, plus vos revenus sont importants, moins vous vous souciez d'empocher un euro de plus, et la somme que vous êtes disposé à dépenser pour un jour de congé supplémentaire augmente.

Tous les emplacements sur une courbe d'indifférence sont également attirants. C'est littéralement ce que signifie l'indifférence : vous vous moquez de savoir où vous vous trouvez sur la courbe. Donc, si A et B sont pour vous sur la même courbe d'indifférence, il ne sera pas nécessaire de vous convaincre très longtemps pour vous faire passer de l'un à l'autre. Sous une forme ou sous une autre, ce graphique a été publié dans tous les manuels d'économie écrits ces cent dernières années, et des millions d'étudiants l'ont contemplé. Bien peu ont vu qu'il y manquait quelque chose. Une fois de plus, le pouvoir et l'élégance d'un modèle théorique ont aveuglé étudiants et universitaires, qui sont passés à côté d'un grave défaut.

Ce qui manque dans le graphique est une indication des revenus et du nombre de jours de congés actuels de l'individu [1]. Si vous êtes salarié, les termes de votre contrat précisent votre salaire et le nombre de vos jours de congé, soit un point sur la carte. C'est votre point de référence, votre statu quo, mais la figure ne le montre pas. Ce faisant, les théoriciens qui l'ont conçue vous invitent à croire que le point de référence importe peu, alors que vous savez maintenant que c'est tout le contraire. Nous voici de nouveau en présence de l'erreur de Bernoulli. La représentation des courbes d'indifférence part implicitement du principe que votre utilité, à tout moment, est entièrement fonction de votre situation actuelle, que le passé est sans importance, et que votre évaluation d'un emploi possible ne dépend pas des termes de celui que vous occupez en ce moment. Ces principes de départ sont complètement irréalistes dans ce cas comme dans beaucoup d'autres.

L'omission du point de référence sur la carte de l'indifférence est un cas étonnant de cécité théorique, tant abondent les cas où le point de référence est important. Dans les négociations salariales, les deux camps savent très bien que le point de référence est représenté par le contrat en cours, et que les discussions vont porter sur les appels mutuels à des concessions par rapport à ce point de référence. Le rôle de l'aversion à la perte dans les négociations est également bien compris : il est douloureux de faire des concessions. Vous avez sans doute en tête nombre d'exemples personnels de situations illustrant le rôle du point de référence. Si vous avez changé d'emploi ou de lieu d'habitation, ou même seulement considéré un tel changement, vous vous souvenez peut-être que vous évaluiez les caractéristiques du nouveau lieu sous la forme de plus et de moins par rapport à celui où vous vous trouviez. Vous avez peut-être aussi remarqué que les désavantages paraissaient plus conséquents que les avantages dans cette évaluation – c'était l'œuvre de l'aversion à la perte. Il est difficile d'accepter de changer pour moins bien. Par exemple, le salaire minimum qu'accepteraient des chômeurs pour un nouvel emploi représente en moyenne 90 % de leur ancien salaire, et il baisse de moins de 10 % sur une période d'un an [2].

Pour apprécier le pouvoir que le point de référence exerce sur les choix, considérez Albert et Ben, deux « jumeaux hédonistes », qui ont des goûts identiques et viennent de démarrer dans des emplois identiques, avec un salaire modeste et peu de jours de congé. Leur situation actuelle correspond au point marqué d'un 1 sur la figure 11. La société leur propose de meilleurs postes, A et B, et les laisse choisir qui va obtenir une augmentation de 10 000 (poste A) ou un jour de congé payé supplémentaire par mois (poste B). Comme ils sont tous les deux indifférents, ils tirent à pile ou face. Albert obtient l'augmentation et Ben les vacances en plus. Le temps passe tandis que les jumeaux s'habituent à leurs postes. Puis la société leur fait savoir qu'il leur est possible d'échanger leurs postes s'ils le souhaitent.

La théorie classique représentée dans la figure part du principe que les préférences restent stables au fil du temps. Les postes A et B sont aussi attrayants l'un que l'autre pour les jumeaux, et il ne sera pas nécessaire de déployer de grands efforts pour les inciter à les échanger. En opposition totale avec cette vision, la théorie des perspectives affirme que les jumeaux préféreront certainement ne pas bouger. Cette préférence pour le statu quo est une conséquence de l'aversion à la perte.

Concentrons-nous sur Albert. Il se trouvait au départ au point 1 sur le graphique et, à partir de ce point de référence, deux possibilités tout aussi séduisantes lui ont été offertes :

Aller en A : une augmentation de 10 000 euros
OU
Aller en B : 12 jours de vacances supplémentaires

Le fait de prendre le poste A modifie le point de référence d'Albert, et quand il envisage de prendre le poste B, son choix a une nouvelle articulation :

Rester en A : ni gain ni perte
OU
Aller en B : 12 jours de vacances supplémentaires et une baisse de salaire de 10 000 euros

Vous venez de faire l'expérience subjective de l'aversion à la perte. Vous avez pu le ressentir : une baisse de salaire de 10 000 euros est une très mauvaise nouvelle. Même si le gain de douze jours de vacances était aussi impressionnant que celui de 10 000 euros, cette amélioration du temps libre ne suffit pas à compenser la perte de 10 000 euros. Albert restera en A parce que le désavantage du changement pèse plus que l'avantage. Le même raisonnement vaut pour Ben, qui souhaitera lui aussi garder son poste parce que la perte de jours de congés désormais précieux pèse plus pour lui que le bénéfice de revenus supplémentaires.

Cet exemple met en lumière deux aspects du choix que le modèle classique des courbes d'indifférence ne prédit pas. Tout d'abord, les goûts ne sont pas immuables ; ils varient en fonction du point de référence. Ensuite, les inconvénients d'un changement pèsent plus lourd que ses avantages, ce qui entraîne un biais en faveur du statu quo. Bien sûr, l'aversion à la perte ne signifie pas que vous ne serez jamais prêt à un changement dans votre situation ; les bénéfices offerts par une occasion peuvent à un moment surpasser des pertes surévaluées. L'aversion à la perte implique seulement que les choix sont fortement biaisés en faveur de la situation de référence (et généralement en faveur de choix modestes plutôt qu'importants).

Les cartes de l'indifférence conventionnelles et la représentation par Bernoulli des résultats comme des états de la richesse ont en commun un principe erroné : que votre utilité, pour une situation donnée, ne dépend que de cette situation et qu'elle n'est pas affectée par votre histoire. L'un des succès de l'économie comportementale est d'avoir réussi à corriger cette erreur.

L'EFFET DE DOTATION

Il est souvent difficile de déterminer ce qui a lancé une approche ou un mouvement, mais il est possible d'établir avec précision l'origine de ce que l'on appelle aujourd'hui l'économie comportementale. Au début des années 1970, Richard Thaler, alors étudiant au très conservateur département d'économie de l'université de Rochester, commença à être hanté par des pensées hérétiques. Il avait toujours eu un esprit incisif et une grande tendance à l'ironie, et en tant qu'étudiant, il n'aimait rien tant que de rassembler des observations que le modèle du comportement économique rationnel ne parvenait pas à expliquer. Il prenait un grand plaisir à trouver des indices d'irrationalité économique chez ses professeurs, et en dénicha un tout particulièrement frappant.

Le professeur R (on sait maintenant qu'il s'agissait de Richard Rosett, qui devint ensuite doyen de l'école de commerce de l'université de Chicago) était un fervent partisan de la théorie économique classique ainsi qu'un œnologue raffiné. Thaler remarqua que le professeur R rechignait à vendre une bouteille de sa collection – même au prix prohibitif de 100 dollars (de 1975 !). Le professeur R achetait du vin aux enchères, mais jamais il ne payait plus de 35 dollars pour une bouteille. À des prix entre 35 et 100 dollars, il n'achetait pas et ne vendait pas non plus. Cette différence importante ne correspond pas à la théorie économique, selon laquelle le professeur devrait estimer que chaque bouteille avait une valeur particulière. Si une bouteille vaut 50 dollars à ses yeux, alors il devrait être disposé à la vendre à n'importe quel prix au-dessus de 50 dollars. Si la bouteille ne lui appartient pas, il devrait être prêt à payer n'importe quel prix jusqu'à 50 dollars pour se la procurer [3]. Le prix de vente tout juste acceptable et le prix d'achat tout juste acceptable devraient être le même, mais en fait, le prix minimum de vente (100 dollars) était nettement supérieur au prix d'achat maximum (35 dollars). Le fait de posséder le produit en augmentait apparemment la valeur.

Richard Thaler trouva beaucoup d'exemples de ce qu'il baptisa l'*effet de dotation*, surtout pour des biens qui ne sont pas commercialisés régulièrement. Vous pouvez facilement vous imaginer dans une situation comparable. Supposez que vous déteniez un billet pour un concert d'un groupe populaire qui affiche complet, que vous avez acheté au tarif normal de 200 euros. Vous êtes un vrai fan, et vous auriez été prêt à payer jusqu'à 500 euros pour ce billet. Vous voici maintenant en sa possession, mais vous apprenez sur Internet que des fans plus riches, ou encore plus passionnés, se disent prêts à verser 3 000 euros pour acquérir une entrée. Vendrez-vous votre billet ? Si vous êtes comme la plupart des gens qui assistent à des concerts qui affichent complet, vous ne vendrez pas. Votre prix de vente le plus bas est situé au-dessus de 3 000 euros, et votre prix d'achat maximum est 500 euros. C'est un exemple de l'effet de dotation, qui ne laisserait pas d'étonner un fidèle de la théorie économique classique [4]. Thaler se mit en quête d'une explication à ce genre d'énigmes.

La chance s'en mêla, et Thaler rencontra un de nos anciens étudiants lors d'une conférence, qui lui transmit une de nos premières ébauches de la théorie des perspectives. Il dit avoir lu le manuscrit en proie à une grande agitation, parce qu'il ne tarda pas à comprendre que la valeur de l'aversion à la perte de la théorie des perspectives pouvait expliquer l'effet de dotation et quelques autres énigmes de sa collection. La solution consistait à abandonner l'idée classique que le professeur R attribuait une utilité unique à l'état de *posséder* une bouteille donnée. D'après la théorie des perspectives, la disposition à acheter ou vendre la bouteille dépend du point de référence – à savoir que le professeur possède ou non la bouteille. Si elle lui appartient, il considère la douleur de devoir s'en *séparer*. Si elle n'est pas à lui, il considère le plaisir de l'*acquérir*. Les valeurs étaient inégales à cause de l'aversion à la perte : le fait de se séparer d'une bouteille de bon vin est plus douloureux que le plaisir d'en acquérir une tout aussi bonne [5]. Souvenez-vous du graphique sur les gains et les pertes au chapitre précédent. La courbe de la fonction est plus abrupte dans le domaine négatif. La réaction à une perte est plus vive que la réaction à un gain correspondant. C'était l'explication de l'effet de dotation que Thaler avait cherchée. Et cette première application de la théorie des perspectives à une énigme économique a constitué, semble-t-il, une étape importante dans le développement de l'économie comportementale.

Thaler se débrouilla pour pouvoir passer un an à Stanford, quand il sut qu'Amos et moi y serions. Pendant cette période productive, nous apprîmes beaucoup les uns des autres, et ce fut le début de notre amitié. Sept ans plus tard, Thaler et moi-même eûmes de nouveau l'occasion de passer une année ensemble et de poursuivre ce dialogue entre la psychologie et l'économie. La Fondation Russell Sage, longtemps le principal sponsor de l'économie comportementale, offrit une de ses premières bourses à Thaler afin qu'il puisse passer un an avec moi à Vancouver. Nous en avons profité pour travailler en étroite collaboration avec Jack Knetsch, un économiste avec lequel nous partagions un intérêt fervent pour l'effet de dotation, les règles de la justice économique et les plats chinois épicés.

Nos recherches sont parties du fait que l'effet de dotation n'était pas universel. Si quelqu'un vous demande d'échanger un billet de cinq euros contre cinq pièces de un euro, vous acceptez sans éprouver un sentiment de perte. De même, l'aversion à la perte est limitée quand vous achetez des chaussures. Le commerçant qui vous les cède contre de l'argent ne la ressent certainement pas. À vrai dire, il a toujours considéré les chaussures qu'il vous cède comme un substitut encombrant à l'argent qu'il espérait récolter auprès d'un consommateur. De plus, vous ne vivez sans doute pas le fait de le payer comme une perte, parce que pour vous, cet argent était effectivement un substitut à la paire de chaussures que vous aviez l'intention d'acheter. Ces cas de négoce classique ne sont pas fondamentalement différents de l'échange d'un billet de cinq euros contre des pièces. Il n'y a pas d'aversion à la perte chez les deux parties d'un échange commercial normal.

Qu'est-ce qui distingue ces transactions commerciales de la répugnance du professeur R à vendre son vin, ou de celle d'un propriétaire de billets pour le Super Bowl à les céder même à un prix très élevé [6] ? La caractéristique distinctive, c'est qu'aussi bien les chaussures que le commerçant vous vend que l'argent que vous avez l'intention de dépenser pour elles constituent les éléments d'un « échange ». Ils sont destinés à être échangés contre autre chose. D'autres produits, comme le vin et les billets pour le Super Bowl, sont destinés à être « utilisés », consommés, ou à être source de plaisir. Vos vacances et le niveau de vie que vous assurent vos revenus ne sont pas non plus conçus pour être vendus ou échangés.

Knetsch, Thaler et moi avons entrepris de développer une expérience qui identifierait le contraste entre les produits destinés à être utilisés et ceux destinés à être échangés. Nous avons emprunté un aspect de sa conception à Vernon Smith, fondateur de l'économie expérimentale, avec qui je partagerai un prix Nobel bien des années plus tard. Dans cette méthode, un nombre limité de jetons est distribué aux participants sur un « marché ». Tous les participants à qui il reste un jeton à la fin de l'expérience peuvent l'échanger contre de l'argent. Les valeurs d'échange des jetons ne sont pas les mêmes selon les individus, pour représenter le fait que les marchandises échangées sur les marchés ont plus de valeur pour certaines personnes que pour d'autres. Le même jeton peut valoir 10 euros pour vous et 20 pour moi, et un échange à n'importe quel prix entre ces deux valeurs sera avantageux pour vous comme pour moi.

Smith a mis au point des démonstrations vivantes des mécanismes de l'offre et de la demande. Les participants devaient faire des offres successives d'achat ou de vente d'un jeton, et d'autres devaient y répondre publiquement. Tout le monde assiste à ces échanges et voit à quel prix les jetons s'échangent. Les résultats sont aussi réguliers que ceux d'une démonstration de physique. Aussi inévitablement que l'eau coule vers le bas, ceux qui détiennent un jeton qui a peu de valeur à leurs yeux (parce que leur valeur d'échange est faible) finissent par le vendre avec un bénéfice à quelqu'un pour qui il a plus de valeur. Quand les négociations prennent fin, les jetons se trouvent entre les mains de ceux qui peuvent en retirer le plus d'argent. Nous venons d'assister à la magie des marchés ! Par ailleurs, la théorie économique prédit correctement à la fois le prix définitif qu'acceptera le marché et le nombre de jetons qui vont changer de mains. Si la moitié des participants se voient attribuer des jetons au hasard, la théorie prédit que la moitié des jetons changera de mains[7].

Pour notre expérience, nous nous sommes servis d'une variante de la méthode de Smith. Chaque séance commençait par plusieurs séries d'échanges de jetons, qui reproduisaient à la perfection les conclusions de Smith.

Le nombre estimé d'échanges était généralement très proche ou identique à la quantité prédite par la théorie classique. Les jetons n'avaient évidemment de la valeur que parce qu'ils pouvaient être échangés contre de l'argent à la fin ; ils n'avaient aucune valeur utile. Puis nous avons procédé de la même façon pour un objet dont nous pensions qu'il aurait une valeur utile aux yeux des gens : une belle tasse à café, ornée du blason de l'université où nous réalisions l'expérience. La tasse coûtait à l'époque 6 dollars (elle en coûterait donc sans doute le double aujourd'hui). Les tasses furent distribuées aléatoirement aux participants. Les Vendeurs avaient leur tasse devant eux, et les Acheteurs étaient invités à les regarder avant d'annoncer le prix qu'ils étaient prêts à payer, en utilisant leur propre argent. Les résultats sont étonnants : le prix moyen de vente était à peu près le double du prix moyen d'achat, et le nombre estimé d'échanges a été inférieur à la moitié du nombre prédit par la théorie classique. La magie du marché n'opérait pas pour un produit que les propriétaires espéraient utiliser.

Nous avons procédé à une série d'expériences sur ce modèle, mais avec des variantes et avons toujours obtenu les mêmes résultats. Dans ma préférée, nous avons ajouté un troisième groupe aux Vendeurs et aux Acheteurs, les « Choisisseurs ». Contrairement aux Acheteurs, qui devaient dépenser leur argent pour acquérir le produit, les Choisisseurs pouvaient obtenir soit une tasse, soit une somme d'argent ; et ils indiquaient quelle somme équivalait pour eux au plaisir d'obtenir la tasse. Voici les résultats :

Vendeurs	7,12 dollars
Choisisseurs	3,12 dollars
Acheteurs	2,87 dollars

La différence entre les Vendeurs et les Choisisseurs est remarquable, parce qu'en réalité, ils sont confrontés au même choix ! Si vous êtes un Vendeur, vous pouvez rentrer chez vous avec la tasse ou avec de l'argent, ce qui est exactement le cas du Choisisseur. Les effets à long terme de la décision sont identiques pour les deux groupes. La seule différence réside dans l'émotion du moment. Le prix élevé que réclament les Vendeurs est le reflet de leur répugnance à céder un objet qui leur appartient déjà, répugnance que l'on constate par exemple chez les bébés qui s'agrippent vigoureusement à un jouet et qui manifestent une grande agitation si on le leur retire. L'aversion à la perte est intégrée dans les opérations automatiques du Système 1.

Les Acheteurs et les Choisisseurs établissent des valeurs comparables, bien que les Acheteurs soient obligés de payer pour la tasse, gratuite pour les Choisisseurs. Ce qui est normal si les Acheteurs ne conçoivent pas le fait de dépenser de l'argent pour la tasse comme une perte. La différence est confirmée par l'imagerie cérébrale. La vente de biens que l'on peut utiliser active des régions du cerveau associées au dégoût et à la douleur. L'achat les active également, mais seulement si les prix sont considérés comme étant trop élevés – quand vous avez le sentiment qu'un vendeur demande plus que la valeur d'échange du produit. L'imagerie cérébrale indique aussi que le fait d'acheter à des prix particulièrement bas est une source de plaisir [8].

La valeur attribuée par les Vendeurs à leur tasse est légèrement supérieure au double de la valeur attribuée par les Choisisseurs et les Acheteurs. Ce taux est très proche du coefficient d'aversion à la perte dans les choix risqués, comme il faut s'y attendre si la même valeur pour les gains et les pertes d'argent est appliquée à la fois à des décisions risquées et sans risque [9]. Un taux de 2 pour 1 a été identifié dans des études sur différents domaines économiques, dont la réaction des ménages à des modifications de prix. Comme le prédiraient les économistes, les clients ont tendance à accroître leurs achats d'œufs, de jus d'orange ou de poisson quand les prix baissent et à les réduire quand les prix augmentent. Toutefois, contrairement aux prédictions de la théorie économique, l'effet des hausses de prix (des pertes par rapport au prix de référence) est à peu près deux fois supérieur à l'effet des gains [10].

L'expérience des tasses est une démonstration classique de l'effet de dotation, tout comme une expérience plus simple mise en avant par Jack Knetsch à peu près à la même époque. Knetsch demanda à deux classes de remplir un questionnaire en échange d'une récompense posée devant eux tout au long de l'expérience. Lors de certaines séances, ce prix était un stylo luxueux ; dans d'autres, une barre de chocolat suisse. À la fin du cours, l'expérimentateur a montré l'autre cadeau et a autorisé les participants à échanger leur récompense. 10 % seulement d'entre eux ont procédé à l'échange. La plupart de ceux qui avaient obtenu le stylo l'ont gardé, et il en va de même de ceux qui avaient reçu le chocolat.

Penser comme un trader

Les idées fondamentales de la théorie des perspectives sont l'importance des points de référence et le poids supérieur des pertes par rapport aux gains correspondants. Des observations effectuées sur les marchés au fil des ans illustrent le pouvoir de ces concepts [11]. Une étude du marché des appartements à Boston pendant une crise de l'immobilier a donné des résultats d'une grande clarté [12]. Les auteurs de cette étude ont comparé le comportement de propriétaires d'appartements de même type qui les avaient achetés à des prix différents.

Pour un agent rationnel, le prix d'achat est un élément sans importance – seule compte la valeur actuelle du marché. Il n'en va pas de même pour des Humains sur un marché de l'immobilier baissier. Les propriétaires qui ont un point de référence élevé et qui sont de ce fait confrontés à des pertes plus importantes fixent un prix plus haut pour leur appartement, passent plus de temps à essayer de le vendre, et finissent par toucher plus d'argent.

La démonstration originale de l'asymétrie entre les prix de vente et les prix d'achat (ou, de façon plus convaincante, entre la vente et le choix) a largement contribué à ce que les idées des points de référence et de l'aversion à la perte soient acceptées. Cependant, il est tout à fait certain que les points de référence sont instables, surtout dans des situations inhabituelles en laboratoire, et que l'effet de dotation peut être éliminé par un changement du point de référence.

On ne s'attend à aucun effet de dotation quand les propriétaires considèrent leurs biens comme de simples supports de valeur pour des échanges futurs, attitude courante dans le commerce et les marchés financiers. L'économiste expérimental John List, qui a étudié les conventions d'échanges de cartes de baseball, s'est aperçu que les collectionneurs débutants rechignaient à se séparer de leurs cartes, mais que cette répugnance finissait par se dissiper avec l'expérience. Ce qui est plus étonnant, c'est que List a découvert que l'expérience du négoce avait un impact marquant sur l'effet de dotation pour les produits neufs [13].

Durant une convention, List a affiché une note invitant les gens à prendre part à une rapide enquête, en échange d'une petite récompense : une tasse ou une barre de chocolat de valeur correspondante. Les récompenses étaient distribuées au hasard. Alors que les volontaires étaient sur le point de partir, List leur disait : « Nous vous avons donné une tasse [ou une barre de chocolat], mais vous pouvez l'échanger contre une barre de chocolat [ou une tasse], si vous voulez. » Dans une reproduction exacte de l'expérience antérieure de Jack Knetsch, List a constaté que 18 % des participants inexpérimentés étaient prêts à échanger leur cadeau. L'attitude des collectionneurs expérimentés offrait un contraste frappant, qui ne montrait aucune trace de l'effet de dotation : 48 % ont accepté l'échange ! Ils n'ont manifesté aucune répugnance à échanger, du moins dans un environnement de marché où l'échange était la norme.

Jack Knetsch a également procédé à des expériences où de subtiles manipulations causaient une disparition de l'effet de dotation [14]. Les participants n'en faisaient preuve que s'ils étaient physiquement en possession du produit pendant un moment avant que soit évoquée la possibilité d'un échange. Les économistes classiques seront tentés de dire que Knetsch avait passé trop de temps avec les psychologues, parce que sa manipulation expérimentale tenait compte des variables que les psychologues sociaux considèrent comme importantes. En effet, les préoccupations méthodologiques ne sont pas les mêmes chez les économistes expérimentaux et chez les psychologues, et cette différence joue un rôle de premier plan dans le débat dont l'effet de dotation fait aujourd'hui l'objet [15].

Les traders chevronnés ont apparemment appris à poser la bonne question, à savoir : « À quel point est-ce que je souhaite *avoir* cette tasse, par rapport à d'autres choses que je pourrais me procurer à la place ? » C'est la question que se posent les Econs, et elle n'entraîne aucun effet de dotation, parce que l'asymétrie entre le plaisir d'obtenir et la douleur de la cession n'a pas d'importance.

De récentes études en psychologie de la « prise de décision dans la misère » suggèrent que les pauvres constituent un autre groupe chez qui on ne s'attend pas à rencontrer l'effet de dotation. Dans la théorie des perspectives, être pauvre, c'est vivre en dessous de son point de référence. Il y a des produits dont les pauvres ont besoin mais qu'ils ne peuvent pas se payer, donc ils sont toujours « dans la perte ». Les petites sommes d'argent qu'ils touchent sont par conséquent perçues comme une perte limitée, non comme un gain. L'argent leur permet de progresser légèrement vers leur point de référence, mais les pauvres restent toujours sur la pente ardue de la courbe des valeurs.

Les pauvres pensent comme les traders, mais la dynamique n'est pas du tout la même [16]. Contrairement aux traders, les pauvres ne sont pas insensibles aux différences entre le gain et la perte. Leur problème, c'est qu'ils n'ont de choix qu'entre des pertes. L'argent dépensé pour un produit implique le renoncement à un autre. Pour les pauvres, les coûts sont des pertes.

Nous connaissons tous des gens qui ne supportent pas de dépenser, même s'ils sont objectivement aisés. Il peut également y avoir des différences culturelles dans l'attitude vis-à-vis de l'argent, et surtout vis-à-vis du fait de le dépenser pour des caprices et des luxes mineurs, comme l'achat d'une tasse décorée. Une telle différence peut expliquer l'hiatus considérable entre les résultats de « l'étude sur les tasses » menée aux États-Unis et au Royaume-Uni [17]. Les prix de vente et d'achat divergent substantiellement dans les expériences menées sur des échantillons d'étudiants aux États-Unis, et ces différences sont moins marquées parmi les étudiants anglais. Il reste encore beaucoup à apprendre sur l'effet de dotation.

*

L'EFFET DE DOTATION EN BREF

« Peu lui importait quel serait son bureau, mais le lendemain de l'attribution, elle n'a plus voulu échanger. Effet de dotation ! »

« Ces négociations ne mènent nulle part parce que les deux parties ont du mal à faire des concessions, même si elles peuvent obtenir quelque chose en retour. Les pertes pèsent plus que les gains. »

« Quand ils ont augmenté leurs prix, la demande s'est tarie. »

« Il déteste tout simplement l'idée de vendre sa maison pour moins qu'il ne l'a achetée. C'est l'œuvre de l'aversion à la perte. »

« Il est avare : pour lui, le moindre sou dépensé est une perte. »

28

ÉVÉNEMENTS NÉGATIFS

Le concept de l'aversion à la perte est sans doute la contribution la plus significative de la psychologie à l'économie comportementale. C'est curieux, car l'idée que les gens évaluent de nombreux résultats en termes de gains et de pertes, et que les pertes aient plus d'importance que les gains, ne surprend personne. Amos et moi avons souvent plaisanté sur le fait que nous étions engagés dans l'étude d'un sujet sur lequel nos grands-mères savaient bien des choses. En réalité, nous en savons plus que nos grands-mères, et nous sommes aujourd'hui en mesure d'intégrer l'aversion à la perte au modèle plus général des deux systèmes, plus précisément dans un contexte biologique et psychologique où la négativité et la fuite dominent la positivité et l'approche. Nous pouvons aussi retrouver les conséquences de l'aversion à la perte dans un nombre étonnant d'observations : seules les marchandises perdues pendant le transport donnent lieu à compensation, et non le manque à gagner à la vente qu'elles représentent ; les tentatives de réformes à grande échelle échouent très souvent ; et les golfeurs professionnels puttent plus précisément pour un par que pour un birdie. Aussi futée qu'elle fût, ma grand-mère aurait été surprise par les prédictions spécifiques liées à une idée générale qui lui semblait évidente.

La prédominance de la négativité

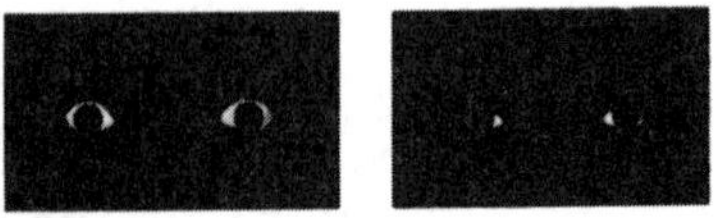

Figure 12

Votre rythme cardiaque a accéléré quand vous avez regardé l'image de gauche [1]. Il a accéléré avant même que vous puissiez déterminer ce que cette illustration a de si inquiétant. Au bout d'un moment, vous avez peut-être reconnu les yeux d'une personne effrayée. Les yeux de droite, plissés par des joues qui sourient, expriment le bonheur – et ils ne suscitent pas la même excitation. Ces deux images ont été montrées à des gens couchés dans un scanner. Chacune leur a été présentée pendant moins de deux centièmes de seconde, puis a été immédiatement masquée par du « bruit visuel », un affichage aléatoire de carrés sombres et clairs. Aucun des observateurs n'a jamais su consciemment qu'il avait vu des images d'yeux, mais une partie de leur cerveau le savait manifestement. Les images du cerveau ont en effet indiqué une réaction intense de l'amygdale (qui joue un rôle central dans le « centre de la menace » du cerveau) à une image menaçante que l'observateur ne reconnaissait pas. L'information sur la menace est probablement passée par un canal neural hyper-rapide directement raccordé à une partie du cerveau qui traite les émotions, contournant le cortex visuel qui alimente l'expérience consciente de la « vue » [2]. Le même circuit fait que des visages en colère schématiques (une menace potentielle) sont traités plus rapidement et plus efficacement que des visages heureux schématiques [3]. Certains expérimentateurs ont signalé qu'un visage en colère « se détache » dans une foule de visages heureux, mais qu'un seul visage heureux ne se détache pas dans une foule en colère [4]. Le cerveau de l'homme et d'autres animaux comporte un mécanisme conçu pour accorder la priorité aux mauvaises nouvelles. En gagnant quelques centièmes de seconde sur le temps nécessaire pour détecter un prédateur, ce circuit améliore les chances de survie d'un animal, assez longtemps pour qu'il se reproduise. Les opérations automatiques du Système 1 reflètent cette histoire évolutionniste. Aucun mécanisme d'une rapidité comparable n'a été détecté qui soit capable de reconnaître les bonnes nouvelles. Bien sûr, nos cousins animaux et nous sommes très vite alertés par des signes indiquant une possibilité de se reproduire ou de se nourrir, et les publicitaires conçoivent leurs affiches en conséquence. Quoi qu'il en soit, les menaces sont prioritaires par rapport aux opportunités, comme il se doit.

Le cerveau réagit rapidement même à des menaces purement symboliques. Des mots chargés émotionnellement attirent très vite l'attention, et des mots négatifs *(guerre, crime)* attirent l'attention plus vite que des mots heureux *(paix, amour)*. Il n'y a pas de menace réelle, mais le simple rappel d'un événement négatif est traité dans le Système 1 comme une menace. Comme nous l'avons vu plus tôt avec le mot *vomi,* la représentation symbolique évoque de façon associative, sous une forme atténuée, plusieurs des réactions à la chose elle-même, y compris la manifestation physiologique d'une émotion, la tendance à la fuite ou à l'approche, à reculer ou à s'avancer. La sensibilité à la menace s'étend aux déclarations d'opinions avec lesquelles nous sommes fortement en désaccord. Par exemple, selon ce que vous pensez de l'euthanasie, il faudra à votre cerveau moins d'un quart de seconde pour enregistrer la « menace » dans une phrase qui commence par : « Je pense que l'euthanasie est acceptable/inacceptable... [5] »

Le psychologue Paul Rozin, spécialiste du dégoût, a observé qu'un seul cafard pouvait suffire à rendre tout un bol de cerises écœurant, mais qu'une cerise ne pourra rien faire pour rendre attractif un bol de cafards. Comme il le souligne, le négatif supplante le positif de bien des façons, et l'aversion à la perte n'est que l'une des nombreuses manifestations d'une vaste domination de la négativité [6]. D'autres auteurs, dans un article intitulé « Bad Is Stronger Than Good » (« Le mal est plus fort que le bien »), ont résumé leurs résultats comme suit : « De mauvaises émotions, de mauvais parents, et une mauvaise critique ont plus d'impact que leurs équivalents positifs ; une mauvaise information est analysée plus exhaustivement qu'une bonne. Le moi est davantage motivé pour éviter les mauvaises définitions de soi que pour rechercher les bonnes. Les mauvaises impressions et les stéréotypes négatifs se forment plus rapidement et sont plus résistants à la contradiction que leurs équivalents positifs [7]. » Ils citent John Gottman, célèbre expert en relations conjugales, qui faisait remarquer que la réussite à long terme d'une relation dépendait beaucoup plus de la capacité à éviter le négatif que de la recherche du positif. D'après Gottman, pour qu'une relation soit stable, il faut que les bonnes interactions dominent les mauvaises à au moins 5 contre 1. D'autres asymétries dans le domaine social sont encore plus frappantes. Nous savons tous qu'un seul geste suffit à détruire une amitié qui a mis des années à se construire.

Certaines distinctions entre le bien et le mal sont ancrées dans notre biologie. Les bébés viennent au monde prêts à réagir à la douleur comme à quelque chose de négatif et à la douceur comme à quelque chose de positif (jusqu'à un certain point). Cependant, dans de nombreuses situations, la frontière entre bon et mauvais est un point de référence qui change avec le temps et dépend des circonstances immédiates. Imaginez que vous soyez seul à la campagne par une nuit froide, mal habillé pour faire face à la pluie torrentielle, et que vous soyez trempé. Vos malheurs sont encore aggravés par une bise glaciale. Au cours de votre errance, vous trouvez un grand rocher qui vous offre un abri relatif contre la colère des éléments. Pour le biologiste Michel Cabanac, l'expérience de ce moment est intensément agréable parce qu'elle fonctionne, comme le fait normalement le plaisir, comme le signal d'une amélioration des conditions significative sur le plan biologique [8]. Le soulagement sera bien sûr de courte durée, et bientôt, vous recommencerez à frissonner sous votre rocher, poussé par le regain d'inconfort à trouver un meilleur abri.

LES OBJECTIFS COMME POINTS DE RÉFÉRENCE

L'aversion à la perte est liée à deux idées fortes : 1/ nous sommes plus fortement incités à éviter les pertes qu'à obtenir des gains ; 2/ le point de référence est parfois représenté par le statu quo, mais il peut aussi s'agir d'un objectif futur : ne pas atteindre un objectif est une perte, le dépasser est un gain. Comme l'on pourrait s'y attendre avec la prédominance de la négativité, les deux motifs ne sont pas de puissance égale [9]. L'aversion à l'échec est beaucoup plus forte que le désir de dépasser l'objectif.

Les gens adoptent souvent des objectifs à court terme qu'ils s'efforcent d'atteindre, mais pas forcément de dépasser. Ils sont susceptibles de réduire leurs efforts quand ils ont atteint un objectif immédiat, avec des résultats qui contreviennent parfois à la logique économique. Les chauffeurs de taxis new-yorkais, par exemple, ont peut-être un revenu prévisionnel pour le mois ou l'année, mais l'objectif auquel ils consacrent leurs efforts est généralement celui de leurs revenus quotidiens. Bien sûr, l'objectif quotidien est beaucoup plus facile à atteindre (et à dépasser) certains jours que d'autres. Les jours de pluie, un taxi de New York ne reste jamais libre bien longtemps, et le chauffeur atteint donc rapidement son objectif ; ce n'est pas le cas quand le temps est agréable, jours où les taxis perdent souvent du temps à rôder dans les rues en quête de clients. La logique économique implique que les chauffeurs travaillent beaucoup plus les jours de pluie, et qu'ils s'offrent un peu de détente quand il fait beau et qu'ils peuvent « s'acheter » du temps libre à un prix moins onéreux. La logique de l'aversion à la perte suggère le contraire : les chauffeurs qui se fixent un objectif quotidien travaillent beaucoup plus quand les courses sont rares et rentreront plus tôt alors que des clients trempés jusqu'aux os les supplient de les prendre [10].

Les économistes Devin Pope et Maurice Schweitzer, de l'université de Pennsylvanie, ont estimé que le golf offrait un exemple parfait de point de référence : le par. Chaque trou sur le parcours est associé à un nombre de coups : le par, qui est la base d'une bonne performance – pas d'une performance exceptionnelle. Pour un golfeur professionnel, un birdie (un coup en dessous du par) est un gain, un bogey (un coup au-dessus du par) est une perte. Les économistes ont comparé deux situations auxquelles peut être confronté un joueur près du trou :

- putter pour éviter un bogey
- putter pour réaliser un birdie

Au golf, chaque coup compte, et dans le golf professionnel, chaque coup coûte cher. Selon la théorie des perspectives, cependant, certains coups comptent plus que d'autres. Ne pas atteindre le par est une perte, mais rater un birdie est un gain gâché par une perte. Pope et

Schweitzer ont déduit de l'aversion à la perte que les joueurs se donneraient plus de mal quand ils puttent pour le par (pour éviter un bogey) que quand ils puttent pour un birdie. Ils ont analysé plus de 2,5 millions de putts avec un luxe de détails incroyable pour vérifier cette prédiction.

Ils avaient raison. Que le putt soit facile ou non, à toutes les distances du trou, les joueurs avaient plus de succès quand ils puttaient pour le par plutôt que pour un birdie. La différence dans leur taux de succès quand ils tentaient le par (pour éviter un bogey) ou un birdie était de 3,6 %. Ce n'est pas rien. Tiger Woods a fait partie des « cobayes » de cette étude. Si, dans ses meilleures années, il avait été capable de putter aussi bien pour un birdie que pour le par, son résultat moyen en tournoi se serait amélioré d'un coup ainsi que ses gains, de près de un million de dollars par saison. De redoutables compétiteurs dans son genre ne prennent évidemment pas la décision consciente de se relâcher sur les putts pour un birdie, mais leur intense aversion pour le bogey contribue apparemment à ce qu'ils se concentrent davantage pour le par.

L'étude des putts illustre la force des concepts théoriques et leur intérêt pour stimuler la réflexion. Qui aurait cru utile de passer des mois à analyser des putts pour les pars et les birdies ? L'idée de l'aversion à la perte, qui ne surprend personne à part, peut-être, certains économistes, est à l'origine d'une hypothèse précise et non intuitive, et a amené les chercheurs à faire une découverte qui a étonné tout le monde, y compris les golfeurs professionnels.

La défense du statu quo

Si vous commencez à y prêter attention, vous vous apercevrez que la motivation inégale pour éviter les pertes et pour obtenir des gains se retrouve presque partout. C'est une caractéristique omniprésente dans les négociations, surtout la renégociation de contrats existants, situation typique des conventions salariales, ou encore dans les pourparlers internationaux sur le commerce ou le contrôle de l'armement. Les termes existants définissent les points de référence, et tout changement envisagé sur tel ou tel aspect de la situation est immanquablement perçu comme une concession faite par un camp à l'autre. L'aversion à la perte crée une asymétrie qui rend difficile la conclusion d'un accord. Vos concessions sont un gain pour moi et une perte pour vous ; elles vous font autant de mal qu'elles me donnent du plaisir. Inévitablement, vous leur accorderez une plus grande valeur que je ne le fais. Il en va évidemment de même des concessions particulièrement pénibles que vous exigez de moi, dont vous ne semblez pas être pleinement conscients ! Les négociations pour répartir un gâteau qui se réduit sont particulièrement difficiles, parce qu'elles nécessitent une attribution des pertes. Les gens ont tendance à être beaucoup plus souples quand ils négocient à propos d'un gâteau en expansion.

Quand des négociateurs discutent, une bonne part des pourparlers vise à déterminer un point de référence et fournir un ancrage à l'autre partie [11]. Le message n'est pas toujours sincère. Les négociateurs prétendent souvent être intensément attachés à un élément (par exemple, des missiles d'un type particulier dans des négociations sur une réduction des armements), alors qu'en réalité, cet élément n'est qu'un leurre destiné à être cédé dans un échange. Les négociateurs étant influencés par une logique de réciprocité, une concession présentée comme douloureuse implique une concession tout aussi pénible (et peut-être tout aussi fausse) de l'autre camp.

Les animaux, dont nous sommes, se battent plus pour éviter les pertes que pour obtenir des gains. Dès qu'il s'agit de délimiter des territoires, ce principe explique la primauté de la défense sur l'attaque. Un biologiste a noté que « quand celui qui tient un territoire est défié par un adversaire, c'est presque toujours lui qui l'emporte – d'ordinaire en quelques secondes [12] ». Dans les affaires humaines, cette simple règle explique en grande partie ce qui se passe quand des institutions tentent de se réformer, mais aussi lors des « réorganisations » et des « restructurations » des sociétés, dans les efforts visant à rationaliser une bureaucratie, à simplifier le code fiscal ou à réduire les frais médicaux. Tels qu'ils sont conçus au départ, les plans de réforme envisagent toujours plusieurs gagnants et un petit nombre de perdants, prix à payer pour une amélioration d'ensemble. Si les parties affectées ont une quelconque influence politique, cependant, les perdants potentiels seront plus actifs et déterminés que les gagnants potentiels ; le résultat sera biaisé en leur faveur, et inévitablement plus coûteux et moins efficace qu'initialement prévu. Les réformes prévoient régulièrement des clauses d'antériorité qui protègent les intérêts de ceux qui sont en place – par exemple, quand la masse salariale est réduite par l'érosion plutôt que par des licenciements, ou quand des réductions dans les salaires et les avantages ne s'appliquent qu'aux futurs embauchés. L'aversion à la perte est une puissante force conservatrice qui favorise des changements limités à partir du statu quo dans la vie tant des institutions que des individus. C'est ce conservatisme qui nous aide à rester stable dans notre quartier, notre couple, notre emploi. Il est la force gravitationnelle qui garantit la cohésion de notre existence près du point de référence.

L'AVERSION À LA PERTE DANS LA LOI

Durant l'année que j'ai passée à travailler avec Richard Thaler et Jack Knetsch à Vancouver, nous nous sommes retrouvés embarqués dans une étude sur la justice dans les transactions économiques, en partie parce que le sujet nous intéressait, mais aussi parce que nous avons eu l'occasion ainsi que l'obligation d'inventer un nouveau questionnaire chaque semaine. Le ministère canadien de la Pêche et des Océans disposait à Toronto d'un programme pour les spécialistes au chômage, payés pour réaliser des enquêtes téléphoniques. Cette gigantesque équipe d'intervieweurs travaillait toutes les nuits et il fallait constamment lui fournir de nouvelles questions pour que l'opération se poursuive. Par l'entremise de Jack Knetsch, nous avons accepté de produire un questionnaire chaque semaine, en quatre versions de couleur différente. Nous pouvions poser des questions sur ce que nous voulions ; la seule contrainte était que le questionnaire devait comporter au moins une référence au poisson, pour qu'il ait un rapport avec la mission du ministère. L'affaire dura des mois, et nous nous régalâmes d'une orgie d'informations.

Nous avons étudié la perception qu'a le public de ce qui constitue un comportement inique de la part des commerçants, des employeurs et des propriétaires [13]. La question majeure était de savoir si l'opprobre attaché à l'iniquité pouvait freiner la recherche du profit. Ce qui est le cas. Nous avons également découvert que les règles morales grâce auxquelles le public évalue ce que peuvent ou non faire les entreprises établissent une distinction cruciale entre les pertes et les gains. Le principe fondamental est que le salaire, prix ou loyer existant constitue un point de référence, considéré comme un droit sur lequel il ne faut pas empiéter. Il est considéré comme injuste de la part d'une entreprise de rejeter ses pertes sur ses clients ou ses salariés par rapport à la transaction de référence, à moins d'y être obligée pour défendre ses propres droits. Considérez cet exemple :

Une quincaillerie vend des pelles à neige pour 15 euros. Le lendemain d'une tempête de neige, elle augmente le prix à 20 euros.
Attribuez une valeur à cette action :
Tout à fait juste
Acceptable
Injuste
Tout à fait injuste

La quincaillerie se comporte de façon appropriée selon le modèle économique classique : elle réagit à un accroissement de la demande en augmentant son prix. Les personnes que nous avons interrogées n'étaient pas de cet avis : 82 % ont estimé que cette décision était injuste ou tout à fait injuste. Ils ont clairement pris le prix avant la tempête comme un point de référence et l'augmentation comme une perte que la boutique impose à ses clients, non parce qu'elle le doit, mais simplement parce qu'elle le peut. Nous nous sommes aperçus que, d'après une règle de base de la justice, l'exploitation du pouvoir du marché pour imposer des pertes à autrui est inacceptable. L'exemple suivant illustre cette règle dans un autre contexte (les valeurs en dollars devraient être ajustées pour tenir compte d'une inflation de 100 % depuis que ces données ont été collectées en 1984) :

Une petite boutique de photocopies compte un employé qui y travaille depuis six mois et gagne 9 dollars de l'heure. Les affaires restent satisfaisantes, mais une usine de la région vient de fermer et le chômage a augmenté. D'autres petites boutiques viennent d'engager des employés efficaces à 7 dollars de l'heure pour des emplois comparables à celui de l'employé de la boutique de photocopies. Le propriétaire de cette dernière réduit donc le salaire de son employé de 2 dollars.

Les participants n'ont pas approuvé : 83 % d'entre eux ont estimé que ce comportement était injuste ou tout à fait injuste. Toutefois, une infime variation dans la question clarifie la nature de l'obligation de l'employeur. Le scénario est le même, mais maintenant :

> L'employé s'en va, et le propriétaire décide de payer son remplaçant 7 dollars de l'heure.

Une grande majorité (73 %) considère cette décision comme acceptable. Il semble que l'employeur n'ait pas l'obligation morale de payer 9 dollars de l'heure. Le droit est donc personnel : l'employé actuel a le droit de conserver son salaire même si les conditions du marché autorisent l'employeur à imposer une réduction des salaires. Le remplaçant n'a aucun droit sur le salaire de référence de son prédécesseur, et l'employeur est donc autorisé à réduire le salaire sans risquer d'être considéré comme inique.

La société a ses propres droits, dont celui de maintenir son niveau de profit. Confrontée à la menace d'une perte, il lui est permis de transférer cette perte sur d'autres. Une majorité substantielle de participants pense qu'il n'est pas injuste qu'une entreprise baisse le salaire de ses employés quand sa profitabilité décline. Nous avons déterminé que ces règles définissaient deux types de droits, ceux de la société, et ceux des individus avec qui elle entre en interaction. Menacée, la société a le droit de se montrer égoïste. On n'attend même pas d'elle qu'elle assume une partie des pertes, elle peut les transférer.

Ce ne sont pas les mêmes règles qui président à ce que l'entreprise peut faire pour améliorer ses profits et pour limiter ses pertes. Quand une société est confrontée à des coûts de production moins élevés, les règles de la justice ne l'obligent pas à partager le bonus soit avec ses clients, soit avec ses employés. Bien sûr, nos participants ont préféré les entreprises qui se montraient généreuses quand leurs bénéfices augmentaient, et les jugeaient justes. Mais ils n'ont pas estimé qu'une société qui ne partageait pas était injuste. Ils n'ont manifesté leur indignation que quand une société tirait parti de son pouvoir pour rompre des contrats informels avec ses salariés ou ses clients, et pour imposer une perte à autrui afin d'accroître ses profits. Les spécialistes de la justice économique ont une mission importante. Il ne s'agit pas pour eux d'identifier le comportement idéal, mais de trouver ce qui sépare une conduite acceptable d'un comportement suscitant l'opprobre et le châtiment.

Nous n'étions pas très optimistes quand nous avons soumis l'article tiré de ces recherches à l'*American Economic Review.* Il remettait en question ce qui avait alors valeur de loi chez beaucoup d'économistes, à savoir que le comportement économique était gouverné par l'égoïsme et que les questions de justice n'avaient en général aucune importance. Nous nous appuyions de plus sur les résultats de sondages, pour lesquels les économistes n'ont d'ordinaire que peu de respect. Toutefois, le rédacteur en chef de la revue a soumis notre article à deux économistes qui ne se sentaient pas liés par ces conventions (nous avons appris leur identité par la suite ; c'étaient les deux plus bienveillants que le rédacteur aurait pu trouver). Le rédacteur en chef avait fait le bon choix. Cet article est souvent cité, et ses conclusions ont résisté à l'épreuve du temps. Des recherches plus récentes soutiennent les observations sur une justice dépendant d'un point de référence, et montrent en outre que les questions de justice sont significatives sur le plan économique, un fait dont nous nous doutions mais que nous n'avions pas pu prouver [14]. Les employeurs qui violent les règles de la justice sont punis par une baisse de la productivité, et les commerçants qui appliquent une politique des prix inique peuvent s'attendre à voir leurs ventes chuter. Des gens qui avaient découvert, à la lecture d'un nouveau catalogue, qu'un commerçant avait réduit le prix d'un produit qu'ils venaient d'acheter plus cher ont diminué de 15 % leurs futurs achats dans cette boutique, soit une perte moyenne de 90 dollars par client. Pour eux, le prix moins élevé était évidemment le point de référence, et ils estimaient avoir subi une perte en payant plus qu'il ne convenait. De plus, les clients qui ont réagi le plus vivement étaient ceux qui avaient acheté plus d'articles et à des prix plus élevés. Les pertes ont largement dépassé les gains réalisés grâce à l'augmentation des ventes liées à la baisse des prix dans le nouveau catalogue.

Le fait d'imposer injustement des pertes aux gens peut s'avérer risqué si les victimes sont en position de riposter. De plus, des expériences ont montré que des inconnus qui sont témoin d'un comportement inique se joignent souvent aux représailles. Les neuro-économistes (des scientifiques qui associent l'économie à la recherche sur le cerveau) se sont servis de scanners pour examiner le cerveau de gens occupés à châtier un inconnu qui a eu un comportement injuste envers un autre inconnu. On remarque que cette punition altruiste s'accompagne d'un accroissement de l'activité dans les « centres du plaisir » du cerveau. Apparemment, le maintien de l'ordre social et la défense des règles de la justice sont en eux-mêmes des récompenses. La punition altruiste pourrait bien être le ciment de la cohésion sociale [15]. Cependant, nos cerveaux ne sont pas conçus pour récompenser la générosité de façon aussi sûre qu'ils châtient la méchanceté. Là encore, nous nous heurtons à une nette asymétrie entre les pertes et les gains.

L'influence de l'aversion à la perte et du sentiment de droit va bien au-delà du domaine des transactions financières. Les juristes ont rapidement compris leur impact sur la loi et l'application de la justice. Dans une étude, David Cohen et Jack Knetsch ont trouvé de nombreux exemples d'une nette distinction entre les pertes actuelles et les gains sacrifiés dans les décisions de justice [16]. Par exemple, un commerçant dont les produits ont été perdus pendant le transport pourra être indemnisé pour les pertes qu'il a effectivement subies, mais il est peu probable qu'il soit indemnisé pour les profits perdus. La règle bien connue qui veut que la possession vaille titre confirme le statut moral du point de référence. Dans une discussion récente, Eyal Zamir avance l'idée révolutionnaire que la distinction établie dans la loi entre le fait de compenser les pertes et de compenser un des gains prévus serait justifiée par leurs effets asymétriques sur le bien-être individuel [17]. Si les gens qui subissent une perte souffrent plus que ceux qui ne parviennent simplement pas à enregistrer des gains, peut-être méritent-ils d'être davantage protégés par la loi.

*

L'AVERSION À LA PERTE EN BREF

« Cette réforme ne passera pas. Ceux qui risquent d'y perdre se battront avec plus d'acharnement que ceux qui pourraient en tirer parti. »

« Chacun d'entre eux pense que les concessions de l'autre sont moins douloureuses. Ils ont tort tous les deux, bien sûr. C'est juste l'asymétrie des pertes. »

« Ils auraient moins de mal à renégocier l'accord s'ils comprenaient que le gâteau à partager est en réalité en expansion. Il ne s'agit pas de répartir les pertes, mais les gains. »

« Le prix des loyers a récemment augmenté dans le quartier, mais nos locataires trouvent qu'il serait injuste que nous augmentions leur loyer. Ils estiment avoir droit aux termes de leur contrat actuel. »

« Mes clients ne désapprouvent pas la hausse des prix parce qu'ils savent que les coûts aussi ont augmenté. Ils acceptent mon droit à garantir mon profit. »

29

Le schéma quadrangulaire

Chaque fois que vous portez un jugement global sur un objet complexe – une voiture que vous pourriez acheter, votre gendre ou quelque situation incertaine –, vous assignez une valeur à certaines de ses caractéristiques. Cela revient à dire que certaines caractéristiques ont davantage d'influence que d'autres sur votre jugement. Cette évaluation de caractéristiques est le produit du Système 1 et est effectuée que vous en soyez conscient ou non. Lorsque vous jugez une voiture, sa consommation de carburant, son niveau de confort et son apparence sont autant de caractéristiques auxquelles vous attacherez plus ou moins de poids. L'opinion que vous avez de votre gendre dépend plus ou moins de sa fortune, de son physique ou de son caractère. Il en va de même lorsque vous êtes confronté à une situation incertaine : vous imaginez différents scénarios possibles et y attachez plus ou moins de poids. Ainsi, 50 % de chances de gagner un million sont plus attrayantes que 1 % de chances de gagner la même somme. Cette évaluation est parfois une opération consciente et délibérée. Toutefois, la plupart du temps, vous vous contentez d'accepter le jugement global que vous présente votre Système 1.

Variations de probabilités

Si la métaphore du jeu et du pari est particulièrement prisée dans l'étude de la prise de décision, c'est parce qu'elle offre un cadre naturel d'évaluation du poids de telle ou telle perspective dans la décision : plus un résultat est probable, plus il aura de poids dans votre jugement. Dans le cadre d'un pari, la valeur attendue est la moyenne des résultats possibles pondérés par leur probabilité. Ainsi, la valeur attendue de « 20 % de chances de gagner 1 000 euros et 75 % de chances de gagner 100 euros » est égale à 275 euros.

Avant les travaux de Bernoulli, l'estimation de ces paris et propositions se fondait sur leur valeur espérée. Bernoulli a conservé cette méthode d'évaluation des résultats possibles – ce que l'on appelle le principe d'anticipation – et l'a appliquée à la valeur psychologique des résultats possibles. Selon sa théorie, l'utilité d'un pari est la moyenne des utilités de ses résultats possibles, pondérés par leur probabilité.

Le principe d'anticipation ne décrit toutefois pas de manière fidèle la façon dont nous percevons les probabilités liées à des risques. Dans les quatre exemples suivants, vos chances de gagner un million d'euros augmentent à chaque fois de 5 %. Votre réaction est-elle pour autant la même dans chaque cas ?

A. Vos chances passent de 0 à 5 %.
B. Vos chances passent de 5 % à 10 %.
C. Vos chances passent de 60 % à 65 %.
D. Vos chances passent de 95 % à 100 %.

Selon le principe d'anticipation, votre utilité augmente dans chaque cas de 5 % de l'utilité de la perspective totale (gagner un million d'euros). Est-ce là ce que vous vous dites ? Évidemment non.

Tout le monde est d'accord pour dire que les augmentations de 0 à 5 % et de 95 % à 100 % sont plus notables que celles de 5 % à 10 % ou de 60 % à 65 %. Le fait de passer de 0 à 5 % de chances correspond à un changement de situation : cela crée une possibilité qui n'existait pas auparavant, l'espoir de gagner quelque chose. Il s'agit d'un changement qualitatif, là où l'augmentation de 5 % à 10 % n'est qu'un changement quantitatif. Certes, le passage de 5 % à 10 % représente mathématiquement un doublement de vos chances de gagner mais il est généralement admis que la valeur psychologique associée à cette augmentation n'est pas pour autant doublée. L'impact d'une augmentation de 0 à 5 %, en revanche, est une illustration de l'*effet de possibilité*, qui nous pousse à attribuer un poids excessif à des résultats très improbables. Les gens qui jouent régulièrement à la loterie en sont la meilleure illustration : ils sont prêts à payer beaucoup plus que la valeur attendue associée à ce genre de situations, où ils ont de très faibles chances de remporter une somme importante.

Le passage de 95 % à 100 % de chances est un autre changement d'ordre qualitatif dont l'impact est considérable grâce à ce qu'on appelle l'*effet de certitude*. Des résultats presque certains de se produire sont sous-évalués par rapport à leur probabilité. Pour mieux comprendre l'effet de certitude, imaginez que vous avez hérité d'un million d'euros mais que votre belle-sœur cupide conteste le testament en justice. Le jugement est attendu pour demain. Votre avocat vous assure que votre dossier est solide et que vous avez 95 % de chances de gagner. Il prend toutefois le soin de vous rappeler qu'il est impossible de prévoir avec certitude l'issue d'une décision de justice. Un cabinet de gestion des risques vous propose alors de racheter votre dossier en échange de 910 000 euros, à prendre ou à laisser. Cette proposition est moins intéressante (de 40 000 euros !) que la valeur attendue du jugement à venir (950 000 euros), mais êtes-vous sûr que vous la refuseriez ? Si vous êtes un jour confronté à cette situation, sachez qu'il existe de nombreux cabinets qui profitent de cet effet de certitude et soulagent leurs clients de l'incertitude à prix d'or.

La possibilité et la certitude ont des effets tout aussi puissants quand il s'agit de perte. Lorsqu'un être aimé doit subir une intervention chirurgicale, les 5 % de risque d'amputation nous paraissent bien pires que seulement la moitié de 10 %. L'effet de possibilité nous pousse à surévaluer des risques peu probables et à payer des sommes bien plus élevées que la valeur attendue afin d'éliminer toute perspective négative. La différence psychologique entre 95 % et 100 % de risque semble encore plus grande : l'infime espoir que tout va bien se passer a un poids considérable sur notre jugement. Cette surévaluation des scénarios peu probables est la raison pour laquelle nous sommes si attirés à la fois par le jeu et par les contrats d'assurance.

La conclusion est simple : la valeur (ou poids décisionnel) que les gens attribuent à des scénarios possibles n'est pas identique à leur probabilité, contrairement à ce qu'affirme le principe d'anticipation. Les hypothèses improbables sont surévaluées (c'est l'effet de possibilité), tandis que les résultats presque certains sont sous-estimés par rapport à leurs chances de se réaliser. Le principe d'anticipation, selon lequel le jugement est déterminé par la probabilité, n'est donc guère pertinent du point de vue de l'analyse psychologique.

Là où les choses se corsent, c'est qu'il est généralement admis que pour être rationnel, un décideur doit se conformer au principe d'anticipation. Cette question est au centre des travaux de von Neumann et Morgenstern et de la version axiomatique de la théorie de l'utilité qu'ils ont présentée en 1944. Ils ont montré que toute évaluation de situation incertaine ne se conformant pas au strict respect proportionnel des probabilités conduisait à des incohérences et au désastre [1]. Leur dérivation du principe d'anticipation à partir d'axiomes de choix rationnels a immédiatement été saluée comme une grande avancée des connaissances, plaçant la théorie de l'utilité espérée au centre du modèle de l'agent rationnel étudié dans les sciences sociales et économiques. Trente ans plus tard, Amos me présenta ces travaux comme un objet sacré. Il me fit également découvrir une célèbre remise en question de cette théorie.

Le paradoxe d'Allais

En 1952, quelques années après la publication des travaux de von Neumann et Morgenstern, une rencontre fut organisée à Paris pour discuter de l'économie du risque. La plupart des meilleurs économistes de l'époque étaient présents. Parmi les invités américains figuraient les futurs lauréats du prix Nobel, Paul Samuelson, Kenneth Arrow, Milton Friedman ainsi que le célèbre statisticien Jimmie Savage.

L'un des organisateurs de cet événement s'appelait Maurice Allais et devait lui aussi recevoir un prix Nobel quelques années plus tard. Allais réservait un petit tour à ses invités de marque et les soumit à un test. Son objectif était de montrer que ses invités étaient victimes d'un effet de certitude les poussant à enfreindre la théorie de la valeur espérée et les axiomes du choix rationnel sur lesquels repose cette théorie. Les questions ci-dessous sont une version simplifiée du problème qu'Allais soumit à ses invités [2]. Dans les situations A et B suivantes, quel choix feriez-vous ?

A. 61 % de chances de gagner 520 000 euros ou 63 % de gagner 500 000 euros ?
B. 98 % de chances de gagner 520 000 euros ou 100 % de chances de gagner 500 000 ?

La plupart des gens choisissent la première option dans le premier problème et la seconde dans le deuxième. Si vous aussi avez fait ces choix, vous venez de commettre un crime contre la logique et avez violé les règles du choix rationnel. À Paris, les grands économistes ont commis les mêmes erreurs que vous dans une version un peu plus sophistiquée du paradoxe d'Allais.

Pour comprendre pourquoi ces choix sont problématiques, imaginez que le résultat doit être déterminé par tirage au sort dans une urne contenant exactement 100 billes : une bille rouge, vous gagnez ; une bille blanche, vous perdez. Dans le problème A, la plupart des gens choisissent la première option même si elle présente moins de chances de gagner car la différence de l'enjeu (l'argent à gagner) est plus impressionnante que l'écart de probabilité entre les deux options. Dans le problème B, une vaste majorité de gens optent pour l'urne qui les assure de gagner 500 000 euros. La plupart des gens assument parfaitement leur choix, jusqu'à ce qu'on attire leur attention sur leur logique interne.

Si vous comparez les deux problèmes, vous verrez que les deux urnes du problème B ne sont qu'une version plus favorable des urnes du problème A, avec dans chaque urne 37 billes blanches (perdantes) remplacées par des billes rouges (gagnantes). L'urne de gauche (première partie de l'énoncé) présente une amélioration nettement supérieure à celle de droite (seconde partie de l'énoncé) puisque chaque bille rouge vous permet de gagner 520 000 euros à gauche, contre seulement 500 000 euros à droite. Vous avez donc au départ une préférence pour l'urne de gauche, préférence qui devrait être renforcée puisque cette urne vous est encore plus favorable dans le scénario B, sauf que dans le problème B, vous préférez désormais celle de droite ! Ce schéma de pensée n'est pas logique mais peut s'expliquer de manière psychologique : c'est l'effet de certitude qui est à l'œuvre. Les 2 % de différence entre 100 % et 98 % dans le problème B sont beaucoup plus marquants que le même écart (2 %) de 63 % et 61 % dans le problème A.

Ainsi qu'Allais l'avait prévu, ses éminents invités ne remarquèrent pas que leurs préférences allaient à l'encontre de la théorie de l'utilité jusqu'à ce qu'il leur fasse remarquer. Allais pensait que cette démonstration aurait l'effet d'une bombe : les principaux théoriciens de la prise de décision faisaient des choix contraires à leurs propres assertions sur la rationalité ! Il pensait visiblement que son assistance serait ainsi convaincue des faiblesses de ce qu'il appelait – non sans un certain mépris – « l'école américaine » et embrasserait la vision qu'il avait lui-même développée. Il n'en fut rien [3].

La plupart des économistes qui défendaient la théorie du choix rationnel se contentèrent d'ignorer le paradoxe d'Allais. Comme souvent lorsqu'une théorie dominante et utile est remise en question, ils qualifièrent l'expérience d'Allais d'anomalie et continuèrent d'utiliser la théorie de l'utilité espérée comme si de rien n'était. En revanche, les théoriciens de la prise de décision – parmi lesquels des statisticiens, des économistes, des philosophes et des psychologues – s'intéressèrent de très près à l'expérience d'Allais. Lorsque Amos et moi-même avons commencé nos travaux, l'un de nos principaux objectifs était de parvenir à une explication psychologique satisfaisante de ce dernier.

La plupart des théoriciens de la prise de décision, dont Allais, continuèrent à croire en la rationalité de l'être humain et tentèrent de reformuler les règles pour expliquer le problème d'Allais. Au fil des ans, de nombreux spécialistes ont essayé de présenter une explication plausible de l'effet de certitude, sans grand succès. Amos n'était guère porté sur le sujet : pour lui, les théoriciens qui essayaient ainsi de rationaliser ces infractions à la théorie de l'utilité se faisaient les « avocats de causes perdues ». Nous avons donc pris une autre direction. Tout en conservant la théorie de l'utilité comme logique de choix rationnel, nous avons abandonné l'idée que les gens étaient toujours parfaitement rationnels. Nous nous sommes mis en devoir de développer une théorie psychologique capable de décrire les choix que les individus font, indépendamment de leur degré de rationalité. Dans la théorie des perspectives, l'évaluation subjective d'un résultat ne serait pas égale à sa probabilité.

Poids décisionnels

Bien des années après avoir publié la théorie des perspectives, Amos et moi avons mené une étude mesurant les poids décisionnels permettant de comprendre pourquoi les gens préfèrent parier de petites sommes d'argent. L'estimation des gains est présentée dans le tableau 4 [4].

Probabilité (%)	0	1	2	5	10	20	50	80	90	95	98	99	100
Poids décisionnel	0	5,5	8,1	13,2	18,6	26,1	42,1	60,1	71,2	79,3	87,1	91,2	100

Tableau 4

On notera que la probabilité et le poids décisionnel affichent la même valeur aux extrêmes : 0 lorsque le résultat est impossible, 100 lorsqu'il est certain. Entre les deux, toutefois, poids décisionnels et probabilité révèlent des écarts importants. Au début, nous sommes en présence de l'effet de possibilité : des événements peu probables sont considérablement surévalués. Le poids décisionnel correspondant à une probabilité de 2 % est de 8,1. Si les gens se conformaient aux axiomes du choix rationnel, ce chiffre devrait être 2. Cet événement peu probable est donc surévalué par un facteur 4. L'effet de certitude, observable en fin de tableau, est encore plus frappant. Un risque de 2 % de ne pas gagner réduit l'utilité du pari de 13 points (le poids décisionnel passe de 100 à 87,1).

Pour mieux comprendre l'asymétrie entre l'effet de possibilité et l'effet de certitude, imaginez d'abord que vous avez 1 % de chances de gagner un million d'euros. Vous aurez la réponse demain. Puis, imaginez que vous êtes quasiment sûr de gagner un million d'euros mais qu'il y a 1 % de chances pour que cela ne se produise pas. Encore une fois, vous aurez la réponse demain. L'angoisse créée dans la seconde hypothèse paraît bien plus importante que l'espoir suscité dans la première. L'effet de certitude est également plus frappant dans le cas d'un risque (problème médical) que d'un événement positif (gain d'argent). Comparez avec quelle différence d'intensité vous percevez l'infime espoir de réussite dans une intervention chirurgicale presque certaine d'échouer, par rapport à la crainte que suscite 1 % de risque.

La combinaison des effets de certitude et de possibilité aux extrêmes de l'échelle des probabilités s'accompagne inévitablement de perceptions déformées sur les valeurs intermédiaires. On observe que les probabilités s'échelonnant entre 5 % et 95 % sont associées à un spectre de poids décisionnels bien moins étendu (de 13,2 à 79,3), soit deux tiers seulement de ce que l'on pourrait rationnellement attendre. Les spécialistes des neurosciences ont confirmé ces observations et découvert que certaines aires du cerveau réagissaient aux variations de probabilité. La réponse du cerveau face à ces variations de probabilités ressemble étrangement à la courbe des poids décisionnels[5].

Les probabilités très faibles ou très importantes (moins de 1 % ou plus de 99 %) constituent un cas particulier. Il est difficile d'attribuer un poids décisionnel unique à des événements rarissimes car ils sont soit totalement ignorés – et donc associés à une valeur zéro –, soit généralement surévalués. Rares sont les gens qui passent des heures à s'inquiéter des risques nucléaires ou à rêver d'un héritage fantastique légué par un parent inconnu. Toutefois, lorsque nous nous concentrons sur un événement improbable, nous lui attachons un poids décisionnel bien supérieur à celui que son niveau de probabilité devrait nous autoriser. Les gens sont en outre pratiquement insensibles aux variations de risques dans le cas de faibles probabilités. Un risque de cancer de 0,001 % n'est guère plus inquiétant qu'un risque de 0,0001 %, même si une autre façon d'exprimer les mêmes chiffres consisterait à dire que le premier cas représente 3 000 cas de cancer contre seulement 30 dans le second.

Lorsque vous pensez à un risque, vous vous inquiétez et le poids décisionnel reflète votre degré d'inquiétude. En raison de l'effet de possibilité, l'inquiétude n'est pas proportionnelle à la probabilité que le risque se réalise. Il ne suffit pas de réduire ou de limiter le risque : pour éliminer l'inquiétude, la probabilité doit être ramenée à zéro.

La question ci-dessous est inspirée d'une étude sur la rationalité des consommateurs face au risque sanitaire. Menée dans les années 1980 par une équipe d'économistes, elle s'adressait à des parents de jeunes enfants[6].

> Imaginez que vous utilisez actuellement un insecticide coûtant 10 euros la bouteille. Cet insecticide est la cause de 15 cas d'empoisonnement par inhalation affectant 15 enfants pour 10 000 bouteilles vendues.

Vous apprenez l'existence d'un autre insecticide, plus cher, qui réduit le risque d'empoisonnement à 5 cas pour 10 000 bouteilles. Combien êtes-vous prêt à payer pour ce nouvel insecticide ?

Les parents étaient en moyenne prêts à débourser 2,38 euros de plus pour réduire le risque d'empoisonnement de deux tiers (de 15 à 5 cas pour 10 000 bouteilles). Ils étaient toutefois disposés à payer 8,09 euros de plus – soit trois fois plus – pour éliminer ce risque entièrement. D'autres séries de questions ont montré que les parents traitaient ces deux risques (risque d'inhalation et empoisonnement d'enfant) de manière séparée et étaient prêts à payer un « bonus » pour éliminer complètement l'un ou l'autre de ces risques. Ce « bonus » est compatible avec l'analyse psychologique de l'inquiétude mais pas avec le modèle rationnel [7].

Schéma quadrangulaire

Lorsque Amos et moi avons commencé à travailler sur la théorie des perspectives, nous sommes rapidement arrivés à deux conclusions : les gens attribuent des valeurs au gain ou à la perte plutôt qu'à un montant financier, et les poids décisionnels qu'ils assignent aux résultats possibles ne correspondent pas à la probabilité que ces résultats se réalisent. Aucune de ces deux idées n'était nouvelle mais ensemble, elles permettaient de comprendre un schéma de préférence que nous avons baptisé « schéma quadrangulaire » (*fourfold pattern*). En voici une illustration :

	Gains	Pertes
Probabilité élevée Effet de certitude	95 % de chances de gagner 10 000 euros Peur de la déception Aversion au risque Acceptation de proposition désavantageuse	95 % de chances de perdre 10 000 euros Espoir d'éviter la perte Prise de risque Rejet de proposition avantageuse
Probabilité faible Effet de possibilité	5 % de chances de gagner 10 000 euros Espoir d'obtenir un gain important Prise de risque Rejet de proposition avantageuse	5 % de chances de perdre 10 000 euros Peur de pertes importantes Aversion au risque Acceptation de proposition désavantageuse

Figure 13

- La première ligne de chaque case indique une perspective.
- La deuxième ligne décrit l'état émotionnel suscité par cette perspective.
- La troisième résume le comportement qu'adoptent la plupart des gens lorsqu'on leur propose soit de parier, soit de remporter (ou de perdre) avec certitude le montant correspondant à la valeur attendue (autrement dit, ils ont le choix entre « 95 % de chances de gagner 10 000 euros » et « la certitude de gagner 9 500 euros »). Leur comportement est qualifié d'« aversion au risque » lorsqu'ils choisissent la certitude et de « prise de risque » lorsqu'ils optent pour le pari.
- La quatrième ligne décrit les attitudes probables de la part d'un accusé et d'un plaignant en cas de poursuite judiciaire.

Le schéma quadrangulaire est considéré comme un des grands apports de la théorie des perspectives. Trois de ces scénarios étaient bien connus, le quatrième (situé en haut à droite dans le tableau) était nouveau et inattendu.

Le premier cas de figure (en haut à gauche) correspond aux travaux de Bernoulli : les gens préfèrent éviter les prises de risque lorsqu'ils estiment avoir de bonnes chances de réaliser des gains importants. Ils sont prêts à accepter moins que la valeur attendue du pari en échange de l'assurance d'un gain diminué.

L'effet de possibilité présenté en dessous explique pourquoi les loteries remportent un tel succès. S'ils peuvent gagner une somme très importante, les gens semblent assez indifférents au fait que leurs chances sont infimes. La loterie est l'exemple par excellence de l'effet de possibilité. Sans billet de loterie, il est impossible de gagner ; avec un ticket, cela devient possible et peu vous importe que vos chances soient réduites ou même minuscules. En achetant un billet de loto, les gens n'acquièrent pas seulement une chance de gagner, ils s'offrent le plaisir de rêver de gagner.

La dernière case (en bas à droite) correspond à l'achat de la certitude. Les gens sont prêts à payer bien plus que la valeur attendue pour être assurés de gagner quelque chose, c'est grâce à ce mécanisme que les compagnies d'assurances parviennent à couvrir des risques tout en réalisant des profits. Ici encore, les gens n'achètent pas seulement une protection contre une catastrophe improbable, ils éliminent une inquiétude et s'offrent la tranquillité d'esprit.

Les résultats de la deuxième case en haut à droite nous ont d'abord surpris. Nous étions habitués à raisonner en termes d'aversion au risque, à l'exception de la troisième case où les paris sont préférés. En analysant les occurrences où nous faisions les mauvais choix, nous avons remarqué que nous étions aussi téméraires face à une possibilité de perte que prudents face à une possibilité de gain. Nous n'étions pas les premiers à observer ces comportements de prise de risque face à des perspectives négatives : deux auteurs avaient déjà signalé ce fait, mais sans en tirer grand-chose [8]. Nous avions toutefois la chance de posséder un cadre nous permettant d'interpréter facilement les attitudes de prise de risque et cette découverte a été cruciale dans notre travail. Nous avons en effet identifié deux raisons expliquant cet effet.

Le premier est une réduction de la sensibilité. Une perte certaine suscite une forte aversion car la réaction à la perte de 900 euros est supérieure à 90 % de celle suscitée par une perte de 1 000 euros. Le second facteur est peut-être encore plus important : le poids décisionnel associé à une probabilité de 90 % est de seulement 71, soit beaucoup moins que la probabilité afférente. Résultat : lorsque vous avez le choix entre une perte certaine et un pari avec une forte probabilité de perte encore plus importante, votre sensibilité réduite rend la perte certaine plus déplaisante et l'effet de certitude réduit votre aversion pour le pari. Ces deux mêmes facteurs sont aussi les raisons pour lesquelles nous sommes plus attirés par des certitudes et moins par le pari en cas d'issue favorable.

Les courbes de la fonction de valeur et des poids décisionnels permettent d'expliquer les comportements de la première ligne de la figure 13. Dans les cases du bas, toutefois, ces deux facteurs ont des effets opposés : la réduction de sensibilité continue à encourager la prudence en cas de gain et la prise de risque en cas de perte, mais la surestimation des événements rares l'emporte sur cet effet et produit des comportements de prise de risque en cas de gain et de prudence en cas de perte.

Combien de situations tragiques illustrent cette deuxième case ! C'est dans ce genre de situation que des gens, confrontés à des choix désavantageux, se lancent dans des paris désespérés et acceptent une forte probabilité d'aggraver leur situation en échange d'un faible espoir d'amélioration. Ces comportements de prise de risque transforment généralement des erreurs réparables en catastrophes retentissantes. Il est trop difficile d'accepter une perte certaine et trop tentant de croire en un salut improbable, pour agir de manière judicieuse et limiter les dégâts. C'est là par exemple que des entreprises dépassées par une nouvelle technologie supérieure dépensent leurs dernières ressources dans une tentative désespérée de rattraper leur retard. La défaite est une chose si difficile à accepter que le camp vaincu continue souvent à se battre alors même que l'issue de la bataille est déjà certaine et n'est plus une question de temps.

Parier en marge du tribunal

Le juriste Chris Guthrie a proposé une brillante illustration du schéma quadrangulaire dans deux situations où le plaignant et l'accusé d'un procès au civil envisagent un arrangement à l'amiable. Seule la solidité du dossier du plaignant varie.

Imaginez que vous portez plainte au civil et réclamez des dommages et intérêts importants. Tout se passe bien et votre avocat vous donne son opinion d'expert, à savoir que vous avez 95 % de chances de gagner la somme que vous réclamez mais il ajoute à titre d'avertissement qu'« on ne sait jamais à 100 % la teneur d'un verdict tant qu'il n'a pas été énoncé ». Il vous encourage donc à accepter un arrangement par lequel vous n'obtiendrez que 90 % de la somme que vous réclamez. Vous vous trouvez dans le premier cas de la figure 13 et la question que vous vous posez est la suivante : « Suis-je prêt à prendre le risque – même infime – de ne rien obtenir du tout ? Après tout, 90 % de la somme représente déjà beaucoup d'argent et je suis sûr de les obtenir. » Deux émotions sont à l'œuvre et vous poussent dans la même direction : la certitude d'un gain (déjà considérable) et la crainte d'une lourde déception et de profonds regrets si vous refusez cette proposition et n'obtenez pas gain de cause. Vous comprenez maintenant la nature des pressions qui expliquent les comportements prudents dans ce genre de situation. Un plaignant ayant un dossier solide préférera donc éviter le risque.

À présent, mettez-vous dans la peau de l'accusé. Même si vous n'avez pas encore perdu tout espoir, vous voyez bien que le procès ne vous est pas favorable. Les avocats du plaignant vous proposent un accord par lequel vous devrez payer 90 % des dommages et intérêts et il est certain qu'ils n'accepteront pas moins. Allez-vous accepter leur offre ou continuer la procédure judiciaire ? Vous êtes face à une forte probabilité de perte, autrement dit le scénario de la deuxième case en haut à droite dans la figure 13. La tentation de continuer le procès est forte : l'accord proposé par le plaignant est presque aussi désavantageux que le pire des scénarios et vous avez encore un faible espoir de l'emporter au tribunal. Là encore, vous êtes en proie à deux émotions distinctes : vous êtes fortement rebuté par la perspective d'une perte certaine et séduit par la possibilité – même infime – d'obtenir gain de cause. Un accusé ayant un dossier faible sera donc plus disposé à parier qu'à accepter un accord désavantageux. Dans cette confrontation entre le plaignant prudent et l'accusé téméraire, c'est le second qui a la haute main. Cette position de force devrait apparaître lors des négociations entre les deux parties, le plaignant finissant par accepter une somme moindre que ce que l'issue du procès lui aurait selon toute probabilité permis d'obtenir. Ces comportements ont été confirmés au cours d'expériences menées avec des étudiants en droit et des magistrats ainsi que par l'analyse des négociations menées en marge des tribunaux [9].

Imaginons à présent le cas d'une « poursuite fantaisiste », où le plaignant réclame une somme importante avec des arguments très faibles qui ont peu de chances d'aboutir à sa victoire au tribunal. Les deux parties sont conscientes des probabilités et savent qu'un accord négocié ne fera gagner au plaignant qu'une partie de la somme qu'il exige. La négociation décrite ici correspond à la troisième case de la figure 13 : faible probabilité de gains élevés ; la poursuite fantaisiste n'est rien d'autre qu'un billet de loto offrant la possibilité de rapporter gros [10]. La surestimation de ses faibles chances de succès pousse le plaignant à se montrer agressif dans les négociations. Pour l'accusé, ce procès est un désagrément comportant un risque faible de conséquences graves. La surestimation de ses faibles chances de défaite incite l'accusé à la prudence. En acceptant de verser une partie de la somme réclamée par le plaignant, l'accusé se protège contre le faible risque d'une décision particulièrement néfaste pour lui. Les comportements sont inversés : le plaignant est prêt à tenter le diable tandis que l'accusé recherche la sécurité. Les plaignants auteurs de poursuites fantaisistes gagnent généralement plus d'argent – grâce aux accords négociés – que ce que les statistiques leur permettraient d'espérer.

Les décisions décrites dans la figure 13 ne sont pas complètement déraisonnables. Il est possible de comprendre les sentiments tant du plaignant que de l'accusé qui les poussent à se montrer agressifs ou conciliants. À long terme toutefois, ces divergences avec la valeur attendue s'avèrent généralement coûteuses. Prenez le cas d'une grande organisation comme la ville de New York et imaginez qu'elle est visée chaque année par 200 cas de poursuites fantaisistes, chacune ayant 5 % de chances de coûter un million de dollars à la ville. Imaginez maintenant que la ville propose un accord de compensation de 100 000 dollars pour chaque plaignant. La ville doit ensuite choisir laquelle de ces deux solutions elle appliquera par la suite à tous ces cas : le procès ou l'accord négocié (pour des raisons de simplicité, nous ne tiendrons pas compte des frais judiciaires).

- Si la ville opte pour le procès, elle en perdra 10 sur 200, ce qui lui coûtera 10 millions de dollars au total.
- Si elle décide de verser 100 000 dollars à chaque plaignant, il lui en coûtera 20 millions de dollars.

À long terme, le fait de payer un bonus pour éviter un risque minimal s'avère donc coûteux. Cela vaut pour tous les scénarios présentés dans la figure 13 : les divergences systématiques avec la valeur attendue finissent par être désavantageuses, que l'on s'efforce d'éviter le risque ou qu'on le recherche. La surestimation systématique d'événements improbables – une caractéristique de la prise de décision intuitive – conduit à terme à des rendements inférieurs.

*

LE SCHÉMA QUADRANGULAIRE EN BREF

> « Il est tenté d'accepter un arrangement pour mettre un terme à cette poursuite fantaisiste et éviter une perte catastrophique bien qu'improbable. C'est ce qu'on appelle surestimer une faible probabilité. Sachant qu'il a de fortes chances d'être confronté à ce problème de manière récurrente, il ferait mieux de ne pas céder. »

« Pour nos vacances, nous ne comptons jamais sur une offre de dernière minute. Nous sommes prêts à payer cher la certitude. »

« Ils n'accepteront pas de reconnaître leurs pertes tant qu'ils auront une chance de se refaire. C'est la prise de risque en situation de perte. »

« Ils savent que les risques d'explosion au gaz sont minimes mais ils veulent les éliminer. C'est l'effet de possibilité, ils veulent pouvoir être tranquilles. »

30

LES ÉVÉNEMENTS RARES

Je me suis rendu en Israël à plusieurs reprises pendant une période où les attentats contre les bus étaient relativement communs (bien que naturellement rares d'un point de vue purement statistique). Entre décembre 2001 et septembre 2004, Israël a connu 23 attentats à la bombe qui ont fait un total de 236 victimes. À l'époque, près de 1,3 million de personnes prenaient le bus chaque jour en Israël. Chaque passager encourait donc un risque infime mais ce n'était pas le sentiment de l'opinion publique. Les gens évitaient les bus autant que possible et de nombreux passagers effectuaient leur trajet dans l'angoisse, scrutant leurs compagnons, à la recherche de tout paquet suspect ou vêtement susceptible de dissimuler une bombe.

Disposant d'une voiture de location, je n'avais guère l'occasion de prendre le bus, néanmoins j'eus le déplaisir de remarquer que j'avais moi aussi modifié mon comportement. Je découvris que je n'aimais pas m'arrêter à hauteur d'un bus au feu rouge et que je démarrais plus vite quand le feu passait au vert. Évidemment, j'avais honte de moi. Je savais que le risque était véritablement infime et que toute modification de mon comportement correspondait à la surestimation d'un événement hautement improbable. Je savais que j'avais en réalité plus de chances d'être blessé dans un accident de la route qu'en m'arrêtant à côté d'un bus. Mais mon désir d'éviter les bus n'était pas motivé par une inquiétude rationnelle pour ma survie. J'agissais en fonction de ce que je ressentais sur le moment : le fait de me trouver à côté d'un bus me faisait penser aux bombes et ces pensées étaient déplaisantes. Si j'évitais les bus, c'est parce que je ne voulais pas penser aux attentats.

Cette expérience personnelle illustre parfaitement comment fonctionne le terrorisme et pourquoi il est une arme si redoutable : le terrorisme provoque une cascade de disponibilité. Une image extrêmement précise de la mort et de la destruction se construit dans l'esprit. Renforcée par les médias et les nombreuses conversations qu'elle alimente, cette image devient de plus en plus accessible, surtout lorsqu'elle est associée à un contexte particulier comme l'apparition d'un bus. Les réactions émotionnelles fonctionnent par association, de manière automatique et incontrôlée, et suscitent en nous un réflexe de protection. Si le Système 2 « sait » que le risque est faible, cette connaissance ne suffit toutefois pas à éliminer un sentiment d'inconfort et donc le désir de l'éviter [1]. Il est impossible « d'éteindre » le Système 1. L'émotion n'est pas seulement disproportionnée par rapport à la probabilité de l'événement, elle en est complètement détachée. Imaginez deux villes menacées par des terroristes kamikazes. On informe les habitants de la première que deux terroristes sont prêts à frapper tandis que les résidents de la seconde ne sont menacés que par un seul kamikaze. Le risque encouru par les seconds est moitié moindre que les premiers. Se sentent-ils plus en sécurité pour autant ?

Il existe de nombreux vendeurs de billets de loterie à New York et leurs affaires marchent bien. La loterie repose sur les mêmes ressorts psychologiques que le terrorisme. L'enivrante possibilité de gagner un prix important est partagée par toute une communauté et renforcée sous l'effet des conversations de bureau et à la maison. L'achat d'un billet de loterie nous gratifie de manière immédiate en nous permettant de rêver à la fortune, de même que le fait d'éviter un bus m'offrait une gratification immédiate en me soulageant de la peur. Dans les deux cas, la probabilité de gagner à la loterie ou d'être victime d'un attentat est infime ; seul compte le fait que ce soit possible. Dans sa formulation originelle, la théorie des perspectives affirmait que « les événements très improbables sont soit ignorés, soit surestimés » mais elle ne précisait pas dans quelles circonstances et ne proposait pas d'interprétation psychologique du phénomène. Dernièrement, ma conception des poids décisionnels a été fortement influencée par les récents travaux menés sur le rôle des émotions et de la puissance d'évocation dans la prise de décision [2]. La surévaluation d'événements improbables est ancrée dans certaines caractéristiques du Système 1 qui nous sont désormais bien connues. L'émotion et l'intensité ont une influence sur la facilité avec laquelle nous formons des jugements de probabilités, ce qui explique pourquoi nous avons tendance à réagir de manière disproportionnée face aux événements rares, que nous ne saurions nous contenter d'ignorer.

Surestimation et surévaluation

Quelle est selon vous la probabilité que le prochain président des États-Unis ne soit pas issu d'un des deux grands partis, mais d'un parti tiers ?
Combien êtes-vous prêt à parier pour pouvoir gagner 1 000 euros si le prochain président est issu d'un parti tiers, et rien du tout dans le cas contraire ?

Ces deux questions sont différentes, mais elles sont liées. La première vous demande d'estimer les chances que se produise un événement improbable. La seconde vous demande d'attribuer un poids décisionnel à cet événement en pariant dessus.

Comment formule-t-on des jugements et comment assigne-t-on des poids décisionnels ? Pour répondre à ces questions, nous allons partir de deux réponses simples, avant de les affiner. Voici donc deux réponses simplifiées aux questions précédentes :

- Les gens surestiment les chances que se produise un événement improbable.
- Les gens accordent trop de valeur (poids décisionnel trop élevé) à des événements improbables dans leur prise de décision.

Bien que la surestimation des probabilités et la surévaluation (poids décisionnel) d'événements rares soient deux phénomènes distincts, tous deux reposent sur les mêmes mécanismes psychologiques : attention soutenue, biais de confirmation et aisance cognitive.

L'apport de descriptions spécifiques met en marche le dispositif associatif du Système 1. Lorsque vous pensez à la victoire improbable d'un candidat tiers, votre système associatif lance son mode de confirmation habituel : il recherche de manière sélective des preuves, des exemples et des images susceptibles de corroborer la vraisemblance de l'événement en question. Certes, le processus est biaisé, mais ce n'est toutefois pas un pur exercice d'imagination. Votre cerveau recherche un scénario plausible, conforme aux limites de la réalité : vous n'êtes pas en train d'imaginer une petite fée installant un candidat à la Maison blanche. Au final, votre jugement de probabilité est déterminé par le degré d'aisance cognitive avec lequel vous parvenez à un scénario plausible.

Notons que nous ne nous focalisons pas toujours sur l'événement porté à notre attention. Si cet événement est très probable, nous nous concentrons alors sur son contraire. Voici un exemple :

> Quelle est la probabilité qu'un bébé né dans la maternité locale sorte de l'établissement avec sa mère dans les trois jours suivant sa naissance ?

Ici, on vous demande d'estimer les chances qu'un nouveau-né quitte la maternité, toutefois il est presque certain que vous allez plutôt penser aux circonstances dans lesquelles un bébé ne sortirait *pas* de l'hôpital au bout du délai habituel. Notre cerveau est capable de noter spontanément ce qui est étrange, différent ou inhabituel. Vous avez rapidement réalisé qu'il était normal dans les hôpitaux (américains du moins) de laisser sortir les jeunes mamans avec leur bébé trois jours après l'accouchement. Votre attention s'est donc tournée sur les autres scénarios, les cas inhabituels. Vous vous êtes concentré sur l'événement improbable. L'heuristique de disponibilité est certainement entrée en jeu : votre jugement a probablement été déterminé par le nombre de problèmes médicaux que votre cerveau vous a soumis et par la facilité avec laquelle il l'a fait. Comme vous étiez alors en mode de confirmation, il est probable que vous avez surestimé la fréquence de ces problèmes.

La probabilité d'un événement rare est encore plus souvent surestimée lorsque l'alternative à l'événement n'est pas spécifiée. Mon exemple préféré est issu d'une étude menée par le psychologique Craig Fox quand il était encore étudiant d'Amos [3]. Fox rassembla un groupe de fans de basket-ball et leur demanda leur opinion sur les vainqueurs des playoffs. Il leur demanda notamment d'estimer la probabilité pour chacune des huit équipes participantes de remporter le tournoi. L'événement central devint ainsi la possibilité de victoire de chaque équipe prise séparément.

Vous avez certainement deviné ce qui s'est alors passé mais vous serez probablement surpris par l'ampleur de l'effet observé par Fox. Imaginez un supporter auquel on demande d'estimer les chances de victoire des Chicago Bulls. L'événement central est clairement déterminé (la victoire des Bulls) mais les scénarios alternatifs (la victoire d'une des sept autres équipes) sont imprécis et moins évocateurs. La mémoire et l'imagination du supporter entrent en mode de confirmation et cherchent à élaborer un scénario de victoire des Bulls. Lorsqu'on demande ensuite à la même personne d'estimer les chances de victoire des Lakers, le même processus de sélection-confirmation se met en marche. Les huit équipes participant à ce tournoi jouent à un très haut niveau et aucun scénario de victoire n'est exclu, même pour l'équipe la plus faible. Résultat : les jugements de probabilité présentés pour les huit équipes représentaient un total de 240 % ! Ce chiffre est naturellement absurde puisque la somme des probabilités de victoire de toutes les équipes doit impérativement être égale à 100 %. Cette incohérence disparaissait toutefois lorsqu'on demandait aux sujets de prédire si le vainqueur serait issu de la conférence est ou de la conférence ouest. Là, les supporters étaient mis en face d'une alternative dont les branches étaient clairement spécifiées (est ou ouest) et l'addition de leurs jugements de probabilités était bien égale à 100 % [4].

Pour mesurer les poids décisionnels attachés à ces estimations, Fox leur demanda ensuite de parier sur le résultat du tournoi. Chaque pari fut associé à un enjeu financier (une somme juste suffisante pour rendre le pari attractif). Le gagnant remporterait 160 euros. La somme mise en jeu pour les huit équipes se montait à 287 euros.

En moyenne, celui qui essaierait de parier sur les huit équipes était certain de perdre au moins 127 euros ! Les parieurs savaient parfaitement qu'il y avait huit équipes en jeu et que le bénéfice moyen pour parier sur chacune d'elles ne dépasserait pas les 160 euros. Cela ne les empêcha pas d'attribuer des poids décisionnels disproportionnés par rapport à la probabilité de chaque scénario. Les supporters ne se contentaient pas de surestimer la probabilité des possibilités portées à leur attention, ils se montraient aussi trop enclins à parier sur ces événements.

Ces découvertes jetèrent un éclairage nouveau sur nos erreurs de planification ou certaines manifestations d'optimisme excessif. La réussite d'un projet est un objet spécifique, facile à imaginer lorsqu'on se concentre sur le résultat visé. En revanche, l'alternative (la possibilité de l'échec) est une perspective diffuse en raison du nombre presque infini de problèmes susceptibles de survenir. Quand les entrepreneurs et les investisseurs évaluent leurs chances de succès, ils ont tendance à surévaluer la probabilité de leur réussite et à attacher des poids décisionnels trop lourds à leurs estimations.

Netteté des perspectives

Ainsi que nous l'avons vu, la théorie des perspectives se distingue de la théorie de l'utilité de par la relation qu'elle imagine entre probabilités et poids décisionnels. Dans la théorie de l'utilité, les poids décisionnels et les probabilités sont identiques. Le poids décisionnel d'une chose certaine de se produire est 100 et le poids décisionnel d'un événement ayant 90 % de chances de se produire est 90, c'est-à-dire qu'il est aussi neuf fois plus important que le poids décisionnel d'un événement ayant 10 % de chances de se réaliser. Dans la théorie des perspectives, les variations de probabilités ont une influence réduite sur les poids décisionnels. Dans une étude citée plus haut, nous avons découvert que le poids décisionnel attaché à un événement ayant 90 % de chances de se réaliser était de 71,2 tandis que le poids décisionnel associé à une probabilité de 10 % était de 18,6. Ces deux valeurs de probabilités étaient séparées par un facteur de 9. Toutefois, le ratio entre leurs deux poids décisionnels associés n'était pas de 9 mais de 3,83, signe d'une sensibilité diminuée. Dans les deux théories, les poids décisionnels dépendent de la probabilité d'un événement et non de son issue. Dans les deux théories, le poids décisionnel d'un événement ayant 90 % de chances de se produire est le même, quelle que soit la nature de cet événement (recevoir un chèque de 100 euros, une douzaine de roses ou un choc électrique)[5]. En réalité, cette hypothèse théorique est erronée.

Une équipe de psychologues de l'université de Chicago a publié un article au titre accrocheur : « Money, Kisses and Electric Shocks : On the Affective Psychology of Risk » (Argent, baisers et chocs électriques : de la psychologie affective du risque). Leurs travaux ont mis en évidence que le jugement porté sur un pari était beaucoup moins sensible aux variations de probabilités lorsque le résultat (hypothétique) était de nature émotionnelle (« rencontrer et embrasser votre star de cinéma préférée » ou « recevoir un choc électrique, sans danger, mais douloureux ») que lorsqu'il impliquait un gain ou une perte d'argent. Ce phénomène a également été observé par d'autres chercheurs utilisant des mesures physiologiques comme les battements du cœur. Ces chercheurs avaient remarqué que la crainte d'un choc électrique était très largement indépendante de la probabilité objective de le recevoir. En réalité, la simple possibilité de recevoir une décharge électrique provoquait chez les sujets une réaction de peur aussi forte que s'ils étaient presque certains de la recevoir. Les chercheurs de Chicago suggérèrent donc qu'une « imagerie puissante au plan de l'affect » pouvait prévaloir sur la probabilité de l'événement. Dix ans plus tard, un groupe de psychologues de Princeton remit en question cette conclusion.

D'après les chercheurs de Princeton, cette relative invariance aux probabilités que l'on observe dans les cas impliquant des émotions est un phénomène tout à fait normal. En l'occurrence, ce sont les paris d'argent qui constituent l'exception. La sensibilité aux variations de probabilités est relativement élevée lorsque l'enjeu est financier car les joueurs connaissent la valeur attendue exacte du pari (la somme à gagner).

Quelle somme d'argent serait aussi attrayante que chacun des paris ci-dessous ?

A. 84 % de chances de gagner 59 euros.
B. 84 % de chances de recevoir une douzaine de roses rouges dans un vase en verre.

On remarque immédiatement que la première question est beaucoup plus simple que la seconde. Vous n'avez pas besoin de réfléchir longtemps pour estimer la valeur attendue de cette proposition, vous calculez très rapidement que cela représente environ 50 euros (49,56 pour être précis), et cette estimation constitue une référence suffisante pour répondre à la question. La proposition B ne fournit pas ce genre de référent, il est donc beaucoup plus difficile d'y répondre. On pose ensuite la même question en remplaçant dans les deux énoncés la probabilité de 84 % par 21 %. Comme prévu, l'écart entre les réponses était bien plus prononcé dans le cas de l'argent que dans celui des roses.

Pour corroborer l'hypothèse selon laquelle l'insensibilité aux variations de probabilité n'est pas causée par l'émotion, les chercheurs de Princeton ont également mesuré la disposition de leurs sujets à payer pour se soustraire au risque du pari :

> 21 % (ou 84 %) de chances de passer le week-end à repeindre le trois pièces de quelqu'un d'autre.
> 21 % (ou 84 %) de chances de nettoyer trois cabinets dans les toilettes d'un dortoir utilisé pendant une semaine.

La deuxième proposition provoque certainement une réaction beaucoup plus émotive que la première et pourtant les poids décisionnels sont identiques dans les deux cas. De toute évidence, l'intensité de l'émotion n'entre pas en jeu.

Une autre étude parvint à des conclusions étonnantes. Les participants avaient reçu des informations précises sur le prix de lots à gagner ainsi qu'une description. Par exemple :

> 84 % de chances de gagner : une douzaine de roses rouges dans un vase en verre, d'une valeur de 59 euros.
> 21 % de chances de gagner : une douzaine de roses rouges dans un vase en verre, d'une valeur de 59 euros.

Il est facile de calculer l'équivalent monétaire de ces propositions, et pourtant le fait de préciser le prix des objets n'avait pas d'impact sur les résultats : les estimations des sujets restaient insensibles à la probabilité. Les gens qui considéraient ce pari comme une chance de gagner des roses ne se servaient pas du prix indiqué comme référent pour estimer la valeur de cette proposition. Quels enseignements peut-on tirer de cette expérience ?

Je pense que la représentation claire du résultat, que celui-ci implique des émotions ou non, réduit l'influence de la probabilité dans notre évaluation de perspectives incertaines. Cette hypothèse repose sur une allégation que je crois raisonnable : le fait d'ajouter des détails non pertinents mais saillants à un enjeu financier perturbe les calculs du décideur. Comparez les équivalents monétaires que vous attribuez aux propositions suivantes :

21 % (ou 84 %) de chances de recevoir 59 euros lundi prochain
21 % (ou 84 %) de recevoir une grande enveloppe bleue en carton contenant 59 euros lundi prochain.

Selon mon hypothèse, la sensibilité aux probabilités sera moins marquée dans le second cas car la mention d'une enveloppe bleue suscite une représentation plus directe et plus frappante et que la notion abstraite d'une somme d'argent. Vous avez construit l'événement dans votre esprit et vous avez une image très nette du résultat même si vous savez que vos chances sont faibles. La disponibilité cognitive contribue à l'effet de certitude : lorsque vous possédez une image claire d'un événement, la possibilité que celui-ci ne se produise pas est également très présente dans votre esprit, et surévaluée. La combinaison de l'effet de possibilité renforcé et de l'effet de certitude renforcé laisse peu de place aux poids décisionnels pour changer entre 21 % et 84 % de probabilité.

Netteté des probabilités

L'idée que la clarté et la facilité d'imagination renforcent le poids décisionnel s'appuie sur de nombreuses observations. Dans une expérience célèbre, les participants avaient le choix entre deux urnes dans laquelle tirer une bille. Pour gagner, il fallait tirer une bille rouge.

L'urne A contient 10 billes dont 1 rouge.
L'urne B contient 100 billes dont 8 rouges.

Quelle urne choisissez-vous ? Vos chances de gagner sont de 10 % dans la première urne et de 8 % dans l'urne B, ce qui devrait faciliter votre choix. Sauf que ce n'est pas ce qu'on observe : entre 30 et 40 % des étudiants choisissaient l'urne contenant le plus de billes gagnantes plutôt que l'urne leur offrant les meilleures chances de gagner. Pour Seymour Epstein, ces résultats illustrent le caractère superficiel du Système 1 (qu'il appelle le système expérientiel) [6].

Comme on pouvait s'y attendre, le choix remarquablement absurde effectué par les sujets de cette expérience a attiré l'attention de nombreux chercheurs. Ce biais a reçu plusieurs dénominations ; suivant l'exemple de Paul Slovic, je l'appellerai la *négligence du dénominateur*. Lorsque votre attention est concentrée sur les billes gagnantes, vous n'évaluez pas le nombre de billes perdantes avec le même soin. Une imagerie nette contribue à la négligence du dénominateur, du moins selon mon expérience. Lorsque je pense à la première urne, je vois une seule et unique bille rouge noyée au milieu d'un certain nombre de billes blanches. Quand je pense à la seconde, la grande urne, je vois huit billes rouges au milieu d'un certain nombre de billes blanches et cette vision me paraît plus prometteuse. La netteté avec laquelle j'imagine ces billes gagnantes me pousse à attacher un poids décisionnel plus lourd à la réalisation de cet événement, ce qui renforce l'effet de possibilité. Cela vaut également pour l'effet de certitude. Si j'ai 90 % de chances de gagner, la possibilité de ne pas gagner me paraîtra plus évidente avec 10 billes perdantes sur 100 qu'avec 1 sur 10.

Le concept de négligence du dénominateur permet d'expliquer pourquoi la communication en matière de risque peut produire des effets très différents. Si vous lisez qu'un « vaccin protégeant les enfants contre une maladie mortelle comporte un risque de 0,001 % de provoquer un handicap permanent », le risque paraît minime. Une autre façon de décrire ce même risque consiste à dire : « Un enfant sur 100 000 enfants vaccinés souffrira d'un handicap permanent. » Cette seconde formulation suscite une réaction très différente de la première : elle évoque l'image spécifique d'un enfant handicapé de manière permanente à cause d'un médicament. Les 99 999 autres enfants vaccinés et en bonne santé ont disparu. Ainsi que le prévoit la négligence du dénominateur, les événements à faible probabilité sont nettement plus surévalués lorsqu'ils sont présentés sous forme de fréquence plutôt qu'en termes abstraits de « risques », de « chances » ou de « probabilités ». Comme nous l'avons déjà dit, le Système 1 préfère nettement traiter avec des individus qu'avec des catégories.

L'expression sous forme de fréquence peut avoir de puissants effets. Dans une étude, les gens à qui l'on disait que « telle maladie tue 1 286 personnes sur 10 000 » la jugeaient plus dangereuse qu'une maladie « tuant 24,14 % de la population ». La première formulation rend la maladie plus dangereuse alors qu'elle exprime un risque deux fois moins élevé que la seconde ! Preuve encore plus directe de l'effet de négligence du dénominateur, une maladie « tuant 1 286 personnes sur 10 000 » était jugée plus dangereuse qu'une maladie « tuant 24,4 personnes sur 100 »[7]. Cet effet serait probablement réduit, voire éliminé, si on demandait aux participants de comparer directement les deux formulations, tâche pour laquelle ils solliciteraient le Système 2. Dans la vie, nous sommes toutefois plus souvent confrontés à un seul type de formulation à la fois. Il faudrait posséder un Système 2 particulièrement actif pour reformuler chaque proposition que l'on nous soumet et découvrir que la nouvelle formulation suscite alors une réaction différente.

Les psychologues et les psychiatres chevronnés ne sont pas à l'abri de cet effet de format[8]. Dans le cadre d'une expérience, des professionnels furent chargés d'évaluer s'il était raisonnable de laisser un patient au comportement violent sortir de l'hôpital psychiatrique. On leur fournit des informations comprenant les estimations d'un spécialiste. Les probabilités étaient identiques mais présentées de deux manières différentes.

> Les cas similaires à celui de M. Jones présentent 10 % de chances de commettre un acte violent contre une autre personne dans les premiers mois suivant leur sortie de l'hôpital.
> Sur 100 cas similaires à celui de M. Jones, 10 commettent un acte de violence contre une autre personne au cours des premiers mois suivant leur sortie de l'hôpital.

Les professionnels à qui l'on fournissait les chiffres exprimés sous forme de fréquence avaient deux fois plus de chances de s'opposer à la sortie du patient (41 % contre 21 % chez ceux qui avaient reçu l'information sous forme de pourcentage). La description plus évocatrice du risque les incitait à attacher des poids décisionnels plus lourds à des événements présentant la même probabilité.

La forme utilisée pour communiquer une information offre des possibilités de manipulation que certaines personnes n'hésitent pas à exploiter. Slovic et ses collègues citent notamment l'exemple d'un article disant que « près de 1 000 homicides sont commis chaque année aux États-Unis par des individus atteints de sévères troubles mentaux ne suivant pas de traitement ». Une autre façon de dire la même chose consisterait à déclarer que « 1 000 Américains sur 273 000 000 meurent chaque année de cette manière ». On pourrait également dire que « le risque d'être tué de cette manière est d'environ 0,00036 % par an ». Ou encore que « 1 000 Américains meurent chaque année de cette manière, ce qui équivaut à moins d'un trentième du nombre de suicidés et environ un quart du nombre de victimes du cancer du larynx ». Slovic souligne que ces personnes « ne dissimulent pas leurs intentions : elles veulent que l'opinion publique ait peur des malades mentaux dans l'espoir que cela se traduise par une augmentation du budget consacré à ces malades ».

Tout avocat habile cherchant à instiller le doute quant à une preuve ADN ne dira pas que « le risque de fausse concordance est de 0,1 % » mais que l'on dénombre « un cas sur 1 000 de fausse concordance dans des crimes punis par la peine de mort ». Cette formulation a beaucoup plus de chances de l'aider à passer le seuil du doute raisonnable [9]. Les jurés qui entendent ces mots voient se former l'image d'un homme assis en face d'eux et accusé à tort à cause d'une erreur de laboratoire. Le procureur préférera naturellement les références plus abstraites afin de noyer l'esprit des jurés sous des chiffres et des décimales.

DÉCIDER SUR UNE IMPRESSION GLOBALE

L'expérience nous suggère l'hypothèse suivante : l'attention soutenue et la saillance d'un événement contribuent toutes les deux à une surestimation des événements rares et à la surévaluation de résultats improbables. La saillance d'un événement est renforcée par sa simple mention, la facilité que l'on a à l'imaginer et la forme sous laquelle il est présenté. Il existe naturellement des exceptions où le fait de se concentrer sur un événement n'augmente pas sa probabilité : il s'agit de cas où une théorie erronée vous fait croire un événement impossible même si vous y pensez, ou encore de cas où l'impossibilité d'imaginer le résultat vous laisse convaincu que l'événement ne va pas se produire. Le biais consistant à surestimer et à surévaluer des événements saillants n'est pas une loi absolue mais il se vérifie souvent.

Ces dernières années, les chercheurs se sont beaucoup intéressés au *choix issu de l'expérience*, processus qui ne suit pas les mêmes règles que le *choix issu de la description*, que nous avons analysé dans la théorie des perspectives [10]. Au cours d'une expérience, on a installé des participants face à deux boutons. Chaque fois qu'ils appuyaient sur l'un d'entre eux, ils recevaient une somme d'argent ou bien rien du tout. L'effet des boutons (gain d'argent ou effet nul) était fixé de manière aléatoire en fonction d'une perspective spécifique (par exemple « 5 % de chances de gagner 12 euros » ou « 95 % de chances de gagner 1 euro »). Le mécanisme est purement aléatoire, les choix proposés aux participants ne sont donc pas nécessairement conformes aux prédictions statistiques. Les valeurs attendues associées aux deux boutons sont à près égales mais un des boutons est plus risqué (plus variable) que l'autre. Par exemple, un bouton vous fera gagner 10 euros sur 5 % des essais contre 1 euro sur 50 % de tentatives avec l'autre. Le choix issu de l'expérience est créé en exposant les participants à de nombreuses tentatives au cours desquelles ils peuvent observer les conséquences de leur choix pour tel ou tel bouton. Lors d'une tentative critique, un participant choisit d'appuyer sur un des deux boutons et obtient l'effet correspondant. Le choix par description se produit lorsque le sujet reçoit une description verbale de la perspective associée à tel ou tel bouton (« 5 % de chances de gagner 12 euros ») avant d'en choisir un.

Ainsi que le prévoit la théorie des perspectives, le choix par description crée un effet de possibilité, les événements peu probables sont surestimés par rapport à leur probabilité objective. Dans le cadre du choix issu de l'expérience, on n'observe jamais une telle surestimation et les cas de sous-évaluation sont nombreux.

Le cadre expérimental du choix issu de l'expérience vise à représenter un grand nombre de situations dans lesquelles nous observons des résultats différents provenant de la même source. Un restaurant ordinairement bon pourra à l'occasion vous servir un plat particulièrement réussi ou au contraire complètement raté. Votre ami est généralement de bonne compagnie mais il lui arrive d'être de mauvaise humeur et de se montrer agressif. La Californie est une zone sismique à risque mais les séismes sont rares. Les résultats de nombreuses expériences montrent que les événements rares ne sont pas surévalués lorsque nous prenons des décisions telles que choisir un restaurant ou attacher la bouilloire électrique pour limiter les dégâts en cas de séisme.

L'interprétation du choix issu de l'expérience fait encore l'objet de discussions [11], mais il est communément admis qu'une des raisons majeures expliquant la sous-évaluation des événements rares, à la fois dans le cadre d'expériences et dans la vie réelle, est liée au fait que bon nombre de participants n'ont jamais vécu cet événement rare ! La plupart des habitants de Californie n'ont jamais vécu de tremblement de terre important, et en 2007, aucun banquier n'avait fait l'expérience d'une crise financière majeure. Pour Ralph Hertwig et Ido Erev, « les événements rares (comme l'éclatement de la bulle immobilière) sont sous-estimés par rapport à leur probabilité objective [12] ». Ils citent également l'exemple de la faible réaction de l'opinion publique face aux menaces environnementales à long terme.

Ces exemples de négligence sont tous les deux importants et faciles à expliquer, mais il existe également des cas où les gens sous-évaluent des événements rares qu'ils ont pourtant vécus. Imaginez que vous êtes face à un problème compliqué que deux de vos collègues pourraient probablement résoudre. Vous les connaissez tous les deux depuis des années et avez eu de nombreuses occasions d'observer leur caractère. Adèle est généralement agréable et de bon conseil sans être exceptionnelle sur ce dernier point. Brian est généralement moins sympathique et moins utile qu'Adèle mais il lui est arrivé de se montrer extrêmement généreux, de vous consacrer parfois beaucoup de temps et de vous donner des conseils. Vers qui vous tournez-vous ?

Il y a deux façons de considérer ce problème :

- Il s'agit d'un choix entre deux propositions. Adèle est la plus sûre ; le choix de Brian a plus de chances d'être légèrement moins satisfaisant et présente une faible probabilité d'être très utile. Cet événement rare sera surestimé par l'effet de possibilité, vous incitant à vous adresser à Brian.
- Il s'agit également d'un choix entre vos impressions globales d'Adèle et de Brian. Les bonnes et mauvaises expériences que vous avez eues avec ces personnes sont stockées dans votre représentation de leur comportement ordinaire. À moins que l'événement rare soit trop extrême et donc présenté séparément (par exemple, Brian insultant un collègue qui lui demandait de l'aide), la règle veut que vous vous dirigiez vers la personne à laquelle vous associez le plus de souvenirs positifs et les plus récents, à savoir Adèle.

Dans un esprit à double système, la seconde interprétation semble de loin la plus plausible. Le Système 1 génère des représentations globales d'Adèle et de Brian impliquant des émotions et une tendance à rechercher ou à éviter le contact avec ces personnes. Il suffit de comparer ces deux tendances (recherche ou évitement) pour savoir à quelle porte vous allez frapper. À moins que l'événement rare ne vous vienne à l'esprit de manière explicite, il ne sera pas surévalué. Il est très simple d'appliquer cette méthode aux études du choix issu de l'expérience. À mesure que les participants les voient générer des résultats différents, ils dotent chaque bouton d'une « personnalité » suscitant des réactions émotionnelles.

Les chercheurs comprennent aujourd'hui mieux les conditions dans lesquelles des événements rares sont ignorés ou surestimés par rapport à l'époque où nous avons formulé la théorie des perspectives. La probabilité d'un événement rare est (souvent, pas toujours) surestimée en raison du biais de confirmation de la mémoire. En pensant à un événement, vous le réalisez dans votre esprit. Un événement rare sera surestimé s'il attire particulièrement l'attention. Pour garantir une attention séparée du décideur, il suffit de décrire la perspective de manière explicite (« 99 % de chances de gagner 1 000 euros et 1 % de chances de ne rien gagner du tout »). Les craintes obsessionnelles (le bus à Jérusalem), les images nettes (un bouquet de roses), les représentations concrètes (1 sur 1 000) et les rappels explicites (comme dans le choix par description) sont autant de facteurs contribuant à la surévaluation. Lorsqu'il n'y a pas de surévaluation, on observe une négligence. Notre esprit ne se prête pas à l'estimation objective d'événements rares. Pour les habitants d'une planète susceptible de connaître des événements auxquels personne n'a jamais été confronté, ce n'est pas une bonne nouvelle.

*

Les événements rares en bref

> « Les tsunamis sont très rares au Japon, mais ils suscitent des images tellement frappantes que les touristes sont obligés de surestimer leur probabilité. »

« C'est un cercle vicieux bien connu. Il commence par l'exagération puis la surévaluation avant de céder la place à la négligence. »

« Nous ne devrions pas nous focaliser sur un seul scénario car nous risquons d'en surestimer la probabilité. Imaginons les autres solutions possibles de manière à parvenir à un total de probabilités de 100 %. »

« Ils veulent que les gens aient peur du risque. C'est pour ça qu'ils parlent d'un mort pour 1 000. Ils jouent sur la négligence du dénominateur. »

31

Quelle politique en matière de risque ?

Imaginez : vous vous retrouvez face à ces deux solutions. Prenez le temps d'étudier chacune d'elles, puis faites votre choix.

Décision (i) : Choisissez entre
A. Un gain assuré de 240 dollars
B. 25 % de chances de gagner 1 000 dollars et 75 % de chance de ne rien gagner
Décision (ii) : Choisissez entre
C. Une perte assurée de 750 dollars
D. 75 % de chances de perdre 1 000 dollars et 25 % de chances de ne rien perdre

Ces deux problèmes de choix occupent une place importante dans l'histoire de la théorie des perspectives et sont riches de nouveaux enseignements sur la rationalité. Lorsque vous survolez les deux problèmes, votre première réaction face aux éléments certains (A et C) se caractérise par une attraction pour le premier et une aversion pour le second. L'évaluation émotionnelle du « gain assuré » et de la « perte assurée » est une réaction automatique du Système 1, qui se produit certainement avant le calcul plus exigeant (et optionnel) de l'espérance mathématique des deux paris (respectivement, un gain de 250 $ et une perte de 750 $). Chez la plupart des gens, les choix correspondent aux prédilections du Système 1 et une grande majorité d'entre eux préférera A à B et D à C. Comme dans de nombreux autres choix impliquant des probabilités modérées ou élevées, les personnes ont tendance à fuir le risque dans le domaine des gains et à le rechercher dans le domaine des pertes. Dans la première expérience qu'Amos et moi avons réalisée, 73 % des personnes interrogées ont choisi A dans la décision (i) et D dans la décision (ii), alors que 3 % seulement ont préféré la combinaison de B et C.

Il vous était demandé d'examiner les deux options avant de faire votre premier choix et c'est probablement ce que vous avez fait. Mais il y a une chose que vous n'avez probablement pas faite : vous n'avez pas réfléchi aux éventuels résultats des quatre combinaisons de choix possibles (A et C, A et D, B et C, B et D) pour déterminer laquelle vous préfériez. Vos préférences isolées dans chacun des deux problèmes étaient intuitivement convaincantes et vous n'aviez aucune raison de penser qu'elles puissent vous tromper. Par ailleurs, la combinaison des deux problèmes de décision est un exercice laborieux pour lequel vous auriez besoin de papier et d'un crayon. Vous ne l'avez donc pas fait. Observez maintenant le problème de choix suivant :

AD. 25 % de chances de gagner 240 dollars et 75 % de chances de perdre 760 dollars
BC. 25 % de chances de gagner 250 dollars et 75 % de chances de perdre 750 dollars

Le choix est simple ! L'option BC *domine* de fait l'option AD (c'est le terme technique lorsqu'une option est indubitablement meilleure que l'autre). Vous avez déjà compris ce qui va suivre. L'option dominante BC est la combinaison des deux options rejetées dans la première paire de problèmes de décision, celle que seules

3 % des personnes interrogées ont privilégiée dans notre première étude. L'option inférieure AD a été préférée par 73 % des personnes interrogées [1].

GROS PLAN OU GRAND ANGLE ?

Cet ensemble de choix nous en apprend beaucoup sur les limites de la rationalité humaine. Il nous permet dans un premier temps de voir la cohérence logique des préférences de l'être humain pour ce qu'elle est – un mirage sans espoir. Observez à nouveau le dernier problème, le plus facile. Auriez-vous imaginé qu'il était possible de décomposer ce problème de choix évident en une paire de problèmes qui conduirait une immense majorité de personnes à choisir une option inférieure ? C'est généralement vrai : tout choix simple formulé en termes de gains et de pertes peut être déconstruit de multiples façons pour en faire une combinaison de choix, engendrant des préférences qui seront susceptibles de ne pas être cohérentes. L'exemple montre également qu'il est coûteux de fuir le risque pour les gains et de le rechercher pour les pertes. Ces attitudes vous rendent prêt à payer une prime pour obtenir un gain assuré plutôt que d'affronter un pari, mais aussi à payer une prime (en espérance mathématique) pour éviter une perte assurée. Les deux paiements viennent de la même poche et lorsque vous faites face aux deux types de problèmes en même temps, des attitudes divergentes ne seront certainement pas optimales. Les décisions *i* et *ii* peuvent se construire de deux manières :

Cadrage en gros plan : une suite de deux décisions simples, envisagées séparément
Cadrage en grand angle : une unique décision globale, avec quatre options

Le cadrage grand angle est supérieur de façon évidente dans le cas qui nous occupe. De fait, il sera supérieur (ou au moins ne sera pas inférieur) dans tous les cas où plusieurs décisions doivent être envisagées simultanément. Imaginez une liste plus longue de cinq décisions simples (binaires) à considérer en même temps. Le cadrage en grand angle (global) consiste en un choix unique parmi trente-deux options. Le cadrage en gros plan engendrera une succession de cinq choix simples. La succession de cinq choix correspondra à l'une des trente-deux options du cadre grand angle. Mais est-ce que ce sera la meilleure ? Peut-être, mais c'est peu probable. Un agent rationnel choisira bien évidemment un grand angle, mais les Humains cadrent par nature en gros plan. L'idéal d'une cohérence logique, comme le montre cet exemple, est impossible à atteindre par notre esprit limité. Parce que nous sommes sujets à COVERA et que nous répugnons à tout effort mental, nous avons tendance à prendre des décisions à mesure que les problèmes se posent, même lorsque l'on nous demande spécifiquement de les envisager dans leur globalité. Nous n'avons ni les penchants ni les ressources mentales nous permettant d'assurer la cohérence de nos préférences, et nos préférences ne sont pas magiquement conçues pour être cohérentes, comme elles le sont dans le modèle de l'agent rationnel.

Le problème de Samuelson

Le grand Paul Samuelson – un monument parmi les économistes du XXe siècle – s'est rendu célèbre en demandant à un ami s'il accepterait un pari à pile ou face dans lequel il pourrait perdre 100 dollars ou en gagner 200. Son ami lui a répondu : « Je ne parierai pas, car je serai plus affecté par la perte de 100 dollars qu'enthousiasmé par le gain de 200. Mais je tiens le pari si tu me promets de me laisser faire 100 fois le même. » À moins que vous ne soyez un théoricien de la décision, vous partagez probablement l'intuition de l'ami de Samuelson : en tenant un pari très favorable mais risqué plusieurs fois, le risque subjectif serait réduit. Samuelson a trouvé intéressante la réponse de son ami et l'a analysée. Il a démontré que, dans certaines conditions très particulières, une personne recherchant l'optimisation de l'utilité qui rejette un pari unique devrait aussi rejeter la proposition d'en faire un grand nombre. Il faut remarquer que Samuelson n'a pas semblé s'inquiéter du fait que sa démonstration, qui est évidemment valide, conduit à une conclusion qui bouscule le sens commun, si ce n'est la rationalité : l'offre d'une centaine de paris est si attractive qu'aucune personne saine d'esprit ne la refuserait. Matthew Rabin et Richard Thaler ont indiqué que « globalement, cent paris à 50-50 de perdre 100 dollars/gagner 200 dollars présentent une espérance mathématique de 5 000 dollars, avec seulement 1 chance sur 2 300 de perdre de l'argent et une toute petite chance sur 62 000 de perdre plus de 1 000 dollars ». Leur idée, bien sûr, est que si la théorie de l'utilité peut être cohérente avec une préférence aussi absurde dans toutes les circonstances, alors il doit être faux de la considérer comme un modèle de choix rationnel. Samuelson ne connaissait pas la démonstration de Rabin sur l'absurdité des conséquences d'une forte aversion aux pertes dans les petits paris, mais il n'en aurait probablement pas été surpris. Sa disposition à ne serait-ce qu'envisager la possibilité de la rationalité d'un rejet de l'ensemble témoigne de la puissance de l'emprise du modèle rationnel. Supposons qu'une fonction de valeur très simple décrive la préférence de l'ami de Samuelson (appelons-le Sam). Pour exprimer son aversion aux pertes, Sam commence par réécrire le pari, en multipliant chaque perte par un facteur 2. Il calcule ensuite l'espérance mathématique du pari réécrit. Voici les résultats, pour un, deux ou trois lancers. Ils sont suffisamment instructifs pour mériter d'être observés attentivement.

		Valeur espérée
Un lancer	(50 % perdent 100 ; 50 % gagnent 200)	50
Pertes doubles	(50 % perdent 200 ; 50 % gagnent 200)	0
Deux lancers	(25 % perdent 200 ; 50 % gagnent 100 ; 25 % gagnent 400)	100
Pertes doubles	(25 % perdent 400 ; 50 % gagnent 100 ; 25 % gagnent 400)	50
Trois lancers	(12,5 % perdent 300 ; 37,5 % gagnent 0 ; 37,5 % gagnent 300 ; 12,5 % gagnent 600)	150
Pertes doubles	(12,5 % perdent 600 ; 37,5 % gagnent 0 ; 37,5 % gagnent 300 ; 12,5 % gagnent 600)	112,5

Vous voyez dans le tableau que le pari a une espérance mathématique de 50. Toutefois, un lancer ne vaut rien pour Sam parce qu'il a le sentiment que la douleur de perdre un euro est deux fois plus intense que le plaisir d'en gagner un. Après réécriture du pari pour refléter son aversion aux pertes, Sam découvrira que la valeur du pari est de 0. Prenons maintenant deux lancers. La probabilité de perdre descend à 25 %. Les deux résultats extrêmes (perdre 200 ou gagner 400) s'annulent en valeur ; ils sont tout aussi probables l'un que l'autre et les pertes pèsent deux fois plus que les gains. Mais le résultat intermédiaire (une perte, un gain) est positif, tout comme le pari composé dans son ensemble. Vous saisissez maintenant le coût du cadrage en gros plan et la magie du regroupement des paris. Nous voilà face à deux paris favorables, qui ne valent rien individuellement pour Sam. S'il rencontre l'offre en deux occasions distinctes, il la refusera par deux fois. Pourtant, s'il rassemble les deux offres, elles valent 50 dollars en tout ! Les choses s'améliorent encore plus lorsqu'on regroupe trois lancers. Les extrêmes s'annulent toujours, mais ils deviennent moins importants. Le troisième lancer, bien que sans valeur s'il est envisagé individuellement, ajoute 62,50 dollars à l'espérance totale de l'ensemble. Si Sam se voit proposer cinq paris, l'espérance mathématique de l'offre sera de 250 dollars, sa probabilité de perdre de l'argent sera de 18,75 % et son équivalent en espèces sera de 203,125 dollars. Ce qu'il faut remarquer dans cette histoire, c'est que Sam n'évolue pas dans son aversion aux pertes. Toutefois, le regroupement de paris favorables réduit rapidement la probabilité de perdre et l'impact de l'aversion aux pertes sur ses préférences diminue en conséquence. J'ai maintenant un discours tout prêt pour Sam s'il rejette l'offre d'un unique pari extrêmement favorable se jouant en une fois, et pour vous si vous partagez son aversion déraisonnable aux pertes :

> Je comprends votre aversion à la perte d'un quelconque pari, mais elle vous coûte beaucoup d'argent. Posez-vous la question suivante si vous le voulez bien : êtes-vous sur votre lit de mort ? Est-ce la dernière proposition de petit pari favorable que vous aurez à envisager ? Bien sûr, il est peu probable que l'on vous propose exactement le même pari à nouveau, mais vous rencontrerez de nombreuses occasions d'étudier des paris attractifs dont les enjeux seront très faibles par rapport à votre richesse. Vous vous accorderiez une grande faveur financière si vous étiez capable de voir chacun de ces paris comme faisant partie d'un ensemble de petits paris et de vous répéter le mantra qui vous fera approcher de bien plus près la rationalité économique : vous gagnez peu, vous perdez peu. Le principal objectif de ce

> mantra est de contrôler votre réaction émotionnelle face à une perte réelle. Si vous pouvez croire en son efficacité, vous devez vous le remémorer lorsque vous décidez d'accepter ou non un petit risque pour une espérance mathématique positive. Souvenez-vous de ces caractéristiques lorsque vous utilisez le mantra :
>
> – Il fonctionne lorsque les paris sont véritablement indépendants les uns des autres ; il ne s'applique pas aux multiples investissements dans le même secteur, qui s'entraîneraient mutuellement dans leur chute.
>
> – Il fonctionne uniquement lorsque la perte éventuelle ne remet pas en cause l'ensemble de votre richesse. Si la perte devait mettre gravement en danger votre avenir économique, faites attention !
>
> – Il ne doit pas s'appliquer aux paris à long terme pour lesquels la probabilité de gagner est très faible.
>
> Si vous disposez de la discipline émotionnelle que cette règle exige, vous n'envisagerez jamais un petit pari de manière isolée et ne manifesterez jamais d'aversion aux pertes pour un petit pari jusqu'à ce que vous soyez véritablement sur votre lit de mort – et encore.

Ce conseil n'est pas impossible à suivre. Des traders expérimentés sur les marchés financiers le suivent quotidiennement, se protégeant de la douleur des pertes en adoptant un *cadrage grand angle*. Comme nous l'avons dit plus tôt, nous savons désormais qu'un sujet peut presque être guéri de son aversion aux pertes (dans un contexte particulier) s'il est incité à « penser en trader », tout comme les collectionneurs de cartes de baseball expérimentés sont moins sensibles à l'effet de dotation que les novices. Les étudiants ont pris des décisions risquées (pour accepter ou rejeter des paris qu'ils pourraient perdre) en suivant différentes instructions. Dans les conditions de cadrage en gros plan, on leur disait de « prendre chaque décision comme si elle était unique » et d'accepter leurs émotions. Les instructions pour le cadrage grand angle d'une décision comprenaient les expressions « imaginez-vous en trader », « vous faites ça tout le temps » et « traitez-la comme une décision financière parmi beaucoup d'autres, qui s'additionneront pour constituer un "portefeuille" ». Les chercheurs ont évalué les réactions émotionnelles des sujets face aux gains et aux pertes en prenant des mesures physiologiques, comme la modification de la conduction électrique de la peau, qui est utilisée par les détecteurs de mensonge. Comme l'on s'y attendait, le cadrage grand angle a atténué la réaction émotionnelle face aux pertes et accru la disposition à prendre des risques.

L'association de l'aversion aux pertes et du cadrage en gros plan est une malédiction coûteuse. Les investisseurs particuliers peuvent éviter cette malédiction, recueillir les bénéfices émotionnels du cadrage grand angle et s'économiser du temps et du désagrément en réduisant la fréquence à laquelle ils vérifient l'évolution de leurs placements. Un suivi étroit des fluctuations quotidiennes est une proposition perdante, car la peine causée par de petites pertes fréquentes est supérieure au plaisir procuré par de petits gains tout aussi fréquents. Une fréquence trimestrielle est suffisante, et peut-être même plus que suffisante, pour les investisseurs particuliers. En plus d'améliorer la qualité de vie émotionnelle, le fait d'éviter de manière délibérée de s'exposer aux résultats à court terme améliore la qualité des décisions et des résultats. En effet, la réaction typique à court terme face à de mauvaises nouvelles est une aversion accrue aux pertes. Les investisseurs qui utilisent des bilans globaux reçoivent des informations moins fréquemment et sont donc susceptibles de moins fuir le risque et de finir plus riches. Vous êtes également moins enclin à modifier inutilement votre portefeuille si vous ne connaissez pas le comportement de chacun des titres qui le composent au jour le jour (ou à la semaine, ou au mois). L'engagement de ne pas modifier ses positions sur une période assez longue (ce qui revient à « bloquer » un placement) améliore les performances financières [2].

POLITIQUES EN MATIÈRE DE RISQUE

Les décideurs qui sont enclins à cadrer en gros plan construisent une préférence chaque fois qu'ils sont face à un choix risqué. Ils feraient pourtant mieux d'avoir une *politique en matière de risque* qu'ils appliqueraient de façon routinière dès qu'un problème pertinent apparaîtrait. Ainsi, « toujours prendre la franchise la plus élevée possible lors de l'achat d'une assurance » et « ne jamais prendre les garanties supplémentaires » sont des exemples familiers de politiques en matière de risque. Une politique constitue un cadrage grand angle. Dans les exemples d'assurances, vous vous attendez à la perte occasionnelle de l'intégralité de la franchise ou à la panne occasionnelle d'un produit non assuré. La question pertinente est celle de votre capacité à réduire ou éliminer la douleur de la perte occasionnelle grâce à l'idée que la politique qui vous a exposé à cette perte sera presque à coup sûr financièrement avantageuse à long terme.

Une politique en matière de risque qui regroupe les décisions est analogue à la vision externe de la planification des problèmes dont j'ai parlé plus tôt. La vision externe déplace le centre de gravité des particularités d'une situation actuelle aux statistiques connues dans des situations similaires. La vision externe est un cadre de pensée grand angle pour envisager des projets. Une politique en matière de risque est un cadre grand angle qui intègre un choix risqué particulier dans un ensemble de choix similaires.

La vision externe et la politique en matière de risque sont des remèdes contre deux biais distincts qui affectent de nombreuses décisions : l'optimisme exagéré de l'erreur de prévision et la prudence exagérée induite par l'aversion aux pertes. Les deux biais s'opposent. L'optimisme exagéré protège les individus et les organisations des effets paralysants de l'aversion aux pertes ; l'aversion aux pertes les protège des folies d'un optimisme trop confiant. Le résultat est plutôt confortable pour le décideur. Les optimistes pensent que les décisions qu'ils prennent sont plus prudentes qu'elles ne le sont réellement et les décideurs fuyant les pertes rejettent avec raison des propositions marginales qu'ils auraient pu accepter dans un autre. Rien ne garantit, bien évidemment, que les biais s'annulent dans toutes les situations. Une organisation qui serait en mesure d'éliminer à la fois l'optimisme excessif et l'aversion excessive aux pertes devrait le faire. L'objectif devrait en effet être d'associer la vision externe avec une politique en matière de risque. Richard Thaler rapporte une discussion sur la prise de décision qu'il a eue avec les cadres dirigeants des vingt-cinq services d'une grande entreprise. Il leur a demandé d'étudier une option risquée qui a la même probabilité de leur faire perdre un montant important du capital qu'ils contrôlent ou gagner le double de ce montant. Aucun des cadres n'était disposé à faire un pari aussi dangereux. Thaler s'est ensuite tourné vers le PDG de la société, également présent, et lui a demandé son avis. Sans hésiter, le PDG a répondu : « Je voudrais que chacun d'eux prenne le risque. » Dans le contexte de cette conversation, il était naturel pour le PDG d'adopter un cadrage grand angle qui tenait compte de l'intégralité des vingt-cinq paris. Tout comme Sam face à cent lancers pile ou face, il pourrait compter sur l'agrégation statistique pour limiter le risque global.

*

Les politiques en matière de risque, en bref

« Dites-lui de penser en trader ! Vous gagnez peu, vous perdez peu. »

« J'ai décidé de n'évaluer mon portefeuille qu'une fois par trimestre. Je répugne trop aux pertes pour prendre des décisions sensées face aux fluctuations quotidiennes des prix. »

« Ils ne prennent jamais les garanties supplémentaires. C'est leur politique en matière de risque. »

« Chacun de nos cadres fuit les pertes dans son domaine. C'est parfaitement naturel, mais le résultat, c'est que l'entreprise ne prend pas assez de risques. »

32

À L'HEURE DES COMPTES…

Si l'on excepte les plus pauvres, dont la survie dépend du revenu, les principales motivations de la recherche d'argent ne sont pas nécessairement économiques. Pour le milliardaire en quête d'un milliard supplémentaire et *a fortiori* pour le petit investisseur en quête d'un euro supplémentaire, l'argent est un moyen de marquer des points sur l'échelle de l'estime de soi et de la réussite. Nous avons en tête toutes ces récompenses et ces punitions, ces promesses et ces menaces. Nous les comptons soigneusement. Elles définissent nos préférences et motivent nos actions, au même titre que les incitations fournies par le contexte social. Par conséquent, nous refusons parfois de limiter les pertes quand cela implique d'admettre un échec, nous subissons un biais défavorable face aux actions que nous pourrions regretter et nous traçons une distinction illusoire mais nette entre abstention et engagement, action et inaction, car le sentiment de responsabilité est plus grand dans un cas que dans l'autre. L'argent qui vient en fin de compte récompenser ou punir est souvent émotionnellement chargé, d'où une forme d'administration mentale personnelle, qui crée inévitablement des conflits d'intérêts lorsqu'un individu agit au nom d'une organisation.

La comptabilité mentale

Richard Thaler est fasciné depuis des années par les analogies entre le monde de la comptabilité et les « comptes mentaux » que nous faisons pour organiser et gérer nos vies, avec des résultats parfois aberrants, parfois très utiles. Les comptes mentaux se présentent sous diverses formes. Nous conservons en effet notre argent sur des comptes différents, qui sont parfois physiques, parfois seulement mentaux. Nous avons de l'argent de poche, des économies générales, des économies particulières pour l'éducation de nos enfants ou les urgences médicales. Il existe une hiérarchie claire dans notre disposition à puiser dans ces différents comptes pour couvrir nos besoins courants. Nous utilisons des comptes à des fins de maîtrise personnelle, comme lorsque nous définissons un budget familial, limitons notre consommation quotidienne de café, ou augmentons le temps passé à faire du sport. Nous payons même souvent pour cette maîtrise personnelle, par exemple en plaçant de l'argent sur un compte d'épargne tout en gardant des dettes sur une carte de crédit. Les Econs du modèle de l'agent rationnel n'ont pas recours à la comptabilité mentale : ils ont une vision globale des résultats et sont poussés par des stimulations extérieures. Pour les Humains, en revanche, les comptes mentaux sont une forme de cadrage en gros plan ; ils gardent le contrôle sur les événements et les rendent gérables pour un esprit fini.

Les comptes mentaux sont abondamment utilisés pour compter les points. Rappelez-vous que les golfeurs professionnels réussissent mieux leurs putts quand ils essaient d'éviter un bogey plutôt que de réussir un birdie. Nous pouvons en tirer une conclusion : les meilleurs golfeurs créent un compte séparé pour chaque trou ; ils ne tiennent pas un seul compte pour l'ensemble de leurs coups. Un exemple ironique raconté par Thaler dans un de ses articles reste l'une des meilleures illustrations de la façon dont la comptabilité mentale affecte le comportement :

> Deux grands passionnés de sport prévoient de faire 70 kilomètres pour voir un match de basket. L'un d'eux a payé son ticket ; l'autre était sur le point de l'acheter quand un ami lui en a offert un. Une tempête de neige est annoncée pour le soir du match. Lequel des deux est le plus susceptible de braver la tempête pour voir le match ?

La réponse est immédiate : nous savons que le fan qui a payé son ticket est plus susceptible de prendre la route. La comptabilité mentale permet de l'expliquer. Nous supposons que les deux fans ont ouvert un compte pour le match qu'ils espéraient voir. Rater le match clôturera les comptes sur un bilan négatif. Quelle que soit l'origine de leur ticket, ils seront donc tous les deux déçus, mais la clôture du bilan est clairement plus négative pour celui qui a acheté un ticket et qui est désormais à court d'argent en plus d'être privé de match. Parce qu'il est encore pire de rester chez lui pour cet individu, il est plus motivé pour voir le match et donc plus susceptible de tenter de prendre la route dans la tempête [1]. Ce sont des calculs tacites d'équilibre émotionnel, de ceux que le Système 1 réalise sans réfléchir. Les émotions que les gens lient à l'état de leurs comptes mentaux ne sont pas prises en compte dans les théories économiques classiques. Un Econ serait conscient que le ticket a déjà été payé et qu'il ne peut être remboursé. Le coût est « irrécupérable » et l'Econ ne se soucierait pas de savoir s'il a acheté le ticket pour le match ou s'il l'a reçu d'un ami (dans l'hypothèse où les Econs ont des amis). Pour mettre en place ce comportement rationnel, le Système 2 devrait avoir conscience de la possibilité inverse : « Serais-je toujours disposé à prendre la route en pleine tempête si un ami m'avait offert le ticket ? » Seul un esprit actif et discipliné peut soulever une question si difficile.

Une erreur du même ordre affecte les investisseurs particuliers lorsqu'ils vendent des titres de leur portefeuille :

> Vous avez besoin d'argent pour couvrir les frais du mariage de votre fille et vous devrez donc vous défaire de quelques titres. Vous vous souvenez du prix auquel vous avez acheté chacun d'eux et pouvez donc repérer les « vainqueurs », qui valent actuellement plus que ce que vous n'avez payé pour eux et les « perdants ». Parmi les titres que vous possédez, Blueberry Tiles est un gagnant ; si vous le vendez aujourd'hui, vous aurez réalisé une plus-value de 5 000 dollars. Vous détenez un placement équivalent dans Tiffany Motors, qui vaut actuellement 5 000 dollars de moins que son prix d'achat. La valeur des deux titres est restée stable ces dernières semaines. Lequel êtes-vous le plus susceptible de vendre ?

Le choix peut vraisemblablement être formulé de la façon suivante : « Je pourrais clôturer le compte Blueberry Tiles et enregistrer un succès dans mon dossier d'investisseur. À l'inverse, je pourrais clôturer le compte Tiffany Motors et ajouter un échec à mon dossier. Qu'est-ce que je préfère faire ? » Si le problème est posé en termes de choix entre vous faire plaisir et vous faire de la peine, vous vendrez certainement Blueberry Tiles et profiterez de votre prouesse d'investissement. Comme l'on pourrait s'y attendre, les études en finance ont montré une écrasante préférence pour la vente de gagnants plutôt que de perdants – un biais qui a reçu un nom obscur : *l'effet de disposition* [2].

L'effet de disposition est un exemple de cadrage en gros plan. L'investisseur ouvre un compte pour chaque titre acheté et veut clôturer chaque compte sur une plus-value. Un agent rationnel aurait une vision globale du portefeuille et vendrait le titre qui est le moins susceptible d'enregistrer de bonnes performances à l'avenir, sans tenir compte de son statut de gagnant ou de perdant. Amos m'a raconté une conversation avec un conseiller financier, qui lui demandait la liste complète des titres de son portefeuille, avec le prix d'achat de chacun d'eux. Quand Amos a demandé en souriant : « Est-ce que ce n'est pas censé n'avoir aucune importance ? », le conseiller a semblé étonné. Il avait apparemment toujours pensé que l'état du compte mental était une considération valide.

La supposition d'Amos sur les convictions du conseiller financier était probablement juste, mais il a eu tort de considérer que le prix d'achat n'avait pas d'importance. Le prix d'achat a une importance et doit être pris en compte, même par les Econs. L'effet de disposition est un biais coûteux car la question de vendre les gagnants ou les perdants appelle une réponse claire, autre que l'absence de différence. En effet, si vous vous souciez plus de votre richesse que de vos émotions immédiates, vous vendrez le perdant, Tiffany Motors, et vous conserverez le gagnant, Blueberry Tiles. Il existe, au moins aux États-Unis, une forte incitation fiscale : subir des pertes réduit vos impôts, alors que la vente de gagnants vous expose à des taxes. Ce fait élémentaire de la vie financière est en réalité bien connu des investisseurs américains et détermine les décisions qu'ils prennent en fin d'année – les investisseurs vendent plus de perdants en décembre, lorsqu'ils pensent aux impôts. L'avantage fiscal est évidemment valable toute l'année, mais pendant onze mois, la comptabilité mentale annuelle prévaut sur le bon sens financier immédiat. Autre argument s'opposant à la vente des gagnants : l'anomalie bien connue sur le marché qui veut que les titres ayant récemment pris de la valeur sont susceptibles de continuer à en gagner au moins pendant une courte période. L'effet net est important : le rendement supplémentaire après impôts attendu de la vente de Tiffany plutôt que de Blueberry est de

3,4 % sur l'année suivante. Par conséquent, clôturer un compte mental sur un gain est certes un plaisir, mais c'est un plaisir que vous payez. Ce n'est pas une erreur que ferait un Econ, et les investisseurs chevronnés, qui utilisent leur Système 2, y sont moins exposés que les novices [3].

Un décideur rationnel n'est intéressé que par les conséquences futures de ses placements actuels. La réparation d'erreurs antérieures ne préoccupe pas l'Econ. La décision de placer de nouvelles ressources dans un compte déficitaire, alors que de meilleurs placements sont disponibles, est connue sous le nom de *sophisme des coûts irrécupérables*, une erreur coûteuse que l'on observe dans les grandes comme dans les petites décisions. Prendre la route en pleine tempête de neige parce qu'on a payé un ticket est un sophisme des coûts irrécupérables.

Imaginez une société qui a déjà dépensé 50 millions de dollars dans un projet. Le projet est maintenant en retard et les prévisions sur ses derniers rendements sont moins favorables qu'au début. Un nouvel investissement de 60 millions de dollars est nécessaire pour lui redonner une chance. Une autre proposition est d'investir le même montant dans un nouveau projet qui semble actuellement susceptible de générer un meilleur rendement. Que fera la société ? Bien trop souvent, une entreprise affectée par des coûts irrécupérables prendra la route dans la tempête, gaspillant son argent plutôt que d'accepter l'humiliation de la clôture d'un compte sur un échec coûteux. La situation relève de la case en haut à droite de notre schéma à quatre entrées, lorsque le choix se fait entre une perte assurée et un pari défavorable, lequel est souvent imprudemment préféré.

Cependant, l'escalade de l'engagement dans des entreprises en échec est une erreur du point de vue de la société, mais pas nécessairement dans l'optique du cadre qui est « responsable » d'un projet qui piétine. L'annulation de ce projet laissera une trace permanente dans le dossier du cadre et ses intérêts personnels sont peut-être mieux servis par un nouveau pari avec les ressources de l'entreprise, dans l'espoir de récupérer l'investissement d'origine – ou au moins de tenter de repousser le jour où les pertes seront calculées. En présence de coûts irrécupérables, les motivations du responsable ne s'alignent pas sur les objectifs de la société et de ses actionnaires, manifestation courante d'un phénomène connu sous le nom de « problème principal-agent ». Les conseils d'administration sont bien conscients de ces conflits et remplacent souvent un PDG encombré par des décisions antérieures et réticent à limiter les pertes. Les membres du conseil d'administration ne pensent pas nécessairement que le nouveau PDG est plus compétent que celui qu'il remplace. Mais ils savent qu'il ne tient pas les mêmes comptes mentaux et qu'il est donc en mesure d'ignorer les coûts irrécupérables d'investissements passés lorsqu'il évalue les opportunités présentes.

Le sophisme des coûts irrécupérables conduit les êtres humains à s'accrocher à des emplois inintéressants, des mariages malheureux et des projets de recherche peu prometteurs. J'ai souvent vu de jeunes scientifiques se battre pour sauver un projet voué à l'échec alors qu'ils auraient mieux fait de l'abandonner et d'en entamer un nouveau. Heureusement, les études suggèrent que dans certains contextes au moins, le sophisme peut être dépassé[4]. Le sophisme des coûts irrécupérables est repéré et enseigné comme une erreur dans les formations en économie et en commerce, avec un effet apparemment positif : il est prouvé que les étudiants diplômés dans ces domaines sont plus enclins que les autres à abandonner un projet en échec.

La crainte du regret

Le regret est une émotion, mais aussi une punition que nous nous infligeons. La crainte du regret est un facteur important dans de nombreuses décisions prises par les gens (« Ne fais pas ça, tu le regretteras » est une mise en garde fréquente) et l'expérience effective du regret est courante. C'est un état émotionnel bien décrit par deux psychologues néerlandais, qui ont remarqué que le regret « s'accompagne du sentiment qu'on aurait dû se méfier, d'angoisse, de réflexions autour de l'erreur commise et des opportunités manquées, d'une tendance à s'en vouloir et à corriger son erreur, de la volonté d'annuler l'événement et de se voir accorder une seconde chance [5] ». Le regret intense, c'est ce que vous ressentez quand vous pouvez très facilement imaginer faire autre chose que ce que vous avez choisi de faire.

Le regret est l'une des émotions ressenties face à ce qui ne s'est pas produit. Il est suscité par l'existence d'alternatives à la réalité. Après chaque crash aérien, on entend des histoires de passagers qui n'auraient pas « dû » être dans l'avion – ils ont obtenu une place au dernier moment, ils ont été transférés d'une autre compagnie aérienne, ils devaient prendre l'avion la veille mais ont dû repousser leur départ. Le point commun de ces histoires poignantes, c'est qu'elles impliquent des événements inhabituels – et il est plus facile d'imaginer l'annulation d'événements inhabituels que d'événements normaux. La mémoire associative intègre une représentation du monde normal et des règles qui le régissent. Un événement anormal attire l'attention et active l'idée de l'événement qui aurait été normal dans les mêmes circonstances.

Pour apprécier le lien entre regret et normalité [6], étudiez le scénario suivant :

M. Brown ne prend jamais d'autostoppeurs. Hier, il a pris un homme et a été volé.
M. Smith prend fréquemment des autostoppeurs. Hier, il a pris un homme et a été volé.
Lequel des deux regrettera le plus cet épisode ?

Les résultats ne sont pas surprenants : 88 % des personnes interrogées choisissent M. Brown ; 12 % M. Smith.

Mais le regret est différent du reproche. La question suivante a été posée à d'autres participants à propos du même incident :

Qui sera le plus critiqué par les autres ?

Résultats : M. Brown à 23 % ; M. Smith à 77 %.

Les regrets et les reproches sont tous deux évoqués par rapport à une norme, mais les normes en question ne sont pas les mêmes. Les émotions ressenties par M. Brown et par M. Smith sont dominées par leur attitude habituelle vis-à-vis des autostoppeurs. Prendre quelqu'un en stop est un événement anormal pour M. Brown et la plupart des personnes interrogées s'attendent donc à ce que ce soit lui qui ressente le plus de regrets. Toutefois, un observateur dans une optique de jugement comparerait les deux hommes selon les normes conventionnelles de comportement raisonnable et serait susceptible de reprocher à M. Smith de prendre des risques déraisonnables de façon habituelle[7]. Nous sommes tentés de dire que M. Smith mérite son sort et que M. Brown n'a pas eu de chance. Mais M. Brown est celui qui est le plus susceptible de s'en vouloir, car une seule fois, il a agi d'une manière qui ne lui ressemblait pas.

Les décideurs savent qu'ils sont enclins aux regrets et l'anticipation de cette émotion douloureuse joue un rôle dans de nombreuses décisions. Les intuitions sur les regrets sont remarquablement uniformes et écrasantes, comme le montre l'exemple suivant [8].

> Paul détient des actions de la société A. L'année dernière, il a envisagé de se tourner vers les titres de la société B, avant de décider de ne pas le faire. Il apprend aujourd'hui qu'il aurait gagné 1 200 euros de plus s'il avait pris les actions de la société B.
> George possède des actions de la société B. L'année dernière, il s'est tourné vers les actions de la société A. Il apprend aujourd'hui qu'il aurait gagné 1 200 euros de plus s'il avait conservé ses actions de la société B. Qui ressentira le plus de regrets ?

Les résultats sont très tranchés : 8 % des personnes interrogées désignent Paul ; 92 % désignent George.

C'est étrange, car les situations des deux investisseurs sont objectivement identiques. Ils possèdent aujourd'hui tous deux des actions A et tous deux auraient gagné le même montant supplémentaire s'ils avaient eu des actions B. La seule différence, c'est que George est dans cette situation en ayant agi, alors que Paul en est au même point en n'ayant pas agi. Ce court exemple illustre un comportement plus large : les gens s'attendent à des réactions émotionnelles plus fortes (regrets compris) face à un résultat qui est le produit d'une action plutôt que face à un résultat produit par l'inaction. Cela se vérifie dans le contexte des jeux d'argent : les gens s'attendent à être plus heureux s'ils parient et gagnent que s'ils s'abstiennent de parier et gagnent la même somme. L'asymétrie est au moins aussi forte pour les pertes et s'applique aux reproches aussi bien qu'aux regrets [9]. La clé n'est pas dans la différence entre engagement et abstention, mais dans la distinction entre choix par défaut et actions s'écartant du choix par défaut [10]. Lorsque vous vous écartez du choix par défaut, vous pouvez facilement imaginer la norme – et si votre décision entraîne des conséquences défavorables, l'écart avec la norme peut être source d'émotions douloureuses. Le choix par défaut quand vous possédez un titre est de ne pas la vendre, mais le choix par défaut lorsque vous croisez votre collègue le matin, c'est de le saluer. Vendre un titre et ne pas saluer votre collègue sont deux écarts par rapport au choix par défaut et des candidats naturels aux regrets ou aux reproches.

Dans une démonstration convaincante de la puissance des choix par défaut, des participants ont joué à une simulation de blackjack sur ordinateur. Certains joueurs ont répondu à la question : « Souhaitez-vous une carte ? » tandis que d'autres ont répondu à : « Souhaitez-vous rester ? » Quelle que soit la question, une réponse positive générait bien plus de regrets qu'une réponse négative si le résultat était mauvais ! La question suggère évidemment une réponse par défaut, à savoir : « Je ne souhaite pas vraiment le faire. » C'est l'écart par rapport au choix par défaut qui entraîne des regrets. Autre situation dans laquelle l'action est le choix par défaut : celle d'un entraîneur dont l'équipe a subi une lourde défaite lors de son dernier match. On attend de lui qu'il apporte des changements de joueurs ou de stratégie et s'il ne le fait pas, il s'expose à des reproches et des regrets [11].

L'asymétrie face au risque de regretter favorise les choix conventionnels et l'évitement des risques. Le biais apparaît dans de nombreux contextes. Les consommateurs à qui l'on rappelle qu'ils pourraient regretter leurs choix affichent une préférence accrue pour des choix conventionnels, privilégiant les marques plutôt que les produits génériques [12]. Le comportement des gestionnaires de fonds financiers lorsque l'année touche à sa fin illustre également l'effet de l'évaluation anticipée : ils ont tendance à débarrasser leurs portefeuilles des titres inhabituels et quelque peu discutables [13]. Même les décisions sur des questions de vie ou de mort peuvent être affectées. Imaginez un médecin traitant un patient gravement malade. Un traitement correspond à la norme de soins ; un autre est inhabituel. Le médecin a des raisons de penser que le traitement non conventionnel améliorerait les chances du patient, mais les preuves ne sont pas concluantes. Le médecin qui prescrirait le traitement inhabituel s'exposerait à un risque considérable de regrets, de reproches et peut-être même de procès. Certes, un bon résultat contribuera à la réputation du médecin qui a osé, mais le bénéfice potentiel est plus limité que le coût potentiel car la réussite est généralement un résultat plus normal que l'échec.

Responsabilité

Les pertes pèsent environ deux fois plus lourd que les gains dans divers contextes : quand il s'agit de choisir entre plusieurs paris, quand l'effet de dotation entre en jeu, et quand nous sommes face à des variations de prix. Le coefficient d'aversion aux pertes est bien plus élevé dans certaines situations. Vous pouvez notamment être plus réticent à subir des pertes dans des aspects de votre vie qui sont plus importants que l'argent, comme votre santé [14]. De plus, votre réticence à « vendre » des dotations importantes augmente fortement si cette vente peut vous rendre responsable de résultats catastrophiques. Le vieux classique de Richard Thaler sur le comportement des consommateurs [15] comprend un exemple convaincant, légèrement modifié dans la question suivante :

> Vous avez été exposé à une maladie qui, si vous la contractez, entraîne une mort rapide et sans douleur en l'espace d'une semaine. La probabilité que vous déclariez la maladie est de 1/1 000. Un vaccin existe, mais il n'est efficace qu'avant l'apparition des premiers symptômes. Quel est le prix maximum que vous seriez prêt à payer pour le vaccin ?

La plupart des gens sont disposés à payer un montant considérable, mais limité. Envisager la possibilité de la mort n'est pas agréable, mais le risque est faible et il semble déraisonnable de se ruiner pour l'éviter. Imaginez maintenant une légère variation :

> Des volontaires sont nécessaires pour une étude sur la maladie susmentionnée. Tout ce que l'on vous demande, c'est de vous exposer à une chance de 1/1 000 de contracter la maladie. Quel est le montant minimum que vous demanderiez en paiement pour vous porter volontaire pour ce programme ? (Vous ne seriez pas autorisé à acheter le vaccin.)

Comme vous pouvez vous y attendre, le prix que les volontaires fixent est bien plus élevé que le prix qu'ils sont prêts à payer pour le vaccin. D'après Thaler, le ratio classique est de 50 pour 1. La somme extrêmement élevée exigée par les volontaires reflète deux caractéristiques de ce problème. Tout d'abord, vous n'êtes pas censé vendre votre santé ; la transaction n'est pas considérée comme légitime et la réticence à y procéder se traduit par un prix plus élevé. Plus important peut-être, vous serez responsable du résultat s'il est mauvais. Vous savez que si vous vous réveillez un matin avec des symptômes indiquant votre mort prochaine, vous ressentirez plus de regrets dans le second cas que dans le premier, car vous auriez pu rejeter l'idée de vendre votre santé sans même réfléchir au prix. Vous auriez pu vous en tenir au choix par défaut et ne rien faire, et cette possibilité non avenue vous hantera pour le reste de votre vie.

L'enquête mentionnée plus tôt sur les réactions de parents face à un insecticide potentiellement dangereux comprenait également une question sur leur disposition à accepter un risque accru. On demandait aux personnes interrogées d'imaginer qu'elles utilisaient un insecticide présentant un risque d'inhalation et d'empoisonnement infantile de 15 pour 10 000 bouteilles. Un insecticide moins cher était disponible, dans lequel le risque passait de 15 à 16 pour 10 000 bouteilles. Les parents étaient interrogés sur la réduction qui les conduirait à choisir le produit le moins cher (et le moins sûr). Plus des deux tiers des parents dans l'enquête ont répondu qu'ils n'achèteraient le nouveau produit à aucun prix ! Ils étaient évidemment révoltés par l'idée même de négocier la sécurité de leur enfant pour de l'argent. La minorité qui a su fixer une réduction acceptable à ses yeux a demandé un montant considérablement plus élevé que le montant qu'ils étaient disposés à payer pour une amélioration bien plus grande de la sécurité du produit.

Chacun peut comprendre et partager la réticence des parents à négocier ne serait-ce qu'une légère augmentation du risque que court leur enfant pour de l'argent. Il convient toutefois de noter que cette attitude est incohérente et potentiellement nuisible à la sécurité de ceux que nous souhaitons protéger. Même les parents les plus aimants disposent de ressources finies en temps et en argent pour protéger leur enfant (le compte mental assurer-la-sécurité-de-mon-enfant dispose d'un budget limité) et il semble raisonnable d'optimiser l'utilisation de ces ressources. L'argent qui pourrait être économisé en acceptant une légère hausse du risque de préjudice lié à un pesticide pourrait certainement être mieux employé en réduisant l'exposition de l'enfant à d'autres risques, peut-être en achetant un siège auto plus sûr ou des caches pour les prises électriques. Le *compromis tabou* [16], qui conduit à refuser tout accroissement du risque, n'est pas un moyen efficace d'exploiter le budget accordé à la sécurité. En réalité, la résistance pourrait être davantage motivée par une crainte égoïste de regrets que par un souhait d'optimiser la sécurité de l'enfant. L'idée du « Et si ? » qui vient à l'esprit de tout parent qui fait délibérément ce choix est un reflet des regrets et de la honte qu'il ressentirait si le pesticide devait causer un préjudice.

L'aversion intense ressentie à l'idée de négocier un risque accru pour un quelconque autre avantage se manifeste à grande échelle dans les lois et les règlements qui régissent le risque. Cette tendance est particulièrement forte en Europe, où le principe de précaution, qui interdit toute action susceptible de causer un préjudice, est une doctrine largement acceptée. Dans le contexte réglementaire, le principe de précaution charge quiconque entreprend des actions qui pourraient nuire aux personnes ou à l'environnement de faire la preuve qu'elles ne sont pas dangereuses. De multiples organismes internationaux ont même précisé que l'absence de preuves scientifiques de danger potentiel n'était pas une raison suffisante pour prendre des risques. Mais, comme le remarque le juriste Cass Sunstein, le principe de précaution coûte cher et son interprétation stricte peut être paralysante [17]. Il cite une liste impressionnante d'innovations qui n'auraient pas pu passer l'épreuve, comme « les avions, l'air conditionné, les antibiotiques, les automobiles, le chlore, le vaccin contre la rougeole, la chirurgie à cœur ouvert, la radio, la réfrigération, le vaccin contre la variole et les rayons X ». La version forte du principe de précaution est évidemment intenable. Mais une *aversion accrue aux pertes* est intégrée dans une intuition morale forte et largement partagée ; elle trouve ses racines dans le Système 1. Le dilemme entre les attitudes morales d'aversion extrême aux pertes et une gestion efficace du risque n'a pas de solution simple qui s'imposerait d'elle-même.

Nous passons une bonne partie de notre journée à anticiper et à essayer d'éviter les douleurs émotionnelles que nous nous infligeons. Dans quelle mesure devons-nous prendre au sérieux ces résultats intangibles, les autopunitions (et les récompenses occasionnelles) que nous subissons lorsque nous évaluons nos vies ? Les Econs ne sont pas censés y être sensibles, et ils coûtent cher aux Humains. Ils conduisent à des actions qui nuisent à la richesse des individus, à la stabilité politique et au bien-être de la société. Mais le regret et la responsabilité morale sont des émotions réelles, peu importe que les Econs ne les ressentent pas.

Est-il notamment raisonnable de laisser nos choix être influencés par l'anticipation de regrets ? L'éventualité des regrets, comme l'éventualité d'une perte de connaissance, est un fait de la vie auquel chacun doit s'adapter. Si vous êtes un investisseur suffisamment riche et profondément prudent, vous pouvez vous offrir le luxe d'un portefeuille minimisant les regrets attendus même s'il n'optimise pas l'accroissement de la richesse.

Vous pouvez également prendre des précautions qui vous protégeront contre les regrets. La plus utile d'entre elles est peut-être de les anticiper explicitement. Si vous êtes capables de vous rappeler, lorsque les choses tournent mal, que vous aviez soigneusement envisagé la possibilité de ressentir des regrets avant de prendre votre décision, il est possible que vous en ressentiez moins. Vous devez aussi savoir que regrets et biais rétrospectif vont de pair et que tout ce que vous pourrez faire pour éviter ce biais sera donc probablement très utile. Ma politique personnelle pour éviter le biais rétrospectif consiste à être soit très rigoureux soit complètement désinvolte lorsque je prends une décision avec des conséquences à long terme. Le retour en arrière est plus dur lorsque vous avez un peu réfléchi, juste assez pour vous dire plus tard : « J'ai failli faire un meilleur choix. »

Daniel Gilbert et ses collègues affirment de façon provocante que les gens anticipent en général plus de regrets qu'ils n'en ressentiront en réalité, car ils sous-estiment l'efficacité des défenses psychologiques qu'ils mettront en place – ce qu'ils appellent le « système immunitaire psychologique [18] ». Ils recommandent donc de ne pas accorder trop d'importance aux regrets ; même si vous en ressentez un peu, ils vous feront moins de mal que ce que vous imaginez aujourd'hui.

*

La tenue de comptes en bref

« Il tient des comptes mentaux séparés pour les achats en liquide et par carte de crédit. Je lui rappelle constamment que l'argent, c'est de l'argent. »

« Nous nous accrochons à ce titre simplement pour éviter de clôturer notre compte mental sur une perte. C'est l'effet de disposition. »

« Nous avons découvert un excellent plat dans ce restaurant et nous n'essayons jamais rien d'autre, pour éviter de regretter. »

« Le vendeur m'a présenté le siège auto le plus cher en me disant que c'était le plus sûr et je n'ai pu me résoudre à acheter le modèle moins cher. Cela ressemblait à un compromis tabou. »

33

Les renversements de préférence

Vous êtes chargé de déterminer l'indemnisation de victimes de crimes violents. On vous soumet le cas d'un homme qui a perdu l'usage de son bras droit à la suite d'une blessure par balle. On lui a tiré dessus dans une épicerie de son quartier où il a été témoin d'un vol à main armée.

Deux épiceries se trouvaient à proximité du domicile de la victime, et elle faisait ses achats plus souvent à l'une qu'à l'autre. Envisagez maintenant les deux scénarios suivants :

Le vol à main armée a eu lieu dans sa boutique habituelle.
Sa boutique habituelle était fermée en raison d'un d'enterrement, la victime a donc fait ses achats à l'autre épicerie, où on lui a tiré dessus.
La boutique où on lui a tiré dessus doit-elle avoir une influence sur le montant de son indemnisation [1] ?

Vous vous êtes fait un avis par le biais d'une évaluation conjointe : en envisageant deux scénarios en même temps puis en les comparant. Vous pouvez appliquer une règle. Si vous pensez que le second scénario mérite une indemnisation plus élevée, vous devriez normalement lui assigner un montant plus élevé.

La réponse sera à peu près unanime : l'indemnisation devrait être la même dans les deux cas. On indemnise une blessure handicapante, alors pourquoi le lieu où elle a été infligée devrait-il faire une différence ? L'évaluation conjointe des deux scénarios vous a donné l'occasion d'examiner vos principes moraux pour ce qui est des facteurs à prendre en compte pour l'indemnisation des victimes. Pour la plupart des gens, le lieu du sinistre n'est pas un facteur à prendre en compte. Comme pour d'autres situations qui demandent une comparaison explicite, on se trouve dans un processus de pensée lente et c'est le Système 2 qui est impliqué.

Les psychologues Dale Miller et Cathy McFarland, qui ont imaginé ces deux scénarios, les ont soumis à plusieurs personnes dans le cadre d'une évaluation simple. Dans leur expérience intra-sujets, chaque participant n'a vu qu'un scénario et lui a assigné une valeur monétaire. Le résultat, comme vous l'avez certainement deviné, est que la victime se voyait attribuer une somme nettement plus élevée si elle se faisait tirer dessus dans une épicerie où elle se rendait rarement que si elle se faisait tirer dessus dans son épicerie habituelle. Le sentiment d'injustice (proche parent du regret) est un sentiment contrefactuel, que l'on éprouve parce que la pensée « si seulement cette personne avait fait ses achats dans son épicerie habituelle… » vient naturellement à l'esprit. Les mécanismes familiers de substitution et d'équivalence d'intensité du Système 1 projettent l'intensité de la réaction émotionnelle à cette histoire sur une échelle monétaire, avec à la clé une différence importante dans les sommes attribuées.

La comparaison de ces deux expériences révèle un contraste marqué. Presque toutes les personnes qui voient les deux scénarios en même temps (inter-sujet) admettent en principe que le sentiment d'injustice n'est pas une considération légitime. Malheureusement, ce principe n'intervient que lorsque les deux scénarios sont vus ensemble, ce qui n'est en général pas le cas dans la vie de tous les jours. Nous appréhendons normalement la vie sur le mode inter-sujets, mode dans lequel les alternatives contrastées qui pourraient nous faire changer d'avis font défaut, et bien sûr, sur le mode COVERA. En conséquence, les convictions auxquelles on prend le temps de réfléchir ne gouvernent pas nécessairement nos réactions émotionnelles, et les intuitions morales qui nous viennent à l'esprit dans différentes situations ne sont pas cohérentes d'une situation à l'autre.

L'écart entre une évaluation simple et une évaluation conjointe du scénario de vol à main armée appartient à une grande famille de renversements de jugement et de choix [2]. Les premiers renversements de préférence ont été découverts au début des années 1970, et de nombreux renversements d'autres types ont été signalés au fil des années.

LA SCIENCE ÉCONOMIQUE EN QUESTION

Les renversements de préférence occupent une place importante dans l'histoire du dialogue entre psychologues et économistes [3]. Les renversements qui ont attiré l'attention de ces derniers ont été décrits par Sarah Lichtenstein et Paul Slovic, deux psychologues qui ont fait leurs études supérieures à l'université du Michigan à la même époque qu'Amos. Ils ont mené une expérience sur la préférence entre des paris, que je présente ici dans une version légèrement simplifiée.

On vous demande de choisir entre deux paris, qui seront joués sur une roulette comportant 36 cases.
Pari A : 11/36 de gagner 160 euros, 25/36 de perdre 15 euros
Pari B : 35/36 de gagner 40 euros, 1/36 de perdre 10 euros

On vous demande de choisir entre un pari sûr et un pari plus risqué : entre le gain quasiment assuré d'une somme modeste, ou une petite chance de gagner un montant nettement plus élevé mais avec une forte probabilité de perdre. La sécurité l'emporte, et B est sans conteste le choix le plus populaire.

Maintenant, considérez chaque pari séparément : Si vous déteniez ce pari, quel est le prix le plus bas auquel vous le vendriez ? Gardez à l'esprit qu'il n'y a pas de négociation avec un tiers – votre tâche est de déterminer le prix le plus bas auquel vous seriez effectivement prêt à vous séparer du pari. Faites l'expérience. Vous verrez sans doute que le gain potentiel est un facteur non négligeable, et que votre évaluation de la valeur du pari se fonde sur cette valeur. Les résultats confirment cette conjecture, et le prix de vente est plus élevé pour le pari A que pour le pari B. Il s'agit là d'un renversement de préférence : les gens choisissent B plutôt que A, mais s'ils imaginent n'en posséder qu'un, ils assignent une valeur plus élevée à A qu'à B. Comme dans le scénario du vol à main armée, le renversement de préférence intervient parce que l'évaluation conjointe concentre l'attention sur un aspect de la situation – le fait que le pari A est bien moins sûr que le pari B – qui était moins important lors de l'évaluation simple. Les éléments qui ont entraîné les différences de jugement sur les options dans le cadre d'une évaluation simple – le sentiment d'injustice vis-à-vis de la victime se trouvant dans la mauvaise épicerie et l'importance accordée au gain potentiel – sont supprimés ou sans pertinence lorsque les options sont évaluées de manière conjointe. Les réactions émotionnelles du Système 1 sont nettement plus susceptibles de déterminer le résultat d'une évaluation simple ; la comparaison qui intervient lors d'une évaluation conjointe entraîne toujours une évaluation plus prudente et demandant plus d'effort, qui fait intervenir le Système 2. Le renversement de préférence peut être confirmé dans une expérience intra-sujet, dans laquelle des sujets donnent un prix aux deux ensembles qui sont présentés au sein d'une longue liste, et doivent également choisir l'un plutôt que l'autre. Les participants n'ont pas conscience de l'incohérence de leurs décisions, et leurs réactions lorsqu'on les confronte à cette incohérence peuvent être amusantes. L'entretien avec un participant à cette expérience, mené par Sarah Lichtenstein en 1968, demeure un classique du genre. L'intervieweur s'entretient longuement avec un participant complètement désorienté, qui choisit un pari plutôt qu'un autre mais est ensuite prêt à débourser de l'argent pour échanger celui qu'il vient de choisir contre celui qu'il vient de rejeter, et répète le cycle à plusieurs reprises [4].

Il est inconcevable qu'*homo economicus* soit sujet à des renversements de préférence, et ce phénomène a donc remis en question le modèle de l'agent rationnel ainsi que la théorie économique élaborée à partir de ce modèle. Cette remise en question aurait pu être ignorée, mais ne le fut pas. Quelques années après la mise en évidence des renversements de préférence, deux économistes respectés, David Grether et Charles Plott, ont publié un article dans la prestigieuse *American Economic Review*, dans lequel ils présentaient leurs propres réflexions sur le phénomène décrit par Lichtenstein et Slovic [5]. C'était probablement la première fois qu'une découverte faite par des psychologues expérimentaux attirait l'attention d'économistes. Dans leur paragraphe d'introduction, ils adoptaient un ton solennel inhabituel pour un article scientifique, et exprimaient clairement leur but : « Les économistes devraient s'intéresser à un corpus de données et une théorie qui nous viennent de la psychologie. Si on les prend pour argent comptant, ces données sont tout simplement incompatibles avec la théorie de la préférence et pourraient avoir de larges répercussions sur les priorités en matière de recherche en économie… Cet article présente les résultats d'une série d'expériences menées dans le but de discréditer les travaux des psychologues appliqués à l'économie. »

Grether et Plott ont dressé une liste de treize théories pouvant expliquer les résultats initiaux avant de décrire des expériences élaborées avec soin pour tester ces théories. Une de leurs hypothèses, que les psychologues ont – cela va sans dire – trouvée condescendante, postulait que les résultats s'expliquaient par le fait que l'expérience avait été menée par des psychologues ! Au bout du compte, une seule hypothèse restait envisageable : les psychologues avaient raison. Grether et Plott reconnaissaient que cette hypothèse est la moins satisfaisante du point de vue de la théorie de la préférence « standard », parce qu'elle « tolère qu'un choix individuel dépende du contexte dans lequel les choix sont faits » – ce qui constitue une violation flagrante de la doctrine de la cohérence [6].

On aurait pu s'attendre à ce que ce résultat surprenant suscite bien des remises en cause chez les économistes, dans la mesure où l'hypothèse de base de leur théorie avait été contredite. Mais les choses ne fonctionnent pas de cette manière dans les sciences sociales, qu'il s'agisse de la psychologie ou de l'économie. Les certitudes théoriques sont solides, et il faut bien plus qu'une découverte gênante pour qu'une théorie établie soit sérieusement ébranlée [7]. Dans la pratique, le rapport remarquablement franc de Grether et Plott n'a eu qu'un effet limité sur les convictions des économistes, y compris les auteurs selon toute vraisemblance. Il a en revanche conduit la communauté des économistes à être plus disposée à prendre au sérieux la recherche en psychologie et a de ce fait grandement contribué à promouvoir le dialogue entre les deux disciplines.

IMPORTANCE DES CATÉGORIES

« John est-il grand ? » Si John mesure 1,50 m, votre réponse dépendra de son âge : il est très grand s'il n'a que 6 ans, très petit s'il en a 16. Votre Système 1 récupère automatiquement la norme appropriée, et l'interprétation de l'échelle de grandeur est ajustée automatiquement. Vous êtes également capable d'associer l'intensité d'une catégorie à une autre et de répondre à la question suivante : « Combien coûte un repas au restaurant qui correspond à la taille de John ? » La réponse dépendra de l'âge de John : le repas sera bien moins cher s'il a 16 ans que s'il en a 6.

Considérez maintenant ce qui suit :

John a 6 ans. Il mesure 1,50 m.
Jim a 16 ans. Il mesure 1,52 m.

Dans le cas d'une évaluation simple, tout le monde sera d'accord pour dire que John est très grand et que Jim ne l'est pas, car ils sont comparés à des normes différentes. Si la question est formulée de manière directement comparative, « John est-il aussi grand que Jim ? », vous répondrez que non. Il n'y a ici aucune surprise et peu d'ambiguïté. Dans d'autres situations en revanche, le processus par lequel des objets et des événements appellent leur propre contexte de comparaison peut conduire à des choix incohérents sur des sujets sérieux.

Il ne faut pas conclure de tout cela que les évaluations simples et conjointes ne sont jamais cohérentes entre elles, ou que nos jugements sont complètement chaotiques. Le monde dans lequel nous vivons est divisé en catégories pour lesquelles nous avons des normes, par exemple les garçons de six ans ou les tableaux. Les jugements et les préférences sont cohérents au sein d'une même catégorie mais potentiellement incohérents lorsque les objets évalués appartiennent à des catégories différentes. Prenons à titre d'exemple les trois questions suivantes :

> Que préférez-vous, les pommes ou les pêches ?
> Que préférez-vous, le steak ou le ragoût ?
> Que préférez-vous, les pommes ou le steak ?

La première et la deuxième question font référence à des éléments qui appartiennent à la même catégorie, et l'on sait immédiatement quel élément on préfère. De plus, on aurait obtenu le même classement par une évaluation simple (« À quel point aimez-vous les pommes ? » et « À quel point aimez-vous les pêches ? ») car la pomme et la pêche évoquent toutes deux la catégorie de fruits. Il n'y aura pas de renversement de préférence parce que des fruits différents sont comparés à la même norme et sont implicitement comparés les uns aux autres lors d'une évaluation simple comme lors d'une évaluation conjointe. En revanche, contrairement aux questions qui ne font intervenir qu'une catégorie, il n'existe pas de réponse stable pour la comparaison entre les pommes et le steak. Contrairement aux pommes et aux pêches, les pommes et le steak ne peuvent pas être naturellement substitués l'un à l'autre et ils ne remplissent pas le même besoin. On a parfois envie d'un steak, parfois d'une pomme, mais on peut rarement affirmer que l'un comme l'autre feraient l'affaire.

Imaginez que vous receviez un courriel d'une organisation à laquelle vous faites habituellement confiance, demandant une contribution à une cause :

> Les dauphins sont menacés par la pollution dans de nombreux sites de reproduction, ce qui devrait entraîner une baisse de leur population. Un fonds spécial alimenté par

des contributions privées a été créé pour préserver des sites de reproduction non pollués.

Quelles sont les associations d'idées évoquées par cette question ? Que vous en ayez pleinement conscience ou non, des idées et des souvenirs concernant des causes similaires vous viennent à l'esprit. Les projets destinés à préserver des espèces menacées sont particulièrement susceptibles d'être remémorés. L'évaluation sur un axe bon/mauvais est une opération automatique du Système 1, et vous procédez à un premier classement du dauphin parmi les autres espèces qui vous viennent à l'esprit. Le dauphin est un animal bien plus gracieux que, par exemple, le furet, l'escargot ou la carpe – il a un classement très favorable dans la série d'espèces auxquelles il est spontanément comparé.

Mais on ne vous demande pas si vous préférez les dauphins aux carpes ; on vous demande de déterminer une valeur monétaire. Certaines personnes vont bien sûr savoir par expérience qu'elles ne répondent jamais à des sollicitations de ce type, mais imaginez pendant quelques minutes que vous soyez le genre de personne à répondre favorablement à une telle demande.

Comme de nombreuses autres questions difficiles, la détermination d'une valeur monétaire peut se faire par substitution et équivalence d'intensité. La question de la valeur monétaire est compliquée, mais une question plus simple se présente immédiatement. Parce que vous aimez les dauphins, vous vous direz que les sauver est une cause juste. L'étape suivante, qui est également automatique, génère un chiffre en convertissant l'intensité de l'affection que vous portez aux dauphins sur une échelle de contributions [8]. Vous avez une idée du montant relatif de vos précédentes contributions à des associations de défense de l'environnement, qui n'est pas nécessairement le même que pour vos contributions à des organisations politiques ou à l'équipe de football de votre ancienne université. Vous savez quel montant correspondrait à une contribution « très importante » pour vous et quels montants seraient respectivement « important », « modeste » et « faible ». Vous disposez également d'échelles pour votre attitude vis-à-vis de différentes espèces animales (de « aime beaucoup » à « pas du tout »). Vous êtes donc en mesure de convertir votre attitude sur une échelle monétaire, en passant automatiquement de « aime beaucoup » à « contribution relativement importante » et de là à un montant réel.

Imaginez maintenant qu'on vous contacte pour une nouvelle cause :

> Les agriculteurs, qui sont exposés au soleil plusieurs heures par jour, ont un taux de cancer de la peau plus élevé que la population prise dans son ensemble. Des bilans médicaux fréquents permettent de réduire ce risque. Un fonds sera créé pour couvrir une partie des coûts de ces bilans médicaux pour les groupes à risque.

S'agit-il d'un problème urgent ? Quelle catégorie normative vous est venue à l'esprit lorsque vous en avez évalué l'urgence ? Si vous l'avez automatiquement rangé dans la catégorie des problèmes de santé publique, vous vous apercevrez probablement que vous ne l'avez pas classé parmi les plus importants – par ordre de priorité, il arrive presque certainement après le rang que vous avez attribué aux dauphins parmi les espèces menacées. Lorsque vous avez converti l'idée que vous vous faites de l'importance du problème de cancer de la peau en une valeur monétaire, il est tout à fait possible que vous soyez arrivé à une contribution inférieure à celle que vous étiez prêt à faire pour protéger un animal attachant. Lors d'expériences menées sur ce sujet, les dauphins ont suscité des contributions sensiblement plus importantes que les agriculteurs.

Considérez maintenant ces deux causes dans le cadre d'une évaluation conjointe. Laquelle des deux, les dauphins ou les agriculteurs, mérite la contribution financière la plus élevée ? L'évaluation conjointe met l'accent sur un point qui n'était pas discernable lors de l'évaluation simple mais qui est considéré comme un facteur décisif lorsqu'il est détecté : les agriculteurs sont des êtres humains, les dauphins non. Vous le saviez, évidemment, mais cela était sans impact sur le jugement effectué lors de l'évaluation simple. Le fait que les dauphins ne soient pas des êtres humains n'est pas entré en ligne de compte car les autres causes que votre mémoire vous a suggérées ne concernaient pas non plus des êtres humains. De la même manière, vous avez fait abstraction du fait que les agriculteurs sont des êtres humains car les problèmes de santé publique concernent toujours des êtres humains. Le cadrage étroit de l'évaluation simple permet aux dauphins d'obtenir un meilleur score sur une échelle d'intensité, ce qui a conduit à des contributions élevées par équivalence d'intensité. L'évaluation conjointe modifie la manière dont on se représente les problèmes : le facteur « être humain par opposition à animal » devient important uniquement lorsque les deux sont envisagés ensemble. Lors d'une évaluation conjointe, la préférence va nettement aux agriculteurs : les gens sont prêts à contribuer nettement plus à leur bien-être qu'à la protection d'une espèce attachante mais non humaine. Ici encore, comme c'était déjà le cas pour les paris et le vol à main armée, les jugements auxquels on arrive lors d'une évaluation simple et lors d'une évaluation conjointe ne sont pas cohérents.

Christopher Hsee, de l'université de Chicago, donne l'exemple suivant de renversement de préférence, parmi de nombreux autres du même type. Les objets évalués sont des dictionnaires de la musique d'occasion.

	Dictionnaire A	Dictionnaire B
Année de publication	1993	1993
Nombre d'entrées	10 000	20 000
État	Comme neuf	Couverture déchirée, sinon comme neuf

Lorsque les dictionnaires sont présentés dans le cadre d'une évaluation simple, le dictionnaire A se voit attribuer une valeur plus élevée, mais l'ordre de préférence change évidemment lors d'une évaluation conjointe. Ce résultat illustre *l'hypothèse d'évaluabilité* de Hsee : aucun poids n'est attribué au nombre d'entrées lors d'une évaluation simple, parce que ce nombre n'est pas évaluable lorsqu'il est pris isolément. Lors d'une évaluation conjointe, au contraire, il est immédiatement évident que le dictionnaire B est supérieur sur ce point, et il est tout aussi évident que le nombre d'entrées est bien plus important que l'état de la couverture [9].

Renversements injustes

Il y a de bonnes raisons de croire que la manière dont la justice est rendue est contaminée par des incohérences prévisibles dans plusieurs domaines. Les preuves de ce fait viennent en partie d'expériences, notamment l'étude de faux jurys, et en partie de l'analyse de modèles récurrents dans les lois, les réglementations et la jurisprudence.

Pour une expérience, on a demandé à de faux jurés sélectionnés à partir de listes de jurés au Texas d'évaluer le montant des dommages et intérêts dans plusieurs affaires civiles. Les affaires venaient par deux, avec dans chaque cas une demande d'indemnisation pour préjudice corporel et une demande d'indemnisation pour perte financière. Dans un premier temps, les faux jurés procédaient à l'évaluation de l'un des scénarios, après quoi on leur montrait la seconde affaire et on leur demandait de comparer les deux. Voici les résumés correspondant à l'une de ces paires d'affaires :

> Affaire n° 1 : Un enfant a subi des brûlures moyennement graves lorsque son pyjama a pris feu alors qu'il jouait avec des allumettes. La société qui a produit le pyjama n'a pas assuré une résistance au feu suffisante.
> Affaire n° 2 : Les agissements malhonnêtes d'une banque ont causé une perte de 10 millions d'euros à une autre banque.

La moitié des participants ont jugé l'affaire n° 1 en premier (lors d'une évaluation simple) avant de comparer les deux affaires lors d'une évaluation conjointe. Cette séquence a été inversée pour les autres participants. Lors de l'évaluation simple, les jurés ont accordé des dommages et intérêts plus élevés à la banque victime d'une escroquerie qu'à l'enfant victime de brûlures, vraisemblablement parce que le montant de la perte financière fournit un point d'ancrage élevé.

En revanche, lorsque les deux affaires ont été traitées ensemble, la commisération éprouvée pour la victime l'a emporté sur l'effet d'ancrage et les jurés ont augmenté le montant accordé à l'enfant jusqu'à dépasser le montant accordé à la banque. En faisant la moyenne sur plusieurs couples d'affaires de ce type, on constate que les sommes accordées aux victimes de dommages corporels étaient plus de deux fois plus importantes lors d'une évaluation conjointe que lors d'une évaluation simple. Les jurés qui ont examiné l'affaire de l'enfant victime de brûlures prise isolément ont fait une offre qui correspondait à l'intensité de leurs sentiments. Ils ne pouvaient pas prévoir que le montant accordé à l'enfant paraîtrait insuffisant en comparaison d'une somme importante attribuée à une institution financière. Lors de l'évaluation conjointe, les dommages et intérêts accordés à la banque sont restés ancrés sur la perte qu'elle avait subie, mais le montant accordé à l'enfant victime de brûlures a augmenté, reflétant ainsi l'indignation suscitée par une négligence ayant entraîné des blessures sur un enfant.

Comme nous l'avons vu, plus le cadre est large et inclusif, plus il est facile d'être rationnel, et l'évaluation conjointe offre à l'évidence un cadre plus large que l'évaluation simple. Bien entendu, il faut se méfier de l'évaluation conjointe lorsqu'une personne qui contrôle ce que l'on voit a un intérêt dans ce que l'on choisit. Les vendeurs apprennent rapidement qu'en manipulant le contexte dans lequel un client voit un produit, ils peuvent profondément influencer ses préférences. Cela dit, à l'exception de tels cas de manipulation délibérée, on suppose que le jugement comparatif, qui implique nécessairement le Système 2, a plus de chances d'être stable que des évaluations simples, qui reflètent souvent l'intensité des réponses émotionnelles du Système 1. On s'attendrait donc à ce qu'une institution souhaitant susciter des jugements réfléchis fasse en sorte de fournir aux juges un contexte étendu afin d'évaluer chaque affaire. J'ai été surpris quand Cass Sunstein m'a appris qu'on interdisait explicitement aux jurés auxquels on a demandé d'évaluer des dommages et intérêts de s'intéresser à d'autres affaires. Le système juridique, contrairement au bon sens psychologique, favorise l'évaluation simple.

Dans une autre étude consacrée à l'incohérence au sein du système légal, Sunstein a comparé les sanctions administratives pouvant être imposées par différentes agences du gouvernement américain, notamment l'Occupational Safety and Health Administration (administration américaine de la sécurité et de la santé au travail) et l'Environmental Protection Agency (agence américaine de protection de l'environnement). Il en a conclu qu'« au sein d'une même catégorie, les sanctions paraissent parfaitement rationnelles, au moins en cela que les préjudices les plus graves sont punis avec le plus de sévérité. Pour ce qui est des manquements à la sécurité et la santé au travail, les sanctions les plus lourdes sont réservées aux violations répétées, avec ensuite des sanctions moins lourdes pour des violations qui sont à la fois délibérées et graves, et enfin les sanctions les plus légères pour le non-respect des exigences en matière de tenue de registres [10] ». On apprendra cependant sans surprise que le montant des sanctions varie considérablement d'une agence à l'autre, d'une manière qui a plus à voir avec la politique et l'histoire qu'avec un souci global d'équité. L'amende correspondant à une « violation grave » de la réglementation concernant la sécurité au travail est plafonnée à 7 000 dollars, tandis que l'amende maximale encourue pour une violation du Wild Bird Conservation Act (loi sur la protection des oiseaux sauvages) est de 25 000 dollars. Les amendes paraissent raisonnables par rapport aux autres amendes fixées par une même agence, mais paraissent bizarres si on les compare d'une agence à l'autre. Comme pour les autres exemples donnés dans ce chapitre, l'absurdité n'est manifeste que lorsque les deux cas sont envisagés ensemble dans un cadre étendu.

*

LE RENVERSEMENT DE PRÉFÉRENCE EN BREF

« Les BTU (British Thermal Unit) ne m'évoquaient rien jusqu'à ce que je me rende compte à quel point les caractéristiques d'un climatiseur peuvent varier d'un modèle à l'autre. L'évaluation conjointe était essentielle. »

« Vous dites que c'était un discours exceptionnel parce que vous le comparez à ses autres discours. Mais comparée aux autres intervenants, elle restait à un niveau inférieur. »

« Souvent, lorsque l'on élargit le cadre, on prend des décisions plus raisonnables. »

« Lorsque vous considérez des cas isolés, il y a des chances que vous soyez guidé par une réaction émotionnelle du Système 1. »

34

Les cadres et la réalité

L'Italie et la France se sont affrontées en finale de la Coupe du monde de football en 2006. Les deux phrases qui suivent décrivent le résultat de cette confrontation : « L'Italie a gagné », « La France a perdu ». Ces deux affirmations ont-elles le même sens ? La réponse dépend entièrement de ce que vous entendez par *sens*.

Envisagées du point de vue du raisonnement logique, ces deux descriptions du résultat du match sont interchangeables puisqu'elles désignent le même état du monde. Comme le dirait un philosophe, leurs conditions de vérité sont identiques : si l'une des affirmations est vraie, alors l'autre l'est également. C'est ainsi qu'*homo economicus* comprend les choses. Ses convictions et ses préférences sont en prise sur la réalité. En particulier, les objets de ses choix sont des états du monde, qui ne sont pas affectés par les mots choisis pour les décrire.

Il existe une autre acception du terme *sens*, selon laquelle « l'Italie a gagné » et « la France a perdu » n'ont pas du tout le même sens. Dans cette acception, le sens d'une phrase est ce qui se produit au niveau de vos mécanismes d'associations d'idées lors de la phase de compréhension. Les deux phrases suscitent des associations d'idées résolument distinctes. « L'Italie a gagné » fait penser à l'équipe d'Italie et à ce qu'elle a fait pour gagner.

« La France a perdu » fait penser à l'équipe de France et à ce qu'elle a fait pour perdre, notamment le mémorable coup de tête asséné par Zidane à un joueur italien. Sur le plan des associations d'idées qu'elles déclenchent – soit la façon dont le Système 1 y réagit –, les deux phrases « signifient » vraiment des choses différentes. Le fait que des affirmations équivalentes d'un point de vue logique puissent susciter des réactions différentes implique qu'il est impossible pour un être humain d'être aussi rationnel qu'*homo economicus*.

LE CADRAGE ÉMOTIONNEL

Amos et moi avons regroupé sous l'étiquette d'effets de cadrage les cas d'influence injustifiée de la formulation sur les convictions et les préférences [1]. Voici l'un des exemples que nous avons utilisés :

> Seriez-vous prêt à accepter un pari qui vous donne 10 % de chances de gagner 95 euros et 90 % de chances d'en perdre 5 ?
> Seriez-vous prêt à payer 5 euros pour participer à une loterie qui vous donne 10 % de chances d'en gagner 100 et 90 % de chances de ne rien gagner ?

Commencez par prendre quelques instants pour vous persuader que les deux problèmes sont identiques. Dans les deux cas, vous devez décider si vous êtes prêt à accepter une perspective incertaine qui vous fera soit gagner 95 euros, soit en perdre 5. Quelqu'un dont les préférences sont en prise sur la réalité donnerait la même réponse aux deux questions, mais ces personnes sont rares. Dans la pratique, l'une des versions suscite beaucoup plus de réponses positives : la seconde. Un résultat négatif est beaucoup plus facilement acceptable s'il est présenté sous la forme d'un billet de loterie non gagnant que sous la forme d'un pari perdu. Rien de surprenant à cela : les *pertes* appellent des sentiments plus négatifs que les *coûts*. Les choix ne sont pas en prise sur la réalité parce que le Système 1 ne l'est pas.

Le problème que nous avons élaboré a été influencé par ce que nous a expliqué Richard Thaler ; lorsqu'il était étudiant, il avait punaisé devant son bureau une carte qui disait : « Les coûts ne sont pas des pertes. » Dans une de ses premières études sur le comportement des consommateurs, Thaler a rendu compte du débat suivant : les stations-service doivent-elles avoir le droit de pratiquer des prix différents selon que l'achat est réglé en espèces ou par carte de crédit [2] ? Le lobby des cartes de crédit a exercé de fortes pressions pour interdire les prix différenciés, mais il avait une position de repli : la différence, si elle était autorisée, serait présentée comme une remise sur paiement comptant et non comme une majoration sur paiement à crédit. D'un point de vue psychologique, c'était judicieux : les gens acceptent plus facilement de renoncer à une remise que de payer une majoration. Les deux sont équivalents d'un point de vue économique, mais pas d'un point de vue émotionnel.

Lors d'une expérience ingénieuse, une équipe de neurologues de l'University College de Londres a combiné une étude des effets de cadrage à des enregistrements de l'activité dans différentes parties du cerveau. Afin d'obtenir des mesures fiables de l'activité cérébrale, cette expérience comportait de nombreux essais. La figure 14 illustre les deux étapes de l'un de ces essais.

Dans un premier temps, on demande au sujet d'imaginer qu'il a reçu une somme d'argent, dans cet exemple 50 livres sterling.

On demande ensuite au sujet de choisir entre un résultat certain et un pari sur une roue de la chance. Si la roue s'arrête sur une case blanche, il « reçoit » la somme dans son intégralité ; si elle s'arrête sur une case

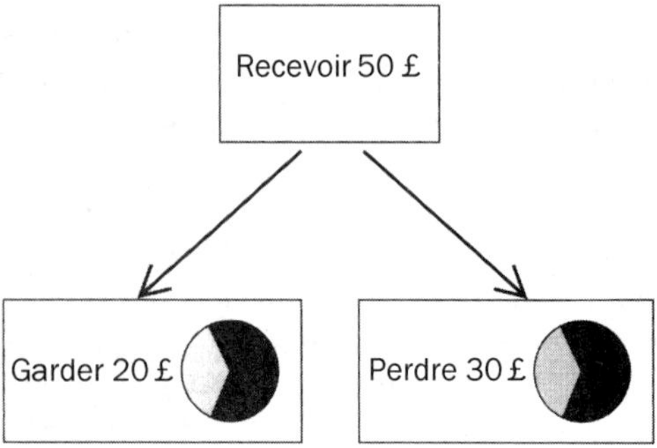

Figure 14

noire, il ne reçoit rien de plus. Le résultat certain correspondait ici exactement à la valeur attendue du pari, dans ce cas un gain de 20 livres.

Comme on le voit ici, le même résultat certain peut être présenté (cadré) de deux manières différentes : GARDER 20 livres ou PERDRE 30 livres. Le résultat objectif est strictement identique dans les deux cadres, et un *homo economicus* en prise sur la réalité réagirait aux deux de la même manière – en choisissant soit le résultat certain, soit le pari, indépendamment du cadre – mais nous savons déjà que la pensée humaine n'est pas en prise sur la réalité. Les mots utilisés évoquent une tendance à approuver ou rejeter, et nous nous attendons à ce que le Système 1 favorise l'option certaine lorsqu'elle est présentée dans le cadre GARDER et qu'il rejette cette même option lorsqu'elle est présentée dans le cadre PERDRE.

De nombreux essais ont été effectués pour cette expérience, et on a soumis à chaque participant plusieurs problèmes de choix dans les deux cadres, GARDER et PERDRE. Comme prévu, les vingt participants se sont tous révélés sujets à l'effet de cadrage : ils étaient plus susceptibles de choisir le résultat certain dans le cadre

GARDER et plus susceptibles d'accepter l'option aléatoire dans le cadre PERDRE. Leurs réactions n'ont pas pour autant été identiques. Certains étaient très influencés par le cadrage du problème. D'autres ont essentiellement fait le même choix indépendamment du cadre – comme devrait le faire un individu en prise sur la réalité. Les auteurs de l'étude ont classé les vingt participants en conséquence et ont trouvé une formule percutante pour ce classement : l'indice de rationalité.

L'activité cérébrale a été enregistrée lors de chaque prise de décision des participants. Ensuite, les essais ont été classés en deux catégories :

1. les essais pour lesquels le choix du participant était conforme au cadre :
   - préférence pour le résultat certain dans la version GARDER
   - préférence pour l'option aléatoire dans la version PERDRE
2. les essais pour lesquels le choix du participant n'était pas conforme au cadre

Ces résultats remarquables illustrent le potentiel de la neuroéconomie – une nouvelle discipline consacrée à l'étude de l'activité cérébrale d'une personne lors de la prise de décision. Des milliers d'expériences de ce type ont été menées par des neurologues, qui observent les régions précises du cerveau qui « s'illuminent » – signe d'un accroissement du débit d'oxygène, ce qui suggère une activité neuronale accrue – selon les tâches que le sujet accomplit. Les régions actives ne sont pas les mêmes selon que l'on examine un objet, que l'on s'imagine donner un coup de pied dans un ballon, que l'on reconnaît un visage ou que l'on pense à une maison. D'autres régions sont activées lors d'une stimulation émotionnelle, lors d'un conflit, ou lorsque l'on se concentre pour résoudre un problème. Même si les neurologues évitent soigneusement de dire « cette partie du cerveau fait ceci et cela … », ils ont beaucoup appris au sujet des « personnalités » de ces différentes régions, et l'analyse de l'activité cérébrale contribue désormais de manière nettement plus importante qu'avant à l'interprétation psychologique. Cette étude sur le cadrage a permis de dégager trois résultats principaux :

- Une région qui est souvent associée à la stimulation émotionnelle (le complexe amygdalien) était très susceptible d'être activée lorsque le choix des participants se conformait au cadre. Ce résultat n'est pas surprenant si l'on considère que la charge émotionnelle des mots GARDER et PERDRE entraîne une tendance immédiate à choisir le résultat certain (lorsqu'il est présenté comme un gain) ou à l'éviter (lorsqu'il est présenté comme une perte). Les stimuli émotionnels atteignent très rapidement le complexe amygdalien – il y a de fortes chances pour que celui-ci soit impliqué dans le Système 1.
- Une région associée au conflit et à la maîtrise de soi (le cortex cingulaire antérieur) était plus active lorsque les participants ne faisaient pas la chose qui vient naturellement – lorsqu'ils choisissaient le résultat certain alors même qu'il était présenté dans le cadre PERDRE. Résister à la tendance naturelle du Système 1 implique apparemment une forme de conflit.
- Les participants les plus « rationnels » – ceux qui étaient le moins sensibles aux effets de cadrage – présentaient une activité accrue dans une zone frontale du cerveau qui associe l'émotion et le raisonnement pour guider la prise de décision. Fait remarquable, ces individus « rationnels » n'étaient pas ceux chez lesquels l'activité neuronale révélait les conflits les plus marqués. Il semblerait que ces participants d'exception soient (souvent mais pas

toujours) en prise sur la réalité sans que cela entraîne nécessairement de conflit.

En joignant une cartographie de l'activité neuronale à l'étude des choix réalisés, cette étude donne une bonne illustration de la manière dont l'émotion associée à un mot peut intervenir sur le choix final. Une expérience menée par Amos et des collègues à la Harvard Medical School nous donne l'exemple classique du cadrage émotionnel. On a donné aux médecins participant à l'expérience des statistiques concernant le résultat de deux types de traitement pour le cancer du poumon : intervention chirurgicale et radiothérapie. Les taux de survie à cinq ans font clairement pencher la balance en faveur de l'intervention chirurgicale, mais à court terme, cette dernière est plus risquée que la radiothérapie. On a fourni des statistiques concernant les taux de survie à la moitié des participants ; les autres ont reçu la même information mais exprimée en termes de mortalité. Les deux descriptions données pour le résultat à court terme d'une intervention chirurgicale étaient :

Le taux de survie à un mois est de 90 %.
Il y a un taux de mortalité de 10 % le premier mois.

Vous connaissez déjà le résultat : l'intervention chirurgicale a remporté nettement plus de suffrages dans le premier cadre (84 % des médecins l'ont retenue) que dans le second (où 50 % ont privilégié la radiothérapie). Ces deux descriptions sont parfaitement équivalentes d'un point de vue logique, et un individu en prise sur la réalité appelé à prendre une décision ferait le même choix quelle que soit la version qu'il a vue. Mais le Système 1, comme nous commençons à le savoir, est rarement indifférent aux mots lestés d'une charge émotionnelle : mourir n'est pas une bonne chose, survivre est une bonne chose, et un taux de survie de 90 % semble encourageant alors qu'un taux de mortalité de 10 % est effrayant [3]. Une découverte importante réalisée dans le cadre de cette étude est que les médecins sont tout aussi sujets à l'effet de cadrage que des personnes n'ayant pas de connaissances particulières en médecine (des patients à l'hôpital et des étudiants en second cycle dans une école de commerce). Une formation médicale n'offre de toute évidence aucune protection contre les effets de cadrage.

L'étude GARDER-PERDRE et l'expérience survie-mortalité diffèrent sur un point important. Les personnes qui ont participé à l'étude d'imagerie cérébrale ont été soumises à de nombreux essais où elles ont été confrontées aux différents cadres. Elles avaient la possibilité de déceler l'effet perturbateur des cadres et de se simplifier la tâche en adoptant un cadre unique, par exemple en convertissant un montant exprimé dans la catégorie PERDRE par son équivalent dans la catégorie GARDER. Il faut être intelligent (et disposer d'un Système 2 bien entraîné) pour apprendre à faire cela, et les rares participants qui y sont parvenus faisaient probablement partie des agents « rationnels » identifiés par les chercheurs. À l'inverse, les médecins qui ont lu les statistiques concernant les deux thérapies présentées en termes de taux de survie n'avaient aucune raison de soupçonner qu'ils auraient fait un choix différent si on leur avait présenté les mêmes statistiques exprimées en termes de mortalité. Le recadrage demande un effort et le Système 2 est généralement paresseux. À moins qu'il n'y ait une raison évidente de ne pas le faire, nous acceptons pour la plupart passivement les problèmes de décision tels qu'ils sont cadrés et, de ce fait, nous avons rarement l'occasion de nous rendre compte jusqu'à quel point nos préférences sont *dépendantes du cadrage* plutôt qu'*en prise sur la réalité*.

INTUITIONS SANS FONDEMENT

En introduction de notre étude sur le cadrage, Amos et moi avons donné un exemple qui est resté célèbre sous le nom de « problème de la maladie asiatique[4] ».

Imaginez que les États-Unis se préparent à affronter une épidémie d'une maladie asiatique rare, qui risque de faire six cents morts. Deux programmes ont été proposés pour lutter contre l'épidémie. Les estimations scientifiques les plus précises des conséquences de ces programmes sont les suivantes :

> Si le programme A est adopté, 200 personnes seront sauvées.
> Si le programme B est adopté, il y a une chance sur trois que 600 personnes soient sauvées et deux chances sur trois que personne ne soit sauvé.

Une nette majorité de participants ont choisi le programme A : ils préfèrent l'option certaine à l'option aléatoire.

Les résultats des deux programmes ont été présentés dans un cadre différent dans une seconde version :

> Si le programme A' est adopté, 400 personnes mourront.
> Si le programme B' est adopté, il y a une chance sur trois que personne ne mourra et deux chances sur trois que 600 personnes mourront.

Regardez attentivement et comparez les deux versions : les conséquences des programmes A et A' sont identiques ; il en est de même pour les conséquences des programmes B et B'. Pourtant, dans le second cadre, une grande majorité de personnes ont choisi l'option aléatoire.

Le fait que le choix ne soit pas le même pour les deux cadres est conforme à la théorie des perspectives, selon laquelle le choix entre une option aléatoire et une option certaine ne se fait pas de la même manière selon que les résultats sont bons ou mauvais. Lors de la prise de décision, on tend à préférer l'option certaine à l'option aléatoire (aversion au risque) lorsque les résultats sont positifs. On tend à rejeter l'option certaine et à accepter l'option aléatoire (attirance pour le risque) lorsque les deux résultats sont négatifs. Ces conclusions étaient bien établies pour les choix entre option aléatoire et option certaine dans le domaine monétaire. Le cas de la maladie montre que la même règle s'applique lorsque les résultats se mesurent en nombre de vies sauvées ou en nombre de morts. Dans ce contexte, l'expérience de cadrage révèle également que les préférences en matière d'aversion au risque ou d'attirance pour le risque ne sont pas en prise sur la réalité. Une formulation différente entraîne un renversement de préférence pour un même résultat objectif.

Une anecdote dont m'a parlé Amos donne un tour sinistre à cette histoire. Amos avait été invité à prononcer un discours devant un groupe de professionnels de santé publique – les décisionnaires en matière de vaccins et pour d'autres programmes. Il en profita pour leur exposer le problème de la maladie asiatique : il présenta la version « vies sauvées » à la moitié d'entre eux et la version « nombre de morts » à l'autre moitié. Tout comme les autres participants à l'expérience, ces professionnels de santé publique se sont révélés sujets aux effets de cadrage. Il est un peu inquiétant de se dire que les responsables chargés de prendre des décisions qui affectent la santé de toute la population peuvent changer d'avis suite à une manipulation aussi superficielle – mais il faut s'habituer à l'idée que même les décisions importantes sont influencées, sinon dictées, par le Système 1.

Il est encore plus troublant de voir ce qui se passe lorsque l'on met les gens face à leurs incohérences :

« Vous avez choisi de sauver 200 vies avec certitude lorsque le problème était formulé d'une certaine manière, puis vous avez choisi de parier plutôt que d'accepter 400 morts avec l'autre formulation. Maintenant que vous savez que vos choix étaient incohérents, que décidez-vous ? » La réponse est en général un silence gêné. Les intuitions qui ont conduit au premier choix provenaient du Système 1 et n'avaient pas plus de fondement moral que la préférence pour garder 20 livres ou l'aversion à l'idée d'en perdre 30. Sauver des vies de manière certaine est positif, les décès sont négatifs. La plupart des gens s'aperçoivent que leur Système 2 n'a pas d'intuitions morales propres pour répondre à la question.

Je dois au grand économiste Thomas Schelling mon exemple préféré d'effet de cadrage, décrit dans son livre *Choice and Consequence*[5]. Ce dernier a été écrit avant que nos travaux sur le cadrage soient publiés, et cette notion n'était pas son principal sujet d'étude. Son exemple concerne les réductions d'impôt pour enfant à charge telles que définies dans le code des impôts, sujet qu'il a abordé avec ses étudiants à la Kennedy School de Harvard. Schelling a expliqué à ses étudiants qu'il existait une réduction d'impôt standard par enfant, et que le montant de cette réduction était indépendant des revenus du contribuable. Il leur a demandé leur avis concernant la proposition suivante :

> Le montant de la réduction d'impôt pour enfant à charge devrait-il être plus élevé pour les riches que pour les pauvres ?

Votre réaction est très vraisemblablement la même que celle des étudiants de Schelling : ils ont trouvé l'idée de favoriser les riches en leur accordant une réduction d'impôt plus importante totalement inacceptable.

Schelling leur a ensuite fait remarquer que le code des impôts était arbitraire. Il part du principe que le cas par défaut est celui d'une famille sans enfant et réduit le montant des impôts du montant de la réduction à laquelle chaque enfant donne droit. Le code des impôts pourrait évidemment être réécrit avec un autre cas par défaut : une famille de deux enfants.

Dans ce cas, les familles qui auraient moins de deux enfants (le nombre par défaut) devraient payer une majoration. Schelling a ensuite demandé à ses étudiants de commenter une nouvelle proposition :

> Les pauvres sans enfant devraient-ils payer la même majoration que les riches sans enfant ?

Là encore, vous réagissez sans doute à cette idée de la même manière que ses étudiants, qui l'ont rejetée de manière aussi catégorique que la première. Schelling a démontré à ses étudiants qu'ils ne pouvaient pourtant pas logiquement rejeter les deux propositions. Mettez ces deux propositions en regard l'une de l'autre. La différence entre l'impôt dû par un foyer sans enfants et par une famille de deux enfants est présentée comme une réduction d'impôt dans la première version et comme une augmentation dans la seconde. Si, dans la première version, vous voulez que les pauvres bénéficient du même avantage (ou d'un avantage supérieur) que les riches s'ils ont des enfants, alors vous devriez vouloir que les pauvres paient au moins la même pénalité que les riches s'ils n'ont pas d'enfants.

On reconnaît ici le Système 1 à l'œuvre. Il nous fournit une réponse immédiate à n'importe quelle question concernant les riches et les pauvres : dans le doute, il faut favoriser les pauvres. L'aspect surprenant du problème soulevé par Schelling est que cette règle morale en apparence simple ne fonctionne pas de manière fiable. Elle génère des réponses contradictoires au même problème selon la manière dont le problème est présenté.

Bien sûr, vous avez déjà une idée de la question suivante. Maintenant que vous avez conscience que vos réponses sont influencées par le cadre dans lequel le problème est posé, que répondez-vous à la question : Comment le code des impôts devrait-il traiter les enfants des riches et des pauvres ?

Là encore, vous allez sans doute vous trouver déconcerté. Vous avez des intuitions morales au sujet des différences entre les riches et les pauvres, mais ces intuitions dépendent d'un point de référence arbitraire, et elles ne concernent pas le problème réel. Le problème – la question portant sur des états réels du monde – est de savoir quel impôt chaque famille doit payer, comment remplir les cases dans la trame du code des impôts. Vous n'avez pas d'intuitions morales impératives pour vous aider à résoudre ce problème. Vos sentiments moraux sont rattachés à des cadres, à des descriptions de la réalité plutôt qu'à la réalité elle-même. Le message concernant la nature du cadrage est sans équivoque : il ne faut pas voir le cadrage comme une intervention qui masque ou déforme une préférence sous-jacente. Dans ce cas précis au moins – mais c'est également valable pour les problèmes de la maladie asiatique et du choix de l'intervention chirurgicale ou de la radiothérapie pour le cancer du poumon –, il n'y a pas de préférence sous-jacente qui serait masquée ou déformée par le cadre. Nos préférences sont rattachées à des problèmes cadrés, et nos intuitions morales sont liées à des descriptions, pas à des faits concrets.

Bons et mauvais cadres

Tous les cadres ne se valent pas, et certains cadres sont indiscutablement préférables à d'autres manières de décrire (ou de penser à) la même chose. Prenez la paire de problèmes suivants :

> Une femme a acheté deux billets de théâtre coûtant 80 euros chacun. Une fois arrivée au théâtre, elle sort son portefeuille et constate que les billets n'y sont plus. Va-t-elle acheter deux billets supplémentaires pour voir la pièce ?
> Une femme se rend au théâtre avec l'intention d'acheter deux billets coûtant 80 euros chacun. Une fois arrivée au théâtre, elle sort son portefeuille et constate avec consternation que les 160 euros avec lesquels elle comptait régler son achat n'y sont plus. Elle pourrait utiliser sa carte de crédit. Va-t-elle acheter les billets ?

Les participants qui ne voient qu'une version de ce problème arrivent à des conclusions différentes, en fonction du cadre dans lequel le problème est présenté. La plupart pensent que la femme dans le premier récit rentrera chez elle sans voir la pièce si elle a perdu les billets, et la plupart pensent qu'elle achètera des billets avec sa carte de crédit si elle a perdu l'argent.

L'explication ne devrait pas nous surprendre – ce problème fait intervenir la comptabilité mentale et le sophisme des coûts irrécupérables. Les différents cadres évoquent des comptes mentaux différents, et l'importance de la perte dépend du compte auquel elle a été affectée. Lorsque des billets pour une pièce donnée sont perdus, il est normal de les affecter au compte associé à cette pièce. Le coût semble avoir doublé et peut à présent paraître excessif par rapport à son objet. À l'inverse, une perte d'argent est affectée à un compte « recettes générales » – la femme se rendant au théâtre est légèrement plus pauvre qu'elle ne le pensait, et la question qu'elle risque de se poser est de savoir si cette légère baisse de ses ressources disponibles l'amènera à modifier sa décision concernant l'achat de billets. La plupart des participants ont estimé que non.

La version dans laquelle c'est de l'argent qui a été perdu débouche sur des décisions plus raisonnables. Elle constitue un cadre plus adapté car cette perte, même si les billets ont également été perdus, est « irrécupérable », et il ne faut pas tenir compte des coûts irrécupérables. Le passé n'entre pas en considération et seules comptent les options qui s'offrent maintenant à cette femme, ainsi que leurs conséquences probables. Qu'elle ait perdu de l'argent ou des billets, le fait pertinent est qu'elle se retrouve moins riche qu'elle ne l'était avant de sortir son portefeuille. Si la personne qui a perdu les billets me demandait mon avis, voici ce que je lui répondrais : « Auriez-vous acheté ces billets si vous aviez perdu une somme d'argent équivalente ? Si oui, achetez de nouveaux billets. » Des cadres plus larges et des comptes plus englobants favorisent en général des décisions plus rationnelles.

Dans l'exemple suivant, deux cadres possibles suscitent des intuitions mathématiques différentes, dont l'une est nettement supérieure à l'autre. Dans un article intitulé « The MPG Illusion » (L'illusion des miles par gallon), publié dans la revue *Science* en 2008, les psychologues Richard Larrick et Jack Soll ont identifié un cas où l'acceptation passive d'un cadre trompeur entraîne des coûts non négligeables et des conséquences graves [6]. La plupart des personnes qui achètent une voiture citent la consommation comme l'un des facteurs qui influencent leur choix ; ils savent que les voitures qui consomment moins ont des coûts d'exploitation moins élevés. Mais le cadre traditionnellement utilisé aux États-Unis – MPG, soit miles par gallon – se révèle bien peu apte à guider les décisions à la fois du consommateur et du législateur. Prenez deux propriétaires de voiture qui cherchent à faire des économies :

Adam passe d'un véhicule particulièrement gourmand en essence, qui est en mesure de parcourir 12 miles par

gallon, à un autre légèrement moins gourmand qui peut en faire 14.
Beth, soucieuse du respect de l'environnement, passe d'une voiture qui parcourt 30 miles par gallon à une autre qui peut en parcourir 40.

Supposez que les deux conducteurs parcourent la même distance en une année. Qui économisera le plus de carburant en changeant de véhicule ? Vous partagez presque certainement l'idée répandue selon laquelle l'action de Beth est plus significative que celle d'Adam : elle a réduit son MPG de 10 miles plutôt que 2, et d'un tiers (de 30 à 40) plutôt que d'un sixième (de 12 à 14). Maintenant, faites travailler votre Système 2 pour y voir clair. Si les deux personnes parcourent toutes les deux 10 000 miles, la consommation d'Adam passera de scandaleuse (833 gallons) à choquante (714 gallons), soit une économie de 119 gallons. La consommation de Beth passera de 333 gallons à 250, soit une économie de seulement 83 gallons. Le cadre MPG est erroné, et il faudrait le remplacer par un cadre en gallons par mile (ou en litres aux 100 kilomètres, comme dans la plupart des autres pays). Comme le font remarquer Larrick et Soll, les intuitions trompeuses induites par le cadre MPG sont susceptibles d'induire en erreur les décideurs politiques aussi bien que les acheteurs de voiture.

Au sein de l'administration du président Obama, Cass Sunstein fut administrateur de l'Office of Information and Regulatory Affairs (Bureau de l'information et des affaires réglementaires). Avec Richard Thaler, Sunstein fut le co-auteur de *Nudge*, qui constitue la référence pour qui souhaite appliquer des principes d'économie comportementale à une politique concrète. Ce n'est pas par hasard que l'autocollant « fuel economy and environment » (économies de carburant et environnement), qui sera affiché sur toutes les voitures neuves à partir de 2013, indiquera pour la première fois aux États-Unis des informations concernant la consommation en gallons par mile. Malheureusement, cette formulation, qui est la plus appropriée, apparaîtra en petits caractères, à côté de l'information habituelle exprimée en MPG qui sera, elle, en gros caractères. Il s'agit néanmoins d'un pas dans la bonne direction. Le délai de cinq ans entre la publication de « L'illusion des miles par gallon » et la correction partielle de l'unité habituelle constitue probablement un record de vitesse pour la mise en œuvre, dans une mesure concrète, d'une notion issue de la recherche en psychologie.

Dans de nombreux pays, des instructions concernant le don d'organes en cas de mort accidentelle figurent sur le permis de conduire. La manière dont ce choix est exprimé nous donne un autre exemple dans lequel un cadre est clairement supérieur à l'autre. Il y a peu de gens pour soutenir que la décision de donner ou non ses organes est sans importance ; pourtant, tout porte à croire que la plupart des gens prennent la décision sans y réfléchir. Une comparaison des taux de don d'organes dans les pays européens, qui met au jour des différences étonnantes entre des pays voisins et culturellement proches, en apporte la preuve[7]. Un article publié en 2003 indiquait que le taux de don d'organes était proche de 100 % en Autriche mais de seulement 12 % en Allemagne, de 86 % en Suède mais de seulement 4 % au Danemark.

Ces différences énormes résultent d'un effet de cadrage, qui est induit par la forme que prend la question critique. Dans les pays à fort taux de don d'organes, les personnes qui ne souhaitent pas donner leurs organes doivent cocher une case. S'ils ne le font pas, on les considère comme donneurs volontaires. À l'inverse, dans les pays à faible taux de don d'organes, il faut cocher une case pour devenir donneur. C'est aussi simple que ça. Pour savoir si oui ou non les gens seront majoritairement prêts à donner leurs organes, il suffit de connaître l'intitulé du choix par défaut qui sera adopté sans avoir à cocher une case.

Contrairement aux autres effets de cadrage qui ont pu être rapportés à des caractéristiques du Système 1, l'effet « don d'organes » s'explique par la paresse du Système 2. Les gens cocheront la case s'ils ont déjà décidé ce qu'ils souhaitent faire. Si la question les prend par surprise, ils doivent faire l'effort de se demander s'ils veulent cocher la case. J'imagine un formulaire de don d'organes dans lequel on demanderait aux gens de résoudre un problème mathématique dans la case correspondant à leur décision. L'une des cases contiendrait le problème 2 + 2 = ? Le problème dans l'autre case serait 13 × 37 = ? Cela aurait certainement un effet décisif sur le taux final.

Si le rôle de la formulation est avéré, cela entraîne une question pour toute mesure à mettre en œuvre : quelle formulation adopter ? Dans ce cas précis, la réponse est simple. Si vous pensez que l'existence d'une importante banque d'organes est une bonne chose pour la société, vous ne resterez pas neutre entre une formulation qui donne quasiment 100 % de dons et une autre formulation qui n'obtient que 4 % de dons chez les conducteurs. Comme nous l'avons vu à de nombreuses reprises, un choix important se trouve déterminé par un aspect parfaitement anodin de la situation. Voilà qui est fâcheux – cela n'est pas ainsi que nous voudrions prendre des décisions importantes. De plus, cela n'est pas ainsi que nous appréhendons la manière dont fonctionne notre pensée, et pourtant les preuves attestant l'existence de ces illusions cognitives sont incontestables.

On peut considérer qu'il s'agit là d'un point marqué contre la théorie des agents rationnels. Toute théorie digne de ce nom affirme que certains événements sont impossibles – ils ne se produiront pas si la théorie est exacte. Lorsqu'un événement « impossible » est constaté, la théorie est réfutée. Les théories peuvent survivre pendant une longue période après avoir été réfutées par des preuves concluantes, et le modèle de l'agent rationnel a indubitablement survécu aux preuves que nous avons examinées, et à bien d'autres encore.

Le cas du don d'organes montre que le débat autour de la rationalité de l'être humain peut avoir un effet important dans le monde réel. Une différence de taille entre ceux qui croient au modèle de l'agent rationnel et ceux qui le remettent en question est que les premiers présupposent que, face à des problèmes importants, nos préférences ne peuvent pas être déterminées par la formulation d'un choix. Ça ne les intéressera même pas de se pencher sur la question – c'est pourquoi on se retrouve souvent avec des résultats de qualité médiocre.

Les gens qui font preuve de scepticisme au sujet de la rationalité ne sont pas surpris. Ils ont été formés à être sensibles au rôle que des facteurs apparemment anodins peuvent jouer dans la détermination des préférences – j'espère pour ma part que mes lecteurs auront acquis cette sensibilité.

*

Les cadres et la réalité en bref

« Ils accepteront mieux ce qui s'est passé s'ils parviennent à envisager le résultat sous un angle différent : ce qu'il leur reste plutôt que ce qu'ils ont perdu. »

« Maintenant reformulons le problème en modifiant le point de référence. Imaginez que cela ne nous appartenait pas ; à combien l'estimerions-nous désormais ? »

« Assignez cette perte à votre compte mental des “recettes générales” – vous vous sentirez mieux ! »

« Ils vous demandent de cocher une case pour vous désabonner de leur liste de diffusion. Cette liste serait bien plus courte s'ils vous demandaient de cocher une case pour s'abonner ! »

Cinquième partie

LES DEUX FACETTES DU MOI

35

Les deux facettes du moi

Le terme « utilité » a eu deux sens distincts au fil de sa longue histoire. Jeremy Bentham entame son *Introduction aux principes de la morale et de la législation* par cette phrase célèbre : « La Nature a soumis l'humanité au gouvernement de deux maîtres souverains, la douleur et le plaisir. C'est à eux seuls qu'il revient de nous indiquer ce que nous devrions faire, ainsi que de déterminer ce que nous allons faire. » Dans une note maladroite, Bentham s'excuse d'avoir appliqué le mot *utilité* à ces expériences, précisant qu'il n'était pas parvenu à trouver de meilleur terme. Pour distinguer l'interprétation benthamienne du terme, je l'appellerai l'*utilité expérimentée.*

Au cours des cent dernières années, les économistes ont employé le même mot pour parler d'autre chose. Tel que l'appliquent les économistes et les théoriciens de la décision, il signifie « désirabilité » – et c'est ce que j'appelle l'*utilité de décision* [1]. La théorie de l'utilité espérée, par exemple, est entièrement consacrée aux règles de la rationalité qui devraient présider aux utilités de décision ; elle n'a absolument rien à dire sur les expériences hédonistes. Bien sûr, les deux concepts d'utilité coïncideront si les gens désirent ce dont ils veulent jouir, et jouissent de ce qu'ils choisissent pour eux-mêmes – et cette supposition de coïncidence est implicite dans l'idée générale qui veut que les agents économiques soient rationnels. On attend d'agents rationnels qu'ils connaissent leurs goûts, tant présents que futurs, et ils sont censés prendre de bonnes décisions, qui maximiseront ces intérêts.

L'UTILITÉ EXPÉRIMENTÉE

Il y a longtemps déjà que les divergences éventuelles entre l'utilité expérimentée et l'utilité de décision me fascinent. Alors qu'Amos et moi travaillions encore sur la théorie des perspectives, j'ai inventé une énigme, formulée comme suit : imaginez un individu qui subit une piqûre douloureuse par jour. Il n'y a pas d'adaptation ; jour après jour, la douleur est la même. Les gens attacheront-ils la même valeur à une réduction du nombre de piqûres prévues de 20 à 18 et de 6 à 4 ? Une distinction se justifie-t-elle ?

Je n'ai pas eu besoin de rassembler des données, parce que le résultat était évident. Vous pouvez vérifier par vous-mêmes : vous seriez prêt à payer plus pour réduire le nombre d'injections d'un tiers (6 à 4) plutôt que d'un dixième (20 à 18). L'utilité de décision de la suppression de deux piqûres est plus importante dans le premier cas que dans le second, et tout le monde paiera plus pour la première réduction que pour la seconde. Mais cette différence est absurde. Si, de jour en jour, la douleur ne change pas, qu'est-ce qui justifie que l'on attribue des utilités différentes à une réduction de deux du nombre total d'expériences douloureuses, en fonction du nombre d'injections précédentes ? Dans les termes que nous emploierions aujourd'hui, cette énigme introduisait l'idée que l'utilité expérimentée pouvait être mesurée par le nombre de piqûres. Elle suggérait également que, du moins dans certains cas, l'utilité expérimentée est le critère permettant d'évaluer une décision. Un décideur qui paie des sommes différentes pour atteindre le même gain d'utilité expérimentée (ou pour s'épargner la même perte) commet une erreur. Cela peut vous paraître évident, mais dans la théorie de la décision, la seule base pour juger qu'une décision est erronée est son incohérence par rapport à d'autres préférences. Amos et moi avons discuté du problème, sans aller plus loin. Je n'y suis revenu que des années plus tard.

EXPÉRIENCE ET MÉMOIRE

Comment peut-on mesurer l'utilité expérimentée ? Comment devrions-nous répondre à des questions comme « Quelle douleur Helen a-t-elle ressentie durant l'intervention médicale ? » ou « Quel plaisir a-t-elle retiré des vingt minutes qu'elle a passées à la plage ? » L'économiste britannique Francis Edgeworth a spéculé sur ce sujet au XIXe siècle et proposé l'idée d'un « hédonimètre », un instrument imaginaire analogue aux appareils utilisés dans les stations météorologiques, qui mesurerait le niveau de plaisir ou de souffrance qu'expérimente à tout moment un individu [2].

L'utilité expérimentée varierait donc, un peu comme la température quotidienne ou la pression barométrique, et les résultats seraient consignés comme une fonction du temps. La question de la douleur ou du plaisir ressenti par Helen durant son intervention médicale ou ses vacances se situerait dans « l'aire sous la courbe ». Le temps joue un rôle crucial dans la conception d'Edgeworth. Si Helen reste à la plage pendant quarante minutes au lieu de vingt, et que son plaisir reste aussi intense, alors l'utilité expérimentée totale de cet épisode est multipliée par deux, tout comme le fait de doubler le nombre de piqûres double la souffrance d'une série d'injections. Telle était la théorie d'Edgeworth, et nous comprenons aujourd'hui avec précision les conditions dans lesquelles elle est valide [3].

Les graphiques de la figure 15 illustrent l'expérience de deux patients qui subissent une coloscopie douloureuse, à partir d'une étude que Don Redelmeier et moi avons conçue ensemble. Redelmeier, médecin et chercheur de l'université de Toronto, l'a réalisée au début des années 1990 [4]. Il est aujourd'hui courant d'administrer un anesthésiant et un médicament provoquant l'amnésie dans le cadre de cette intervention, mais ces produits n'étaient pas répandus à l'époque où nous avons collecté nos données. Toutes les 60 secondes, on demandait aux patients d'indiquer le niveau de douleur dont ils faisaient l'expérience à cet instant. Les données sont indiquées sur une échelle allant de zéro, « aucune douleur du tout », à 10, « douleur intolérable ». Comme vous pouvez le voir, l'expérience de chaque patient varie considérablement pendant l'intervention, qui a duré 8 minutes pour le patient A et 24 minutes pour le patient B (le dernier résultat de zéro douleur a été enregistré après la fin de l'intervention). Un total de 154 patients ont participé à l'expérience ; l'intervention la plus courte a duré 4 minutes, la plus longue 69 minutes.

Ensuite, considérez une question facile : partant du principe que les deux patients se sont servis de l'échelle de douleur de la même façon, lequel des deux a le plus souffert ? Aucune hésitation. Tout le monde s'accorde à reconnaître que le sort du patient B a été pire. Le patient B a passé au moins autant de temps que le patient A à n'importe quel degré de douleur, et « l'aire sous la courbe » est clairement plus importante chez B que chez A. Le facteur clé, bien sûr, c'est que la procédure de B a duré beaucoup plus longtemps. J'appellerai les

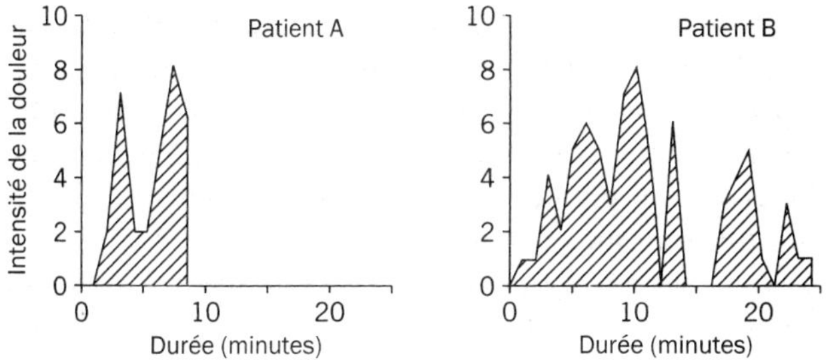

Figure 15

mesures basées sur les indications de douleur momentanée le total hédonimétrique.

Une fois la procédure terminée, il a été demandé à tous les participants d'évaluer la « somme totale de douleur » qu'ils venaient de vivre. La formulation était faite pour les encourager à penser à l'intégrale de la douleur qu'ils avaient indiquée, reproduisant le total hédonimétrique. Étonnamment, les patients n'en ont rien fait. L'analyse statistique a abouti à deux découvertes, qui illustrent un schéma que nous avons observé dans d'autres expériences :

- La *peak-end rule* (« règle pic-fin ») : l'évaluation globale rétrospective pouvait être prédite avec précision par la moyenne du niveau de douleur indiqué au pire moment de l'expérience et à sa fin.
- La négligence de la durée : la durée de la procédure n'a eu absolument aucun effet sur l'évaluation de la douleur totale.

Vous pouvez maintenant appliquer ces règles aux profils des patients A et B. La pire des valeurs (8 sur une échelle de 10) a été la même pour les deux patients, mais la dernière évaluation avant la fin de l'intervention a été de 7 pour le patient A et de seulement 1 pour le patient B.

La moyenne « pic-fin » était donc de 7,5 pour le patient A et de seulement 4,5 pour le patient B. Comme prévu, le patient A avait gardé un souvenir bien pire de l'épisode que le patient B. Le patient A a eu la malchance que l'intervention prenne fin à un mauvais moment, lui laissant un souvenir déplaisant.

Nous disposons maintenant de données à foison : deux mesures d'utilité expérimentée – le total hédonimétrique et l'évaluation rétrospective –, qui sont systématiquement différentes. Les totaux hédonimétriques sont calculés par un observateur à partir des indications fournies par un individu sur une expérience vécue à un moment donné. Ces jugements sont dits pondérés par la durée, parce que le calcul de « l'aire sous la courbe » attribue un poids égal à tous les moments : deux minutes de douleur au niveau 9 sont deux fois pires qu'une minute au même niveau. Toutefois, les découvertes liées à cette expérience et à d'autres montrent que les évaluations rétrospectives sont insensibles à la durée et pondèrent deux moments distincts, le pic et la fin, beaucoup plus que d'autres. Laquelle de ces deux mesures est la plus importante ? Que devrait faire le médecin ? Ce choix a des implications pour la pratique médicale. Nous avons remarqué que :

- si l'objectif est de réduire le souvenir qu'ont les patients de la douleur, il pourrait être plus important de diminuer l'intensité du pic de douleur que de minimiser la durée de l'intervention. En suivant le même raisonnement, un soulagement progressif est peut-être préférable à un soulagement brutal si les patients gardent un meilleur souvenir quand la douleur à la fin de l'intervention est relativement faible ;
- si l'objectif est de limiter le niveau de douleur effectivement ressentie, il peut être approprié d'effectuer

rapidement l'intervention même si, ce faisant, on augmente l'intensité du pic de douleur, dont les patients garderont un souvenir terrible.

Lequel de ces objectifs vous paraît le plus convaincant ? Je n'ai pas mené d'enquête approfondie à ce sujet, mais j'ai l'impression qu'une grande majorité penchera en faveur d'une réduction du souvenir de la douleur. Personnellement, il m'est plus facile d'envisager ce dilemme comme un conflit d'intérêts entre deux moi (qui *ne* correspondent *pas* à nos deux systèmes familiers 1 et 2). Le *moi expérimentant* est celui qui répond à la question : « Est-ce que ça fait mal maintenant ? » Le *moi mémoriel* est celui qui répond à la question : « C'était comment, dans l'ensemble ? » Les souvenirs sont tout ce qui nous reste de notre expérience de la vie, et la seule perspective que nous pouvons adopter quand nous pensons à notre existence est donc celle du moi mémoriel.

À l'issue d'une de mes conférences, un auditeur a eu un commentaire qui illustre la difficulté qu'il y a à faire la distinction entre souvenirs et expériences. Il a raconté comment, en extase, il avait écouté une longue symphonie sur un disque qui était rayé vers la fin, ce qui avait produit un son choquant, lequel avait « saccagé le morceau ». En réalité, ce n'était pas le morceau qui avait été saccagé, seulement le souvenir qu'il en avait. Le moi expérimentant avait vécu une expérience qui était presque entièrement plaisante, et la fin négative n'y changeait rien, parce que cela avait déjà eu lieu. La personne avait accordé à l'ensemble de l'épisode une mauvaise note parce qu'il s'était très mal terminé, mais sa note ignorait purement et simplement quarante minutes d'extase musicale. La véritable expérience n'a-t-elle donc aucune importance ?

Le fait de confondre l'expérience avec le souvenir que l'on en a est une puissante illusion cognitive – et c'est la substitution qui nous pousse à croire qu'une expérience passée peut être saccagée. Le moi expérimentant ne peut pas s'exprimer. Le moi mémoriel se trompe parfois, mais c'est lui qui enregistre et gouverne ce que nous apprenons de la vie, c'est lui qui prend les décisions. Les leçons que nous tirons du passé ont pour but de maximiser les qualités de nos souvenirs futurs, pas nécessairement notre expérience future. C'est la tyrannie du moi mémoriel.

Quel est le moi qui décide ?

Pour démontrer le pouvoir du moi mémoriel dans le domaine de la prise de décision, mes collègues et moi avons mis au point une expérience recourant à une forme de torture bénigne que j'appellerai la situation de la main froide (le terme technique, hideux, est « épreuve du froid »). On demande aux participants de plonger leur main jusqu'au poignet dans de l'eau douloureusement froide jusqu'à ce qu'on leur dise de la retirer et qu'on leur propose une serviette chaude. De leur main libre, nos sujets contrôlaient des flèches sur un clavier pour indiquer en continu la douleur qu'ils ressentaient, en communication directe avec leur moi expérimentant. Nous avions choisi une température qui causait une douleur modérée mais tolérable : les participants, des volontaires, étaient évidemment libres de retirer leur main à tout moment, mais aucun ne l'a fait.

Chaque participant a subi deux épisodes de main froide :

> L'épisode court consistait en 60 secondes d'immersion dans une eau à 14 °C, soit une expérience de froid douloureux, mais pas intolérable. Au bout des 60 secondes, l'expérimentateur disait au participant de retirer sa main et lui tendait une serviette chaude.

L'épisode long durait 90 secondes. Les 60 premières secondes étaient identiques à l'épisode court. L'expérimentateur ne disait rien à la fin des 60 secondes. Au contraire, il ouvrait une valve qui faisait couler de l'eau un peu plus chaude dans le récipient. Pendant les 30 secondes additionnelles, la température de l'eau augmentait d'environ 1 °C, juste assez pour que les sujets détectent une légère diminution dans l'intensité de la douleur.

Nous avions dit aux participants qu'ils passeraient trois épreuves du froid, mais en fait, ils n'ont fait l'expérience que des épisodes court et long, chacun avec une main différente. Sept minutes s'écoulaient entre chaque épreuve. Sept minutes après la deuxième, on donnait aux participants le choix d'en subir une troisième. On leur expliquait qu'il s'agirait d'une répétition d'une des deux expériences précédentes, et ils étaient libres de dire s'ils voulaient la passer avec leur main gauche ou avec leur main droite[5]. Bien sûr, la moitié des participants avait passé l'épreuve courte avec la main gauche, la moitié avec la droite ; la moitié avait commencé par la courte, la moitié par la longue, etc. L'expérience faisait l'objet d'un suivi méticuleux.

Elle était conçue pour déclencher un conflit entre les intérêts du moi expérimentant et du moi mémoriel, mais aussi entre l'utilité expérimentée et l'utilité de décision. Du point de vue du moi expérimentant, l'épreuve longue était évidemment pire. Nous nous attendions à ce que le moi mémoriel ait une autre opinion. La règle « pic-fin » prédit que le souvenir de l'épreuve courte sera pire que celui de la longue, et la négligence de la durée prédit que la différence entre 90 et 60 secondes de douleur sera ignorée. Nous avions donc prévu que les participants auraient un souvenir plus favorable (ou moins défavorable) de l'épreuve longue et qu'ils choisiraient de la répéter. Ce qu'ils ont fait. 80 % des participants qui avaient signalé que leur douleur avait diminué dans la phase finale de l'épisode long ont choisi de le répéter, se disant ainsi prêts à souffrir 30 secondes inutilement dans la troisième épreuve annoncée.

Les sujets qui ont préféré l'épisode long n'étaient pas des masochistes et n'ont pas délibérément choisi de s'exposer à la pire des deux expériences ; ils ont simplement commis une erreur. Si nous leur avions demandé : « Préféreriez-vous une immersion de 90 secondes ou seulement la première partie ? », ils auraient sans doute opté pour l'épreuve courte. Mais nous n'avons pas formulé notre question en ces termes, et les sujets ont fait ce qui leur est venu naturellement : ils ont choisi de répéter l'épisode qui leur avait laissé le souvenir le moins rebutant. Les sujets savaient très bien laquelle des deux épreuves était la plus longue – nous le leur avions demandé –, mais ils ne se sont pas servis de ce savoir. Leur décision a été gouvernée par une règle simple du choix intuitif : choisissez l'option que vous préférez, ou que vous détestez le moins. Les règles de la mémoire ont déterminé leur degré de détestation des deux options, ce qui a alors déterminé leur choix. L'expérience de la main froide, comme ma vieille énigme sur les piqûres, révélait l'existence d'une divergence entre l'utilité de décision et l'utilité expérimentée.

Les préférences que nous avons observées dans cette expérience sont un autre exemple de l'effet « moins, c'est plus », que nous avons déjà rencontré à plusieurs reprises. Par exemple, dans l'étude de Christopher Hsee où le fait d'ajouter de la vaisselle à un ensemble de vingt-quatre pièces baissait la valeur totale parce que certaines des pièces ajoutées étaient cassées. Ou encore dans le cas de Linda, l'activiste dont on pense qu'elle est plus susceptible d'être une employée de banque féministe qu'une employée de banque tout court. Cette similitude n'est pas un hasard. C'est la même caractéristique fonctionnelle du Système 1 qui est à l'œuvre dans les trois situations : le Système 1 représente les ensembles par des moyennes, des normes et des prototypes, pas par des sommes. Chaque épisode de main froide est un ensemble de moments, que le moi mémoriel classe comme un moment prototypique. Ce qui entraîne un conflit. Pour un observateur objectif qui évalue l'épisode à partir des rapports fournis par le moi expérimentant, ce qui compte, c'est « l'aire sous la courbe » qui intègre la douleur dans le temps ; elle a la nature d'une somme. Le souvenir que garde le moi mémoriel est, quant à lui, un moment représentatif, fortement influencé par le pic et par la fin de l'épisode.

Bien sûr, l'évolution aurait pu rendre la mémoire des animaux sensibles aux intégrales – c'est d'ailleurs parfois le cas. Pour un écureuil, il est important de « connaître » le total de la nourriture qu'il a stockée, et une représentation de la taille moyenne des noisettes serait un bon substitut. Cependant, l'intégrale de la douleur ou du plaisir dans le temps a peut-être moins de signification en termes biologiques. Nous savons par exemple que les rats négligent la durée tant pour le plaisir que pour la souffrance. Dans une expérience, des rats ont été systématiquement exposés à une séquence où une lumière signale l'imminence d'un choc électrique. Les rats ont rapidement appris à redouter la lumière, et l'intensité de leur peur pouvait être mesurée à l'aide de plusieurs réactions physiologiques. La découverte la plus importante a été que la durée du choc avait peu ou pas d'effet sur la peur – tout ce qui compte, c'est l'intensité douloureuse du stimulus [6].

D'autres études classiques ont montré que la stimulation électrique de certaines régions du cerveau du rat (et des régions correspondantes chez l'homme) produit une sensation de plaisir intense, si intense que dans certains cas, les rats qui peuvent stimuler leur cerveau en actionnant leur levier risquent de mourir de faim car ils en oublieront de faire une pause pour s'alimenter. Là encore, seule l'intensité compte. Jusqu'à un certain point, l'accroissement de la durée d'une stimulation n'augmente apparemment pas le désir d'un animal de l'obtenir[7]. La règle qui commande le moi mémoriel de l'homme a une longue histoire dans l'évolution.

Biologie contre rationalité

L'idée la plus intéressante, dans l'énigme des piqûres qui m'avait préoccupée il y a des années, était que l'utilité expérimentée d'une série d'injections toutes aussi douloureuses peut être mesurée simplement en comptant les injections. Si toutes les piqûres suscitent une aversion égale, alors 20 d'entre elles sont deux fois pires que 10, et une réduction de 20 à 18 a la même valeur qu'une réduction de 6 à 4. Si l'utilité de décision ne correspond pas à l'utilité expérimentée, alors, quelque chose ne va pas dans le processus de décision. On retrouve la même logique à l'œuvre dans l'expérience de la main froide : un épisode de douleur qui dure 90 secondes est pire que les 60 premières secondes de cet épisode. Si les gens choisissent volontairement de subir l'épisode le plus long, quelque chose ne va pas dans leur décision. Dans ma première énigme, la divergence entre la décision et l'expérience trouvait son origine dans une baisse de la sensibilité : la différence entre 18 et 20 est moins impressionnante, et semble de moindre valeur, que celle entre 6 et 4 piqûres. Dans l'expérience de la main froide, l'erreur est le reflet de deux principes de la mémoire : la négligence de la durée et la règle pic-fin. Les mécanismes sont différents, mais le résultat est le même : une décision qui n'est pas en phase avec l'expérience.

Des décisions qui ne nous mènent pas vers la meilleure expérience possible et des prédictions erronées de sentiments futurs – autant de mauvaises nouvelles pour les partisans de la rationalité du choix. L'étude de la main froide a montré que nous ne pouvons pas faire totalement confiance à nos préférences quand il s'agit de refléter nos intérêts, même quand elles se fondent sur l'expérience personnelle, et même si le souvenir de cette expérience ne remonte qu'à un quart d'heure ! Les goûts et les décisions sont façonnés par les souvenirs, et ces derniers peuvent être faux. C'est une profonde remise en cause de l'idée que l'homme a des préférences cohérentes et qu'il sait comment les maximiser, pierre angulaire du modèle de l'agent rationnel. Notre esprit a été conçu avec une incohérence. Nous avons de nettes préférences quant à la durée des expériences de douleur et de plaisir : nous voulons que la douleur soit brève et que le plaisir dure. Mais notre mémoire, une fonction du Système 1, a évolué pour nous représenter le moment le plus intense d'un épisode de douleur ou de plaisir (le pic) et les sentiments éprouvés quand l'épisode est arrivé à sa fin. Une mémoire qui néglige la durée ne peut pas servir notre préférence pour les plaisirs longs et les douleurs brèves.

*

LES DEUX FACETTES DU MOI EN BREF

« Vous pensez à l'échec de votre mariage uniquement du point de vue du moi mémoriel. Un divorce est comme une symphonie se terminant par un son discordant – le fait qu'il s'est mal terminé ne signifie pas qu'il a été entièrement négatif. »

« C'est un cas grave de négligence de la durée. Vous accordez un poids égal à la bonne et à la mauvaise partie de votre expérience, alors que la bonne partie a duré dix fois plus que l'autre. »

36

La vie est une histoire

Au tout début de mes travaux sur la mesure de l'expérience, je suis allé voir *La Traviata* de Verdi. Cet opéra, réputé pour sa musique magnifique, est aussi une formidable histoire d'amour entre un jeune aristocrate et Violetta, une demi-mondaine. Le père du jeune homme rencontre Violetta et la convainc de quitter son amant, pour protéger l'honneur de la famille et les perspectives de mariage de la sœur du jeune homme. Dans un acte de sacrifice suprême, Violetta fait semblant de rejeter l'homme qu'elle adore. Peu après, elle finit par succomber à la tuberculose. Dans le dernier acte, Violetta gît, mourante, entourée de quelques amis ; son aimé a été prévenu et il se précipite à Paris pour la voir. À cette nouvelle, elle est transportée d'espoir et de joie, mais sa santé se détériore malgré tout rapidement.

Peu importe le nombre de fois que vous l'avez vu, vous êtes toujours emporté par la tension et la peur de cet instant : le jeune amant arrivera-t-il à temps ? On a le sentiment qu'il est extrêmement important pour lui de la rejoindre avant sa mort. Il y parvient, bien sûr, et s'ensuivent quelques merveilleux duos d'amour. Puis, au bout de dix minutes d'une musique somptueuse, Violetta s'éteint.

Sur le chemin du retour, je m'interrogeai : pourquoi ces dix dernières minutes sont-elles si importantes pour nous ? Je compris bien vite que je ne me souciais pas du tout de la durée de la vie de Violetta. Si l'on m'avait dit qu'elle était morte à 27 ans, pas à 28 comme je le pensais, l'idée qu'elle ait perdu un an de vie heureuse ne m'aurait pas ému le moins du monde, mais la possibilité de rater ces dix dernières minutes me paraissait essentielle. De plus, l'émotion que j'éprouvais à propos des retrouvailles des deux amants n'aurait pas changé si j'avais appris qu'ils avaient en fait pu passer une semaine ensemble plutôt que dix minutes. En revanche, si l'amant était arrivé trop tard, *La Traviata* aurait été une histoire complètement différente. Une histoire se résume à des événements significatifs et des moments mémorables, pas au temps qui passe. La négligence de la durée est normale dans une histoire, et la fin en définit souvent le caractère. On retrouve les mêmes éléments clés dans les règles du récit et dans les souvenirs que l'on peut avoir de coloscopies, de vacances ou de films. Voilà comment fonctionne le moi mémoriel : il compose des histoires et les met de côté pour qu'elles servent de références futures.

Il n'y a pas qu'à l'opéra que nous pensons à la vie comme à une histoire et souhaitons qu'elle se termine bien. Quand nous entendons parler de la mort d'une femme qui n'avait plus vu sa fille depuis des années, nous voulons savoir si elles se sont réconciliées à l'approche de la mort. Peu nous importent les sentiments de la fille – c'est le récit de la vie de la mère que nous souhaitons améliorer. L'attention que nous accordons aux gens prend souvent la forme d'une inquiétude pour la qualité de leur histoire, pas pour leurs sentiments. En effet, nous pouvons parfois être profondément touchés par des événements qui modifient l'histoire de personnes déjà mortes. Nous éprouvons de la pitié pour un homme qui est mort en croyant être aimé de sa femme, quand nous apprenons qu'en réalité, elle avait un amant depuis longtemps et qu'elle n'était restée avec son mari que pour l'argent [1]. Nous prenons son époux en pitié bien qu'il ait été heureux dans la vie. Nous ressentons l'humiliation d'un scientifique qui a réalisé une découverte importante dont l'invalidité a été démontrée après sa mort, même si lui-même n'a pas vécu cette humiliation. Mais surtout, nous nous soucions intensément du récit de notre propre vie et tenons vraiment à ce que ce soit une belle histoire, avec un bon héros.

Le psychologue Ed Diener et ses étudiants se sont demandé si la négligence de la durée et la règle du pic-fin pouvaient gouverner l'évaluation de vies entières. Ils se sont servis de la courte description d'une personne fictive, Jen, une femme qui ne s'est jamais mariée, n'a jamais eu d'enfants, et meurt sur le coup, sans douleur, dans un accident de voiture. Dans une version de l'histoire de Jen, elle a été très heureuse toute sa vie (qui avait duré soit trente, soit soixante ans), elle a aimé son travail, est partie en vacances, a consacré du temps à ses amis et ses loisirs. Dans une autre version, la vie de Jen avait duré cinq ans de plus, et elle était morte soit à 35, soit à 65 ans. Ces années supplémentaires étaient décrites comme agréables, mais moins que les précédentes. Après avoir lu une biographie sommaire de Jen, chaque participant devait répondre à deux questions : « Si l'on considère sa vie dans son ensemble, dans quelle mesure l'existence de Jen a-t-elle été enviable ? » et « Quel degré de bonheur ou de malheur total diriez-vous que Jen a connu durant sa vie ? ».

Les résultats ont donné une preuve claire à la fois de la négligence de la durée et d'un effet de pic-fin. Dans une expérience inter-sujets (différents participants avaient droit à des versions différentes), le fait de doubler la durée de la vie de Jen n'a eu absolument aucun effet sur la désirabilité de sa vie, ou sur les évaluations du bonheur total qu'elle avait connu. Visiblement, sa vie était perçue comme une tranche prototypique de temps, non une succession de tranches temporelles. Par conséquent, son « bonheur total » était le bonheur d'une période typique de sa vie, non la somme (ou l'intégrale) du bonheur sur toute la durée de sa vie.

Comme prévu, Diener et ses étudiants sont également tombés sur un effet de « moins, c'est plus », indication évidente qu'une moyenne (prototype) avait été substituée à une somme. Le fait d'ajouter cinq années « un peu heureuses » à une vie très heureuse avait causé une baisse substantielle dans l'évaluation du bonheur total de cette existence.

Sur mon insistance, ils ont également collecté des données sur l'effet des cinq années supplémentaires dans le cadre d'une expérience intra-sujets : chaque participant devait effectuer ses deux évaluations immédiatement l'une après l'autre. En dépit de ma grande expérience des erreurs de jugement, je ne croyais pas que des gens raisonnables pourraient dire que l'ajout de cinq années moyennement heureuses suffirait à rendre substantiellement pire l'ensemble d'une vie. J'avais tort. L'intuition que ces cinq années décevantes avaient aggravé toute une existence était écrasante.

La logique de ces jugements paraissait si absurde qu'au début, Diener et ses étudiants se sont dit qu'elle était la preuve de la sottise des jeunes qui avaient participé à leurs expériences. Mais ils retrouvèrent le même schéma quand les parents et des amis plus âgés des étudiants répondirent aux mêmes questions. Dans l'évaluation intuitive de vies entières comme de brefs épisodes, les pics et les fins ont une importance, pas la durée [2].

Les douleurs de l'enfantement et les bénéfices des vacances sont toujours évoqués comme des contre-exemples à l'idée de négligence de la durée : nous partageons tous l'intuition qu'il est bien pire que le travail de l'accouchement dure vingt-quatre heures plutôt que six, et qu'il vaut mieux passer six jours dans un endroit charmant que trois. La durée, apparemment, a une importance dans ces situations, mais ce n'est que parce que la qualité de la fin change en fonction de la longueur de l'épisode. La mère sera plus épuisée et désemparée au bout de vingt-quatre heures qu'au bout de six, et le vacancier sera plus requinqué et reposé après six jours qu'après trois. Ce qui compte vraiment, quand nous évaluons intuitivement des épisodes de ce genre, c'est la détérioration ou l'amélioration progressive de l'expérience en cours, et comment la personne se sent à la fin.

Vacances amnésiques

Vous devez choisir votre prochain lieu de vacances. Préférez-vous passer une semaine reposante en bord de mer là où vous êtes allé l'an dernier ? Ou espérez-vous enrichir vos souvenirs ? Divers secteurs commerciaux se sont développés pour répondre à ces besoins différents : les stations balnéaires proposent une relaxation réparatrice ; le tourisme, lui, a pour but d'aider les gens à se bâtir des histoires et à collectionner des souvenirs. À en juger par la frénésie photographique qui s'empare de bien des touristes, la récolte de souvenirs est souvent un objectif important, qui influe à la fois sur la préparation des vacances et sur l'expérience que l'on en a. Le photographe ne voit pas la scène qu'il immortalise comme un moment à savourer, mais comme un futur souvenir à classer. Les clichés peuvent être utiles pour le moi mémoriel – même si nous ne passons que rarement du temps à les regarder –, mais la photographie n'est pas forcément la meilleure façon pour le moi expérimentant du touriste de jouir de la vue.

Dans bien des cas, nous évaluons les séjours touristiques en fonction de l'histoire et des souvenirs que nous espérons récolter. Le mot *mémorable* est souvent utilisé pour décrire les temps forts des vacances, révélant explicitement le but de l'expérience. Dans d'autres situations – amoureuses, par exemple –, le fait de déclarer que l'instant présent ne sera jamais oublié, bien que n'étant pas toujours exact, modifie le caractère du moment. Une expérience rendue sciemment mémorable acquiert un poids et une signification qu'elle n'aurait pas eus sinon.

Ed Diener et son équipe ont montré que c'est le moi mémoriel qui choisit les vacances. Ils ont demandé à des étudiants de tenir des journaux quotidiens et de consigner chaque jour une évaluation de leurs expériences pendant les congés de printemps. Les étudiants devaient aussi donner une note globale aux vacances après leur fin. Ils devaient en outre indiquer s'ils avaient ou non l'intention de repartir au même endroit. L'analyse statistique a établi que les intentions pour les vacances futures étaient entièrement déterminées par l'évaluation finale – même quand la note ne représentait pas avec précision la qualité de l'expérience décrite dans les journaux. Comme lors de l'expérience de la main froide, à tort ou à raison, les gens *choisissent par la mémoire* de répéter ou non une expérience.

Lors de vos prochaines vacances, livrez-vous à cette expérience pour observer votre attitude vis-à-vis de votre moi expérimentant.

Imaginez qu'à la fin des vacances, toutes les vidéos et toutes les photos seront détruites. De plus, vous avalerez une potion qui effacera tous vos souvenirs de ces vacances.
En quoi cette perspective affecterait vos projets de vacances ? Combien seriez-vous prêt à payer pour ces vacances, par rapport à des vacances normalement mémorables ?

Je n'ai pas étudié de façon systématique les réactions à ce scénario, mais pour en avoir discuté avec les gens, j'ai le sentiment que l'élimination des souvenirs réduit fortement la valeur de l'expérience. Dans certains cas, les gens se traitent comme ils traiteraient un amnésique, choisissant de maximiser le plaisir d'ensemble en revenant à un endroit où ils ont été heureux par le passé. Toutefois, certains affirment qu'ils ne se donneraient même pas la peine de partir, preuve qu'ils ne se soucient que de leur moi mémoriel, et s'inquiètent moins de leur moi expérimentant amnésique que d'un inconnu amnésique. Beaucoup soulignent qu'ils ne s'enverraient pas, ni un autre amnésique, escalader des montagnes ou faire du trekking dans la jungle – parce que ces expériences sont essentiellement douloureuses dans la réalité et qu'elles n'ont de valeur que parce que l'on espère que tant les souffrances que la joie d'atteindre l'objectif seront mémorables.

Imaginez maintenant que vous deviez subir une opération douloureuse pendant laquelle vous resterez conscient. On vous dit que vous allez hurler de douleur et supplier le chirurgien d'arrêter. Cependant, on promet de vous injecter une drogue provoquant l'amnésie qui effacera complètement tout souvenir de cet épisode. Qu'éprouvez-vous à cette idée ? Là encore, selon mes observations informelles, la plupart des gens sont remarquablement indifférents à la souffrance de leur moi expérimentant. Certains affirment qu'ils s'en moquent complètement. D'autres partagent mes sentiments, c'est-à-dire que je ressens de la pitié pour mon moi souffrant, mais pas plus que je n'en éprouverais pour un inconnu. Aussi étrange que cela puisse paraître, je suis mon moi mémoriel, et le moi expérimentant, à travers lequel je vis, est pour moi comme un étranger.

*

La vie est une histoire en bref

« Il tente désespérément de protéger le récit d'une vie d'intégrité, menacé par le dernier épisode en date. »

« Ce qu'il était prêt à faire pour une rencontre d'un soir est un signe de négligence totale de la durée. »

« Vous avez l'air de consacrer toutes vos vacances à la fabrication de souvenirs. Peut-être devriez-vous poser votre appareil photo et profiter de l'instant, même s'il n'a rien de très mémorable ? »

« Elle est atteinte d'Alzheimer. Elle ne parvient plus à faire le récit de sa vie, mais son moi expérimentant est toujours sensible à la beauté et à la douceur. »

37

LE BIEN-ÊTRE EXPÉRIMENTÉ

Quand j'ai commencé à m'intéresser à l'étude du bien-être, il y a environ quinze ans, je me suis rapidement aperçu que presque tout ce que l'on savait sur le sujet reposait sur les réponses de millions de personnes à des enquêtes, à travers des questions plus ou moins variées, généralement considérées comme des moyens de mesurer le bonheur. C'est une question clairement adressée à votre moi mémoriel, qui est invité à réfléchir à votre vie :

> Tout bien considéré, à quel point êtes-vous satisfait de votre vie dans son ensemble ces temps-ci [1] ?

Étant venu à la question du bien-être en partant de l'étude des souvenirs erronés de coloscopies et de mains froides douloureuses, je me méfiais naturellement de la satisfaction globale de toute une vie en tant que mesure valide du bien-être. Le moi mémoriel avait prouvé qu'il n'était pas un témoin fiable dans mes expériences. Aussi me concentrai-je sur le bien-être du moi expérimentant. Je suggérais qu'il était logique de dire que « Helen était heureuse au mois de mars » si

> elle avait passé l'essentiel de son temps engagée dans des activités qu'elle aurait préféré continuer plutôt que

> d'interrompre, peu de temps dans des situations auxquelles elle aurait préféré échapper, et – ce qui était très important – encore moins de temps dans un état neutre où elle ne penchait ni dans un sens, ni dans l'autre.

Il y a bien des expériences que nous préférerions poursuivre plutôt que d'y mettre un terme, y compris les plaisirs à la fois psychiques et physiques. Un des exemples que j'avais à l'esprit, pour une situation dont Helen n'aurait pas voulu sortir, était l'absorption totale dans une tâche, ce que Mihaly Csikszentmihalyi appelle le *flow* – cet état que connaissent certains artistes dans leurs moments créatifs, et que beaucoup d'autres gens atteignent quand ils sont pris par un film, un livre ou des mots croisés : les interruptions, dans ces situations, sont malvenues. J'avais également en tête des souvenirs de mon enfance heureuse, quand, chaque fois que ma mère venait m'arracher à mes jouets pour m'emmener au parc, je me mettais à pleurer, et que je recommençais quand il fallait rentrer et qu'elle m'éloignait alors des balançoires et du toboggan. La résistance à l'interruption était un signe que j'étais en train de passer un bon moment, que ce soit avec mes jouets ou sur les balançoires.

J'ai proposé de mesurer le bonheur objectif d'Helen exactement comme nous avions évalué l'expérience des deux patients en coloscopie, en établissant un profil du bien-être qu'elle avait connu à des moments successifs de sa vie. J'appliquais ainsi la méthode de l'hédonimètre inventée par Edgeworth un siècle plus tôt. Emporté par mon enthousiasme initial, j'ai eu tendance à écarter le moi mémoriel d'Helen comme étant un témoin enclin à l'erreur face au véritable bien-être de son moi expérimentant. Je me doutais que cette position était déséquilibrée, ce qui était effectivement le cas, mais c'était un bon début.

BIEN-ÊTRE EXPÉRIMENTÉ

J'ai réuni une *dream team* [2], une équipe de rêve composée de trois autres psychologues issus de différentes spécialités, et un économiste, et nous nous sommes attelés au développement d'un moyen de mesurer le bien-être du moi expérimentant. Il était malheureusement impossible d'enregistrer l'expérience en continu – une personne ne peut pas vivre normalement en rapportant constamment ses expériences. Ce qui s'en rapprochait le plus était l'échantillonnage des expériences, une méthode inventée par Csikszentmihalyi. Depuis ses premières applications, la technologie a progressé. L'échantillonnage des expériences est aujourd'hui mis en œuvre en programmant le téléphone portable d'un individu pour qu'il bipe ou vibre à des intervalles aléatoires pendant la journée. Le téléphone affiche alors un bref menu de questions sur ce que la personne était en train de faire et avec qui quand elle a été interrompue. On montre également au participant des échelles de notation pour indiquer l'intensité de divers sentiments : le bonheur, la tension, la colère, l'inquiétude, l'engagement, la douleur physique, etc. [3].

L'échantillonnage des expériences est une méthode coûteuse et pesante (même si elle est moins gênante que ne le pensent les gens au départ ; il faut très peu de temps pour répondre chaque fois aux questions). Il nous fallait une autre solution, plus pratique. Nous avons donc développé une méthode dite Méthode de reconstruction de la journée (ou DRM, en anglais). Nous espérions qu'elle se rapprocherait des résultats de l'échantillonnage des expériences et nous fournirait des informations complémentaires sur la façon dont les gens passaient leur temps[4]. Les participantes (dans les premières études, il n'y avait que des femmes) étaient invitées à une séance de deux heures. Nous leur demandions d'abord de revivre la journée de la veille en détail, de la décomposer en épisodes comme les scènes d'un film. Ensuite, elles répondaient à des listes de questions sur chaque épisode, listes basées sur la méthode de l'échantillonnage des expériences. Elles sélectionnaient des activités dans lesquelles elles s'étaient engagées à partir d'une liste et indiquaient celles auxquelles elles avaient accordé le plus d'attention. Elles dressaient également la liste des gens avec qui elles s'étaient trouvées, et notaient l'intensité de plusieurs sentiments sur une échelle de 0 à 6 (0 = absence de sentiment ; 6 = sentiment le plus intense). Notre méthode partait du principe avéré que les gens qui sont capables de se souvenir en détail d'une situation passée sont aussi capables de revivre les sentiments qui l'ont accompagnée, avec leurs manifestations physiologiques[5].

Nous sommes partis du principe que nos participantes retrouveraient, avec assez de précision, le sentiment d'un moment prototypique de l'épisode. Plusieurs comparaisons avec l'échantillonnage des expériences confirmaient la validité de la DRM. Les participantes signalant également quand les épisodes commençaient et prenaient fin, nous avons pu calculer une mesure pondérée par la durée de leur sentiment pendant toute la journée éveillée. Les épisodes plus longs comptaient plus que les épisodes courts dans notre mesure résumant l'affect quotidien. Notre questionnaire comprenait également des mesures de satisfaction par rapport à la vie en général, que nous avons interprétées comme la satisfaction du moi mémoriel. Nous avons utilisé la DRM pour étudier les facteurs déterminants à la fois du bien-être émotionnel et de la satisfaction par rapport à la vie de plusieurs milliers de femmes aux États-Unis, en France et au Danemark.

L'expérience d'un moment ou d'un épisode n'est pas facile à représenter par une unique mesure du bonheur. Il y a beaucoup de variantes des sentiments positifs, comme l'amour, la joie, l'engagement, l'espoir, l'amusement, etc. Les émotions négatives existent elles aussi en de nombreuses variantes, comme la colère, la honte, la dépression ou la solitude. Nous avons pu identifier les épisodes déplaisants en comparant les classements des adjectifs positifs et négatifs. Pour nous, un épisode était déplaisant si un sentiment négatif obtenait pour ce moment un classement supérieur à tous les sentiments positifs. Nous avons découvert que les Américaines passaient 19 % du temps dans un état déplaisant, soit un peu plus que les Françaises (16 %) ou les Danoises (14 %).

Nous avons baptisé Indice U (pour *Unpleasant*) le pourcentage du temps passé par un individu dans un état déplaisant[6]. Par exemple, un individu qui a passé quatre heures sur seize de sa journée éveillée dans un état déplaisant aurait un Indice U de 25 %. L'intérêt de l'Indice U, c'est qu'il ne repose pas sur une échelle de notation, mais sur une mesure objective du temps. Si l'Indice U d'une population baisse de 20 à 18 %, vous pouvez en déduire que le temps que la population a passé dans un état d'inconfort émotionnel ou de souffrance a diminué d'un dixième.

Ce qui nous a surpris, c'est à quel point la répartition de la souffrance émotionnelle est inégale[7]. Environ la moitié de nos participantes ont dit passer des journées entières sans vivre un seul épisode déplaisant. En revanche, une minorité significative de la population connaissait une détresse émotionnelle considérable pendant une grande partie de la journée. Il semble qu'une petite fraction de la population subisse l'essentiel des souffrances – que ce soit du fait de maux physiques ou psychologiques, d'un tempérament malheureux ou des infortunes de leur vie personnelle.

On peut également calculer un Indice U pour les activités. Par exemple, nous pouvons mesurer la proportion de temps que les gens passent dans un état émotionnel négatif quand ils sont dans un train de banlieue, quand ils travaillent ou interagissent avec leurs parents, leurs conjoints ou leurs enfants. Pour 1 000 Américaines d'une ville du Midwest, l'Indice U était de 29 % pour le déplacement du matin, 27 % pour le travail, 24 % pour les enfants, 18 % pour le ménage, 12 % pour les sorties, 12 % pour la télévision et 5 % pour les rapports sexuels. L'indice U était plus élevé de 6 % les jours de semaine que le week-end, essentiellement parce que le week-end, les gens consacrent moins de temps à des activités qu'ils n'aiment pas et ne subissent pas la tension et le stress associés au travail. La plus grosse surprise était l'expérience émotionnelle du temps passé avec ses enfants qui, pour les Américaines, était un peu moins agréable que le ménage. Nous avons trouvé là un des rares contrastes entre les Françaises et les Américaines : les Françaises passent moins de temps avec leurs enfants, mais l'apprécient plus, peut-être parce qu'elles ont un meilleur accès à des garderies et passent moins de temps l'après-midi à conduire les enfants d'une activité à l'autre.

L'humeur d'un individu à n'importe quel moment dépend de son tempérament et de son bonheur général, mais le bien-être émotionnel fluctue aussi considérablement au fil de la journée et de la semaine. L'humeur du moment dépend essentiellement de la situation actuelle. L'humeur au travail, par exemple, est en gros imperméable aux facteurs qui influencent la satisfaction professionnelle d'ensemble, comme le salaire et le statut. Les facteurs situationnels sont plus importants, comme la possibilité d'entrer en relation avec les collègues, l'exposition à des bruits intenses, la pression des plannings (une source significative d'affect négatif), et la présence immédiate d'un chef (dans notre première étude, la seule chose qui était pire était de se retrouver seul). L'attention est la clé de tout. Notre état émotionnel est largement déterminé par ce dont nous nous occupons, et nous sommes normalement concentrés sur notre activité du moment et notre environnement immédiat. Il y a des exceptions, quand la qualité de l'expérience subjective est dominée par des pensées récurrentes plutôt que par les événements du moment. Quand nous sommes heureux en amour, nous pouvons éprouver de la joie même quand nous sommes coincés dans un bouchon, et quand nous sommes en deuil, même un film comique peut nous déprimer. Dans des circonstances normales, cependant, nous retirons du plaisir et de la souffrance de ce qui se passe sur le moment, si nous nous en préoccupons. Pour éprouver du plaisir en mangeant, par exemple, vous devez prêter attention au fait que vous êtes en train de manger. Nous avons découvert que les Françaises et les Américaines consacraient à peu près le même temps à leur alimentation, mais pour les Françaises, cette activité était susceptible d'être deux fois plus importante que pour les Américaines. Ces dernières avaient beaucoup plus tendance à l'associer à d'autres activités, et le plaisir qu'elles en retiraient était par conséquent dilué.

Ces observations ont des implications aussi bien pour les individus que pour la société. La gestion de son temps est un des domaines de la vie sur lequel les gens exercent un vague contrôle. Rares sont les gens qui peuvent s'obliger à être de nature enjouée, mais certains pourront en revanche organiser leur vie de façon à passer moins de temps dans les transports, et davantage à faire ce qu'ils aiment avec des gens qu'ils apprécient. Compte tenu des sentiments associés à diverses activités, une autre façon d'améliorer son expérience est de consacrer moins de temps à des loisirs passifs, comme le fait de regarder la télévision, au profit de formes de loisirs plus actives, comme les sorties et l'exercice physique. Du point de vue social, l'amélioration des transports pour les salariés, l'accès à des garderies pour les enfants des femmes actives, et de meilleures possibilités de rencontres pour les personnes âgées peuvent être des façons relativement efficaces de réduire l'Indice U de la société – même une réduction de 1 % représenterait un succès significatif, correspondant à des millions d'heures de souffrance évitée. Mener des enquêtes nationales sur l'utilisation du temps et le bien-être expérimenté serait ainsi utile de bien des manières à la politique sociale. Alan Krueger, l'économiste de notre équipe, s'est depuis employé à introduire des éléments de cette méthode dans les statistiques nationales.

Des mesures du bien-être expérimenté sont aujourd'hui couramment utilisées dans les sondages à grande échelle menés aux États-Unis, au Canada et en Europe. Le sondage mondial de Gallup a étendu ces mesures à des millions de personnes interrogées dans plus de 150 pays. Les sondages s'intéressent aux émotions ressenties la veille, quoique moins en détail que la DRM. Ces gigantesques échantillons permettent des analyses extrêmement fines, qui ont confirmé l'importance de facteurs situationnels, de la santé physique et du contact social dans le bien-être expérimenté. Comme il fallait s'y attendre, un mal de tête peut rendre une personne malheureuse, et le fait que quelqu'un ait eu ou non des contacts avec des amis ou des proches est un moyen sûr d'évaluer le ressenti d'une journée. Quand on dit que le bonheur, c'est passer du temps avec les gens qu'on aime et qui vous aiment, on exagère à peine.

Les données de Gallup permettent de comparer deux aspects du bien-être : le bien-être dont les gens font l'expérience en vivant leur vie et le jugement auquel ils se livrent quand ils évaluent leur vie.

L'évaluation de la vie par Gallup a pour indice une question reposant sur l'« échelle de Cantril » :

> Voici une échelle qui représente le cours de la vie. Supposons que le sommet de l'échelle représente la vie la meilleure pour vous, et le bas de l'échelle la vie la pire pour vous. Où vous situez-vous personnellement sur cette échelle en ce moment ?

Certains aspects de la vie ont plus d'effet sur l'évaluation que l'on en fait que sur l'expérience que l'on en a. La réussite scolaire en est un. Une meilleure éducation correspond à une meilleure évaluation de sa propre existence, mais pas à un meilleur bien-être expérimenté. En fait, du moins aux États-Unis, ceux qui ont fait plus d'études ont tendance à se sentir plus stressés. Par ailleurs, une mauvaise santé a un effet au contraire plus marqué sur le bien-être expérimenté que sur l'évaluation de la vie. Vivre avec des enfants impose également un coût significatif aux sentiments quotidiens – les parents font régulièrement état de tensions et de colère. Une implication religieuse a un impact relativement plus favorable sur l'affect positif et la réduction du stress que sur l'évaluation de la vie. Curieusement, pourtant, la religion n'entraîne pas une réduction des sentiments de dépression ou d'inquiétude.

Une analyse de plus de 450 000 réponses à l'Indice de bien-être Gallup-Healthways, sondage quotidien réalisé auprès de 1 000 Américains, aboutit à une réponse surprenante à la question la plus souvent posée dans ce genre de recherches : l'argent fait-il le bonheur [8] ? La conclusion est que la pauvreté rend malheureux, et que la richesse peut renforcer la satisfaction que l'on ressent dans l'existence, mais qu'en moyenne, elle n'améliore pas le bien-être expérimenté.

La misère grave amplifie les effets expérimentés d'autres malheurs. En particulier, la maladie est bien pire pour les très pauvres que pour ceux qui sont plus à l'aise [9]. Un mal de tête accroît la proportion de gens qui font état de tristesse et d'inquiétude de 19 % à 38 % chez les individus qui se situent dans les deux tiers supérieurs de l'échelle des revenus. Pour les 10 % les plus pauvres, les chiffres correspondants sont 38 et 70 % – une ligne de départ beaucoup plus élevée, et un accroissement nettement plus important. On trouve aussi des différences significatives entre les très pauvres et les autres pour ce qui est des effets du divorce et de la solitude. De plus, les effets positifs du week-end sur le bien-être expérimenté sont clairement moindres chez les très pauvres.

Le niveau de saturation au-delà duquel le bien-être expérimenté ne progresse plus était un revenu de 75 000 dollars dans les régions chères (il pouvait être inférieur dans des régions où le coût de la vie est moins élevé) [10]. L'augmentation moyenne du bien-être expérimenté associé au revenu au-delà de ce niveau était précisément de zéro. C'est étonnant, parce que des revenus supérieurs permettent évidemment l'accès à bien des sources de plaisirs, dont des vacances dans des endroits intéressants ou des billets d'opéra, ainsi qu'une amélioration de l'environnement immédiat dans lequel on vit. Pourquoi ces plaisirs supplémentaires n'apparaissent-ils pas dans les études sur l'expérience émotionnelle ? Une interprétation plausible serait que les revenus supérieurs sont associés à une diminution de la capacité à jouir des petits plaisirs de la vie. Certains éléments convaincants viennent étayer cette hypothèse : en amorçant les étudiants avec l'idée de richesse, on réduit l'expression de plaisir qu'arbore leur visage quand ils mangent une barre de chocolat [11] !

Il y a un contraste net entre les effets du revenu sur le bien-être expérimenté et sur la satisfaction à l'égard de l'existence. Des revenus supérieurs s'accompagnent d'une plus grande satisfaction, bien au-delà du point où ils cessent d'avoir un effet positif sur l'expérience. La conclusion d'ensemble est aussi limpide pour le bien-être que pour les coloscopies : l'évaluation de leur vie à laquelle les gens se livrent est peut-être liée à leur expérience réelle, mais elle est en tout état de cause différente de celle-ci. La satisfaction à l'égard de l'existence n'est pas une mesure imparfaite de leur bien-être expérimenté, comme je le croyais il y a quelques années de cela. C'est quelque chose de tout à fait autre.

*

Le bien-être expérimenté en bref

« Cette politique devrait avoir pour objectif de limiter les souffrances humaines. Nous tendons vers un Indice U plus faible dans la société. Nous devrions avoir pour priorité de lutter contre la dépression et la grande pauvreté. »

« La façon la plus facile d'accroître votre bonheur est de contrôler l'utilisation que vous faites de votre temps. Pouvez-vous consacrer plus de temps aux choses que vous aimez faire ? »

« Au-delà d'un certain niveau de revenus, vous pouvez vous payer davantage d'expériences agréables, mais vous perdrez une partie de votre capacité à jouir des moins chères. »

38

PENSER À LA VIE

La figure 16 est tirée d'une analyse réalisée par Andrew Clark, Ed Diener et Yannis Georgellis, du Panel socio-économique allemand (SOEP), dans le cadre duquel les mêmes participants, chaque année, ont été interrogés sur leur satisfaction à l'égard de leur existence. Ils devaient également signaler les grands changements qu'ils avaient éventuellement connus durant l'année précédente. Le graphique montre le niveau de satisfaction des gens avant et après leur mariage.

Ce graphique ne manque jamais de susciter des rires nerveux dans l'assistance, et cette nervosité se comprend aisément : après tout, les gens qui décident de se marier le font soit parce qu'ils espèrent être plus heureux, soit parce qu'ils se disent qu'en inscrivant leur relation dans la durée, ils préserveront l'état de félicité qu'ils connaissent. Pour Daniel Gilbert et Timothy Wilson, la décision de se marier est le reflet, chez beaucoup de gens, d'une erreur massive de *prévision affective.* Le jour du mariage, le jeune couple sait que le taux de divorces est élevé et que l'incidence de déception conjugale est encore plus élevée, mais il ne croit pas que ces statistiques s'appliquent à lui.

Le plus frappant, dans la figure 16, est le déclin abrupt de la satisfaction. Il est courant d'interpréter ce graphique comme le suivi d'un processus d'adaptation, qui

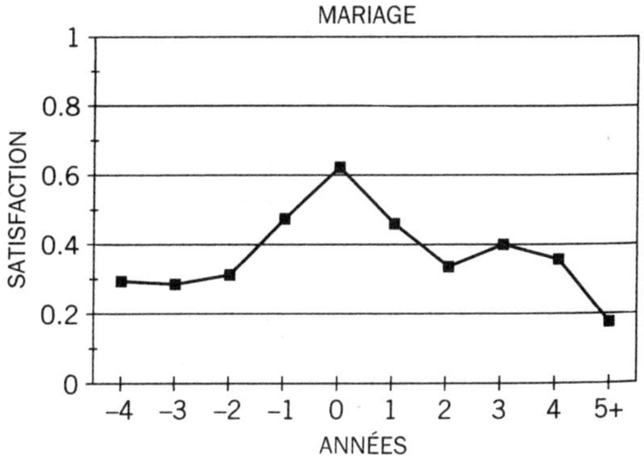

Figure 16

voit les premières joies du mariage s'estomper rapidement alors que les expériences se transforment en routine. Toutefois, une autre approche est envisageable, en se focalisant sur l'heuristique du jugement. Il faut alors se demander ce qui se passe dans l'esprit des gens quand on leur demande d'évaluer leur vie. Les questions « À quel point être-vous satisfait de votre vie dans l'ensemble ? » et « À quel point êtes-vous heureux ces temps-ci ? » ne sont pas aussi simples que « Quel est votre numéro de téléphone ? » Comment les participants aux enquêtes parviennent-ils à répondre à de telles questions en quelques secondes, comme ils le font tous ? Il peut être utile de considérer cela comme un élément de plus. Comme c'est aussi le cas pour d'autres questions, certaines personnes disposent peut-être d'une réponse toute faite, qu'ils ont utilisée à une autre occasion où on les a interrogées sur leur vie. D'autres, probablement la majorité, ne trouvent pas rapidement de réponse à la question exacte qu'on leur a posée, et se facilitent automatiquement la tâche en y substituant la réponse à une autre question. Le Système 1 est alors à l'œuvre. Quand nous considérons la figure 16 sous cet angle, elle prend un autre sens.

On peut substituer à une évaluation globale de la vie les réponses à beaucoup de questions simples. Vous vous souvenez de l'étude où des étudiants avaient été interrogés sur le nombre de rendez-vous galants qu'ils avaient eus le mois précédent, et comment ils avaient estimé leur « bonheur ces temps-ci » comme si ces rendez-vous amoureux étaient le seul fait important de leur vie. Dans une autre célèbre expérience du même type, Norbert Schwarz et ses collègues ont invité des sujets dans leur laboratoire afin de remplir un questionnaire sur leur satisfaction à l'égard de leur existence. Mais avant de commencer, il leur a demandé de photocopier une feuille de papier pour lui. La moitié des participants ont trouvé une pièce de monnaie sur la photocopieuse, laissée là par l'expérimentateur. Cet incident heureux, mais mineur, a entraîné une nette amélioration dans l'évaluation par les sujets de leur satisfaction à l'égard de toute leur vie ! Une heuristique de l'humeur est une des façons de répondre à des questions sur le bonheur dans l'existence.

L'enquête sur les rendez-vous galants et l'expérience de la pièce sur la machine ont démontré comme prévu que les réponses à des questions sur le bien-être global doivent être considérées avec un certain recul. Mais, bien sûr, votre humeur actuelle n'est pas la seule chose qui vous vient à l'esprit quand on vous demande d'évaluer votre vie. Vous êtes susceptible de vous souvenir d'événements importants de votre passé récent ou de votre avenir proche ; de soucis récurrents, comme la santé de votre conjoint ou les mauvaises fréquentations de votre enfant adolescent ; de grandes réussites et d'échecs douloureux. Certaines idées en rapport avec la question vous viendront à l'esprit, beaucoup d'autres ne le feront pas. Même quand il n'est pas influencé par des incidents absolument sans rapport comme la pièce sur la machine, le score que vous attribuez à votre vie est déterminé par un petit échantillon d'idées très accessibles, non à l'issue d'une évaluation méticuleuse des différents domaines de votre existence.

Les gens qui se sont mariés récemment ou qui prévoient de se marier bientôt sont susceptibles de se souvenir de songer à cela quand on leur pose une question générale sur leur vie. Comme le mariage est presque toujours consenti dans les sociétés occidentales, presque tous ceux qui pensent à leur mariage, récent ou prochain, seront heureux à cette idée. L'attention est la clé de l'énigme. La figure 16 peut être lue comme un graphique sur la probabilité que les gens pensent à leur mariage récent ou prochain quand on les interroge sur leur existence. Le caractère saillant de cette pensée est voué à s'atténuer avec le temps, comme toute nouveauté.

La figure indique un niveau de satisfaction extraordinairement élevé qui dure deux ou trois ans autour de l'événement du mariage. Toutefois, si cette hausse apparente reflète la durée d'une heuristique pour répondre à la question, elle n'a pas grand-chose à nous apprendre ni sur le bonheur, ni sur le processus d'adaptation au mariage. Nous ne pouvons en déduire qu'une chose : une vague de bonheur commence plusieurs années avant le mariage avant de diminuer peu à peu. Même les gens heureux de se souvenir de leur mariage quand on leur pose une question sur leur vie ne sont pas forcément plus heureux le reste du temps. À moins d'avoir des pensées heureuses sur leur mariage tout au long de la journée, ce dernier n'influencera pas directement leur bonheur. Même les jeunes mariés qui ont la chance de jouir d'un état de joyeuse préoccupation à propos de leur amour finiront par redescendre sur terre, et leur bien-être expérimenté dépendra de nouveau, comme c'est le cas pour nous tous, de l'environnement et des activités du moment présent.

Dans les études de DRM, il n'y a pas eu de différence globale dans le bien-être expérimenté entre les femmes vivant en couple et les femmes célibataires. L'explication réside dans la façon qu'ont les deux groupes de passer leur temps. Les femmes en couple passent moins de temps seules, mais aussi moins de temps avec des amis. Elles passent plus de temps à faire l'amour, ce qui est merveilleux, mais aussi plus de temps à faire le ménage, à préparer les repas, à s'occuper des enfants, autant d'activités relativement peu populaires. Et bien sûr, la grande quantité de temps passée par les femmes mariées avec leurs époux est beaucoup plus plaisante pour certaines que pour d'autres. En moyenne, le bien-être expérimenté n'est pas affecté par le mariage, non parce que le mariage ne fait aucune différence pour le bonheur, mais parce qu'il bouleverse certains aspects de la vie pour le meilleur, et d'autres pour le pire.

Une des raisons de la faible corrélation entre la situation d'un individu et sa satisfaction dans la vie tient au fait que tant le bonheur expérimenté que l'évaluation de la satisfaction dépendent essentiellement de la génétique du tempérament. Une disposition au bien-être est tout aussi héréditaire que la taille ou l'intelligence, comme le démontrent des études réalisées sur des jumeaux séparés à la naissance. Les gens qui semblent avoir de la chance ne sont pas nécessairement tous heureux de la même façon. Dans certains cas, comme le mariage, la corrélation avec le bien-être est faible à cause des effets d'équilibrage que nous venons de voir. La même situation peut être bonne pour certains et mauvaise pour d'autres, et des changements sont à la fois synonymes de bénéfices et de coûts. Dans d'autres cas, comme celui des hauts revenus, l'effet sur la satisfaction est généralement positif, mais le tableau est compliqué par le fait que certaines personnes se soucient plus de l'argent que d'autres.

Une étude à grande échelle de l'impact d'une éducation supérieure, menée dans un autre but, a révélé des indices frappants des effets à long terme des objectifs que se fixent les jeunes. Les données proviennent de questionnaires rassemblés en 1995-1997 auprès d'environ 12 000 personnes qui avaient entamé leurs études supérieures dans des grandes écoles en 1976. Quand ils avaient 17 ou 18 ans, les participants avaient rempli un questionnaire où ils devaient noter le but d'être « très à l'aise financièrement » sur une échelle de quatre points allant de « sans important » à « essentiel ». Le questionnaire qu'ils ont rempli vingt ans plus tard leur demandait de mesurer leurs revenus en 1995, ainsi que leur satisfaction à l'égard de l'existence.

Les objectifs jouent un rôle crucial. Dix-neuf ans après avoir déclaré leurs aspirations financières, beaucoup de ceux qui souhaitaient de hauts revenus les avaient obtenus. Parmi les 597 médecins et autres professionnels de la santé de l'échantillon, par exemple, chaque point supplémentaire sur l'échelle d'importance de l'argent se traduisait par un supplément de 14 000 dollars de revenus annuels en dollars de 1995 ! Les femmes mariées sans travail avaient elles aussi en général réalisé leurs ambitions financières. Chaque point sur l'échelle se traduisait par plus de 12 000 dollars de revenus supplémentaires du ménage pour ces femmes, évidemment grâce au salaire de leurs conjoints.

L'importance que les gens accordaient aux revenus à 18 ans anticipait donc leur satisfaction vis-à-vis de leurs revenus une fois adultes. Nous avons comparé la satisfaction dans un groupe à hauts revenus (plus de 200 000 dollars par ménage) à un groupe à revenus faibles ou moyens (moins de 50 000 dollars). L'effet des revenus sur la satisfaction à l'égard de la vie était plus marqué chez ceux qui avaient classé le fait d'être très à l'aise financièrement comme un objectif essentiel : 0,57 sur une échelle à cinq points. La différence correspondante pour ceux qui avaient indiqué que l'argent n'était pas important n'était que de 0,12. Les gens qui avaient voulu de l'argent et qui l'avaient obtenu étaient nettement plus satisfaits que la moyenne ; ceux qui en voulaient et ne l'avaient pas obtenu étaient nettement plus insatisfaits. Le même principe s'applique à d'autres objectifs – ainsi la recette garantie pour une vie adulte insatisfaite consiste à se fixer des objectifs particulièrement difficiles à atteindre. Mesuré en fonction de la satisfaction à l'égard de la vie vingt ans plus tard, l'objectif le moins prometteur que pouvait avoir un jeune était de « réussir dans les arts du spectacle ». Les objectifs que se fixent les adolescents influencent ce qui leur arrive, ce à quoi ils aboutissent et la satisfaction qu'ils en retirent.

C'est en partie à cause de ces découvertes que j'ai changé d'avis quant à la définition du bien-être. Les objectifs que se fixent les gens sont si importants pour ce qu'ils font et ce qu'ils ressentent à ce sujet qu'il est impossible de ne se focaliser que sur le bien-être expérimenté. Nous ne pouvons pas défendre un concept du bien-être qui ignorerait ce que veulent les gens. D'un autre côté, il est également vrai qu'un concept du bien-être qui ignorerait ce que ressentent les gens quand ils vivent et ne se concentrerait que sur ce qu'ils ressentent quand ils pensent à leur vie est tout aussi indéfendable. Nous devons accepter la complexité d'une vision hybride, où l'on considère le bien-être des deux facettes du moi.

L'ILLUSION DE CONCENTRATION

Nous pouvons déduire, de la rapidité avec laquelle les gens répondent aux questions sur leur vie, et des effets de l'humeur du moment sur leur réponse, qu'ils ne s'engagent pas dans une analyse minutieuse lorsqu'ils évaluent leur existence. Ils ont certainement recours à l'heuristique, fournissant des exemples à la fois de substitution et de COVERA. Si leur vision de la vie a été influencée par une question sur les rendez-vous galants ou par une pièce sur une photocopieuse, les sujets de ces études n'ont pas oublié pour autant que la vie ne se résumait pas à des rendez-vous amoureux ou à un coup de chance. Le concept du bonheur n'est pas subitement modifié par le fait de trouver une pièce, mais le Système 1 substitue volontiers un élément à l'ensemble. L'aspect de la vie sur lequel l'attention sera concentrée occupera une place prépondérante dans une évaluation globale. C'est l'essence de l'*illusion de concentration*, que l'on peut décrire en une phrase :

> Rien dans la vie n'est aussi important que vous le pensez au moment où vous y pensez.

Cette idée remonte à une discussion familiale sur notre déménagement de Californie, à Princeton, au cours duquel mon épouse affirma que les gens étaient plus heureux en Californie que sur la côte est. Je lui rétorquai que l'on pouvait démontrer que le climat n'était pas un élément déterminant du bien-être – les pays scandinaves sont probablement les plus heureux du monde. J'observai que les circonstances permanentes de l'existence avaient peu d'effet sur le bien-être, et tentai, en vain, de convaincre mon épouse que ses intuitions quant au bonheur des Californiens étaient une erreur de prévision affective.

Peu après, ayant encore ce débat à l'esprit, j'ai pris part à un atelier sur les sciences sociales du réchauffement planétaire. Un collègue est intervenu pour dépeindre ce qu'il pensait être le bien-être de la population de la planète au siècle prochain. J'ai soutenu qu'il était absurde de prédire à quoi ressemblerait la vie sous un climat plus chaud alors que nous ne savions même pas ce que voulait dire vivre en Californie. Après cet échange, mon collègue David Schkade et moi avons obtenu des fonds pour étudier deux questions : « Les gens qui vivent en Californie sont-ils plus heureux que les autres ? » Et : « Quelles sont les idées reçues sur le bonheur relatif des Californiens ? »

Nous avons recruté d'importants échantillons d'étudiants des grandes universités de Californie, de l'Ohio et du Michigan. Nous avons demandé aux uns de décrire en détail leur satisfaction à l'égard de divers aspects de leur vie, à d'autres de prédire comment quelqu'un « ayant vos intérêts et vos valeurs » mais qui vivrait ailleurs remplirait le même questionnaire.

Au fil de l'analyse de ces données, il est devenu évident que j'avais remporté mon débat familial. Comme prévu, les étudiants des deux régions n'avaient pas du tout la même attitude vis-à-vis du climat : les Californiens adoraient le leur, les gens du Midwest le détestaient. Mais le climat n'était pas un élément déterminant du bien-être. En fait, il n'y avait absolument aucune différence entre la satisfaction des étudiants de Californie et de ceux du Midwest. Nous nous sommes aussi aperçus que ma femme n'était pas la seule à croire que les Californiens sont plus heureux que les autres. Les étudiants des deux régions partageaient ce même point de vue erroné, et il nous a été possible d'identifier l'origine de cette erreur, une foi exagérée dans l'importance du climat. Nous avons décrit cette erreur comme étant une *illusion de concentration.*

L'essence de l'illusion de concentration est COVERA, le fait d'accorder trop de poids au climat, trop peu aux autres déterminants du bien-être. Pour apprécier la puissance de cette illusion, prenez quelques secondes pour considérer la question suivante :

Quel plaisir vous apporte votre voiture ?

Une réponse vous est immédiatement venue à l'esprit ; vous savez à quel point vous aimez et profitez de votre voiture. Maintenant, intéressons-nous à une autre question : « *Quand* tirez-vous du plaisir de votre voiture ? » La réponse à cette question risque de vous surprendre, mais elle est simple : vous tirez du plaisir (ou du déplaisir) de votre voiture quand vous y pensez, ce qui est sans doute plutôt rare. Dans des circonstances normales, vous ne passez pas beaucoup de temps à penser à votre voiture quand vous êtes au volant. Vous pensez à d'autres choses quand vous conduisez, et votre humeur est déterminée par ce à quoi vous pensez. Là encore, quand vous avez essayé d'évaluer à quel point votre voiture vous donnait du plaisir, vous avez en réalité répondu à une question beaucoup plus étroite : « Quel plaisir tirez-vous de votre voiture *quand vous y pensez* ? » La substitution vous a poussé à ignorer le fait que vous pensez rarement à votre voiture, une forme de négligence de la durée. Le résultat est une illusion de concentration. Si vous aimez votre voiture, vous serez susceptible d'exagérer le plaisir qu'elle vous donne, ce qui vous induira en erreur quand vous penserez aux vertus de votre véhicule actuel et quand vous envisagerez d'en acheter un nouveau.

C'est un biais du même ordre qui déforme les jugements sur le bonheur des Californiens. Quand on vous interroge à ce sujet, vous invoquez probablement l'image de quelqu'un vivant l'un des aspects distinctifs de l'expérience californienne, comme une randonnée estivale ou la douceur de l'hiver. L'illusion de concentration survient parce que les Californiens passent en fait fort peu de temps à se préoccuper de ces aspects de leur vie. De plus, les Californiens de longue date ne se souviendront sans doute pas du climat quand on leur demandera d'évaluer leur existence. Si vous y avez vécu toute votre vie, et que vous ne voyagez pas beaucoup, le fait de vivre en Californie, c'est comme d'avoir dix orteils : c'est bien, mais on n'y pense pas tout le temps. Les réflexions sur n'importe quel aspect de la vie seront beaucoup plus marquantes si on peut leur opposer facilement une alternative très contrastée.

Les gens qui viennent de s'installer en Californie réagiront différemment. Prenons le cas d'un esprit entreprenant qui a quitté l'Ohio pour trouver le bonheur sous un climat plus clément. Pendant quelques années après son déménagement, toute question liée à sa satisfaction dans la vie lui rappellera probablement sa décision et l'amènera à se souvenir du contraste entre les climats des deux États. La comparaison sera sûrement favorable à la Californie, et l'attention accordée à cet aspect de la vie peut déformer son poids réel dans l'expérience. Cependant, l'illusion de concentration peut aussi être source de réconfort. Que la personne soit ou non plus heureuse après avoir déménagé, elle se dira plus heureuse, parce que les pensées liées au climat le lui feront croire. L'illusion de concentration peut amener les gens à se tromper sur leur état de bien-être actuel ainsi que sur le bonheur des autres, et sur leur propre bonheur futur.

Combien de temps par jour les paraplégiques sont-ils de mauvaise humeur ?

Cette question vous a sûrement évoqué un paraplégique réfléchissant à sa condition. Votre estimation de l'humeur d'un paraplégique est donc susceptible d'être juste pour les jours qui suivent un accident handicapant ; pendant quelque temps après l'événement, les victimes ne pensent pas à grand-chose d'autre. Mais avec le temps, à quelques exceptions près, l'attention se détourne d'une situation quand elle perd sa nouveauté. Les principales exceptions sont la douleur chronique, une exposition constante à un bruit intense et la dépression aiguë. La douleur et le bruit sont programmés biologiquement pour être des signaux destinés à attirer l'attention, et la dépression implique un cycle de pensées négatives qui s'auto-alimente. Il n'y a donc aucune adaptation à ces conditions. La paraplégie ne fait pas partie de ces exceptions : des observations détaillées montrent que les paraplégiques sont plutôt de bonne humeur plus de la moitié du temps dès le début du deuxième mois après leur accident – même si leur humeur est évidemment plus sombre quand ils pensent à leur situation. Mais la plupart du temps, les paraplégiques travaillent, lisent, plaisantent et retrouvent leurs amis, et ils s'énervent quand ils entendent parler de politique dans les journaux. Quand ils sont impliqués dans l'une ou l'autre de ces activités, ils ne sont pas tellement différents des autres, et nous pouvons supposer que le bien-être expérimenté des paraplégiques est quasi normal la plupart du temps. L'adaptation à une nouvelle situation, qu'elle soit bonne ou mauvaise, consiste en grande partie à y penser de moins en moins. En ce sens, la plupart des circonstances à long terme de la vie, dont la paraplégie et le mariage, sont des états partiels qui ne nous préoccupent que quand nous y pensons.

L'un des privilèges d'enseigner à Princeton est que l'on peut accompagner des étudiants brillants dans leur thèse. Et dans cette veine, une de mes expériences préférées a été un projet où Beruria Cohn avait rassemblé et analysé des données d'un institut de sondage qui avait justement posé cette question aux personnes interrogées : combien de temps par jour les paraplégiques sont-ils de mauvaise humeur ? Elle avait réparti les participants en deux groupes : on a dit à certains que l'accident handicapant avait eu lieu un mois plus tôt, et à d'autres un an plus tôt. De plus, ils devaient indiquer s'ils connaissaient personnellement un paraplégique. Les deux groupes étaient très proches dans leur jugement sur les paraplégiques récents : ceux qui en connaissaient un évaluaient la mauvaise humeur à 75 % ; les autres à 70 %. En revanche, ils n'étaient pas du tout du même avis dans leur évaluation de l'humeur du paraplégique un an après l'accident : ceux qui en connaissaient un estimaient qu'il était de mauvaise humeur 41 % du temps, les autres situaient ce chiffre en moyenne à 68 %. Il était manifeste que ceux qui connaissaient un paraplégique avaient été témoins du détournement progressif de l'attention accordée à la condition, mais les autres, eux, ne prévoyaient pas cette adaptation. Des évaluations de l'humeur de gagnants à la loterie un mois et un an après l'événement ont donné exactement le même résultat.

Nous pouvons supposer que la satisfaction dans la vie des paraplégiques et de ceux qui sont affligés d'autres contraintes pesantes est relativement faible compte tenu de leur bien-être expérimenté, parce que, en leur demandant d'évaluer leur existence, on les confrontera immanquablement à la vie des autres et à la vie qu'ils menaient autrefois. En relation avec cette idée, des études sur des patients ayant subi une colostomie ont abouti à des incohérences frappantes entre leur bien-être expérimenté et l'évaluation de leur vie. L'échantillonnage des expériences ne montre aucune différence dans le bonheur expérimenté entre ces patients et une population en bonne santé. Pourtant, ces patients seraient prêts à sacrifier des années en échange d'une vie plus courte mais sans colostomie. De plus, les patients ayant recouvré le plein usage de leur intestin se souviennent de leur condition préalable comme d'une période abominable, et ils seraient prêts à sacrifier encore plus d'années de leur vie pour ne pas renouer avec cette expérience. Dans ce cas, il semble que le moi mémoriel soit sujet à une illusion de concentration massive sur la vie que le moi expérimentant supporte sans grand mal.

Daniel Gilbert et Timothy Wilson ont inventé le mot *miswanting*, ou « mal-voulus », pour décrire les mauvais choix qui découlent des erreurs de prévision affective. Un mot qui mériterait de passer dans le langage courant. L'illusion de concentration (ou « focalisme » pour Gilbert et Wilson) est une puissante source de *miswanting*. En particulier, elle nous rend prompts à exagérer l'effet d'acquisitions significatives ou de changements de circonstances sur notre bien-être futur.

Comparez deux décisions qui vont changer certains aspects de votre vie : l'achat d'une nouvelle voiture confortable et le fait de vous joindre à un groupe qui se réunit chaque semaine, peut-être un club de lecture ou de poker. Ces deux expériences seront nouvelles et enthousiasmantes au début. La différence cruciale, c'est que vous finirez par accorder peu d'attention à la voiture quand vous la conduirez, mais que vous vous intéresserez toujours à l'interaction sociale dans laquelle vous vous êtes engagé. Par COVERA, vous êtes susceptible d'exagérer les avantages à long terme de la voiture, mais vous ne commettrez sans doute pas la même erreur pour une activité sociale ou qui nécessite intrinsèquement de l'attention, comme le fait de jouer au tennis ou d'apprendre le violoncelle. L'illusion de concentration crée un biais en faveur de produits et d'expériences qui sont enthousiasmants au départ, même s'ils finiront par perdre de leur attrait. La durée est négligée, ce qui fait que les expériences qui continueront de focaliser l'attention sur le long terme sont moins appréciées qu'elles ne le devraient.

Encore et encore

Le rôle du temps est un des refrains de ce livre. Il est logique de décrire la vie du moi expérimentant comme une succession de moments, ayant chacun une valeur. La valeur d'un épisode – ce que j'ai appelé le total hédonimétrique – est simplement la somme des valeurs des moments dont il est composé. Mais ce n'est pas comme cela que l'esprit se représente les épisodes. Le moi mémoriel, nous l'avons vu, raconte aussi des histoires et fait des choix, et ni ces histoires ni ces choix ne représentent correctement le temps. En mode narration, un épisode est représenté par quelques moments critiques, surtout le début, le pic et la fin. La durée est négligée. Nous avons été témoins de cette focalisation sur des moments distincts à la fois dans l'affaire de la main froide et dans l'histoire de Violetta.

Nous avons assisté à une autre forme de négligence de la durée dans la théorie des perspectives, où un état est représenté par la transition vers celui-ci. Le fait de gagner à la loterie aboutit à un nouvel état de richesse qui durera un certain temps, mais l'utilité de décision correspond à l'intensité anticipée de la réaction à la nouvelle que l'on a gagné. Le détournement de l'attention et d'autres adaptations au nouvel état sont négligés, puisque seule cette infime tranche de temps est prise en considération. On retrouve la même concentration sur la transition vers le nouvel état et la même négligence de la durée et de l'adaptation dans les prédictions sur les réactions aux maladies chroniques, et bien sûr dans l'illusion de concentration. L'erreur que commettent les gens dans l'illusion de concentration implique une attention accordée à des moments particuliers et une négligence de ce qui se passe à d'autres moments. L'esprit est doué pour les histoires, mais manifestement, il n'est pas idéalement conçu pour traiter le passage du temps.

Ces dix dernières années, nous avons beaucoup appris sur le bonheur. À commencer par le fait que le mot « bonheur » n'a pas qu'un seul sens, et qu'il ne devait pas être utilisé comme si tel était le cas. Parfois, les progrès scientifiques nous laissent plus perplexes que nous ne l'étions auparavant.

*

PENSER À LA VIE, EN BREF

« Elle pensait qu'acheter une belle voiture la rendrait plus heureuse, mais en fait, c'était une erreur de prévision affective. »

« Sa voiture est tombée en panne ce matin sur le chemin du travail, et il est de mauvaise humeur. Ce n'est pas le moment de lui demander s'il est satisfait de son emploi ! »

« La plupart du temps, elle a l'air de très bonne humeur, mais quand on lui demande, elle répond qu'elle est très malheureuse. La question doit lui rappeler son récent divorce. »

« Ce n'est pas parce que nous achèterons une maison plus grande que nous serons plus heureux à long terme. Nous pourrions souffrir d'une illusion de concentration. »

« Il a choisi de répartir son temps entre deux villes. Probablement un cas grave de *miswanting*. »

Conclusion

J'ai commencé ce livre en présentant deux personnages fictifs, j'ai poursuivi en décrivant deux espèces, et j'ai terminé avec deux facettes du moi. Les deux personnages étaient le Système 1 intuitif, qui se charge de la pensée rapide, et le Système 2, plus lent et laborieux, qui gère la pensée lente, surveille le Système 1 et s'efforce autant que possible de garder le contrôle en fonction de ses ressources limitées. Les deux espèces étaient les Econs fictifs, qui vivent dans le monde de la théorie, et les Humains, qui agissent dans le monde réel. Les deux moi sont le moi expérimentant, qui s'occupe de vivre, et le moi mémoriel, qui tient les comptes et fait les choix. Dans ce dernier chapitre, j'évoque en guise de conclusion quelques applications de ces trois distinctions, prises dans l'ordre inverse.

Moi expérimentant et moi mémoriel

La possibilité de conflits entre le moi mémoriel et les intérêts du moi expérimentant s'est révélée un problème plus ardu que je ne l'avais pensé au départ. Dans une première expérience, l'étude de la main froide, la combinaison de la négligence de la durée et de la règle du pic-fin avaient entraîné des choix qui, manifestement, étaient absurdes. Pourquoi les gens s'exposeraient-ils délibérément à une souffrance inutile ? Nos sujets laissaient le choix à leur moi mémoriel, préférant répéter le test qui laissait un meilleur souvenir, même s'il impliquait davantage de douleur. Il peut être justifié, dans des cas extrêmes, de choisir en fonction de la qualité du souvenir, par exemple face à une possibilité de stress post-traumatique, mais l'expérience de la main froide n'était pas traumatique. Un observateur objectif effectuant ce choix pour un tiers opterait sans aucun doute pour le temps d'exposition le plus court, favorisant ainsi le moi expérimentant du sujet. Dans ce genre de cas, il est assez juste de décrire les choix faits par les gens pour eux-mêmes comme des erreurs. La négligence de la durée et la règle du pic-fin dans l'évaluation des histoires, que ce soit à l'opéra ou quand il s'agit de juger l'histoire de Jen, sont tout aussi indéfendables. Il est absurde d'évaluer toute une vie en fonction de ces derniers instants, ou de n'accorder aucun poids à la durée quand on décide quelle vie est la plus désirable.

Le moi mémoriel est une construction du Système 2. Cependant, sa façon d'évaluer les épisodes et les vies relève de notre mémoire. La négligence de la durée et la règle du pic-fin trouvent leur origine dans le Système 1 et ne correspondent pas forcément aux valeurs du Système 2. Nous pensons que la durée est importante, mais notre mémoire nous dit le contraire. Les règles qui président à l'évaluation du passé sont de piètres guides pour ce qui est de prendre des décisions, parce que le temps a effectivement son importance. Au centre de nos existences se trouve le fait que le temps est la ressource finie par excellence, mais le moi mémoriel ignore cette réalité. La négligence de la durée associée à la règle de pic-fin provoque un biais qui favorise une courte période de joie intense au détriment d'une longue période de bonheur modéré. L'image inversée du même biais nous fait redouter une période courte d'une douleur intense mais tolérable plus qu'une période beaucoup plus longue de douleur modérée. À cause de la négligence de la durée, nous sommes enclins à accepter une longue période de léger inconfort parce que la fin sera meilleure, et nous sommes capables de renoncer à la possibilité d'une longue phase de bonheur qui risque cependant de mal se terminer. D'où l'avertissement, aussi courant que déplaisant : « Ne fais pas ça, tu vas le regretter. » Cet avis nous semble sage parce que le regret anticipé est le verdict du moi mémoriel, et que nous avons tendance à accepter les jugements de ce genre comme étant définitifs et concluants. Or, nous ne devrions pas oublier que le point de vue du moi mémoriel n'est pas toujours le bon. Un observateur objectif du profil hédonimétrique, ayant à l'esprit les intérêts du moi expérimentant, serait probablement d'un autre avis. La négligence de la durée du moi mémoriel, l'accent outrancier qu'il met sur les pics et les fins, et sa tendance à l'illusion rétrospective se conjuguent pour donner des reflets déformés de notre véritable expérience.

En revanche, la conception, pondérée par la durée, du bien-être, traite d'une même façon tous les moments de la vie, mémorables ou non. Certains se retrouvent plus valorisés que d'autres, soit parce qu'ils sont mémorables, soit parce qu'ils sont importants. Le temps que les gens passent à repenser à un moment mémorable devrait être inclus dans sa durée, accroissant du même coup son poids. Un moment peut aussi gagner en importance en modifiant l'expérience des moments suivants. Par exemple, une heure passée à pratiquer le violon peut accroître l'expérience de nombreuses heures passées des années plus tard à jouer ou à écouter de la musique. Un événement bref mais terrible qui cause un trouble de type stress post-traumatique devrait être pondéré par la durée totale de malheurs à long terme qu'il engendre. Dans la perspective pondérée par la durée, nous ne pouvons déterminer qu'après les faits qu'un moment est mémorable ou lourd de sens. Les déclarations comme « je m'en souviendrai toujours … » ou « c'est un moment important » devraient être considérées comme des promesses ou des prédictions, qui peuvent être fausses – et le sont souvent –, même quand elles sont prononcées avec une sincérité incontestable. On peut parier sans grand risque que bien des choses que l'on promet de ne jamais oublier ont disparu de notre mémoire dix ans plus tard.

La logique de la pondération de la durée est convaincante, mais elle ne saurait être considérée comme une théorie complète du bien-être parce que les individus s'identifient à leur moi mémoriel et qu'ils s'intéressent à leur propre histoire. Une théorie du bien-être qui ignore ce que veulent les gens est impossible à défendre. D'un autre côté, une théorie qui ignore ce qui se passe vraiment dans la vie des gens et se concentre exclusivement sur ce qu'ils pensent de leur vie est tout aussi indéfendable. Le moi mémoriel et le moi expérimentant doivent être tous deux pris en compte, parce que leurs intérêts ne coïncident pas toujours. Les philosophes pourraient longtemps débattre de ces questions.

Mais la question de savoir lequel des deux moi importe le plus n'est pas réservée aux philosophes. Elle a des implications politiques dans bien des domaines, en particulier la médecine et la sécurité sociale. Prenons les investissements nécessaires au traitement de diverses pathologies, dont la cécité, la surdité ou les maladies rénales. Les investissements devraient-ils être déterminés par le nombre de gens qui craignent de souffrir de ces affections ? par la véritable souffrance dont les patients font l'expérience ? Ou devraient-ils se calquer sur l'intensité du désir des patients d'être libérés de leur condition et les sacrifices qu'ils seraient prêts à faire pour y parvenir ? Le classement de la cécité et de la surdité, ou de la colostomie et de la dialyse, pourrait être différent selon la mesure de la douleur que l'on utilise. Il n'y a pas de solution simple au problème, mais cette question est trop importante pour que l'on puisse l'ignorer.

La possibilité d'avoir recours à des mesures du bien-être comme indicateurs pour guider les politiques gouvernementales suscite depuis peu un grand intérêt, tant chez les universitaires qu'auprès de plusieurs gouvernements européens. On peut désormais concevoir, ce qui n'était pas le cas il y a seulement quelques années, qu'un indice de la souffrance dans la société soit un jour inclus dans les statistiques nationales, aux côtés de chiffres sur le chômage, le handicap physique et les revenus. Ce projet a fait du chemin.

Econs et Humains

Dans le langage courant, une personne *raisonnable* est quelqu'un avec qui il est possible de raisonner, du moment que ses convictions sont dans l'ensemble en phase avec la réalité, et que ses préférences correspondent à ses intérêts et ses valeurs. Le mot *rationnel* transmet une image de plus grande réflexion, de plus grand calcul, et de moins de chaleur, mais dans le langage commun, une personne rationnelle est assurément raisonnable. Pour les économistes et les théoriciens de la décision, cet adjectif a un tout autre sens. Pour tester la rationalité, il ne suffit pas de savoir si les convictions et les préférences d'une personne sont raisonnables, mais si elles sont cohérentes. Une personne rationnelle peut croire aux fantômes du moment que toutes ses autres convictions sont en accord avec l'existence des fantômes. Une personne rationnelle peut préférer susciter la haine que l'amour, du moment que ses préférences sont cohérentes. La rationalité est une cohérence logique – qu'elle soit raisonnable ou non. Conformément à cette définition, les Econs sont rationnels, mais tout tend à prouver que les Humains ne le sont pas. Un Econ serait insensible à l'amorçage, à COVERA, au cadrage en gros plan, à la vision interne, ou aux renversements de préférence, ce que les Humains ne peuvent pas tout le temps éviter.

La définition de la rationalité en tant que cohérence est par trop restrictive ; elle réclame que l'on adhère à des règles de logique qu'un esprit fini n'est pas à même d'appliquer. Les gens raisonnables ne peuvent pas être rationnels selon cette définition, mais ce n'est pas une raison pour les considérer comme irrationnels. *Irrationnel* est un mot fort, qui connote l'impulsivité, l'émotivité et la résistance opiniâtre aux arguments raisonnables. Je suis souvent hérissé quand j'entends que l'on nous crédite, Amos et moi, d'avoir démontré que les choix humains sont irrationnels, alors qu'en fait, nos recherches ont seulement montré que le modèle de l'agent rationnel est mal adapté à l'homme.

Si l'homme n'est pas irrationnel, il a souvent besoin d'aide pour rendre des jugements plus justes et prendre de meilleures décisions, et dans certains cas, des politiques et des institutions peuvent apporter cette aide. Cette thèse peut paraître inoffensive, mais en fait, elle va très loin. Telle qu'elle est interprétée par l'importante École d'économie de Chicago, la foi dans la rationalité humaine est étroitement liée à une idéologie selon laquelle il est inutile, voire immoral, de protéger les gens contre leurs choix. Des gens rationnels devraient être libres, et responsables d'eux-mêmes. Milton Friedman, le chef de file de cette école, a exprimé cette opinion dans le titre de l'un de ses ouvrages populaires : *La Liberté du choix*[1].

Le présupposé qui veut que les agents soient rationnels sert de fondement intellectuel à l'approche libertarienne en matière de politique publique : que nul gouvernement n'interfère avec le droit d'un individu à choisir, à moins que ce choix constitue une menace pour autrui. La politique libertarienne admire en outre l'efficacité des marchés, qui attribuent les biens aux gens qui sont prêts à payer le plus cher. Un exemple célèbre de l'approche de Chicago est un article intitulé « A Theory of Rational Addiction » (Une théorie de l'addiction rationnelle). Il explique comment un agent rationnel ayant une préférence marquée pour la gratification intense et immédiate peut tout à fait prendre la décision rationnelle d'accepter en conséquence de cause une addiction future. Il m'est arrivé d'entendre Gray Becker, un des auteurs de cet article, également prix Nobel de l'école de Chicago, soutenir sur un ton léger, mais sans plaisanter, que la prétendue épidémie d'obésité pourrait bien s'expliquer par le fait que les gens croient en la découverte imminente d'un remède contre le diabète. Il soulevait ainsi un point important : quand nous voyons des gens agir de façon qui nous semble curieuse, nous devrions, selon lui, d'abord examiner la possibilité qu'ils aient une bonne raison de faire ce qu'ils font. Il ne faudrait invoquer des interprétations psychologiques que quand les raisons deviennent peu plausibles – ce qui, soit dit en passant, est probablement le cas de l'explication que donne Becker de l'obésité.

Dans un monde d'Econs, les gouvernements seraient invités à ne pas interférer, laissant les gens agir comme bon leur semble tant qu'ils ne portent pas tort à autrui. Si un motard choisit de rouler sans casque, un libertarien défendra son droit à le faire. Les citoyens savent ce qu'ils font, même quand ils choisissent de ne pas mettre d''argent de côté pour leurs vieux jours, ou quand ils s'exposent à des substances addictives. C'est une position qui peut parfois se montrer implacable : les personnes âgées qui n'ont pas assez économisé pour leur retraite n'ont guère droit à plus de compassion que quelqu'un qui se plaint de la note après avoir englouti un repas pantagruélique dans un restaurant. Les enjeux du débat entre l'école de Chicago et les économistes comportementaux sont donc énormes. Ces derniers, quant à eux, rejettent la forme extrême du modèle de l'agent rationnel. La liberté n'est pas une valeur contestée ; tous les participants au débat la soutiennent. Mais la vie est plus complexe pour les économistes comportementaux que pour les partisans de la rationalité humaine. Aucun économiste comportemental n'est partisan d'un État qui contraindrait ses citoyens à suivre un régime alimentaire équilibré et à ne regarder que des émissions de télévision susceptibles de faire progresser l'esprit. Toutefois, selon eux, la liberté a un prix, que paient les individus qui font de mauvais choix, et la société qui se sent obligée de les aider. Pour les économistes comportementaux, le dilemme est de savoir s'il faut ou non protéger les gens de leurs erreurs. Les économistes de l'école de Chicago ne sont pas confrontés à ce problème, car les agents rationnels ne commettent pas d'erreur. Pour eux, la liberté est gratuite.

En 2008, l'économiste Richard Thaler et le juriste Cass Sunstein se sont associés pour écrire un livre intitulé *Nudge*[2], vite devenu un best-seller international et la bible de l'économie comportementale. Leur livre a créé plusieurs néologismes, dont celui de « Econs ». Il présente également une série de solutions au dilemme de savoir comment aider les gens à prendre de bonnes décisions sans empiéter sur leurs libertés. Thaler et Sunstein préconisent une position de paternalisme libertarien, où l'État et d'autres institutions sont autorisés à pousser les gens du coude (*to nudge*) afin qu'ils prennent des décisions servant leurs intérêts à long terme. Il est difficile de prétendre que cela compromet la liberté de qui que ce soit. Comme on l'a vu plus tôt, le cadrage de la décision de l'individu – ce que Thaler et Sunstein appellent l'architecture du choix – a un effet considérable sur le résultat. Le coup de coude repose sur une psychologie intelligente, que j'ai déjà décrite. L'option par défaut est naturellement vue comme le choix normal. Dévier du choix normal est un acte délibéré, qui nécessite davantage de réflexion, de prise de responsabilité, et est plus susceptible d'entraîner des regrets que le statu quo. Des forces puissantes peuvent contribuer à guider la décision de quelqu'un qui, sinon, ne saurait que faire.

Plus que les Econs, les Humains ont besoin d'être protégés d'autres personnes qui exploitent délibérément leurs faiblesses – surtout les travers du Système 1 et la paresse du Système 2. Les agents rationnels sont censés prendre des décisions importantes avec soin, et se servir de toutes les informations qui leur sont transmises. Un Econ lira et comprendra les petits caractères dans un contrat avant de le signer, un Humain non. Une société sans scrupule qui prépare des contrats que ses clients signent généralement sans les lire dispose d'une marge de manœuvre juridique importante en dissimulant des informations cruciales. Sous sa forme extrême, le modèle de l'agent rationnel a une implication pernicieuse : les clients sont supposés ne pas avoir besoin de protection autre que la garantie que les informations nécessaires sont communiquées. La taille de la police et la complexité du langage utilisé dans cette communication ne sont pas considérées comme importantes – un Econ sait comment faire face aux petits caractères quand il le faut. En revanche, dans ses recommandations, *Nudge* suggère aux entreprises de proposer des contrats assez simples pour être lus et compris par des clients humains. Ces recommandations se sont heurtées à une vigoureuse opposition de sociétés dont les profits pourraient fléchir si leurs clients venaient à être mieux informés – ce qui est un bon signe. Mieux vaut un monde où les entreprises se concurrencent en proposant de meilleurs produits qu'un monde où le gagnant est celui qui est le plus doué pour la dissimulation.

Un des éléments remarquables du paternalisme libertarien est qu'il séduit des représentants de tout le spectre politique. Le plus bel exemple de politique comportementale, l'initiative « Save More Tomorrow » (Épargnez plus demain), a été défendu au Congrès américain par une coalition sortant de l'ordinaire, rassemblant des conservateurs extrémistes aussi bien que des gens de gauche. « Save More Tomorrow » est un produit financier que les entreprises peuvent offrir à leurs salariés. Ceux qui y souscrivent autorisent leur employeur à augmenter leur contribution à leur plan d'épargne sur la base d'un pourcentage fixe chaque fois qu'ils sont augmentés. L'augmentation du taux d'épargne est activée automatiquement jusqu'à ce que l'employé annonce qu'il souhaite récupérer son épargne. Cette innovation géniale, proposée par Richard Thaler et Shlomo Benartzi, a désormais amélioré le taux d'épargne et offert de meilleures perspectives à des millions de salariés. Elle repose solidement sur les principes psychologiques que les lecteurs de ce livre reconnaîtront. Elle contourne la résistance à une perte immédiate en ne nécessitant pas de changement immédiat ; en rattachant l'accroissement de l'épargne aux augmentations de salaires, elle transforme des pertes en gains reportés, qui sont beaucoup plus faciles à accepter. Et sa nature automatique aligne la paresse du Système 2 sur les intérêts à long terme des salariés. Tout cela, bien sûr, sans obliger qui que ce soit à faire quoi que ce soit qu'il ne souhaiterait pas, et sans confusion ni artifice.

L'attrait du paternalisme libertarien a été reconnu dans de nombreux pays, y compris au Royaume-Uni et en

Corée du Sud, et par des politiciens de toutes les tendances, qu'il s'agisse des conservateurs britanniques ou du gouvernement démocrate du président Obama. En fait, le gouvernement britannique a créé une nouvelle petite unité chargée d'appliquer les principes de la science comportementale afin de l'aider à mieux atteindre ses objectifs. Le nom officiel de ce groupe est la Behavioural Insight Team (Équipe de perspective comportementale), mais elle est connue, tant au sein du gouvernement qu'à l'extérieur, sous le surnom de Nudge Unit (Unité du coup de coude). Thaler en est le conseiller.

La rédaction de *Nudge* a eu des suites dignes d'un roman. Sunstein a été invité par le président Obama à travailler comme administrateur du bureau de l'Information et des Affaires de réglementation, position qui lui donne toute latitude pour encourager la mise en œuvre des leçons de psychologie et d'économie comportementale dans les institutions gouvernementales. La mission est décrite dans le Rapport 2010 du bureau de la Gestion et du Budget. Les lecteurs de ce livre apprécieront la logique qui sous-tend ses recommandations spécifiques, à commencer par celle de procéder à des « présentations claires, simples, marquantes et importantes ». Ils reconnaîtront également des déclarations de fond comme : « La formulation a une grande importance ; si, par exemple, un résultat potentiel est présenté comme une perte, il aura sans doute plus d'impact que s'il est présenté comme un gain. »

Nous avons déjà évoqué l'exemple du cadrage des déclarations à propos de la consommation de carburant. Parmi les autres applications mises en œuvre, citons l'inscription automatique à une assurance santé, une nouvelle version des directives diététiques qui remplace l'incompréhensible Pyramide alimentaire par l'image convaincante d'une Assiette garnie d'un régime équilibré, et une règle formulée par le département de l'Agriculture (USDA), qui permet l'inclusion de messages comme « garanti à 90 % sans matières grasses » sur les produits à base de viande, pourvu qu'une étiquette mentionne également « 10 % de matières grasses » dans « des caractères de la même couleur, de la même taille, du même type et sur le même fond que l'étiquette indiquant l'absence de matières grasses ».

Contrairement aux Econs, les Humains ont besoin d'aide pour prendre les bonnes décisions, et il existe des moyens informés et non intrusifs de leur apporter cette aide.

Deux systèmes

Ce livre a décrit le fonctionnement de l'esprit comme une interaction difficile entre deux personnages fictifs : le Système 1 automatique et le Système 2 délibéré. Vous connaissez maintenant bien la personnalités de ces deux systèmes, et vous êtes capable de prédire comment ils pourraient réagir dans différentes situations. Et bien sûr, vous n'avez pas oublié que les deux systèmes n'existent pas vraiment, que ce soit dans le cerveau ou ailleurs. « Le Système 1 fait X » est un raccourci pour « X se produit automatiquement ». Et « le Système 2 est mobilisé pour faire Y » est un raccourci pour « l'excitation augmente, les pupilles se dilatent, l'attention se concentre, et l'activité Y est accomplie ». J'espère que vous trouvez le langage des systèmes aussi utile que moi, et que vous avez acquis un sens intuitif de leur fonctionnement sans vous être laissé détourner par la question de leur existence supposée.

Le Système 2, attentif, est qui nous pensons être. Il articule les jugements et fait des choix, mais il approuve ou rationalise souvent les idées et les sentiments engendrés par le Système 1. Vous ne savez peut-être pas que vous êtes favorable à un projet parce que quelque chose, chez la fille qui le dirige, vous rappelle votre sœur que vous aimez tant, ou bien que vous détestez telle autre personne parce qu'elle ressemble vaguement à votre dentiste. Cependant, si on vous demande de vous expliquer, vous fouillerez dans votre mémoire en quête de raisons présentables et en trouverez certainement. De plus, vous croirez l'histoire que vous aurez inventée. Mais le Système 2 n'est pas qu'un apologiste du Système 1. Il évite aussi que bien des pensées idiotes et des impulsions déplacées se concrétisent. L'investissement de l'attention améliore la performance dans de nombreuses activités – pensez aux risques qu'il y a à conduire sur une route étroite tandis que votre esprit vagabonde – et il joue un rôle essentiel dans certaines tâches, comme la comparaison, le choix, et le raisonnement ordonné. Cependant, le Système 2 n'est pas un parangon de rationalité. Ses capacités sont limitées, de même que les connaissances auxquelles il a accès. Nous ne pensons pas toujours en ligne droite quand nous raisonnons, et les erreurs ne sont pas toujours dues à des intuitions intrusives et incorrectes. Souvent, nous commettons des erreurs parce que nous (notre Système 2) ne savons pas quoi faire d'autre.

J'ai passé plus de temps à décrire le Système 1, et ai consacré de nombreuses pages aux erreurs de jugement intuitif et de choix que je lui attribue. Pourtant, le nombre relatif de pages est un mauvais indicateur de l'équilibre entre les merveilles et les failles de la pensée intuitive. Le Système 1 est certes à l'origine de beaucoup de nos manquements, mais aussi de la plupart de ce que nous faisons bien – autrement dit, l'essentiel de nos activités. Nos pensées et nos actes sont couramment guidés par le Système 1 et, en général, ils touchent juste. Une des merveilles en est le modèle riche et détaillé de notre monde entretenu dans la mémoire associative : il fait la distinction entre les événements normaux et les événements surprenants en une fraction de seconde, engendre immédiatement une idée de ce qui était attendu plutôt qu'une surprise, et recherche automatiquement une interprétation causale des surprises et des événements au fur et à mesure qu'ils se produisent.

La mémoire contient en outre le vaste répertoire de compétences que nous avons acquises au fil d'une vie de pratique, qui produisent automatiquement des solutions appropriées aux défis quand ils surviennent, qu'il s'agisse de contourner un gros rocher à pied sur un chemin ou d'éviter la colère d'un client. L'acquisition de compétences nécessite un environnement régulier, la possibilité de s'entraîner, et un retour sans équivoque sur l'adéquation des pensées et des actions. Quand ces conditions sont remplies, la compétence finit par se développer, et les jugements intuitifs et les choix qui viennent rapidement à l'esprit seront pour la plupart adaptés. Tout cela est l'œuvre du Système 1, et se produit donc automatiquement et vite.

Quand on se heurte à un défi, une réaction compétente est évoquée, si elle est disponible. Que se passe-t-il en l'absence de compétences ? Parfois, comme dans le problème 17 x 24 = ?, qui réclame une réponse spécifique, il est immédiatement évident qu'il faut faire appel au Système 2. Mais il est rare que le Système 1 soit pris au dépourvu. Il ne s'encombre pas des limites à ses capacités et se montre prodigue dans ses calculs. Quand il est occupé à chercher une réponse à une question, dans le même temps, il produit les réponses à des questions qui sont liées, et peut substituer une réponse qui vient plus facilement à l'esprit à celle qui était requise. Dans cette conception de l'heuristique, la réponse heuristique n'est pas forcément plus simple ou plus dépouillée que la question de départ – elle est seulement plus accessible, calculée plus facilement et plus rapidement. Les réponses heuristiques ne sont pas aléatoires, et elles sont souvent approximativement correctes. Mais parfois, elles tombent complètement à côté.

Le Système 1 enregistre l'aisance cognitive avec laquelle il traite l'information, mais il n'émet pas de signal d'avertissement quand il perd de sa fiabilité. Les réponses intuitives viennent rapidement à l'esprit, avec assurance, qu'elles soient le fruit de compétences réelles ou de l'heuristique. Il n'y a aucun moyen simple pour le Système 2 de distinguer entre une réponse compétente et une réponse heuristique. Il n'a d'autre recours que de ralentir et de tenter de bâtir une réponse par lui-même, ce qu'il n'aime guère car il est paresseux. Il approuve ainsi avec désinvolture de nombreuses suggestions du Système 1, en les vérifiant au mieux superficiellement, comme dans le problème de la batte et de la balle. C'est ainsi que le Système 1 acquiert sa mauvaise réputation en tant que source d'erreurs et de biais. Ses caractéristiques fonctionnelles, dont COVERA, l'équivalence d'intensité, et la cohérence associative, entre autres, débouchent sur des biais prévisibles et des illusions cognitives comme l'ancrage, les prédictions non régressives, l'excès de confiance, et bien d'autres.

Que peut-on faire pour éviter les biais ? Comment améliorer les jugements et les décisions, tant les nôtres que ceux des institutions que nous servons et qui nous servent ? Pour faire court, disons que l'on ne peut espérer faire grand-chose sans y consacrer de formidables efforts. D'expérience, je sais que le Système 1 n'est pas facile à éduquer. À l'exception de quelques effets que j'attribue principalement à l'âge, ma pensée intuitive est toujours aussi prompte à l'excès de confiance, aux prédictions extrêmes et à l'erreur de prévision qu'avant que je ne m'intéresse à ces questions. Je n'ai progressé que dans ma capacité à reconnaître des situations où les erreurs sont probables : « ce chiffre va devenir une ancre… », « la décision pourrait changer si le problème était recadré… ». Et j'ai fait bien plus de progrès pour reconnaître les erreurs des autres que les miennes.

En principe, il existe un moyen simple de bloquer les erreurs qui proviennent du Système 1 : identifiez les signes prouvant que vous vous trouvez dans un champ de mines cognitif, ralentissez, et appelez le Système 2 en renfort. Voilà comment vous procéderez la prochaine fois que vous rencontrerez l'illusion de Müller-Lyer. Quand vous verrez des lignes dotées d'appendices pointant dans des directions différentes, vous saurez que vous êtes dans une situation où vous ne pouvez pas avoir confiance en votre impression de la longueur des lignes. Malheureusement, il est souvent peu probable que cette procédure raisonnable soit appliquée quand il le faudrait le plus. Nous aimerions tous être équipés d'une sonnette d'alarme qui tinterait furieusement chaque fois que nous sommes sur le point de commettre une grave erreur, mais cela n'existe pas, et les illusions cognitives sont dans l'ensemble plus difficiles à reconnaître que les illusions perceptives. La voix de la raison est beaucoup plus discrète que celle, claire et tonitruante, de l'intuition erronée. Or, quand vous êtes confronté au stress d'une décision importante, il est déplaisant de remettre en doute vos intuitions. Quand vous avez un problème, s'il y a bien une chose que vous ne voulez pas, c'est voir vos doutes s'accroître. Le résultat en est qu'il est beaucoup plus facile de repérer un champ de mines quand vous voyez les autres s'y égarer que quand c'est vous-mêmes qui êtes sur le point d'y mettre les pieds. Les observateurs sont moins occupés sur le plan cognitif, et plus ouverts aux informations que les acteurs. C'est pour cela que j'ai écrit un livre adressé aux critiques et aux bavards plutôt qu'aux décideurs.

Les organisations, institutions et entreprises sont mieux armées que les individus quand il s'agit d'éviter les erreurs, parce qu'elles pensent naturellement moins vite et ont le pouvoir d'imposer des procédures structurées. Elles peuvent instituer et faire appliquer des listes de contrôle utiles, ainsi que des exercices plus complexes, comme la prévision par catégorie de référence et le premortem. Elles peuvent aussi encourager une culture où les gens veillent les uns sur les autres à l'approche des champs de mines, du moins en partie, à l'aide d'un lexique précis. Quelle que soit son activité par ailleurs, une organisation est une usine à produire des jugements et des décisions. Toutes les usines ont besoin de moyens de garantir la qualité de leurs produits au stade de la conception, à celui de la fabrication et lors des inspections finales. Les étapes correspondantes, dans la production de décisions, sont le cadrage du problème à résoudre, la collecte des informations appropriées qui doivent aboutir à la décision, enfin la réflexion et l'analyse. Une organisation qui espère améliorer sa production de décisions devrait systématiquement s'efforcer de s'améliorer à chacune de ces étapes. Rien là que de très classique. Le contrôle constant de la qualité est une alternative à l'analyse globale des procès, que les organisations ont coutume d'entreprendre au lendemain de catastrophes. Il y a beaucoup à faire pour améliorer la prise de décision. L'absence remarquable de formation systématique à cette compétence essentielle qui consiste à savoir gérer des réunions efficaces en est un exemple parmi tant d'autres.

Au bout du compte, un langage plus riche est crucial au développement de la critique constructive. Tout à fait comme en médecine, l'identification des erreurs de jugement est une tâche diagnostique, qui nécessite un vocabulaire précis. Le nom d'une maladie est un crochet auquel on suspend tout ce que l'on sait sur la maladie en question, y compris les facteurs environnementaux, les symptômes, le diagnostic et les soins. De même, des noms comme « effets d'ancrage », « cadrage en gros plan » ou « cohérence excessive » évoquent dans la mémoire tout ce que l'on sait d'un biais, ses causes, ses effets, et ce que l'on peut faire pour le résoudre.

Il y a un lien direct entre les potins éclairés à la machine à café et des décisions plus efficaces. Les décideurs sont parfois mieux à même d'imaginer les commérages du moment et les critiques à venir que d'entendre la voix hésitante de leurs propres doutes. Ils feront de meilleurs choix quand ils seront sûrs que leurs critiques sont informées et justes, et quand ils s'attendront à ce que leurs décisions soient jugées en fonction de la façon dont elles ont été prises, non en fonction de leurs conséquences.

Remerciements

J'ai la chance d'avoir beaucoup d'amis, à qui je n'hésite jamais à demander de l'aide. J'ai approché chacun d'entre eux, dont certains plusieurs fois, pour leur demander des informations ou des suggestions éditoriales. Je ne peux dresser la liste complète de leurs noms, et je les prie de m'en excuser. Quelques-uns ont joué un rôle essentiel dans la genèse de cet ouvrage. Tous mes remerciements à Jason Zweig, qui m'a poussé à entreprendre ce projet et s'est efforcé patiemment d'y travailler avec moi jusqu'à ce qu'il devienne clair pour lui comme pour moi qu'il est impossible de travailler avec moi. Tout au long de notre collaboration, il a été prodigue de conseils et m'a appuyé de sa formidable érudition. Ce livre est truffé de phrases qui lui sont dues. Roger Lewin a transformé des transcriptions de conférences en brouillons de chapitres. Mary Himmelstein m'a apporté une aide précieuse. John Brockman, d'abord mon agent, est devenu un ami cher. Ran Hassin m'a donné des conseils et m'a encouragé quand il le fallait. Dans les dernières étapes de ce long parcours, j'ai pu compter sur l'aide indispensable d'Eric Chinski, mon relecteur chez Farrar, Straus et Giroux. Il connaissait mieux mon livre que moi, et notre travail est devenu une sympathique collaboration – jamais je n'aurais cru qu'un relecteur pouvait en faire autant qu'Eric. Ma fille, Lenore Shoham, a su voler à mon secours dans la folie des derniers mois. Avec sa sagesse et son regard critique, elle est à l'origine de bien des phrases des parties « en bref ». Mon épouse, Anne Treismann, a apporté beaucoup, plus que je ne saurais le dire – sans son soutien indéfectible, sa sagesse et sa patience inépuisable, j'aurais abandonné depuis longtemps.

Notes

Introduction

1. Certains reprochent aux psychologues d'utiliser des petits échantillons sans expliquer leur choix. Voir Jacob Cohen, *Statistical Power Analysis for the Behavioral Sciences*, Hillsdale, NJ : Erlbaum, 1969.

2. L'auteur définit précisément ce terme et son emploi dans le livre au chapitre 9 (NdE).

3. J'ai légèrement modifié le texte original, qui faisait référence à différentes lettres en première et troisième position dans les mots.

4. C'est un psychologue allemand réputé qui a été notre critique le plus acharné. Voir Gerd Gigerenzer, « How to Make Cognitive Illusions Disappear », *European Review of Social Psychology* 2, 1991, p. 83-115 ; Gerd Gigerenzer, « Personal Reflections on Theory and Psychology », *Theory & Psychology* 20, 2010, p. 733-743 ; Daniel Kahneman et Amos Tversky, « On the Reality of Cognitive Illusions », *Psychological Review* 103, 1996, p. 582-591.

5. Plusieurs exemples parmi tant d'autres : Valerie F. Reyna et Farrell J. Lloyd, « Physician Decision-Making and Cardiac Risk : Effects of Knowledge, Risk Perception, Risk Tolerance and Fuzzy-Processing », *Journal of Experimental Psychology : Applied* 12, 2006, p. 179-195 ; Nicholas Epley et Thomas Gilovich, « The Anchoring-and-Adjustment Heuristic », *Psychological Science* 17, 2006, p. 311-318 ; Norbert Schwarz et al., « Ease of Retrieval of Information : Another Look at the Availability Heuristic », *Journal of Personality and Social Psychology* 61, 1991, p. 195-202 ; Elke U. Weber et al., « Asymmetric Discounting in Intertemporal Choice », *Psychological Science* 18, 2007, p. 516-523 ; George F. Loewenstein et al., « Risk as Feelings », *Psychological Bulletin* 127, 2001, p. 267-286.

6. Le prix décerné en économie a pour nom Prix des sciences économiques de la Banque de Suède en mémoire d'Alfred Nobel. Il a été attribué pour la première fois en 1969. Certains physiciens n'ont guère apprécié l'ajout d'un prix Nobel en sciences sociales ; aussi l'étiquette de « Nobel d'économie » fit-elle l'objet d'un compromis.

7. Dans les années 1980, Herbert Simon et ses étudiants de Carnegie Mellon ont posé les jalons de notre compréhension de l'expertise. Pour une excellente introduction au sujet, voir Joshua Foer, *Moonwalking with Einstein : The Art and Science of Remembering*, New York, Penguin Press, 2011. Il y présente des travaux analysés plus en détail dans K. Anders Ericsson et al. (eds.), *The Cambridge Handbook of Expertise and Expert Performance*, New York, Cambridge University Press, 2006.

8. Gary A. Klein, *Sources of Power*, Cambridge, MA, MIT Press, 1999.

9. Herbert Simon fut un des grands universitaires du XXe siècle, dont les découvertes et les inventions allaient des sciences politiques (où il avait démarré sa carrière) à l'économie (où il a remporté un prix Nobel) en passant par l'informatique (dont il fut un pionnier) et la psychologie.

10. Herbert A. Simon, « What Is an Explanation of Behavior ? », *Psychological Science* 3, 1992, p. 150-161.

11. Le concept d'heuristique de l'affect a été développé par Paul Slovic, camarade de classe et ami d'Amos.

12. Voir chapitre 9.

13. *Le Cygne noir : la puissance de l'imprévisible*, Nassim Taleb, Les Belles Lettres, 2008.

1. Les personnages de l'histoire

1. Voir Jonathan St. B. T. Evans et Keith Frankish (éd.), *In Two Minds : Dual Processes and Beyond*, New York, Oxford University Press, 2009 ; Jonathan St. B. T. Evans, « Dual-Processing Accounts of Reasoning, Judgment, and Social Cognition », *Annual Review of Psychology* 59, 2008, p. 255-278. Parmi les pionniers, citons Seymour Epstein, Jonathan Evans, Steven Sloman, Keith Stanovich, et Richard West. J'emprunte les termes Système 1 et Système 2 aux premiers travaux de Stanovich et West qui ont eu une grande influence sur mes réflexions : Keith E. Stanovich et Richard F. West, « Individual Differences in Reasoning : Implications for the Rationality Debate », *Behavioral and Brain Sciences* 23, 2000, p. 645-665.

2. Ce sentiment de libre arbitre est parfois illusoire, comme le montre Daniel M. Wegner, *The Illusion of Conscious Will*, Cambridge, MA, Bradford Books, 2003.

3. Nilli Lavie, « Attention, Distraction and Cognitive Control Under Load », *Current Directions in Psychological Science* 19, 2010, p. 143-148.

4. Dans l'expérience classique de Stroop, on vous montre une série de taches de diverses couleurs, ou des mots imprimés dans des couleurs différentes. Vous devez donner le nom des couleurs, et ignorer les mots. Cette tâche devient extrêmement difficile quand les mots en couleur sont eux-mêmes des noms de couleurs (par exemple, VERT imprimé en rouge, suivi de JAUNE imprimé en vert, etc.).

5. Le professeur Hare m'a écrit pour me dire, « Votre professeur avait raison », le 16 mars 2011. Robert D. Hare, *Without Conscience : The Disturbing World of the Psychopaths Among Us*, New York, Guilford Press, 1999. Voir aussi Paul Babiak et Robert D. Hare, *Snakes in Suits : When Psychopaths Go to Work*, New York, Harper, 2007.

6. Les agents à l'intérieur de l'esprit sont appelés des homoncules, et sont (à juste titre) un objet de dérision pour les spécialistes.

7. Voir Alan D. Baddeley, « Working Memory : Looking Back and Looking Forward », *Nature Reviews : Neuroscience* 4, 2003, p. 829-838. Alan D. Baddeley, *Your Memory : A User's Guide*, New York, Firefly Books, 2004.

2. L'ATTENTION ET L'EFFORT

1. Une grande partie de ce chapitre est tirée de *Attention and Effort* (1973). Vous pouvez le télécharger gratuitement sur mon site (www.prince ton.edu/~kahneman/29–30 docs/attention_and_effort/Attention_hi_quality.pdf). Le thème principal de ce livre est l'idée que nous avons une capacité limitée d'attention et d'effort mental. L'attention et l'effort y sont considérés comme des ressources générales dans lesquelles puiser pour accomplir des tâches mentales. L'idée d'une capacité générale est controversée, mais elle a été développée par d'autres psychologues et neuroscientifiques, qui ont trouvé des correspondances à ce sujet dans les recherches sur le cerveau. Voir Marcel A. Just et Patricia A. Carpenter, « A Capacity Theory of Comprehension : Individual Differences in Working Memory », *Psychological Review* 99, 1992, p. 122-149 ; Marcel A. Just et al., « Neuroindices of Cognitive Workload : Neuroimaging, Pupillometric and Event-Related Potential Studies of Brain Work », *Theoretical*

Issues in Ergonomics Science 4, 2003, p. 56-88. On dispose également de preuves expérimentales de plus en plus solides des ressources générales de l'attention, comme dans Evie Vergauwe et al., « Do Mental Processes Share a Domain-General Resource ? », *Psychological Science* 21, 2010, p. 384-390. L'imagerie a prouvé que la simple anticipation d'une tâche nécessitant de grands efforts mobilisait plusieurs régions du cerveau par rapport à une tâche de même type nécessitant moins d'effort. Carsten N. Boehler et al., « Task-Load-Dependent Activation of Dopaminergic Midbrain Areas in the Absence of Reward », *Journal of Neuroscience* 31, 2011, p. 4955-4961.

2. Eckhard H. Hess, « Attitude and Pupil Size », *Scientific American* 212, 1965, p. 46-54.

3. Le mot *sujet* évoque pour certains la soumission et l'esclavage, et l'Association des psychologues américains préconise le recours au terme plus démocratique de *participant*. Malheureusement, cette appellation politiquement correcte est des plus maladroites ; elle occupe de l'espace dans la mémoire et ralentit la pensée. Je ferai de mon mieux pour utiliser *participant* autant que possible, mais recourrai à *sujet* si besoin est.

4. Daniel Kahneman et al., « Pupillary, Heart Rate, and Skin Resistance Changes During a Mental Task », *Journal of Experimental Psychology* 79, 1969, p. 164-167.

5. Daniel Kahneman, Jackson Beatty, et Irwin Pollack, « Perceptual Deficit During a Mental Task », *Science* 15, 1967, p. 218-219. Nous avons utilisé un miroir sans tain, si bien que les observateurs voyaient les lettres directement devant eux en faisant face à la caméra. Dans des conditions de contrôle, les participants voyaient la lettre par une ouverture étroite, pour éviter l'effet du changement de taille de la pupille sur leur acuité visuelle. Leurs résultats présentent le même schéma en V que les autres sujets.

6. Quand on tente d'accomplir plusieurs tâches en même temps, on peut se heurter à de nombreuses difficultés. Par exemple, il est physiquement impossible de dire deux choses différentes exactement en même temps, et il peut être plus facile de combiner une tâche auditive et une tâche visuelle que de combiner deux tâches visuelles ou auditives. D'importantes théories psychologiques ont tenté d'attribuer toutes les interférences mutuelles entre les tâches à la concurrence pour accéder à des mécanismes distincts. Voir Alan D. Baddeley, *Working Memory*, New York, Oxford University Press, 1986. Avec la pratique, la capacité des gens à être multitâches peut s'améliorer. Toutefois, à en juger par la grande diversité des tâches qui interfèrent les unes avec les autres, il semblerait qu'il existe une

réserve générale d'attention ou d'effort, nécessaire dans bien des tâches.

7. Michael E. Smith, Linda K. McEvoy, et Alan Gevins, « Neurophysiological Indices of Strategy Development and Skill Acquisition », *Cognitive Brain Research* 7, 1999, p. 389-404. Alan Gevins et al., « High-Resolution EEG Mapping of Cortical Activation Related to Working Memory : Effects of Task Difficulty, Type of Processing and Practice », *Cerebral Cortex* 7, 1997, p. 374-385.

8. Par exemple, Sylvia K. Ahern et Jackson Beatty ont montré que des individus obtenant de meilleurs résultats au SAT présentaient des dilatations moins importantes de la pupille que des gens accomplissant la même tâche mais ayant eu de moins bons résultats. « Physiological Signs of Information Processing Vary with Intelligence », *Science* 205, 1979, p. 1289-1292.

9. Wouter Kool et al., « Decision Making and the Avoidance of Cognitive Demand », *Journal of Experimental Psychology – General* 139, 2010, p. 665-682. Joseph T. Mc-Guire et Matthew M. Botvinick, « The Impact of Anticipated Demand on Attention and Behavioral Choice », in Brian Bruya (éd.), *Effortless Attention*, Cambridge, MA, Bradford Books, 2010, p. 103-120.

10. Les neuroscientifiques ont identifié une région du cerveau qui estime la valeur d'ensemble d'une action quand elle est accomplie. L'effort investi est considéré comme un coût dans ce calcul neural. Joseph T. McGuire and Matthew M. Botvinick, « Prefrontal Cortex, Cognitive Control, and the Registration of Decision Costs », *PNAS* 107, 2010, p. 7922-7926.

11. Bruno Laeng et al., « Pupillary Stroop Effects », *Cognitive Processing* 12, 2011, p. 13-21.

12. Michael I. Posner et Mary K. Rothbart, « Research on Attention Networks as a Model for the Integration of Psychological Science », *Annual Review of Psychology* 58, 2007, p. 1-23 ; John Duncan et al., « A Neural Basis for General Intelligence », *Science* 289, 2000, p. 457-460.

13. Stephen Monsell, « Task Switching », *Trends in Cognitive Sciences* 7, 2003, p. 134-140.

14. Baddeley, *Working Memory*.

15. Andrew A. Conway, Michael J. Kane, et Randall W. Engle, « Working Memory Capacity and Its Relation to General Intelligence », *Trends in Cognitive Sciences* 7, 2003, p. 547-552.

16. Daniel Kahneman, Rachel Ben-Ishai, et Michael Lotan, « Relation of a Test of Attention to Road Accidents », *Journal of Applied Psychology* 58, 1973, p. 113-115 ; Daniel Gopher, « A Selective Attention Test as a Predictor of Success in Flight Training », *Human Factors* 24, 1982, p. 173-183.

4. La machine associative

1. Carey K. Morewedge et Daniel Kahneman, « Associative Processes in Intuitive Judgment », *Trends in Cognitive Sciences* 14, 2010, p. 435-440.

2. Pour éviter la confusion, je n'ai pas mentionné dans le texte que la pupille se dilatait aussi. Elle se dilate tant lors d'une excitation émotionnelle que quand cette excitation accompagne un effort intellectuel.

3. Paula M. Niedenthal, « Embodying Emotion », *Science* 316, 2007, p. 1002-1005.

4. David Hume, *Enquête sur l'entendement humain*, GF-Flammarion, 2006.

5. L'image de l'amorçage vient du fonctionnement d'une pompe. Les premières tractions sur une pompe ne produisent aucun liquide, mais elles permettent aux tractions suivantes d'être efficaces.

6. John A. Bargh, Mark Chen, et Lara Burrows, « Automaticity of Social Behavior : Direct Effects of Trait Construct and Stereotype Activation on Action », *Journal of Personality and Social Psychology* 71, 1996, p. 230-244.

7. Thomas Mussweiler, « Doing Is for Thinking ! Stereotype Activation by Stereotypic Movements », *Psychological Science* 17, 2006, p. 17-21.

8. Fritz Strack, Leonard L. Martin, et Sabine Stepper, « Inhibiting and Facilitating Conditions of the Human Smile : A Nonobtrusive Test of the Facial Feedback Hypothesis », *Journal of Personality and Social Psychology* 54, 1988, p. 768-777.

9. Ulf Dimberg, Monika Thunberg, et Sara Grunedal, « Facial Reactions to Emotional Stimuli : Automatically Controlled Emotional Responses », *Cognition and Emotion* 16, 2002, p. 449-471.

10. Gary L. Wells et Richard E. Petty, « The Effects of Overt Head Movements on Persuasion : Compatibility and Incompatibility of Responses », *Basic and Applied Social Psychology* 1, 1980, p. 219-230.

11. Jonah Berger, Marc Meredith, et S. Christian Wheeler, « Contextual Priming : Where People Vote Affects How They Vote », *PNAS* 105, 2008, p. 8846-8849.

12. Kathleen D. Vohs, « The Psychological Consequences of Money », *Science* 314, 2006, p. 1154-1156.

13. Jeff Greenberg et al., « Evidence for Terror Management Theory II : The Effect of Mortality Salience on Reactions to Those Who Threaten or Bolster the Cultural Worldview », *Journal of Personality and Social Psychology* 58, 1990, p. 308-318.

14. Chen-Bo Zhong et Katie Liljenquist, « Washing Away Your Sins : Threatened Morality and Physical Cleansing », *Science* 313, 2006, p. 1451-1452.

15. Spike Lee et Norbert Schwarz, « Dirty Hands and Dirty Mouths : Embodiment of the Moral-Purity Metaphor Is Specific to the Motor Modality Involved in Moral Transgression », *Psychological Science* 21, 2010, 1423-1425.

16. Melissa Bateson, Daniel Nettle, et Gilbert Roberts, « Cues of Being Watched Enhance Cooperation in a Real-World Setting », *Biology Letters* 2, 2006, 412-414.

17. Timothy Wilson, dans *Strangers to Ourselves* (Cambridge, MA, Belknap Press, 2002), avance le concept d'un « inconscient adaptatif » semblable au Système 1.

5. L'AISANCE COGNITIVE

1. Le terme technique pour l'aisance cognitive est *fluency* (la facilité).

2. Adam L. Alter et Daniel M. Oppenheimer, « Uniting the Tribes of Fluency to Form a Metacognitive Nation », *Personality and Social Psychology Review* 13, 2009, p. 219-235.

3. Larry L. Jacoby, Colleen Kelley, Judith Brown, et Jennifer Jasechko, « Becoming Famous Overnight : Limits on the Ability to Avoid Unconscious Influences of the Past », *Journal of Personality and Social Psychology* 56, 1989, p. 326-338.

4. Bruce W.A. Whittlesea, Larry L. Jacoby, et Krista Girard, « Illusions of Immediate Memory : Evidence of an Attributional Basis for Feelings of Familiarity and Perceptual Quality », *Journal of Memory and Language* 29, 1990, p. 716-732.

5. Normalement, quand vous rencontrez un ami, vous pouvez immédiatement le situer et le nommer ; vous savez souvent où vous l'avez rencontré pour la dernière fois, ce qu'il portait, et ce que vous vous êtes dit. Le sentiment de familiarité prend de l'importance seulement quand des souvenirs précis de ce genre ne sont pas disponibles. Bien que la fiabilité soit imparfaite, l'information qu'elle fournit vaut toujours mieux que rien. C'est ce sentiment de familiarité qui vous empêche de vous couvrir de ridicule en manifestant une (trop) grande surprise quand quelqu'un qui vous paraît vaguement familier vous salue comme si vous étiez un vieil ami.

6. Ian Begg, Victoria Armour, et Thérèse Kerr, « On Believing What We Remember », *Canadian Journal of Behavioural Science* 17, 1985, p. 199-214.

7. Daniel M. Oppenheimer, « Consequences of Erudite Vernacular Utilized Irrespective of Necessity : Problems with Using Long Words Needlessly », *Applied Cognitive Psychology* 20, 2006, p. 139-156.

8. Matthew S. Mc Glone et Jessica Tofighbakhsh, « Birds of a Feather Flock Conjointly (?) : Rhyme as Reason in Aphorisms », *Psychological Science* 11, 2000, p. 424-428.

9. Anuj K. Shah et Daniel M. Oppenheimer, « Easy Does It : The Role of Fluency in Cue Weighting », *Judgment and Decision Making Journal* 2, 2007, p. 371-379.

10. Adam L. Alter, Daniel M. Oppenheimer, Nicholas Epley, et Rebecca Eyre, « Overcoming Intuition : Metacognitive Difficulty Activates Analytic Reasoning », *Journal of Experimental Psychology – General* 136, 2007, p. 569-576.

11. Piotr Winkielman et John T. Cacioppo, « Mind at Ease Puts a Smile on the Face : Psychophysiological Evidence That Processing Facilitation Increases Positive Affect », *Journal of Personality and Social Psychology* 81, 2001, p. 989-1000.

12. Adam L. Alter et Daniel M. Oppenheimer, « Predicting Short-Term Stock Fluctuations by Using Processing Fluency », *PNAS* 103, 2006. Michael J. Cooper, Orlin Dimitrov, et P. Raghavendra Rau, « A Rose.com by Any Other Name », *Journal of Finance* 56, 2001, p. 2371-2388.

13. Pascal Pensa, « Nomen Est Omen : How Company Names Influence Shortand Long-Run Stock Market Performance », *Social Science Research Network Working Paper*, September 2006.

14. Robert B. Zajonc, « Attitudinal Effects of Mere Exposure », *Journal of Personality and Social Psychology* 9, 1968, p. 1-27.

15. Robert B. Zajonc et D.W. Rajecki, « Exposure and Affect : A Field Experiment », *Psychonomic Science* 17, 1969, p. 216-217.

16. Jennifer L. Monahan, Sheila T. Murphy, et Robert B. Zajonc, « Subliminal Mere Exposure : Specific, General, and Diffuse Effects », *Psychological Science* 11, 2000, p. 462-466.

17. D.W. Rajecki, « Effects of Prenatal Exposure to Auditory or Visual Stimulation on Postnatal Distress Vocalizations in Chicks », *Behavioral Biology* 11, 1974, p. 525-536.

18. Robert B. Zajonc, « Mere Exposure : A Gateway to the Subliminal », *Current Directions in Psychological Science* 10, 2001, p. 227.

19. Annette Bolte, Thomas Goschke, et Julius Kuhl, « Emotion and Intuition : Effects of Positive and Negative Mood on Implicit Judgments of Semantic Coherence », *Psychological Science* 14, 2003, p. 416-421.

20. Cette analyse exclut tous les cas où le sujet a effectivement trouvé la bonne solution. Elle montre que même les sujets qui finiront par ne pas trouver d'association commune savent confusément qu'il y en a une.

21. Sascha Topolinski et Fritz Strack, « The Architecture of Intuition : Fluency and Affect Determine Intuitive Judgments of Semantic and Visual Coherence and Judgments of Grammaticality in Artificial Grammar Learning », *Journal of Experimental Psychology – General* 138, 2009, p. 39-63.

22. Bolte, Goschke, et Kuhl, « Emotion and Intuition », art. cit.

23. Barbara Fredrickson, *Positivity : Groundbreaking Research Reveals How to Embrace the Hidden Strength of Positive Emotions, Overcome Negativity, and Thrive*, New York, Random House, 2009. Joseph P. Forgas et Rebekah East, « On Being Happy and Gullible : Mood Effects on Skepticism and the Detection of Deception », *Journal of Experimental Social Psychology* 44, 2008, p. 1362-1367.

24. Sascha Topolinski et al., « TheFace of Fluency : Semantic Coherence Automatically Elicits a Specific Pattern of Facial Muscle Reactions », *Cognition and Emotion* 23, 2009, p. 260-271.

25. Sascha Topolinski et Fritz Strack, « The Analysis of Intuition : Processing Fluency and Affect in Judgments of Semantic Coherence », *Cognition and Emotion* 23, 2009, 1465-1503.

6. Normes, surprises et causes

1. Daniel Kahneman et Dale T. Miller, « Norm Theory : Comparing Reality to Its Alternatives », *Psychological Review* 93, 1986, p. 136-153.

2. Jos J.A. Van Berkum, « Understanding Sentences in Context : What Brain Waves Can Tell Us », *Current Directions in Psychological Science* 17, 2008, p. 376-380.

3. Ran R. Hassin, John A. Bargh, et James S. Uleman, « Spontaneous Causal Inferences », *Journal of Experimental Social Psychology* 38, 2002, p. 515-522.

4. Albert Michotte, *The Perception of Causality*, Andover, MA, Methuen, 1963. Alan M. Leslie et Stephanie Keeble, « Do Six-Month-Old Infants Perceive Causality ? », *Cognition* 25, 1987, p. 265-288.

5. Fritz Heider et Mary-Ann Simmel, « An Experimental Study of Apparent Behavior », *American Journal of Psychology* 13, 1944, p. 243-259.

6. Leslie et Keeble, « Do Six-Month-Old Infants Perceive Causality ? ».

7. Paul Bloom, « Is God an Accident ? », *Atlantic*, December 2005.

7. La machine à tirer des conclusions hâtives

1. Daniel Todd Gilbert, *Et si le bonheur vous tombait dessus*, Robert Laffont, 2007.

2. Daniel Todd Gilbert, Douglas S. Krull, et Patrick S. Malone, « Unbelieving the Unbelievable : Some Problems in the Rejection of False Information », *Journal of Personality and Social Psychology* 59, 1990, p. 601-613.

3. Solomon E. Asch, « Forming Impressions of Personality », *Journal of Abnormal and Social Psychology* 41, 1946, p. 258-290.

4. *Ibid.*

5. James Surowiecki, *The Wisdom of Crowds*, New York, Anchor Books, 2005, trad. fr. *La Sagesse des foules*, J.-C. Lattès, 2008.

6. Lyle A. Brenner, Derek J. Koehler, et Amos Tversky, « On the Evaluation of One-Sided Evidence », *Journal of Behavioral Decision Making* 9, 1996, p. 59-70.

8. La mécanique des jugements

1. Alexander Todorov, Sean G. Baron, et Nikolaas N. Oosterhof, « Evaluating Face Trustworthiness : A Model-Based Approach », *Social Cognitive and Affective Neuroscience* 3, 2008, p. 119-127.

2. Alexander Todorov, Chris P. Said, Andrew D. Engell, et Nikolaas N. Oosterhof, « Understanding Evaluation of Faces on Social Dimensions », *Trends in Cognitive Sciences* 12, 2008, p. 455-460.

3. Alexander Todorov, Manish Pakrashi, et Nikolaas N. Oosterhof, « Evaluating Faces on Trustworthiness After Minimal Time Exposure », *Social Cognition* 27, 2009, p. 813-833.

4. Alexander Todorov et al., « Inference of Competence from Faces Predict Election Outcomes », *Science* 308, 2005, p. 1623-1626. Charles C. Ballew et Alexander Todorov, « Predicting Political Elections from Rapid and Unreflective Face Judgments », *PNAS* 104,

2007, p. 17948-17953. Christopher Y. Olivola et Alexander Todorov, « Elected in 100 Milliseconds : Appearance-Based Trait Inferences and Voting », *Journal of Nonverbal Behavior* 34, 2010, p. 83-110.

5. Gabriel Lenz et Chappell Lawson, « Looking the Part : Television Leads Less Informed Citizens to Vote Based on Candidates' Appearance », *American Journal of Political Science* 55, 2011, p. 574-589.

6. Amos Tversky et Daniel Kahneman, « Extensional Versus Intuitive Reasoning : The Conjunction Fallacy in Probability Judgment », *Psychological Review* 90, 1983, p. 293-315.

7. William H. Desvousges et al., « Measuring Natural Resource Damages with Contingent Valuation : Tests of Validity and Reliability », in Jerry A. Hausman (éd.), *Contingent Valuation : A Critical Assessment*, Amsterdam, 1993, p. 91-159.

8. Stanley S. Stevens, *Psychophysics : Introduction to Its Perceptual, Neural, and Social Prospect*, New York, Wiley, 1975.

9. Mark S. Seidenberg et Michael K. Tanenhaus, « Orthographic Effects on Rhyme Monitoring », *Journal of Experimental Psychology – Human Learning and Memory* 5, 1979, p. 546-554.

10. Sam Glucksberg, Patricia Gildea, et Howard G. Bookin, « On Understanding Nonliteral Speech : Can People Ignore Metaphors ? », *Journal of Verbal Learning and Verbal Behavior* 21, 1982, p. 85-98.

9. RÉPONDRE À UNE QUESTION FACILE

1. George Pólya, *Comment poser et résoudre un problème*, Éditions Jacques Gabay, 2000.

2. Une autre approche de l'heuristique du jugement a été avancée par Gerd Gigerenzer, Peter M. Todd et le ABC Research Group dans *Simple Heuristics That Make Us Smart*, New York, Oxford University Press, 1999. Ils décrivent des procédures « rapides et frugales » comme celle qui consiste à « aller ver le meilleur [indice] » qui, dans certaines circonstances, produit des jugements très précis sur la base de très peu d'informations. Comme l'a souligné Gigerenzer, cette heuristique est différente de celle qu'Amos et moi avons étudiée, et il a mis l'accent sur sa précision plutôt que sur les biais auxquels elle aboutit inévitablement. L'essentiel des recherches qui soutiennent l'heuristique rapide et frugale s'appuient sur la simulation statistique pour montrer qu'elle *pourrait* fonctionner dans certaines situations

réelles, mais les preuves de la réalité psychologique de cette heuristique restent minces et sont contestées. La découverte la plus mémorable associée à cette approche est l'heuristique de la reconnaissance, illustrée par un exemple devenu célèbre depuis : un sujet à qui l'on demande laquelle de deux villes est la plus grande et qui en reconnaît une sur les deux devrait estimer que celle qu'il identifie est grande. En revanche, s'il sait qu'elle est petite, il peut fort raisonnablement supposer que la ville inconnue est plus grande. Contrairement à la théorie, les sujets font appel à autre chose qu'à l'indice de reconnaissance : Daniel M. Oppenheimer, « Not So Fast ! (and Not So Frugal !) : Rethinking the Recognition Heuristic », *Cognition* 90, 2003, B1–B9. Une des faiblesses de cette théorie, c'est que, pour ce que l'on sait de l'esprit, l'heuristique n'a pas besoin d'être frugale. Le cerveau traite d'énormes quantités d'informations en parallèle, et l'esprit peut être rapide et précis sans ignorer de l'information. De plus, on sait depuis les premiers temps de la recherche sur les maîtres d'échecs que la compétence ne consiste pas seulement à apprendre à utiliser moins d'information. Au contraire, la compétence est plus souvent une capacité à gérer rapidement et efficacement de grandes quantités d'informations.

3. Fritz Strack, Leonard L. Martin, et Norbert Schwarz, « Priming and Communication : Social Determinants of Information Use in Judgments of Life Satisfaction », *European Journal of Social Psychology* 18, 1988, p. 429-442.

4. La corrélation était de 0,66.

5. Parmi les autres sujets de substitution, citons la satisfaction conjugale, la satisfaction professionnelle et la satisfaction à l'égard du temps libre. Voir Norbert Schwarz, Fritz Strack, et Hans-Peter Mai, « Assimilation and Contrast Effects in Part-Whole Question Sequences : A Conversational Logic Analysis », *Public Opinion Quarterly* 55, 1991, p. 3-23.

6. Une enquête téléphonique réalisée en Allemagne comportait une question sur le bonheur global. Quand les déclarations sur le bonheur personnel ont été comparées au temps qu'il faisait au moment de l'interview, on a noté une forte corrélation. On sait que l'humeur varie avec le temps, et la substitution explique cet effet sur le bonheur déclaré. Cependant, une autre version de l'enquête téléphonique a donné un résultat un peu différent. On a interrogé les personnes sur le temps qu'il faisait avant de leur parler de leur bonheur personnel. Pour ces personnes, le temps n'a eu absolument aucun effet sur leur évaluation de leur bonheur ! L'amorçage explicite du temps leur a fourni une explication de leur humeur, compromettant la connexion qui aurait normalement été établie entre l'humeur du moment et le bonheur global.

7. Melissa L. Finucane et al., « The Affect Heuristic in Judgments of Risks and Benefits », *Journal of Behavioral Decision Making* 13, 2000, p. 1-17.

10. La loi des petits nombres

1. Howard Wainer et Harris L. Zwerling, « Evidence That Smaller Schools Do Not Improve Student Achievement », *Phi Delta Kappan* 88, 2006, p. 300-303. Cet exemple a été abordé par Andrew Gelman et Deborah Nolan, *Teaching Statistics : A Bag of Tricks*, New York, Oxford University Press, 2002.
2. Jacob Cohen, « The Statistical Power of Abnormal-Social Psychological Research : A Review », *Journal of Abnormal and Social Psychology* 65, 1962, p. 145-153.
3. Amos Tversky et Daniel Kahneman, « Belief in the Law of Small Numbers », *Psychological Bulletin* 76, 1971, p. 105-110.
4. Le contraste que nous avons établi entre l'intuition et le calcul semble annoncer la distinction entre les Systèmes 1 et 2, mais nous étions encore loin de la perspective de ce livre. L'*intuition*, pour nous, recouvrait alors tout sauf le calcul, toute façon informelle de parvenir à une conclusion.
5. William Feller, *Introduction to Probability Theory and Its Applications*, New York, Wiley, 1950.
6. Thomas Gilovich, Robert Vallone, et Amos Tversky, « The Hot Hand in Basketball : On the Misperception of Random Sequences », *Cognitive Psychology* 17, 1985, p. 295-314.

11. Les ancres

1. Robyn LeBœuf et Eldar Shafir, « The Long and Short of It : Physical Anchoring Effects », *Journal of Behavioral Decision Making* 19, 2006, p. 393-406.
2. Nicholas Epley et Thomas Gilovich, « Putting Adjustment Back in the Anchoring and Adjustment Heuristic : Differential Processing of Self-Generated and Experimenter-Provided Anchors », *Psychological Science* 12, 2001, p. 391-396.
3. Epley et Gilovich, « The Anchoring-and-Adjustment Heuristic ».

4. Thomas Mussweiler, « The Use of Category and Exemplar Knowledge in the Solution of Anchoring Tasks », *Journal of Personality and Social Psychology* 78, 2000, p. 1038-1052.

5. Karen E. Jacowitz et Daniel Kahneman, « Measures of Anchoring in Estimation Tasks », *Personality and Social Psychology Bulletin* 21, 1995, p. 1161-1166.

6. Gregory B. Northcraft et Margaret A. Neale, « Experts, Amateurs, and Real Estate : An Anchoring-and-Adjustment Perspective on Property Pricing Decisions », *Organizational Behavior and Human Decision Processes* 39, 1987, p. 84-97. L'ancre haute se situait 12 % au-dessus du prix affiché, l'ancre basse 12 % en dessous.

7. Birte Englich, Thomas Mussweiler, et Fritz Strack, « Playing Dice with Criminal Sentences : The Influence of Irrelevant Anchors on Experts' Judicial Decision Making », *Personality and Social Psychology Bulletin* 32, 2006, p. 188-200.

8. Brian Wansink, Robert J. Kent, et Stephen J. Hoch, « An Anchoring and Adjustment Model of Purchase Quantity Decisions », *Journal of Marketing Research* 35, 1998, p. 71-81.

9. Adam D. Galinsky et Thomas Mussweiler, « First Offers as Anchors : The Role of Perspective-Taking and Negotiator Focus », *Journal of Personality and Social Psychology* 81, 2001, p. 657-669.

10. Greg Pogarsky et Linda Babcock, « Damage Caps, Motivated Anchoring, and Bargaining Impasse », *Journal of Legal Studies* 30, 2001, p. 143-159.

11. Sur l'expérience correspondante, voir Chris Guthrie, Jeffrey J. Rachlinski, et Andrew J. Wistrich, « Judging by Heuristic-Cognitive Illusions in Judicial Decision Making », *Judicature* 86, 2002, p. 44-50.

12. La science de la disponibilité

1. Amos Tversky et Daniel Kahneman, « Availability : A Heuristic for Judging Frequency and Probability », *Cognitive Psychology* 5, 1973, p. 207-232.

2. Michael Ross et Fiore Sicoly, « Egocentric Biases in Availability and Attribution », *Journal of Personality and Social Psychology* 37, 1979, p. 322-336.

3. Schwarz et al., « Ease of Retrieval as Information ».

4. Sabine Stepper et Fritz Strack, « Proprioceptive Determinants of Emotional and Nonemotional Feelings », *Journal of Personality and Social Psychology* 64, 1993, p. 211-220.

5. Pour un compte rendu sur ce domaine de recherche, voir Rainer Greifeneder, Herbert Bless, et Michel T. Pham, « When Do People Rely on Affective and Cognitive Feelings in Judgment ? A Review », *Personality and Social Psychology Review* 15, 2011, p. 107-141.

6. Alexander Rotliman et Norbert Schwarz, « Constructing Perceptions of Vulnerability : Personal Relevance and the Use of Experimental Information in Health Judgments », *Personality and Social Psychology Bulletin* 24, 1998, p. 1053-1064.

7. Rainer Greifeneder et Herbert Bless, « Relying on Accessible Content Versus Accessibility Experiences : The Case of Processing Capacity », *Social Cognition* 25, 2007, p. 853-881.

8. Markus Ruder et Herbert Bless, « Mood and the Reliance on the Ease of Retrieval Heuristic », *Journal of Personality and Social Psychology* 85, 2003, p. 20-32.

9. Rainer Greifeneder et Herbert Bless, « Depression and Reliance on Ease-of-Retrieval Experiences », *European Journal of Social Psychology* 38, 2008, p. 213-230.

10. Chezy Ofir et al., « Memory-Based Store Price Judgments : The Role of Knowledge and Shopping Experience », *Journal of Retailing* 84, 2008, p. 414-423 ; Eugene M. Caruso, « Use of Experienced Retrieval Ease in Self and Social Judgments », *Journal of Experimental Social Psychology* 44, 2008, p. 148-155.

11. Johannes Keller et Herbert Bless, « Predicting Future Affective States : How Ease of Retrieval and Faith in Intuition Moderate the Impact of Activated Content », *European Journal of Social Psychology* 38, 2008, p. 1-10.

12. Mario Weick et Ana Guinote, « When Subjective Experiences Matter : Power Increases Reliance on the Ease of Retrieval », *Journal of Personality and Social Psychology* 94, 2008, p. 956-970.

13. Disponibilité, émotion et risque

1. L'idée de Damasio est connue sous le nom d'« hypothèse du marqueur somatique » et elle a acquis une grande popularité. Voir Antonio R. Damasio, *Descartes' Error : Emotion, Reason, and the Human Brain*, New York, Putnam, 1994 ; trad. fr. *L'Erreur de Descartes*, Odile Jacob, 1995. Antonio R. Damasio, « The Somatic Marker Hypothesis and the Possible Functions of the Prefrontal Cortex », *Philosophical Transactions : Biological Sciences* 351, 1996, p. 141-120.

2. Finucane et al., « The Affect Heuristic in Judgments of Risks and Benefits ». Paul Slovic, Melissa Finucane, Ellen Peters, et Donald

G. MacGregor, « The Affect Heuristic », in Thomas Gilovich, Dale Griffin, et Daniel Kahneman, (eds.), *Heuristics and Biases*, New York, Cambridge University Press, 2002, p. 397-420. Paul Slovic, Melissa Finucane, Ellen Peters, et Donald G. MacGregor, « Risk as Analysis and Risk as Feelings : Some Thoughts About Affect , Reason, Risk, and Rationality », *Risk Analysis* 24, 2004, p. 1-12. Paul Slovic, « Trust, Emotion, Sex, Politics, and Science : Surveying the Risk-Assessment Battlefield », *Risk Analysis* 19, 1999, p. 689-701.

3. Slovic, « Trust, Emotion, Sex, Politics, and Science ». Les technologies et les substances utilisées dans ces études ne sont pas des solutions alternatives au même problème. Dans les problèmes réalistes, où l'on considère des solutions concurrentes, la corrélation entre les coûts et les avantages doit être négative : les solutions qui proposent les meilleurs avantages sont aussi les plus chères. Il est intéressant de se demander si tant les profanes que les experts sont susceptibles de passer à côté de la relation adéquate dans ces cas.

4. Jonathan Haidt, « The Emotional Dog and Its Rational Tail : A Social Institutionist Approach to Moral Judgment », *Psychological Review* 108, 2001, p. 814-834.

5. Paul Slovic, *The Perception of Risk*, Sterling, VA, EarthScan, 2000.

6. Timur Kuran et Cass R. Sunstein, « Availability Cascades and Risk Regulation », *Stanford Law Review* 51, 1999, p. 683-768.

7. Comprehensive Environmental Response, Compensation, and Liability Act, voté en 1980.

8. Paul Slovic, qui a témoigné pour les producteurs de pommes dans l'affaire d'ALAR, est d'un avis très différent : « La panique a été déclenchée par l'émission *60 Minutes* de CBS, qui disait que 4 000 enfants allaient mourir d'un cancer (sans citer aucune probabilité), diffusant des images terrifiantes d'enfants chauves dans un hôpital – sans compter beaucoup d'autres déclarations infondées. De plus, l'affaire a exposé le manque de compétence de l'EPA, incapable d'évaluer correctement la sécurité de l'ALAR, fragilisant la confiance dans le contrôle des réglementations. Tout compte fait, j'estime que la réaction du public a été rationnelle. » (Communication personnelle, 11 mai 2011.)

14. La spécialité de Tom W

1. J'ai emprunté cet exemple à Max H. Bazerman et Don A. Moore, *Judgment in Managerial Decision Making,* New York, Wiley, 2008.

2. Jonathan St. B. T. Evans, « Heuristic and Analytic Processes in Reasoning », *British Journal of Psychology* 75, 1984, p. 451-468.

3. Norbert Schwarz et al., « Base Rates, Representativeness, and the Logic of Conversation : The Contextual Relevance of "Irrelevant" Information », *Social Cognition* 9, 1991, p. 67-84.

4. Alter, Oppenheimer, Epley, et Eyre, « Overcoming Intuition ».

5. La forme la plus simple de la règle de Bayes est la suivante : rapport des chances postérieur = rapport des chances antérieur x taux de probabilité, où le rapport des chances postérieur est le taux de probabilité de deux hypothèses contradictoires. Prenons un problème de diagnostic. Votre ami vient d'être déclaré positif pour une maladie grave. C'est une maladie rare : seule 1 personne sur 600 testées est effectivement affectée. Le test est assez exact. Sa fiabilité est de 25 pour 1, ce qui veut dire que la probabilité qu'une personne atteinte obtienne un test positif est 25 fois supérieure à la probabilité d'un faux positif. Il est effrayant d'être déclaré positif, mais en fait, le rapport des chances que votre ami ait contracté cette maladie est seulement passé de 1/600 à 25/600, soit 4 %. Pour l'hypothèse que Tom W soit informaticien, le rapport des chances antérieur qui correspond à une probabilité de 3 % est (0,03/0,97 = 0,31). Partant d'une fiabilité de 4 (la description est 4 fois plus probable si Tom W est informaticien que s'il ne l'est pas), le rapport des chances postérieur est 4 x 0,31 = 12,4. À partir de ce rapport des chances, on peut calculer que la probabilité postérieure que Tom W soit informaticien est maintenant de 11 % (parce que 12,4/112,4 = 0,11).

15. LINDA : MOINS, C'EST PLUS

1. Amos Tversky et Daniel Kahneman, « Extensional Versus Intuitive Reasoning : The Conjunction Fallacy in Probability Judgment », *Psychological Review* 90, 1983, p. 293-315.

2. Stephen Jay Gould, *Bully for Brontosaurus*, New York, Norton, 1991.

3. Voir, entre autres, Ralph Hertwig et Gerd Gigerenzer, « The "Conjunction Fallacy" Revisited : How Intelligent Inferences Look Like Reasoning Errors », *Journal of Behavioral Decision Making* 12, 1999, p. 275-305 ; Ralph Hertwig, Bjoern Benz, et Stefan Krauss, « The Conjunction Fallacy and the Many Meanings of And », *Cognition* 108, 2008, p. 740-753.

4. Barbara Mellers, Ralph Hertwig, et Daniel Kahneman, « Do Frequency Representations Eliminate Conjunction Effects ? An Exercise in Adversarial Collaboration », *Psychological Science* 12, 2001, p. 269-275.

16. Quand les causes écrasent les statistiques

1. Si l'on veut appliquer la règle de Bayes, le rapport des chances antérieur est calculé à partir de la répartition des taxis bleus et verts de la ville, et la fiabilité du témoin est la probabilité qu'il déclare que le taxi est bleu s'il l'est, divisée par la probabilité qu'il dise que le taxi est bleu alors qu'il est vert. Ainsi, rapport des chances postérieur = (0,15/0,85) x (0,80/0,20) = 0,706. Le rapport des chances postérieur est le taux de probabilité que le taxi soit bleu, divisé par la probabilité qu'il soit vert. Pour obtenir la probabilité que le taxi soit bleu, nous calculons : Probabilité (Bleu) = 0,706/1,706 = 0,41. La probabilité que le taxi soit bleu est de 41 %.

2. Amos Tversky et Daniel Kahneman, « Causal Schemas in Judgments Under Uncertainty », in Morris Fishbein (éd.), *Progress in Social Psychology*, Hillsdale, NJ, Erlbaum, 1980, p. 49-72.

3. Richard E. Nisbett et Eugene Borgida, « Attribution and the Psychology of Prediction », *Journal of Personality and Social Psychology* 32, 1975, p. 932-943.

4. John M. Darley et Bibb Latane, « Bystander Intervention in Emergencies : Diffusion of Responsibility », *Journal of Personality and Social Psychology* 8, 1968, p. 377-383.

17. Régression vers la moyenne

1. Michael Bulmer, *Francis Galton : Pioneer of Heredity and Biometry*, Baltimore, Johns Hopkins University Press, 2003.

2. Les chercheurs transforment chaque résultat original en un résultat standard en soustrayant la moyenne et en divisant le résultat par l'écart-type. Les résultats standards ont une moyenne de zéro et un écart-type de 1, peuvent être comparés sur des variables (surtout quand les distributions statistiques des résultats originaux sont semblables), et présentent plusieurs propriétés mathématiques utiles,

que Galton dut élaborer pour comprendre la nature de la corrélation et de la régression.

3. Cela n'est pas vrai dans un environnement où certains enfants souffrent de malnutrition. Les différences dans la nutrition deviendront importantes, la proportion de facteurs communs diminuera, et avec elle la corrélation entre la taille des parents et celle des enfants (à moins que les parents d'enfants mal nourris aient également souffert de malnutrition pendant l'enfance).

4. La corrélation a été calculée pour un très grand échantillon de la population des États-Unis (l'Indice de bien-être Gallup-Healthways).

5. Cette corrélation semble impressionnante, mais j'ai eu la surprise d'apprendre, il y a des années, grâce au sociologue Christopher Jencks que, si tout le monde recevait la même éducation, l'inégalité des revenus (mesurée selon l'écart-type) ne serait réduite que de 9 %. La formule appropriée est $\sqrt{(1- r^2)}$, où r est la corrélation.

6. Cela est vrai quand les deux variables sont mesurées par des résultats standards – autrement dit, quand chaque résultat est transformé en retranchant la moyenne et en le divisant par l'écart-type.

7. Howard Wainer, « The Most Dangerous Equation », *American Scientist* 95, 2007, p. 249-256.

18. Apprivoiser les prédictions intuitives

1. La démonstration de la régression standard en tant que solution optimale au problème de prédiction part du principe que les erreurs sont pondérées par la déviation au carré de la valeur correcte. C'est le critère des carrés partiels, communément accepté. D'autres fonctions de pertes donnent des solutions différentes.

19. L'illusion de compréhension

1. Nassim Nicholas Taleb, *The Black Swan : The Impact of the Highly Improbable*, New York, Random House, 2007 ; trad. fr. *Le Cygne noir. La puissance de l'imprévisible*, Les Belles Lettres, 2008.

2. Voir chapitre 7.

3. Michael Lewis, *Moneyball : The Art of Winning an Unfair Game*, New York, Norton, 2003.

4. Seth Weintraub, « Excite Passed Up Buying Google for $750,000 in 1999 », *Fortune*, September 29, 2011.

5. Richard E. Nisbett et Timothy D. Wilson, « Telling More Than We Can Know : Verbal Reports on Mental Processes », *Psychological Review* 84, 1977, p. 231-259.

6. Baruch Fischhoff et Ruth Beyth, « I Knew It Would Happen : Remembered Probabilities of Once Future Things », *Organizational Behavior and Human Performance* 13, 1975, p. 1-16.

7. Jonathan Baron et John C. Hershey, « Outcome Bias in Decision Evaluation », *Journal of Personality and Social Psychology* 54, 1988, p. 569-579.

8. Kim A. Kamin et Jeff rey Rachlinski, « Ex Post ≠ Ex Ante : Determining Liability in Hindsight », *Law and Human Behavior* 19, 1995, p. 89-104. Jeffrey J. Rachlinski, « A Positive Psychological Theory of Judging in Hindsight », *University of Chicago Law Review* 65, 1998, p. 571-625.

9. Jeffrey Goldberg, « Letter from Washington : Woodward vs. Tenet », *New Yorker*, May 21, 2007, p. 35-38. Voir aussi Tim Weiner, *Legacy of Ashes : The History of the CIA*, New York, Doubleday, 2007 ; « Espionage : Inventing the Dots », *Economist*, November 3, 2007, p. 100.

10. Philip E. Tetlock, « Accountability : The Neglected Social Context of Judgment and Choice », *Research in Organizational Behavior* 7, 1985, p. 297-332.

11. Marianne Bertrand et Antoinette Schoar, « Managing with Style : The Effect of Managers on Firm Policies », *Quarterly Journal of Economic* 118, 2003, p. 1169-1208. Nick Bloom et John Van Reenen, « Measuring and Explaining Management Practices Across Firms and Countries », *Quarterly Journal of Economics* 122, 2007, p. 1351-1408.

12. Je dois beaucoup au professeur James H. Steiger de l'université Vanderbilt, qui a développé un algorithme qui répond à cette question. L'analyse de Steiger montre que les corrélations de 0,20 et 0,40 sont associées, respectivement, aux taux d'inversion de 43 % et 37 %.

13. *The Halo Effect* a été salué comme un des meilleurs livres d'économie de l'année à la fois par le *Financial Times* et le *Wall Street Journal*. Phil Rosenzweig, *The Halo Effect and the Eight Other Business Delusions That Deceive Managers*, New York, Simon & Schuster, 2007. Voir également Paul Olk et Phil Rosenzweig, « The Halo Effect and the Challenge of Management Inquiry : A Dialog Between Phil Rosenzweig and Paul Olk », *Journal of Management Inquiry* 19, 2010, p. 48-54.

14. James C. Collins et Jerry I Porras, *Built to Last : Successful Habits of Visionary Companies*, New York, Harper, 2002.

15. En fait, même si vous étiez vous-même le PDG, vos prédictions ne seraient pas d'une fiabilité impressionnante ; les recherches menées sur le délit d'initié montrent que les chefs d'entreprise parviennent effectivement à battre le marché quand ils vendent leurs propres actions, mais que la marge de leur réussite suffit à peine à couvrir les coûts de l'échange. Voir H. Nejat Seyhun, « The Information Content of Aggregate Insider Trading », *Journal of Business* 61, 1988, p. 1-24 ; Josef Lakonishok et Inmoo Lee, « Are Insider Trades Informative ? », *Review of Financial Studies* 14, 2001, p. 79-111 ; Zahid Iqbal et Shekar Shetty, « An Investigation of Causality Between Insider Transactions and Stock Returns », *Quarterly Review of Economics and Finance* 42, 2002, p. 41-57.

16. Deniz Anginer, Kenneth L. Fisher, et Meir Statman, « Stocks of Admired Companies and Despised Ones », *Social Science Research Network*, février 2007.

17. Jason Zweig souligne que le manque d'appréciation de la régression a des implications négatives sur le recrutement de PDG. Les sociétés en difficulté ont tendance à se tourner vers des gens venus de l'extérieur, des PDG d'entreprises qui ont récemment enregistré des bénéfices. Le nouveau PDG se voit accorder le crédit, du moins temporairement, de l'amélioration conséquente que connaît sa nouvelle entreprise. (Pendant ce temps, son remplaçant dans son ancienne société est à la peine, ce qui pousse les décideurs à considérer qu'ils ont vraiment recruté « le type qu'il fallait ».) Chaque fois qu'un PDG change de boîte, la nouvelle société doit racheter sa part (en actions et en participations) dans son ancienne entreprise, ce qui prépare le terrain à une future prime qui n'aura rien à voir avec ses accomplissements au sein de sa nouvelle société. Des dizaines de millions de dollars de primes sont ainsi accordés pour des réussites « personnelles » seulement dues à la régression et à des effets de halo (communication personnelle, 29 décembre 2009).

20. L'ILLUSION DE VALIDITÉ

1. Burton G. Malkiel, *Une marche au hasard à travers la Bourse*, Valor, 2005.

2. Brad M. Barber et Terrance Odean, « Trading Is Hazardous to Your Wealth : The Common Stock Investment Performance of Individual Investors », *Journal of Finance* 55, 2002, p. 773-806.

3. Brad M. Barber et Terrance Odean, « Boys Will Be Boys : Gender, Overconfidence, and Common Stock Investment », *Quarterly Journal of Economics* 116, 2006, p. 261-292.

4. Cet « effet de disposition » est abordé au chapitre 32.

5. Brad M. Barber et Terrance Odean, « All That Glitters : The Effect of Attention and News on the Buying Behavior of Individual and Institutional Investors », *Review of Financial Studies* 21, 2008, p. 785-818.

6. Des recherches sur les échanges boursiers à Taiwan ont conclu que le transfert de richesse des individus vers les institutions financières atteignait la somme époustouflante de 2,2 % du PIB. Voir Brad M. Barber, Yi-Tsung Lee, Yu-Jane Liu, et Terrance Odean, « Just How Much Do Individual Investors Lose by Trading ? », *Review of Financial Studies* 22, 2009, p. 609-632.

7. John C. Bogle, *Common Sense on Mutual Funds : New Imperatives for the Intelligent Investor*, New York, Wiley, 2000, p. 213.

8. Mark Grinblatt et Sheridan Titman, « The Persistence of Mutual Fund Performance », *Journal of Finance* 42, 1992, p. 1977-1984. Edwin J. Elton et al., « The Persistence of Risk-Adjusted Mutual Fund Performance », *Journal of Business* 52, 1997, p. 1-33. Edwin Elton et al., « Efficiency With Costly Information : A Reinterpretation of Evidence from Managed Portfolios », *Review of Financial Studies* 6, 1993, p. 1-21.

9. Philip E. Tetlock, *Expert Political Judgment : How Good is It ? How Can We Know ?*, Princeton, Princeton University Press, 2005, p. 233.

10. Isaiah Berlin, *Le Hérisson et le Renard*, dans *Les Penseurs russes*, Albin Michel, 1984.

21. Les intuitions contre les formules

1. Paul Meehl, « Causes and Effects of My Disturbing Little Book », *Journal of Personality Assessment* 50, 1986, p. 370-375.

2. Pendant la saison des enchères 1990-1991, par exemple, le prix, à Londres, d'une caisse de Château-Latour 1960 était en moyenne de 464 dollars ; une caisse de la cuvée 1961 (une des meilleures de l'histoire) atteignait en moyenne 5 432 dollars.

3. Paul J. Hoffman, Paul Slovic, et Leonard G. Rorer, « An Analysis-of-Variance Model for the Assessment of Configural Cue Utilization in Clinical Judgment », *Psychological Bulletin* 69, 1968, p. 338-339.

4. Paul R. Brown, « Independent Auditor Judgment in the Evaluation of Internal Audit Functions », *Journal of Accounting Research* 21, 1983, p. 444-455.

5. James Shanteau, « Psychological Characteristics and Strategies of Expert Decision Makers », *Acta Psychologica* 68, 1988, p. 203-215.

6. Danziger, Levav, et Avnaim-Pesso, « Extraneous Factors in Judicial Decisions », *Proceedings of the National Academy of Sciences of the United States of America*, février 2011.

7. Richard A. DeVaul et al., « Medical-School Performance of Initially Rejected Students », *JAMA* 257, 1987, p. 47-51. Jason Dana et Robyn M. Dawes, « Belief in the Unstructured Interview : The Persistence of an Illusion », projet, Department of Psychology, University of Pennsylvania, 2011. William M. Grove et al., « Clinical Versus Mechanical Prediction : A Meta-Analysis », *Psychological Assessment* 12, 2000, p. 19-30.

8. Robyn M. Dawes, « The Robust Beauty of Improper Linear Models in Decision Making », *American Psychologist* 34, 1979, p. 571-582.

9. Jason Dana et Robyn M. Dawes, « The Superiority of Simple Alternatives to Regression for Social Science Predictions », *Journal of Educational and Behavioral Statistics* 29, 2004, p. 317-331.

10. Virginia Apgar, « A Proposal for a New Method of Evaluation of the Newborn Infant », *Current Researches in Anesthesia and Analgesia* 32, 1953, p. 260-267. MieczyslawFinster et Margaret Wood, « The Apgar Score Has Survived the Test of Time », *Anesthesiology* 102, 2005, p. 855-857.

11. Atul Gawande, *The Checklist Manifesto : How to Get Things Right*, New York, Metropolitan Books, 2009.

12. Paul Rozin, « The Meaning of "Natural" : Process More Important than Content », *Psychological Science* 16, 2005, p. 652-658.

22. L'INTUITION DES EXPERTS : QUAND LUI FAIRE CONFIANCE ?

1. Mellers, Hertwig, et Kahneman, « Do Frequency Representations Eliminate Conjunction Effects ? ».

2. Klein, *Sources of Power.*

3. Malcolm Gladwell, *La Force de l'intuition : prendre la bonne décision en deux secondes*, Pocket, 2007.

4. Le musée Getty de Los Angeles fait venir les plus grands experts de la sculpture grecque pour considérer un *kouros*, une statue de marbre représentant un jeune que l'institution est sur le point d'acheter. L'un après l'autre, les experts réagissent par ce que l'on appelle la

« répulsion intuitive » – une forte intuition que ce *kouros* n'a pas 2 500 ans, mais qu'il s'agit d'un faux moderne. Aucun des experts ne peut dire sur le moment pourquoi il pense qu'il s'agit d'un faux. Tout au plus peuvent-ils s'accrocher, en guise de raisonnement, à ce qu'a dit un historien de l'art italien sans savoir exactement pourquoi, à savoir que quelque chose « n'allait pas » avec les ongles de la statue. Un célèbre expert américain dit que la première idée qui lui est venue à l'esprit a été le mot « neuf ». Et un expert grec déclare froidement : « Qui a jamais vu une statue extraite du sol peut dire que cette chose ne s'est jamais trouvée sous la terre. » Leur incapacité à s'entendre sur les raisons de leur conclusion commune est frappante, et plutôt suspecte.

5. Simon a été l'une des personnalités dominantes de la vie intellectuelle du XXe siècle. Il avait une vingtaine d'années quand il a écrit un classique sur la prise de décision dans les organisations, et il a ensuite été l'un des fondateurs du domaine de l'intelligence artificielle, un des géants de la science cognitive, un spécialiste influent du processus de la découverte scientifique, un précurseur de l'économie comportementale et, soit dit en passant, un prix Nobel d'économie.

6. Simon, « What Is an Explanation of Behavior ? » ; David G. Myers, *Intuition : Its Powers and Perils*, New Haven, Yale University Press, 2002, p. 56.

7. Seymour Epstein, « Demystifying Intuition : What It Is, What It Does, How It Does It », *Psychological Inquiry* 21, 2010, p. 295-312.

8. Joshua Foer, *Moonwalking with Einstein. The Art and Science of Remembering Everything*, The Penguin Press, 2011.

9. Traduction d'Henri Parisot, 1946.

23. La vision externe

1. Ces notions sont souvent mal comprises. Beaucoup d'auteurs pensaient que les termes corrects étaient « vue de l'intérieur » et « vue de l'extérieur » – ce qui est fort loin de ce que nous avions à l'esprit.

2. Dan Lovallo et Daniel Kahneman, « Timid Choices and Bold Forecasts : A Cognitive Perspective on Risk Taking », *Management Science* 39, 1993, p. 17-31. Daniel Kahneman et Dan Lovallo, « Delusions of Success : How Optimism Undermines Executives' Decisions », *Harvard Business Review* 81, 2003, p. 56-63.

3. Richard E. Nisbett et Lee D. Ross, *Human Inference : Strategies and Shortcomings of Social Judgment*, Englewood Cliffs, NJ, Prentice-Hall, 1980.

4. Pour un exemple des doutes sur la médecine factuelle, voir Jerome Groopman, *How Doctors Think*, New York, Mariner Books, 2008, p. 6.

5. Daniel Kahneman et Amos Tversky, « Intuitive Prediction : Biases and Corrective Procedures », *Management Science* 12, 1979, p. 313-327.

6. Rt. Hon. The Lord Fraser of Carmyllie, « The Holyrood Inquiry, Final Report », September 8, 2004, http://www.scottish.parliament.uk/SPICeResources/HolyroodInquiry.pdf

7. Brent Flyvbjerg, Mette K. Skamris Holm, et Søren L. Buhl, « How (In)accurate Are Demand Forecasts in Public Works Projects ? », *Journal of the American Planning Association* 71, 2005, p. 131-146.

8. « 2002 Cost vs. Value Report », *Remodeling*, November 20, 2002.

9. Brent Flyvbjerg, « From Nobel Prize to Project Management : Getting Risks Right », *Project Management Journal* 37, 2006, p. 5-15.

10. Hal R. Arkes et Catherine Blumer, « The Psychology of Sunk Cost », *Organizationa Behavior and Human Decision Processes* 35, 1985, p. 124-140. Hal R. Arkes et Peter Ayton, « The Sunk Cost and Concorde Effects : Are Humans Less Rational Than Lower Animals ? », *Psychological Bulletin* 125, 1998, p. 591-600.

24. Le moteur du capitalisme

1. Miriam A. Mosing et al., « Genetic and Environmental Influences on Optimism and Its Relationship to Mental and Self-Rated Health : A Study of Aging Twins », *Behavior Genetics* 39, 2009, p. 597-604. David Snowdon, *Aging with Grace : What the Nun Study Teaches Us About Leading Longer, Healthier, and More Meaningful Lives*, New York, Bantam Books, 2001.

2. Elaine Fox, Anna Ridgewell, et Chris Ashwin, « Looking on the Bright Side : Biased Attention and the Human Serotonin Transporter Gene », *Proceedings of the Royal Society B* 276, 2009, p. 1747-1751.

3. Manju Puri et David T. Robinson, « Optimism and Economic Choice », *Journal of Financial Economics* 86, 2007, p. 71-99.

4. Lowell W. Busenitz et Jay B. Barney, « Differences Between Entrepreneurs and Managers in Large Organizations : Biases and Heuristics in Strategic Decision-Making », *Journal of Business Venturing* 12, 1997, p. 9-30.

5. Les entrepreneurs qui se sont trompés sont confortés dans leur confiance en eux par la conviction, sans doute erronée, que cette expérience leur a beaucoup appris. Gavin Cassar et Justin Craig, « An Investigation of Hindsight Bias in Nascent Venture Activity », *Journal of Business Venturing* 24, 2009, p. 149-164.

6. Keith M. Hmieleski et Robert A. Baron, « Entrepreneurs' Optimism and New Venture Performance : A Social Cognitive Perspective », *Academy of Management Journal* 52, 2009, p. 473-488. Matthew L.A. Hayward, Dean A. Shepherd, et Dale Griffin, « A Hubris Theory of Entrepreneurship », *Management Science* 52, 2006, p. 160-172.

7. Arnold C. Cooper, Carolyn Y. Woo, et William C. Dunkelberg, « Entrepreneurs' Perceived Chances for Success », *Journal of Business Venturing* 3, 1988, p. 97-108.

8. Thomas Åstebro et Samir Elhedhli, « The Effectiveness of Simple Decision Heuristics : Forecasting Commercial Success for Early-Stage Ventures », *Management Science* 52, 2006, p. 395-409.

9. Thomas Åstebro, « The Return to Independent Invention : Evidence of Unrealistic Optimism, Risk Seeking or Skewness Loving ? », *Economic Journal* 113, 2003, p. 226-239.

10. Eleanor F. Williams et Thomas Gilovich, « Do People Really Believe They Are Above Average ? », *Journal of Experimental Social Psychology* 4, 2008, p. 1121-1128.

11. Richard Roll, « The Hubris Hypothesis of Corporate Takeovers », *Journal of Business* 59, 1986, p. 197-216, partie 1. Cet article remarquable est parmi les premiers à avoir proposé une analyse comportementale des fusions et des acquisitions qui renonçait à l'idée de rationalité, bien avant que les analyses de ce genre deviennent populaires.

12. Ulrike Malmendier et Geoffrey Tate, « Who Makes Acquisitions ? CEO Overconfidence and the Market's Reaction », *Journal of Financial Economics* 89, 2008, p. 20-43.

13. Ulrike Malmendier et Geoffrey Tate, « Superstar CEOs », *Quarterly Journal of Economics* 24, 2009, 1593-1638.

14. Paul D. Windschitl, Jason P. Rose, Michael T. Stalkfleet, et Andrew R. Smith, « Are People Excessive or Judicious in Their Egocentrism ? A Modeling Approach to Understanding Bias and Accuracy in People's Optimism », *Journal of Personality and Social Psychology* 95, 2008, p. 252-273.

15. Une forme de négligence de la concurrence a également été constatée dans l'heure de la journée à laquelle les vendeurs choisissent de mettre fin à leurs enchères sur eBay. La question, simple, est la suivante : à quelle heure de la journée (aux États-Unis) compte-t-on le

plus grand nombre d'acquéreurs potentiels ? Réponse : vers 19 heures (heure de la côte Est). La question à laquelle les vendeurs devraient répondre est plus difficile : sachant combien d'autres vendeurs mettent fin à leurs enchères aux heures d'affluence, à quelle heure y aura-t-il le plus d'acheteurs pour mes enchères ? La réponse : vers midi, quand le nombre d'acheteurs en ligne est important par rapport au nombre de vendeurs. Les vendeurs qui n'ont pas oublié la concurrence et ont évité les heures d'affluence obtiennent de meilleurs prix. Uri Simonsohn, « eBay's Crowded Evenings : Competition Neglect in Market Entry Decisions », *Management Science* 56, 2010, p. 1060-1073.

16. Eta S. Berner et Mark L. Graber, « Overconfidence as a Cause of Diagnostic Error in Medicine », *American Journal of Medicine* 121, 2008, S2-S23.

17. Pat Croskerry et Geoff Norman, « Overconfidence in Clinical Decision Making », *American Journal of Medicine* 121, 2008, p. S24-S29.

18. Kahneman et Lovallo, « Timid Choices and Bold Forecasts ».

19. J. Edward Russo et Paul J.H. Schoemaker, « Managing Overconfidence », *Sloan Management Review* 33, 1992, p. 7-17.

25. Les erreurs de Bernoulli

1. Clyde H. Coombs, Robyn M. Dawes, et Amos Tversky, *Mathematical Psychology : An Elementary Introduction*, Englewood Cliffs, NJ, Prentice-Hall, 1970.

2. Cette règle s'applique approximativement aux nombreuses dimensions de la sensation et de la perception. On l'appelle la loi de Weber, du nom du physiologiste allemand Ernst Heinrich Weber, qui l'a découverte. Fechner s'est inspiré de la loi de Weber pour en déduire la fonction psychophysique logarithmique.

3. L'intuition de Bernoulli était la bonne, et les économistes continuent de se référer aux revenus ou à la richesse dans bien des contextes. Par exemple, quand Angus Deaton a calculé la satisfaction moyenne à l'égard de l'existence des habitants de plusieurs pays par rapport au PIB de ces pays, il s'est servi du logarithme du PIB comme d'une mesure pour les revenus. Il s'avère que la relation est très proche : les habitants de pays affichant un PIB fort sont beaucoup plus satisfaits de la qualité de leur vie que les habitants de pays pauvres, et le fait de multiplier les revenus par deux donne à peu près

la même augmentation de la satisfaction dans les pays riches que dans les pays pauvres.

4. Nicholas Bernoulli, un cousin de Daniel Bernoulli, posa une question que l'on peut paraphraser comme suit : « Vous êtes invité à participer à un jeu où il faut lancer une pièce à plusieurs reprises. Vous recevez deux dollars si elle tombe sur face, et la récompense est doublée chaque fois que la pièce retombe sur face. Le jeu prend fin dès qu'elle tombe sur pile. Combien seriez-vous prêt à payer pour avoir la possibilité d'y jouer ? » Les gens ne pensent pas que ce pari vaille plus de quelques dollars, alors que sa valeur espérée est infinie – puisque la récompense ne cesse de croître, la valeur espérée est de 1 dollar par lancer et augmente à l'infini. Cependant, l'utilité des récompenses progresse beaucoup plus lentement, ce qui explique pourquoi le pari n'est pas séduisant.

5. D'autres facteurs ont contribué à la longévité de la théorie de Bernoulli, à commencer par le fait qu'il est naturel de formuler des choix entre des paris en termes de gains, ou de mélange de gains et de pertes. Rares sont les gens qui ont pensé à des choix où toutes les options étaient mauvaises, même si nous ne sommes certes pas les premiers à avoir observé la recherche de risque. Autre fait en faveur de la théorie de Bernoulli, il est souvent très raisonnable de penser en termes d'état final de richesse et d'ignorer le passé. Traditionnellement, les économistes se sont toujours intéressés au choix rationnel, et le modèle de Bernoulli leur convenait donc.

26. La théorie des perspectives

1. Stanley S. Stevens, « To Honor Fechner and Repeal His Law », *Science* 133, 1961, p. 80-86. Stevens, *Psychophysics*.

2. En écrivant cette phrase, il me revient en mémoire que le graphique de la fonction de valeur a déjà été utilisé comme emblème. Tous les lauréats du prix Nobel reçoivent un certificat individuel orné d'un dessin personnalisé, *a priori* choisi par le comité. Mon illustration était une version stylisée de la figure 10.

3. Nathan Novemsky et Daniel Kahneman, « The Boundaries of Loss Aversion », *Journal of Marketing Research* 42, 2005, p. 119-128.

4. Peter Sokol-Hessner et al., « Thinking Like a Trader Selectively Reduces Individuals' Loss Aversion », *PNAS* 106, 2009, p. 5035-5040.

5. Plusieurs années de suite, j'ai enseigné dans le cours d'introduction à la finance de mon collègue Burton Malkiel. J'y débattais

chaque année des défauts de la théorie de Bernoulli. La première fois que j'ai mentionné la démonstration de Rabin, j'ai remarqué un net changement d'attitude chez mon collègue. Les arguments mathématiques sont indéniablement plus convaincantes que les appels au sens commun. Un avantage auquel les économistes sont particulièrement sensibles.

6. L'intuition de la preuve peut être illustrée par un exemple. Supposez que la richesse d'un individu soit W, et qu'il refuse un pari aux probabilités équivalentes de gagner 11 euros ou d'en perdre 10. Si la fonction d'utilité pour la richesse est concave, la préférence implique que la valeur de 1 dollar a baissé de plus de 9 % sur un intervalle de 21 dollars ! C'est une chute incroyablement abrupte et plus les paris deviennent extrêmes, plus l'effet s'accroît systématiquement.

7. Matthew Rabin, « Risk Aversion and Expected-Utility Theory : A Calibration Theorem », *Econometrica* 68, 2000, p. 1281-1292. Matthew Rabin et Richard H. Thaler, « Anomalies : Risk Aversion », *Journal of Economic Perspectives* 15, 2001, p. 219-232.

8. Plusieurs théoriciens ont proposé des versions des théories du regret bâties sur l'idée que les gens sont capables d'anticiper comment leurs expériences futures seront affectées par les options qui ne se sont pas matérialisées et/ou par les choix qu'ils n'ont pas faits : David E. Bell, « Regret in Decision Making Under Uncertainty », *Operations Research* 30, 1982, p. 961-981. Graham Loomes et Robert Sugden, « Regret Theory : An Alternative to Rational Choice Under Uncertainty », *Economic Journal* 92, 1982, p. 805-825. Barbara A. Mellers, « Choice and the Relative Pleasure of Consequences », *Psychological Bulletin* 126, 2000, p. 910-924. Barbara A. Mellers, Alan Schwartz, et Ilana Ritov, « Emotion-Based Choice », *Journal of Experimental Psychology – General* 128, 1999, p. 332-345. Les choix des décideurs entre plusieurs paris dépendent de s'ils s'attendent à connaître le résultat du pari qu'ils n'ont pas choisi. Ilana Ritov, « Probability of Regret : Anticipation of Uncertainty Resolution in Choice », *Organizational Behavior and Human Decision Processes* 66, 1966, p. 228-236.

27. L'effet de dotation

1. Une analyse théorique qui part du principe d'une aversion au risque prédit une bizarrerie marquée dans la courbe d'indifférence au point de référence : Amos Tversky et Daniel Kahneman, « Loss Aversion in Riskless Choice : A Reference-Dependent Model », *Quarterly Journal of Economics* 106, 1991, p. 1039-1061. Jack Knetsch a

observé ces bizarreries dans une étude expérimentale : « Preferences and Nonreversibility of Indifference Curves », *Journal of Economic Behavior & Organization* 17, 1992, p. 131-139.

2. Alan B. Krueger et Andreas Mueller, « Job Search and Job Finding in a Period of Mass Unemployment : Evidence from High-Frequency Longitudinal Data », projet, Princeton University Industrial Relations Section, January 2011.

3. Techniquement, la théorie autorise le prix d'achat à être légèrement inférieur au prix de vente à cause de ce que les économistes appellent un « effet de revenu » : l'acheteur et le vendeur n'ont pas la même richesse, parce que le vendeur dispose d'une bouteille en sus. Toutefois, l'effet, dans ce cas, est négligeable, puisque 50 dollars est une fraction infime de la richesse du professeur. La théorie prédirait que cet effet de revenu ne modifie pas sa disposition à payer, même d'un cent.

4. L'économiste Alan Krueger a signalé une étude qu'il a réalisée en emmenant son père voir le Super Bowl : « Nous avons demandé à des fans qui avaient gagné à la loterie le droit d'acheter deux billets à 325 ou 400 dollars s'ils auraient été prêts à payer 3 000 dollars s'ils avaient perdu à la loterie, et s'ils auraient vendu leurs billets si quelqu'un leur avait offert 3 000 dollars l'unité. 94 % ont répondu qu'ils n'auraient pas payé 3 000 dollars, et 92 % ont dit qu'ils ne les auraient pas vendus à ce prix. » Il en conclut que « le Super Bowl a été le théâtre d'une pénurie de rationalité ». Alan B. Krueger, « Supply and Demand : An Economist Goes to the Super Bowl », *Milken Institute Review : A Journal of Economic Policy* 3, 2001, p. 22-29.

5. Au sens étroit du terme, l'aversion à la perte se rapporte au plaisir et à la douleur anticipés, qui déterminent les choix. Ces anticipations peuvent être erronées dans certains cas. Deborah A. Kermer et al., « Loss Aversion Is an Affective Forecasting Error », *Psychological Science* 17, 2006, p. 649-653.

6. Novemsky et Kahneman, « The Boundaries of Loss Aversion ».

7. Imaginez que tous les participants soient alignés en fonction de la valeur d'échange qui leur a été attribuée. Maintenant, allouez des jetons au hasard à la moitié d'entre eux. La moitié de ceux qui sont en tête de file n'en auront pas, l'autre moitié en recevra un. Ceux-ci sont censés alors se déplacer en tête de file, si bien qu'à la fin, tous ceux qui sont en tête ont un jeton, et tous ceux qui sont derrière n'en ont pas.

8. Brian Knutson et al., « Neural Antecedents of the Endowment Effect », *Neuron* 58, 2008, p. 814-822. Brian Knutson et Stephanie M. Greer, « Anticipatory Affect : Neural Correlates and Consequences for Choice », *Philosophical Transactions of the Royal Society B* 363, 2008, p. 3771-3786.

9. Une étude du prix du risque, basée sur des « données internationales provenant de 16 pays sur plus de 100 ans », a donné une estimation de 2,3, « parfaitement en accord avec les estimations obtenues par la méthodologie très différente des expériences en laboratoire sur la prise de décision individuelle » : Moshe Levy, « Loss Aversion and the Price of Risk », *Quantitative Finance* 10, 2010, p. 1009-1022.

10. Miles O. Bidwel, Bruce X. Wang, et J. Douglas Zona, « An Analysis of Asymmetric Demand Response to Price Changes : The Case of Local Telephone Calls », *Journal of Regulatory Economics* 8, 1995, p. 285-298. Bruce G. S. Hardie, Eric J. Johnson, et Peter S. Fader, « Modeling Loss Aversion and Reference Dependence Effects on Brand Choice », *Marketing Science* 12, 1993, p. 378-394.

11. Colin Camerer, « Three Cheers – Psychological, Theoretical, Empirical – for Loss Aversion », *Journal of Marketing Research* 42, 2005, p. 129-133. Colin F. Camerer, « Prospect Theory in the Wild : Evidence from the Field », in Daniel Kahneman et Amos Tversky (éd.), *Choices, Values, and Frames*, New York, Russell Sage Foundation, 2000, p. 288-300.

12. David Genesove et Christopher Mayer, « Loss Aversion and Seller Behavior : Evidence from the Housing Market », *Quarterly Journal of Economics* 116, 2001, p. 1233-1260.

13. John A. List, « Does Market Experience Eliminate Market Anomalies ? », *Quarterly Journal of Economics* 118, 2003, p. 47-71.

14. Jack L. Knetsch, « The Endowment Effect and Evidence of Nonreversible Indifference Curves », *American Economic Review* 79, 1989, p. 1277-1284.

15. Charles R. Plott et Kathryn Zeiler, « The Willingness to Pay – Willingness to Accept Gap, the "Endowment Effect", Subject Misconceptions, and Experimental Procedures for Eliciting Valuations », *American Economic Review* 95, 2005, p. 530-545. Charles Plott, économiste expérimental de renom, se montre très sceptique à l'égard de l'effet de dotation, et a tenté de montrer qu'il n'est pas un « aspect fondamental de la préférence humaine » mais plutôt le résultat d'une technique inférieure. Plott et Zeiler pensent que les participants qui démontrent un effet de dotation se trompent quant à ce que sont leurs vraies valeurs, et ils ont modifié les procédures des expériences d'origine pour éliminer ces erreurs. Ils ont conçu une procédure d'entraînement sophistiquée où les participants jouent tour à tour le rôle du vendeur et de l'acheteur, et où ils apprennent explicitement à évaluer leurs vraies valeurs. Comme prévu, l'effet de dotation disparaît. Plott et Zeiler considèrent leur méthode comme une nette amélioration de la technique. Les psychologues considéreraient que leur méthode est extrêmement déficiente, parce qu'elle communique aux

participants un message sur ce que les expérimentateurs estiment être le comportement approprié, lequel coïncide avec la théorie des expérimentateurs. Voir Charles R. Plott et Kathryn Zeiler, « Exchange Asymmetries Incorrectly Interpreted as Evidence of Endowment Effect Theory and Prospect Theory ? », *American Economic Review* 97, 2007, p. 1449-1466. Nous sommes peut-être là dans une impasse, chaque camp rejetant les méthodes requises par l'autre.

16. Dans leurs études sur la prise de décision dans la pauvreté, Eldar Shafir, Sendhil Mullainathan et leurs collègues ont observé d'autres cas où la pauvreté induit un comportement économique qui, sous certains aspects, est plus réaliste et plus rationnel que celui des gens plus à l'aise. Ls pauvres sont plus susceptibles de réagir aux résultats réels plutôt qu'à leur description. Marianne Bertrand, Sendhil Mullainathan, et Eldar Shafir, « Behavioral Economics and Marketing in Aid of Decision Making Among the Poor », *Journal of Public Policy & Marketing* 25, 2006, p. 8-23.

17. La conclusion que l'argent dépensé pour des achats n'est pas vécu comme une perte est plus susceptible d'être vérifiée pour des gens relativement aisés. La clé est peut-être de savoir si vous êtes conscients, quand vous achetez un produit, que vous ne pourrez vous en offrir un autre. Novemsky et Kahneman, « The Boundaries of Loss Aversion ». Ian Bateman et al., « Testing Competing Models of Loss Aversion : An Adversarial Collaboration », *Journal of Public Economics* 89, 2005, p. 1561-1580.

28. ÉVÉNEMENTS NÉGATIFS

1. Paul J. Whalen et al., « Human Amygdala Responsivity to Masked Fearful Eye Whites », *Science* 306, 2004, p. 2061. Les individus présentant des lésions focales de l'amygdale ont fait preuve de peu ou pas d'aversion à la perte dans leurs choix risques : Benedetto De Martino, Colin F. Camerer, et Ralph Adolphs, « Amygdala Damage Eliminates Monetary Loss Aversion », *PNAS* 107, 2010, p. 3788-3792.

2. Joseph LeDoux, *The Emotional Brain : The Mysterious Underpinnings of Emotional Life*, New York, Touchstone, 1996.

3. Elaine Fox et al., « Facial Expressions of Emotion : Are Angry Faces Detected More Efficiently ? », *Cognition & Emotion* 14, 2000, p. 61-92.

4. Christine Hansen et Ranald Hansen, « Finding the Face in the Crowd : An Anger Superiority Effect », *Journal of Personality and Social Psychology* 54, 1988, p. 917-924.

5. Jos J. A. Van Berkum et al., « Right or Wrong ? The Brain's Fast Response to Morally Objectionable Statements », *Psychological Science* 20, 2009, p. 1092-1099.

6. Paul Rozin et Edward B. Royzman, « Negativity Bias, Negativity Dominance, and Contagion », *Personality and Social Psychology Review* 5, 2001, p. 296-320.

7. Roy F. Baumeister, Ellen Bratslavsky, Catrin Finkenauer, et Kathleen D. Vohs, « Bad Is Stronger Than Good », *Review of General Psychology* 5, 2001, p. 323.

8. Michel Cabanac, « Pleasure : The Common Currency », *Journal of Theoretical Biology* 155, 1992, p. 173-200.

9. Chip Heath, Richard P. Larrick, et George Wu, « Goals as Reference Points », *Cognitive Psychology* 38, 1999, p. 79-109.

10. Colin Camerer, Linda Babcock, George Loewenstein, et Richard Thaler, « Labor Supply of New York City Cabdrivers : One Day at a Time », *Quarterly Journal of Economics* 112, 1997, p. 407-441. Les conclusions de ces recherches ont été remises en question : Henry S. Farber, « Is Tomorrow Another Day ? The Labor Supply of New York Cab Drivers », NBER Working Paper 9706, 2003. Une série d'études sur les coursiers à vélo de Zurich semble prouver l'effet d'objectifs, en accord avec l'ancienne étude sur les chauffeurs de taxi : Ernst Fehr et Lorenz Goette, « Do Workers Work More if Wages Are High ? Evidence from a Randomized Field Experiment », *American Economic Review* 97, 2007, p. 298-317.

11. Daniel Kahneman, « Reference Points, Anchors, Norms, and Mixed Feelings », *Organizational Behavior and Human Decision Processes* 51, 1992, p. 296-312.

12. John Alcock, *Animal Behavior : An Evolutionary Approach*, Sunderland, MA, Sinauer Associates, 2009, p. 278-284, cité par Eyal Zamir, « Law and Psychology : The Crucial Role of Reference Points and Loss Aversion », projet, Hebrew University, 2011.

13. Daniel Kahneman, Jack L. Knetsch, et Richard H. Thaler, « Fairness as a Constraint on Profit Seeking : Entitlements in the Market », *The American Economic Review* 76, 1986, p. 728-741.

14. Ernst Fehr, Lorenz Goette, et Christian Zehnder, « A Behavioral Account of the Labor Market : The Role of Fairness Concerns », *Annual Review of Economics* 1, 2009, p. 355-384. Eric T. Anderson et Duncan I. Simester, « Price Stickiness and Customer Antagonism », *Quarterly Journal of Economics* 125, 2010, p. 729-765.

15. Dominique de Quervain et al., « The Neural Basis of Altruistic Punishment », *Science* 305, 2004, p. 1254-1258.

16. David Cohen et Jack L. Knetsch, « Judicial Choice and Disparities Between Measures of Economic Value », *Osgoode Hall Law*

Review 30, 1992, p. 737-770. Russell Korobkin, « The Endowment Effect and Legal Analysis », *Northwestern University Law Review* 97, 2003, p. 1227-1293.

17. Eyal Zamir, « Law and Psychology ».

29. Le schéma quadrangulaire

1. Y compris une exposition à un « argument du pari hollandais », une série de paris que vos préférences incorrectes vous poussent à accepter et qui ne peuvent se terminer que par une perte.

2. Les lecteurs familiers des paradoxes d'Allais verront tout de suite que cette version est nouvelle, à la fois beaucoup plus simple et impliquant une rupture beaucoup plus marquée que le paradoxe d'origine. L'option de gauche est préférée dans le premier problème. Le second problème s'obtient en ajoutant une perspective de plus grande valeur à gauche plutôt qu'à droite, mais c'est maintenant l'option de droite qui a la préférence.

3. Pour reprendre les termes du remarquable économiste Kenneth Arrow, les participants à la réunion n'ont prêté que peu d'attention à la « petite expérience d'Allais ». Conversation personnelle, 16 mars 2001.

4. Le tableau montre des poids de décision pour des gains. Les estimations pour des pertes sont strictement semblables.

5. Ming Hsu, Ian Krajbich, Chen Zhao, et Colin F. Camerer, « Neural Response to Reward Anticipation under Risk Is Nonlinear in Probabilities », *Journal of Neuroscience* 29, 2009, p. 2231-2237.

6. W. Kip Viscusi, Wesley A. Magat, et Joel Huber, « An Investigation of the Rationality of Consumer Valuations of Multiple Health Risks », *RAND Journal of Economics* 18, 1987, p. 465-479.

7. Dans un modèle rationnel avec une utilité marginale décroissante, les gens devraient payer au moins deux tiers de plus pour réduire la fréquence des accidents de 15 à 5 unités puisqu'ils sont prêts à payer pour éliminer le risque. Les préférences observées contredisaient cette prédiction.

8. C. Arthur Williams, « Attitudes Toward Speculative Risks as an Indicator of Attitudes Toward Pure Risks », *Journal of Risk and Insurance* 33, 1966, p. 577-586. Howard Raiffa, *Decision Analysis : Introductory Lectures on Choices under Uncertainty*, Reading, MA, Addison-Wesley, 1968.

9. Chris Guthrie, « Prospect Theory, Risk Preference, and the Law », *Northwestern University Law Review* 97, 2003, p. 1115-1163.

Jeffrey J. Rachlinski, « Gains, Losses and the Psychology of Litigation », *Southern California Law Review* 70, 1996, p. 113-185. Samuel R. Gross et Kent D. Syverud, « Getting to No : A Study of Settlement Negotiations and the Selection of Cases for Trial », *Michigan Law Review* 90, 1991, p. 319-393.

10. Chris Guthrie, « Framing Frivolous Litigation : A Psychological Theory », *University of Chicago Law Review* 67, 2000, p. 163-216.

30. Les événements rares

1. George F. Loewenstein, Elke U. Weber, Christopher K. Hsee, et Ned Welch, « Risk as Feelings », *Psychological Bulletin* 127, 2001, p. 267-286.

2. *Ibid.* Cass R. Sunstein, « Probability Neglect : Emotions, Worst Cases, and Law », *Yale Law Journal* 112, 2002, p. 61-107. Voir chapitre 13, note 1 : Damasio, *Descartes' Error.* Slovic, Finucane, Peters, et MacGregor, « The Affect Heuristic ».

3. Craig R. Fox, « Strength of Evidence, Judged Probability, and Choice Under Uncertainty », *Cognitive Psychology* 38, 1999, p. 167-189.

4. Les jugements de probabilité d'un événement et de son complément ne totalisent pas toujours 100 %. Quand on interroge les gens sur un sujet dont ils savent très peu de chose (« Selon vous, quelle est la probabilité que la température à Bangkok dépasse les 37 °C demain à midi ? »), les probabilités estimées de l'événement et son complément font un total inférieur à 100 %.

5. Dans la théorie des perspectives cumulatives, les poids de décision pour les gains et les pertes ne sont pas considérés comme égaux, comme c'était le cas dans la version originale de la théorie des perspectives que je décris.

6. La question des deux urnes a été inventée par Dale T. Miller, William Turnbull, et Cathy McFarland, « When a Coincidence Is Suspicious : The Role of Mental Simulation », *Journal of Personality and Social Psychology* 57, 1989, p. 581-589. Seymour Epstein et ses collègues en défendent une interprétation avec deux systèmes : Lee A. Kirkpatrick et Seymour Epstein, « Cognitive-Experiential Self-Theory and Subjective Probability : Evidence for Two Conceptual Systems », *Journal of Personality and Social Psychology* 63, 1992, p. 534-544.

7. Kimihiko Yamagishi, « When a 12,86 % Mortality Is More Dangerous Than 24,14 % : Implications for Risk Communication », *Applied Cognitive Psychology* 11, 1997, p. 495-506.

8. Slovic, Monahan, et MacGregor, « Violence Risk Assessment and Risk Communication ».

9. Jonathan J. Koehler, « When Are People Persuaded by DNA Match Statistics ? », *Law and Human Behavior* 25, 2001, p. 493-513.

10. Ralph Hertwig, Greg Barron, Elke U. Weber, et Ido Erev, « Decisions from Experience and the Effect of Rare Events in Risky Choice », *Psychological Science* 15, 2004, p. 534-539. Ralph Hertwig et Ido Erev, « The Description-Experience Gap in Risky Choice », *Trends in Cognitive Sciences* 13, 2009, p. 517-523.

11. Liat Hadar et Craig R. Fox, « Information Asymmetry in Decision from Description Versus Decision from Experience », *Judgment and Decision Making* 4, 2009, p. 317-325.

12. Hertwig et Erev, « The Description-Experience Gap ».

31. Quelle politique en matière de risque ?

1. Le calcul est simple. Chacune des deux combinaisons se compose d'une certitude et d'un pari. Ajoutez la certitude aux deux options du pari et vous obtiendrez AD et BC.

2. Thomas Langer et Martin Weber, « Myopic Prospect Theory vs. Myopic Loss Aversion : How General Is the Phenomenon ? », *Journal of Economic Behavior & Organization* 56, 2005, p. 25-38.

32. À l'heure des comptes…

1. L'intuition a été confirmée lors d'une expérience sur le terrain, où un groupe aléatoire d'étudiants qui avaient acheté des billets pour le théâtre de l'université les ont obtenus à un prix nettement inférieur. Le suivi a montré que ceux qui avaient payé le prix total étaient plus susceptibles d'aller au théâtre, surtout pendant la première moitié de la saison. Le fait de rater un spectacle pour lequel on a payé est une expérience déplaisante, comparable à la fermeture d'un compte sur une perte. Arkes et Blumer, « The Psychology of Sunk Costs ».

2. Hersh Shefrin et Meir Statman, « The Disposition to Sell Winners Too Early and Ride Losers Too Long : Theory and Evidence », *Journal of Finance* 40, 1985, p. 777-790. Terrance Odean, « Are Investors Reluctant to Realize Their Losses ? », *Journal of Finance* 53, 1998, p. 1775-1798.

3. Ravi Dhar et Ning Zhu, « Up Close and Personal : Investor Sophistication and the Disposition Effect », *Management Science* 52, 2006, p. 726-740.

4. Darrin R. Lehman, Richard O. Lempert, et Richard E. Nisbett, « The Effects of Graduate Training on Reasoning : Formal Discipline and Thinking about Everyday-Life Events », *American Psychologist* 43, 1988, p. 431-442.

5. Marcel Zeelenberg et Rik Pieters, « A Theory of Regret Regulation 1.0 », *Journal of Consumer Psychology* 17, 2007, p. 3-18.

6. Kahneman et Miller, « Norm Theory ».

7. La question de l'autostoppeur a été inspirée par un exemple célèbre, discuté par les philosophes du droit Hart et Honoré : « Une femme mariée à un homme qui souffre d'ulcère à l'estomac peut identifier la consommation de panais comme étant la cause de son indigestion. Le médecin, lui, verra dans l'ulcère la cause et le repas ne sera à ses yeux qu'une simple occasion. » Des événements inhabituels réclament des explications causales et évoquent également des pensées contraires aux faits, les deux étant étroitement liées. Le même événement peut être comparé soit à une norme personnelle, soit à la norme d'autres personnes, entraînant différentes irréalités, différentes attributions causales et différentes émotions (regret ou reproche) : Herbert L.A. Hart et Tony Honoré, *Causation in the Law*, New York, Oxford University Press, 1985, p. 33.

8. Daniel Kahneman et Amos Tversky, « The Simulation Heuristic », in Daniel Kahneman, Paul Slovic et Amos Tversky (éd.), *Judgment Under Uncertainty : Heuristics and Biases*, New York, Cambridge University Press, 1982, p. 160-173.

9. Janet Landman, « Regret and Elation Following Action and Inaction : Affective Responses to Positive Versus Negative Outcomes », *Personality and Social Psychology Bulletin* 13, 1987, p. 524-536. Faith Gleicher et al., « The Role of Counterfactual Thinking in Judgment of Affect », *Personality and Social Psychology Bulletin* 16, 1990, p. 284-295.

10. Dale T. Miller et Brian R. Taylor, « Counterfactual Thought, Regret, and Superstition : How to Avoid Kicking Yourself », in Neal J. Roese et James M. Olson (éd.), *What Might Have Been : The Social Psychology of Counterfactual Thinking*, Hillsdale, NJ, Erlbaum, 1995, p. 305-331.

11. Marcel Zeelenberg, Kees van den Bos, Eric van Dijk, et Rik Pieters, « The Inaction Effect in the Psychology of Regret », *Journal of Personality and Social Psychology* 82, 2002, p. 314-327.

12. Itamar Simonson, « The Influence of Anticipating Regret and Responsibility on Purchase Decisions », *Journal of Consumer Research* 19, 1992, p. 105-118.

13. Lilian Ng et Qinghai Wang, « Institutional Trading and the Turn-of-the-Year Effect », *Journal of Financial Economics* 74, 2004, p. 343-366.

14. Tversky et Kahneman, « Loss Aversion in Riskless Choice ». Eric J. Johnson, Simon Gächter, et Andreas Herrmann, « Exploring the Nature of Loss Aversion », *Center for Decision Research and Experimental Economics, University of Nottingham, Discussion Paper Series*, 2006. Edward J. McCaffery, Daniel Kahneman, et Matthew L. Spitzer, « Framing the Jury : Cognitive Perspectives on Pain and Suffering », *Virginia Law Review* 81, 1995, p. 1341-1420.

15. Richard H. Thaler, « Toward a Positive Theory of Consumer Choice », *Journal of Economic Behavior and Organization* 39, 1980, p. 36-90.

16. Philip E. Tetlock et al., « The Psychology of the Unthinkable : Taboo Trade-Offs, Forbidden Base Rates, and Heretical Counterfactuals », *Journal of Personality and Social Psychology* 78, 2000, p. 853-870.

17. Cass R. Sunstein, *The Laws of Fear : Beyond the Precautionary Principle*, New York, Cambridge University Press, 2005.

18. Daniel T. Gilbert et al., « Looking Forward to Looking Backward : The Misprediction of Regret », *Psychological Science* 15, 2004, p. 346-350.

33. Les renversements de préférence

1. Dale T. Miller et Cathy McFarland, « Counterfactual Thinking and Victim Compensation : A Test of Norm Theory », *Personality and Social Psychology Bulletin* 12, 1986, p. 513-519.

2. La première étape sur la voie de l'interprétation actuelle a été franchie par Max H. Bazerman, George F. Loewenstein et Sally B. White, « Reversals of Preference in Allocation Decisions : Judging Alternatives Versus Judging Among Alternatives », *Administrative Science Quarterly* 37, 1992, p. 220-240. Christopher Hsee a introduit la terminologie de l'évaluation conjointe et séparée, et formulé l'importante hypothèse de l'évaluabilité, qui explique les renversements par l'idée que certains attributs ne deviennent évaluables que dans l'évaluation conjointe : « Attribute Evaluability : Its Implications for Joint-Separate Evaluation Reversals and Beyond », in Kahneman et Tversky, *Choices, Values, and Frames*.

3. Sarah Lichtenstein et Paul Slovic, « Reversals of Preference Between Bids and Choices in Gambling Decisions », *Journal of Experimental Psychology* 89, 1971, p. 46-55. Un résultat similaire a été

obtenu par Harold R. Lindman, « Inconsistent Preferences Among Gambles », *Journal of Experimental Psychology* 89, 1971, p. 390-397.

4. Pour une transcription du célèbre entretien, voir Sarah Lichtenstein et Paul Slovic (éd.), *The Construction of Preference*, New York, Cambridge University Press, 2006.

5. David M. Grether et Charles R. Plott, « Economic Theory of Choice and the Preference Reversals Phenomenon », *American Economic Review* 69, 1979, p. 623-628.

6. Lichtenstein et Slovic, *The Construction of Preference*, p. 96.

7. Kuhn est célèbre pour avoir affirmé qu'il en allait de même de la physique : Thomas S. Kuhn, « The Function of Measurement in Modern Physical Science », *Isis* 52, 1961, p. 161-193.

8. Il semblerait que les questions sur l'attrait émotionnel des espèces et la volonté de contribuer à leur protection donnent les mêmes classements : Daniel Kahneman et Ilana Ritov, « Determinants of Stated Willingness to Pay for Public Goods : A Study in the Headline Method », *Journal of Risk and Uncertainty* 9, 1994, p. 5-38.

9. Hsee, « Attribute Evaluability ».

10. Cass R. Sunstein, Daniel Kahneman, David Schkade, et Ilana Ritov, « Predictably Incoherent Judgments », *Stanford Law Review* 54, 2002, p. 1190.

34. Les cadres et la réalité

1. Amos Tversky et Daniel Kahneman, « The Framing of Decisions and the Psychology of Choice », *Science* 211, 1981, p. 453-458.

2. Thaler, « Toward a Positive Theory of Consumer Choice ».

3. Barbara McNeil, Stephen G. Pauker, Harold C. Sox Jr., et Amos Tversky, « On the Elicitation of Preferences for Alternative Therapies », *New England Journal of Medicine* 306, 1982, p. 1259-1262.

4. Certaines personnes ont estimé que le mot « asiatique » était ici inutile et péjoratif. Nous ne l'aurions probablement pas utilisé aujourd'hui, mais l'exemple a été rédigé dans les années 1970, quand la sensibilité aux dénominations communautaires était moins marquée que de nos jours. Nous avions ajouté ce mot pour que l'exemple soit plus concret, en rappelant aux participants l'épidémie de grippe asiatique de 1957.

5. Thomas Schelling, *Choice and Consequence*, Cambridge, MA, Harvard University Press, 1985.

6. Richard P. Larrick et Jack B. Soll, « The MPG Illusion », *Science* 320, 2008, p. 1593-1594.

7. Eric J. Johnson et Daniel Goldstein, « Do Defaults Save Lives ? », *Science* 302, 2003, p. 1338-1339.

35. Les deux facettes du moi

1. Irving Fisher, « Is "Utility" the Most Suitable Term for the Concept It Is Used to Denote ? », *American Economic Review* 8, 1918, p. 335.

2. Francis Edgeworth, *Mathematical Psychics*, New York, Kelley, 1881.

3. Daniel Kahneman, Peter P. Wakker, et Rakesh Sarin, « Back to Bentham ? Explorations of Experienced Utility », *Quarterly Journal of Economics* 112, 1997, p. 375-405. Daniel Kahneman, « Experienced Utility and Objective Happiness : A Moment-Based Approach » et « Evaluation by Moments : Past and Future », in Kahneman et Tversky, *Choices, Values, and Frames*, p. 673-692, 693-708.

4. Donald A. Redelmeier et Daniel Kahneman, « Patients' Memories of Painful Medical Treatments : Real-time and Retrospective Evaluations of Two Minimally Invasive Procedures », *Pain* 66, 1996, p. 3-8.

5. Daniel Kahneman, Barbara L. Frederickson, Charles A. Schreiber, et Donald A. Redelmeier, « When More Pain Is Preferred to Less : Adding a Better End », *Psychological Science* 4, 1993, p. 401-405.

6. Orval H. Mowrer et L. N. Solomon, « Contiguity vs. Drive-Reduction in Conditioned Fear : The Proximity and Abruptness of Drive Reduction », *American Journal of Psychology* 67, 1954, p. 15-25.

7. Peter Shizgal, « On the Neural Computation of Utility : Implications from Studies of Brain Stimulation Reward », in Daniel Kahneman, Edward Diener, et Norbert Schwarz (éd.), *Well-Being : The Foundations of Hedonic Psychology*, New York, Russell Sage Foundation, 1999, p. 500-524.

36. La vie est une histoire

1. Paul Rozin et Jennifer Stellar, « Posthumous Events Affect Rated Quality and Happiness of Lives », *Judgment and Decision Making* 4, 2009, p. 273-279.

2. Ed Diener, Derrick Wirtz, et Shigehiro Oishi, « End Effects of Rated Life Quality : The James Dean Effect », *Psychological Science* 12, 2001, p. 124-128. La même série d'expériences a également vérifié la règle du « pic-fin » dans une vie malheureuse et a abouti à des résultats comparables : Jen n'était pas jugée deux fois plus malheureuse si elle avait mal vécu pendant 60 ans plutôt que 30, mais elle était considérée comme nettement plus heureuse si on ajoutait cinq années moins malheureuses juste avant sa mort.

37. Le bien-être expérimenté

1. Une autre question a souvent été utilisée : « Comment évalueriez-vous votre vie aujourd'hui ? Diriez-vous que vous êtes très heureux, plutôt heureux, ou pas trop heureux ? » Cette question fait partie de l'Enquête sociale générale aux États-Unis, et sa corrélation avec d'autres variables rend compte d'un mélange de satisfaction et de bonheur expérimenté. L'échelle de Cantril est une mesure pure de l'évaluation de la vie, que l'on trouve dans les sondages Gallup, et où le participant doit noter sa vie actuelle sur une échelle où le 0 correspond à « la pire vie possible pour vous » et 10 à « la meilleure vie possible pour vous ». Ce langage suggère que les gens devraient s'ancrer sur ce qu'ils considèrent comme étant possible pour eux, mais l'expérience montre que dans le monde entier, les gens ont une vision commune de ce qu'est une bonne vie, d'où la corrélation incroyablement élevée (r = 0,84) entre le PIB des pays et le score moyen de leurs citoyens sur l'échelle de Cantril. Angus Deaton, « Income, Health, and Well-Being Around the World : Evidence from the Gallup World Poll », *Journal of Economic Perspectives* 22, 2008, p. 53-72.

2. L'économiste était Alan Krueger de Princeton, remarqué pour ses analyses innovantes de données inhabituelles. Les psychologues étaient David Schkade, doté d'une expertise méthodologique ; Arthur Stone, expert en psychologie de la santé, en échantillonnage des expériences et en EMA (*ecological momentary assessment*, voir note suivante) ; Norbert Schwartz, sociopsychologue également expert en méthode d'enquêtes, auteur de plusieurs critiques expérimentales de la recherche sur le bien-être, dont celle où une pièce laissée sur une photocopieuse influençait l'évluation de la satisfaction à l'égard de l'existence.

3. Dans certaines applications, l'individu fournit également des informations physiologiques, comme un enregistrement en continu

du rythme cardiaque, un suivi de la tension artérielle, ou des échantillons de salive. Cette méthode est dite « Ecological Momentary Assessment » : Arthur A. Stone, Saul S. Shiffman, et Marten W. DeVries, « Ecological Momentary Assessment Well-Being : The Foundations of Hedonic Psychology », in Kahneman, Diener, et Schwarz, *Well-Being*, p. 26-39.

4. Daniel Kahneman et al., « A Survey Method for Characterizing Daily Life Experience : The Day Reconstruction Method », *Science* 306, 2004, p. 1776-1780. Daniel Kahneman et Alan B. Krueger, « Developments in the Measurement of Subjective Well-Being », *Journal of Economic Perspectives* 20, 2006, p. 3-24.

5. Des recherches précédentes avaient montré que les gens étaient capables de « revivre » de façon assez détaillée et vivante des sentiments qu'ils avaient éprouvés dans des situations passées. Michael D. Robinson et Gerald L. Clore, « Belief and Feeling : Evidence for an Accessibility Model of Emotional Self-Report », *Psychological Bulletin* 128, 2002, p. 934-960.

6. Alan B. Krueger(éd.), *Measuring the Subjective Well-Being of Nations : National Accounts of Time Use and Well-Being*, Chicago, University of Chicago Press, 2009.

7. Ed Diener, « Most People Are Happy », *Psychological Science* 7, 1996, p. 181-185.

8. Daniel Kahneman et Angus Deaton, « High Income Improves Evaluation of Life but Not Emotional Well-Being », *Proceedings of the National Academy of Sciences* 107, 2010, p. 16489-16493.

9. Dylan M. Smith, Kenneth M. Langa, Mohammed U. Kabeto, et Peter Ubel, « Health, Wealth, and Happiness : Financial Resources Buffer Subjective Well-Being After the Onset of a Disability », *Psychological Science* 16, 2005, p. 663-666.

10. Lors d'une conférence TED (Technology, Entertainment and Design, à Monterey, en Californie) en février 2010, j'avais évoqué une estimation préliminaire de 60 000 dollars, qui a été corrigée par la suite.

11. Jordi Quoidbach, Elizabeth W. Dunn, K.V. Petrides, et Moïra Mikolajczak, « Money Giveth, Money Taketh Away : The Dual Effect of Wealth on Happiness », *Psychological Science* 21, 2010, p. 759-763.

Conclusion

1. Milton Friedman, *La Liberté du choix*, Belfond, 1980.
2. *Nudge*, Vuibert, 2010.

Index

Table

Troisième partie
L'EXCÈS DE CONFIANCE EN SOI

Quatrième partie
FAIRE LE BON CHOIX

Cinquième partie
LES DEUX FACETTES DU MOI

Mise en page par Pixellence
59100 Roubaix

N° d'édition : 659478-0
Dépôt légal : février 2025
Imprimé en Espagne par Novoprint (Barcelone)